ung135 Foto: mk

Mirko Kaupat
Ungarn

„Több is veszett Mohácsnál."
(Bei Mohács haben wir viel mehr verloren)

Ungarische Redewendung im Sinne von „Ist doch nicht so schlimm";
nimmt Bezug auf die bis heute traumatische Niederlage gegen
die Türken im Jahr 1526 nahe der südungarischen Stadt Mohács

Impressum

Mirko Kaupat
Ungarn

erschienen im
REISE KNOW-HOW Verlag Peter Rump GmbH
Osnabrücker Str. 79, 33649 Bielefeld

1. Auflage 2010

Gestaltung:
Umschlag: G. Pawlak, P. Rump (Layout); M. Luck (Realisierung)
Inhalt: G. Pawlak (Layout); M. Luck (Realisierung)
Karten/Stadtpläne: C. Raisin, der Verlag; Atlas: world mapping project
Fotos: M. Kaupat/A. Milanowska-Kaupat (mk)
Titelfoto: M. Kaupat (Hinweisschild in Nagymaros)

Lektorat: M. Luck

Druck und Bindung: Wilhelm & Adam, Heusenstamm

ISBN 978-3-8317-1879-5
PRINTED IN GERMANY

Dieses Buch ist erhältlich in jeder Buchhandlung Deutschlands, Österreichs, der Niederlande, Belgiens und der Schweiz. Bitte informieren Sie Ihren Buchhändler über folgende Bezugsadressen:

Deutschland
Prolit GmbH, Siemensstr. 16,
D-35463 Fernwald (Annerod)
sowie alle Barsortimente
Schweiz
AVA/Buch 2000
Postfach, CH-8910 Affoltern a.A.
Österreich
Mohr-Morawa Buchvertrieb GmbH
Sulzengasse 2, A-1230 Wien
Niederlande, Belgien
Willems Adventure
www.willemsadventure.nl

Wer im Buchhandel trotzdem kein Glück hat, bekommt unsere Bücher auch über unseren **Büchershop im Internet: www.reise-know-how.de**

Wir freuen uns über Kritik, Kommentare und Verbesserungsvorschläge, gern auch per E-Mail an info@reise-know-how.de.

Alle Informationen in diesem Buch sind vom Autor mit größter Sorgfalt gesammelt und vom Lektorat des Verlages gewissenhaft bearbeitet und überprüft worden.

Da inhaltliche und sachliche Fehler nicht ausgeschlossen werden können, erklärt der Verlag, dass alle Angaben im Sinne der Produkthaftung ohne Garantie erfolgen und dass Verlag wie Autor keinerlei Verantwortung und Haftung für inhaltliche und sachliche Fehler übernehmen.

Die Nennung von Firmen und ihren Produkten und ihre Reihenfolge sind als Beispiel ohne Wertung gegenüber anderen anzusehen. Qualitäts- und Quantitätsangaben sind rein subjektive Einschätzungen des Autors und dienen keinesfalls der Bewerbung von Firmen oder Produkten.

Mirko Kaupat

Ungarn

ung142 Foto: mk

Vorwort

Es ist eines dieser wenigen Länder mit echtem **Wiedererkennungswert.** Die meisten Menschen könnten ganz spontan gleich eine Handvoll Stichwörter in den Raum werfen, wenn sie nach Ungarn gefragt werden: Paprika, Gulasch, Salami, Budapest, Plattensee, Puszta, Tokajer und Erlauer Stierblut. Ganz zu schweigen von den Namen, die Literatur- und Musikfans sofort auf der Zunge hätten. Natürlich sind es teilweise auch Klischees, und Ungarn hat noch viel mehr in die Waagschale zu werfen als all das. Dennoch: Für ein solch klares Profil gäben andere Länder viel.

Was macht Ungarn so einzigartig? Mittelgebirge, große Seen und viel gutes Wetter gibt es schließlich auch anderswo. Vielleicht liegt es an der **einzigartigen Stellung des Volkes,** das weder der slawischen, der romanischen noch der germanischen Familie angehört. Es dürfte eigentlich gar nicht mehr bestehen, oft wurde den Ungarn im Laufe der Jahrhunderte schon der Untergang vorhergesagt - genau wie es all ihren verwandten Völkern auch nach und nach passiert ist. Als die Ungarn (Magyaren) vor über tausend Jahren ihr heutiges Land in der ehemaligen römischen Provinz Pannonien einnahmen, waren sie umringt von fremden Nationen - Slawen, Germanen, Türken. Und sie sind es bis heute geblieben, mit einzigartiger Herkunft und Sprache - auch wenn sie im 21. Jahrhundert in die EU eingebunden und damit Teil der Europäischen Staatengemeinschaft geworden sind. Die Einzigartigkeit brachte also möglicherweise den Drang, sich positiv abzugrenzen, viel Eigenes zu schaffen und es nach außen hin offensiv zu vertreten. Hinzu kam die gegenläufige Entwicklung: Schon seit dem frühen Mittelalter kamen viele Ausländer nach Ungarn, die meisten von ihnen auf ausdrücklichen Wunsch des Königshauses. Sie emigrierten vor allem aus Schwaben, Sachsen und anderen deutschen Landen, sie waren maßgeblich am Entstehen der Städte und des Handels beteiligt, ja, sie bildeten über lange Jahre die obere Bürgerschicht Ungarns. Hinzu kamen Slowaken, Kroaten, Serben, Bosnier - Menschen all jener Länder, die Ungarn über so lange Zeit hinweg beherrschte.

Auf der einen Seite stand also die **Isolierung** des Landes, welche die Ungarn in ihrer Geschichte immer wieder schmerzlich erfahren mussten, auf der anderen Seite die starke **Vermischung** der Völker und Konfessionen (der Anteil und der Einfluss der jüdischen Bevölkerung war stets bedeutend). Es wird dieser Zweiklang sein, der Ungarn den starken Charakter und das klare Profil gab.

Die Einwanderer und die vielen Besucher fingen früh damit an, die Welt von der **Schönheit Ungarns** in Kenntnis zu setzen. Zwar fehlen das Meer und himmelhohe Gebirge, dafür ist jeder Reisende fasziniert von den lieblichen Landschaften, der Farbenpracht der Natur, den beeindruckenden Städten und idyllischen Orten mit ihren so zahlreichen kulturellen und geschichtlichen Einflüssen, den Seen mit angenehmen Badetemperaturen im Sommer, der ungarischen Küche und dem Wein, der im Land solch hervorragende Bedingungen zum Reifen hat.

In Ungarn hat man sich schon lange auf die vielen Besucher und Gäste eingestellt: An Restaurants, Hotels, Pensionen, Campingplätzen und den so typischen Privatunterkünften mit dem deutschsprachigen Schild „Zimmer frei“ vor der Tür mangelt es fast nirgendwo. Herausragend sind auch die Möglichkeiten, den Urlaub in Ungarn aktiv und gesund zu verbringen: Neben den natürlichen Badeseen gibt es zahlreiche Hallen- und Freibäder, viele davon mit Wasser aus Heilquellen. Entsprechend groß ist das Angebot an „Wellness“- und Kureinrichtungen. Die Bäder sind ein Erbe der türkischen Herrschaft im Lande, während an den österreichischen Einfluss auf den ersten Blick vor allem die Kaffeehäuser und die leckeren Torten erinnern.

Ganz klein ist das Land der „Magyaren“, wie die Ungarn sich selbst nennen, zwar nicht, doch die Entfernungen sind nicht allzu groß, die Straßen größtenteils akzeptabel bis gut und die Bahnverbindungen vorbildlich im Vergleich zu anderen ehemals kommunistischen Ländern.

Die Vergangenheit als Arbeiter- und Bauernstaat wird übrigens nicht von allen negativ betrachtet: Viele, besonders Ältere, sehnen sich nach der Zeit des sprichwörtlichen **„Gulaschkommunismus“**, als Ungarn der freiheitlichste aller sozialistischen Staaten war. Immerhin durften Hunderttausende in den 1980er Jahren sogar in den Westen reisen, die Wirtschaft war teilweise privat organisiert, und den Menschen wurde ihr Leben vom Staat abgesichert. Dennoch, oder gerade deswegen, waren die Ungarn die Ersten, die ihre Grenzen 1989 öffneten – Tausende DDR-Flüchtlinge dankten es ihnen. Der erste Schritt zum Fall der Mauer bzw. des „Eisernen Vorhangs“ war getan. Ungarn sicherte sich jahrelang einen Spitzenplatz in der wirtschaftlichen Entwicklung, aus dem Ausland kamen Investoren ebenso zahlreich wie Touristen. Erst vor wenigen Jahren begann ein Rückschlag: galoppierende Inflation, hohe Schulden, verärgerte Menschen auf der Straße, massive Proteste gegen die gerade wiedergewählte Regierung. Die **Wirtschaftskrise** 2008/2009 traf Ungarn besonders hart, zu viel war auf Pump finanziert worden. Der Lebensstandard fiel wieder, die Sehnsucht nach den „guten alten Zeiten“ wuchs bei einigen. Hinzu kamen politische und gesellschaftliche Schwierigkeiten: Probleme mit der Minderheit der Sinti und Roma, von vielen als „Zigeuner“ beschimpft und verachtet, der Aufstieg der rechtsnationalen Jobbik-Partei, schwerer Krach mit dem Nachbarland Slowakei um die Behandlung der ungarischen Minderheit dort. Und doch überwiegen die Erfolge der letzten zwei Jahrzehnte: Ungarn ist, wie schon lange nicht mehr in seiner Geschichte, ein völlig selbstbestimmtes Land, die Demokratie festigt sich, die Menschen lernen den Umgang mit der Freiheit, und mit der Mitgliedschaft in EU und NATO können sie sich erstmals in der langen Geschichte ihrer Heimat fast völlig sicher fühlen – nicht mehr allein gelassen wie so oft in den Jahrhunderten zuvor.

Mirko Kaupat, im Sommer 2010

Hinweise zur Benutzung des Reiseführers

Ungarn wird im vorliegenden Reiseführer im Rahmen acht großer Kapitel vorgestellt: Die **„Praktischen Tipps A–Z"** enthalten alle wichtigen reisepraktischen Empfehlungen für Reisevorbereitung und -durchführung; in **„Land und Leute"** erfolgt eine kurze Landeskunde mit allen wichtigen Fakten zu Natur, Geschichte, Bevölkerung etc.; in den folgenden **sechs Regionalkapiteln** werden Landschaften, Regionen, Dörfer, Städte und Sehenswürdigkeiten des Landes vorgestellt (beginnend mit der Hauptstadt Budapest und weiter gegen den Uhrzeigersinn von Westen nach Norden). Am Ende des Buches finden sich der **Anhang** (Literatur, Reise-Gesundheitsinformationen, Register) sowie ein 24-seitiger **Atlas.** Auf die Karten dort ebenso wie auf die Stadtpläne im Buch wird in den Kopfzeilen und nach größeren Ortschaften/Städten und Sehenswürdigkeiten verwiesen.

Hinweis: Die **Internet- und E-Mail-Adressen** in diesem Buch können – bedingt durch den Zeilenumbruch – so getrennt werden, dass ein Trennstrich erscheint, der nicht zur Adresse gehören muss!

Inhalt

Praktische Tipps A–Z

(unter Mitarbeit von *Elfi H. M. Gilissen*)

Land und Leute

Budapest

Exkurse

Karten

Stadtpläne

Budapests Umgebung

Westungarn

Balaton (Plattensee) und Umgebung

Südungarn

Nord- und Ostungarn

Anhang

ung157 Foto: mk

Praktische Tipps A–Z

ung156 Foto: mk

ung158 Foto: mk

Ungarische Spezialitäten
in der Budapester Markthalle

Ausflugsboot auf dem Theiß-See

Werbung am Wegesrand

Anreise

Die Wahl des Verkehrsmittels für eine Reise nach Ungarn **hängt sehr vom Startpunkt ab:** Aus Österreich oder aus Süd- und Südostdeutschland ist es nicht weit per Bahn oder auch mit dem eigenen Auto, aus der Westschweiz oder von der Nordseeküste ist es dagegen alles andere als ein Katzensprung. Wer etwa mit dem eigenen Wohnmobil unterwegs sein will, hat aber dennoch keine Weltreise vor sich, und auch die Bahnverbindungen sind sehr vernünftig. Flüge, auch mit „Billigfliegern", stehen ebenfalls zahlreich zur Verfügung. In Ungarn kann man dann zu erschwinglichen Preisen ein Auto mieten, ein Fahrrad leihen oder die Bahn mit ihrem sehr gut ausgebauten Netz benutzen.

Anreise mit dem Auto

Per Auto sollte man aus der deutschen Hauptstadt nach Budapest mindestens acht bis neun Stunden einplanen, aus Wien reichen bei guter Verkehrslage zweieinhalb Stunden, aus Zürich sind es kaum unter zehn Stunden. Wer die Autobahn meiden und landschaftlich schöne Strecken in aller Ruhe fahren will, braucht natürlich deutlich länger.

Aus Deutschland

Aus Deutschland haben Autofahrer **mehrere Möglichkeiten,** je nachdem, wo sie die Reise beginnen:

Auf der **A3** über Nürnberg und Regensburg nach Österreich, dann vorbei an Linz und Wien, anschließend nach Ungarn (erste größere Stadt ist Győr, dann Budapest). Diese Route ist wohl für die meisten Deutschen zu empfehlen.

Auf der **A8** von München nach Salzburg, dann weiter über Linz und Wien nach Ungarn. Dies kann eine Alternative für Fahrer aus dem Süden und Südwesten Deutschlands sein.

Auf der **A17** von Dresden in die Tschechische Republik und dann weiter über Prag und Brünn (Brno), dann entweder in die slowakische Hauptstadt Bratislava oder nach Wien und von dort nach Ungarn. Diese Strecke empfiehlt sich durchaus für Reisende aus Ostdeutschland inklusive Berlin sowie unter Umständen auch aus Nord- und Nordwestdeutschland. Sie überquert zwar mehrere Grenzen, doch Tschechien und die Slowakei sind wie Ungarn Mitgliedsstaaten des Schengener Abkommens, daher gibt es keine Kontrollen und Wartezeiten an den Grenzen. Außerdem ist die Strecke attraktiv für alle, die unterwegs vielleicht einen Blick auf Prag werfen wollen. Der Abschnitt hinter Dresden führt durch die Sächsische Schweiz und ist landschaftlich sehr reizvoll.

Alle österreichischen und die meisten tschechischen **Autobahnen,** ebenso die slowakischen, sind **gebührenpflichtig.** Vignetten kann man unter anderem an den Grenzen und an Tankstellen erwerben. Gegebenenfalls lassen sich mit einer guten Landkarte alternative Strecken auf Land- und Bundesstraßen finden. Dafür muss dann aber deutlich mehr Zeit eingeplant werden.

Maut & Vignettenpreise (für Pkw)

- **Österreich:** 10-Tagesvignette 7,90 Euro, Zweimonatsvignette 22,90 Euro.
- **Tschechien:** 10-Tagesvignette 250 CZK, Monatsvignette 350 CZK.
- **Slowakei:** 7-Tagesvignette 4,90 Euro, Monatsvignette 9,90 Euro.
- **Ungarn:** 10-Tagesvignette 2550 HUF, Monatsvignette 4200 HUF.

Aus Österreich

Aus Österreich bieten sich abhängig von Start und Ziel viele Möglichkeiten, Ungarn zu erreichen. Die am häufigsten genutzte ist sicher die **A4** von Wien über Győr nach Budapest, die in Ungarn **M1** heißt. Wer beispielsweise in die Grenzstadt Sopron will, nimmt die **A3** aus Wien. Wer aus Südösterreich anreist, etwa aus Klagenfurt, fährt auf der **A2** über Graz nach Osten und hat dann mehrere Grenzübergänge zur Auswahl. Um den Plattensee zu erreichen, kann man zum Beispiel schon beim ungarischen Städtchen Szentgotthárd die Grenze überqueren und dann durch den landschaftlich schönen Őrségi-Nationalpark immer ostwärts recht schnell an den Balaton gelangen.

Aus der Schweiz

Aus der Schweiz sollte man auf der **Straße Nr. 1** über Winterthur und St. Gallen fahren. Die Strecke durch Österreich über Innsbruck lohnt sich kaum, schneller geht es über das österreichische Bregenz am Bodensee und dann auf der A96 nach München, von dort auf der A8 nach Salzburg sowie über Linz und Wien nach Ungarn – wie oben bei den Strecken aus Deutschland beschrieben. Verbindun-

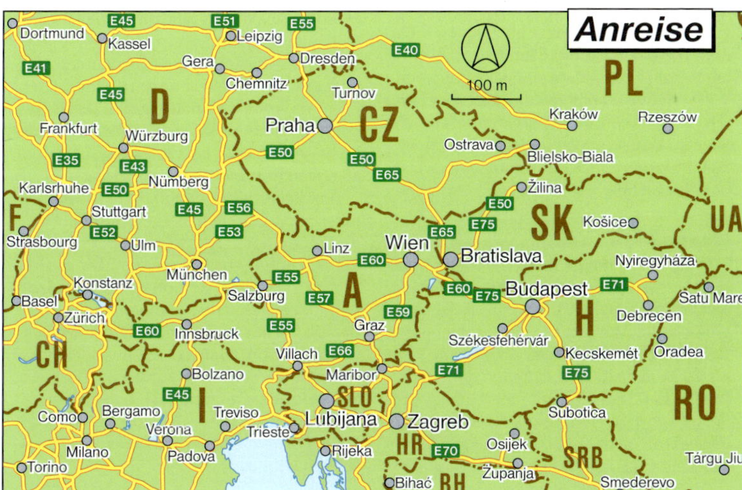

gen, die näher an der Luftlinie zwischen der Schweiz und Ungarn liegen würden, sind wegen der „im Weg stehenden" Alpen fast ausgeschlossen.

Anreise mit dem Flugzeug

Die meisten **Nonstop-Linienflugverbindungen** aus dem deutschsprachigen Raum gehen **nach Budapest,** z.B. mit der ungarischen Gesellschaft Malév und mit Lufthansa sowie von Zürich mit Swiss und von Wien mit Austrian Airlines. Aus Berlin, Frankfurt und Zürich dauert der Flug nach Budapest gut anderthalb Stunden, aus Wien meist knapp unter einer Stunde. Der **Airport Budapest Ferihegy** liegt 16 Kilometer außerhalb der Stadt.

Daneben gibt es eine ganze Reihe von **Umsteigeverbindungen** nach Budapest, die zwar billiger sein können als die Nonstop-Flüge, bei denen man aber auch eine längere Flugdauer einkalkulieren muss. Diese sind mit den oben genannten Fluggesellschaften von anderen Flughäfen im deutschsprachigen Raum möglich, aber auch z.B. mit Czech Airlines über Prag und mit Air France über Paris.

Mini „Flug-Know-how"

Check-in

Nicht vergessen: Ohne einen **gültigen Reisepass oder Personalausweis** (Letzteres nur für EU-Staatsbürger) kommt man nicht an Bord.

Bei den innereuropäischen Flügen muss man mindestens **eine Stunde vor Abflug** am Schalter der Airline eingecheckt haben. Viele Airlines neigen zum Überbuchen, d.h. sie buchen mehr Passagiere ein, als Sitze im Flugzeug vorhanden sind, und wer zuletzt kommt, hat dann möglicherweise das Nachsehen.

Das Gepäck

In der **Economy Class** darf man in der Regel nur Gepäck **bis zu 20 kg pro Person** einchecken und zusätzlich ein Stück Handgepäck von 7 kg in die Kabine mitnehmen, welches eine bestimmte Größe von 55 x 40 x 23 cm nicht überschreiten darf. In der **Business Class** sind es meist 30 kg pro Person und zwei Handgepäckstücke, die insgesamt nicht mehr als 12 kg wiegen dürfen. Man sollte sich beim Kauf des Tickets über die Bestimmungen der Airline informieren.

Flüssigkeiten oder vergleichbare Gegenstände in ähnlicher Konsistenz (z.B. Getränke, Gels, Sprays, Shampoos, Cremes, Zahnpasta, Suppen, Käse) dürfen nur in der Höchstmenge von jeweils 0,1 Liter als Handgepäck mit ins Flugzeug. Die Flüssigkeiten müssen in einem durchsichtigen, wiederverschließbaren Plastikbeutel transportiert werden, der maximal einen Liter Fassungsvermögen hat. Da sich diese Regelungen ändern können, sollte man sich im Reisebüro oder bei der Airline nach den aktuellen Bestimmungen erkundigen.

Aus Sicherheitsgründen dürfen **Taschenmesser, Nagelfeilen, Nagelscheren,** sonstige Scheren und Ähnliches nicht im Handgepäck untergebracht werden. Diese Gegenstände sollte man unbedingt im aufzugebenden Gepäck verstauen, sonst werden sie bei der Sicherheitskontrolle einfach weggeworfen. Darüber hinaus gilt, dass Feuerwerke, leicht entzündliche Gase (in Sprühdosen, Campinggas), entflammbare Stoffe (in Benzinfeuerzeugen, Feuerzeugfüllung) etc. nichts im Passagiergepäck zu suchen haben.

Ein kleiner, aber wichtiger touristischer Flughafen liegt wenige Kilometer westlich des Balaton zwischen Kis-Balaton und dem großen See. Der **Fly Balaton Airport** mit seiner etwas skurrilen Zufahrt über Betonplatten vorbei an ruinierten Militärgebäuden bringt die Touristen direkt zum Plattensee. Die **Lufthansa** landet hier aus Frankfurt, Düsseldorf und Hamburg. Die Fluggesellschaft **Hamburg International** steuert das Ziel aus Dresden und Leipzig an. Es verkehren zwar Busse von diesem Flughafen, doch hauptsächlich ist man bei Fly Balaton auf eine Abholung oder einen Mietwagen angewiesen (Autovermietungen sind vorhanden). Ansonsten sollte man sich überlegen, bei vergleichbaren Angeboten nicht doch lieber nach Budapest zu fliegen. Von dort sind es mit dem Zug auch nur zwei Stunden an den Plattensee.

Flüge aus dem deutschsprachigen Ausland **zu anderen ungarischen Flughäfen** sind die Ausnahme. Nach Debrecen fliegt aus Dresden/Leipzig die Gesellschaft Hamburg International gegenwärtig einmal in der Woche. Der ehemalige Militärflughafen Szeged soll als internationaler Airport eröffnet werden, ein Termin steht einstweilen noch nicht fest.

Flugpreise

Ein Economy-Ticket von Deutschland, Österreich und der Schweiz hin und zurück nach Budapest bekommt man je nach Jahreszeit und Aufenthaltsdauer **ab knapp über 100 Euro** (inkl. aller Steuern, Gebühren und Entgelte). Am teuersten ist es in der Hauptsaison von Mai bis Oktober, in der die Preise für Flüge in den Sommerferien im Juli und August besonders hoch sind und über 300 Euro betragen können.

Kinder unter zwei Jahren fliegen ohne Sitzplatzanspruch für 10% des Erwachsenenpreises, ansonsten werden für ältere Kinder die regulären Preise je nach Airline um 25–50% ermäßigt. Ab dem zwölften Lebensjahr gilt der Erwachsenentarif.

Indirekt sparen kann man als Mitglied eines **Vielflieger-Programms** wie www.star-alliance.com (Mitglieder u.a. Austrian Airlines, Lufthansa, Swiss), www.skyteam.com (Mitglieder u.a. Air France, Czech Airlines) sowie www.oneworld.com (Mitglieder u.a. Málev). Die Mitgliedschaft ist kostenlos, und die innerhalb eines Verbundes gesammelten Flugmeilen reichen dann vielleicht schon für einen Freiflug bei einer der Partnergesellschaften beim nächsten Flugurlaub. Bei Einlösung eines Gratisfluges ist langfristige Vorausplanung nötig.

Buchung

Für die Tickets der Linienairlines bekommt man bei folgenden **zuverlässigen Reisebüros** meistens günstigere Preise als bei vielen anderen:

- **Jet-Travel,** Buchholzstr. 35, 53127 Bonn, Tel. 0228 284315, Fax 284086, www.jet-travel.de. Sonderangebote auf der Internetseite unter „Schnäppchenflüge".
- **Globetrotter Travel Service,** Löwenstr. 61, 8023 Zürich, Tel. 044 2286666, www.globetrotter.ch. Weitere Filialen siehe Website.

Die vergünstigten Spezialtarife und befristeten Sonderangebote kann man nur bei wenigen Fluggesellschaften in ihren Büros oder direkt auf ihren Webseiten buchen; diese sind jedoch immer auch bei den oben genannten Reisebüros erhältlich. Im Übrigen sollte man wissen, dass die günstigsten Flüge keineswegs immer online buchbar sind. Häufig haben Jet-Travel und der Globetrotter Travel Service auf Anfrage preiswertere Angebote.

Billigfluglinien

Preiswerter geht es mit etwas Glück nur, wenn man bei einer Billigairline **früh online bucht.** Es werden keine Tickets ausgestellt, sondern man bekommt nur eine Buchungsnummer per E-Mail. Zur Bezahlung wird in der Regel eine Kreditkarte verlangt.

Im Flugzeug gibt es oft **keine festen Sitzplätze. Verpflegung** wird **extra berechnet,** bei einigen Airlines auch aufgegebenes Gepäck. Für die Region interessant sind:

- **Easy Jet,** www.easyjet.com. Von Berlin-Schönefeld, Dortmund und Genf nach Budapest.
- **Germanwings,** www.germanwings.com. Von Hannover, Köln/Bonn und Stuttgart nonstop sowie von Berlin-Schönefeld, Dresden, Hamburg, Leipzig/Halle, Rostock, Salzburg und Zürich über Köln/Bonn oder Stuttgart nach Budapest.

Buchtipps – Praxis-Ratgeber:
- Frank Littek
Fliegen ohne Angst
- Erich Witschi
Clever buchen, besser fliegen
(beide Bände Reise Know-How Verlag)

- **Wizz Air,** www.wizzair.com. Von Weeze am Niederrhein und Eindhoven/Niederlande nach Budapest.

Last Minute

Wer sich erst im letzten Augenblick für eine Reise nach Budapest entscheidet oder gern pokert, kann Ausschau nach Last-Minute-Flügen halten, die von einigen Airlines mit deutlicher Ermäßigung **ab etwa 14 Tage vor Abflug** angeboten werden. Diese Last-Minute-Flüge lassen sich nur bei Spezialisten buchen:

- **L'Tur,** www.ltur.com, Tel. 00800 21212100 (gebührenfrei für Anrufer aus Europa); 165 Niederlassungen europaweit.
- **Lastminute.com,** www.lastminute.de, (D)-Tel. 01805 284366 (0,14 €/Min.), für Anrufer aus dem Ausland Tel. 0049 89 4446900.
- **5 vor Flug,** www.5vorflug.de, (D)-Tel. 01805 105105 (0,14 €/Min.), (A)-Tel. 0820 203 085 (0,14 €/Min.).
- **Restplatzbörse,** www.restplatzboerse.at, (A)-Tel. (01) 580850.

Anreise mit dem Bus

Von mehreren Städten in Deutschland steuert die **Deutsche Touring GmbH** mehrmals wöchentlich Budapest an. Die **Fahrzeiten sind relativ lang.** So dauert die Reise von Berlin nach Budapest gut 14 Stunden und kostet derzeit 76 Euro (hin und zurück 141 Euro). Es werden meist Sonder- und Aktionspreise für begrenzte Kontingente an Fahrkarten angeboten. Aus Köln dauert es gut 16 Stunden nach Budapest, aus Hamburg 19 Stunden und aus München immerhin noch 10 Stunden.

Die Mitnahme von **Reisegepäck** ist auf zwei Gepäckstücke in Koffermaßen und ein Stück Handgepäck pro Person begrenzt, das Handgepäck ist frei. Wenn es die Kapazitäten zulassen, kann nach Ermessen der Fahrer ein drittes Gepäckstück gegen eine Gebühr von 5 Euro mit auf die Reise gehen. Es ist daher unsicher, ob etwa ein Fahrrad mitgenommen werden kann. Wenn ja, dann muss es ordentlich in einem Karton verpackt sein.

Wichtig: Die **Reservierung für die Rückfahrt** (Rückbestätigung) muss für offen gelassene Rückfahrttermine vier Tage vor Fahrtantritt am Zielort durchgeführt werden, wofür vor Ort eine Gebühr von 3 Euro erhoben wird.

Vor allem **für Spätentschlossene** kann der Bus **eine Alternative** sein. Während bei Bahn und Billigfliegern viele Sonderangebote im Voraus gebucht werden müssen, lassen sich günstige Bustickets meist auch kurzfristig erwerben.

Informationen und Buchung – online oder persönlich – gibt es bei **Gleisnost,** Bertoldstr. 44, 79098 Freiburg, Tel. 0761 383031, www.gleisnost.de/bus.

Aus Wien braucht **Eurolines** (www.eurolines.at) nur drei bis vier Stunden, und die Fahrt kostet in eine Richtung ohne Ermäßigung 29 Euro.

Aus Zürich (www.alsa-eggmann.ch) fährt der Reisebus fast 20 Stunden; Preis: 145 CHF.

Eurolines fährt auch nach Siófok am Balaton. Die Busse auf dem Weg nach Budapest halten in Győr.

Anreise mit der Bahn

Es gibt einige recht schnelle und komfortable **Direktverbindungen nach Budapest** und zahlreiche weitere Möglichkeiten mit Umsteigen in Wien.

Ab Berlin, München und Zürich fahren jeden Abend **Euronight-Züge,** mit denen man am Morgen Budapest erreicht. Sie führen Sitz-, Liege- und Schlafwagen. Aus Hamburg, Köln, Frankfurt und anderen Städten bestehen solche Nachtverbindungen bis Wien, wo man morgens umsteigt und dann ebenfalls noch vor dem Mittag in Budapest ankommt.

Wer lieber am Tag reist, kann zwischen etlichen Umsteige-Verbindungen wählen oder nimmt einen der direkten **EuroCity-Züge** z.B. ab Hamburg, Dresden oder Berlin. Ab München, Zürich und einigen Städten in Österreich fahren die neuen **RailJet-Züge** der Österreichischen Bahn.

Fahrzeitbeispiele über Tag: ab Hamburg 14, ab Berlin oder Zürich 12, ab München 8 und ab Wien 3 Stunden.

ung148 Foto: mk

Bahnhof Keleti in Budapest

Für alle Zugverbindungen gibt es von jeder der beteiligten Bahngesellschaften eine sehr breite und ständig wechselnde Palette von **Sparangeboten,** weshalb es kaum möglich ist, eine allgemeingültige Aussage zu Preisen zu treffen. Wie fast immer, gilt auch hier: Wer die Hauptreisetage meidet und frühzeitig bucht, bekommt die preiswertesten Tickets. Damit ist es ohne Weiteres möglich, **schon für unter 50 Euro** von Berlin, Köln, Hamburg oder Zürich bis nach Ungarn zu gelangen.

Da Ungarn in weiten Teilen gut mit Schienen vernetzt ist, bietet sich eine Entdeckung des Landes per Bahn durchaus auch als Alternative oder Ergänzung zum Autofahren an. Auch wer z.B. an den Balaton reist und dort den See per Zug umrunden will (die Schienen verlaufen die meiste Zeit sehr dicht am Wasser), oder wer auf Fahrradtour geht, aber zwischendurch Zugstrecken einschiebt, kann so auf seine Kosten kommen.

Wer also vor Ort häufig mit dem Zug unterwegs sein will, kann z.B. vom **Inter-Rail One Country Pass** profitieren, den es in zahlreichen Varianten gibt und der flexibles und preiswertes Reisen ermöglicht.

Auch hier ist, wie bei den Anreisemöglichkeiten, die Auswahl groß. Um einen vollständigen Überblick zu erhalten, sollte man die Beratung durch eine **spezialisierte Bahnagentur** in Anspruch nehmen. Man erhält dort alle Tickets abgestimmt aufeinander aus einer Hand. Auf Wunsch werden sie zugeschickt. Zu empfehlen ist:

- **Gleisnost am Stadttheater,** Bertoldstr. 44, 79098 Freiburg, Tel. 0761 383031; **Gleisnost im Bahnhof Littenweiler,** Lindenmattenstr. 18, 79117 Freiburg, Tel. 0761 62037; www.gleisnost.de.

Ausrüstung

Das Klima im ganzen Land ist mild und geprägt von warmen bis heißen Sommern, sehr angenehmen Temperaturen im Herbst und Frühling sowie einem eher gemäßigten Winter. Besonders im Süden des Landes kann es bereits im Mai und Juni bei gleißender Sonne zu sehr hohen Temperaturen kommen. Daher ist ein effektiver **Sonnenschutz** – inklusive Kopfbedeckung – nicht nur für Badeurlauber unverzichtbar. Auch bei Stadtbesichtigungen, Wanderungen, Bootsfahrten und sogar im Auto bei offenem Fenster kann man sich schnell einen Sonnenbrand oder sogar Hitzeschlag einfangen. Natürlich empfehlen sich bei Hitze auch leichte und helle Kleidung sowie ausreichende Wasservorräte.

Ungarn ist ein Land der Heilquellen und -bäder, ganz abgesehen von den zahlreichen Hallen- und Freibädern sowie den kleinen und großen Seen. Daher sollten **Badesachen** unbedingt mitgeführt werden – inklusive einem **großen Handtuch,** das in Ungarn nicht in allen kleinen Pensionen und privaten Übernachtungsplätzen zum Standard gehört. Bademützen werden kaum verlangt.

Sinnvoll ist die Mitnahme eines kleinen **Wörterbuchs** bzw. Sprachführers (z.B. aus der Reihe Kauderwelsch, siehe Anhang). Zwar findet sich bei Ratlosigkeit meist ein freundlicher und sprachkundiger Helfer, doch gelegentlich steht ein Ausländer in Ungarn einfach völlig ratlos vor einem Hinweisschild oder einer nicht übersetzten Speisekarte.

Mücken- und Zeckenschutz

Der Westen und einige Landstriche im Norden des Landes gehören nach den Daten des Robert-Koch-Instituts zu den **Hochrisiko-Gebieten für Zeckenbisse.** Hier wird eine Schutzimpfung empfohlen. Auch Budapest liegt in der besonders gefährdeten Zone, wenn auch am Rande. Der Süden um Szeged und die meisten Gebiete im Osten sind weniger stark gefährdet. Neben einer eventuellen Impfung sollte eine in der Apotheke erhältliche Zeckenzange oder zumindest eine gute Pinzette zur Ausrüstung gehören. Wer sich nach Spaziergängen im Wald oder in hohem Gras abends selbst untersucht, ist auf der sicheren Seite. Entdeckt man eine Zecke, so sollte sie per Drehbewegung vorsichtig entfernt werden, sodass man den giftigen Inhalt des Schädlings beim Herausziehen nicht in den Körper presst. Mehr zum Thema Zecken auch unter dem Stichwort „Gesundheit" und im Internet unter www.zecke.de (mit Risikogebieten auf der Europakarte).

Weniger gefährlich, aber extrem lästig können **Mücken** sein, die den Reisenden beim Ungarn-Urlaub oft heimsuchen, denn viele der beliebtesten Ziele liegen am Wasser. Anti-Mücken-Präparate, Duftkerzen und andere abschreckende Methoden gegen die Blutsauger sind also nicht nur für Camper obligatorisch – ebenso wie eine Salbe für die Stiche, die man trotz allem nicht vermeiden konnte.

Fotomaterial

Mechanische Fotoapparate geraten immer mehr aus der Mode, Filme dafür sind aber in allen ungarischen Städten – und in touristischen Regionen – noch immer erhältlich. Auch die Entwicklung von Filmen sowie der professionelle Ausdruck von Digitalfotos werden flächendeckend angeboten. Die Mehrheit der Urlauber reist mit **Digitalkamera** im Gepäck und wird sich daher für Akkus und Speicherkarten interessieren. Besonders Letztere können problemlos erstanden werden, sogar in vielen Supermärkten.

Karten

Stadtpläne der wichtigsten Orte sind in diesem Buch abgedruckt. In den Touristeninformationsbüros der Städte werden **„City Maps"** meist kostenlos zur Verfügung gestellt. Oft liegen sie aber nicht bei dem offen zugänglichen Werbematerial, sondern man muss am Schalter nach ihnen fragen. Je nach Ort reichen sie von einem richtigen Stadtplan mit vielen Zusatzinformationen bis hin zu bloßen Handzetteln mit einer Darstellung des Zentrums.

Zur ganz **schnellen Orientierung** dienen auch die großen Schilder, die in Hunderten von Dörfern, Städten und Großstädten meist an zentralen Plätzen aufgestellt sind. Neben einem Stadtplan finden sich auf ihnen sehr oft auch Sehenswürdigkeiten, Adressen von Restaurants und Unterkünften oder auch Banken und Geschäfte.

Bei der Wahl einer Ungarn-Karte sollte man auch auf ihre **Aktualität** achten, denn gerade der Autobahnbau schreitet voran und eröffnet den Reisenden fast von Monat zu Monat neue Möglichkeiten. Ergänzend kann man sich vor einem bestimmten Reiseabschnitt im Internet informieren und den Stand mit der eigenen Landkarte vergleichen.

Sehr empfehlenswert ist die **Ungarn-Karte** aus dem world mapping project des Reise Know-How Verlags im Maßstab 1:550.000 (siehe Anhang).

Autofahren

Im Großen und Ganzen ist die Fortbewegung mit dem eigenen Fahrzeug in Ungarn durchaus angenehm und in Ermangelung allzu weiter Entfernungen auch meist nicht sehr langwierig. Gerade in den letzten Jahren sind eine Reihe neuer Autobahnabschnitte hinzugekommen, weitere sind in der Bau- oder Planungsphase. So kann man das über 150 Kilometer entfernte Szeged von Budapest aus heute bereits in anderthalb oder zwei Stunden erreichen, was die südungarische Stadt fast schon zum Ausflugsziel für die Hauptstädter macht. Drei weitere große Autobahnstrecken führen von Budapest in jeweils entgegengesetzte Himmelsrichtungen: südwestlich zum Balaton, an ihm entlang und künftig durchgehend bis nach Kroatien, nordöstlich nach Miskolc, Nyíregyháza und Debrecen sowie gen Nordwesten über Győr bis nach Wien.

Autobahnen sind generell gebührenpflichtig, aber vergleichsweise günstig. Für derzeit etwa 1500 HUF erwirbt man an Grenzübergängen und Tankstellen, in Raststätten und an einigen anderen Verkaufspunkten eine **„Matrica" (Vignette).** Sie wird an der Windschutzscheibe angebracht und berechtigt zur unbegrenzten Fahrt auf allen ungarischen Autobahnen für vier Tage. Zehn Tage kosten ca. 2550 HUF, ein Monat 4200 HUF, ein ganzes Jahr schlägt mit 37.200 HUF zu Buche. Schwarzfahrer seien gewarnt, dass der Vignettenbesitz sehr häufig überprüft wird und zwar mit Kameras aus Autos, die am Straßenrand stehen. Die Strafen können hoch ausfallen. Die bestehenden **Autobahnen** sind **überwiegend in gutem Zustand** und erlauben ein schnelles, zuverlässiges Vorankommen. Rast-, Ess- und Tankmöglichkeiten sind ausreichend vorhanden.

Dicht ist das Autobahnnetz trotz aller Fortschritte nicht gerade, und deswegen werden die meisten Reisenden auf die **Landstraßen** angewiesen sein – auch und gerade, wenn man unterwegs einige interessante Ziele ansteuern will. Die Straßen sind meist gut befahrbar, wenn auch immer wieder recht holprig. Das gilt selbst für die großen Strecken, besonders jedoch natürlich für die auf den Landkarten gelb oder weiß eingezeichneten Verbindungen. Nicht asphaltierte Strecken gibt es wenige, eher schon behindern die **sehr zahlreichen Baustellen** das Fortkommen. Überhaupt ist jeder Autofahrer gut beraten, seine Fahrzeiten auf den Landstraßen großzügig zu planen, um nicht in Zeitnot zu geraten. Neben den Baumaßnahmen drücken vor allem die **häufigen Ortsdurchfahrten** den Durchschnitt auf oft nicht mehr als 60 Kilometer pro Stunde – Pausen und Besichtigungen unterwegs nicht eingerechnet. Deutsche, Österreicher und Schweizer müssen sich auch erst einmal an die **Bahnübergänge** gewöhnen, die wegen der geringen Zahl von Brücken und Tunneln häufiger vorkommen, viele von ihnen unbeschrankt. Wenn ein weißes Licht blinkt, ist die Fahrt frei. Ein Blick nach rechts und links empfiehlt sich trotzdem. Offiziell gelten auf Bahnübergängen in Ungarn außerorts 40 km/h und innerorts 30 km/h. Das ist auch notwendig, denn wer die teils extrem unebenen Übergänge zu schnell passiert, wird sich anschließend um Auto und Wirbelsäule kümmern müssen ... Die **Ausschilderung** ist größtenteils zuverlässig. Vorsicht ist auf Landstraßen geboten, die parallel zu Autobahnen führen. Wer die Vignette spart, sollte eine Landkarte griffbereit haben, denn zu einem Fernziel wie Szeged wird man immer auf die Autobahn geschickt, für die parallele Landstraße ist dagegen oft nur der nächste Ort angegeben.

Tendenziell wird in Ungarn recht **diszipliniert gefahren:** Wilde Überholmanöver sind selten, an Zebrastreifen halten viele Autos an, die Tempolimits werden eingehalten. Eine Besonderheit im Fahrverhalten vieler Ungarn ist das unvermittelte Herausschießen aus Nebenstraßen oder Einfahrten. Wer auf der Hauptstraße fährt, besonders außerhalb der Ortschaften, muss ständig damit rechnen und bremsbereit sein.

In größeren Städten sind **an den Ampeln** gelegentlich **Sekundenzähler** installiert. Diese zeigen die verbleibende Zeit, bis die Ampel umspringt – wer noch 50 Sekunden Zeit hat, kann also ganz in Ruhe noch einmal auf die Landkarte schauen.

Tankstellen

Neben den Tankstellen an Autobahnen stehen auch auf den Landstraßen durchweg **ausreichend** Benzinstationen bereit, eine Vielzahl davon hat lange oder sogar rund um die Uhr geöffnet. Dabei gilt, was auch für Deutschland, Österreich und die Schweiz der Fall ist: Alle Sorten sind bleifrei, angeboten werden Normalbenzin mit dem 95-Oktan-Zeichen sowie Super mit dem 98er-Zeichen und Diesel. Einige der größten Tankstellennetze betreiben Lukoil, MOV und MOL, westliche Konzerne sind ebenfalls vertreten. **Zahlung mit Kreditkarte** ist an praktisch allen Stationen dieser großen Konzerne möglich, einige Tankstellen kleinerer Unternehmen nehmen nur Bargeld. Viele Tankstellen betreiben auch eine Autowaschanlage, einige sogar mit Selbstbedienung. Die **Benzinpreise** liegen derzeit nur leicht unter denen in Deutschland. Auf kleineren Nebenstraßen, besonders in den Bergen, ist die Tankstellendichte naturgemäß kleiner. Hier sollte man rechtzeitig ans Auffüllen des Tanks denken.

Panne und Unfall

Notrufsäulen sind an allen Autobahnen installiert. Ansonsten gilt für alle Fahrer der **allgemeine Notruf** mit der Nummer **088.** So erreicht man die Straßenwacht des ungarischen Autoklubs MAK. Mitglieder des deutschen ADAC oder des österreichischen ÖAMTC wählen eine spezielle Telefonnummer, unter der sie auf Deutsch oder Englisch ihre Panne melden können (s.u.).

Auch die jeweiligen Autohersteller bieten oft europaweite Notfall- und Hilfsnummern mit entsprechendem Service an. Hier sollte man sich den entsprechenden Kontakt rechtzeitig heraussuchen und bereithalten. Gerade als Ausländer sollte man sich auch nicht scheuen, im Pannenfall vorbeifahrende Autos anzuhalten und die Fahrer um Hilfe zu bitten. Hilft alles nichts, so wird ein Anruf bei der Polizei notwendig.

Gleiches gilt bei einem Unfall, der sich nicht in gegenseitigem Einvernehmen und unbürokratisch lösen lässt. Unter dem **Polizei-Notruf 107** wird man einen deutsch- oder englischsprachigen Ansprechpartner finden. Selbst dem besten Autofahrer kann immer etwas passieren, daher sollte man stets daran denken, wo man gerade unterwegs ist, sodass man im Notfall seinen Standort der Polizei schnell und eindeutig angeben kann.

Notrufnummern im Ausland

- **Österreich:** ADAC Tel. 0043 1 2512060; ÖAMTC Tel. (01) 2512000.
- **Tschechien:** ADAC Tel. 0042 02 61104351; ÖAMTC Tel. (02) 61104318.
- **Slowakei:** ADAC Tel. 0042 02 61104351; ÖAMTC Tel. 00421 2 68249211.
- **Ungarn:** ADAC Tel. 0036 1 3451717; ÖAMTC Tel. 0036 1 3451723.

Parken

Das Parken ist in Ungarn besonders **häufig gebührenpflichtig.** Bei Sehenswürdigkeiten und anderen Punkten kassiert meist ein Parkwächter, in den Städten stehen Münzautomaten, an denen sich jeder einen Parkschein ziehen muss. Die Parkuhren sind meist einfach zu bedienen und dazu häufig auch mehrsprachig. Selbst kleinere Städte verlangen zumindest im Zentrum Parkgebühren, die generell zwischen 100 und 300 HUF pro Stunde liegen. Die **Automaten** nehmen in der Regel **nur Münzen,** deswegen sollte man immer einige im Auto parat haben – es wird nicht selten scharf kontrolliert, und die Strafen beginnen bei kaum unter 10.000 HUF. An Wochenenden und nach 18 Uhr sind die Parkplätze häufig – aber nicht immer – kostenlos. Mehr zu Parkmöglichkeiten in den Ortskapiteln.

Verkehrsregeln

Alkohol am Steuer ist komplett untersagt, es gilt also die **Null-Promillegrenze.**

Kinder bis zum Alter von 12 Jahren dürfen nicht vorn auf dem Beifahrersitz Platz nehmen, sondern müssen auf die Rückbank.

Außerhalb von Ortschaften ist es Pflicht, das **ganze Jahr** über **mit Abblendlicht** zu fahren – egal zu welcher Tageszeit. Innerorts muss das Licht nur bei Dunkelheit brennen.

Österreichische, schweizerische und deutsche **Führerscheine** werden akzeptiert, auch bei den Autovermietungen. Mitgeführt werden muss außerdem natürlich noch der Fahrzeugschein. Eine spezielle Versicherung ist nicht mehr vorgeschrieben.

Die allgemeinen **Geschwindigkeitsbeschränkungen** liegen für Autobahnen bei 130 km/h und für Autostraßen bei 110 km/h, für alle übrigen Straßen gelten 90 km/h, und in den mit weißen Schildern markierten Ortschaften sind es 50 km/h.

Autodiebstahl

Grundsätzlich handelt es sich bei Ungarn nach allgemeiner Erkenntnis um ein **sicheres Reiseland.** Das gilt auch fürs Autofahren. Natürlich kommt es zu Autodiebstählen, vorbeugend helfen hier das Abschließen des Fahrzeugs und die Entfernung von Wertsachen oder attraktiv aussehenden Gegenständen aus dem Blickfeld. Im Zweifelsfall empfiehlt sich der ordentliche und abends gut beleuchtete, wenn auch vielleicht gebührenpflichtige Parkplatz anstelle einer zum Beispiel kostenlosen, aber versteckten Abstellmöglichkeit. In den Städten, nicht nur bei den großen Hotels, existieren oft **bewachte Parkplätze,** die dann meist eine zusätzliche Gebühr kosten. Den Preis sollte man auf jeden Fall gleich am Anfang klären, um für später Überraschungen zu vermeiden. Auch in kleineren Pensionen sollte man immer nach einer sicheren Parkmöglichkeit auf dem Hof fragen. Bei den „Zimmer-frei"-Unterkünften gibt es ebenfalls sehr häufig die Gelegenheit dazu.

Die **Polizei** heißt in Ungarn **„Rendőrszég"** – einer der wenigen Fälle in Europa, wo der Name nicht einmal annähernd an das uns bekannte Wort erinnert. Allerdings wurde inzwischen schon an vielen Autos und Uniformen die englische Bezeichnung „Police" hinzugefügt. Die Polizeiautos sind weiß oder hellsilbern mit einem dicken blauen Querstreifen und kleineren roten Streifen. Sollte es zu einem Autodiebstahl kommen, muss sofort die Polizei informiert werden. Die Adressen und Telefonnummern der örtlichen Dienststellen sind in den jeweiligen Ortsbeschreibungen angegeben. Die allgemeine Notrufnummer lautet 107.

Autovermietung

Neben den international bekannten Autovermietern operieren auch je nach Region einige einheimische Anbieter sowie österreichische Unternehmen. Sie sind in allen größeren **Städten** und in **touristisch besonders erschlossenen Regionen** zu finden, ebenso an **Flughäfen** (auch an kleineren wie dem Fly-Balaton-Airport). Nähere Informationen dazu in den jeweiligen Ortskapiteln.

Einer der ungarischen **Anbieter** ist Fox Autorent (www.fox-autorent.com), ein österreichisches Unternehmen ist Buchbinder (www.buchbinder-rent-a-car.at). Für die einwöchige Miete eines Kleinwagens sollte man mit Versicherung und freien Kilometern mindestens rund 250 Euro einplanen, ohne Extras wie zweitem Fahrer, Kindersitzen und Navigation. Bei internationalen Anbietern und natürlich für größere Autos wird es eher teurer. Besondere Einschränkungen für EU-Ausländer und Schweizer gibt es bei den meisten Autovermietern nicht, ein EU-Führerschein ist von Vorteil, ein alter „Lappen" wird aber in der Regel auch akzeptiert. Durch Buchung über das Internet können manchmal bessere Preise erzielt werden. Man sollte sich aber über die Konditionen für einen eventuellen Rücktritt informieren, bevor man seine Kreditkartendetails angibt.

Behinderte

In den letzten Jahren wurde in Ungarn viel getan, um Behinderten in den verschiedensten Bereichen des Lebens den Alltag leichter zu machen. So wurden viele Fahrstühle und Rampen als Treppenersatz eingerichtet, Niedrigflurbusse, Parkplätze und ermäßigte Eintrittspreise für Behinderte geschaffen, um nur einige wichtige Beispiele zu nennen. Das Parlament verabschiedete ein Gesetz, das allen Behinderten das **Recht auf eine Umwelt ohne Hindernisse und Diskriminierung** einräumt. Allerdings muss auch erwähnt werden, dass Ungarn wie die meisten anderen postkommunistischen Länder nach der Wende in den 1990er Jahren auf einem sehr niedrigen Niveau startete. Von einer langen Tradition behindertengerechter Einrichtungen kann nicht die Rede sein. Immerhin können ziemlich viele der wichtigen Sehenswürdigkeiten auch per Rollstuhl besichtigt werden. Das liegt nicht zuletzt an dem insgesamt doch sehr ordentlichen Angebot an öffentlichen Verkehrsmitteln. Am Beispiel von Budapest ist das zu sehen: Auf den Gellértberg führt ein Linienbus, auf den Budaer Burghügel eine Seilbahn. Mit großen Einschränkungen müssen Behinderte dennoch immer rechnen – vom Bus mit Stufeneingang bis zum kaputten Fahrstuhl am Bahnhof und zu den Metrolinien der Hauptstadt, die zwar schier endlose Rolltreppen, aber oft keine Lifte vorweisen können. **Erfreulich ist die Entwicklung in vielen Hotels,** die sich inzwischen immer besser auf behinderte Gäste einstellen und dies auch auf ihren Internetseiten kenntlich machen.

Einige interessante Hinweise, Adressen und Links für behindertenfreundliches Reisen finden sich unter **www.behinderung.org/urlaub.**

Camping

Wildes Campen, etwa das Zelten in freier Natur am See- oder Flussufer, ist in Ungarn **nicht erlaubt.** Dafür gibt es aber im ganzen Land so viele Campingplätze, dass sich dennoch überall eine Gelegenheit bietet, sein mobiles Lager aufzuschlagen. Das Angebot reicht von riesigen Einrichtungen, die schon fast wie ein eigenes Dorf erscheinen, bis hin zu kleinen Privatgrundstücken ohne Strom und Wasser. Die größeren Anlagen bieten auch sehr häufig Holzhäuschen für zwei, vier oder sechs Personen an, die in der Regel **„Bungalows"** genannt werden. Auf Deutsch kann dieser Name in die Irre führen, weil er ein schickes, eher teures Angebot suggeriert. Normalerweise sind die Bungalows aber einfache Hütten mit Grundausstattung für Selbstversorger (kleine Küche, Bad), manchmal auch ohne sanitäre Einrichtungen. Wer eine Abwechslung von Pension, Hotel oder „Zimmer frei" sucht, findet hier eine gute Alternative, zumal die **Campingplätze nicht selten schön gelegen** sind, zum Beispiel am Seeufer mit eigenem Strand. Die Preise für ein „Bungalow" sind durchschnittlich mit denen für einfache Gästezimmer vergleichbar. Doch man sollte sich das Häuschen vorher anschauen: Viele sind in gutem Zustand, andere können aber auch schon aus Kommunismus-Zeiten stammen und ein wenig heruntergekommen sein.

Campingplätze sind auch eine gute Lösung für alle, die spät abends an ihrem Wunschziel ankommen und stressfrei eine Unterkunft finden wollen: Besonders die größeren Anlagen haben häufig rund um die Uhr geöffnet.

Wer mit **Wohnmobil** reist, wird kein Problem haben, einen Stellplatz mit Strom- und Wasserversorgung zu finden. Deutsche und Österreicher stellen die überwältigende Mehrheit der Campervan-Urlauber, doch meist ist auch eine ganze Reihe anderer Nationalitäten auf den Plätzen anzutreffen, sodass sich eine bunte Völkermischung ergibt.

ung143 Foto: mk

Wildes Campen ist verboten!

Sehr viele Campingplätze rühmen sich am Eingang mit wirklichen oder angeblichen Auszeichnungen ausländischer Campingführer. Kaum ein Reisender wird diese Referenzen nachprüfen können, daher sollte man sich immer selbst ein Bild machen.

Der **ungarische Campingverband** bietet auf seiner Webseite www.camping.hu auch in deutscher Sprache eine gute Übersicht der touristischen Regionen des Landes und einiger Campingplätze. Eine Broschüre zum Thema Campingurlaub kann beim Ungarischen Tourismusamt bestellt werden (www.ungarn-tourismus.de, www.ungarn-tourismus.at, www.ungarn-tourismus.ch). Campingplatz-Empfehlungen sind in diesem Buch bei den Ortsbeschreibungen genannt.

Einkaufen und Souvenirs

Viele aus Deutschland bekannte **Supermärkte** operieren auch in Ungarn. Hinzu kommen internationale Ketten. Üblicherweise versammeln sich einige von ihnen in direkter Nachbarschaft an der Ausfallstraße aus einer größeren oder mittelgroßen Stadt. Im Zentrum der Orte kann man dagegen meist in etwas kleineren Läden einkaufen. Einige der für Ungarn typischen Marken sind **CBA, Coop** und **ABC.** Letzteres steht im Volksmund auch ganz allgemein für einen nicht allzu großen Supermarkt. Wenn man also zu „ABC" geschickt wird, geht man in den Supermarkt, der aber nicht unbedingt ABC heißen muss.

Die **Öffnungszeiten** der Supermärkte liegen in der Regel zwischen 8 und 20 Uhr, häufig werden die Pforten auch schon um 7 Uhr geöffnet oder erst um 21 oder gar 22 Uhr geschlossen. Eine Reihe von Tesco-Hypermärkten ist sogar rund um die Uhr in Betrieb. Zumindest für die Supermärkte ändert sich an diesen Zeiten auch während der Wochenenden nicht viel (teilweise leicht verkürzte Öffnungszeiten). Anders an staatlichen Feiertagen: Dann haben selbst die größten Geschäfte geschlossen. Kleine Läden in Ortszentren oder Wohngebieten, die per Gesetz öffnen dürfen, bieten dann die einzige Alternative. Es gilt also die Faustregel: Irgendein offenes Geschäft findet man fast immer. Ansonsten gibt es noch die **Tankstellen,** die auch teilweise 24 Stunden am Tag geöffnet haben und Lebensmittel sowie andere Produkte verkaufen.

In Ungarn werden auch viele **Drogeriemärkte** mit für deutsche Ohren vertrauten Namen betrieben. Sie haben ähnlich lange Öffnungszeiten wie die mittelgroßen Supermärkte.

Der **Alkoholverkauf** unterliegt keinen besonderen Einschränkungen – jeder Erwachsene kann jederzeit Bier, Wein und Spirituosen in den meisten Lebensmittelgeschäften erstehen.

Kleinere Läden wie **Boutiquen** und **Fachgeschäfte** machen normalerweise ab Samstagnachmittag Schluss für den Rest des Wochenendes – dies kann aber auch abweichen, denn vorgeschrieben ist es ihnen nicht.

In den Städten findet sich auch am Wochenende und nachts eine **Apotheke** (ungar. *patika* oder *gyógyszértar*), die geöffnet ist.

Traditionelle **Straßen- und Wochenmärkte** stellen gute Gelegenheiten dar, typische ungarische Lebensmittel, Gebrauchsartikel, aber auch Kleidung, Geschenke und natürlich Imbisse zu erstehen. In größeren Städten übernehmen auch Markthallen gelegentlich diese Funktion. Diese haben aber eher Öffnungszeiten wie normale Geschäfte, sind also an Sonn- und Feiertagen geschlossen. Das gilt sogar für die berühmte Markthalle in Budapest.

Kredit- und EC-Kartenzahlung ist in fast allen größeren Supermärkten sowie in sehr vielen Tankstellen möglich, zahlreiche kleinere Läden (ähnlich wie einige kleine Pensionen und Restaurants) bieten diese Möglichkeit aber nicht oder nur begrenzt an. An den Kassen einiger Läden wird man vor dem Scannen der Produkte gefragt, ob man in bar oder per Karte zahlen will. Bei Sprachproblemen sollte man also die Karte zur Sicherheit gleich am Anfang vorzeigen, um Schwierigkeiten beim Bezahlen vorzubeugen.

Spezialitäten und Souvenirs

Ungarns einzelne Regionen haben ihren jeweils ganz speziellen Charakter – und somit auch ihre Spezialitäten. So wird man je nach Landstrich unterschiedliche **Weinsorten** im Angebot finden. Dabei existieren weit mehr gute Weinregionen als man auf den ersten Blick in Ungarn vermuten könnte: Neben den Gebieten um Eger, Tokaj und den Balaton preisen noch weitere Gegenden ihre „Traubensäfte" – und das fast durchweg mit sehr guter Qualität. Wer die Schau einer Degustation im Weinkeller, die durchaus empfehlenswert ist, schon kennt und einfach nur ein paar Flaschen kaufen will, kann auch einfach ganz „unkultiviert" in den Supermarkt gehen und damit teilweise Geld sparen. Selbst die großen Ketten führen meist die zur jeweiligen Region passenden Weine im Sortiment. Oder man sucht die etwas weniger touristischen Weinverkäufe, etwa im Keller eines Restaurants oder bei Privatleuten mit dem **Hinweisschild „Bor".** Hier sind vielfach sehr gute Preise auszuhandeln.

Der **Magenbitter „Unicum"** aus 40 Kräutern von der Marke „Zwack" ist in ganz Ungarn zu Hause und wird überall in den typischen bauchigen Flaschen diverser Größe angeboten.

Nicht vorbei kommt man selbstverständlich an den beiden großen **essbaren Nationalschätzen Salami und Paprika.** Wer in Szeged zu Besuch ist, bringt die dortige Salami der Marke „Pick" mit, die aber auch etwa in Budapest in allen denkbaren Varianten von jedem zweiten Stand in der Markthalle hängt. Wer kann, sollte keine abgepackte oder geschnittene, sondern eine ganze Salami kaufen und sie erst zu Hause anbrechen. Paprika kann sowohl in seiner rohen als auch in Pulverform erworben werden. Ein ganz besonders wertvolles Mitbringsel sind die **Paprikapasten** in kleinen Gläsern, die in vielen Geschäften und Supermärkten zu finden sind. Anders als das Pulver sind sie bei uns weitaus schwieriger zu erhalten, eignen sich aber geradezu perfekt zum Würzen aller möglichen Speisen zu Hause. Wer sich gleich einen kleinen Vorrat besorgt, wird noch über Monate oder Jahre leckere Speisen und schöne Erinnerungen an Ungarn genießen können. Die grobkörnigen Pasten gibt es meist nur in zwei Geschmacksvariationen: *erős* (scharf) und *édes* (mild), wobei Erstere tatsächlich mit Vorsicht genossen werden muss.

Ein klassisches Souvenir sind die meist rot-weiß geschmückten **Stoffsäckchen mit Paprikapulver** – auch erhältlich im Paket zusammen mit einem Holzlöffel zur Portionierung.

ung144 Foto: mk

Trachtenpuppe

Zu den letzten Punkten siehe auch das Kapitel „Essen und Trinken".

Hinzu kommen die nicht ess- oder trinkbaren Mitbringsel aus Ungarn. Dazu zählt vor allem die **Handwerkskunst,** etwa Kleidung oder Tücher mit den typischen Mustern, häufig mit vielen rot-weißen Elementen.

Ein- und Ausreise

Seit Ende 2007 gehört Ungarn – wie die möglichen Durchreiseländer Polen, Tschechien und Slowakei – zum Schengen-Raum. 2009 schloss sich auch die Schweiz diesem europäischen Vertrag an. Bei der Reise aus Deutschland, Österreich und der Eidgenossenschaft fallen also überhaupt **keine Grenzkontrollen** mehr an, auch nicht im Flugverkehr. Seit der Grenzöffnung im Rahmen des Schengener Abkommens sind neue, kleine Übergänge, etwa nach Österreich, eröffnet worden, bei denen man kaum merkt, dass man das eine Land verlassen und das andere betreten hat. Einen **Personalausweis** sollte man auf Reisen natürlich dennoch immer bei sich tragen, um sich identifizieren zu können. Spezielle Versicherungen, zum Beispiel für das eigene Auto, sind nicht erforderlich, sondern können freiwillig abgeschlossen werden.

Autofahrer benötigen ihren Führerschein und ihre Autopapiere. Ein EU-Führerschein wird empfohlen, aber die nationalen Führerscheine werden auch anerkannt.

In Deutschland, Österreich oder der Schweiz lebende **Bürger von Nicht-EU-Staaten** müssen grundsätzlich ein Visum bei der Botschaft der Republik Ungarn und bei den Staaten beantragen, die sie auf der Reise nach Ungarn durchqueren wollen.

- **Botschaft der Republik Ungarn**
- Unter den Linden 76, 10117 **Berlin,** Tel. 030-20310-0, www.mfa.gov.hu/emb/berlin.
- Bankgasse 4–6, 1010 **Wien,** Tel. 01-53780300, www.mfa.gov.hu/emb/vienna.
- Muristrasse 31, 3006 **Bern,** Tel. 031-3528572, www.mfa.gov.hu/emb/bern.

Die genannten Einreisebestimmungen entsprechen dem neuesten Stand. Man sollte sich aber im Zweifelsfall vor Reiseantritt noch einmal beim Auswärtigen Amt des Heimatlandes über eventuelle **aktuelle Entwicklungen** erkundigen:

- **Deutschland:** www.auswaertiges-amt.de, Tel. 030-5000-0, Fax 5000-3402.
- **Österreich:** www.bmeia.gv.at, Tel. 05-01150-4411, Fax 05-01159-0 (05 muss immer vorgewählt werden).
- **Schweiz:** www.dfae.admin.ch, Tel. 031-3238484.

Zoll

Die Zollabfertigung hat sich seit dem ungarischen EU-Beitritt und der damit einhergehenden Teilnahme am europäischen Binnenmarkt sowie nach dem Wegfall der normalen Grenzkontrollen deutlich vereinfacht. Wie in allen EU- und EFTA-Mitgliedsstaaten gelten jedoch weiterhin **nationale Ein-, Aus- und Durchreisebestimmungen,** z.B. für Tiere, Pflanzen, Waffen, starke Medikamente und Drogen. Zollbeamte dürfen nach wie vor im Grenzbereich kontrollieren, was stichprobenartig auch die ganze Zeit erfolgt. Als Urlauber in eine Kontrolle zu geraten, ist aber eher unwahrscheinlich.

Freimengen innerhalb von EU-Ländern

- **Alkohol** (für Personen über 17 Jahre): 90 l Wein (davon max. 60 l Schaumwein) oder 110 l Bier oder 10 l Spirituosen über 22 Vol.-% oder 20 l unter 22 Vol.-% oder eine anteilige Zusammenstellung dieser Waren.
- **Tabakwaren** (für Personen über 17 Jahre): 800 Zigaretten oder 400 Zigarillos oder 200 Zigarren oder 1 kg Tabak oder eine anteilige Zusammenstellung dieser Waren.
- **Anderes:** 10 kg Kaffee und 20 l Kraftstoff im Benzinkanister.

Freimengen für Schweizer

- **Alkohol** (für Personen ab 17 Jahren): 1 l Spirituosen (über 22 Vol.-%) oder 2 l Spirituosen (unter 22 Vol.-%) oder eine anteilige Zusammenstellung dieser Waren, und 4 l nichtschäumende Weine, und 16 l Bier.
- **Tabakwaren** (für Personen ab 17 Jahren): 200 Zigaretten oder 100 Zigarillos oder 50 Zigarren oder 250 g Tabak oder eine anteilige Zusammenstellung dieser Waren.
- **Anderes:** 10 l Kraftstoff im Benzinkanister; für Flugreisende bis zu einem Warenwert von insgesamt 430 Euro, über Land Reisende 300 Euro, alle Reisende unter 15 Jahren 175 Euro (bzw. 150 Euro in Österreich).

Freimengen bei der Rückkehr in die Schweiz

- **Alkohol** (für Personen ab 17 Jahren): 2 l bis 15 Vol.-% und 1 l über 15 Vol.-%.
- **Tabakwaren** (für Personen ab 17 Jahren): 200 Zigaretten oder 50 Zigarren oder 250 g Schnitttabak oder eine anteilige Zusammen-

stellung dieser Waren, und 200 Stück Zigarettenpapier.

- **Anderes:** Neu angeschaffte Waren für den Privatgebrauch bis zu einem Gesamtwert von 300 SFr. Bei Nahrungsmitteln gibt es innerhalb dieser Wertfreigrenze auch Mengenbeschränkungen.

Nähere Informationen

- **Deutschland:** www.zoll.de oder beim Zoll-Infocenter, Tel. 069 46997600.
- **Österreich:** www.bmf.gv.at oder beim Zollamt Klagenfurt Villach, Tel. 01 51433 564053.
- **Schweiz:** www.ezv.admin.ch oder bei der Zollkreisdirektion in Basel, Tel. 061 2871111.

Weiterreise in Nachbarländer

Das relativ kleine Ungarn grenzt an erstaunlich viele Staaten, und für Reisende mit etwas Zeitreserven kann es durchaus reizvoll sein, das ein oder andere Mal einen Blick in diese Nachbarländer zu werfen. Für diese gelten ganz unterschiedliche Einreisebestimmungen: Nach Slowenien, Kroatien und Rumänien genügt ein Personalausweis oder ein Reisepass, Kinder müssen bei den Eltern mit eingetragen sein oder einen eigenen Kinderausweis vorweisen können. Nach Serbien reicht der Personalausweis nicht; hier ist ein Reisepass verpflichtend, der noch für die Dauer des Aufenthalts gültig ist, am besten 90 Tage ab Einreise. In die Schengen-Länder Tschechien und Slowakei dagegen existieren keine Grenzkontrollen mehr. Wer also einen **Reisepass** mitführt, ist **vollkommen flexibel.**

Elektrizität

Steckdosen und elektrische bzw. technische Normen sind inzwischen in der gesamten EU (außer in Großbritannien und Irland) einheitlich geregelt, so auch in Ungarn. Adapter und sonstige Ausrüstung sind daher im Normalfall nicht notwendig. Nicht vergessen sollte man Aufladegeräte für Mobiltelefone und Akkus für Fotoapparate.

Essen und Trinken

Das klare Profil Ungarns mit den vielen international bekannten Markenzeichen verdankt das Land in erster Linie seiner Küche. Kaum ein Volk weiß sich im Besitz so vieler Gerichte und Lebensmittel, die jeder kennt und mit ihm in Verbindung bringt.

Vegetarier übrigens haben es angesichts der geballten Fleischmacht in Ungarn nicht ganz leicht, viele Lokale stellen sich aber inzwischen auch auf ihre Bedürfnisse ein.

Paprika

Vielleicht der wichtigste Inhaltsstoff der ungarischen Küche ist die Paprika *(paprika)* – als Gewürzpulver, Gewürzpaste aus dem Glas oder als Schote. Während die Pflanze ursprünglich aus Mittel- und Südamerika stammt und dann in ganz Europa verbreitete, so fand sie doch in Ungarn seit dem 17. Jahrhundert ein besonderes Zuhause. Schon der heutige Name

ung145 Foto: mk

„Paprika“ stammt nach Meinung der meisten Sprachforscher vom ungarischen Wort für „Pfeffer“ ab. Die Stadt Kalocsa nahe der Donau gilt als eine Hauptstadt der Pflanze, weil in der Umgebung die klimatischen Bedingungen besonders günstig sind. Und im etwas weiter südlichen Szeged entwickelte das Brüderpaar *Pálffy* im 19. Jahrhundert neue Abstufungen der Pflanzen – heute werden von mild bis sehr scharf in Ungarn insgesamt sechs Geschmacksrichtungen unterschieden. Der Szegeder Wissenschaftler *Albert Szent-Györgyi* erhielt 1937 den Nobelpreis in Physik für seine Entdeckungen zum Vitamin-C-Gehalt der Paprika (sieben Mal höher als in Orangen). *Szent-Györgyi* wurde übrigens 93 Jahre alt – offenbar schenkte ihm die Paprika lange Gesundheit.

Ein malerisches Bild, besonders im Herbst, ergeben die dunkelroten **Paprikaschoten,** die über Eingängen von Geschäften und Häusern hängen.

Salami

Ebenfalls aus Szeged stammt eine bekannte Salami *(szalámi).* Zwar sind bei der Salami wohl die Italiener die Pioniere gewesen (der Name stammt auch aus dem Italienischen), aber dennoch gehört die ungarische Salami zu

Paprika – ein kulinarisches Sinnbild des Landes

den wichtigsten Varianten in Europa. Ein gewisser *Mark Pick* begann Ende des 19. Jahrhunderts, Salami in seiner Heimatstadt Szeged zu produzieren. Bis heute ist **Pick Szeged** mit seiner „Wintersalami" einer der berühmtesten Hersteller der würzigen Dauerwurst mit der Naturschimmel-Hülle. Am besten schmeckt sie, wenn man sie im Stück kauft und dann frisch aufschneidet.

Gulasch

Ein Gericht, dass wenn nicht die Welt, so doch sehr viele Länder eroberte, ist das Gulasch. Dieser Name stammt aus dem Ungarischen: **„Gulyás"** hieß ursprünglich „Rinderhirtenfleisch" und bezeichnet heute die klassische Gulaschsuppe, die oft stilecht im Kessel über einem Feuer serviert wird (am schönsten natürlich in einem riesigen Metallbehälter über einem kleinen Lagerfeuer unter freiem Himmel). Dazu gibt es Kartoffeln oder Brot. Der Preis einer Gulaschsuppe ist auch immer eine gute Orientierung, wie teuer ein Restaurant ist. Über 1000 HUF darf der „gulyás" eigentlich nicht kosten, eher 700–900 HUF. Das eigentliche Gulaschgericht, wie wir es kennen, heißt **Pörkölt** oder **Paprikás** (Paprikasch) – Letzteres enthält übrigens trotz seines Namens weniger Gewürzpaprika, dafür aber einen Schuss Sahne. Gulasch ist der Klassiker der ungarischen Küche, und man sollte auf einer Reise durchs Land mindestens ein paar Varianten probiert haben.

Einige Spezialitäten

Eine Speise, die in der ehemaligen DDR und auch in Österreich viele kennen, im alten Westen Deutschlands aber nur wenige, ist das **Letscho** (ungarisch *lecsó*), eine Art Eintopf mit gedünsteten Paprika, Tomaten und Zwiebeln. Der Begriff „Letscho" wird auch gelegentlich als Name für eine Soße verwendet, die für verschiedene Gerichte geeignet ist.

Ungarische Speisen sind einerseits für Feinschmecker reizvoll, andererseits aber auch oft sehr deftig und mit hohem Fettgehalt. Dies ist kaum verwunderlich, bildet der **traditionelle Gänseschmalz** doch die Grundlage vieler Gerichte – besonders derjenigen aus der Pfanne.

Als Imbiss werden neben dem **heißen Maiskolben** (*kukoricacső*, besonders im Sommer ein Schlager) am liebsten **Lángos** aus der Hand gegessen, ein aus Ungarn stammendes Fladenbrot aus Hefeteig, das am besten

ung147 Foto: mk

Lángos – ausnahmsweise vom Teller

über einem offenen Feuer gebacken wird („láng" heißt „Flamme"), meistens allerdings im Fett gebraten. Das Brot wird dann mit etwas Knoblauch bepinselt, bevor weitere Zutaten wie saure Sahne, Käse, Zwiebeln, Letscho oder auch Wurst hinzugefügt werden können. Es gibt auch süße Varianten der Speise.

Auch der **Palacsinta** (Palatschinken) genannte Pfannkuchen wird sowohl „normal" als auch süß serviert. Die bekannteste nichtsüße Variante ist der mit Fleisch gefüllte **Hortobágyi palacsinta.** Das Fleisch, meist Kalb, aber auch Rind oder Schwein, wird hierbei als Eintopf fast wie ein Gulasch zubereitet. Als Nachspeise wiederum gibt es nichts Köstlicheres als den von einem Budapester Konditor vor über 100 Jahren erdachten Pfannkuchen **„Gundel palacsinta"** mit einer süßen, dunklen Soße aus Kakao, Schlagsahne und Eidotter sowie einer Füllung aus Walnuss, Orangenschalen, Zimt, Rum und Rosinen. Den „Gundel" kann man in nahezu jedem Restaurant des Landes bestellen. Verschiedenste Pfannkuchen sind ebenfalls beliebt als Imbiss. So werden in Budapest sogar einige „Palacsinta-Häuser" betrieben, die rund um die Uhr geöffnet haben.

Vielleicht ein wenig aus der österreichischen Tradition heraus gibt es überall in Ungarn sehr viele **Konditoreien** *(Cukrászda)* mit leckeren Kuchen, Torten (die wohl berühmteste ist die „Dobos torta" mit Schoko, Karamell und Nüssen) und oft auch selbst gemachtem Eis sowie verschiedenen Sorten Kaffee, seltener Tee.

Spezialitäten ganz anderer Art sind Fleischgerichte von den typisch ungarischen **Wollschweinen** und **Graurindern** oder auch die deftige **Wurst Hurka** aus Schweineleber, Fleisch und Reis.

Auch Fischspeisen sind beliebt, besonders in Form der weit verbreiteten **Fischsuppe Halászlé** mit Tomaten, Zwiebeln, Paprika, weißem Fisch und natürlich Schmalz. Einige Gasthöfe spezialisieren sich auf Fischgerichte. Sie heißen **Halászcsárda.**

Getränke

Natürlich steht, wenn es nach internationalem Ruhm ungarischer Getränke geht, **an erster Stelle der Wein (bor):** Anbaugebiete wie Tokaj, Eger (Erlau) und Balaton werden von Liebhabern weltweit geschätzt, weitere Regionen wie Villány oder Sopron bringen aber auch keine schlechten Tropfen hervor. Wein gehört daher zu einer guten ungarischen Speise meist dazu, ob zu Hause oder im Restaurant. Wegen der breiten Verfügbarkeit ist er auch **nicht teuer** – im Supermarkt oder beim Winzer kann man schon ab 2 oder 3 Euro eine Flasche guten Weins erstehen, selbst im Lokal ist es manchmal nicht viel teurer.

Trotz der Dominanz des Weins wird auch gern und häufig zu **Bier (sör)** gegriffen – fast überall erhält man den Gerstensaft frisch gezapft vom Fass. Einige der bekanntesten und durchaus auch traditionsreichen ungarischen Sorten sind „Soproni", „Borsodi" und „Dreher" sowie „Arany Ászok". Hinzu kommen die Marken kleinerer Brauereien sowie oft auch österreichische Biere, manchmal auch die Produkte internationaler Konzerne.

Die beiden berühmtesten **Spirituosen** sind „Zwack Unicum" und „Pálinka". **Unicum** ist ein Kräuterbitter, der hauptsächlich als Verdauungstrunk konsumiert wird. Die charakteristischen bauchigen Flaschen mit dem goldenen Kreuz auf rotem Grund werden in verschiedenen Größen angeboten – und neuerdings auch zeitgemäß in anderen, fruchtigeren Geschmacksrichtungen wie etwa „Unicum Next" mit Zitrusaroma. Der Alkoholgehalt beträgt 40 Vol.-%. Der beste Werbeslogan der Firma Zwack stammt noch immer von 1790. Der Habsburgerkaiser *Joseph II.* soll den Likör probiert und ausgerufen haben: „Das ist ein Unikum!" Fortan gehörte der Name „Unicum" zur Marke.

Pálinka dagegen ist ein Gebrannter (Brandy) aus Obst, darunter aus Äpfeln, Kirschen, Aprikosen, Maulbeeren, Birnen, Pflaumen und Zwetschgen. Der Name „Pálinka" ist in Ungarn geschützt. Nur die Magyaren und vier österreichische Bundesländer dürfen ihre Schnäpse so nennen. Der Alkoholgehalt liegt knapp unter 40 Vol.-%.

Gastronomie

Restaurants und Gaststätten

Essen spielt im ungarischen Alltagsleben eine wichtige Rolle und geht zumindest in den größeren Städten nicht größtenteils zu Hause hinter verschlossenen Türen über die Bühne.

Ein Restaurant heißt auf Ungarisch **Étterem.** Hier ist die Spannweite sicher am größten, denn bei einem Étterem kann es sich um ein einfaches, gepflegtes Esslokal handeln, aber auch um eine bekannte Feinschmecker-Adresse.

In der Regel ein wenig einfacher, oft aber mit leckeren Speisen in ungezwungener Atmosphäre und günstiger, ist das **Vendéglő.**

Der traditionelle Landgasthof, bei ausländischen Besuchern erfahrungsgemäß am beliebtesten, ist die **Csárda** (Tscharda). Hier werden meist in rustikaler Holzumgebung traditionelle ungarische Gerichte serviert.

Gasthäuser, meist auch auf dem Land, heißen **Fogadó.** Auch in ihnen lässt es sich oft gut essen.

Sehr einfache Lokale, größtenteils in Städten und oft mit gutem Mittagstisch, werden **Büfé** genannt. „Büfé" bedeutet also nicht, dass man sich am Buffet selbst bedient, sondern heißt so viel wie „Imbiss". Dies kann so aussehen, dass man an der Theke selbst ordert und dann aufgerufen wird, wenn das Bestellte fertig ist. Mit dem Essen kann man sich dann setzen oder an eine Theke stellen. Auch in Metzgerläden stehen fast immer ein paar Tische bereit und es wird warmes Mittagessen serviert. Geschäftsleute im Anzug stehen hier neben Arbeitern, Handwerkern, Hausfrauen und Rentnern.

Kneipen, wenn sie nicht neumodisch „Pub" oder ähnlich genannt werden, heißen **Sörözö** (von *sör* = Bier). Auch in ihnen wird gelegentlich Essen angeboten, manchmal ein paar Sorten

ung146 Foto: mk

Pizza und einige Burger, manchmal aber auch etwas mehr.

Weinlokale tragen den Namen *Borozó, Borpince* (Weinkeller) oder *Borház* (Weinhaus). Auch hier gibt es nicht selten etwas zu essen.

Cafés sind im ganzen Land sehr zahlreich vorhanden und meist mit einer **Konditorei** *(Cukrászda)* verbunden. Moderne Caféfilialen mit internationalem Flair haben sich in den Städten natürlich ebenfalls verbreitet.

Preise

Ein Tellergericht wie Pörkölt sollte nicht mehr als 2000 HUF kosten, in besonders schöner Umgebung sind vielleicht 2500 HUF zu rechtfertigen. Häufig beginnen die Preise aber bereits bei **1500 HUF** oder sogar noch darunter, Suppen und Nachspeisen wie *palacsinta* sollten eigentlich unter 1000 HUF kosten. Sehr zu empfehlen sind die **Mittagsmenüs,** bei denen man jeweils eine vom Lokal für den Tag ausgewählte Speisenfolge zu äußerst niedrigen Preisen erhält (manchmal nur 1000 HUF oder weniger), z.B. eine Suppe, ein Hauptgericht und eine kleine Nachspeise.

Weil oft sehr **große Portionen** serviert werden, können sich nicht allzu hungrige Gäste durchaus überlegen,

Lokal in Óbuda (Budapest)

nur eine Portion für zwei zu bestellen, vielleicht mit einer zusätzlichen Vorspeise o.Ä.

Trinkgeld

Üblich sind bei Zufriedenheit **bis zu 10%** Trinkgeld. Man sollte aber, bevor man Großzügigkeit walten lässt, einen Blick auf die Rechnung werfen oder auch vorher schon auf die Speisekarte, denn einzelne Restaurants addieren automatisch z.B. 10% Servicegebühr auf den zu zahlenden Betrag. In diesem Fall erübrigt sich ein zusätzliches Trinkgeld. Ganz kleine Restbeträge werden gelegentlich vom Personal „in Eigenregie" aufgerundet.

Speisekarten

Man muss schon sehr weit abseits der Touristenströme reisen oder sich große Mühe geben, um ein Lokal zu finden, dass über keine **deutsch- und/oder englischsprachige Speisekarte** verfügt. In den meisten Fällen spricht auch das Personal in den von Ausländern viel besuchten Regionen Deutsch. Wenn der Kellner die Speisekarte bringt, fragt er meist sofort nach dem Getränkewunsch. Es ist aber kein Problem, wenn man erst einmal die Karte studieren will.

Essenszeiten

Die Essgewohnheiten der Ungarn unterscheiden sich nicht grundsätzlich von denen der Mitteleuropäer. Anders als im Mittelmeerraum wird auch hier die **Hauptmahlzeit zur Mittagszeit** verzehrt. Es wird aber durchaus auch abends noch bei einem Wein oder Bier eine warme Speise genossen, besonders in den lauen Sommernächten macht dies natürlich Freude. Um 22 Uhr ist aber sehr oft schon Feierabend – abgesehen von touristischen Zentren, wo andere Regeln gelten.

Restaurants sind von 11 oder 12 Uhr meist **durchgehend bis zum Abend geöffnet** und servieren auch in der Regel die ganze Zeit warmes Essen. Immer mehr, aber noch längst nicht alle Lokale bieten auch **Frühstück** an.

Feste und Feiertage

Der wichtigste Festtag des Jahres ist der **Stephanstag am 20. August.** Zu diesem Anlass werden die Gründung und das über 1000-jährige Bestehen des Landes begangen. Da dieses Datum in jedem Jahr mit dem Spätsommer und mit den auslaufenden langen Schulferien zusammenfällt, organisieren viele Städte und Dörfer große Veranstaltungen unter freiem Himmel für die ganze Familie. Amtliche, aber auch viele private Gebäude im ganzen Land werden geschmückt, und die Arbeit ruht fast überall. Weitere staatliche Fixpunkte sind der Tag des Unabhängigkeitskampfes am 15. März und der Tag der Republik am 23. Oktober. Bei den arbeitsfreien **kirchlichen Feiertagen** muss man aufpassen: Im mehrheitlich katholischen, aber auch stark calvinistisch geprägten Ungarn findet sich eine Mischung beider Traditionen: Der Pfingstmontag ist nach protestantischer Art frei, Allerheiligen auf katholische Weise. Fronleichnam ist dagegen ein Werktag.

Staatliche Feiertage

- **1. Januar** – Neujahr
- **15. März** – Unabhängigkeitstag
- **März oder April** – Ostern (Ostersonntag und -montag)
- **1. Mai** – Tag der Arbeit, Europatag (Ungarn trat am 1. Mai 2004 der EU bei)
- **Mai oder Juni** – Pfingsten (Pfingstsonntag und -montag)
- **20. August** – Nationalfeiertag (Stephanstag)
- **23. Oktober** – Tag der Republik
- **25./26. Dezember** – Weihnachtsfeiertage

Einige Beispiele für Feste

Jedes Jahr in den ersten Februartagen wird im südungarischen **Mohács** bei Pécs ein besonderer **Karneval** mit zotteligen Pelzen und Angst einflößenden Masken gefeiert – eine uralte heidnische Tradition.

Ostern wird in vielen Orten traditionell und mit Straßenumzügen gefeiert. Vielleicht am schönsten im UNESCO-Dorf **Hollókő** in den Bergen Nordungarns, in Trachten und Kostümen vor dem Hintergrund des historischen Ortskerns.

In Weinorten wie Szekszárd, Sopron, Villány, am Nordufer des Balaton sowie in Tokaj und Eger werden im Herbst **Weinfeste** gefeiert – oft auch mehrere pro Jahr.

Spektakulär ist der **Blumenkarneval** in der nordostungarischen Großstadt **Debrecen** mit seinen farbenprächtig geschmückten Umzugswagen und der fröhlichen Stimmung. Das Fest wird jährlich am 20. August, dem Stephanstag, gefeiert.

Die vielen Burgen und Burgruinen Ungarns bieten ebenfalls zahlreiche Anlässe zu Feierlichkeiten, oft mit mittelalterlichem Ambiente, Ritterspielen und Ähnlichem. Als Beispiele seien das **Burgfest von Eger** im Juli oder die **Gisela-Tage** genannt, ein großes Stadtfest im Mai im historischen Kern von **Veszprém** nahe dem Balaton, wo im Sommer auch zwei große Open-Air-Feste begangen werden.

Budapest bietet neben Film-, Theater- und Museumsfestivals auch viele Feiern unter freiem Himmel, etwa den zehntägigen **Donaukarneval** im Juni mit Umzügen über die Kettenbrücke und unzähligen künstlerischen Darbietungen. Von Ende Juni bis Anfang/Mitte August ist die Kettenbrücke an Wochenenden eine Fußgängerzone mit Verkaufsständen und Darbietungen. Das jeden August veranstaltete **Sziget-Festival** auf der Donauinsel Óbudai-sziget gehört mit seinen Live-Rockkonzerten zu den größten seiner Art in Europa. Beim **jüdischen Sommerfestival** Ende August/Anfang September wird unter anderem in Synagogen jüdische Kultur präsentiert. Schön sind auch die **Weihnachtsmärkte** in Budapest und anderen Städten des Landes.

Die Kleinstadt **Kalocsa** feiert im September ihr großes **Paprikafestival.** Kalocsa sieht sich als Ursprungsort dieser Pflanze, zumindest jedenfalls einiger ihrer Variationen.

Geld

Die ungarische Währung heißt **Forint** (abgekürzt Ft oder **HUF**). Es gibt keine kleinere Einheit, die unseren Cents oder Rappen entspräche. Mehr noch: Die 1- und 2-Forintstücke sind kaum noch oder gar nicht mehr in Gebrauch. An der Kasse wird entsprechend auf- oder abgerundet. Weit verbreitet sind Münzen zu 5, 10, 20, 50, 100 und 200 Forint sowie Scheine zu 500, 1000, 2000, 5000, 10.000 und 20.000 Forint. Der 200-Forint-Schein, der noch häufig vorkommt, wurde 2009 durch eine entsprechende Münze ersetzt und ist nicht mehr gültig. Auf dem 10.000-Forint-Schein ist der Staatsgründer König *Stephan* dargestellt, auf der Rückseite die Kathedrale von Esztergom. Wer größere Beträge am Geldautomaten abhebt, kann durchaus nur 20.000-Forint-Scheine mit dem Konterfei von *Deák Ferenc,* dem Staatsmann aus dem 19. Jahrhundert, erhalten. Man ist gut beraten, immer auf **genügend kleinere Scheine und Münzen** in der Geldbörse zu achten, denn nicht so große Läden, Museen und andere Einrichtungen tun sich oft schwer mit dem Ausgeben von allzu viel Wechselgeld. Immerhin sind 20.000 Forint ja gut 75 Euro – in Ungarn viel Geld. Ein Vorrat an Münzen macht sich für Autofahrer bezahlt, die in den Städten oft Münzparkuhren „füttern" müssen.

Man braucht einige Zeit, um sich an die hohen Beträge zu gewöhnen. Zur Umrechnung in Euro gilt die Formel: 1000 Forint sind knapp 4 Euro.

Angesichts der Wirtschaftskrise, die Ungarn 2008/2009 besonders hart erwischte, ist die geplante **Euro-Einführung** erst einmal in die Ferne gerückt. Vor 2013 rechnen Experten nicht mit einer Aufgabe des Forint, eher noch später.

Reisende in Ungarn müssen sich keine Sorgen um finanziellen Nachschub machen: **Geldautomaten** sind sehr häufig anzutreffen. Das gilt auch für kleinere Städte und Dörfer, die touristisch erschlossen sind. Fast immer lässt sich Deutsch als Bedienungssprache wählen. Die Automaten nehmen **Maestro-/EC-Karten** problemlos an. Ob und wie hoch Kosten für die Barabhebung anfallen, ist abhängig von der kartenaustellenden Bank und von der Bank, bei der die Abhebung erfolgt. Man sollte sich vor der Reise bei seiner Hausbank informieren, mit welcher Bank in Ungarn sie zusammenarbeitet. Im ungünstigsten Fall wird pro Abhebung eine Gebühr von bis zu 1% des Abhebungsbetrags per Maestro-/EC-Karte oder gar 5,5% des Abhebungsbetrags per Kreditkarte berechnet.

Für das **bargeldlose Zahlen per Kreditkarte** werden 1–2% für den Auslandseinsatz berechnet.

Wer lieber Euro in bar tauschen möchte, findet in den Städten noch immer sehr zahlreich **Wechselstuben,** viele davon rund um die Uhr oder bis spät abends geöffnet. Auch in den meisten Hotels und natürlich in den Banken wird Geldtausch angeboten. Es lohnt sich aber, auf den Wechselkurs zu schauen und ihn zu vergleichen, um den besten zu erwischen.

Wo viele Touristen sind, und durchaus auch in vielen Supermärkten, wird die **Zahlung per Euro** offeriert. Auch hier sollte man den offiziellen Wechselkurs kennen, um zu beurteilen, ob sich die Zahlung lohnt.

Banken sind in der Woche meist bis zum frühen Abend und samstags bis Mittag geöffnet und haben sonntags geschlossen.

Kreditkarten (VISA und MasterCard, andere selten) werden besonders in Supermärkten, Hotels, Restaurants, aber auch beispielsweise auf größeren Campingplätzen akzeptiert. Man sollte sich allerdings nie ganz darauf verlassen, auch nicht auf die vielen schönen Aufkleber, die so mancher Laden an der Eingangstür hat. Zum Verlust von Geldkarten siehe „Notfälle".

Wechselkurse (Juli 2010):
- **1 Euro = 280 HUF,** 100 HUF = 0,36 Euro
- **1 SFr = 206 HUF,** 100 HUF = 0,49 SFr

Reisekosten

Eine Ungarn-Reise kann finanziell in einem sehr übersichtlichen Rahmen gehalten werden: Die Anreise ist nicht allzu weit und vor Ort bieten sich viele **preisgünstige Alternativen** an. Zwei Personen finden fast überall für 40 Euro bereits eine einwandfreie Pensionsunterkunft mit Bad, nicht selten in der „Zimmer-frei"-Kategorie auch schon für 20–30 Euro. Gerade außerhalb der Saison kann man mit Privatvermietern oder Pensionsbetreibern über den Übernachtungspreis reden. Für Wohnmobilreisende und Zelter ist es auf Campingplätzen noch günstiger.

Auch was die Ernährung angeht, kann man sparsam sein: Die Vielzahl der Restaurants bewirkt auch recht moderate Preise und gute Angebote. So offerieren viele Lokale ein **Tagesmenü,** wo man zum Preis eines normalen Tellergerichts auch noch eine Suppe und einen Nachtisch dazubekommt und sich für 4 Euro richtig satt essen kann.

Die **Lebensmittelpreise** liegen spürbar unter dem deutschen, österreichischen oder schweizerischen Niveau. Das gilt insbesondere für Grundnahrungsmittel.

Benzin ist dagegen nur ein klein wenig günstiger – dafür sind die Wege in Ungarn nicht allzu weit.

Im Vergleich zum übrigen Preisniveau erscheinen die **Eintrittsgelder** zu Sehenswürdigkeiten, Museen oder auch Schwimmbädern und Ähnlichem manchmal relativ hoch: 4 Euro mögen für die Besichtigung einer schönen Schlossruine nicht viel erscheinen, aber wenn man an das Mittagsmenü zum selben Preis denkt, ist es doch beachtlich.

Unterm Strich kann man zu zweit inklusive Doppelzimmer, Frühstück in der Bäckerei oder Konditorei, Restaurantbesuch und Besichtigungen **ab 70 Euro am Tag** auskommen – Benzin oder Fahrtkosten nicht eingerechnet. Camper können natürlich noch günstiger leben.

Diese Angaben beziehen sich allerdings nur auf die „basic needs" im Urlaub. Wer organisierte Ausflüge unternimmt oder per Kajak auf der Theiß paddelt, um sich am Ende von einem

Auto abholen zu lassen, wer in der Puszta einer Pferde- und Reitershow mit vollem Programm beiwohnt, oder wer sich gute Plätze in der Budapester Oper oder in einem feinen Abendlokal sichert, erreicht natürlich sofort ein weit höheres Kostenniveau.

Spartipp

- Bei bestimmten Unterkünften, Veranstaltungsorten, Museen, Tourveranstaltern, Sportstätten etc. kann man Rabatt bekommen, wenn man im Besitz eines **internationalen Studentenausweises (ISIC)** ist (siehe Stichpunkt „Discounts“ unter www.isic.de). Dies gilt mit Einschränkungen auch für den Lehrerausweis (ITIC) oder Schülerausweis (IYTC). Den Ausweis muss man allerdings schon zu Hause bei STA Travel oder beim Studentenwerk u.Ä. erworben haben (12 Euro/D, 10 Euro/A, 20 SFr/CH). Man muss Immatrikulationsbescheinigung/Schülerausweis, Personalausweis und Passbild vorlegen.

Gesundheit

Spezielle Impfungen sind nicht vorgeschrieben. Wer schon lange keine Tetanus-Impfung mehr vorgenommen hat, kann die Ungarn-Reise zum Anlass nehmen, dies nachzuholen, auch wenn Ungarn kein besonderes Gefährdungsgebiet darstellt.

Zu erwägen ist eine Impfung gegen die von Zecken übertragene Krankheit **FSME,** insbesondere wenn man sich viel im Freien aufhält. Während der wärmeren Jahreszeit ist Zeckensaison. Wie schon unter dem Stichwort „Ausrüstung“ beschrieben liegen Teile Ungarns, darunter Budapest, im erhöhten Risikobereich. Dort treten dann auch höhere Fallzahlen der mit Hirnhautentzündung einhergehenden Erkrankung auf. Auch Grünanlagen in den Städten können betroffen sein. Aktuelle Infos unter www.auswaertiges-amt.de oder www.travelmed.de.

Das Auswärtige Amt empfiehlt bei Langzeitaufenthalten über vier Wochen oder besonderer Exposition eine **Impfung gegen Hepatitis A und B sowie Tollwut.**

Wie unter „Ausrüstung“ bereits beschrieben, gehört besonders im Sommer ein **Mückenschutz** ins Gepäck, denn die Insekten können gerade abends und in der Nähe von Gewässern äußerst lästig werden. Als Alternative zu Anti-Mücken-Sprays bieten sich etwa auf Campingplätzen Duftlampen und Anti-Mücken-Kerzen an. Gegen die dennoch leider unvermeidlichen Mückenstiche sollte eine entsprechende Salbe (zum Beispiel reine Arnika-Salbe) in der Reiseapotheke ebenso Platz finden wie eine spezielle kleine Zeckenzange.

Wichtig ist auch eine **Sonnencreme** mit hohem Lichtschutzfaktor, denn die ungarische Sonne kann gerade im Sommer unbarmherzig brennen – auch wenn die frische Brise beim Fahrradfahren oder am Seeufer das schon mal schnell vergessen lässt. Desinfektionsmittel und Pflaster sollte man natürlich auch nie vergessen.

Medizinische Versorgung

In den von Touristen meistbesuchten Regionen des Landes ist die Ärztedichte **sehr zufriedenstellend.** Die Einstellung auf die ausländischen Gäste bedeutet auch, dass sich in den Urlaubsorten fast überall ein deutschsprachiger Doktor findet. Die Ausstattung der Arztpraxen ist dann auch entsprechend gut und modern. Die vergleichsweise schlechten Bedingungen, mit denen ungarische Kassenpatienten tagtäglich zu kämpfen haben, wird man eher nicht zu spüren bekommen. Ärzte und medizinische Zentren nehmen Patienten mit **Auslandskrankenversicherung** problemlos auf, ansonsten zahlt man an der Rezeption aus eigener Tasche für die entsprechende Beratung oder Behandlung (Hinweise zur Krankenversicherung auch unter dem Stichwort „Versicherungen").

Apotheken gibt es viele. Sie sind meist ordentlich ausgestattet und führen mehr oder weniger die auch in Deutschland, Österreich und der Schweiz bekannten frei verkäuflichen Medikamente. Wer von zu Hause ein Rezept mitbringt, kann dies in der Regel auch in einer ungarischen Apotheke einlösen. Die Apotheker können in weniger ernsten Fällen auch gut beraten oder einen entsprechenden Arzt vermitteln. Die meisten Apotheker sprechen deutsch oder englisch.

Besonders spezialisiert haben sich viele Ärzte und medizinische Anbieter in Ungarn auf **zahnärztliche Behandlungen** von Touristen oder Ausländern, die speziell dafür anreisen. Hier hilft meist keine Versicherung, aber die Anbieter locken mit deutlich unter Westniveau liegenden Preisen.

Adressen von Krankenhäusern und Apotheken sind in den einzelnen Ortsbeschreibungen aufgeführt.

Hygiene

Auch wenn Verallgemeinerungen immer gefährlich sind, so kann man doch behaupten, dass Ungarn ein recht **ordentliches und gepflegtes Land** ist. Entsprechend lässt sich sogar in den Badezimmern von einfachen Unterkünften oder auf öffentlichen Toiletten überwiegend eine hohe Reinlichkeit feststellen. Selbst wenn nicht immer alle Einrichtungen nagelneu sind, so scheinen sie doch meist sauber zu sein. **WC-Anlagen** in Städten sind übrigens in der Regel häufiger zu finden als etwa in Deutschland, meist betreut von einer Frau, die am Eingang eine Benutzungsgebühr kassiert. Manchmal hat sich auch noch die alte Gewohnheit erhalten, dass man sich von dort ein paar Blatt Toilettenpapier in die Kabine mitnehmen muss. Zwischen 20 und 200 Forint sind übrigens je nach Lage die verschiedensten Preise anzutreffen.

Das **Leitungswasser** ist an sehr vielen Orten von guter Qualität und durchaus trinkbar. Gelegentlich verderben allerdings alte, rostige Leitungen den Geschmack.

ung149 Foto: mk

Informationen

Ungarisches Tourismusamt

Das Ungarische Tourismusamt bietet eine farbenfrohe deutschsprachige **Internetpräsenz** auf der Seite www.ungarntourismus.de. Entsprechend angepasste Versionen für Österreicher sind www.ungarn-tourismus.at, für Schweizer www.ungarn-tourismus.ch. Dort kann man sich anhand einer ganzen Reihe übersichtlich angeordneter Kategorien umfassend über das Land und die verschiedensten Möglichkeiten informieren, dort seinen Urlaub zu verbringen. Des Weiteren werden einige **Broschüren zum Download** angeboten, andere Prospekte können bestellt werden und gehen dann auf den traditionellen Postweg. Der Versand erfolgt kostenlos, auch wenn das Tourismusamt ein Überweisungsformular beilegt und um eine Spende für die Broschüren bittet.

Der wahrscheinlich wertvollste Aspekt der Website ist ihre Aktualität. Es werden laufend neue Veranstaltungstermine und Nachrichten rund um den Tourismus in Ungarn bereitgestellt.

Wer sich lieber klassisch mit dem Tourismusamt in Verbindung setzen will, macht dies unter:

• **Ungarisches Tourismusamt Deutschland**
Kostenloses Info-Telefon (nach Ungarn):
00800 36000000
- Deutschland sowie Berlin
und Deutschland Ost
Wilhelmstr. 61, 10117 Berlin,
Tel. 030 2431460,
berlin@ungarn-tourismus.de.
- Deutschland Mitte, Nord und West
Lyoner Str. 44–48, 60528 Frankfurt/Main,
Tel. 069 9288460,
frankfurt@ungarn-tourismus.de.
- Deutschland Süd
Stefan-George-Ring 29, 81929 München,
Tel. 089 309040310,
muenchen@ungarn-tourismus.de.

• **Ungarisches Tourismusamt Schweiz**
c/o Piroska Ungarische Spezialitäten
Hegibachplatz/Minervastrasse 149,
8032 Zürich, info@ungarn-tourismus.ch,
kostenloses Info-Telefon (nach Ungarn):
00800 36000000

• **Ungarisches Tourismusamt Repräsentanz Österreich**
Opernring 1/R/707, 1010 Wien,
Tel. 0900 220013 (0,61 €/Min.),
info@ungarn-tourismus.at,
kostenloses Info-Telefon (nach Ungarn):
00800 36000000.

Touristeninformation vor Ort

In Ungarn selbst steht der weiße Buchstabe „i“ auf grünem Hintergrund, meist mit dem Zusatz **„Tourinform“**, für die offiziellen Touristeninformationsbüros, von denen es über 140 im gesamten Land gibt. Eine gute Übersicht aller Büros mit Adresse und einem kleinen Text zum jeweiligen Ort bietet auch auf Deutsch die Internetseite **www.tourinform.hu.** Wichtig ist der Hinweis auf den i-Buchstaben vor grünem Hintergrund deshalb, weil sich in Ungarn die Sitte (oder Unsitte) verbreitet hat, dass kommerzielle Anbieter wie Reisebüros ihre eigenen i-Schilder aufstellen. Dies führt immer wieder arglose Touristen zu ihnen, die glauben, bei der offiziellen Touristeninfo gelandet zu sein. Die privaten Konkurrenten sind freilich nicht automatisch schlecht und können gelegentlich durchaus gutes Material vorweisen – nur geht es ihnen verständlicherweise weniger um allgemeine Information als darum, Angebote an den Mann zu bringen und damit Geld zu verdienen.

Die offiziellen Info-Büros sind im Allgemeinen gut ausgestattet, und bei deutschsprachigem Material entstehen nur selten Engpässe. Meist kann der Besucher sich teilweise selbst bedienen, während weitere Prospekte nur über die Mitarbeiter erhältlich sind – darunter auch oft der nützliche Stadtplan (gern auch „City Map" genannt). Das ganz überwiegend sehr **freundliche und hilfsbereite Personal spricht häufig deutsch** und fast immer englisch. Angemerkt werden muss aber, dass gerade am Balaton die Öffnungszeiten manchmal ein wenig zu wünschen übrig lassen: So kann man etwa in der Touristenhochburg Siófok am Balaton selbst im Sommer ab Samstagmittag bis Montag früh vor verschlossenen Türen stehen, um nur ein Beispiel zu nennen.

Allerdings steht Besuchern eine für ganz Ungarn gültige **zentrale Telefonnummer** zur Verfügung, unter der sie auch auf Deutsch und Englisch rund um die Uhr Informationen erhalten können. Das **„Tourinform Call Center"** ist zu erreichen unter 0036 1 438 8080 oder unter 00800 36 000000.

Die Touristeninformationen helfen neben der Ausgabe von Material mit persönlichen Ratschlägen, Hinweisen, Erklärungen sowie Reservierungen von Unterkünften, Autos, Ausflügen und bei anderen praktischen Fragen.

Internet

Im Folgenden einige interessante Internet-Adressen (weitere im Verlauf des Buches).

Informationen

Touristeninformation

- **www.ungarntourismus.de**
- **www.ungarn-tourismus.ch**
- **www.ungarn-tourismus.at**

Seiten des ungarischen Tourismusamtes für Deutschland, die Schweiz und Österreich.

- **www.tourinform.hu**

Seite der gut 140 Touristeninformationsbüros in Ungarn.

- **www.auswaertiges-amt.de**

Informationen über Einreisebestimmungen, Sicherheits- und Gesundheitshinweise, Daten und Informationen zum Reiseland.

Deutschsprachige Zeitungen

- **www.budapester.hu**
- **www.pesterlloyd.net**
- **www.balaton-zeitung.de**

Fahrrad

- **www.fahrradreisen.de**

Mit Routen durch Ungarn.

- **www.balatonradweg.com**

Tour um den Plattensee.

Golf

- **www.golfhungary.hu**

Kur und Wellness

- **www.kureninungarn.com**

Gute Übersicht über Heilbäder, Kurhotels, Aquaparks und andere Wellness-Einrichtungen, dazu Infos zu Therapieformen, Krankenkassenzuschüssen usw.

Nationalparks

- **www.ungarninfo.org**

Unter „Sehenswürdigkeiten, Nationalparks" gute Übersicht und Beschreibung der einzelnen Parks mit Links zu den jeweiligen Internetseiten.

- **www.anp.hu**
Aggtelek-Nationalpark
- **www.bfnpi.hu**
Balaton-Oberland-Nationalpark
- **www.bukkinemzetipark.hu**
Bükk-Nationalpark
- **www.ddnp.hu**
Duna-Dráva-Nationalpark
- **www.dinpi.hu**
Duna-Ipoly-Nationalpark
- **www.hnp.hu**
Hortobágy-Nationalpark
- **www.knp.hu**
Kiskunság-Nationalpark
- **www.naturpark.hu**
Írrotko-Naturpark

Öffentlicher Verkehr

- **www.mav.hu/deutsch**
Gute Seite auf Deutsch mit allen Verbindungen für ganz Ungarn.
- **www.bkv.hu/english**
Budapester Verkehrsbetriebe mit Fahrplan und anderen Infos.
- **www.mahartpassnave.hu**
Ungarische Schiffsgesellschaft

Unterkunft

- **www.hah.hu**
Liste der Ungarischen Hoteliersvereinigung.
- **www.zielungarn.de**
Liste vieler Unterkünfte nach Kategorien.
- **www.camping.hu**
Seite des Ungarischen Camping-Verbandes.
- **www.fatosz.hu**
Nationaler Verband für Dorf- und Agrotourismus mit vielen interessanten Infos, Links und Adressen auf Deutsch.
- **www.falutur.hu**
Seite zum Dorftourismus.
- **www.belfoldikastelyok.hu**
Verband der ungarischen Schlosshotels.

Zahnärzte

- **www.zahnarzt-ungarn.at**
Gute Übersicht über viele Zahnarztpraxen.

Sonstiges

- **http://whc.unesco.org/en/list**
Liste der Stätten des Weltkulturerbes, geordnet nach Ländern. Mit Links zu den einzelnen Stätten, Beschreibungen und Begründungen der Auszeichnung.
- **www.behinderung.org/urlaub**
Viele praktische Hilfen und Informationen für Behinderte.

Internetzugang

Ob ein Internetcafé im wahrsten Sinne des Wortes oder ein kleiner Laden mit einer bloßen Reihe von Computern – der Online-Zugang ist in kleinen wie großen Städten überhaupt **kein Problem.** Viele der Läden haben sehr lange Öffnungszeiten, einige sind sogar

ung151 Foto: mk

Das Palasthotel in Lillafüred

rund um die Uhr in Betrieb. Die Preise schwanken stark und beginnen in der Regel bei 100 HUF für eine halbe Stunde. Die Situation ändert sich praktisch ständig – und zwar zum Besseren: Die Zahl der Internetcafés wächst, zudem bieten immer mehr Hotels, Hostels und Gaststätten (Cafés, Restaurants) kostenlose **„Hotspots"** an, in denen man sich mit dem eigenen Laptop einloggen kann. Bisweilen wird man an den ungewöhnlichsten Orten von einem kostenlosen Hotspot überrascht. Viele dieser Punkte sind natürlich auch zu bezahlen. Während man in den Städten heutzutage mit Internetzugang rechnen kann, so überrascht die Anzahl der Schilder mit den Worten **„eMagyarország Pont"**, die selbst in kleinsten, abgelegenen Dörfern auf einen Online-Anschluss hinweisen (meist Schulen, Bibliotheken oder die sogenannten Kulturhäuser, allerdings mit eher begrenzten Öffnungszeiten). Zu guter Letzt können auch die Tourinform-Büros von Nutzen sein. Sie verfügen oft über einen Computer für die Besucher, teils sogar kostenlos. Ansonsten geben sie Auskunft über geeignete Anlaufpunkte.

Wer über seinen ans **Mobiltelefon** angeschlossenen Laptop online gehen möchte, sollte vorher beim Netzbetreiber des Handys sicherstellen, dass der Internetzugang auch für das Ausland freigeschaltet ist. Gleiches gilt für alle Surfer, die im Heimatland über kabelloses Internet verfügen. Das Handynetz ist in Ungarn sehr dicht und selbst in einsamen Gegenden hat man fast immer Empfang.

Kinder

Der Balaton ist ein Traum für Eltern und Kinder, weil das Wasser besonders am Südufer außerordentlich lange flach bleibt. Die Kleinen können daher unbesorgt herumtoben und spielen, ohne bei ein paar Schritten in die falsche Richtung bereits unter Wasser zu stehen. Doch nicht nur der Plattensee macht Ungarn zu einem **für Kinder bestens geeigneten Urlaubsland:** Die häufigsten Übernachtungsformen sind kinderfreundliche Campingplätze oder familiäre „Zimmer-frei"-Unterkünfte. Hinzu kommt die lockere Grundhaltung Kindern gegenüber, die man in Ungarn oft noch spät abends an der Hand ihrer Eltern umherlaufen sieht. In Restaurants und Hotels wird in aller Regel nicht die Nase gerümpft, wenn der Nachwuchs hin und wieder etwas über die Stränge schlägt. Dass Kinder bei den Eintrittsgebühren für Museen, Schwimmbäder oder Burgen und Schlösser normalerweise nur die Hälfte bezahlen, versteht sich von selbst. Oft gibt es noch zusätzlich **Familienpreise,** die sich besonders bei höherer Kinderzahl sehr lohnen können. Hotels und Pensionen bieten oft günstige Beistellbetten im Doppel- oder Dreierzimmer an. Noch praktischer können da Privatunterkünfte sein, in denen sehr oft sowieso weitere Betten und Sofas bereitstehen. In den Holzhütten auf vielen Campingplätzen ist ebenfalls normalerweise Raum für eine ganze Familie vorhanden. Und in einer Stadt wie Budapest lohnt sich für Familien möglicherweise das Buchen eines Apartments, das oft nichts anderes ist als eine kleine Wohnung und nicht teurer sein muss als ein vom Standard vergleichbares Hotel-Doppelzimmer.

Kriminalität und Sicherheit

Ungarn ist ein politisch und gesellschaftlich stabiles und sicheres Land. Die gewalttätigen Demonstrationen gegen die Regierung vor einigen Jahren blieben die Ausnahme. Ausschreitungen wie diese kommen gelegentlich wohl in jedem Land vor. Angesichts der weltweiten Finanz- und Wirtschaftskrise 2008/2009, die Ungarn besonders hart erwischte, blieben die Reaktionen vergleichsweise ruhig. Man kann sich praktisch **überall vollkommen frei und unbesorgt bewegen.** Was Diebstähle angeht, so liegt die Rate ungefähr im europäischen Durchschnitt, steigt aber freilich mit der Zahl der Touristen. Daher sollte man sein Auto stets abschließen, keine Wertsachen darin liegen lassen und auch bei Unterkünften über Nacht auf dem Hof und nicht auf der Straße parken. Es ist ratsam, Geld und Papiere wenn möglich auf mehrere Personen zu verteilen sowie Kopien des Personalausweises mitzubringen und vom Original getrennt aufzubewahren. Im Falle eines Diebstahls sollte die Polizei und gegebenenfalls auch die Botschaft des Heimatlandes eingeschaltet werden.

Die allgemeine **Notruf-Telefonnummer** lautet **112** (auch von Mobiltelefonen aus). Lokale Anlaufstellen für Notfälle sind in den jeweiligen Ortsbeschreibungen angegeben, generelle Notrufnummern finden sich weiter unten unter „Notfälle".

Über etwaige Änderungen der aktuellen **Sicherheitslage** kann man sich z.B. auf der Website des deutschen Außenministeriums erkundigen: www.auswaertiges-amt.de.

Nachtleben

Natürlich denkt man beim Begriff „Nachtleben" zunächst an **Discos, Klubs, Spielhallen und Kneipen.** Diese gibt es in den größeren Städten reichlich. Besonders interessant für Nachteulen sind aber in Ungarn vor allem die freundlichen „Begleitumstände": Sehr viele Lebensmittelgeschäfte sind rund um die Uhr geöffnet, ebenso wie eine Reihe von Imbissen und Restaurants, Tankstellen, Internetcafés und vieles mehr. Dies trifft nicht nur für Budapest, sondern auch für Städte wie Pécs, Szeged oder einige Orte am Balaton zu. Wer also kein Klubgänger ist, findet nach der Spätvorstellung im Kino oder nach einem Mitternachtsdrink in der Bar noch **sehr lebendige Straßen** vor. Auf Campingplätzen, in Hotels und anderen Einrichtungen für Touristen wird die Nachtruhe üblicherweise eingehalten.

Notfälle

Unter den angegebenen Notrufnummern ist in der Regel ein deutschsprachiger Gesprächspartner zu erreichen, eventuell muss die Verständigung auf Englisch erfolgen. Wenn möglich, sollte man Hilfe hinzuziehen, etwa an der Rezeption des Hotels oder Campingplatzes oder sogar von Passanten.

Notruf-/Hilfsnummern

- **Allgemeiner Notruf/ Notruf vom Mobiltelefon: 112**
- **Krankenwagen: 104**
- **Feuerwehr: 105**
- **Polizei: 107**
- **Verkehrsunfall, Panne** (ungarischer Autoklub MÁK): **188**
- **Zahnärztlicher Notdienst nonstop: (1) 2679602**
- **Giftnotruf: (1) 215215**

Autopanne/-unfall

Siehe „Autofahren“.

Verlust von Geldkarten

Bei Verlust oder Diebstahl der Kredit- oder Maestro-/EC-Karte sollte man diese umgehend sperren lassen. Für deutsche Maestro-/EC- und Kreditkarten gibt es die einheitliche **Sperrnummer 0049-116116,** im Ausland zusätzlich 0049-30-40504050. Für österreichische und schweizerische Karten gelten:

- **Maestro-/EC-Karte**
(A)-Tel. 0043 1 2048800,
(CH)-Tel. 0041 44 2712230,
UBS: 0041 848 888601,
Credit Suisse: 0041 800 800488.
- **MasterCard**
Internationale Tel. 001 636 7227111 (R-Gespräch).
- **VISA**
Internationale Tel. 001 410 5819994.
- **American Express**
(A)-Tel. 0049 69 97972000,
(CH)-Tel. 0041 44 6596333.
- **Diners Club**
(A)-Tel. 0043 1 501350,
(CH)-Tel. 0041 58 7508080.

Geldnot

Wer dringend eine größere Summe ins Ausland überweisen lassen muss, kann sich über **Western Union** Geld nach Ungarn schicken lassen. Für den Transfer muss man die Person, die das Geld senden soll, vorab benachrichtigen. Diese muss dann bei einer Western-Union-Vertretung (in Deutschland u.a. bei der Postbank) ein entsprechendes Formular ausfüllen und den Code der Transaktion telefonisch oder anderweitig übermitteln. Mit dem Code und seinem Reisepass geht man dann zu einer beliebigen Vertretung von Western Union in Ungarn (siehe Telefonbuch oder www.westernunion.com), wo das Geld nach Ausfüllen eines Formulars binnen Minuten ausgezahlt wird. Je nach Höhe der Summe wird eine Gebühr ab 10,50 Euro erhoben.

Ausweisverlust/ Dringender Notfall

Wird der Reisepass oder Personalausweis im Ausland gestohlen, muss man dies bei der örtlichen Polizei melden. Darüber hinaus sollte man sich an die nächste diplomatische Vertretung seines Landes (Botschaft, Konsulat) wenden, um einen **Ersatzausweis** für die Rückkehr ausgestellt zu bekommen (ohne kommt man nicht an Bord eines Flugzeuges!).

Auch in **dringenden Notfällen,** z.B. medizinischer oder rechtlicher Natur, Vermisstensuche, Hilfe bei Todesfällen u.Ä. sind die Botschaften in Budapest bemüht, vermittelnd zu helfen.

- **Botschaft der Bundesrepublik Deutschland**
Úri utca 64–66, Budapest, Tel. 1 4883500. Deutschland verfügt zudem über ein Honorarkonsulat in Pécs, Megye u. 21, Tel. 72 212700.
- **Botschaft der Republik Österreich**
Benczúr utca 16, Budapest, Tel. 1 4797010. Österreich verfügt außerdem über Honorarkonsulate in Pécs (Megye u. 21, 1. Stock, Tel. 72 511834), Nyíreghyáza (Kossuth tér 1, Tel. 42 524524), Győr (Szérüskert u. 2–10, Tel. 96 510212), Szombathely (Honvéd tér 2, Tel. 94 312356), Székesféhérvar (Petőfi S. Str. 5, Tel. 22 312911), Szeged (Vadász u. 4/A, Tel. 62 423647) und Veszprém (Megyeház tér 1, Tel. 88 545027).
- **Botschaft der Schweizerischen Eidgenossenschaft**
Stefánia utca 107, Budapest, Tel. 1 4607040.

Öffnungszeiten

Eigentlich hat weder ein einheimischer noch ein ausländischer Kunde Grund zur Klage: Die Öffnungszeiten ungarischer Geschäfte sind sehr großzügig. Große **Supermärkte** verkaufen ihre Waren im Durchschnitt zwischen 8 und 20 Uhr, natürlich mit Abweichungen; **zwischen 9 und 19 Uhr** kann man aber fest davon ausgehen, dass geöffnet ist. Eine Abendschließung um 21 oder gar 22 Uhr ist keine Seltenheit, und viele Tesco-Supermärkte am Stadtrand heben sich ab durch ihre Öffnung rund um die Uhr. Diese Zeiten gelten übrigens bei den Supermärkten auch für Sonntage – teilweise leicht verkürzt. Nur an staatlichen Feiertagen (siehe „Feiertage“) haben die großen Läden durchweg geschlossen. Dann ist man auf kleinere Lebensmittelgeschäfte angewiesen, die sich nicht alle an das Feiertagsverbot halten müssen. In fast jeder Stadt findet man auch an jenen Tagen einen geöffneten Laden. **Kleinere Geschäfte,** besonders in den Innenstädten, operieren mit Zeiten, wie man sie aus den deutschsprachigen Ländern kennt: Unter der Woche von 9 oder 10 Uhr bis 19 oder 20 Uhr, samstags bis Mittag oder nachmittags, sonntags geschlossen. Auch hier gibt es Abweichungen und Läden, die länger geöffnet haben. Für **Banken** gelten ähnliche Zeiten, sie haben aber sonntags grundsätzlich geschlossen. Bankautomaten sind jedoch fast immer rund um die Uhr zugänglich. Anders als etwa in Deutschland existieren gerade in den größeren Städten zahlreiche **24-Stunden-Lebensmittelgeschäfte.** Ebenso ununterbrochen Tag und Nacht sind viele **Tankstellen** in Betrieb. Gleiches gilt für **Apotheken.** Die „24-Stunden“-Zeichen gehören geradezu zum Stadtbild.

Geschlossen sind dagegen viele **Museen und andere Sehenswürdigkeiten** wie Burgen und Schlösser **an Montagen.**

Orientierung

Die **Beschilderung** auf Fernverkehrsstraßen ist grundsätzlich sehr zuverlässig, gelegentlich fehlt aber auf Landstraßen ein Hinweis auf das Fernziel, besonders wenn mehr oder weniger parallel eine Autobahn verläuft. Wer also bewusst die Autobahn vermeidet, sollte den Namen der jeweils nächsten Stadt auf seiner Strecke parat haben. Dies empfiehlt sich sowieso immer.

Die auf **touristische Highlights** hinweisenden Schilder sind von wechselnder Qualität. Während die meisten größeren Sehenswürdigkeiten eindeutig und gut sichtbar angekündigt werden, verstecken sich andere hinter kleinen, schon etwas veralteten oder kaum erkennbaren Schildern. So kann man beispielsweise die Gedenkstätte am historisch bedeutenden Schlachtfeld von Mohács ganz leicht verpassen. Teilweise erfolgen die Hinweise auch nur auf Ungarisch. Man sollte also den Namen des gesuchten Ortes oder Objekts auf Ungarisch zumindest grob kennen bzw. entziffern können.

Als **Besonderheit ungarischer Straßenschilder** fällt auf, dass sie immer die Entfernung bis zu einem Abzweig angeben. Auf einem Schild steht also zum Beispiel, dass es links zu einem bestimmten Schloss geht, und darunter folgt die Angabe „500 m". Das heißt, dass man noch einen halben Kilometer bis zum Abzweig fahren muss. Wie weit es dann noch zum Schloss ist, wird damit nicht gesagt ...

In vielen Städten, besonders im Zentrum, haben sich **komplizierte Einbahnstraßen-Regelungen** durchgesetzt, um den Verkehr in den engen Gassen einzudämmen. Autofahrer ohne Ortskenntnis müssen damit rechnen, selbst mit Stadtplan frustrierende Ehrenrunden zu drehen, bevor sie ans Ziel kommen.

In den **Städten** selbst sind die Sehenswürdigkeiten meist sehr gut ausgeschildert, und im Zentrum aufgestellte, oft sehr detaillierte Ortspläne helfen immens bei der Orientierung.

ung150 Foto: mk

Die Richtung wird schon stimmen ...

Post

Die ungarische Post hat eine gute Internetseite (www.posta.hu), allerdings nur auf Ungarisch. Die **Postämter** öffnen meist von **8 bis 18 Uhr,** gelegentlich etwas länger, die jeweilige Hauptpost in den großen Städten oft bis spät abends. Samstags schließen die Ämter früher am Nachmittag, sonntags ganz. Zum Glück können in vielen Tabakläden und Kiosken auch Postartikel wie Briefmarken und Telefonkarten erstanden werden, sodass man nicht unbedingt auf die Ämter angewiesen ist.

Postkarten nach Deutschland, Österreich und in die Schweiz kosten derzeit per Luftpost 210 HUF, **Standardbriefe** unter 20 Gramm 230 HUF. Diese Preise können sich jederzeit ändern, man sollte sich daher vor Ort nochmals erkundigen.

ung152 Foto: mk

Radfahren

Radtouren bieten sich für **viele Regionen in Ungarn** an und **können** ungemein **Spaß machen.** Der Klassiker ist natürlich die perfekt ausgeschilderte Strecke rund um den Plattensee (siehe unten), doch auch in Budapest und Umgebung, in den Weingebieten (zumindest den nicht allzu hohen) oder im Westen nahe der österreichischen Grenze bieten sich fantastische Möglichkeiten, um nur einige Beispiele zu nennen. Inzwischen steht ein **sehr gutes Netz an Fahrradwegen** zur Verfügung, sodass man sich als Radler kaum auf den viel befahrenen Bundesstraßen abquälen muss; oft wurden parallele Radwege gebaut, häufig gibt es auch Alternativwege für Radfahrer. Die Ausschilderung ist vielleicht nicht perfekt, aber doch zufriedenstellend.

Wer sein eigenes „Bike" nicht mitbringen kann oder will, findet in Fahrradgeschäften, auf Campingplätzen, in Hotels und Pensionen sowie bei Touristeninformationen viele Adressen zum **Verleih von Fahrrädern,** oft sogar mit einer recht guten Auswahl. Für 2000 HUF pro Tag lässt sich bereits ein gutes Fahrrad ausleihen, mancherorts günstiger, gelegentlich teurer. Wie die Ausleihe ist auch die Reparatur der Zweiräder in der Regel kein Problem – besonders, wenn man sich auf den touristisch erschlossenen Trassen fortbewegt. In der Provinz kann man – wenn sich kein Fahrradladen auftreiben lässt – sein Glück auch bei einer Autowerkstatt versuchen, die es fast überall gibt.

Allerdings ist beim Fahrradfahren in Ungarn auch Vorsicht geboten: Besonders im Sommer, aber durchaus auch schon in der Vor- und Nachsaison, kann es sehr heiß werden, wenn die Sonne unbarmherzig brennt. Mehr noch als zu Hause sind daher ein starker **Sonnenschutz** für die Haut und eine gute Kopfbedeckung absolut obligatorisch. Bei Hitze sollte man sich auch in der Länge der Tagestour beschränken. Eine weitere Warnung betrifft die **Hügel und Berge:** Zwar kann von einem richtigen Gebirge nur im Nordosten gesprochen werden. Doch auch eine ganze Reihe anderer Regionen ist überraschend hügelig, wovon unter anderem die Weinanbaugebiete nördlich des Plattensees und rund um Szekszard zeugen. Diese Hügel mögen einen Autofahrer ziemlich kalt lassen und sind auch mit dem Drahtesel zu bezwingen. Nur sollte man darauf gefasst sein und dies bei der jeweiligen Routenplanung berücksichtigen.

Routenvorschläge für Radtouren

Rund um den Plattensee

Ohne Frage ist dies der Klassiker aller Radtouren in Ungarn. Die ziemlich genau **200 Kilometer** lange Trasse rund um den Balaton ist **bestens ausgeschildert** – auch mit Kilometerangaben zu den jeweils nächsten Etappenzielen – und führt fast nie auf der Hauptstraße entlang. Vielmehr kann man den See auf dem größten Teil der Strecke aus nächster Nähe genießen, entweder auf speziellen Fahrradwegen oder auf kleinen Straßen, die teilweise sogar für den motorisierten Durchgangsverkehr gesperrt sind. Der Straßenbelag ist durchgehend fahrradfreundlich. Schon die Bahnlinie rund um den Plattensee verläuft sehr nah am Seeufer, doch als Radler genießt man einen noch besseren Blick auf das Wasser. Läden, Gaststätten und Übernachtungsmöglichkeiten bieten sich praktisch ohne Unterlass. Die Hitze mildern Bäume und die kühle Brise vom Ufer, und bei Regen bietet sich rasch ein Unterstand. Wer schnell vorankommt oder mehr Zeit mitbringt als drei oder vier Tage, kann noch einen kleinen Abstecher zum Kis-Balaton oder zum Thermalsee nach Hévíz machen.

Von Sopron über Kőszeg in den „Wächter"-Naturpark

Sopron liegt direkt an der österreichischen Grenze und ist nur einen Katzensprung von Wien entfernt. Ganz in der Nähe erstreckt sich auch das faszinierende Naturschutzgebiet des **Neusiedler Sees,** zu dessen ungarischem Abschnitt nur wenige Wege führen. Nach der Besichtigung Soprons mit seiner großartigen Altstadt führt die Route also zum See, dann in einem Bogen zum **Esterházy-Schloss** in Fertőd, dem berühmtesten Prunkbau des Landes, und dann nahe der österreichischen Grenze südlich bis ins idyllische Kőszeg mit seinem schönen historischen Stadtzentrum. Von dort kann man entweder per Fahrrad oder Zug weiter über Szombathely und Körmend in den **Őrség-National-**

park gelangen. Hier lebten einst die „Wächter“, welche die ungarische Grenze schützen sollten. Die nach ihnen benannte Region beeindruckt mit einsamen Straßen durch eine hügelige, ursprüngliche Landschaft mit Dörfern und gemütlichen Gasthäusern.

Die Gesamtlänge der Strecke beträgt ca. **200 Kilometer,** der erste Abschnitt bis Kőszeg weniger als 100 Kilometer.

Budapest – Donauknie – Budapest

Von der Hauptstadt geht es nördlich an der Donau entlang nach **Szentendre** mit seiner einmalig reizvollen, wie ein großes Freilichtmuseum anmutenden Innenstadt. Von dort führt eine kleine Fähre auf die nach Szentendre benannte Donauinsel. Dort verlaufen mehrere asphaltierte Straßen durch eine wunderschöne und naturbelassene grüne Landschaft mit Schafen und Graurindern. Wer möchte, kann einen Abstecher nach **Vác** machen (wohin auch eine Fähre von der Insel aus verkehrt). Anschließend geht es vom Norden der Insel über eine Brücke zurück aufs linke Donauufer und weiter nach **Visegrád** mit seiner den Fluss grandios überragenden Burg und dann dem Knie der Donau folgend bis in die erzbischöfliche Stadt **Esztergom** mit ihrer gewaltigen Kathedrale, reichen Historie und ihrem sympathischen Stadtzentrum. Die Rundfahrt führt von dort aus zurück nach Budapest über kleinste Straßen durch den schönen **Nationalpark Duna-Ipoly** (Duna-Ipoly Nemzeti Park). Vor der Hauptstadt sind einige Hügel zu bezwingen, die man notfalls auf der Landstraße auf einer etwas längeren und weniger idyllischen Strecke umfahren kann.

Die Tour ist je nach Routenwahl mindestens **120 Kilometer** lang, es sei denn, man nimmt etwa für den Rückweg aus Esztergom Bus oder Bahn.

An der Theiß von Szolnok nach Tiszafüred

Szolnok selbst besitzt wenige Sehenswürdigkeiten, doch es bietet sich ideal als Startpunkt an. Vom Zentrum folgt man den Wegweisern nach Besenyszög, fährt dann aber nach etwa vier Kilometern rechts über Csataszög und Kőtelek nach **Tiszasüly** – immer durch schönste Natur und auf gemütlichen Sträßchen nah oder direkt an der Theiß. Von Tiszasüly führt eine verwunschene, dicht von Bäumen bestandene Straße zur Fähre nach **Tiszaroff.** Dies alles ist ungemein idyllisch. Weiter geht es dann über Tiszabura und Abádszalók nach Tiszafüred mit seinen **Thermalquellen** und dem Strand am **Theißsee.** Schon vor Tiszafüred kann man immer wieder auf kleinen Abstechern direkt ans Seeufer gelangen. Verlängern lässt sich diese Route mit der Strecke auf dem Damm über den See bis nach Poroszló, und wer möchte, kann noch einmal 15 Kilometer weiter fahren nach Sarud mit seiner großen Ferienanlage direkt am See.

Von Szolnok nach Tiszafüred sind es auf dieser Route etwa **80 Kilometer.**

Reisezeit

Die **Hochsaison** konzentriert sich naturgemäß auf die beiden Monate **Juli und August** – dann haben die Ungarn und der Rest Europas Sommerferien. Weil diese aber beispielsweise in einigen deutschen Bundesländern auch schon früher beginnen, ist der Umbruch von Zwischen- auf Hauptsaison oft schon Mitte Juni zu bemerken – etwa beim Anziehen der Eintrittspreise in Bädern oder der Übernachtungskosten auf Campingplätzen. Selbstverständlich ist auch der ungarische **Sommer** wunderschön. Doch gerade wer in touristische Gebiete fährt, sollte sich auf viele in- und ausländische Besucher gefasst machen. Hinzu kommt die Hitze, die nicht durchweg, aber doch über weite Strecken des Sommers herrscht – meist um einige Grad mehr als in Mitteleuropa. Wer irgend kann, sollte daher ernsthaft über einen Ungarn-Urlaub in der **Zwischensaison** nachdenken, also **von April bis Anfang Juni und von September bis Oktober:** In dieser Zeit ist es meistens schon oder noch angenehm warm, die meisten Einrichtungen wie Museen, Bäder oder Campingplätze sind schon eröffnet, und man kann ohne Drängeln und Wartezeiten ganz entspannt alles sehen und erleben. Auch die Suche nach einem Übernachtungsplatz wird zum Kinderspiel. Zu guter Letzt sind viele Preise auch noch niedriger als im Sommer. Wer baden will und nicht sehr abgehärtet ist, sollte den September oder sogar noch den Oktober wählen, denn das Wasser ist dann noch warm vom Sommer. **Frühling und Herbst** empfehlen sich auch für Rundreisen: Die Blüte vieler Bäume und Pflanzen beginnt schon im März oder gar Februar, und grün bleibt es bis spät ins Jahr. Hinzu kommt im Herbst noch die Weinlese mit vielen Festen und Veranstaltungen – ein echter Höhepunkt in den entsprechenden Regionen, besonders in den Bergen des Nordostens und am Nordufer des Balaton, aber auch in den kleineren Gebieten wie in Sopron oder in Szekszard.

Die **Winter** sind in der Regel recht mild, und Städte wie Budapest, Pécs und Szeged bieten auch dann große Reize und nur wenige Touristen machen einem Konkurrenz. Gelegentlich erstrahlt die Hauptstadt sogar ganz in Weiß. Zu empfehlen sind auch die schmucken Weihnachtsmärkte in der Adventszeit oder die immer spektakulären Silvesterfeiern. In den Bergen öffnet sogar eine Reihe von Skigebieten ihre recht gut ausgestatteten Pisten. Das Finden einer Unterkunft stellt kaum ein Problem dar, weil die meisten Privatzimmer und natürlich die Pensionen und Hotels, sogar einige Campingplätze, ganzjährig betrieben werden.

Sport und Erholung

Die drei größten sportlichen Attraktionen für Einheimische und Besucher sind wahrscheinlich **Reiten, Fahrradfahren** und **Wassersport.** Die Flüsse wie Donau und Theiß sowie die Seen, allen voran natürlich der Balaton, ermöglichen abgesehen vom Schwimmen eine Vielzahl an Aktivitäten, vor allem Fahrten mit Kanu, Kajak und Segelboot. Ungarn zu Pferde zu entdecken ist äußerst beliebt, und während die Steppenlandschaft der Puszta mit ihren Pferdeshows das prominenteste Beispiel ist, werben praktisch im ganzen Lande sehr viele Reiterhöfe für sich, organisieren Kurse und Ausritte sowie Ferien auf dem Pferdehof. Auf zwei Rädern und in die Pedale tretend tut man nicht nur etwas für seine Gesundheit, sondern „erfährt" das Land in genau der richtigen Geschwindigkeit, denn im Auto entgehen dem Auge oft viele interessante und schöne Details, besonders wenn man hinter dem Steuer sitzen und aufpassen muss. Mehr zum Drahtesel unter „Radfahren".

Im Land der so zahlreichen Heilquellen und Thermalbäder stehen die Stichwörter **Erholung und „Wellness"** naturgemäß weit vorn. Das Schöne dabei ist, dass man Spaß mit der Familie und Wellness oft gut miteinander verbinden kann und dabei nicht einmal zu viel Geld ausgeben muss – etwa im Thermalsee von Hévíz oder in einem der Schwimmbäder, in denen das Wasser erwiesene Heilkräfte besitzt. Fast alle dieser Einrichtungen bieten auch **Massagen, Saunagänge und Kurbehandlungen** an. Hinzu kommt eine Vielzahl an kleineren Massagesalons und anderen „Verwöhnungs"-Dienstleistern. Hier zahlt man freilich aus eigener Tasche, und es nützt nichts, ein Rezept oder eine ärztliche Überweisung vorzulegen. Doch die Preise sind für westliche Verhältnisse immer noch sehr angenehm und einladend. Das gilt selbstverständlich nicht für **exklusive Kuren** der höheren Kategorie, etwa in einigen Luxushotels oder beispielsweise im berühmten Budapester Gellértbad. Mehr zu den jeweiligen Kur- und Wellnessangeboten in den jeweiligen Ortsbeschreibungen.

Allgemein gilt: Die Büros der Touristeninformation sind auch und gerade für Sportler und Aktive immer die beste und erste Anlaufstelle bei Fragen und in Zweifelsfällen.

Angeln

Ob man es nun als Sport oder als Erholung bezeichnet: Angeln ist sehr populär. Im Prinzip kann hier jeder aktiv werden, er muss sich aber vorher eine Art **Angelschein** besorgen, bevor er mit dem Fischen beginnt. Der übliche Weg dafür geht über die jeweilige Touristeninformation vor Ort. Meist stellt diese die Genehmigung sogar gegen eine recht kleine Gebühr selbst aus. Die Scheine gelten immer nur für eine bestimmte Region, die Preise variieren stark je nach Lage. Einen Angelschein aus der Heimat braucht man aber nicht, alles lässt sich vor Ort regeln. Wer ohne Schein erwischt wird, kann sehr hohe Strafen zahlen. **Ausrüstung** für Angler gibt es in Fachgeschäften in den meisten ungarischen Städten und auch auf sehr vielen Campingplätzen und Ferienanlagen – hauptsächlich jenen, die am

Wasser liegen. Sogar der ein oder andere Privatvermieter von „Zimmerfrei"-Unterkünften bietet Hilfe und Equipment an, denn viele Ungarn gehen selbst angeln.

Ballonfahrten

Eine nicht ganz billige, aber außerordentlich schöne Art, Ungarn vom Himmel aus zu entdecken. Das Ballonfahren hat in Ungarn viele Anhänger und wird in Vereinen und bei verschiedensten Wettbewerben betrieben. Für echte Ballonfans stehen Informationen in englischer Sprache auf der Internetseite **www.balloon.hu.**

- **Balaton Ballooning**
Dieser Privatanbieter mit Sitz in Deutschland bietet Ballonfahrten über den Plattensee mit Start im Kurort Hévíz von Anfang Mai bis Ende September an. Nach Angaben des Anbieters dauert die reine Fahrt eine Stunde, der gesamte Ausflug vier Stunden und kostet derzeit etwa 150 Euro pro Person. Infos unter www.villa-blanka.de (auf „Ballonfahrten in Ungarn" klicken).

Bungee-Jumping

Die Mode für diesen ultimativen Adrenalin-Kick ist natürlich auch an Ungarn nicht vorübergegangen. Allerdings gibt es kaum ständige Einrichtungen, wo rund ums Jahr aus luftiger Höhe in die Tiefe gesprungen werden kann. Ein Mekka für Extremsportler ist aber **„Extreme Sport Island"** in Budapest, immer in der ersten Junihälfte. Neben Bungee-Jumping werden dort auch Skitesurfing, Paragliding und Motocross-Shows angeboten.

Fallschirmspringen

In mehreren Städten und Regionen veranstalten kommerzielle Anbieter Fallschirmsprünge. Ein sehr breites Programmangebot hat **Teriszony Ejtöernyös Iskola S.C.,** Timar u. 24 II/6, www.teriszony.hu (schöne Seite, aber nur auf Ungarisch). Teriszony organisiert auch Ballonfahrten.

Sprache

Ungarisch ist wahrscheinlich die europäische Sprache mit den meisten unbekannten und rätselhaften Faktoren. Sie stammt nämlich nicht aus der riesigen Familie der indogermanischen (oft auch als indoeuropäisch bezeichneten) Sprachen. Dies hat sie mit dem Finnischen und auch mit dem Estnischen gemeinsam – daher auch die geläufige Bezeichnung „finnugrisch" oder **„finno-ugrisch".** Genau wie beim ungarischen Volk, so kann auch für die ungarische Sprache bis zum heutigen Tag nicht eindeutig festgelegt werden, woher sie historisch stammt. Als wahrscheinlichste Theorie gilt die Herkunft aus der Region des Ural-Gebirges im heute russischen Westsibirien, das Europa geografisch von Asien trennt. Durch die vielen Umlaute wie „ü" und „ö" (wie in „köszönöm" – „danke") erinnert die Sprache an das Türkische, eine direkte Verwandtschaft konnte aber nie nachgewiesen werden. Während der langen Türkenherrschaft im Ungarn der Neuzeit sind einige, aber nicht allzu viele

ung153 Foto: mk

Zweisprachiges Ortsschild im Süden des Landes

Elemente der türkischen Sprache ins Ungarische eingeflossen. Wegen der Andersartigkeit des Ungarischen wurden über die Jahrhunderte auch relativ wenige Lehn- oder Fremdwörter aus anderen Sprachen aufgenommen, jedenfalls bei den Touristen betreffenden Grundbegriffen. Dies gilt bis heute, auch wenn moderne Anglizismen natürlich auch vor Ungarn nicht Halt machen. Es ist oft nahezu unmöglich, als Ausländer sich auch nur einzelne Wörter mit etwas Kombinationsgabe zu erschließen. Selbst für einen internationalen Begriff wie „Polizei", der in vielen Sprachen ähnlich klingt, verwenden die Ungarn das exotisch anmutende „Rendőrszég". Einiges wurde dann aber doch übernommen, etwa „szervusz" (gesprochen „servus") zur Begrüßung oder „szia" (vom englischen „see you") zur Verabschiedung von Freunden.

Ausländische Besucher müssen nicht unbedingt viel Ungarisch lernen, um im Lande zurechtzukommen: Besonders in touristischen Regionen sprechen viele Menschen **deutsch oder englisch.** Gerade die deutsche Sprache hat eine lange Tradition in Ungarn, vor allem durch die enge Beziehung zu Österreich über die Jahrhunderte. Viele Adlige und führende Politiker, etwa im 19. Jahrhundert, selbst große ungarische Patrioten, sprachen besser deutsch als ungarisch, weil sie in Österreich ausgebildet worden waren und mit dem österreichischen Adel in engem Kontakt standen.

Ein Problem stellt die **Aussprache** von Eigennamen dar. Wer beispielsweise den Weg zu einer Stadt oder einer Straße erfragen will, muss die Wörter nicht perfekt aussprechen, sollte aber zumindest verständlich sein, was bei den oft langen, sehr kompliziert aussehenden Namen ziemlich vertrackt sein kann, etwa bei der Stadt „Székesferhérvár". Es gibt zu viele Regeln, um sie hier im Einzelnen zu behandeln. Die wichtigsten aber sind: „sz" wird wie „s" ausgesprochen, „s"

Buchtipp – Sprachführer:
- **Ungarisch – Wort für Wort**
(Reise Know-How Kauderwelsch)

dagegen wie „sch". Die Umlaute „ö" und „ü" klingen in etwa wie im Deutschen. Wenn sie statt zweier Punkte zwei schräge Striche haben, dann werden sie kurz ausgesprochen. Haben „e" und „o" einen Akzent, so werden sie lang, ohne Akzent kurz gesprochen („e" wie im deutschen „nett" und „o" wie in „toll"). Sehr wichtig ist das „a": Mit Akzent ist es ein breites „ah", ein einfaches „a" jedoch klingt nach einem Zwischending aus „a" und „o", etwa wie im englischen „want". Der Plattensee spricht sich also wie eine Mischung aus „balaton" und „boloton". Székesferhérvár ist also „Sekeschfehervar" und Budapest „Budopescht", Paprika „popriko" und Salami („szalámi") „solami".

Telefonieren

Die **Vorwahl für Ungarn** lautet **0036.** Wer innerhalb Ungarns telefonieren will, wählt immer die 06 am Anfang und dann die angegebene Rufnummer (mit Ortsvorwahl, z.B. 1 für Budapest). Gespräche mit **Mobiltelefonen** im Ausland **(„Roaming")** sind in den letzten Jahren dank EU-Regulierungen deutlich günstiger geworden. Wer im europäischen Ausland telefoniert (für Schweizer gelten diese Regeln einstweilen noch nicht), zahlt seit Beginn des Jahres 2010 höchstens 13 Cent für eine SMS, maximal 46 Cent pro Minute für einen Anruf, den er tätigt, und nicht mehr als 18 Cent pro Minute für einen empfangenen Anruf. Die Tarife der jeweiligen Anbieter können noch darunter liegen. Somit ist es auch für die meisten Ungarn-Urlauber nicht mehr notwendig, Telefonzellen aufzusuchen oder Hotelapparate zu benutzen. Wer sein Handy verliert oder es aus anderen Gründen nicht verwenden kann, findet einige öffentliche Münztelefone. Häufiger sind allerdings **Kartentelefone.** Karten im Wert von 800, 1800 und 5000 HUF gibt es in Kiosken, Zeitungs- und Tabakläden, an einigen Tankstellen, in Supermärkten sowie bei den Postämtern. Die Preise für **Auslandsgespräche** liegen in der Regel über denen bei Handybenutzung. Für Anrufe innerhalb Ungarns kann sich die Telefonzelle nach wie vor lohnen. In Hotels und Pensionen sollte man nachfragen, wie viel für Gespräche per Zimmertelefon berechnet wird und ob man kostenlos von außen angerufen werden kann.

- **Auskunft (Inland): 198**
- **Auskunft (Ausland): 199**

Uhrzeit

Die Uhr wird **gemäß der Mitteleuropäischen Zeit** gestellt, also genau wie in Deutschland, Österreich und der Schweiz. Das gilt auch während der Sommerzeit, die ebenfalls am letzten März-Wochenende beginnt und am letzten Sonntag im Oktober nachts endet. Aufgrund der südöstlichen Lage des Landes wird es im Sommer **abends relativ früh dunkel** – über eine halbe Stunde früher als in Berlin und eine Stunde schneller als in Köln.

Unterkunft

Zu Campingplätzen siehe das Kapitel „Camping".

„Zimmer frei"

Die **typischste Übernachtungsmöglichkeit** für Reisende in Ungarn ist die „Zimmer-frei"-Unterkunft. Außergewöhnlich viele Privatleute haben in ihrem Haus Zimmer freigeräumt oder im Garten Nebengebäude eingerichtet, um sie an Gäste zu vermieten. Dabei ist es in den meisten Fällen so geregelt, dass die Urlauber einen separaten Eingang haben und nicht selten auch so etwas wie eine kleine Wohnung mit Küche und Bad nur für sich. Manchmal sind es auch mehrere Zimmer, wo sich dann verschiedene Gäste Küche und Bad oder – wenn ein Bad zum Zimmer gehört – nur die Küche teilen müssen. Gerade außerhalb der Hauptsaison hat man sehr gute Chancen, eine kleine Wohnung nur für sich zu finden. Der Reiz liegt im **persönlichen Kontakt** zu den Besitzern (auch wenn es nur ein paar Sätze sind, die man plaudert) und in dem Einblick, den man in das Innenleben ungarischer Häuser gewinnt. Oft sind die zu vermietenden Zimmer noch im ganz alten Stil eingerichtet, etwa mit Jugendfotos der älteren Dame, mit der man gerade gesprochen hat. Wegen der großen Konkurrenz sind fast überall Sauberkeit und eine anständige Einrichtung zu erwarten, auch wenn sie nicht immer nagelneu ist. „Zimmer-frei"-Übernachtungen bieten wohl das beste Preis-Leistungs-Verhältnis in Ungarn. Es gilt als selbstverständlich, sich das **Zimmer zeigen** zu **lassen**, bevor man zustimmt. Der Preis lässt sich des Öfteren ein wenig herunterhandeln. Man sollte immer nachfragen, ob es sich um den Gesamtpreis handelt, denn viele Vermieter nennen den Betrag zunächst ohne **Kurtaxe.** Dies gilt auch für Pensionen. Die Abgabe ist zwar nicht allzu hoch (ca. 300 HUF pro Person und Nacht), erhöht die Kosten aber am Ende doch merklich.

Die deutschsprachigen „Zimmer-frei"-Schilder sind im ganzen Land äußerst häufig zu finden. Dies hat sich aufgrund der langjährigen Dominanz österreichischer und deutscher Touristen in Ungarn so entwickelt. Das bedeutet übrigens nicht, dass jeder Vermieter auch wirklich Deutsch kann – doch meist sind es zumindest einige Wörter oder auch ein bisschen mehr. Auf jeden Fall sind alle auf Ausländer vorbereitet, und man kann beim Klingeln an der Tür, vielleicht nach einem höflichen „jó napot kívánok" („Guten Tag"), ohne Skrupel direkt auf Deutsch weitersprechen.

Die „Zimmer-frei"-Schilder springen einem oft direkt ins Auge, manchmal jedoch, gerade wenn man sie sucht, findet man sie nicht auf Anhieb. Besonders in Städten gilt: Mitten im Zentrum dominieren eher Hotels und Pensionen, am Ortsrand oder in den Wohngebieten werden dann mehr Privatunterkünfte angeboten. Beim Hineinfahren in eine Stadt kann man also bereits die Augen offenhalten. Wer eine „Zimmer-frei"-Unterkunft nicht von allein findet, sollte bei der Touristeninformation danach fragen. Gelegentlich steht zusätzlich oder alternativ zur deutschen die ungarische Version **„szoba kiadó"** auf den Schildern, neuerdings auch **„rooms"**.

Ein Privatzimmer mit Bad und Küche liegt derzeit für zwei Personen im Bereich von **5000 bis 8000 HUF** pro Nacht, in besonders begehrten Orten oder bei sehr gut ausgestatteten Unterkünften kann es auch etwas teurer werden. Bei mehrtägigem Aufenthalt sollte man einen Rabatt erhalten. Ein Trick kann sein, zunächst nach einer Nacht zu fragen, in Ruhe zu schauen, ob man sich wohlfühlt, und dann erst den Aufenthalt zu verlängern und einen besseren Preis auszuhandeln. In der Vor- und Zwischensaison (bis Mitte Juni und ab September) lässt sich fast immer spontan ein Zimmer selbst für eine Nacht finden – nur am Balaton wollen viele Vermieter lieber Gäste, die länger bleiben und können ablehnen. Gleiches gilt für die Hauptsaison, doch selbst dann lassen sich freie Zimmer finden. Frühstück wird in der Regel nicht serviert, man kann es sich aber selbst zubereiten.

Pension (Panzió)

Ein wenig teurer, aber oft auch sehr reizvoll sind Pensionen, die normalerweise auch über ein eigenes Lokal oder Restaurant verfügen. Es kann sehr gemütlich sein, nach einem langen Tag an einem milden Abend im hauseigenen Biergarten ein Abendessen und einen Krug Bier zu genießen – nur wenige Schritte entfernt vom eigenen Zimmer. Nicht alle Pensionen gehören in eine Preisklasse, aber **ab 8000 HUF** lässt sich bereits ein schönes Doppelzimmer finden, 10.000 bis 12.000 HUF ist die mittlere Preisstufe. Meist gehört ein gutes **Frühstück** dazu. Wer sich das Frühstück sparen will, findet in fast jedem Ort eine Konditorei *(Cukrászda),* in der Kaffee und Kuchen, manchmal auch Frühstück serviert werden. Auch bei Pensionen kann man durchaus versuchen, den Preis etwas zu drücken, besonders wenn das Haus nicht gerade überfüllt zu sein scheint. Pensionen sind in vielen Städten an den Einfahrtsstraßen ausgeschildert.

Eine Variante der Pension ist das **„Gasthaus" (Vendégház),** in dem es üblicherweise auch Gästezimmer zum Übernachten gibt. Besonders auf dem Land finden sich diese Häuser, meist im Dorfzentrum. Je nach Niveau und Ausstattung liegen sie preislich irgendwo zwischen Privatzimmern und Pensionen und können sehr gemütlich-ländlich ausgestattet sein.

Hotel

Das obere Preissegment wird von den Hotels bedient, in denen ein Doppelzimmer **selten** für **weniger als 10.000 HUF** angeboten wird, mehrheitlich deutlich darüber. Hotels, wie alle anderen Unterkunftsarten in Ungarn, bieten im Allgemeinen einen sehr guten Standard – vor allem wegen der starken Konkurrenz und der langen gastronomischen Tradition des Landes. Oft verfügen Hotels (und Pensionen) über einen kostenlosen Internetzugang für Gäste mit eigenem Laptop oder auch über hauseigene Computer. Viele Hotels sind richtiggehende Info-Büros, die ihren Gästen beim Planen, Organisieren und Buchen ihrer Ausflüge oder Aktivitäten helfen.

- **www.hah.hu**
  Seite der ungarischen Hoteliersvereinigung mit Liste der Mitgliedshotels, Informationen (etwa zur Vergabe der Sterne) und Möglichkeit von Online-Buchungen.
- **www.zielungarn.de**
  Seite mit sehr vielen Unterkunftshinweisen, nach Kategorien unterteilt, von Privatzimmern bis hin zu Wellness-Hotels.

Jugendherberge

Es gibt im ganzen Land Jugendherbergen, allein in Budapest fünf, viele davon sind dem internationalen Jugendherbergsverband (www.hihostels.com) angeschlossen. Dort kann man unabhängig von seinem Alter absteigen! Nur ist die **Qualität** der Herbergen für europäische Standards sehr **schlecht,** sodass die Übernachtung in einer Pension oder einer „Zimmer-frei"-Unterkunft allemal vorzuziehen ist.

Privatunterkunft (Falusi)

Privatunterkünfte **auf dem Land** findet man unter www.fatosz.hu. Sie werden je nach Ausstattung und Besonderheiten mit einer bis vier Sonnenblumen gekennzeichnet.

Verkehrsmittel

Bahn

Ungarn verfügt über ein **exzellentes Schienennetz,** das die großen Städte relativ schnell miteinander verbindet. So dauert es mit dem InterCity von Budapest nach Győr anderthalb, ins weit südlich gelegene Pécs auch nur zweieinhalb Stunden. Von der Hauptstadt an den Balaton sind es lediglich zwei Stunden, ebenso wie ins östliche Miskolc. Und von Wien ins grenznahe Sopron braucht die Bahn gerade einmal 80 Minuten (von Budapest nach Sopron zweieinhalb Stunden). Der Zug ist daher ein hervorragendes Reisemittel, auch für Besucher, die per Flugzeug ankommen und dann weiter müssen. Die Anreise in jede ungarische Region gestaltet sich also einfach, doch auch die Fahrten in den jeweiligen Gebieten machen Spaß: Die Bahnlinie um den Balaton herum – näher am Ufer als die Autostraße – ist legendär. Doch auch im Rest des Landes sind selbst viele kleine Städte und Landschaften per Bahn zu erreichen, etwa in den Bergen der Weinregion rund um Eger oder Tokaj. Wer schon einmal mit dem Auto durch Ungarn gefahren ist, weiß, wie oft er Bahnübergänge überqueren oder vor ihnen warten muss.

Eingang zur Jugendstilmetro (Linie 1) in der Hauptstadt

Bahnfahren ist dabei zumindest aus westlicher Sicht recht günstig: Die Ungarischen Bahnen (MÁV) haben eine **Website mit deutscher Sprachversion,** auf der man sich Verbindungen mit Preisangabe sehr übersichtlich abrufen kann **(www.mav.hu/deutsch).** Die fast 200 Kilometer lange Strecke von Budapest nach Szeged kostet beispielsweise in der 2. Klasse knapp 3000 HUF, also gut 11 Euro.

Fahrkarten sind an den jeweiligen Bahnhöfen zu erwerben, für den Nahverkehr stehen oft mehrsprachig (auch deutsch) eingestellte Fahrkartenautomaten zur Verfügung.

Bus

Überlandbusse sind weniger populär als die Züge, doch auch sie können auf bestimmten Strecken eine Alterna-

ung154 Foto: mk

tive darstellen. Sie verkehren unter der Bezeichnung **„Volánbusz“** und sind in der Regel etwas teurer als die Bahn auf vergleichbaren Strecken. Sie erreichen manche Ziele, die über keine Schienenanbindung verfügen, so etwa das Donauknie mit Szentendre und Visegrád nördlich von Budapest. Die Webseite www.volanbusz.hu existiert zwar auch in englischer Sprache, doch nur oberflächlich, denn wer eine konkrete Verbindung sucht, landet schnell wieder in der ungarischen Version.

Fahrkarten sind an den Busbahnhöfen zu erwerben, in vielen Bussen kann man die Tickets auch beim Fahrer lösen.

Stadtverkehr

Der Nahverkehr in den Städten wird zumeist von **Bus und Straßenbahn** bestritten, nur **Budapest** verfügt über eine **U-Bahn.** Fahrkarten gibt es an Automaten und in größeren Stationen am Schalter, sonst auch in Kiosken, Tabak- und Zeitungsläden und in Postämtern. Wer mehrere Fahrten plant oder länger in einer Stadt bleibt, sollte prüfen, ob sich Tages- oder Mehrfachkarten lohnen. Die Fahrkarten müssen oft je nach Stadt und Verkehrsmittel vor dem Einsteigen oder bei Antritt der Fahrt entwertet werden. Im Zweifelsfall beim Kaufen nachfragen.

ung078 Foto: mk

Taxis

Es gilt die internationale Regel, dass man in ein Taxi nur einsteigen sollte, wenn die **Firma** und der **Kilometerpreis** von außen gut sichtbar sind sowie ein **Taxameter** vorhanden ist. Bei längeren Strecken kann man durchaus versuchen, mit dem Fahrer einen Pauschalpreis auszuhandeln. Viele Taxis haben auf dem Autodach ein Schild, das beleuchtet ist, wenn das Taxi frei ist, und ausgeschaltet, wenn es bereits einen Fahrgast hat. Die Preise sind je nach Stadt und Taxigesellschaft verschieden. Als Faustformel kann man grob sagen: ca. 1 Euro pro Kilometer.

Inlandsflüge

Es hat normalerweise **wenig Sinn,** innerhalb Ungarns zu fliegen, dafür liegen die Städte zu nah beieinander. Die wohl weiteste Entfernung zweier Städte ist die von Sopron im Westen nach Miskolc im Osten – und selbst hier braucht der Zug nur knapp über fünf Stunden, ebenso wie für die 400 Kilometer von Miskolc nach Pécs, wo es aber sowieso keine kommerziellen Flughäfen gibt. Die drei größeren Flughäfen liegen in Budapest, Debrecen und am Plattensee (Fly Balaton) und sind fast ausschließlich für die Anreise aus dem Ausland interessant.

Versicherungen

Für alle abgeschlossenen Versicherungen sollte man die **Notfallnummern** notieren und mit der **Policenummer** gut aufheben! Bei Eintreten eines Notfalles sollte die Versicherungsgesellschaft sofort verständigt werden!

Der Abschluss einer **Jahresversicherung** ist in der Regel kostengünstiger als mehrere Einzelversicherungen. Günstiger ist auch die Versicherung als Familie statt als Einzelpersonen. Hier sollte man nur die Definition von „Familie" genau prüfen.

Auslandskrankenversicherung

Die **gesetzlichen Krankenkassen** von Deutschland und Österreich garantieren eine Behandlung im akuten Krankheitsfall auch in Ungarn, wenn die Versorgung nicht bis nach der Rückkehr warten kann. Als Anspruchsnachweis benötigt man die Europäische Krankenversicherungskarte, die man von seiner Krankenkasse erhält.

Im Krankheitsfall besteht ein Anspruch auf ambulante oder stationäre Behandlung bei jedem zugelassenen Arzt oder in staatlichen Krankenhäusern. Da jedoch die Leistungen nach den gesetzlichen Vorschriften im Ausland abgerechnet werden, kann man auch gebeten werden, zunächst die Kosten der Behandlung selbst zu tragen. Obwohl bestimmte Beträge von der Krankenkasse hinterher erstattet werden, kann ein Teil der finanziellen Belastung beim Patienten bleiben und zu Kosten in kaum vorhersagbarem Umfang führen. Deshalb wird der Abschluss einer **privaten Auslandskrankenversicherung** empfohlen.

Bei Abschluss der Versicherung – die es mit bis zu einem Jahr Gültigkeit gibt – sollte auf einige Punkte geachtet werden. Zunächst sollte ein **Vollschutz ohne Summenbeschränkung** bestehen. Im Falle einer schweren Krankheit oder eines Unfalls sollte auch der **Rücktransport** übernommen werden, denn der Krankenrücktransport wird von den gesetzlichen Krankenkassen nicht übernommen. Wichtig ist auch, dass im Krankheitsfall der Versicherungsschutz über die vorher festgelegte Zeit hinaus automatisch verlängert wird, wenn die Rückreise nicht möglich ist.

Schweizer sollten bei ihrer Krankenkasse nachfragen, ob die Auslandsdeckung auch für Ungarn inbegriffen ist. Wer keine Auslandsdeckung hat, kann sich kostenlos bei Soliswiss (Gutenbergstr. 6, 3001 Bern, Tel. 031 3807030, www.soliswiss.ch) über Krankenversicherer informieren.

Zur **Erstattung der Kosten** benötigt man ausführliche Quittungen (mit Datum, Namen, Bericht über Art und Umfang der Behandlung, Kosten der Behandlung und Medikamente).

Andere Versicherungen

Ist man mit einem Fahrzeug unterwegs, ist der **Europaschutzbrief** eines Automobilklubs eine Überlegung wert, womit zumindest einige Serviceleistungen in Ungarn im Falle einer Panne günstiger werden.

Ob es sich lohnt, **weitere Versicherungen** abzuschließen wie eine Reiserücktritts-, Reisegepäck-, Reisehaftpflicht- oder Reiseunfallversicherung, ist individuell zu klären und zu entscheiden. Gerade diese Versicherungen enthalten **viele Ausschlussklauseln,** sodass sie nicht unbedingt Sinn haben.

Die **Reiserücktrittsversicherung** für 35–80 Euro lohnt sich nur für teure Reisen und für den Fall, dass man vor der Abreise einen schweren Unfall hat, schwer erkrankt, schwanger wird, gekündigt wird oder nach Arbeitslosigkeit einen neuen Arbeitsplatz bekommt, die Wohnung abgebrannt ist u.Ä. Es gelten hingegen nicht: Terroranschlag, Streik, Naturkatastrophe etc.

ung155 Foto: mk

Die **Reisegepäckversicherung** lohnt sich seltener, da z.B. bei Flugreisen verlorenes Gepäck oft nur nach Kilopreis und auch sonst nur der Zeitwert nach Vorlage der Rechnung ersetzt wird. Wurde eine Wertsache nicht im Safe aufbewahrt, gibt es bei Diebstahl keinen Ersatz. Kameraausrüstung und Laptop dürfen beim Flug nicht als Gepäck aufgegeben worden sein. Gepäck im unbeaufsichtigt abgestellten Fahrzeug ist ebenfalls nicht versichert. Die Liste der Ausschlussgründe ist endlos ... Überdies deckt häufig die Hausratsversicherung schon Einbruch, Raub und Beschädigung von Eigentum auch im Ausland ab. Für den Fall, dass etwas passiert ist, muss der Versicherung als Schadensnachweis ein Polizeiprotokoll vorgelegt werden.

Eine **Privathaftpflichtversicherung** hat man in der Regel schon. Bei einer **Unfallversicherung** sollte man prüfen, ob diese im Falle plötzlicher Arbeitsunfähigkeit aufgrund eines Unfalls im Urlaub zahlt. Auch durch manche (Gold-) **Kreditkarten** oder eine **Automobilklub-Mitgliedschaft** ist man für bestimmte Fälle schon versichert. Die Versicherung über die Kreditkarte gilt jedoch in der Regel nur für den Karteninhaber.

Ungarn – seit 2004 Mitglied der EU

Zeitungen und Zeitschriften

Zu ungarischen Fernseh- und Radiosendern sowie ungarischen Zeitungen siehe auch „Land und Leute/Medien".

Ungarn und die deutsche Sprache haben eine besondere historische Beziehung. Das spiegelt sich auch in der **langen Tradition deutschsprachiger Zeitungen** im Lande wider. Prominentester Vertreter ist der **„Pester Lloyd"**, der bereits 1854 gegründet wurde und als Blatt mit wirtschaftlichem Schwerpunkt bis zu seiner Einstellung 1945 großen Einfluss hatte. Nach einer Pause während der Zeit des Kommunismus wurde 1994 die Tradition wiederaufgenommen – allerdings nicht wie früher als Tages-, sondern als Wochenpublikation. Einer der an der Wiederbelebung Beteiligten gründete 1999 die **„Budapester Zeitung"**, die als direkter Konkurrent des Pester Lloyd antrat und ebenfalls einmal wöchentlich erscheint. 2009 setzte der Pester Lloyd den Druck des Blattes „vorübergehend" aus und tritt seither nur noch tagesaktuell im Internet auf (www.pesterlloyd.net). Eine Rückkehr auf den Printmarkt ist nicht auszuschließen. Die Budapester Zeitung (www.budapester.hu) ist indes auch an den Kiosken weiterhin zu erwerben. Die deutschsprachigen Zeitungen sind hauptsächlich auf in Ungarn lebende Deutsche, Österreicher und Schweizer ausgerichtet, können mit ihren aktuellen Nachrichten, Hintergrundartikeln und praktischen Tipps aber durchaus auch für Besucher und Touristen aus diesen Ländern interessant sein.

Eine weitere Erscheinung in deutscher Sprache ist die **„Balaton Zeitung"** (www.balaton-zeitung.de), die besonders in der Region rund um den Plattensee, aber auch in anderen ungarischen Städten zu kaufen ist. Sie erscheint monatlich und richtet sich vor allem an die Tausenden (oder Zehntausenden) Deutsche und Österreicher, die am Balaton ganz oder teilweise leben, aber auch an Touristen.

Der Verlag der Budapester Zeitung bringt auch ein englischsprachiges Wochenblatt unter dem Namen **„The Budapest Times"** heraus (www.budapesttimes.hu). Des Weiteren gab es bis 2009 **„The Budapest Sun"**. Von ihr ist einstweilen die tagesaktuelle Website www.budapestsun.hu übrig geblieben.

Deutsche und österreichische Zeitungen können in Urlaubshochburgen wie am Plattensee und in Budapest an vielen Kiosken und in Presseläden, nicht selten auch in Supermärkten erworben werden. Größere, auf Ausländer eingestellte Hotels führen ebenfalls einige deutschsprachige Blätter und Magazine. In weniger touristischen Orten ist es aber nicht selbstverständlich, dass man deutsche Presse findet.

ung141 Foto: mk

Land und Leute

ung139 Foto: mk

ung140 Foto: mk

Landschaftsidylle am Kis-Balaton

Gulasch mit Schupfnudeln

Brunnen vor dem Esterházy-Schloss in Fertőd

Geografie

Ungarn bedeckt mit **93.030 Quadratkilometern** nur gut ein Prozent der Fläche Europas. Das Land liegt in den niedrigen Gebieten des Karpatenbeckens, der sogenannten **Pannonischen Ebene.** Über 80 Prozent des Staatsgebietes liegen weniger als 200 Meter über dem Meeresspiegel, nur etwa zwei Prozent über 400 Meter. Dennoch kann das Land im Norden (Mátra-Gebirge), Nordosten (Bükk-Gebirge mit Eger) und am Nordufer des Balaton (Bakony-Wald) durchaus auch **Mittelgebirge** vorweisen, der höchste Gipfel Kékes in der Mátra erhebt sich immerhin 1014 Meter hoch. Westlich der Gebirge, rund um die Stadt Győr, schon nicht mehr weit von Österreich, liegt die sogenannte kleine ungarische **Tiefebene.** Die große ungarische Tiefebene dagegen auf der anderen Seite der Gebirge, im Osten und Südosten des Staates, ist dreizehn Mal größer und erstreckt sich über 52.000 Quadratkilometer. Der berühmteste Teil dieses einst von Donau und Theiß gefüllten Beckens ist die Steppenlandschaft der **Puszta.**

Die Gesamtlänge der **Landesgrenze** beträgt 2242 Kilometer. Dies klingt nach viel, doch die Ausdehnung von Ost nach West liegt bei gerade einmal gut 500 Kilometern, von Nord nach Süd gar nur bei ungefähr 250 Kilometern. Ungarn hat mit der Slowakei, Österreich, Slowenien, Kroatien, Serbien, Rumänien und der Ukraine immerhin sieben Nachbarländer, drei davon noch außerhalb der Europäischen Union. Die längste gemeinsame Grenze (608 Kilometer) verläuft im Norden mit der Slowakei.

Der berühmteste Fluss ist natürlich die **Donau,** die von ihren insgesamt 2860 Kilometern 417 Kilometer durch Ungarn verläuft. Die **Theiß** (ungarisch **Tisza**) schlägt die Donau in dieser Beziehung, denn sie fließt 598 Kilometer (von insgesamt 962 Kilometern) innerhalb Ungarns.

Bekanntester und mit Abstand größter See ist der wegen seiner geringen Tiefe sogenannte **Plattensee** (ungarisch **Balaton**). Er erstreckt sich über fast 600 Quadratkilometer. Mithalten kann da zwar der **Neusiedler See** (ungarisch: Fertő-tó) mit über 320 Quadratkilometern – davon sind aber nur 82 Quadratkilometer in Ungarn.

Knapp 20 Prozent der Landesfläche sind **von Wäldern bedeckt.**

Die größte Stadt – und einzige wirkliche Metropole – ist mit gut 1,7 Millionen Einwohnern **Budapest.** Debrecen folgt auf Rang zwei mit gut 200.000 Menschen, die nächstgrößeren Städte sind Miskolc, Szeged, Pécs und Győr.

Ungarn verfügt nicht gerade über viele Bodenschätze, wenn man einmal von den zahlreichen, für Gesundheit und Tourismus wichtigen und wertvollen **Heilquellen** absieht. Braun- und Steinkohle, Erdöl sowie Erdgas kommen in nicht allzu großer Menge vor.

Klima

Das Land liegt in der **gemäßigt-kontinentalen Zone,** gehört aber zu den wärmeren Staaten dieser Zone. Nach Süden hin (Pécs, Szeged) liegt Ungarn schon sehr nah am Balkan. Dort ist es noch milder. Nur 250 Kilometer weiter nördlich, im Mittelgebirge, kann einen selbst im Juni schon mal ein Hagelgewitter überraschen. Das ist allerdings eher die Ausnahme.

Die **Durchschnittstemperatur** im Sommer liegt bei etwa 20 Grad Celsius, am wärmsten ist dabei der Juli mit im Schnitt 26 Grad Höchst- und 15 Grad Tiefstwert. An einzelnen Tagen kann es freilich viel heißer sein – im Hochsommer sind 35 Grad selbst in Budapest keine Seltenheit. Am kältesten ist der Januar mit einem Mittelwert von -2 Grad. Bereits der Februar ist deutlich milder, und im März beginnt mit Tageshöchsttemperaturen von fast 10 Grad (an vielen Tagen über dieser Marke) der Frühling.

Wenn es nach den Temperaturen der Luft geht, sind **Frühling und Herbst** die schönste Reisezeit. Allerdings ziehen die Wassertemperaturen nicht so schnell mit: Sie liegen im Mai durchschnittlich bei kühlen 13 Grad, im Juni bei 16, im Juli und August bei 18 und im September immerhin noch bei 15 Grad. Diese Durchschnittswerte klingen niedrig, sollten aber nicht abschrecken. Der flache Balaton etwa wärmt sich besonders bei Sonneneinstrahlung schnell auf, sodass an warmen Tagen und je nach Lage oft deutlich über 20 Grad erreicht werden. Wer in der Zwischensaison reisen und baden will, sollte wenn möglich den September und nicht den Mai wählen.

Der **September** ist übrigens auch der Monat mit den **wenigsten Regentagen** im Jahr – durchschnittlich nur sechs Tage von 30, während Mai, Juli, November und Dezember mit neun Tagen an der Spitze liegen. Im Juni und August regnet es statistisch gesehen jeweils acht Tage. Die meisten **Sonnenstunden,** nämlich zehn pro Tag, gibt es im Juni und im Juli. Die Monate Mai und August kommen auf neun, der September wie der April auf sieben Stunden.

ung138 Foto: mk

Bilderbuchwetter am Theiß-See

Fauna und Flora

Ein Großteil Ungarns liegt in der Großen und Kleinen Tiefebene. Hier herrschen sandige Böden vor. Allerdings ist es längst nicht überall so karg wie in der Steppenlandschaft der Puszta (der Name ist ein Lehnwort aus dem Slawischen und bedeutet wörtlich „Leere"). Die Sommer sind zwar recht trocken, doch die gesamte Niederschlagsmenge über das Jahr verteilt lässt eine **reiche Pflanzenwelt** gedeihen, die wiederum Lebensraum für viele Tiere bietet. Je nach Berechnung variiert die Zahl, doch knapp die Hälfte des ungarischen Bodens wird landwirtschaftlich genutzt - mit ständig abnehmender Tendenz.

Fauna

Es wird geschätzt, dass gut **45.000 Tierarten** in Ungarn ein Zuhause finden. Wer durch das Land fährt, wird am häufigsten Kühen, Schafen und Pferden begegnen. Dabei sind neben gewöhnlichen Kühen oft **Graurinder** zu sehen, die auch als „ungarische Steppenrinder" bezeichnet werden. Wer Glück hat, kann sie aus nächster Nähe bewundern, wenn sie in ruhigen Gegenden wie der Szentendre-Insel gemächlich die Asphaltstraße überqueren oder sogar stur blockieren. Neben ihrer durchgängig grauen Farbe imponieren sie mit ihrem großen, auslandenden Geweih, fast wie von einem Hirsch. Die Herkunft dieser Rasse ist nicht endgültig geklärt. Es wird spekuliert, ob die Tiere schon im Karpatenbecken lebten, bevor die Magyaren einwanderten, andere behaupten, die ungarischen Stämme hätten die Rinder mitgebracht. Fest steht aber, dass sie seit Jahrhunderten in Ungarn leben und für die Menschen zu einer Art nationalem Gut geworden sind. Graurinder weiden sogar im Winter draußen auf den Feldern. Sie werden wegen ihres als Spezialität geltenden Fleisches gezüchtet. Der Bulle kann fast unglaubliche 1000 Kilo schwer werden. Die Rasse galt als vom Aussterben bedroht, doch in letzter Zeit zeichnet sich eine Renaissance dieser Rinderart ab. Viele Bauern entdecken die Qualität der Tiere und ihren Nutzen als gutes Weidevieh.

Ein weiteres ungarisches Original ist das **Zackelschaf.** Es fällt auf durch seine wie Antennen hervorstehenden langen Hörner, die gewunden sind wie Korkenzieher. Beim Zackelschaf dominieren verschiedene Grautöne, nur Kopf, Hals und Beine sind dunkelbraun. Es gibt Abweichungen von dieser Norm, etwa die weiße und schwarze Rassevariante. Diese Schafe sind in ihren Bedürfnissen den bescheidenen Bedingungen der Steppenlandschaft angepasst und daher sehr zäh und widerstandsfähig. Nach Angaben von Experten handelt es sich um die letzte Hausschafrasse mit korkenzieherförmig gewundenen Hörnern. Es werden sowohl Milch und Fleisch als auch die Wolle und das Fell der Schafe genutzt. Eine Nahaufnahme eines solchen Schafes kann als echte Trophäe für jeden Fotografen gelten, denn die Tiere sind außerordentlich scheu und flüchten in der Regel sofort, wenn man sich anzuschleichen versucht.

Und noch eine Variation einer sehr vertrauten Tierart hat Ungarn zu bieten: das **Mangalica-Schwein** (ausgesprochen „Mangaliza"). Im Gegensatz zu Graurind und Zackelschaf war es allerdings nicht „schon immer" in Ungarn, sondern wurde im 19. Jahrhundert gezüchtet. Es handelt sich um ein relativ kleines, sehr robustes Schwein mit dichten Borsten und ist damit eines der wenigen Hausschweine, das über ein Fell wie ein Wildschwein verfügt. Daher wird diese Rasse auch Wollschwein genannt. Noch Mitte des 20. Jahrhunderts dominierten Mangalica-Schweine ungarische Felder und Ställe, bevor sie langsam von anderen Rassen verdrängt wurden. Doch bis heute sind die im wahrsten Sinne des Wortes widerborstigen Schweine zu finden. Besonders Bio-Landwirte und Feinschmecker entdecken die Qualität des Fleisches wieder. So sollte sich niemand wundern, wenn ihm bei Ferien auf dem Bauernhof oder auch in guten Restaurants Wurst oder Fleisch vom Mangalica-Schwein serviert wird – es gilt inzwischen als Delikatesse. Noch etwas spricht für die Mangalica: Sie eignen sich wegen ihres verhältnismäßig geringen Gewichts nicht gut für die Massentierhaltung.

Im Sommerhalbjahr kann man sich am Anblick vieler **Weißstörche** erfreuen, die auf Strommasten, Schornsteinen und Dächern ihre gewaltigen Nester gebaut haben und alljährlich wiederkehren, um ihre Jungen aufzuziehen. Meistens ab Mai ist der Nachwuchs schon zu beobachten, wie er gefüttert wird und langsam die ersten Flugversuche startet, bevor es im Herbst wieder auf die lange Reise in Richtung Afrika geht. Auch wenn Störche entgegen der allgemeinen Annahme gar nicht so viele Frösche fressen, so ist es doch faszinierend zu beobachten, wie sie auf Nahrungssuche über die Felder stolzieren. Besonders wenn diese frisch gemäht wurden, sind sie wie ein gedeckter Tisch für die Vögel, denen nicht nur nachgesagt wird, dass sie Kinder bringen, sondern auch, dass sie das Haus beschützen, auf oder neben dem sie nisten.

Neben den Störchen kommen weitere große Vögel wie **Fasane** und **Rebhühner** vor sowie **Reiher** und seltener auch **Raubvögel** wie Falke und Geier. Störche, Schwalben und andere Zugvögel bieten ein besonderes Spektakel, wenn sie im Frühling das Land in großen Schwärmen gen Norden durchqueren, um sich im Herbst wieder in die Gegenrichtung aufzumachen. Geschützte Vögel in Ungarn sind unter anderen **Stelzenläufer, Säbelschnäbler, Trappe** und **Egretta Alba.** Unterwegs auf einem See oder Fluss, zum Beispiel im Kajak, begegnet man auch vielen **Schwänen.** Unter normalen Umständen sind sie harmlos, man sollte aber einen größeren Bogen um sie machen, wenn sie neugeborene Junge um sich herum zu beschützen haben und wenn sie den Eindringling in ihre Welt „anfauchen".

Die in Ungarn lebenden großen Wildtiere sind auch Mittel- und West-

ung127 Foto: mk

europäern bekannt: **Fuchs, Reh** und **Hirsch, Wildschwein, Hase** und verschiedene **Nagetiere**. Das Jagen und Schießen von Wild ist in ganz Ungarn besonderen Einschränkungen unterworfen.

Die Seen und Flüsse sind voller **Hechte, Brassen, Karpfen, Zander** und **Aale,** um nur einige Fischarten zu nennen. **Forellen** kommen in den künstlichen Seen des Bükk-Gebirges vor. Angeln kann man in Ungarn schon fast als Volkssport bezeichnen, doch auch hier ist eine spezielle Genehmigung erforderlich (siehe „Praktische Tipps A–Z/Sport und Erholung").

Zu den eher unangenehmen Tieren des Landes gehören **Insekten** wie Mücken und Zecken, die je nach Region durchaus häufig vorkommen können und gegen die sich jeder Reisende schützen sollte (siehe „Praktische Tipps A–Z/Gesundheit").

Flora

Immerhin **2200 verschiedene Pflanzengattungen** wurden in Ungarn bisher gezählt, 535 davon stehen derzeit unter besonderem Naturschutz. Als die seltensten davon werden der Nieswurz, die wilde Pfingstrose, die ungari-

Schwanenfütterung am Plattensee

sche Windblume, der Salbei und das Feuerröschen angegeben. Das schönste „Pflanzen-Erlebnis“ ist für viele Ungarn-Besucher aber der intensive Duft der **Lindenbäume,** wenn sie in voller Blüte stehen, was bereits im Mai und vor allem im Juni der Fall ist. In vielen Städten säumen unzählige Linden die Straßen und Bürgersteige. Ähnlich wie die Linde blühen die meisten Pflanzen und Bäume wie die Birke in Ungarn früher als in Regionen mit kälterem Winter, etwa in Nord- oder Ostdeutschland. **Allergiker** werden daher Erleichterung spüren, wenn sie zur Spitzenzeit des Pollenflugs nach Ungarn reisen.

Die Ungarn lieben große blumenreiche Hecken in ihren Gärten.

Sogar **subtropische Pflanzen** und beispielsweise Palmen haben in dem milden Klima ausreichende Lebensbedingungen.

Umwelt- und Naturschutz

In den Agrar-Kombinaten, ähnlich den Kolchosen in der Sowjetunion oder den „Landwirtschaftlichen Produktionsgenossenschaften“ der DDR, wurde bis zu den Wendejahren vor gut 20 Jahren kaum Rücksicht auf Umwelt und natürliche Ressourcen genommen. Doch die Bewirtschaftung des Landes wurde größtenteils doch von kleineren Bauernhöfen betrieben und konnte daher gottlob nicht so viel Schaden anrichten. Aufgrund der bereits erwähnten eher spärlichen Menge an Bodenschätzen entstand auch keine gewaltige Industrie von Kohlekraftwerken oder anderen Dreckschleudern. Dennoch stellte die Europäische Union noch um das Jahr 2000 herum gewaltige **Missstände,** etwa bei der Abfallentsorgung sowie bei der Luft- und Wasserverschmutzung, fest. So wurden beispielsweise Nitrate aus der Landwirtschaft über Jahrzehnte in übergroßen Mengen dem Boden und damit dem Grundwasser beigefügt. Wurde noch vor wenigen Jahren der komplette Haushaltsmüll in eine Tonne geworfen, so stehen inzwischen viele Mülltrennungsanlagen zur Verfügung. Plastiktüten, die es während des Kommunismus kaum gab und die daher absurderweise lange als Symbol von Freiheit und Wohlstand galten, werden langsam wieder durch Mehrweg-Tragetaschen ersetzt. Die Autos werden Jahr für Jahr moderner, die alten Umweltverpester verschwinden nach und nach. Dafür besitzen die Menschen immer mehr (und größere) Fahrzeuge.

Die Einrichtung von **Nationalparks und Naturschutzgebieten** auf insgesamt fast 10 Prozent der Gesamtfläche Ungarns reflektiert ebenfalls ein neues Verständnis dafür, wie wichtig der Natur- und Umweltschutz ist. Zum Erhalt und zur Pflege der einzigartigen Lebensvielfalt wurden im ganzen Land neun Nationalparks, 38 Landschaftsschutzgebiete, 142 Naturschutzgebiete, ein Naturdenkmal und 1125 sogenannte Naturgebiete (kommunal verwaltet) eingerichtet.

Der **Tourismus** ist für die Natur Ungarns ein zweischneidiges Schwert: Einerseits bietet er dem Land eine bedeutende Einnahmequelle abseits umweltschädigender Industrien, andererseits kann auch der Massentourismus die Ökologie aus dem Gleichgewicht bringen, denn die Besucher wollen natürlich gerade die schönen, besonderen und schützenswerten, aber eben auch sensiblen Teile des Landes sehen. Zu Kommunismuszeiten war das Umweltbewusstsein zwar nicht ausgeprägt, doch der Geldmangel verschonte Ungarn von einem Raubbau an der Natur zu touristisch-kommerziellen Zwecken, abgesehen von einigen hässlichen Ferienanlagen und Hochhäusern. Wer die schönsten ungarischen Landschaften besucht, bekommt den Eindruck, dass die Verantwortlichen die Bedeutung des Umweltschutzes inzwischen recht gut verstanden haben.

ung128 Foto: mk

ung129 Foto: mk

Ungarn betreibt ein **Atomkraftwerk** in Paks im Süden des Landes. Im Jahr 2009 kam es zum wiederholten Mal zu einem kleinen Störfall bei Wartungsarbeiten. Der Meiler soll nach Plänen der Regierung weiter ausgebaut werden. Allerdings ist die Zustimmung in der Bevölkerung dafür laut Umfragen auf nur noch gut 50 Prozent gefallen, zwei Drittel der Ungarn bevorzugen eine stärkere Förderung erneuerbarer Energien. Diese sind bisher noch nicht allzu weit entwickelt. Nach den neuesten Schätzungen liegt der Anteil erneuerbarer Energien an der gesamten Stromerzeugung bei gut fünf Prozent, etwa die Hälfte des EU-Durchschnitts. Den größten Beitrag leistet im Augenblick die Energiegewinnung aus **Biomasse,** gefolgt von **Wasserenergie.** Wind spielt wegen der mangelnden Aufnahmefähigkeit der Netze bisher nur eine sehr kleine Rolle. Es wird geschätzt, dass bisher nur gut 20 Prozent des Potenzials für erneuerbare Energien im Lande genutzt werden.

Die Wasserqualität in den Seen und Flüssen hat sich in den letzten zwei Jahrzehnten deutlich verbessert, da immer mehr Abwasser durch ordentliche Klärsysteme gehen und nicht mehr einfach in Flüsse und Seen geleitet werden. Untersuchungen der letzten Jahre dokumentieren, dass das **Baden** in Theißsee, Balaton und anderen Gewässern **weitgehend unbedenklich** geworden ist.

Geschichte

Die Ungarn verfügen über ein sehr **ausgeprägtes Geschichtsbewusstsein** - vielleicht weil sie lange Perioden von Fremdherrschaft und Unfreiheit durchzustehen hatten. Hinzu kommt - und hier scheinen alle Chronisten der ungarischen Geschichte einig zu sein - ein Gefühl, im Laufe der Jahrhunderte von den Großmächten entweder ausgenutzt oder allein gelassen worden zu sein. Dies mag auch zusammenhängen mit der Sonderrolle, die das Land wegen seiner völlig einzigartigen Sprache und Herkunft seiner Bürger spielen musste. Ungarn wurde stets entweder von Türken, Slawen oder „Germanen" dominiert und hatte nie ein verwandtes Volk, „seinesgleichen", das ihm zur Seite gesprungen wäre.

Von den Anfängen bis zur Christianisierung

Das „Alleinsein" der Ungarn hat seinen Ursprung über 1000 Jahre v. Chr. Von den durchaus zahlreichen Völkern und Stämmen, die vor Christi Geburt und im ersten Jahrtausend danach in der Region des Ural-Gebirges in Westsibirien lebten, blieben im Laufe der Zeit einzig und allein die Ungarn übrig. Es ist bezeichnend, dass die nächsten noch heute existierenden Verwandten der Ungarn die **Finnen** sind. Dabei haben sich die Wege dieser beiden Völker wahrscheinlich schon vor 3000 Jahren getrennt. Die sogenannte **ur-ungarische Epoche** im letzten Jahrtausend v. Chr. sowie die Zeit davor sind bis zum heutigen Tag nur sehr lückenhaft erforscht. So glauben viele Ungarn immer noch, dass sie vom berühmten Kriegervolk der **Hunnen** abstammen. Auch im Jahr 2010 werden an Donau und Theiß Kinder geboren, die den Namen des berüchtigten Hunnenführers *Attila* erhalten - auch wenn Experten inzwischen eine Verbindung praktisch ausschließen. Der englische Name „Hungary" (und der lateinische Ursprungsbegriff „Hungaria") suggeriert ebenfalls eine Abstammung von den Hunnen.

Die **Magyaren** siedelten damals zwischen dem heute in Russland gelegenen Fluss Don und der Donau, hatten sich gerade vom damals mächtigen und heute fast vergessenen Reich der Chasaren losgelöst und ein eigenes Fürstentum gegründet. Byzanz, der Vorläufer der Türkei, brauchte die Magyaren im Kampf gegen Bulgarien und das mit Bulgarien verbündete Volk der Petschenegen. Als die Ungarn jedoch einige Schlachten verloren, führte ihr **Fürst Árpád** sie aus ihrem angestammten Gebiet immer weiter westwärts in den Teil Europas, der über lange Zeit, bis ins 20. Jahrhundert, das Territorium Ungarns definieren sollte. In die ungarische Geschichtsschreibung ging diese Wanderung der Magyaren und ihre Ansiedlung unter dem Begriff **„Landnahme"** ein. Auf viel Widerstand werden die Magyaren bei der Landnahme allerdings nicht gestoßen sein, denn in der Großen Tiefebene lebten kaum Menschen, nur verstreut siedelnde Bauern.

In Siebenbürgen (heute Rumänien) siedelnde Völker wurden kurzerhand mit übernommen; sie assimilierten sich teilweise im Laufe der Jahrhunderte. Der in Berlin lebende ungarische Schriftsteller *György Dalos,* Autor des prägnant-persönlichen Geschichtsabrisses „Ungarn in der Nußschale", fügt hinzu, die Magyaren hätten nur durch bloßen Zufall als Volk weiterexistiert, weil die Großmächte zu Zeiten der ungarischen Landnahme viel zu sehr mit sich selbst beschäftigt gewesen seien, um den ungarischen „Eindringlingen" in die alte römische Provinz **Pannonien** Widerstand zu leisten. Die Ungarn selbst sehen die Landnahme natürlich etwas verklärter als militärischen Erfolg des großen Fürsten *Árpád* und seines tapferen Volkes.

Vielleicht kam die **Legende der Abstammung von den Hunnen** auch deshalb zustande, weil die Magyaren, wie sich die Ungarn selbst nennen, in Europa im 10. Jahrhundert eine Spur der Verwüstung hinterließen. In 70 Jahren stießen sie auf ihren **„Streifzügen"** durch Mitteleuropa bis nach Spanien und Italien vor. Die Zerstörungswut der Ungarn brachte ihnen den Ruf eines blutrünstigen und hässlichen Volkes ein. Unterschlagen wird dabei oft, dass sie die Streifzüge nicht aus eigenem Antrieb, sondern im Auftrag westeuropäischer Fürsten durchführten, die ihre jeweiligen Gegner schlagen wollten. Die Ungarn überfielen aber auch Länder im eigenen Interesse, beispielsweise Mähren (ungefähr die heutige Slowakei), um sich dann dort anzusiedeln. Die ungarische Herrschaft über dieses Land hielt gut 1000 Jahre an: Bratislava gehörte bis vor 90 Jahren noch zu Ungarn.

Im Jahr 955 begann sich das Blatt für die „Streifzügler" jedoch zu wenden, als sie in der großen Schlacht auf dem Lechfeld bei Augsburg gegen *Otto den Großen* eine schwere Schlappe einstecken mussten. Die wenigen Überlebenden wurden der Legende nach entehrt, geschlagen und gedemütigt zu ihrem Volk zurückgeschickt. Die sogenannten **Trauerungarn** sollten eine lebende Warnung sein, es nicht noch einmal mit dem deutschen Kaiser aufzunehmen. Die Ungarn, nach den Streifzügen wieder in ihrer noch nicht so alten Heimat, entdeckten unter dem Großfürsten *Géza* kurz vor der Jahrtausendwende das **Christentum** für sich. Der Vatikan, der eine Erweiterung seines Einflussbereichs erhoffte, war entzückt, während *Géza* auf einen starken Verbündeten in Rom setzte: Besser einen Freund in der Ferne als gar keinen. Der Glauben sowie die dazugehörigen Traditionen und Bräuche der bis dahin durch und durch heidnischen Ungarn blieben freilich noch über Jahrhunderte kaum verändert, der Katholizismus setzte sich bestenfalls am Hofe und ansonsten nur sehr oberflächlich durch.

Alles fing damit an, dass *Géza* sich und seinen Sohn *Vajk* im Jahr 974 in St. Gallen taufen ließ. *Vajk* erhielt den Taufnamen **István** *(Stephan),* unter dem er zum ersten großen ungarischen Staatsmann in der Geschichte aufsteigen sollte. Hauptsächlich aus Bayern wurden Mönche entsandt, um

Die Legende der Abstammung von den Hunnen

Die **Parallelen** fallen sofort ins Auge: Wie die Hunnen waren auch die Magyaren – also die späteren Ungarn – ein Reitervolk, das sich nach seinem ersten Eintreffen in Europa einen Namen als Armee skrupelloser Kämpfer machte. Während der Hunnenkönig **Attila** den Kontinent mit seinen Kämpfern überzog, um Länder und Gebiete für sich und seine Getreuen zu erobern, waren die Magyaren auf ihren berühmten „Streifzügen" eher als eine Art Söldner unterwegs, die für europäische Fürsten und Könige die schmutzige Arbeit verrichten sollten. Nach Ungarn kamen sie aber aus demselben Grund wie *Attila* nach Europa: um eine neue Heimat zu finden, ein neues Land ganz für sich zu erobern. Wie die Hunnen besaßen auch die Magyaren die Fähigkeit, zu Pferde äußerst geschickt und überraschend zu kämpfen. Es sind Erzählungen überliefert von Beteiligten, die ihren Augen kaum trauten, als die Hunnen in vollem Galopp den Feind angingen und dann auch noch sicher mit ihren Waffen agierten. Irgendwann ließ der Überraschungseffekt nach, und die Gegner konnten sich besser auf die Kämpfer einstellen. Fast ein halbes Jahrtausend später wiederholten die Magyaren dieses Szenario. Doch damit nicht genug der Parallelen: Wie die Hunnen stammt auch das ungarische Volk aus dem asiatischen Raum: die Hunnen wohl aus der Mongolei, bei den Magyaren kann man es bisher nur sehr weiträumig auf die Ural-Region eingrenzen. Trotz all dieser Ähnlichkeiten wollen Forscher heute sicher sein, dass die Ungarn bestenfalls entfernt mit den Hunnen verwandt sind (*Attila* hat wohl während seines Feldzugs die damaligen Magyaren, die er unterwegs antraf, in sein Reich integriert). Der Volksmund und schließlich auch die offizielle Sprache haben aber im Laufe der Jahrhunderte eine eigene Wirklichkeit geschaffen. Nicht nur ist *Attila* bis zum heutigen Tag ein häufiger ungarischer Männername, auch der Staatsname – „Ungarn" oder auf Englisch „Hungary" – beruht auf der Annahme, dass es sich bei den Magyaren um Abkömmlinge der legendären Hunnen handelt. In Wirklichkeit geht „Ungarn" aber auf **Onogur** zurück, einen bekannten türkischen Stammesführer zu der Zeit, als die Ungarn Europa durchzogen. Nach ihren ersten Furcht einflößenden Auftritten wurden die Magyaren oft als **„Türken"** bezeichnet, was angesichts des erbitterten Kampfes gegen die türkischen Besatzer viele Jahre später paradox erscheint. Doch dann setzte sich die Identifizierung als „Hunnen" immer mehr durch. Mag *Onogur* auch der Ursprung des Wortes „Ungarn" sein, **„Hungary"** klingt dennoch verdächtig stark nach den „huns", wie sie auf Englisch heißen („huns" funktionierte übrigens in England besonders im Ersten Weltkrieg auch als Schimpfwort für die Deutschen, wegen der sogenannten Hunnenrede Kaiser *Wilhelms II.*, der u.a. sagte: „Pardon wird nicht gegeben, Gefangene werden nicht gemacht.").

Wie lässt sich also nun die Frage nach dem „hunnischen Anteil" der Ungarn klären? Die Sprache der alten Hunnen, wenn es überhaupt eine einheitliche Sprache gab, ist nicht überliefert, dieser Weg hilft also nicht weiter. Sicher ist nur die **seelische Verwandtschaft:** Viele Ungarn fühlen sich den Hunnen nahe bzw. dem, was sie über die Hunnen als Kinder gelernt haben: Dass sie aus Asien kamen auf der Suche nach einer neuen Heimat, dass sie tapfere Kämpfer waren, die vor keinem Gegner zurückschreckten. Und dass sie in Europa immer die Außenseiter waren, die Einzelgänger, die Besonderen, auch die Outlaws. Dieses Bild übt für viele Ungarn noch heute einen Reiz aus – finden sie sich doch in solchen Beschreibungen selbst wie in einem Spiegelbild wieder.

die Missionierungsarbeit aufzunehmen. Von dort kam auch die Braut, die für Fürstensohn *Stephan* gefunden wurde: *Gisela,* die Tochter des bayerischen Herzogs. **Stephan,** an Weihnachten 1000 zum **König Ungarns** gekrönt (die Stephanskrone wird bis heute als Heiligtum verehrt und gilt als wichtigstes Symbol der Reichsgründung), machte das Land zu einem entscheidenden „Player" in dieser Region Europas. Er konsolidierte die Kontrolle seines Staates über alle eroberten Gebiete, von Mähren bis nach Siebenbürgen, von Kroatien bis nach Pannonien, und schuf für Ungarn zehn Bistümer, die auch als sogenannte Komitate fungierten, also staatliche Verwaltungsgebiete. Das Prinzip der Komitate hielt sich über viele Jahrhunderte. *Stephan I.* verstand, dass er Einwanderer brauchte, um seine Heimat kulturell und zivilisatorisch voranzubringen. Der erste König wird von den Ungarn bis heute als **Vater ihres Heimatlandes** verehrt. Er gilt als tolerant und weitsichtig, weil er so viele Ausländer holte und ihnen langfristig Gastfreundschaft zeigte. Der aus Ungarn stammende österreichische Historiker *Paul Lendvai* zitiert in seinem Standardwerk „Die Ungarn" König *Stephans* Worte an seinen Sprössling: „Darum, mein Sohn, trage ich dir auf, begegne ihnen wohlwollend und behandle sie anständig, damit sie mit und bei dir lieber verweilen als anderswo ...". *Stephans* oft wiederholter Leitspruch lautete: „Schwach und gebrechlich ist das Land mit einer Sprache und einer Gewohnheit." Neben den Mönchen kamen **Siedler, Händler, Adlige** – sehr viele von ihnen **aus deutschen Landen** –, eine Tradition, die sich bis ins 20. Jahrhundert hielt. Die „Deutschen" waren über die Jahrhunderte nicht nur geduldet, sondern bildeten sogar die bürgerliche Oberschicht in den Städten, die größtenteils von ihnen gegründet wurden. Aber *Stephan* konnte auch anders, nämlich ganz im Stil des Mittelalters: Einen Neffen, der ihm den Thron streitig zu machen drohte, ließ er vierteilen und die sterblichen Überreste einem anderen Rivalen zusenden: seinem Onkel *Gyula.* Doch so sehr *Stephan* sich um die Festigung seiner Macht und der Strukturen des Königreichs mühte: Als sein einziger Sohn *Imre (Emmerich)* noch vor ihm starb, sah er sein Lebenswerk vor seinen Augen schwinden. Und tatsächlich: Ohne klaren Thronfolger versank Ungarn für etwa ein halbes Jahrhundert im Chaos mit vielen sehr kurz amtierenden Königen, Konflikten, Kleinkriegen und Fehden. Einer der blutigen Höhepunkte war der **„Heidenaufstand"** 1046 mit dem Ziel, die Christianisierung zu stoppen. Berühmteste Figur dieser gewalttätigen Rebellion war der aus der Lombardei stammende katholische Bischof *Gerhard,* in Ungarn *Gellért* genannt, der von der Meute getötet und den Berg hinunter in die Donau gerollt wurde. Zusammen mit König *Stephan* wurde *Gellért*

Stephan, erster König Ungarns
(Denkmal in Székesfehérvár)

ung136 Foto: mk

posthum 1083 heiliggesprochen und der verhängnisvolle Berg sowie später auch das berühmte Heilbad nach ihm benannt. Gegen Ende des 11. Jahrhunderts konnte der Hof wieder etwas Kontrolle über das Geschehen erlangen – auch dank der katholischen Kirche, mit der die Beziehungen weiter ausgebaut wurden. So unterstützte Papst *Gregor VII.* die Aufnahme einiger heute zu Slowenien und Kroatien gehörenden Landstriche in das ungarische Königreich. **König Kálmán I.** herrschte 21 Jahre lang bis 1116 in einer relativ stabilen Phase, erweiterte den Machtbereich seines Landes um Kroatien und band es noch stärker an den Westen an, besonders an Böhmen (heute Tschechien) und Österreich. Es kam eine weitere Welle von „Ausländern" ins Land, darunter Deutsche, die sich in Siebenbürgen ansiedelten (Siebenbürger Sachsen).

Das Königreich bis 1526

In der zweiten Hälfte des 12. Jahrhunderts zerfiel die königliche Macht wieder im Streit der vielen Möchtegern-Nachfolger. Erst **Béla III.** brachte **Ordnung und Fortschritt.** In seine Zeit fallen mit der Stabilisierung des Reiches auch die Gründung und der Ausbau von Städten sowie die Aufnahme und deutliche Verstärkung von Handelsbeziehungen mit Europa – vorangetrieben hauptsächlich von deutschen Einwanderern. *Bélas* Sohn und Nachfolger, **König András II.,** wollte ganz groß hinaus, führte sein Heer auf häufige Eroberungszüge und galt als verschwenderisch, fast wie ein Sonnenkönig. In die Geschichte ging *András* aber letztlich als der König ein, der – vom eigenen Adel unter Druck gesetzt – einen Teil seiner Macht abgeben musste: Er sah sich gezwungen, die **„Goldene Bulle"** zu unterzeichnen (1222), die dem Adel neben weiteren Privilegien das Recht auf bewaffneten Widerstand gegen den König einräumte, sollte dieser sich nicht gesetzestreu verhalten. Die Zusagen der Bulle blieben erstaunliche 450 Jahre gültig und werden von vielen Ungarn noch heute als Beweis für die „demokratische" Fortschrittlichkeit des Landes herangezogen. Einige gehen so weit, die Goldene Bulle mit der legendären englischen „Magna Charta" (die sieben Jahre zuvor erlassen worden war) oder gar mit der US-Unabhängigkeitserklärung zu vergleichen. Doch von Demokratie kann keine Rede sein, schließlich erhielt nur der Adel und nicht das gemeine Volk Sonderrechte und Privilegien.

Die erste große und **brutale Zäsur der ungarischen Geschichte** kam mit dem Jahr 1241: Die **Mongolen,** die vorher schon weite Landstriche Osteuropas überrannt hatten, fielen im Königreich ein und vernichteten es fast vollständig. *Paul Lendvai* zitiert einen Mönch mit dem Satz: „In diesem Jahr wurde das Königreich Ungarn nach 350-jährigem Bestand von den Tataren vernichtet." **Batu Khan,** Nachfolger des legendären *Dschingis Khan,* führte die Mongolen, wie sie sich selbst nannten, zum Sieg gegen das völlig überforderte Ungarn und jagte

ung133 Foto: mk

den flüchtenden König *Béla IV.* Doch als aus der Heimat die Nachricht vom Tod des Großkhans kam, witterte *Batu* eine Karrierechance, zog schnell ab und überließ Ungarn seinem Elend: Nicht weniger als die Hälfte der Bevölkerung, die wohl bei etwa zwei Millionen gelegen hatte, fiel dem Sturm der mongolischen Krieger zum Opfer. Der mit dem Leben davongekommene **Béla IV.** schrieb an den Papst und europäische Machthaber mit der Bitte um Schützenhilfe. Doch keiner wollte einspringen, keiner sah eine unmittelbare Gefahr. So setzte sich in der ungarischen Psyche erstmals das Gefühl fest, allein gelassen worden zu sein – obwohl man doch quasi ein Schutzschild gegen den Marsch der Barbaren weiter durch Europa gewesen war. *Béla* machte sich an den Wiederaufbau des zerstörten Reiches, er lebte und regierte noch 28 Jahre lang und wird oft als „zweiter Staatsgründer" bezeichnet. Besonders die Städte wurden ausgebaut und mit Schutzmauern versehen.

Nach *Bélas* Tod **zerfiel das Land in kleinere Machtbereiche,** und der Einfluss der Könige schwand. Um die Wende vom 13. zum 14. Jahrhundert gab es keinen männlichen Thronfolger mehr. Den Kampf der Herrscherfamilien um die ungarische Krone gewann das französisch-italienische Adelsge-

Detail an der Kathedrale in Budapest

schlecht der **Anjou.** Fast ein Jahrhundert sollte es die Geschicke des Landes bestimmen und Ungarn zu einem relativen Wohlstand führen. Es wird geschätzt, dass die Einwohnerzahl in dieser Zeit wieder auf die Marke von vor dem Mongolensturm kletterte. Nie war das Territorium Ungarns größer als damals, und Städte wie Handwerk und Handel erlebten eine wahre Blütezeit. Doch im Hintergrund zeichnete sich schon die Bedrohung durch die **Türken** ab. Die Gefahr direkt vor der eigenen Haustür – auf dem Amselfeld war Serbien vernichtend von den Türken geschlagen worden – wurde jedoch noch nicht wirklich ernst genommen. **Sigismund von Luxemburg,** König von Ungarn und Kroatien (später auch „römisch-deutscher König" und Kaiser) saß beachtliche 50 Jahre (bis 1437) auf dem ungarischen Thron. Die bekannteste Episode aus diesem halben Jahrhundert war wohl die Zusicherung *Sigismunds* an den tschechischen **Reformator Jan Hus,** unbeschadet ins Reich einreisen und seine Thesen diskutieren zu dürfen. Doch *Hus* wurde festgenommen, in den Kerker geworfen und landete als Häretiker auf dem Scheiterhaufen. Um Ungarn kümmerte sich *Sigismund* offenbar eher weniger. Nur wenige Jahre nach seinem Tod übernahm der aus Siebenbürgen stammende Halbrumäne **János Hunyadi** das Zepter in Ungarn – allerdings nicht als König, sondern als sogenannter Reichsverweser. Im Angesicht der immer akuter werdenden Bedrohung durch das Osmanische Reich (Türken) machte *Hunyadi* das, was Jahrhunderte zuvor schon *Béla IV.* versucht hatte: Europa zu überzeugen, den Ungarn bei der Verteidigung beizustehen. In Briefen forderte er eindringlich, man müsse die „Versklavung der Christenheit" abwehren. Die erhoffte Hilfe kam abermals nicht, doch dem versierten und mutigen Feldherrn *Hunyadi* gelang es, auch ohne Beistand im Jahr 1456 ein türkisches Heer bei Belgrad zu besiegen. Nur Wochen später erlag *Hunyadi* der damals grassierenden Pest. Den Ungarn hinterließ er seinen Sohn, der als **König Matthias I. Corvinus** zum populärsten Regenten der ungarischen Geschichte werden sollte. Er war der Sohn eines Halbrumänen, der nicht aus dem oberen Adel stammte – dies dokumentiert die für Ungarn so typische ethnische Vielfalt. *Matthias I.,* der erst 15 Jahre alt war, als er nach blutigen Thronfolgekämpfen schließlich zum König gekrönt wurde, führte Ungarn mit kriegerischem Erfolg und diplomatischem Geschick zu einer solchen Machtfülle, dass sein Land kurzfristig sogar die wichtigste Macht in ganz Mitteleuropa war: Er fügte seinem Königreich Böhmen und Mähren, Schlesien und die Lausitz hinzu. Wie sein Vater schlug auch er die Türken, die bereits praktisch den gesamten Balkan eingenommen hatten. Sogar die Bastion Wien nahm *Matthias* für kurze Zeit ein. *Paul Lendvai* schreibt: „Unzählige Gedichte und Epen, Dramen und Opern beschreiben das turbulente und aus ungarischer Sicht vor allem glorreiche Leben des Königs *Matthias I.".* Und *György Dalos* skizziert den jungen König als einen „im ganzen Europa respektierten Staatsmann“, der mit den hauptsächlich aus Italien stammenden Eliten in seinem Umfeld eine blühende humanistische Kultur aufgebaut habe, die jedem Renaissancefürsten zum Ruhm gereicht hätte. Doch als er nach 32-jähriger Regentschaft 1490 starb, passierte das Gleiche wie nach dem Ableben des Heiligen *Stephan* fast 500 Jahre zuvor: Das Land zerfiel in ein Thronfolgechaos, weil *Matthias* nur einen unehelichen Sohn hinterließ, den er nicht als Nachfolger aufbauen konnte. Und für neutrale Beobachter bleibt die Frage offen, ob er angesichts seiner Ambitionen in Mitteleuropa und seiner Kriege gegen Böhmen, Polen und Österreich die ständig lauernde Gefahr durch das Osmanische Reich nicht doch unterschätzt hat. Immerhin gab es kurz nach dem Tod des „Gerechten“, wie *Matthias* fortan genannt wurde, eine Einigung mit den verfeindeten Ländern Böhmen, Polen und dem Habsburgerreich.

Ein Ergebnis der dann tobenden Machtkämpfe war die Unzufriedenheit der Bauern, die immer stärker von den Großgrundbesitzern unterjocht wurden. Als der aus Siebenbürgen stammende Adelige **György Dózsa** beauftragt wurde, im Namen des Papstes ein Heer für den Kreuzzug gegen die Türken zusammenzustellen, rekrutierte *Dózsa* vor allem Bauern. Die Grundbesitzer wollten ihre Arbeitskräfte aber nicht ziehen lassen, was zu einem gewaltigen **Bauernaufstand** führte, der als wichtiges Kapitel in die ungarische Geschichte eingehen sollte. *Dózsa* und sein Heer zogen durchs ganze Land und konnten erst nach mehreren Versuchen von *János Zapolyai,* dem Regenten von Siebenbürgen, im Jahr 1514 geschlagen werden. *Dózsa* und seine Gefolgsleute wurden grausam umgebracht: Allgegenwärtig ist das Bild des „Bauernführers“ *Dózsa,* wie er auf einen glühend heißen Eisenthron gesetzt wird und eine glühende Krone aufgesetzt bekommt. Die brutale Hinrichtung sollte als Mahnung verstanden werden, keine weiteren Aufstände zu wagen. Den moralischen Sieg jedoch trug *Dózsa* davon, denn die Ungarn verehren ihn bis heute als furchtlosen Kämpfer für den kleinen Mann: Auch im 21. Jahrhundert sind mehr Straßen nach ihm benannt als nach den meisten Königen und Staatslenkern.

Ungarn unter osmanischer Herrschaft

Nur wenige Jahre nach der Niederschlagung des Bauernaufstandes erlitt das ungarische Heer die **Niederlage aller Niederlagen.** Sie trägt den Namen einer kleinen Stadt in der Nähe von Pécs: **Mohács.** Dort unterlag Ungarn am 29. August 1526 dem türkischen Heer. Der noch unerfahrene **König Ludwig II.** hatte fünfmal weniger Männer auf seiner Seite als der türkische Sultan *Suleiman I.* Mohács wurde mit den Worten *Lendvais* zum „Synonym für die nationale Katastrophe“. Vielleicht weist deshalb am Ort der Schlacht heute nur ein ganz kleines

Straßenschild den Weg zu der durchaus großen und beeindruckenden Gedenkstätte. Die nächsten vier Jahrhunderte sollte Ungarn größtenteils fremdbeherrscht bleiben. Nach einem Raubzug durchs ganze Land zogen die Türken mit vielen Gefangenen im Schlepptau ab. Den letzten Rest gaben sich die verfeindeten ungarischen Parteien selbst, als sie ihre Fehden und Kleinkriege fortsetzten. In den **über 150 Jahren der Türkenherrschaft** litten vor allem die ethnischen Ungarn (Magyaren), deren Gebiete besonders verwüstet und ausgebeutet wurden, während Minderheiten wie die Deutschen oder die Siebenbürger weniger dramatisch betroffen waren. *Paul Lendvai* schreibt, die Ungarn seien als Sklaven besonders beliebt gewesen in der Türkei, sie hätten sich schlechter verstecken können als etwa die Balkan-Bewohner in den Bergen, und nur sehr wenige seien zum Islam konvertiert. All dies führte dazu, dass die Ungarn zur Minderheit im eigenen Land wurden: Noch im 18. Jahrhundert stellten sie laut Volkszählung nur 39 Prozent der Bevölkerung, nachdem es nochmals einen (geplanten) Einwanderungsschub von Deutschen und Slawen gegeben hatte.

Die Türken machten das am Boden liegende Land zu einem „nationalen Königtum" mit dem Statthalter **János Zapolyai** – demselben Mann, der einst den Bauernführer *Dózsa* so schändlich hatte umbringen lassen.

ung130 Foto: mk

Später wurde das Gebiet voll **dem Osmanischen Reich einverleibt.** Allerdings fiel nicht ganz Ungarn in den türkischen Einflussbereich: Der Westen hieß weiterhin „Königliches Ungarn" und wurde de facto von der österreichischen Habsburger-Monarchie bestimmt. Einziger **Hoffnungsschimmer** für die Ungarn war der dritte Teil des gespaltenen Landes: **Siebenbürgen.** Zwar war diese Region nicht völlig unabhängig von den Osmanen, erhielt sich aber über mehrere Jahrhunderte eine gewisse Selbstständigkeit. Bis in die Gegenwart wird das Siebenbürgen jener Zeit als Ort angesehen, in dem Ungarn gleichsam überlebte, sich weiterentwickelte und eine Rückkehr zu Freiheit und Souveränität vorbereitete.

Wegen seiner wilden Mischung aus Völkern (Ungarn, Rumänen, Schwaben, Sachsen und viele andere) und Religionen (Katholiken, Lutheraner, Calvinisten, Orthodoxe, Juden) in der insgesamt etwa eine Million Menschen starken Bevölkerung war Siebenbürgen fast gezwungen, integrativ und tolerant zu sein. Der Landtag wählte die jeweiligen Fürsten. Zu den bekanntesten gehörten: **István Báthory,** der später als *Stefan Batory* auch polnischer König wurde; **István Bocskai,** der mit Hilfe seiner patriotischen „Haiduckenarmee" 1605 zum Fürsten gewählt wurde, zuerst mit Österreich Frieden schloss und dann sogar einen Waffenstillstand zwischen Wien und Istanbul vermittelte; **Gábor Bethlen,** der nur wenige Jahre später das Habsburgerreich angriff und bei der Gelegenheit das österreichisch kontrollierte „Königliche Ungarn" unter seine Kontrolle brachte, Glaubensfreiheit und ein Fortbestehen ungarischer Identität durchsetzte.

Die ehemalige Moschee
von Pascha Kassim Gasi in Pécs

Die Zeit, in der Siebenbürgen trotz aller Einschränkungen und Abhängigkeiten von den Großmächten das „Ungarntum" aufrechterhielt, war geprägt von großen **Glaubenskriegen,** nachdem in Wittenberg ein gewisser *Martin Luther* die katholische Kirche in existenzielle Bedrängnis gebracht hatte. Immer wieder wechselte in Ungarn die Religion, die sich stets nach dem persönlichen Glauben des Fürsten der jeweiligen Region richtete. Die Fürsten selbst wechselten ihre Konfession oft wie ihr Hemd, je nachdem, woher der politische Wind gerade wehte und wie sie am meisten Macht und Wohlstand ansammeln konnten.

Ungarn unter den Habsburgern

Der entscheidende historische Einschnitt kam, als 1683 die sogenannte **Heilige Liga** (Polen, Habsburgerreich, Venedig und Bayern) die Türken in einer großen Schlacht bei Wien besiegten. Ungarn war befreit. Oder wie *György Dalos* lakonisch zusammenfasst: **„Frei von den Türken – nicht jedoch von den Befreiern."** Nun herrschte Österreich, auch Siebenbürgen verlor seinen Rest an Unabhängigkeit, Nicht-Katholiken und Oppositionelle wurden teils brutal verfolgt. Einer der berühmtesten Freiheitskämpfer war der kroatischstämmige Feldherr **Miklós Zrínyi,** dessen Ziel die Wiedererlangung der ungarischen Souveränität war. Doch schließlich scheiterte auch er an mangelnder internationaler Unterstützung und an den zu hohen Ambitionen des Fürsten **György II. Rákóczi,** der in Absprache mit *Zrínyi* ungarischer König werden sollte. *Rákóczi* wollte sich damit aber nicht begnügen und strebte unter anderem nach der polnischen Krone. Schließlich blieb ihm gar nichts. Er ließ sein Leben bei einer Schlacht gegen türkische Truppen, während *Zrínyi* bei einem Jagdunfall starb.

Ihnen folgte ein gewisser **Imre Thököly,** der an der Spitze der „Kuruzzenarmee" gegen die Habsburger-Herrschaft aufbegehrte, die Österreicher aus Teilen Ungarns verdrängte und sich sogar mit dem einstigen Erzfeind Türkei zusammentat. Doch nach der erwähnten türkischen Niederlage bei Wien liefen die Kuruzzen zu Habsburg über, und *Thököly* floh mit den Türken.

Anfang des 18. Jahrhunderts kam es dann nochmals zu einem groß angelegten Versuch, Freiheit und Selbstbestimmung für Ungarn zu erringen: **Ferenc II. Rákóczi** ließ sich zum Fürsten Siebenbürgens wählen, regierte auch als „Fürst Ungarns" und wollte Österreich die Stirn bieten. *Rákóczi* hatte familiäre Bande mit dem französischen „Sonnenkönig" *Ludwig XIV.* geschlossen, der ihn auch kurzzeitig unterstützte, dann aber auf Druck Wiens davon abließ. Ungarn war bereits so weit ins Habsburgerreich integriert, dass hochrangige Militärs und Regierungsvertreter in Wien aus Ungarn stammten. Doch der Preis dafür war die praktisch komplette Eingliederung Ungarns in die Strukturen des Reiches. Während dies zunächst als Besetzung empfunden wurde, die kaum besser als die türkische erschien, verstand es **Maria Theresia,** die in Wien als erste Frau die Krone aufsetzen durfte, zumindest den ungarischen Adel für sich zu gewinnen. Als neue „Königin von Ungarn" hielt sie 1741 eine heute legendäre Ansprache vor dem ungarischen Reichstag in Preßburg (heute Bratislava, Slowakei). Traditionell ungarisch gekleidet, bat sie die Versammelten um Hilfe bei ihren Bemühungen, das finanziell und moralisch ausgeblutete Österreich wieder zu alter Stärke zu führen. Die Ungarn sagten es ihr enthusiastisch zu. Nach einigen Rückschlägen war das Habsburgerreich so weit geschrumpft, dass der ungarische Teil schon über die Hälfte der Staatsfläche ausmachte. In den folgenden Jahrzehnten wurden Reformen durchgeführt, Städte und Regionen wiederaufgebaut, Deutsche und andere Volksgruppen neu angesiedelt. Der Anteil der echten Ungarn an der Bevölkerung wurde immer mehr ausgedünnt. Der deutsche Dichter und Philosoph *Johann Gottfried Herder* ging so weit, ihren Untergang weiszusagen: „Die Ungarn ... sind jetzt unter Slawen, Walachen und anderen Völkern der geringere Teil der Landeseinwohner, und nach Jahrhunderten wird man vielleicht ihre Sprache kaum finden." Heute wissen wir: Es kam anders. Doch in der Zwischenzeit mussten die Ungarn die Fremdbestimmung noch lange über sich ergehen lassen, seit den österreichischen Kriegen gegen **Napoleon** sogar unter noch schlechteren Bedingungen – auch wenn der ungarische Boden nicht unmittelbar Schauplatz von Schlachten gegen die Franzosen wurde. 1809 kam es sogar zum Angebot *Napoleons* an die Ungarn, sich von Österreich zu lösen – eine gewisse Eigenständigkeit schien greifbar, doch „der Adel fürchtete um seine Privilegien" *(Lendvai)* und lehnte ab. Wie realistisch das Angebot war, ist freilich nicht sicher zu sagen.

Das Jahr 1848 steht in weiten Teilen Europas für **Revolution und Freiheitskampf.** In Ungarn war es nicht anders. Mehr noch als etwa in Deutschland sind die Helden dieser Ära bis heute in das ungarische Bewusstsein eingebrannt: *Batthyány, Széchenyi, Kossuth* und *Petőfi* sind dabei nur die am stärksten herausragenden Namen einer Zeit, auf die man an Donau und Theiß gegenwärtig wohl am stolzesten ist, obwohl sie nicht zur erträumten Selbstbestimmung führte.

Das es ausgerechnet der besonnene Graf **István Széchenyi** war, der zum Vater, Wegbereiter und einem der Protagonisten der Revolution wurde, widersprach eigentlich seinem Naturell: „*Széchenyi* wollte die Reform und fürchtete die Revolution", schreibt der Historiker *Lendvai.* Seinen großen Mitstreiter **Lajos Kossuth,** der heute mehr als alle anderen als Volksheld verehrt wird, mochte er nicht besonders, weil dieser ihm zu radikal war. Dennoch nannte *Kossuth* den Grafen *Széchenyi* einmal den „größten Ungarn". *Széchenyi* war einer der reichsten Großgrundbesitzer, prangerte aber im Jahr 1830 in einer Schrift die **Leibeigenschaft** und das mittelalterliche Erbrecht als Blockade für die Entwicklung des Landes an. *Széchenyi* wollte keine Erhebung der Ungarn, sondern Reformen im Zusammenwirken mit Wien. Dabei war die Stimmung seit der blutigen Niederschlagung der ungarischen „Jakobinerverschwörung" gegen Habsburg nicht gerade freundschaftlich. *Széchenyi,* in Wien geboren und aufgewachsen, hatte an den Kriegen gegen *Napoleon* auf Seiten der Österreicher teilgenommen. Auch wenn er ethnisch ein „Magyar" war: Er sprach zunächst besser deutsch als ungarisch. Dennoch – oder vielleicht gerade deswegen – verstand er die besondere Bedeutung der Sprache für die Identität eines Volkes. Das **Nationalbewusstsein** der Ungarn wuchs in der ersten Hälfte des 19. Jahrhunderts in beträchtlichem Maße – obwohl sie nur gut 40 Prozent der Bevölkerung stellten. So stammte der heute als größter Nationaldichter angesehene 1848er Revolutionär **Sándor Petőfi** von slowakischen bzw. serbisch-slowakischen Eltern ab und sprach Überlieferungen zufolge zunächst ungarisch mit einem Akzent.

In dieser Atmosphäre des nationalen Erwachens fielen *Széchenyis* Reformappelle auf fruchtbaren Boden. Der **Reichstag** wurde von **Kaiser Franz I.**

nach langer Zeit wieder einberufen. Als größte Erfolge des wiederbelebten Parlaments gelten die endgültige Abschaffung der Leibeigenschaft und die Einführung des Ungarischen als Amtssprache im Jahr 1844. In diesen Jahren florierte die Wirtschaft, die Infrastruktur machte einen großen Sprung nach vorn, kulturelle Einrichtungen wurden gegründet. Doch es gab viele Ungarn, die mehr wollten: *Lajos Kossuth* wurde 1836 festgenommen und erst 1840 wieder entlassen, woraufhin er schnell seine Oppositionszeitung „Pesti Hírlap" gründete und fortan für ein freies Ungarn agitierte – übrigens forderte selbst *Kossuth* zunächst nicht die völlige Loslösung von Österreich.

Als 1848 die **Revolution in Europa** ausbrach, ging in Ungarn alles erstaunlich friedlich vonstatten: Eine Menschenmenge forderte die Freilassung eines politischen Gefangenen – und die Behörden willigten überraschend ein. Mehr noch: Es wurde die Gründung einer ungarischen Regierung unter dem Széchenyi-Freund **Lajos Graf Batthyány** als Ministerpräsidenten erlaubt. *Kossuth* erhielt das Amt des Finanzministers – praktisch ohne Budget, aber mit einer großen Plattform für seine Forderungen. Er reiste durch das Land und sammelte Mitstreiter für seine Honvéd-Armee („Heimatschutz"). Doch Kroaten, Serben, Slowaken und andere erwachten auch und machten für ihre eigene Freiheit mobil – meistens gegen die neu entstehende Macht der Ungarn. Wien ging der Freiheitsdrang *Kossuths* eindeutig zu weit: In der „oktroyierten Verfassung" wurde **Ungarn Anfang 1849 dem Habsburgerreich angeschlossen.** Es kam zu Gefechten gegen Österreich, bei denen sich die Honvéd-Armee wacker schlug, doch als sich der frisch gekrönte **Kaiser Franz Joseph I.** (der übrigens bis zum Ersten Weltkrieg in Amt und Würden blieb) mit dem russischen Zaren zusammentat und gut 200.000 Mann gegen die Ungarn aufbot, mussten sich diese bald geschlagen geben. Österreich übte blutige Vergeltung gegenüber den „Rebellen" in Form von Massenhinrichtungen und Gefängnisstrafen. Der Dichter *Petőfi* starb im Kampf, *Kossuth* floh ins Exil, wo er 1894 im hohen Alter von 91 Jahren starb, Ministerpräsident *Batthyány* wurde erschossen, und der Wegbereiter *Széchenyi* landete geistig umnachtet in einer psychiatrischen Einrichtung. Er erholte sich wieder, um in den 1850er Jahren noch einige wichtige Schriften zu verfassen, erlitt dann aber wieder einen Rückfall und brachte sich 1860 in der Anstalt um.

Österreich konnte sich angesichts internationaler Herausforderungen (Deutscher Krieg gegen Preußen 1866) keinen schwelenden Bürgerkrieg im „eigenen" Land leisten und suchte daher den **„Ausgleich" mit Ungarn:** Der einstige Mit-Revolutionär **Ferenc Deák** (der zentrale Budapester Platz Deák tér ist nach ihm benannt) handelte ihn federführend für die Ungarn aus – gegen die Kritik *Kossuths* aus dem Exil, der Verrat und Verkauf an die Unterdrücker sah. Doch die Geschichte scheint *Deák* Recht zu geben, denn das folgende halbe Jahrhundert brachte Ungarn eine lange nicht mehr dagewesene Souveränität als zumindest formal gleichberechtigter Teil der berühmten **k. u. k.** („**k**aiserlich **u**nd **k**öniglich") **Monarchie** aus Österreich und Ungarn. Kaiser *Franz Joseph* wurde zum ungarischen König ausgerufen („königlich" bezieht sich also auf den ungarischen Reichsteil), **Graf Gyula Andrássy** wurde Ministerpräsident. Die Wirtschaft florierte wieder, die ungarische Kultur und Sprache wurden weniger unterdrückt. Eine große Unterstützerin in den letzten Jahrzehnten des 19. Jahrhunderts war dabei die Gattin des Kaisers, **Elisabeth von Österreich,** auch *Sissi* oder *Sisi* genannt. Sie war geradezu vernarrt in Ungarn und unter anderem gut befreundet mit Regierungschef *Andrássy.* Bemerkenswert sind etwa ihre Briefe, in denen sie ihren Mann zur Stärkung Ungarns zu überreden versucht.

Doch das neu erwachte Nationalbewusstsein der Ungarn drängte die so zahlreich vertretenen anderen Volksgruppen im Lande an den Rand. Wie schon 1848 regte sich immer mehr Widerstand. Und auch die Verständigung zwischen Österreich und Ungarn nahm mit Beginn des 20. Jahrhunderts erheblichen Schaden.

Erster und Zweiter Weltkrieg

Die k. u. k. Monarchie begann 1914 mit Unterstützung des Deutschen Reiches den **Ersten Weltkrieg.** Als der österreichische Thronfolger *Franz Ferdinand* in Sarajevo erschossen wurde (Bosnien-Herzegowina war kurz vorher von Österreich-Ungarn annektiert worden), zwang Wien Ungarn, Serbien ebenfalls den Krieg zu erklären. Aus Angst vor inneren Spannungen war Ungarn zunächst strikt dagegen gewesen. Ungarn verlor den Krieg zusammen mit Österreich und dem Deutschen Reich. Im Oktober 1918 kam es zum Waffenstillstand – nur einen Monat später erklärte sich Ungarn zu einer **unabhängigen Republik.**

Wie auch in Deutschland schlug nach der Kapitulation zunächst die Stunde der Kommunisten: Ihr Anführer in Ungarn, der als Volkstribun auftretende **Béla Kun,** rief die Räterepublik aus – und schlug dabei politische Gegner erbarmungslos aus dem Feld. Doch nach nur wenigen Wochen folgte dem „roten Terror" der **„weiße Terror"** des **Miklós Horthy,** der sich selbst als „Führer" der Ungarn sah und zum Zeichen seiner Macht wie mehr als 1000 Jahre zuvor der Fürst *Árpád* auf einem weißen Pferd in die Hauptstadt einzog. Die gesamte Zwischenkriegszeit und bis 1944 gestaltete *Horthy* als „Reichsverweser" die Geschicke seines Landes, die Ära geht als **„Horthy-Regime"** in die Annalen ein. Gleich zu Anfang seiner Amtszeit erlitt Ungarn das, was viele als die größte Tragödie der Landesgeschichte ansehen: Im **Vertrag von Trianon,** der jedem Ungarn bis heute ein Begriff ist, muss der „Kriegsverlierer" Ungarn Siebenbürgen (heute Rumänien), Kroatien und die Slowakei abtreten, was das Reich um unglaubliche zwei Drittel auf die bis heute bestehenden Grenzen schrumpfen lässt. Warum Ungarn so viel mehr verlor als alle anderen Verlierer, scheint unerklärlich und trug zum Gefühl des ewigen Alleingelassenseins bei. Anscheinend passte diese Aufteilung den Großmächten damals einfach am besten ins Konzept. Der Historiker *Lendvai* nennt Trianon die „Todesurkunde des Stephansreiches."

Viele bezeichnen den **Admiral Horthy** – den Titel erlangte er noch in der k. u. k. Armee – als „Faschisten" und „Diktator". Während Letzteres kaum angezweifelt werden kann, so plädiert *György Dalos* doch für eine differenzierte Betrachtung der vielen Facetten dieser Epoche. Er stellt aber auch fest: „Es entstanden ein Parlamentarismus ohne freie und geheime Wahlen, ein Rechtsstaat mit ständigen Rechtsbrüchen, eine Pressefreiheit mit vorbeugender Zensur, (...), Korruption auf allen Ebenen, körperliche Züchtigung in der Armee." Auf der anderen Seite habe es aber auch Glanz, industrielle und sportliche Leistungen und einige Reformen gegeben. Schließlich war Ungarn erstmals seit dem Einfall der Türken ein souveränes Land. Frühe Sympathien für *Mussolini* in Italien und *Hitler* in Deutschland waren nicht zu verkennen. *Horthy* war sehr an engen Beziehungen zu diesen Ländern und zu Österreich gelegen. Er berief 1938 einen rechtsextremen Ministerpräsidenten, ersetzte ihn aber 1939 durch **Graf Pál Teleki,** der vor allem sehr restriktive „Judengesetze" einführte (jüdischer Besitz wurde „arisiert", Juden allgemein als Bürger zweiter Klasse behandelt) und einen Pakt mit den sogenannten „Achsenmächten" Deutschland, Italien und Japan unterzeichnete. Ungarn machte mit den Nazis aber nicht komplett gemeinsame Sache: Man beharrte im **Zweiten Weltkrieg** zunächst sogar ausdrücklich auf Neutralität, wollte der deutschen Wehrmacht keinen Transit durch das Land gewähren und nahm gut 100.000 Flüchtlinge aus dem deutsch besetzten Polen auf. Als Ungarn dann 1941 doch in den Krieg eintrat (gegen Jugoslawien), nahm *Pál Teleki* sich das Leben („Ich bin schuldig"). Die faschistische **Partei der „Pfeilkreuzler"** gewann in Ungarn von Wahl zu Wahl deutlich an Zustimmung. Ungarn erlitt an der Front – besonders bei Kämpfen in der Sowjetunion auf deutscher Seite – schwere Verluste. 1943 begannen Verhandlungen mit den Alliierten über einen Waffenstillstand, doch Berlin war im Bilde und besetzte Ungarn 1944. Im Oktober sprach *Horthy* im Radio davon, dass Deutschland den Krieg verloren und Ungarn einen Waffenstillstand mit seinen Gegnern vereinbart habe. Daraufhin kam er in deutsche „Schutzhaft", und der Chef der Nazi-Pfeilkreuzler, **Ferenc Szálasi** („Führer der Nation"), begann seine kurze, aber brutale „Schreckensherrschaft" *(Lendvai)*. So kämpften und starben noch bis zum April 1945 ungarische Soldaten mit der Wehrmacht weiter. Zu diesem Zeitpunkt war Ungarn bereits sowjetisch besetzt.

Friedhof in Hévíz

1946 wurde Ungarn formal zur Republik (offiziell war es immer noch ein Königreich gewesen). 1947 stellte der Friedensvertrag von Paris die Trianon-Grenzen wieder her. Die Gebietsgewinne von gut 40 Prozent, die Ungarn noch vor Kriegseintritt dank der Zusammenarbeit mit den Nazis erzielt hatte, gingen verloren. Die menschliche Bilanz: Geschätzte **900.000 Tote,** davon über 550.000 Juden oder Menschen jüdischer Herkunft. Die meisten von ihnen starben nach ihrer Deportation in Konzentrationslager im letzten Jahr des Krieges. Die Zahlen beziehen sich auf das mit Hilfe Deutschlands vergrößerte Ungarn. Im „Trianon-Ungarn" starben wahrscheinlich fast 300.000 Menschen jüdischer Herkunft. *Hitler* soll laut *Goebbels* gesagt haben: „Die Judenfrage wird am allerschlechtesten von den Ungarn gelöst." „*Horthy* war kein Monstrum, aber auch kein Humanist. Er war kein Demokrat, versuchte aber nie, sich zum Diktator aufzuschwingen", schrieb der Historiker *István Deák*. Er sei es gewesen, der persönlich die Deportation vieler Budapester Juden verhindert habe. Auf diese Weise hätten gut 40 Prozent aller ungarischen Juden überlebt.

Gegen Ende des Krieges **flüchteten über eine Million Menschen** ins Ausland – zumeist in den Westen. Etwa jeder Zehnte von ihnen kehrte nie wieder in die Heimat zurück.

ung137 Foto: mk

Das kommunistische Ungarn

Direkt mit Kriegsende stand Ungarn ganz unter dem **Einfluss der Sowjets.** Die ihnen treu ergebene kommunistische Partei Ungarns gewann stetig an Bedeutung und Größe. Gegen Oppositionelle wurde mit großer Gewaltbereitschaft vorgegangen. Hunderte von führenden Figuren der Horthy- und Szálasi-Herrschaft wurden hingerichtet oder eingesperrt. Es folgten bürgerliche Politiker, sogar unbotmäßige Sozialdemokraten, „Kapitalisten", Geistliche und sonstige Gegner des neuen Regimes. An der Spitze der kommunistischen „Säuberungen", die vor massenhaften Gefangennahmen und grausamen Folterungen nicht zurückschreckten: Parteichef **Mátyás Rákosi.** Mitverantwortlich waren seine Stellvertreter *Imre Nagy* und *János Kádár,* die später noch bedeutende Rollen spielen sollten. Die Wirtschaft wurde verstaatlicht. Der Außenminister **László Rajk,** selbst überzeugter Kommunist, wurde von *Rákosi* verhaftet, brutal misshandelt und dann aufgrund eines falschen Geständnisses hingerichtet, weil er als Konkurrent offenbar zu gefährlich geworden war. *Rákosi* wurde auch Ministerpräsident und regierte wie ein Diktator. Erst mit dem Tod des sowjetischen Staatschefs *Stalin* 1953 begann ein wenig frischer Wind durch den Ostblock zu wehen. Ungarn war das erste Land der gesamten Region, das die Zeit des Stalinismus offen verurteilte. Mit Zustimmung oder sogar auf Geheiß Moskaus wurde **Imre Nagy** neuer Ministerpräsident und erwies sich als moderater, aber klarer **Reformer.** Im Zuge des „Neuen Kurses" wurden zahlreiche Gefangene entlassen und die Wirtschaft teilweise liberalisiert. Der kommunistischen Führung gingen die Maßnahmen schnell zu weit. Sie setzte *Nagy* bereits 1955 wieder ab. Doch das „Tauwetter" unter dem neuen Sowjetführer *Chruschtschow* erreichte auch Ungarn. *Rákosi* wurde als Parteichef abgesetzt, offiziell „aus gesundheitlichen Gründen". Allerdings war sein Nachfolger **Ernő Gerő** fast ebenso verhasst in der Bevölkerung. Die Wut entlud sich im Oktober 1956 bei der Trauerfeier für den inzwischen rehabilitierten, wenige Jahre zuvor von der Staatsführung umgebrachten *László Rajk.* 200.000 Menschen forderten Freiheit und Demokratie. In den kommenden Wochen lieferten sich immer mehr Studenten, Arbeiter und Intellektuelle Kämpfe mit den Machthabern. *János Kádár* wurde flugs zum Parteichef gewählt, *Nagy* erhielt das Amt des Ministerpräsidenten zurück. Doch der bewaffnete Widerstand des Volkes hörte nicht auf. Der unter den Kämpfern durchaus respektierte *Nagy* konnte die Aufständischen mit seiner professoralen, manchmal zögerlichen Art nicht von der Parteilinie überzeugen. Am frühen Morgen des 4. November 1956 schickten die Sowjets daher eine ganze Armee nach Budapest, um den **Volksaufstand** mit blanker Gewalt zu ersticken – so wie sie es zwölf Jahre später in Prag tun würden, übrigens dann mit Hilfe ungarischer Soldaten. Ungarn betrauerte **2700 Tote und 19.000 Verletzte** –

Die Geschichte Ungarns im Überblick

ca. 500 v.Chr.: Die Magyaren beginnen ihre Wanderung aus Westsibirien (Ural), vorbei an Wolga und Kaspischem Meer.
896: „Landnahme". Die Magyaren siedeln sich unter ihrem Anführer *Árpád* im Karpatenbecken an.
1000: *Stephan* wird erster ungarischer König, er begründet die Dynastie der Arpaden.
1046: Der „Heidenaufstand" gegen die Christianisierung des Landes scheitert.
1055: Erstes ungarisches Schriftdokument zur Gründung der Abtei auf der Balaton-Halbinsel Tihany.
1222: In der „Goldenen Bulle" gewährt König *András II.* dem Adel weitgehende Rechte und verpflichtet sich selbst zu Gesetzestreue.
1241: Mongolenüberfall.
1456: Reichsverweser *János Hunyadi* (ein Halbrumäne) schlägt ein türkisches Heer bei Belgrad
1458: *Matthias Corvinus* wird König von Ungarn (bis 1490). Erweiterung des ungarischen Territoriums um Böhmen, Mähren, Schlesien und die Lausitz. Nachfolgekämpfe um den Thron schwächen das Land. Einzug der Renaissance.
1514: Der Bauernaufstand von *György Dózsa* wird brutal niedergeschlagen.
1526: Vernichtende Niederlage gegen die türkischen Angreifer bei Mohács. Beginn von insgesamt gut 150 Jahren Türkenherrschaft.
1683: Sieg der „Heiligen Liga" gegen die Türken bei Wien. Österreichische Kontrolle über Ungarn.
1703–1711: Freiheitskampf des Siebenbürger Fürsten *Ferenc II. Rákóczi* gegen die Habsburger. *Rákóczi* verliert, Ungarn wird noch stärker dem Habsburger-Reich eingegliedert.
Erste Hälfte 19. Jh.: Das ungarische Nationalbewusstsein erwacht zu neuem Leben, Graf *István Széchenyi* steht im Mittelpunkt der Reformbewegung: Abschaffung der Leibeigenschaft, Ungarisch als Amtssprache (1844).
1848–49: Revolution mit *Lajos Kossuth* an der Spitze, Niederlage der patriotischen Honvéd-Armee gegen Kaiser *Franz Joseph I.*
1867: „Ausgleich" zwischen Ungarn und Österreich und Gründung der „kaiserlichen und königlichen" (k. u. k.) Doppelmonarchie.
1873: Gründung der Stadt Budapest aus Pest, Buda und Óbuda.
1918: Österreich-Ungarn verliert den 1. Weltkrieg, die Monarchie löst sich auf, kurze kommunistische Regierungszeit, dann Machtübernahme rechtsgerichteter Kräfte („weißer Terror"). Diktator *Miklós Horthy* regiert bis 1944.
1920: Im Friedensvertrag von Trianon verliert Ungarn fast zwei Drittel seines Territoriums.
1944: Nazi-Deutschland besetzt das Land, nachdem Ungarn zunächst ein Verbündeter gewesen war. Die „Pfeilkreuzler"-Faschisten gelangen an die Macht.
1945: Nach der „Befreiung" durch die Sowjets beginnt die Ära der Abhängigkeit von der UdSSR.
1956: Revolution. *Imre Nagy,* von 1953–1955 schon Regierungschef, kommt erneut ins Amt und will Reformen durchsetzen, wird aber nach zwei Wochen entlassen, der Aufstand mit Hilfe sowjetischer Truppen niedergeschlagen. *János Kádár* wird Staats- und Parteichef und bleibt bis 1988 an der Macht.
1965: Beginn einer schrittweisen Liberalisierung von Wirtschaft und Gesellschaft („Gulaschkommunismus").
1988: Anfang vom Ende der Herrschaft der Kommunisten, die 1990 schließlich die Macht völlig aufgeben.
1999: Beitritt Ungarns zur NATO.
2004: Beitritt zur EU.
2007: Beitritt zum Schengener Abkommen (grenzfreier Verkehr in der EU).
2010: Massiver Rechtsruck bei den Parlamentswahlen.

und sah sich ein weiteres Mal von der Welt im Stich gelassen: Alle Solidaritätsbekundungen aus dem Westen waren nur leere Worte gewesen, niemand wollte die direkte militärische Konfrontation mit den Sowjets riskieren. *Nagy* wurde zum Rücktritt gezwungen, mit einigen seiner Getreuen nach Rumänien und 1957 wieder nach Budapest gebracht. Im Jahr darauf wurde er nach einem nicht-öffentlichen Prozess mit einigen Mitstreitern hingerichtet. Der Historiker *Lendvai* bezeichnete diese Gewalttaten als „unauslöschliche moralische Hypothek" für **János Kádár,** der *Nagys* Nachfolge angetreten hatte. *Kádár,* der Mann, der unter *Rákosi* als Innenminister und dann als Staatschef für zahlreiche Gräueltaten verantwortlich gewesen war, blieb bis zum Ende des Kommunismus über 30 Jahre lang im Amt. Er entwickelte sich zu einem relativ beliebten „Landesvater". Dazu trugen vor allem die teilweise Liberalisierung der Wirtschaft in den 1960er Jahren bei (für den ungarischen Mittelweg zwischen Planwirtschaft und Kapitalismus wurde der Begriff „Gulaschkommunismus" geprägt) und die im Vergleich zu anderen Ostblock-Staaten **bemerkenswerte Reisefreiheit,** besonders in den 1980ern, als bereits Hunderttausende Ungarn ins Ausland reisten, davon viele in den Westen. Und westliche Touristen kamen nach Ungarn. Natürlich waren von Fall zu Fall auch viele Ungarn von starken Einschränkungen betroffen und durften nicht öfter als alle zwei oder drei Jahre ins Ausland reisen.

Ungarn wurde nach und nach in eine Reihe internationaler „kapitalistischer" Organisationen wie GATT und den IWF aufgenommen.

Das demokratische Ungarn

Nach dem Prager Frühling 1968 und dem Aufstand der „Solidarnosc" in Polen 1980/81, die beide niedergeschlagen wurden, war es die **Wahl Michail Gorbatschows zum sowjetischen Staatschef** 1985, die Bewegung in die Staaten des Warschauer Pakts brachte. Die Kommunisten in Budapest drängten *Kádár* 1988 zum Rücktritt, um sich an der Macht zu halten – in Polen beispielsweise hatten die Kommunisten am „Runden Tisch" bereits große Zugeständnisse an die Opposition machen müssen. Während 1989 die Menschen in der DDR zur „friedlichen Revolution" auf die Straße und in die Kirchen gingen, führte Ungarn grundlegende demokratische Prinzipien und Bürgerrechte ein. *Imre Nagy* wurde rehabilitiert und feierlich beigesetzt. Die internationalen Schlagzeilen – besonders in Deutschland und Österreich – stürmte Ungarn aber mit der Nachricht, die **DDR-Flüchtlinge** im Land **ausreisen** zu lassen. Dies war einer der letzten fallenden Dominosteine vor dem Mauerfall in Berlin. **Miklós Németh** wurde Ministerpräsident, **Gyula Horn** Außenminister – beides ehemalige Kommunisten, aber während der Wende auf der richtigen Seite. *Horn,* der in Deutschland bis heute hoch respektiert wird, kehrte von 1994 bis 1998 als Regierungschef noch einmal auf die politische Bühne zurück, als die **Postkommunisten** nur fünf Jahre nach der Wende bereits wieder die Wahlen gewannen. Bei den ersten freien Wahlen war 1990 noch die konservative MDF unter *József Antall* siegreich gewesen. Eine der ersten Maßnahmen war der Vertrag zum Abzug aller sowjetischen Truppen aus Ungarn. Dem heute bald 80-jährigen *Horn* folgte dann der junge rechtsgerichtete Populist und Europaskeptiker **Viktor Orbán** mit seiner Fidesz-Partei und 2002 nach einem abermaligen Regierungswechsel erneut die Sozialisten unter **Péter Medgyessy** und dann **Ferenc Gyurcsány.** Letzterer war der erste Regierungschef des freien Ungarn, der sich bei Parlamentswahlen an der Macht halten konnte. Allerdings erschienen kurz nach dem Urnengang Aufnahmen von ihm, auf denen er davon sprach, dass man die Wähler belogen habe, um zu gewinnen. Dies löste 2006 heftige Straßenproteste und Randale von Oppositionsanhängern vor allem in Budapest aus. *Gyurcsány* trat erst 2009 zurück. Nachfolger wurde der Wirtschaftsexperte **Gordon Bajnai,** der mitten in der Wirtschaftskrise aber nur übergangsweise zur Verfügung stand. Im April 2010 gelangten bei den Parlamentswahlen Ex-Ministerpräsident *Orbán* und seine **Fidesz** mit absoluter Mehrheit wieder an die Macht – die Sozialisten von der MSZP wurden deklassiert. Fidesz erhielt fast 53 Prozent der Stimmen, aber durch das eingeschränkte Mehrheitswahlrecht eine vergleichsweise höhere Zahl an Sitzen im Parlament, nämlich 262 von 386, also eine knappe Zweidrittelmehrheit der Abgeordneten. Diese Mehrheit, die auch die Verfassung ändern kann, rief international einige Sorgen hervor, zumal *Orbán,* den Kritiker als psychisch nicht normal bezeichnen, in der Vergangenheit auch schon die Vorzüge einer Diktatur gepriesen hat ... Die MSZP landete mit 59 Sitzen weit abgeschlagen auf dem zweiten Platz. Für weiteres Kopfzerbrechen sorgte das Ergebnis der drittstärksten Partei **Jobbik** („Bewegung für ein besseres Ungarn"), die noch weiter als Fidesz am rechten Rand des politischen Spektrums agiert und offen Minderheiten wie die Roma beschimpft sowie auf verstörende Weise antisemitisch argumentiert. Jobbik erhielt fast 17 Prozent der Stimmen und 47 Mandate im neuen Parlament.

Unter diesen wechselnden Regierungen fügte sich Ungarn ab 1990 Schritt für Schritt in die internationale Staatengemeinschaft ein. Höhepunkte waren die NATO-Mitgliedschaft 1999 und der **EU-Beitritt** am 1. Mai 2004 (beide nach positiv verlaufenen Volksabstimmungen). Ende 2007 fielen dann mit Einführung des Schengener Abkommens endgültig die Grenzkontrollen zu den meisten EU-Ländern.

Staat und Verwaltung

Ungarn ist gemäß der 1989 neu geschriebenen und in Kraft getretenen Verfassung eine **parlamentarische Demokratie** mit dem Präsidenten als Staatsoberhaupt und einer Regierung aus dem Premierminister und seinem Kabinett, das vom Parlament gewählt und überwacht wird. Es herrscht die klassische Gewaltenteilung in Exekutive, Legislative und Judikative. Alle vier Jahre sind alle volljährigen ungarischen Bürger aufgerufen, das Parlament, das im berühmten Gebäude am Budapester Donauufer beheimatet ist, neu zu wählen. Entsprechend lang dauert im Normalfall auch die Amtszeit der Regierung, dies kann aber auch abweichen, etwa wenn eine Regierungskoalition auseinanderbricht und es zu Neuwahlen kommt. Trotz aller politischen Instabilität – bis zum Jahr 2010 wechselten seit 1990 jedes Mal bei den Wahlen die Machtverhältnisse – gab es bisher noch keine vorzeitig beendete Legislaturperiode, sodass die Wahlen tatsächlich alle vier Jahre stattfanden. Es gibt anders als in den meisten europäischen Ländern nur eine Kammer des Parlaments (in Deutschland sind es beispielsweise mit Bundestag und Bundesrat zwei Kammern). Das ungarische **Wahlsystem** ist relativ kompliziert und ergibt eine Mischung aus einem Mehrheits- und einem Verhältniswahlrecht, sodass kleinere Parteien auch mit dem Überspringen der Fünf-Prozent-Hürde ins Parlament einziehen können. Per Verhältniswahl werden Listenkandidaten gewählt. Zusätzlich gibt es aber, wie auch in Deutschland, Direktkandidaten in den Wahlkreisen. Die ungarische Besonderheit: Es kommt zu einer Stichwahl der beiden bestplatzierten Direktkandidaten, wenn keiner von ihnen die absolute Mehrheit erreicht. So ist am Wahlabend oft noch unklar, wie die Machtverhältnisse im neuen Parlament sein werden.

Der **Präsident** hat verhältnismäßig wenig Macht und übt vor allem eine repräsentative Funktion aus. Offiziell ernennt er nach Wahlen den Regierungschef und auf dessen Vorschlag hin die einzelnen Minister. Er muss Gesetze unterzeichnen und kann sie, wenn er mit ihnen nicht einverstanden ist, an das Parlament zurücküberweisen zur erneuten Beratung. Er kann ein Gesetz aber nicht dauerhaft verhindern. Er beruft auch die Richter des Obersten Gerichtshofes, doch ebenfalls nicht aus eigenem Antrieb, sondern auf Empfehlung des sogenannten Nationalen Justizrates. Der Vorsitzende des Obersten Gerichtshofes wird vom Präsidenten ernannt und vom Parlament gewählt, ebenso wie der Generalstaatsanwalt. Der Chef der Ungarischen Nationalbank wird dagegen vom Ministerpräsidenten vorgeschlagen und vom Präsidenten ins Amt berufen.

Im Kriegsfall ist der Präsident Oberbefehlshaber der Armee.

Neben den Parlamentswahlen finden alle vier Jahre auch **Kommunalwahlen** statt. Im recht zentralistisch organisierten Ungarn sind die Regionen (vergleichbar mit Bundesländern) von geringerer Bedeutung. Noch aus dem Mittelalter ist die Aufteilung in **Komitate** übrig geblieben. Heute sind es 19 Komitate und 24 „Städte mit Komitatsrecht“. Weil diese Anzahl für EU-Standards zu hoch ist (die Komitate entsprechen eher den Landkreisen), wurden kurz vor der Jahrtausendwende **sieben Regionen** definiert, die eine mittlere Verwaltungsebene bilden. Diese Regionen sind aber nicht mit großen Kompetenzen ausgestattet worden.

Staatssymbole

Stephanskrone

Die Krone, die der kurz nach seinem Tod heiliggesprochene **König Stephan I.** im Jahr 1000 aufgesetzt bekam, galt 1000 Jahre lang – und gilt immer noch – als das ultimative Symbol des ungarischen Reiches – freilich eher des historischen Ungarn, das bis zum Vertrag von Trianon nach dem Ersten Weltkrieg gut dreimal so groß war wie der heutige Staat. In der Verehrung der Krone schwingt also auch immer die Sehnsucht oder bei einigen Extremisten sogar die Forderung nach einer Rückkehr zu alter Bedeutung bzw. Größe mit. Nach langen Untersuchungen und Meinungsverschiedenheiten scheint nun festzustehen, dass die Krone dem jungen König vom Papst zuerkannt wurde. Die Ungarn hatten sich dem Katholizismus zugewandt, um einen Verbündeten zu gewinnen, und mit der Anerkennung eines eigenen Königreiches hatte sich diese Strategie ausgezahlt. *György Dalos* zitiert eine Geschichtschronik aus dem 19. Jahrhundert mit der Beschreibung des Glanzstücks: „Die Krone bildet eine goldene Halbkugel, die zwei sich kreuzende Halbbogen umschließen und die ein lateinisches Kreuz ziert. Am Scheitel, in dem mit Perlen und Edelsteinen umsäumten Viereck, ist der Heiland, neben ihm zwei Bäumchen, oben Sonne und Mond.“ Es wird heute angenommen, dass die Krone gleich im ersten Jahrhundert ihres Bestehens verloren ging oder zerstört wurde, woraufhin ein neues Exemplar gefertigt wurde. Die **gewaltige symbolische Bedeutung** zeigt sich in einer Episode aus dem 15. Jahrhundert, als der Polenkönig *Wladyslaw (Ladislaus) I. Jagiello* vom Adel zum ungarischen König gewählt wurde. Da die Habsburger aber die Stephanskrone samt ihrem favorisierten Thronfolger, der noch ein Baby war, nach Wien verschleppt hatten, musste sich *Wladyslaw* mit einer Ersatzkrone begnügen, was wiederum große Zweifel an der Legitimität seiner Herrschaft weckte. Daran, dass die Habsburger überhaupt die Mühe und das Risiko auf sich nahmen, die Krone zu stehlen und zu „entführen“, wird ihre Bedeutung deutlich. *Matthias I. Corvinus* konnte gut 20 Jahre später die Krone von den Österreichern zurückgewinnen, musste aber große politische Zugeständnisse machen. In den Zeiten der türkischen Besatzung blieb die Krone auf ungarischem Boden, meist in Preßburg (Bratislava). Der Habsbur-

ung134 Foto: mk

Aussicht von der Burg Visegrád
(im Vordergrund die ungarische Flagge)

ger-Kaiser *Joseph II.* (1780–1790) war der einzige ungarische König, der freiwillig auf die Stephanskrone verzichtete, weil er sich den Rechten und Forderungen des ungarischen Adels nicht beugen wollte. Er wurde bekannt als „König mit dem Hut". Die Krone kam nach Wien in die Schatzkammer – doch kurz vor seinem Tod gab *Joseph* das wert- und bedeutungsvolle Stück wieder den Ungarn zurück.

Nach der gescheiterten Revolution von 1848 vergruben einige Patrioten die Stephanskrone auf der Flucht nahe der bulgarischen Grenze in der Erde. Kurz darauf fanden die Österreicher die Reliquie dank Spionage und Bestechung. Nach dem „Ausgleich" mit Österreich wurde Kaiser *Franz Joseph* wieder mit der Stephanskrone zum ungarischen König ernannt. Die Krone blieb in Ungarn, bis sie nach dem Zweiten Weltkrieg von Exilanten ins Ausland gebracht wurde und schließlich in den USA landete. Im Jahr 1978 gab Washington die Krone an Ungarn zurück.

Staatsflagge und -wappen

Die ungarische **Flagge** besteht aus drei Querstreifen in den Farben (von oben nach unten) **Rot, Weiß** und **Grün.** Die Flagge stammt nicht aus den Gründerzeiten des Königreiches, sondern von der für Ungarn so wichtigen und identitätsstiftenden Revolution des Jahres 1848. Das Muster der Querstreifen soll im Bezug zur Trikolore der Französischen Revolution entstanden sein. Die drei Farben dagegen gehen angeblich zurück bis ins 9. Jahrhundert. Verwendet wurden sie zum ersten Mal nachweislich Anfang des 17. Jahrhunderts von König *Matthias II.* Bis 1945 prangte in der Mitte der Flagge die heilige Stephanskrone – für sich genommen schon ein Nationalsymbol (siehe oben). Während der kommunistischen Ära wurde die Krone entfernt; bis heute kehrte sie nicht wieder zurück. Manchmal sind heutzutage aber auch Flaggen mit daraufgesetztem **Staatswappen** zu sehen. Dieses ist zweigeteilt. Die rechte Hälfte ist unter der Bezeichnung „altes Wappen", die linke als „neues Wappen" bekannt, obwohl es historisch offenbar genau umgekehrt sein müsste. Auf dem neuen Wappen ist ein Doppelkreuz auf drei grünen Hügeln und einer Krone abgebildet. Das Kreuz geht zurück bis ins 9. Jahrhundert, die Hügel ins 14., die Krone ins 17. Jahrhundert. Auf dem „alten“ Wappen sind vier rote und vier silberne Querstreifen zu sehen. Die Herkunft dieser Streifen ist bis heute nicht eindeutig nachgewiesen. Über beiden Hälften thront die heilige Stephanskrone. Die Kommunisten veränderten nach 1945 das Wappen, vor allem indem sie die Stephanskrone aus der Darstellung herausnahmen. Sie wurde 1990 offiziell wieder dem Wappen hinzugefügt. Das Kreuz auf der Krone ist schief, weil das Kreuz der tatsächlichen Stephanskrone der Überlieferung zufolge im 18. Jahrhundert verbogen wurde. So wurde es dann auch auf dem Wappen dargestellt.

Nationalhymne

Die Hymne (**„Magyar Himnusz“**) wurde geschrieben vom Nationalkomponisten *Ferenc Erkel,* der Text stammt von *Ferenc Kölcsey* aus dem Jahr 1823. Die getragene und pathetische Musik entspricht dem Text, der in vielen Darstellungen als eine Art „Gebet“ für Ungarn bezeichnet wurde, aber auch das aus ungarischer Sicht außergewöhnlich harte Schicksal des eigenen Volkes in der Vergangenheit beschwört. Die **erste Strophe,** die meist gesungen wird, lautet frei übersetzt:

„Oh Herr, segne die Ungarische Nation / Mit Deiner Güte und Wohltätigkeit / Breite über sie Deinen schützenden Arm / Wenn Feinde sie bedrohen / Lange von schwerem Schicksal geplagt / Führe eine Zeit der Erleichterung herbei / Diese Nation hat für alle ihre Sünden gelitten / Die der Vergangenheit und die der Zukunft.“ (Übersetzung nicht autorisiert)

In den weiteren Strophen wird die Geschichte Ungarns nacherzählt: die „Landnahme“ des Karpatenbeckens, der Aufbau des Reiches, der Mongolensturm, die Türkenherrschaft („die barbarische osmanische Nation“) und die schweren Zeiten, die folgten. Das Selbstverständnis der Ungarn als tapfere Kämpfer, die aber von der Geschichte allzu hart bestraft wurden, wird sehr deutlich.

In den ersten Jahren der kommunistischen Herrschaft nach dem Zweiten Weltkrieg wurde die Hymne nur instrumental aufgeführt, weil im Text Bezug auf Gott genommen wird. Die Machthaber *Rákosi* und später *Kádár* versuchten sogar, neue Hymnen einzuführen, scheiterten aber mit ihren Vorhaben.

Freiheitskämpfer

Freiheitskämpfer wie **Lajos Kossuth,** der Dichter **Sándor Petőfi,** der „größte Ungar“ **István Széchenyi** – alles Protagonisten des ungarischen Freiheitskampfes von 1848 – sind nicht nur Nationalhelden, sondern auch Symbole für Freiheit, Kampfesmut und Selbstständigkeit der Ungarn. Der erste Regent des Königreiches Ungarn, der Heilige *Stephan,* symbolisiert die Geburt der Nation und die Macht des historischen Ungarn.

ung131 Foto: mk

Lajos Kossuth – vielleicht
der größte Volksheld der Ungarn

Medien

Fernsehen und Radio

Das ungarische Staatsfernsehen, das 1957 kurz nach dem brutal niedergeschlagenen Volksaufstand gegründet wurde, bestand noch bis 1996 – seit 1989 natürlich bereits nach den Prinzipien eines demokratischen Staates. Dennoch wollte man die Tradition brechen, und so rief das Parlament öffentlich-rechtlichen Rundfunk und **Fernsehen** ins Leben. Für alle Ungarn, selbst im äußersten Winkel und nur mit Zimmerantenne, ist der Sender m1 zu empfangen. Der Kanal m2 dagegen sendet über Satellit und Kabel. Mit der Einführung dieser Programme griff man der Premiere zweier großer Privatsender vor: RTL Klub und TV2. Über die Jahre kamen wie in allen anderen europäischen Ländern weitere kleinere Privatsender hinzu – auch regionale und lokale Stationen. In Ungarn verfügen vergleichsweise viele Haushalte über Kabelanschluss oder ähnliche Einrichtungen, mit denen sie zahlreiche Programme empfangen können.

Bei den Marktanteilen liegen die Privatsender klar vor den einstigen Monopolisten des öffentlich-rechtlichen Fernsehens: RTL Klub (Hauptanteilseigner ist die RTL Group in Luxemburg) lag zuletzt vorn mit knapp über 25 Prozent, gefolgt von TV2 (im Besitz eines gemischten europäischen Konsortiums mit Schwerpunkt in Skandinavien) mit etwas unter 25 Prozent Marktanteil. Immer mehr Spartensender nahmen den großen Kanälen in den letzten Jahren Zuschauer ab.

Im ungarischen Kabelnetz sind meist zumindest einige der großen deutschen und österreichischen TV-Sender zu empfangen. Die Chance auf deutschsprachiges Fernsehen im Hotel- oder Gästezimmer ist also groß.

Bei den **Radiosendern** ist die Konkurrenz noch viel größer, denn es gibt inzwischen bereits über 100 konkurrierende Stationen. Anders als beispielsweise in Deutschland strahlen die meistgehörten Sender nicht regional, sondern landesweit aus. Zwei Privatsender – Sláger Rádió (mittlerweile nur noch im Internet) und Danubius – liefern sich ein Kopf-an-Kopf-Rennen um die Marktführerschaft. Ihnen folgt das öffentlich-rechtliche Radio (mr1 mit gemischtem Programm, mr2 mit einem guten Mix aus Rock, Pop und Nachrichten sowie mr3 mit klassischer Musik). Diese Sender erfahren gerade Reformmaßnahmen, um endlich den Geruch und die Strukturen des alten kommunistischen Staatsradios loszuwerden. Interessant sind die Beinamen der Sender: mr1 Kossuth, mr2 Petőfi, mr3 Bartók – nach den beiden Nationalhelden von 1848 und dem berühmten Komponisten. Teilweise kann man das Programm weltweit live im Internet hören auf www.mr1-kossuth.hu, www.mr2-petofi.hu und www.mr3-bartok.hu.

Die einzige ungarische Nachrichtenagentur heißt **MTI** (www.mti.hu). Aktuelle Nachrichten auf Englisch gibt es auf www.english.mti.hu.

Zeitungen

Unter den sogenannten „Qualitäts-Tageszeitungen" führt **„Népszabadság"**, zu kommunistischen Zeiten ein Propagandablatt wie in der DDR das „Neue Deutschland". Nachdem es im Besitz einiger ausländischer Konzerne war (u.a. Bertelsmann, Ringier), teilt sich der Schweizer Ringier-Konzern nun die Kontrolle mit einer Stiftung der Sozialistischen Partei MSZP, die gut ein Viertel der Aktien hält. Die Zeitung wird im Mitte-Links-Bereich verordnet und hat nach Verlusten über die letzten Jahre eine Auflage von knapp 100.000 Exemplaren täglich. Die national-konservativ eingestellte und im ungarischen Besitz befindliche **„Magyar Nemzet"** verkauft gut 50.000 Zeitungen pro Tag. Spitzenreiter beim Absatz ist das Boulevardblatt **„Blikk"** aus dem schweizerischen Ringier-Verlagskonzern. Es verkauft etwa 250.000 Exemplare täglich. Ringier gibt auch die wichtigste Sportzeitung **„Nemzeti Sport"** heraus.

Der deutsche Axel-Springer-Verlag publiziert die konservative Wirtschaftszeitung **„Világgazdaság"** mit einer Auflage von gut 10.000. Größter Konkurrent ist das Blatt **„Napi Gazdaság"**, herausgegeben von einer ungarischen Aktiengesellschaft.

Die deutsche WAZ-Gruppe produziert das größte politische Wochenmagazin, **„HVG"**, mit einer Auflage von gut 100.000 Stück.

Zu deutschsprachigen Titeln siehe „Praktische Tipps A–Z/Zeitungen und Zeitschriften".

Wirtschaft

Während Ungarn historisch ein sehr stark **bäuerlich geprägtes Land** war – die großen Bauernaufstände, derer heute noch gedacht wird, legen Zeugnis davon ab –, entwickelte sich mit der Ansiedlung sächsischer, bayerischer und anderer Einwanderer und dem Bau der Städte im Mittelalter auch der **Handel** sehr dynamisch. Klassische Bodenschätze wie Kohle, Öl und Gas waren schon immer Mangelware, weshalb die Förderung von Rohstoffen und die Produktion über die Jahrhunderte eher im Hintergrund standen. Zurzeit werden fast viermal mehr Erdöl und fünfmal mehr Erdgas im Lande verbraucht als produziert. Am häufigsten sind noch Bauxit, Kohle und Gas im Boden zu finden. Positiv schlägt zu Buche, dass die Böden in den meisten Landesteilen sehr fruchtbar sind und sich deshalb für die Landwirtschaft eignen, weshalb gut 50 Prozent des Landes bäuerlich genutzt werden. Dennoch werden heute nur noch etwa drei Prozent des Bruttoinlandsproduktes von der Landwirtschaft erarbeitet, etwa ein Drittel aber von der **Industrie** und inzwischen schon etwa zwei Drittel von der **Dienstleistungsbranche.** Im Laufe des 20. Jahrhunderts, besonders seit den 1970er Jahren, kam der **Tourismus** als wichtiger Wirtschaftszweig hinzu (siehe unten). Im Rahmen des „Gulaschkommunismus" wurde das Finanz- und Wirtschaftssystem im Vergleich zu anderen Ostblockstaaten deutlich liberalisiert. Kapital in Privatbesitz war in vielen Branchen nichts Ungewöhnliches – wenn auch hier im Prinzip Planwirtschaft herrschte. Die Freiheit trug zu einer relativen wirtschaftlichen Stabilität in Ungarn bei. Nach der Wende 1989 wurden alle Sektoren komplett reformiert. Dies brachte Ungarn eine **Vorreiterrolle** unter den mittelosteuropäischen Staaten und den Ruf eines hervorragenden Investitionsstandorts ein. Ausländische Unternehmen drängten auf den Markt, sodass dieser bereits Ende der 1990er Jahre als „gesättigt" galt, also keinen dringenden „Input" von Kapital und Investitionen mehr benötigte. In den ersten Jahren des 21. Jahrhunderts konnten die anderen Nationen in der Region aufholen, Ungarn hatte mit Währungsschwankungen, leicht steigender Inflation, schwächeren Wachstumsraten und hoher Arbeitslosigkeit zu kämpfen. Dennoch war die Grundstimmung noch Anfang 2008 eher positiv, zumal auch vom **EU-Beitritt** vier Jahre zuvor ein Impuls mit vielen Transferzahlungen aus Brüssel einhergegangen war. Doch im Laufe des Jahres krachte angesichts der internationalen **Finanz- und Wirtschaftskrise** die ungarische Konjunktur besonders stark zusammen: Zu viel des Aufschwungs und der Investitionen war auf Pump erkauft, zu wenig war auf finanzielle Solidität und Währungsstabilität geachtet worden. Die Folge war der Beinahe-Kollaps der Staatsfinanzen, der nur durch Nothilfe des Internationalen Währungsfonds und anderer Institutionen wie der EU verhindert werden konnte. 2008 gab es noch ein Konjunkturplus von 0,6 Prozent, eine **Inflation** von 6,1 Prozent und ein Haushaltsdefizit von 3,3 Prozent des Bruttoinlandsproduktes. 2009 hatte das Wachstum ein Minus von 6,4 Prozent zu verzeichnen, erst ab 2011 soll es wieder aufwärts gehen. Die **Arbeitslosigkeit** lag Mitte 2010 bei gut 12 Prozent. Die ungarische Währung Forint verliert seit 2008 deutlich an Wert gegenüber dem Euro und anderen internationalen Leitwährungen. Besucher aus Euro-Ländern werden also durchaus mehr für ihr Geld in Ungarn bekommen als noch vor wenigen Jahren, zudem soll auch die **Preissteigerung** deutlich nachlassen. Für die Jahre 2010 bis 2013 wird eine Inflationsrate von nur noch zwei bis drei Prozent prognostiziert. Die **Staatsverschuldung** lag bereits vor Beginn der Krise bei 70 Prozent des Bruttoinlandsprodukts und damit über dem Maastricht-Grenzwert der EU von 60 Prozent. Eine Einführung der Europäischen Gemeinschaftswährung, die ursprünglich schon für den Zeitraum um das Jahr 2010 geplant worden war, wird nun nicht vor 2013 oder 2014 erwartet. Ungarns Nachbar Slowakei ersetzte seine alte Währung bereits 2009 durch den Euro.

Mit Abstand **wichtigster Handelspartner** (sowohl Import wie Export) ist **Deutschland** mit je gut 30 Prozent Anteil. Es folgen beim Import Österreich, Russland und Italien, beim Export Österreich, Frankreich und Italien.

Tourismus

Als die Ungarn im Mittelalter wegen ihrer blutigen „Streifzüge" durch Europa ein negatives Image hatten, stellte ein Besucher staunend fest, es zeuge von der Güte Gottes, dass solch hässliche Menschen ein solch **schönes Land** erhalten hätten. Der Einschätzung des Chronisten bezüglich der Schönheit von Natur und Landschaft kann nicht ernsthaft widersprochen werden. So ist es nicht verwunderlich, dass im Laufe der Jahrhunderte Reisende und vor allem Auswanderer gern nach Ungarn kamen. Doch es sollte noch lange, bis in die 1970er und 1980er Jahre dauern, als mit dem Massentourismus eine ganz neue Ära des Reisens begann. Damals, während der kommunistischen Herrschaft, wurden Reisende aus den „Bruderländern" des Ostblocks, aber auch aus dem „kapitalistischen" Westen ins Land gelassen. Legendär sind die **Erzählungen deutscher Touristen aus Ost und West,** die in den 1980ern nebeneinander am Balatonstrand lagen oder in den Kneipen saßen. Aus dieser Zeit stammen viele der Ferienhotels, Erholungszentren, Campingplätze und anderen touristischen Einrichtungen, die heute noch bestehen – oft unansehnliche Plattenbauten oder graue Betonblöcke. Nach der Wende kamen dann einige wenig ästhetische Nutzbauten hinzu, für die man nicht mehr die Kommunisten verantwortlich machen kann. In Städten wie Siófok am Plattensee, wo sich der Besucherandrang konzentriert, kann daher von viel schöner Architektur keine Rede sein. Allerdings entstanden in den letzten Jahren auch gelungene und geschmackvolle Hotels. Insgesamt gibt es in Ungarn nicht allzu viele die Landschaft verschandelnde Hotelkomplexe oder -hochhäuser, weil die meisten Urlauber auf Campingplätze, Pensionen oder das große Netz an Privatvermietern („Zimmer frei") setzen.

Nach den neuesten Zahlen hat der Tourismus einen Anteil von beachtlichen **5,2 Prozent** an **der gesamten Wirtschaftsleistung** Ungarns. Rechnet man alle Zweige hinzu, die indirekt vom Tourismus leben, steigt die Zahl sogar auf 8,8 Prozent. Im Tourismus arbeiten gut 8 Prozent aller Erwerbstätigen (indirekt sogar 12,6 Prozent). Die Ende 2009 bekannt gegebenen Daten für 2008 weisen die Einreise von knapp 40.000 Touristen ins Land aus. 70 Prozent der Übernachtungen aller Gäste finden in Hotels statt, 10 Prozent in Gasthäusern und immerhin gut 8 Prozent auf Campingplätzen. Über ein Drittel aller Übernachtungen entfallen auf Budapest und die zentrale Donauregion, gefolgt vom Balaton mit über 20 Prozent. Auf den Rängen drei und vier platzieren sich das an Österreich grenzende Nord-Transdanubien und Nordungarn mit seinen Weinregionen. Der Anteil ausländischer Reisender an der Gesamtzahl der Gäste liegt in Budapest und Umgebung bei 80 Prozent, im Durchschnitt des gesamten Landes verbringen Aus- und Inländer ungefähr gleich viele Gästenächte im Lande. Juli und August sind mit Abstand die Monate mit den höchsten Besucherzahlen, vor dem Juni und danach auf ungefähr gleicher Höhe April, Mai sowie September und Oktober.

Von den **10.000.000 Nächten,** die Ausländer in Ungarn verbracht haben, entfällt auf Deutsche ein Anteil von fast einem Viertel, gefolgt von Österreichern und Schweizern. Die Bedeutung des Tourismus erkennt der Besuchern auch an der großen Anzahl von Restaurants und Gaststätten.

Bevölkerung

Fast alle Ungarn des 21. Jahrhunderts haben Eltern und Vorfahren, die in ungarischen Städten geboren wurden, die heute zu anderen Ländern gehören. Und Probleme im Zusammenhang mit ungarischen Minderheiten, etwa in der Slowakei, machen auch heute noch Schlagzeilen. So löste die Slowakei heftige Proteste auf europäischer Ebene aus, als sie 2009 der ungarischen Minderheit die Verwendung ihrer Muttersprache in Ämtern gegen Strafe verbieten wollte. All dies deutet auf die Last der Geschichte hin, in der Ungarn nach dem Ersten Weltkrieg fast zwei Drittel seines Territoriums verlor. Das Ergebnis sind die **ungari-**

schen Minderheiten in den Nachbarländern. Ungarn selbst war aber auch immer ein Land voll von Menschen verschiedenster Nationalitäten. Im 19. Jahrhundert stellten die Ungarn bzw. Magyaren teilweise nur 40 Prozent der Bevölkerung. Auch im kleiner gewordenen Staat gibt es daher bis heute mehrere **Minderheiten,** die ihre Sprache und Kultur **innerhalb Ungarns** pflegen. Ein Reisender erkennt dies schon an den vielen zweisprachigen Ortsschildern: im Norden slowakisch, im Westen deutsch, im Süden mazedonisch, kroatisch und serbisch, im Osten rumänisch. Eine weitere Minderheit sind die **Roma,** die auch in Ungarn mit Armut, Kriminalität, Vorurteilen und anderen Problemen zu kämpfen haben. Immer wieder wird die als „Zigeuner“ verschrieene Volksgruppe auch Opfer von Angriffen, manchmal sogar Mordanschlägen. Gerade im Jahr 2009 erschütterte eine Serie von solchen Fällen das Land, sodass sogar Regierungschef und Präsident eingeschaltet wurden. Die Roma leben oft „ghettoisiert“ und isoliert in einzelnen Dörfern ohne oder fast ohne sonstige Bevölkerung.

Die aus Deutschland stammenden Bewohner Ungarns bildeten jahrhundertelang die obere Schicht der Stadtbewohner, doch nach dem Ersten und vor allem dem Zweiten Weltkrieg dünnte die deutschsprachige Bevölkerung extrem stark aus. Dennoch gibt es immer noch schätzungsweise etwa 60.000 Ungarndeutsche, die unter der Bezeichnung **„Donauschwaben“** bekannt sind. Allerdings mussten sie sich über die Jahrzehnte, besonders während des Kommunismus, in die Gesellschaft eingliedern, sprechen in der Regel daher perfekt ungarisch und fühlen sich neben dem Bekenntnis zum Deutschtum auch als Ungarn. Die Chance ist groß, dass man auf einer Reise durchs Land einen Ungarndeutschen trifft, was zu einem faszinierenden Gespräch führen kann. Allerdings ist es gar nicht leicht, den speziellen Akzent und Dialekt der Donauschwaben zu verstehen!

Nach den neuesten Zahlen leben **10,01 Mio. Menschen** in Ungarn, mit leicht rückläufiger Tendenz seit den 1980er Jahren. Das Durchschnittsalter der Ungarn beträgt fast 39 Jahre, die Lebenserwartung ist mit knapp 73 Jahren im europäischen Vergleich noch niedrig.

Trotz der vielen zweisprachigen Schilder für die Minderheiten ist Ungarn anders als in seiner tausendjährigen Geschichte **heute ein sehr homogenes Land:** Gut 96 Prozent der Einwohner sind ethnische Ungarn (also Magyaren), etwa zwei Prozent Deutsche und ein Prozent Slowaken. Die restlichen Minderheiten sind verschwindend klein. Die **Abwanderung** ins Ausland hatte vor der Wirtschaftskrise nachgelassen: Auf 1000 Einwohner verließ weniger als ein Ungar dauerhaft seine Heimat.

Arbeit und Alltag

Das **Arbeitsleben** der Ungarn unterscheidet sich von dem in deutschsprachigen Ländern nicht grundsätzlich.

Die Büros und Fabriken sehen ähnlich aus, ebenso verhält es sich mit Arbeitszeiten und Urlaubstagen. Trotz der bäuerlichen Tradition des Landes arbeiten heute nur noch gut fünf Prozent der Erwerbstätigen in der Landwirtschaft, gut zwei Drittel dagegen im Dienstleistungsbereich. Durch den immer noch geringeren Lebensstandard ist die durchschnittliche Wohnfläche einer Familie deutlich kleiner als im Westen. Deswegen, aber vor allem auch wegen des guten Wetters, halten sich die Ungarn insgesamt **mehr Zeit im Freien** auf als Deutsche, Schweizer oder Österreicher. Ihre Freizeit verbringen sie seltener im Hause, sondern eher im Park, im Garten, beim Angeln, auf Ausflügen oder bei anderen Aktivitäten unter freiem Himmel.

Mentalität

Auch wenn es immer schwierig ist, ein ganzes Volk zu charakterisieren, so kann allgemein doch gesagt werden, dass die Ungarn emotionaler und weniger zurückhaltend als manche ihrer Nachbarn sind. Ein wenig haben sie sicher etwas vom südlichen oder mediterranen Temperament. Ein Ungar empfindet beispielsweise einen Deutschen als eher ein wenig kühl und distanziert, selbst wenn er mit ihm in freundschaftlichem Kontakt steht. Ausnahmen bestätigen natürlich auf beiden Seiten die Regel. Kennzeichen der ungarischen Mentalität sind **Herzlichkeit, Offenheit und Freundlichkeit,** die auch den Besuchern aus dem Ausland das Leben leichter machen. Der **Familiensinn** ist bei den meisten Ungarn noch deutlich stärker ausgeprägt als in unseren individualistischen Wohlstandsgesellschaften. Als selbstverständlich gilt es beispielsweise, dass Großeltern sich um ihre Enkel kümmern, während die Eltern der Kinder arbeiten gehen und Geld verdienen. Umgekehrt wird für die Eltern gesorgt, wenn sie im Alter Pflege brauchen. In der Familie wird relativ viel Zeit miteinander verbracht. Fast alle Ungarn sind ohne Frage große **Patrioten** und sehr stolz auf ihr Land. Sie betrachten es als das beste und schönste der Welt. So ist der Anteil der Urlaubsreisen im eigenen Land sehr hoch.

Dem entgegen steht die dunkle Seite der ungarischen Psyche: ein schon fast sprichwörtlicher **Pessimismus,** eine **Melancholie,** die vielleicht im Selbstverständnis wurzelt, dass Ungarn im Laufe der Geschichte oft vom Schicksal hart bestraft wurde und viel leiden musste. Die Selbstmordrate im Land ist traditionell hoch – nur Litauen verzeichnet mehr Selbsttötungen, Lettland, Estland, Russland, Weißrussland und Finnland ungefähr genau so viele (etwa 40 auf 100.000 Einwohner). Dies mag auch mit der schwierigen Übergangsphase zu tun haben, die viele gerade ältere Menschen seit dem Ende des Kommunismus durchlaufen müssen. Viele Ungarn dieser Generation wünschen sich gar die Zeiten des kommunistischen Regimes von *János*

Straßenmarkt in Eger

Kádár zurück, die zwar stark eingeschränkte Bürgerrechte und Freiheiten, aber auch ein staatlich abgesichertes, wenn auch sehr bescheidenes Leben boten, in dem es weniger Eigenverantwortung, aber auch weniger individuelles Risiko gab.

Geschlechterverhältnis

Im Allgemeinen ist eine sehr **traditionelle Rollenverteilung** zwischen Mann und Frau zu erkennen. Galantes Gentleman-Benehmen gegenüber einer Frau wird durchaus nicht als altmodisch und überholt betrachtet. Viele Frauen kleiden und präsentieren sich betont weiblich – durchaus auch noch im fortgeschrittenen Alter. Eine der wenigen positiven kommunistischen Hinterlassenschaften ist die Tatsache, dass Frauen ganz selbstverständlich auch arbeiten gehen. Die Zeit nach der Geburt eines Kindes, in der eine junge Mutter zu Hause bleibt, ist oft nur sehr kurz. Danach sorgen Nannys, Großeltern und Kinderkrippen sowie Kindergärten für die Betreuung während der Abwesenheit der Eltern. Von Gleichberechtigung kann dennoch wie in fast allen anderen Ländern nicht die Rede sein, denn der Frauenanteil in den hohen Positionen von Politik und Wirtschaft ist immer noch gering.

ung132 Foto: mk

Religionen

Die dominante Religion in Ungarn ist der **Katholizismus.** Insgesamt fast 52 Prozent bekennen sich zu dieser Konfession. Doch in fast jeder Stadt gibt es auch eine oder mehrere calvinistische Kirchen. Der **Calvinismus,** der zu seinen Ursprungszeiten nach Ungarn gelangt war, verließ das Land nie wieder ganz, trotz aller Umbrüche, trotz der Türkenbesatzung und trotz der Rekatholisierung durch die Österreicher während ihrer Kontrolle über Ungarn. Noch heute sind gut 16 Prozent der Menschen Calvinisten, dagegen nur drei Prozent **Lutheraner.** Eine weitere größere Gruppe sind die **Griechisch-Orthodoxen** (Griechich-Katholischen) mit etwa 2,6 Prozent. **Juden,** die im Laufe der Geschichte zahlreich vertreten waren, gibt es kaum noch. 14,5 Prozent der Menschen sind ausdrücklich nicht Anhänger einer der großen Religionen. Diese Zahl scheint langsam zu steigen. Von vielen Gläubigen wird der regelmäßige Gang zum Gottesdienst noch ernst genommen, daher sind volle Kirchen an Sonntagen keine Ausnahme.

ung162 Foto: mk

Kunst und Kultur

Architektur

Dank der Tatsache, dass Ungarn während des Zweiten Weltkriegs nicht so drastisch zerstört wurde wie andere Länder, sind viele Gebäude des frühen 20. Jahrhunderts erhalten geblieben, viele im Stil der **ungarischen Sezession** (Jugendstil auf ungarische Art). In früheren Zeiten, etwa durch die Mongolen und durch die Türken, gab es viele Zerstörungen, die einige mittelalterliche Bauwerke dennoch überlebten. Eines der ältesten Zeugnisse ist der Klosterkomplex von Pannonhalma aus dem 11. Jahrhundert – von dem freilich nur ein Teil noch original erhalten ist. König *Matthias* und andere Herrscher brachten schon früh unter anderem **italienische Baumeister** ins Land, was sich in der Architektur aus diesen Anfängen der Neuzeit widerspiegelt. Aus der Zeit der **Türkenherrschaft** in Ungarn ist recht wenig erhalten geblieben: Einige der türkischen Bäder sowie eine Handvoll Moscheen (die berühmteste in Pécs, heute eine Kirche) und Minarette (wie in Eger) sind auch heute noch zu bewundern. Bei den schönsten Kirchen des Landes scheint der **Barockstil** zu dominieren, doch bis zurück zur Romanik und Gotik sind Gotteshäuser aller Epochen anzutreffen. Die Hauptstadt wird allgemein als architektonisch zweigeteilt

Neogotische Pracht – das großartige Parlamentsgebäude in Budapest betrachtet: Während in Buda mit seinem Burgberg und der Altstadt der Barock hervorsticht, wird Pest von seinen eindrucksvollen **neo-klassizistischen Bauten** beherrscht. Das monumentale und berühmte Parlamentsgebäude auf der Pester Seite ist allerdings im neogotischen Stil entstanden.

Literatur

Die ersten Zeugnisse in ungarischer Sprache stammen aus dem 12. und 13. Jahrhundert. Zumeist waren es Chroniken, staatsrechtliche oder religiöse Texte, von denen allerdings nicht viele erhalten geblieben sind. Die Ungarn sind jedoch besonders stolz auf ihre Nationaldichter, allen voran den Freiheitskämpfer der Revolution von 1848 und romantisch-patriotischen Poeten **Sándor Petőfi.** Niemanden wundert es beispielsweise, dass sogar das zweite Programm des ungarischen Radios mit Rock- und Popmusik nach *Petőfi* benannt ist. Von 1877 bis 1919 lebte der auch international gefeierte Dichter **Endre Ady.** Zunächst schuf er an *Petőfi* angelehnte Werke, bevor er seinen eigenen Stil entwickelte. Die Themen drehten sich bei *Petőfi* um die ungarische Heimat, deren hartes Schicksal und die Rolle Gottes.

Im deutschsprachigen Raum sind es vor allem die Schriftsteller unserer Zeit – des 20. und 21. Jahrhunderts –, die ein breites Publikum gefunden haben. An der Spitze steht natürlich der 1929 geborene **Imre Kertész,** der für seinen „Roman eines Schicksallosen" (manchmal auch „Mensch ohne Schicksal" betitelt) im Jahr 2002 den Literatur-Nobelpreis erhielt. Während es nach der Bekanntgabe des Preisträgers oft aufgeregte Diskussionen gibt, waren sich bei *Kertész* fast alle Kritiker und Leser einig: eine verdiente Auszeichnung. Das als Roman geschriebene, aber auf eigenem Erleben basierende Buch erzählt die Geschichte eines minderjährigen jüdischen Jungen aus Budapest, der eines Tages auf dem Weg zur Arbeit mit anderen Juden festgesetzt und nach Deutschland nacheinander in mehrere Arbeits- und Vernichtungslager transportiert wird. Das Buch beschreibt den Weg zu und das Leben in den Konzentrationslagern mit der naiven, erwartungsfrohen Haltung eines Jungen, der sich zunächst auf ein aufregendes Abenteuer freut und dann nach und nach den Schrecken der Lager erlebt. Das Kontroverse an dem Buch ist die verständnisvolle Haltung, die der Protagonist den Nazis zunächst entgegenbringt, das Bemühen, die brutale Logik der Lager zu verstehen. Dennoch ist der Roman keineswegs eine Verharmlosung der KZs, sondern bringt den Leser wahrscheinlich näher an die Realität der Lager als manch anderes Buch. Provokant ist auch die Schlussfolgerung des Helden, der „zwischen den Qualen" in den Konzentrationslagern auch „etwas, das dem Glück ähnlich war", erlebt haben will. Weitere bekannte Werke von *Kertész* sind unter anderem das „Galeerentagebuch" und „Kaddisch für ein nicht geborenes Kind". *Kertész* hat einen Wohnsitz in Budapest, lebt aber seit einiger Zeit hauptsächlich in Berlin. Am Jahrestag der Auschwitz-Befreiung 2007 hielt er eine Rede vor dem Deutschen Bundestag. Da der „Roman eines Schicksallosen" zunächst gar nicht veröffentlicht wurde und dann nach der Erstausgabe 1975 kaum Beachtung fand (erst Ende der 1980er Jahre wurde er berühmt), ist *Kertész* möglicherweise im Ausland besser bekannt als in Ungarn selbst.

Ein weiterer ungarischer Autor mit Wohnsitz in Deuschland ist **György Konrád,** Jahrgang 1933, der sich über die Jahrzehnte als Romanautor (u.a. „Der Besucher", „Der Stadtgründer", „Das Geisterfest"), aber auch als meinungsstarker Essayist und Kommentator zu politischen Themen hervorgetan hat. So unterstützte er den in Europa extrem unpopulären Irak-Krieg von *George W. Bush.* In den letzten zehn Jahren des Kommunismus erhielt *Konrád* in Ungarn ein Veröffentlichungsverbot und reiste daher ins westliche Ausland. *Konrád* lebte jahrelang hauptsächlich in der deutschen Hauptstadt, von 1997 bis 2003 war er Präsident der Akademie der Künste in Berlin.

Aus der Nachkriegsgeneration ist vor allem **Peter Esterházy** international anerkannt und beliebt. Der 1950 geborene Romanautor ist wie *Konrád* bereits mit dem Friedenspreis des Deutschen Buchhandels ausgezeichnet worden. Sein Hauptwerk „Harmonia Caelestis" entwirft vor dem Hintergrund seiner eigenen Familiengeschichte ein Bild der ungarischen Geschichte jener Epoche. *Esterházy* liebt detaillierte Beschreibungen und hat einen nicht gerade leichten, aber schönen Schreibstil. *Imre Kertész* sagte über *Esterházy,* bei ihm übernehme die Sprache die Rolle der Handlung. Sein neuestes Buch „Keine Kunst" handelt von *Esterházys* verstorbener Mutter, die er wieder zum Leben erweckt und von der er viele Geschichten rund um die ungarische Fußballmannschaft von 1954 erfährt, die in Bern das legendäre WM-Finale gegen Deutschland verlor. *Esterházy* lebt in Budapest, verbrachte aber auch schon viele Jahre in Deutschland, unter anderem als Gastprofessor.

Ebenfalls in Berlin lebt der im Kapitel „Geschichte" öfter zitierte **György Dalos,** der mit seinem „Ungarn in der Nußschale" einen knappen und persönlichen Überblick über die ungarische Geschichte bietet. Ein Buch widmete er 2006 dem Volksaufstand von 1956, ein weiteres 2009 dem Ende der Diktaturen in Osteuropa („1989 – Der Vorhang geht auf"). Amüsant ist das Büchlein „Proletarier aller Länder, entschuldigt mich. Das Ende des Ostblockwitzes". Der 1943 geborene *Dalos* verfasste auch einige Romane, darunter „1985", das nicht weniger als eine satirische Fortsetzung von *George Orwells* Klassiker „1984" sein soll.

In letzter Zeit wurde weltweit ein zwischendurch fast vergessener ungarischer Schriftsteller wiederentdeckt, der seitdem mehrmals die Bestsellerlisten beherrschte: **Sándor Márai,** der im Jahr 1900 in Österreich-Ungarn auf die Welt kam (der Geburtsort gehört heute zur Slowakei). *Márai* soll mit dem Gedanken gespielt haben, auf

Deutsch zu schreiben, entschied sich dann aber für das Ungarische. Nach dem Zweiten Weltkrieg wanderte *Márai* zunächst nach Italien, dann in die USA aus, wo er den Rest seines Lebens verbrachte. 1989, im Alter von 88 Jahren, erschoss sich der depressive, verwitwete *Márai* im kalifornischen San Diego. Zu seinen bekanntesten Werken gehören „Die Glut", „Die Möwe", „Die Fremde" und „Die Nacht vor der Scheidung". Während einige seinen Stil als zu melodramatisch und „kitschig" kritisieren, schätzen die Fans die Emotionalität seiner Bücher und Erzählungen.

Die berühmteste Auszeichnung in der Welt des Journalismus, der Pulitzer-Preis, geht übrigens auf einen gebürtigen Ungarn zurück, der in die USA auswanderte und dort eine journalistische Karriere startete: **Joseph Pulitzer.** Erst Jahre nach seinem Tod 1911 wurde der Preis erstmals verliehen.

Ein weiterer Name, der mit Ungarn in Verbindung steht, ist der des Schriftstellers **Ödön von Horváth.** Er wurde 1901 im damaligen Österreich-Ungarn in Rijeka geboren, das heute zu Kroatien gehört. Er schrieb zwar auf Deutsch, fühlte sich aber immerhin so zum Land der Magyaren hingezogen, dass er seinen Vornamen *(Edmund Josef)* in ungarischer Version wählte. Er war in Budapest zur Schule gegangen und mit der ungarischen Sprache aufgewachsen. Er schrieb unter anderem die Stücke „Geschichten aus dem Wiener Wald" und „Figaro lässt sich scheiden" sowie den Roman „Ein Kind unserer Zeit".

Musik

Franz Liszt

Franz Liszt (ungarisch: *Ferenc Liszt*) wird von den meisten Ungarn als ihr größter Komponist angesehen. *Liszts* Mutter war zwar Österreicherin und sein Vater Ungar österreichischer Herkunft (der ursprüngliche Familienname war *List*), und er wuchs teilweise in Wien auf, aber er betrachtete Ungarn immer als seine eigentliche Heimat. Sein Geburtsort Raiding lag ebenfalls in Ungarn, damals allerdings beherrscht vom Habsburgerreich, wo *Liszts* Vater für die bekannte Adelsfamilie *Esterhazy* als Bediensteter arbeitete. Heute liegt Raiding in Österreich, nahe dem westungarischen Sopron. Zunächst reiste *Liszt* als Pianist durch die Welt – mit Wohnort Paris. 1848, mit 37 Jahren, zog er nach Weimar, später nach Rom. Seit 1871 lehrte er regelmäßig in Weimar und an der Ungarischen Musikakademie, sodass er ständig zwischen Budapest, Rom und Weimar pendelte. *Liszt,* der Vater von *Richard Wagners* Frau *Cosima,* war **einer der größten Vertreter der Romantik** in der Musik und berühmtester Komponist der „Neudeutschen Schule". Viele bezeichneten ihn zu seiner Zeit auch als einen der größten Pianisten weltweit.

Emmerich Kálmán

„Die Csárdásfürstin" ist bis heute eine der auf den Bühnen Europas meistgespielten Operetten. Ihr Komponist *Emmerich Kálmán* (ungarisch: *Imre Kálmán*) wurde als *Imre Kopp-*

stein 1882 in eine jüdische Familie geboren. Seine berühmten **Operetten** schrieb er in Wien: „Der Zigeunerprimas", „Gräfin Mariza", „Die Zirkusprinzessin" und eben „Die Csárdásfürstin". In *Kálmáns* Geburtsort Siófok zeigt ein Denkmal den Musiker auf einer Art Sessel. In Budapest sitzt er mit Hut und Stock auf einer Bank vor dem Musiktheater. Während der Nazi-Zeit emigrierte *Kálmán* in die USA, kehrte aber 1949 nach Wien und Paris zurück, wo er 1951 starb.

Béla Bartók

Der unbestritten prominenteste ungarische Komponist des 20. Jahrhunderts war *Béla Bartók* (ausgesprochen Belo Bortook, die ersten beiden „o"-Laute wie im englischen „want"). Er kam 1881 in der österreichisch-ungarischen k. u. k. Monarchie in einer Stadt zur Welt, die heute zu Rumänien gehört. Der Komponist unter anderem der Oper „Herzog Blaubarts Burg" (1918 in Budapest uraufgeführt), mehrerer Solokonzerte für Klavier, Geige und Bratsche gilt als **Wegbereiter der „Modernen Ernsten Musik"** unserer Zeit. Er engagierte sich auch für sein Heimatland, indem er über die Jahre mehr als 10.000 ungarische Volkslieder aus allen Regionen des Landes sammelte und katalogisierte. Seine patriotischen Gefühle drückte er beispielsweise auch in einem Frühwerk, der symphonischen Dichtung „Kossuth" über den Revolutionsführer von 1848, aus. *Bartók,* der 1940 in die USA auswanderte und fünf Jahre später dort starb, wurde nach seinem Tod auch von der Populärkultur entdeckt. Am meisten zitiert wird die Verwendung einer seiner Kompositionen für den Stanley-Kubrick-Film „Shining" mit *Jack Nicholson.*

György Ligeti

Ein weiterer bedeutender Komponist und Dirigent war der 1923 geborene und 2006 in seiner Wahlheimat Österreich gestorbene *György Ligeti.* Er war eine der weltweit führenden Figuren der sogenannten **„Neuen Musik".** Seine Musik verwendete *Stanley Kubrick* in der legendären Szene aus „2001 – Odyssee im Weltraum", in der die Forscher den riesigen schwarzen Steinblock entdecken und am Ende von einem unglaublich schrillen Geräusch betäubt werden. *Kubrick* setzte Musik von *Ligeti* auch in „Shining" und „Eyes Wide Shut" ein. Auch *Michael Manns* Klassiker „Heat" mit *Al Pacino* und *Robert de Niro* enthält Musik von *György Ligeti.*

Georg Solti

Einem breiten Publikum mindestens ebenso bekannt war der weltweit gefeierte **Dirigent** Sir *Georg Solti,* der als *György Stern* geboren wurde. Der Preisträger von 31 Grammys (kein Künstler erhielt mehr als er) leitete fast alle renommierten Orchester der Welt. *Solti* wurde Anfang der 1970er Jahre britischer Staatsbürger und kurz darauf von der Königin geadelt. Er lebte bis zu seinem Tod in Großbritannien, doch als er 1997 im Alter von 85 Jahren starb, wurde er in der Hauptstadt seines Heimatlandes Ungarn begraben. Bezeichnend auch, dass die letzte von ihm gemachte Tonaufnahme die eines Bartók-Konzertes war.

Im Bereich der sogenannten U-Musik, also vor allem Rock und Pop, sind ungarische Künstler bisher selten über die Landesgrenzen hinaus bekannt geworden.

Film

Die Schauspieler-Legende **Tony Curtis** stammt aus Ungarn (sein Geburtsname ist *Kertész*). Manchmal tritt er noch heute im ungarischen Fernsehen auf und singt beispielsweise ein Lied in seiner Muttersprache, die er sonst nicht mehr fließend spricht.

Der vielleicht berühmteste Film aller Zeiten, „Casablanca", wurde geleitet vom Regisseur **Michael Curtiz,** der wohl 1886 als *Manó Kertész Kaminer* in eine jüdisch-ungarische Familie in Budapest geboren wurde. Bevor er zu *Michael Curtiz* wurde, nannte er sich auf Ungarisch eine Zeit lang entsprechend *Mihály Kertész.*

Einer der weltweit am höchsten angesehensten Regisseure ist der 1938 in Budapest geborene **István Szabó,** der ebenfalls aus einer jüdischen Familie stammt. Berühmt wurde er 1981 mit dem inzwischen zum Filmklassiker avancierten Oscar-Film „Mephisto" und 1988 mit „Hanussen", beide mit *Klaus Maria Brandauer* in der Hauptrolle. Seit 1991 dreht *Szabó* seine Filme, die sehr oft eine Aufarbeitung von geschichtlichen Ereignissen darstellen, auf Englisch. In „Taking Sides" (2001) widmete er sich den Beziehungen des Dirigenten *Wilhelm Furtwängler* zu den Nationalsozialisten. Seinen bisher letzten englischen Streifen machte *Szabó* 2004: „Being Julia" mit *Annette Bening,* die für ihre Rolle eine Oscar-Nominierung erhielt. Im Jahr 2006 kehrte *Szabó* zu seinen Wurzeln zurück und drehte einen Film in ungarischer Sprache („Rokonok"). Er wurde in seiner Heimat positiv aufgenommen, obwohl wenige Monate zuvor herausgekommen war, dass *Szabó* einst inoffizieller Mitarbeiter des kommunistischen Sicherheitsdienstes gewesen war. Er sagt, er sei von den Behörden zur Mitarbeit erpresst worden und habe Berichte über Kommilitonen an der Universität geschrieben.

Szabó arbeitete viel zusammen mit dem Kameramann **Lajos Koltaj,** ebenfalls geboren in Budapest, der auch selbst schon Regie führte. Für seine Arbeit hinter der Kamera in „Malena" wurde *Koltaj* im Jahr 2000 für den Oscar nominiert.

Spannend ist der **Film „Kontroll",** der 2003 bei Cineasten in ganz Europa für Furore sorgte. Er spielt ohne Ausnahme im U-Bahnsystem von Budapest und zeigt das Leben einiger Fahrkartenkontrolleure. Unter anderem spielen sie das lebensgefährliche Spiel, im Tunnel von einer zur nächsten Station zu rennen, in der Hoffnung, vor dem nächsten Zug dort einzutreffen. „Kontroll" ist eine fesselnde, faszinierende Charakterstudie, die unter anderem mit dem Nachwuchspreis beim Filmfestival in Cannes ausgezeichnet wurde.

ung030 Foto: mk

Budapest

⇗V/C,D2,3

ung031 Foto: mk

ung032 Foto: mk

Das Parlament am Donauufer

Eine Schachpartie am Bahnsteig

Entspannung auf der Margaretheninsel

Einleitung

Alle Stempel, die Budapest aufgedrückt werden, wie etwa „Paris des Ostens", werden der Stadt nicht gerecht. Es ist **schwer,** fast unmöglich, der Stadt einen Titel zu geben, **einen gemeinsamen Nenner zu finden.** Da ist **Buda** mit seinen barocken Palästen, der königlichen Burg und der Altstadt mit dem majestätischen Blick auf die unten fließende Donau. Und auf der anderen Seite des Flusses mit seinen Ausflugsschiffen und der sich in die Länge ziehenden Margarethen-Insel kommt **Pest** völlig anders daher: mit dem gewaltigen neogotischen Parlamentsgebäude, der neoklassizistischen Basilika, einer höchst lebendigen Fußgängerzone und der riesigen Markthalle. Die breite **Andrássy-Straße** führt vom Zentrum, vorbei an der Oper, dem Oktogon-Platz und Jugendstilgebäuden bis hin zum erst 100 Jahre alten Märchenschloss, das mit seinem wilden Eklektizismus wieder ganz anders aussieht als alles andere. Die prachtvollen Jugendstilfassaden faszinieren ebenso wie die kleinen Metrostationen der Linie 1. Das **jüdische Viertel,** der **Gellértberg,** der Stadtteil **Óbuda** mit römischen Ruinen und winziger Altstadt, die Zahnrad-, die Kinder- und die Seilbahn in die Budaer Berge, hin zu völlig einsamen Wanderwegen nur 20 Minuten von der Stadt entfernt – all dies scheint schon fast zu viel für eine Stadt. Und doch passt es irgendwie unter diesen einen Deckel namens „Budapest". Über die Jahrhunderte herrschten hier Ungarn, Türken, Österreicher, Deutsche, Sowjets und einige andere. Heute ist Budapest eine typisch ungarische und doch sehr internationale Stadt, voller ausländischer Besucher und Bewohner, und doch mit einem sehr eigenen Charakter. Auch und gerade abseits der üblichen Touristenattraktionen gibt es viel zu entdecken, nicht zuletzt Hunderte von Kneipen und Restaurants, die vielen „Rund-um-die-Uhr-Supermärktchen" und „Rund-um-die-Uhr-Lokale" für Nachtschwärmer, die mindestens 1000 Konditoreien mit Torten und frischem Kaffee für den besten Start in den Tag, viele schöne Bäder unter freiem Himmel oder in prachtvollen Gewölben, sowie für Aktive die vielleicht schönste Laufbahn Europas für Jogger. Budapest gilt es zu entdecken – möglichst ausführlich.

Budapest ist in **23 Bezirke** aufgeteilt, die mit römischen Zahlen nummeriert sind. Oft wird diese Zahl bei der Angabe der Adresse mit genannt, was der Orientierung dienen kann.

Geschichte

Die **Kelten** waren die Ersten, die um den Gellértberg herum noch kurz vor Christi Geburt siedelten. Das Dorf hieß **Ak Ink,** und schon damals wurde offenbar Handel betrieben, wie Fundstücke nahelegen. Im 1. Jahrhundert n. Chr. kamen die **Römer** und lehnten den Namen ihrer Siedlung erstaunlicherweise der keltischen Bezeichnung an: **Aquincum.** Die Ruinen können heute noch im Stadtteil Óbuda besichtigt werden. Aquincum war die Hauptstadt der römischen Provinz Unteres Danubien und bildete eine Art Verteidigungsstellung, weil die Donau bereits das Ende des Römischen Reiches markierte.

Das 5. Jahrhundert war dominiert von der panischen Flucht ganzer Völker vor den **Hunnen,** die Europa von Osten her durchfegten. Auf diese Weise kamen zuerst Goten und andere durch Aquincum und schließlich die Hunnen selbst, die sich dort auch teilweise ansiedelten. Im Zuge der **Völkerwanderungen** zogen viele heute meist nicht mehr existierende Völker durch die Region, bis im späten 9. Jahrhundert schließlich die Ungarn bzw. **Magyaren** auftauchten – ebenfalls von Osten kommend auf der Suche nach einem neuen Heimatland. **Óbuda,** wo auch Aquincum einst erbaut worden war, wurde zur ersten großen ungarischen Siedlung. Als König *Stephan I.* Ende des Jahres 1000 gekrönt wurde, hatte er kurz zuvor das Christentum angenommen. Der Erzbischof aber, und auch der König, residierte in der nahe gelegenen Stadt Esztergom am Donauknie – heute ein Tagesausflug von Budapest. Óbuda wurde erst im 13. Jahrhundert die **Hauptstadt des Königreiches.**

Auf der anderen Donauseite, in **Pest,** begann ungefähr zu dieser Zeit der Aufbau einer Stadt nach deutschem Muster – mit Handwerk und internationalen Handelsverbindungen. Nach dem verheerenden Mongoleneinfall Mitte des 13. Jahrhunderts sahen es die Machthaber als dringend geboten an, eine starke Verteidigungsanlage zu bauen. So entstand der

Burgberg von **Buda** mit den anschließenden Sträßchen, die heute die Altstadt bilden. Menschen aus Pest siedelten sich dort an. In den folgenden Jahrhunderten wuchs Budas Bedeutung stetig, besonders mit dem Aufstieg des ungarischen Königreichs zu einer Großmacht. Es wurde die **wichtigste ungarische Stadt,** auch wenn Pozsony (dt. Preßburg, slow. Bratislava, heute Slowakei) mit seiner direkten Nähe zu Wien später zeitweise auch sehr wichtig werden sollte. An der Wende zum 16. Jahrhundert wohnten etwa 12.000 bis 15.000 Menschen in Buda, 10.000 in Pest und 2000 bis 3000 in Óbuda. Insgesamt war die Stadt damit eine der größten in diesem Teil Europas.

Buda entwickelte sich aber nicht nur zu einem Zentrum der Macht und des Handels, sondern auch **kulturell:** Besonders König *Matthias* brachte viele italienische Künstler und Baumeister in die Stadt, sodass die Renaissance relativ früh und mit großer Macht Einzug hielt. Im Jahr 1395 wurde die nach Pécs (dt. Fünfkirchen) zweite ungarische Universität eröffnet – auch wenn sie später wieder für einen längeren Zeitraum geschlossen werden musste. Das erste Buch in ungarischer Sprache war eine Darstellung der Geschichte Budas („Budai krónika", 1473).

Mit der Besetzung Ungarns durch die **Türken** wurde Buda zum Verwaltungszentrum der Okkupanten. Über 150 Jahre später schlug eine Koalition die Türken zurück, was Buda und Pest aber nicht befreite, sondern nun vom **Habsburgerreich** abhängig machte und zu einer Regionalhauptstadt innerhalb Österreichs degradierte. Waren Buda und Pest im Mittelalter noch in der europäischen Spitze gewesen, so lagen sie im 18. Jahrhundert mit höchstens 40.000 Einwohnern im unteren, eher unbedeutenden Mittelfeld. Dennoch war die Symbolkraft als ungarische Hauptstadt nie verloren gegangen: Der Freiheitskampf von 1848 fand selbstverständlich in Buda und Pest statt. Die Ironie der Geschichte besteht darin, dass der neuerliche Aufstieg Budapests erst mit der Niederschlagung der Revolution und nach dem „Ausgleich" mit Österreich kam: Im Rahmen der k.u.k.-Monarchie aus Österreich und Ungarn wurde Budapest wieder zur Hauptstadt des Königreichs Ungarn innerhalb der Monarchie mit „Hauptsitz" in Wien.

In dieser Zeit von 1867 bis zum Ersten Weltkrieg war es eine andere, nämlich die **industrielle Revolution,** welche die Stadt erfasste: Straßen, öffentliche Verkehrsmittel, Fabriken, Markthallen, Wohnhäuser etc. entstanden in kürzester Zeit. Budapest, das erst **1873** aus der **Vereinigung von Óbuda, Buda und Pest** als eine Stadt aus der Taufe gehoben worden war, hatte viel aufzuholen und tat dies in atemberaubendem Tempo. Daher stammt ein Großteil der Bauwerke und Einrichtungen, die heute noch in Budapest hervorstechen, aus dieser Epoche. Bis zum Jahr 1900 stieg die

Das Hauptgebäude der Budaer Burg

Zahl der Einwohner auf über 300.000 – von gut 100.000 nur 25 Jahre zuvor. Im Jahr 1910 war bereits die Millionenmarke erreicht. In Budapest lebten damals offiziellen Angaben zufolge mehr Menschen als in europäischen Metropolen wie Rom oder Madrid. Anfang des 20. Jahrhunderts arbeitete fast die Hälfte der Menschen in der Industrie. Eine neue Welle von Einwanderern erreichte die Stadt. Erstaunlicherweise hatte dieses irrsinnig schnelle Wachstum aber keine wilde Bautätigkeit zur Folge. Im Gegenteil: Die Stadtplaner dieser Zeit sind dafür zu bewundern, dass sie auf ein recht einheitliches, ästhetisches urbanes Gesamtbild geachtet haben. Einer der infrastrukturellen Höhepunkte war der **Bau der ersten U-Bahn** auf dem europäischen Kontinent im Jahr 1896. Straßen- und Vorortbahnen hatte es sogar schon einige Jahre zuvor gegeben. Es schien, dass Fortschritt und Wachstum in Ungarn nur einen Namen hatten: Budapest. Noch heute ist die Metropole die alles dominierende Stadt des Landes mit **1,7 Millionen Einwohnern,** etwa jeder sechste Ungar lebt in der Hauptstadt.

Im Ersten Weltkrieg kaum zerstört, wurde Budapest nach dem Friedensschluss wieder die Haupstadt eines souveränen, allerdings radikal verkleinerten Ungarn. Im **Zweiten Weltkrieg** musste die Stadt einige Zerstörungen und Tod, die Abwanderung und Flucht sehr vieler Bewohner erleiden, sodass

ung002 Foto: mk

sie nach 1945 zunächst ausgedünnt und kraftlos war. Allerdings war noch genug von der alten Bausubstanz erhalten geblieben, um beim Wiederaufbau das alte Bild Budapests recht gut zu rekonstruieren. Sozialistische Architektur etwa in Form von Plattenbau-Siedlungen hatte im Zentrum wenig Platz und entstand eher in den etwas außerhalb liegenden Vierteln. Noch zu Kommunismus-Zeiten, aber vor allem seit der Wende 1989 entwickelte sich Budapest mit seinen zahlreichen Attraktionen zu einem touristischen Magneten, was inzwischen einen guten Teil seiner Wirtschaftskraft ausmacht. Bemerkenswert ist übrigens die politische Stabilität der Metropole: Während die ungarische Regierung bisher mit einer Ausnahme bei jeder Wahl abgewählt wurde, regiert in Budapest seit 1990 ununterbrochen derselbe **Bürgermeister: Gábor Demszky.** Der 1952 geborene liberale Politiker wurde bisher fünfmal in Folge gewählt.

Sehenswertes

Aufgrund der historischen Aufteilung in **Buda und Pest** – und weil sie sich getrennt von der Donau gegenüberliegen –, bietet sich auch für die Beschreibung der Sehenswürdigkeiten eine gesonderte Behandlung an. Dank der vielen Donaubrücken (insgesamt 17 mit allen Autobahn- und Eisenbahnbrücken) kann man aber auch je nach Programm oder Laune immer wieder **zwischen den beiden Donauseiten hin und her pendeln,** zumal einige der Brücken an sich schon Sehenswürdigkeiten sind und besonders abends im Dunkeln die faszinierendsten Ausblicke auf beide Teile der Stadt und auf das Wasser bieten. Auch per Metro, Straßenbahn und Bus wird der Wechsel zwischen Buda und Pest leicht gemacht. Insgesamt gilt: Die meisten Sehenswürdigkeiten befinden sich in durchaus akzeptabler Entfernung voneinander, sodass alle, die ausreichend Zeit mitbringen, sich die Stadt durchaus „erlaufen" können. Für Budapest sollte man sich nicht weniger als **drei bis vier Tage Zeit** nehmen, aber auch in einer Woche oder mehr wird es auf keinen Fall langweilig.

Buda

Burgviertel

Die Burg und das dazugehörige alte Viertel von Buda bilden zusammen ein Ensemble, das wie eine **Stadt in der Stadt** wirkt und bei ausführlicher Besichtigung beinahe einen ganzen Tag in Anspruch nehmen kann. Der Burghügel bietet außerdem einen fantastischen Blick auf die Donau und auf Pest mit dem Parlamentsgebäude als herausragendem Bauwerk. Der schönste Weg hinauf zu Burg und Altstadt führt per **Standseilbahn** (Budavári Sikló, geöffnet tägl. 10–17 Uhr, Preis 700 HUF pro Person, hin und zurück 1200 HUF) vom Clark Ádám tér, dort, wo die **Kettenbrücke (Széchenyi Lánchíd)** endet. Am Platz informiert an einem Laternenpfahl ein Bündel von Hinweisschildern über die Entfernung zu Städten im In- und Ausland, denn dieser Ort zu Füßen der Burg ist der Bezugspunkt, wenn irgendwo in Ungarn die Distanz in die Hauptstadt angegeben wird. So gesehen handelt es sich also um das **absolute Zentrum Budapests.** Interessant ist auch ein Blick in den großen Autotunnel, der am Clark Ádám tér beginnend unter dem Burghügel hindurch westwärts verläuft. Am beachtlichsten ist die massive, säulenbestandene **Einfahrt in den Tunnel,** mit einem Löwenkopf und dem ungarischen Wappen über dem gewaltigen Torbogen. Wer sich das Geld für die Seilbahn sparen oder den kleinen Berg lieber aus eigenen Kräften bezwingen will, nimmt einen der beiden breiten **Fußgängerwege,** die an den Festungsmauern entlang nach oben führen. Der rechte Weg führt **direkt zur Altstadt,** der linke dagegen zunächst durch schöne Gärten und Höfe zum hinteren Teil der Burg, in dem auch die **Nationalbibliothek** untergebracht ist. Immer wieder bieten sich hervorragende Aussichten durch die Burgzinnen auf Donau, Parlament, die Kirchen, Häuser und Straßen von Pest. Wer den letzten Innenhof erreicht hat, kann noch an der Außenmauer der Burg auf einer Art durchgehenden Balkon an der Mauer entlanggehen und kehrt automatisch wieder durch mehrere Torbögen hindurch in den Innenhof zurück. Das Interessanteste an diesem Südflügel der Burg ist das **Budapester Historische Museum** (Budapesti Történeti Múzeum, Burggebäude E, Szent György tér 2, geöffnet tägl. 10–18 Uhr, im Winterhalbjahr außer Di, Eintritt 1200 HUF, Fototicket 600 HUF, www.btm.hu), in dem neben Ausstellungen zur Geschichte von Stadt und Burg sowie wechselnden Expositionen auch einige sehr interessante **Innenräume der Burg** besichtigt werden können, etwa der Barocksaal. Einen direkten Übergang von diesem hinteren Bereich zum Hauptteil der Burg, der nur einen Steinwurf entfernt ist, gibt es derzeit leider nicht. Wer vom besagten Hinterhof eine kleine Treppe nach unten geht, gelangt auch nicht zu Burg und Altstadt, sondern „nur" zu einer sehr netten Grünfläche unterhalb der Anlage. Zur Burg muss man vom Innenhof ein Stück des Weges zurück nach unten gehen, um dann etwa auf halber Höhe wieder aufsteigen zu können. Den **Hauptplatz der Burganlage** mit Reiterstandbild, Fahnenmasten, gepflegten Blumenbeeten sowie Buden mit Souvenirs und Imbissen betritt man durch einen prachtvoll geschmückten Torbogen. Der gepflasterte Platz trägt den Namen des heiligen *Georg:* **Szent György tér.** Das mit acht großen Säulen verzierte und darüber von acht überlebensgroßen Figuren gekrönte **Hauptportal** gibt sich ebenso majestätisch wie der Turm mit der großen grünen Kuppel, der fast an eine Kathedrale erinnert.

Die Burg hat eine äußerst wechselvolle und schicksalsschwere **Geschichte** hinter sich, denn mit ihrem Bau wurde bereits im Mittelalter begonnen, nachdem der Mongolensturm die Ungarn gelehrt hatte, bessere Verteidigungsanlagen zu errichten. Die Anlage wurde dann im Laufe der

ung001 Foto: mk

Jahrhunderte ständig erweitert, und zum ursprünglich gotischen kam der Renaissance-Stil hinzu. Im Jahr 1686 wurde Buda lange belagert und die Burg dann beim Angriff weitgehend zerstört. Die Herrschenden machten nicht viel Federlesen und bauten einen neuen Palast an die Stelle. Doch nachdem im Zweiten Weltkrieg wieder alles in Schutt und Asche gelegt worden war, rekonstruierten Forscher und Wissenschaftler durch Ausgrabungen und Untersuchungen die historische Form des einst so gewaltigen Ensembles

Die Kettenbrücke,
eine der 17 Donaubrücken in Budapest

und bauten es kurzerhand wieder auf, allerdings hauptsächlich dem Erscheinungsbild aus der Vorkriegszeit folgend. Vieles wurde auch gar nicht rekonstruiert oder sogar abgerissen.

Hinter der weißen Fassade mit der Adresse Szent György tér 1 hat der Präsident Ungarns seinen Sitz. Eine Besichtigung des Gebäudes ist nur einmal im Jahr möglich: Jeweils am ersten Septemberwochenende anlässlich der Tage des Nationalen Kulturerbes öffnet das Staatsoberhaupt seine Tür. An jenem Wochenende kann jeder ohne Voranmeldung durch den **Sándor-Palast** (Sándor-palota) schlendern. Jeden Mittag um Punkt 12 Uhr beginnt mit einem Trompetensignal der **Wachwechsel** der Garde. Direkt neben dem Palast liegt die „Bergstation" der Standseilbahn, wo man erneut die herrliche Aussicht auf den Fluss und die linke Stadthälfte genießen kann.

An dem mit Stuckornamenten verzierten gelben Gebäude mit der Aufschrift **„Várszínház"** prangt eine Steintafel mit der Darstellung **Ludwig van Beethovens** und dem stolzen Hinweis, dass der Maestro hier im Jahr 1800 ein Konzert gegeben hat. Damals war das Burgtheater, ein Bauwerk aus dem 18. Jahrhundert, eine der führenden Spielstätten für dramatische und musikalische Aufführungen. Das Haus beheimatet heute das angesehene **Nationale Tanztheater** (Nemzeti Táncszínház, www.nemzetitancszinhaz.hu mit aktuellem Programm und vielen Informationen auf Englisch).

Altstadt von Buda

Nun beginnt die eigentliche Altstadt von Buda, die auch **Burgstadt** oder von den Einheimischen einfach nur „Burg" („Vár") genannt wird, weil sie mit der Burg zusammen entstanden ist. Dies ist der erste Ort auf dem Boden Budapests, wo Bürger geschützt von Mauern und einer Festung siedelten. Bis dahin waren die Bewohner, hauptsächlich auf der anderen Donauseite, mehr oder weniger wehrlos Angriffen ausgesetzt gewesen. Gleich hinter dem Szent György tér auf der rechten Seite, am Beginn der Színház utca, buhlt ein kleiner **Folkloremarkt** um die Gunst der Touristen und der Einheimischen, die auch im Rahmen eines Sonntagsspazierganges dieses Viertel besuchen, das wie ein offenes, gewaltiges Freilichtmuseum wirkt. Der Markt bietet Kleidung und ungarische Souvenirs aller Art an, und die Dichte der Verkaufsstände auf engem Raum, der Trubel und die Farbenpracht der Produkte, von Paprikasäckchen über Stickereikunst bis hin zu Trachtenanzügen, geben dem Fleckchen einen gewissen Charme.

Labyrinth

Wenige Meter darauf trennen sich zwei Sträßchen vom dreieckigen, kleinen Platz namens Dísz tér. Die rechte, Tárnok utca, verläuft geradewegs zur Matthiaskirche und zur Fischerbastei. Die linke, Úri utca, führt zur vielleicht **dunkelsten der Budapester Sehenswürdigkeiten:** dem weitläufigen, **unterirdischen Labyrinth** unter der Altstadt. Besonders an einem heißen Tag kann der Besuch dieser Anlage eine willkommene Erfrischung nach dem Aufstieg zur Burg bieten. Zum Labyrinth (Budavári Labirintus, Úri u. 9, geöffnet tägl. 9.30–19.30 Uhr, Eintritt 2000 HUF, www.labirintus.com/de mit Informationen und sogar einem Film) führt eine kleine Treppe hinter einem recht unscheinbaren Hauseingang hinab. Insgesamt erstrecken sich **zwölf Kilometer verschlungener Gänge** unter der Altstadt. Allerdings kann nur ein Teil von ihnen besichtigt werden. Ein Rundweg lässt die Besucher individuell oder im Rahmen einer Führung das geheimnisvolle Tunnelsystem erkunden. Unterwegs wurden von den Betreibern **verschiedene thematische Schwerpunkte** gesetzt: Einer davon ist ein Gang durch die ungarische und internationale Geschichte mit Darstellungen und Figuren aus den verschiedenen Jahrhunderten. Ein weiterer Akzent liegt auf Höhlenmalereien. Dies sind, auch wenn sie täuschend echt nachgemacht sind, natürlich keine authentischen, historischen Zeichnungen aus Buda, sondern eine Sammlung nachgestellter Malereien aus aller Welt. Ein weiterer Teil des Labyrinths zeigt eine Kollektion prähistorischer, bis zu 40 Millionen Jahre alter Steine und Gesteinsbrocken. All diese Exponate und Darstellungen sind gleichmäßig in den Gängen verteilt, sodass man sie quasi „unterwegs" besichtigen kann, während man zur selben Zeit die besondere Atmosphäre der kühlen, niedrigen und nur so stark wie gerade notwendig beleuchteten Gänge in sich aufnimmt. Eine Überraschung wartet auf die Besucher an der Stelle, wo aus einem kleinen Brunnen kein Wasser, sondern Rotwein fließt.

Das sogenannte **Labyrinth der Courage** gehört nicht zum Rundweg und kann auch ausgelassen werden. Es handelt sich um einige Räume, die kaum beleuchtet sind. Gelegentlich beeinträchtigt blinkendes Licht zusätzlich die Sicht. Man hält sich an einem Seil fest, das an der Wand angebracht ist, und arbeitet sich vorwärts. Am Eingang wird betont, dass hier keine Schockeffekte angewandt werden, sondern jeder nur seine eigene Angst vor dem Unbekannten überwinden muss. Und tatsächlich ist dieser Weg nicht besonders Furcht einflößend.

In einem **Vorführraum** werden Filme über das Labyrinth und die Stadt Budapest gezeigt.

Wer abends zwischen 18 und 19.30 Uhr zur Besichtigung kommt, erhält eine **Öllampe** und kann das Labyrinth dann weitgehend ohne elektrisches Licht mit dem Beigeschmack eines kleinen Abenteuers entdecken.

Ein zweiter, **behindertengerechter Eingang** (der Eintritt für Rollstuhlfahrer ist kostenlos) ist an der Lovas út 4A zu finden. Diese Straße liegt bereits ein Stückchen unterhalb des Burghügels. Ein lang gezogener, nicht allzu steiler Gang führt zum Startpunkt der Ausstellung unterhalb der Úri utca. Für das Labyrinth sollte man mindestens eine, eher aber anderthalb oder zwei Stunden einplanen.

Matthiaskirche

Unbestrittener Höhepunkt der Budaer Altstadt sind die Matthiaskirche und die direkt daneben gelegene Fischerbastei (siehe unten). Die Tárnok utca führt direkt dorthin. Vom Labyrinth aus folgt man der Úri utca und nimmt dann spätestens die Szentháromság utca rechts. Das **monumentale hellgraue Steingebäude** des Gotteshauses (Mátyás-Templom, Szentháromság tér 2, geöffnet tägl. 9–17 Uhr, Sa 9–12 Uhr, So 13–17 Uhr, Eintritt 700 HUF, Familie 1200 HUF, Audioführung per Kopfhörer auf Deutsch 400 HUF, schöne Internetseite auch auf Deutsch: www.matyas-templom.hu) mit seinem schmuckvollen, hohen Glockenturm ist nicht zu verfehlen. Historische Quellen erwähnen eine Kirche auf dem heutigen Burgberg erstmals im Jahr 1247. Es wird aber angenommen, dass schon König *Stephan I.* kurz nach der Jahrtausendwende eine Marienkirche dort bauen ließ. Nachdem im 13. Jahrhundert die Bauarbeiten an dem bis heute existierenden gotischen Gotteshaus begonnen hatten, kamen im 14. Jahrhundert weitere Elemente wie das Marientor ebenfalls im gotischen Stil hinzu. 1384 stürzte der Überlieferung zufolge der damalige Glockenturm ein, nachdem man in einer Umbauaktion die Seitenschiffe erhöht hatte. Da angeblich niemand verletzt wurde, glaubten die Menschen an göttlichen Schutz. Nach weiteren ergänzenden Baumaßnahmen wurde 1526 beim Sturm der türkischen Angreifer auf Buda auch die Kirche niedergebrannt, Dachstuhl und Inneneinrichtung erlitten große Schäden. Der siegreiche Besetzer Sultan *Suleiman I.* erkannte die Bedeutung der heiligen Stätte und ließ in ihr seine wichtigste **Moschee** einrichten. Erst Ende des 17. Jahrhunderts gelangte das Gebäude wieder in christliche Hände, genauer gesagt per Order des Königs an die Jesuiten. Im 18. Jahrhundert zerstörte ein **Feuer** zunächst Teile des Glockenturms, später beschädigte ein **Blitzschlag** den barocken Hauptaltar der Kirche. Das wahrscheinlich größte Ereignis der Neuzeit, das in den Mauern des Gotteshauses stattfand, war die feierliche **Krönung des österreichischen Kaisers Franz Joseph I.** zum König von Ungarn, womit die österreichisch-ungarische k. u. k. Monarchie ins Leben gerufen wurde. Die Ehefrau an seiner Seite: *Elisabeth von Österreich,* genannt *Sisi* oder *Sissi,* in den Folgejahren eine große Unterstützerin Ungarns. Ende des 19. Jahrhunderts wurde die Kirche im ursprünglichen Baustil grundsätzlich renoviert. Es kamen allerdings neogotische und neue Elemente hinzu, selbst alte erhaltene Bauteile wurden durch neue, rekonstruierte ersetzt.

Gegen Ende des Zweiten Weltkriegs stand die Matthiaskirche vor dem Abgrund: Schwere Beschädigungen bei der Belagerung der Stadt durch die Sowjets und die unsachgemäße Nutzung zunächst durch die deutschen, dann durch die sowjetischen Truppen hatten den Bau in Mitleidenschaft gezogen. Nach 1945 wollten die kommunistisch beherrschten Behörden das so geschichtsträchtige Bauwerk abreißen lassen, weil Einsturzgefahr bestand. Warum die Kirche am Ende doch stehen blieb, ist bis heute nicht völlig geklärt. Viele Einheimische sprechen von der schützenden Hand Gottes. Das Regime verfolgte zwar eine streng antikirchliche Linie, sah das Sakralgebäude aber offenbar doch als erhaltenswert an, denn bis zum Jahr 1970 wurden umfangreiche Arbeiten zur Beseitigung der Kriegsschäden innen und außen vorgenommen. Die Außenfassade der Kirche, besonders die Türme, wurde 2009 zum letzten Mal saniert.

Neben dem schmalen, hoch in den Himmel ragenden Glockenturm auf der Südseite des Bauwerks, dem **Matthiasturm,** fällt besonders das mit kunstvoll **bunt glasierten Ziegeln** bedeckte Dach auf. Sultan *Suleiman* hatte die Ziegel einst abnehmen und beim Umbau zur Moschee durch schwarze Platten ersetzen lassen, doch die schuppenartigen farbigen Ziegel, die faszinierende Muster bilden, kehrten bei der Rekonstruktion zurück. Bemerkenswert ist auch die **Vielzahl weiterer, kleinerer Türmchen.** Auf einigen thront sogar ein Wetterhahn – ungewöhnlich für katholische Kirchen. Von außen betrachtet besteht an der gotischen Bauweise des Objekts kein Zweifel. Das große **rosettenförmige Fenster** über dem Südportal war in der Barockzeit zugemauert worden, wurde aber Jahrhunderte später wiederhergestellt. Innen haben sich einige barocke Elemente erhalten, doch im Großen und Ganzen dominiert auch hier die **stolze, monumentale Ausstrahlung der Gotik.** Die äußerst schmalen, scheinbar endlos hohen Buntglasfenster lassen gerade genug Licht in das Gebäude, um die prachtvollen Kapellen, Säulen, Figuren und die weitere Ausstattung bestaunen zu können. Alle Säulen und Wände sind **ungewöhnlich dicht bemalt** mit biblischen Darstellungen sowie anderen Formen und Ornamenten. Das „Ausmalen" der Kirche steht eher in der Tradition der sogenannten ungarischen Sezession mit starken altungarischen Einflüssen, während der Innenraum insgesamt durchaus an die großen Gotteshäuser des Westens erinnert. Der Architekt *Frigyes Schulek,* der Ende des 19. Jahrhunderts bei der Grunderneuerung und Rekonstruktion der Kirche große Arbeit leistete, gestaltete auch den **Hauptaltar im neogotischen Stil.** Der wie die Miniaturversion einer Kirchenfassade aussehende Altar mit dem in Licht getauchten Kreuz wird eingerahmt von Szenen aus dem Leben der Heiligen Jungfrau Maria, deren große Figur über dem Kreuz schwebt. Die Ungarn haben die in der katholischen Tradition als Gottesmutter bezeichnete Maria zur Patronin ihres Landes auserkoren und betreiben einen **ausgeprägten Marienkult.**

Die Kapellen in den Seitenschiffen sind eine besondere Betrachtung wert. Wenn man durchs Hauptportal kommend unter der Orgel steht und in Richtung Altar schaut, dann liegt gleich rechts die bedeutungsvolle **Loreto-Kapelle.** Der Marienstatue wird das „Wunder bei der Belagerung Budas" zugeschrieben, als die Wand, in der die Statue eingemauert war, infolge der Kämpfe einstürzte und die Türken angeblich in einen solchen Schrecken versetzte, dass sie überrumpelt und die Kirche zurückerobert werden konnte. Allerdings ist die heutige Statue nach allen Erkenntnissen nicht das wundertätige Original. Hier sollte man besonderen Respekt zeigen, da gerade die Einheimischen bevorzugt in dieser Kapelle beten. An Werktagen wird hier morgens die Messe gelesen.

In der **Dreifaltigkeitskapelle,** im linken Seitenschiff ungefähr auf halber Höhe in Richtung Altar, liegt das **Grab von König Béla III.** (1172–1196) und seiner ersten Ehefrau *Anne Châtillon.* Wie die anderen Könige der Arpaden-Dynastie wurde er direkt nach seinem Tod im damaligen Bischofssitz in Székesfehérvár bestattet. Bei ihrem Sturm auf Ungarn zerstörten die Türken später die Grabstätten. *Bélas* Grab blieb offenbar als einziges erhalten und wurde Mitte des 19. Jahrhunderts ent-

Budapest

ung003 Foto: mk

Blick auf das ungarische Nationalarchiv in der Budaer Altstadt

deckt und ausgegraben. Der Leichnam wurde daraufhin 1898 in einer großen Zeremonie in der Matthiaskirche nochmals feierlich beigesetzt. Lebensgroße Steinfiguren des Königs und seiner Gemahlin liegen auf ihren jeweiligen Gräbern.

Die **Orgel** mit ihren fünf Manualen und 85 Registern wurde zuletzt in den 1980er Jahren komplett renoviert. Besonders genießen lassen sich ihr Klang und die Atmosphäre in dem gewaltigen Bauwerk außer beim Besuch einer Messe auch anlässlich der Konzerte, die in der Matthiaskirche veranstaltet werden.

Dreifaltigkeitssäule

Direkt vor der Kirche steht die bemerkenswerte, weiße Dreifaltigkeitssäule (Szentháromság szobor, der Platz, auf dem sie steht, ist nach ihr benannt) aus dem Jahr 1713. Die mit dem Abbild eines steinernen ungarischen Wappens, sechs Heiligenfiguren auf dem unteren und drei Figuren (Jungfrau Maria, *Johannes der Täufer* und der heilige *Franz Xaver*) auf dem mittleren Sockel, Putten und Reliefs versehene sechseckige Säule ist **fast 15 Meter hoch.** Auf der Spitze des aus Kalkstein im Barockstil errichteten Pfeilers sitzen drei die Dreifaltigkeit symbolisierende Figuren. Die Säule wurde von den Bürgern Budas als **Danksagung für das Überstehen der Pestepidemie** und als Erinnerung an die Opfer aufgestellt. Passend dazu ist auf einem Relief der biblische König *David* dargestellt, der um ein Ende der Pest bittet. Die meisten Besucher freilich wissen das Monument vor allem als faszinierendes Fotomotiv oder als Sitzplatz für eine kurze Ruhepause zu schätzen. Zu sehen ist übrigens eine originalgetreue Nachbildung der Statue, deren historisches Vorbild 1945 kurz vor Kriegsende zerstört wurde. Was vom Original übrig geblieben ist, kann heute im Budapester Kiscelli-Museum besichtigt werden.

Fischerbastei

Neben der Matthiaskirche wartet eine völlig andere Attraktion auf die Besucher: die Fischerbastei (Halászbástya). Baumeister *Schulek,* Rekonstrukteur der Kirche, entwarf auch dieses Ensemble, das als **Ergänzung zum Gotteshaus** gedacht war und zumindest in der sandgrauen Farbe mit ihm übereinstimmt. Es entstand um die Wende zum 20. Jahrhundert, also in der Zeit der Tausendjahrfeiern des ungarischen Königreichs. Im Mittelalter wurde an dieser Stelle der Fischmarkt abgehalten, und es stand hier eine Festung zum Schutz der Bewohner. Unterhalb des Hügels liegt die **„Wasserstadt“** (Víziváros). Die dort lebenden Fischer verteidigten einst diesen Teil der Festungsmauer. Es ist eine der wenigen Sehenswürdigkeiten (vielleicht zusammen mit dem im selben Zeitraum entstandenen Märchenschlösschen im Stadtpark auf der Pester Seite), die keine konkrete Funktion besitzen, sondern einfach nur schön aussehen und Bewohnern wie Gästen Freude machen sollen. Entlang der Festungsmauer am Rande des Budaer Burgbergs wurden nach *Schuleks* Projekt kleine und große runde, durch Mauern **miteinander verbundene Türme** mit lustigen, spitz zulaufenden Dächern gebaut. So reizvoll, romantisch und fast ein wenig märchenhaft das eigentliche Bauwerk auch ist – mindestens genauso begeisternd ist das breite **Panorama Budapests,** dass sich von den Aussichtsbalkonen bietet. Große Freitreppen führen den Berg hinauf zur Bastei. Bei der Besichtigung kann man an einer Stelle auf der wenige Meter hohen Mauer entlanggehen. Hierfür ist ein Drehkreuz zu passieren, zu dessen Öffnung 400 HUF eingeworfen werden müssen. Die grandiose Aussicht bietet sich aber auch allen anderen Besuchern. Vor der dekorativen Festungsanlage steht ein großes **Reiterstandbild des heiligen Stephan,** des ersten ungarischen Königs zu Pferde. Der Sockel stammt ebenfalls von *Schulek* und korrespondiert farblich und in seinem neoromanischen Stil mit der Bastei. Einen krassen stilistischen Gegensatz stellt dagegen das Gebäude des Hilton-Hotels gleich gegenüber dar: Die aus lauter braunen Glasplatten bestehende Fassade hat allerdings den Vorteil, dass sich die Bastei darin mehrmals gebrochen widerspiegelt, was exzellente Fotomotive produziert. Im Hotelgebäude ist auch das **Marzipanmuseum** untergebracht (Eintritt 400 HUF, Eingang durch die Konditorei, die neben Kuchen und Torten ebenfalls Marzipan aller Art und Formen anbietet, allerdings oft sehr voll ist).

ung004 Foto: mk

Die Fischerbastei

Spaziergang durch die Burgstadt

Wer in dem Viertel noch ein wenig verweilen will, kann in direkter Nachbarschaft zu Bastei und Kirche bei einer der berühmtesten Konditoreien Budapests eine Pause einlegen: **Ruszwurm** (Ruszwurm Cukrászda, Szentháromság u. 7, www.ruszwurm.hu). Seit 1827 betreibt das Familienunternehmen ununterbrochen sein Geschäft an dieser Stelle. Und tatsächlich hat sich im Inneren noch viel vom **alten, edlen Kaffeehaus-Charme** erhalten, so wie man ihn sich aus den österreichisch-ungarischen Zeiten – vielleicht auch allzu verherrlichend - ausmalt. Zumindest einen Blick in das Geschäft sollte also jeder wagen.

Eine nicht so geschichtsträchtige, dafür aber günstigere und gute Alternative ist das **Café** in der ersten Etage des **Lebensmittelgeschäfts CBA,** wo leckere Torten schon ab 300 HUF gekauft und mit Kaffee genossen werden können. Der kleine Supermarkt ist übrigens sehr gut sortiert und bietet sich ideal dafür an, in der Altstadt Essen, Trinken und Souvenirs einzukaufen, die nicht wie in vielen anderen Läden ziemlich überteuert sind. Vor dem Café findet sich zudem eine sehr gut sortierte und erstaunlich breite Auswahl an Alkoholika, von Hunderten Weinen über Pálinka (Schnaps) bis hin zum Unicum.

ung005 Foto: mk

Zu unternehmen bleibt auf dem Burgberg nun hauptsächlich ein ausführlicher **Spaziergang durch die Altstadtstraßen** und -gassen. Von der Matthiaskirche aus verlaufen drei größere Straßen fast parallel zueinander: Úri utca, Országház utca und Fortuna utca. Es lohnt sich, an allen dreien entlangzulaufen, eventuell auf den kurzen, schmalen Verbindungsgassen hin und her zu springen. Von der Úri utca führen auch schmale, reizvolle Sträßchen an den Rand des Burgbergs. An den gepflasterten Straßen stehen hübsche, inzwischen fast durchgehend restaurierte **Handels- und Bürgerhäuser.** Autoverkehr ist zwar begrenzt erlaubt, dennoch herrscht eine ruhige, gelassene und entspannte Stimmung in diesem Viertel, die nur von den mehr oder weniger häufigen Touristenschwärmen ein wenig aufgewühlt wird. Schöne Laternen im alten Stil krönen gusseiserne Masten oder hängen neben ungarischen, Budapester, Budaer und anderen Fahnen an den oft stuckverzierten Fassaden. Immer wieder sind prächtige Eingangstore oder hübsche Balkone zu bewundern.

Die Úri utca führt auf ein Gebäude zu, dessen Funktion sich schon anhand der schwarzen Kanone vor dem Eingang erahnen lässt: Das **Militärmuseum** (Hadtörténeti Múzeum, Tóth Árpád sétány 40, geöffnet Di bis Sa 10–17 Uhr, So 10–18 Uhr, Eintritt 700 HUF) bietet für alle an dieser Materie

Standseilbahn Budavári Sikló

Interessierten eine große Auswahl unter anderem an Waffen, historischen Dokumenten und Informationen.

Gleich daneben steht ein imposantes Bauwerk, dessen Dach auf den ersten Blick sofort an die Matthiaskirche erinnert: Es besteht aus fast den gleichen farbig glasierten Dachziegeln, die vor allem braun-rote Karomuster bilden. In dem von Rundbogenfenstern dominierten Bauwerk ist heute das **Nationalarchiv** (Magyar Országos Levéltár) untergebracht.

Die mittlere der drei Straßen, Országház utca, landet dagegen an der **Maria-Magdalenen-Kirche** (Mária Magdolna-templom), nur wenige Schritte vom Militärmuseum entfernt. Sie ist jedoch eigentlich keine Kirche mehr, sondern nur noch ein hoher, schöner Turm (Mária Magdolna-torony). Der sich stufenförmig nach oben hin verschlankende Ziegelsteinturm mit dem kleinen grünen Zwiebeldach ragt ganz freistehend nach oben, seitdem die im 13. Jahrhundert erbaute Kirche, die von den Türken auch schon zur Moschee umgeweiht worden war, im Zweiten Weltkrieg bis auf den Glockenturm zerstört wurde. So ist das einst wichtige Budaer Gotteshaus vor allem ein schönes Fotomotiv, besonders mit der filigranen Magdalenen-Statue davor, und ein Mahnmal gegen den Krieg. Es gibt eine Aussichtsplattform oben auf dem Turm.

Auch die neben der Fortuna utca mit einem Knick verlaufende Táncsics Mihály utca hat eine malerische Ausstrahlung. Neben Militärmuseum und Magdalenen-Turm bildet der Bécsi kapu tér das Ende der kleinen Altstadt auf dem Burgberg. Das **Stadttor** führt hinaus und dann den Hügel hinab. Wer noch einen letzten Blick zurück oder auch nach unten erhaschen will, kann auch über einige Stufen auf das Stadttor gelangen und darüber gehen.

Abstieg vom Burgberg und Batthyány tér

Nun kann man zurück durch die schon bekannten Gassen zu Zahnradbahn und Burg gehen. Oder man verlässt das Viertel durch das Tor. Die Straße schlängelt sich den Berg hinunter. Für Fußgänger bietet sich aber ein noch attraktiverer Weg an: durch das Tor, dann rechts zum kleinen **Europa-Park** (Európa-liget) und von dort auf mehreren erst breiten, dann schmaleren Treppen hinab, vorbei an ruhigen, grünen Wohnstraßen. Die letzte Treppe endet schließlich wenige Gehminuten später zu Füßen des kleinen Berges. Wer immer die nächstbeste Treppe geradeaus nimmt, landet schließlich unten am kleinen Platz Mária tér mit der **Marienkirche,** die der größeren und bekannteren Annenkirche auf dem Batthyány tér erstaunlich ähnlich sieht. Den nach *Lajos Batthyány,* einen Helden der Revolution von 1848, benannten Platz erreicht man vom Mária tér in vielleicht zwei Gehminuten über die Batthyány utca (von den Treppen hügelabwärts kommend rechts). Die **Annenkirche** (Szent Anna-templom) besticht durch ihre zwei parallelen, absolut gleichartigen Türme in zwiebelartiger Form und durch die weiße Barockfassade. Sie stammt aus der Mitte des 18. Jahrhunderts. Ein Blick nach innen zahlt sich vor allem wegen der fabelhaften Deckenmalerei von *Pál Molnár* aus. Der bereits direkt an der Donau und unmittelbar gegenüber dem Parlamentsgebäude gelegene **Batthyány tér** ist ein kleiner **Verkehrsknotenpunkt:** Von der hiesigen Metrostation (Linie 2) kann man entweder unter dem Burgberg entlang zum Moszkva tér oder unter dem Fluss zum Kossuth tér und Parlament per U-Bahn gelangen. Auch Busse und Straßenbahn zu verschiedenen Zielen in Buda, etwa dem Gellértberg und Gellértbad, fahren hier ab. Vor allem ist der Platz aber die Starthaltestelle für die **Vorortbahnen der HÉV,** die unter anderem für Ausflüge nach Szentendre oder zum vor Budapest gelegenen Schloss Gödöllő wichtig sind. Ein kleines, helles **Einkaufszentrum** mit Bank, Supermarkt und verschiedensten Läden hat seinen Eingang direkt hinter der Bushaltestelle. Besonderen Spaß macht der Batthyány tér spät abends oder nachts, denn ein kleines Selbstbedienungsrestaurant mit Dutzenden Sorten frisch zubereiteter ungarischer Palatschinken (Nagyi Palacsintázója, „Omas Palatschinkenbude", siehe unter „Praktische Tipps") hat rund um die Uhr geöffnet.

Türkisches Bad Király fürdő

Nur zwei Minuten zu Fuß auf der Straße Fő utca nach Norden (mit der Donau auf der rechten Seite) liegt ein echter Tipp unter den Badeanstalten der Stadt: Das Király fürdő (Fő utca 84, Tel. (1) 2023688, **Frauen und Männer getrennt,** für Frauen Mo, Mi, Fr 7–18 Uhr, für Männer Di, Do, Sa 9–20 Uhr, Eintritt: bis 2 Stunden 1600 HUF, ab 2 Stunden 2100 HUF, ab 3 Stunden 2600 HUF, 20 Minuten Aromamassage 3000 HUF) verrät als eines der wenigen Budapester Bäder noch seinen Ursprung aus der Zeit der türkischen Dominanz in Ungarn. Das fast unscheinbare, ein ganz klein wenig heruntergekommene Gebäude aus dem 16. Jahrhundert mit dem islamischen Halbmond auf dem niedrigen Dach bietet eine ganz besondere Atmosphäre. Den Wasserbeckensaal säumen runde, die achteckige Dachkuppel tragende Säulen.

Vor dem Bad steht ein **Denkmal des ukrainischen Nationalhelden Taras Schewschtschenko** zum Zeichen der ungarisch-ukrainischen Freundschaft.

Ein anderer Held, der kommunistische Funktionär **Imre Nagy,** der vor und nach dem Volksaufstand von 1956 als Regierungschef weitgehende freiheitliche Reformen durchsetzen wollte und letztlich mit seinem Leben dafür bezahlte, erhielt kurz vor dem Király fürdő übrigens einen winzigen Platz, der nach ihm benannt wurde.

Ein kleines Stück weiter nördlich beginnt die **Brücke Margit híd** über die Donau, die auch zur Margitsziget, der Margaretheninsel, führt, die in einem eigenen Abschnitt weiter unten beschrieben wird.

Vom Burghügel zum Gellértberg

Vom Batthyány tér in südlicher Richtung führt per Bus oder auch zu Fuß – in Budapest sind die Wege meistens nicht sehr weit – die Fő utca bis zum Clark Ádám tér, von dem wie schon beschrieben die Kettenbrücke abgeht, die Zahnradbahn startet und der Autotunnel unter dem Burgberg beginnt. An der Fő utca liegen einige attraktive Restaurants und Lokale. Interessant ist der Blick in die kleinen **Gassen und Treppen,** über die man auch von hier die Budaer Altstadt auf dem Hügel erreichen kann. Die Wege landen teils direkt an der Fischerbastei, teils am Dísz tér am Beginn der Altstadt. Hinter dem Clark A. tér heißt die Fortsetzung der Fő utca dann Lánchíd utca, die sich unterhalb der Burg entlangzieht. Einige nicht restaurierte, fast schon ruinierte, aber dennoch faszinierende und zur Festung gehörende Elemente sind übrig geblieben: **Torbögen eines inzwischen verfallenen Palastes** und mächtige **Löwenfiguren** lassen die einstige Pracht erahnen. Eine weitere Gasse führt per Treppe auf den südlichen Teil des Burghügels. Die ganz nah parallel verlaufende große Autostraße direkt an der Donau ist für einen Spaziergang wegen des heftigen Verkehrs nur bedingt geeignet. Kurz bevor man die nach der österreichischen Königsgattin *Elisabeth (Sisi)* benannte Brücke Erzsébet híd erreicht, steht vor dem Döbrentei tér das im Barockstil erbaute alte Casino von Buda (heute ein Restaurant) mit einem hübschen Türmchen. Am Döbrentei tér selbst findet sich das zweite noch erhaltene **türkische Bad** der Hauptstadt: **Rudas fürdő** (Döbrentei tér 9, Tel. (1) 3561322, geöffnet für Männer Mo, Mi, Do, Fr 6–20 Uhr, Sa, So 8–17 Uhr, für Frauen Di 6–20 Uhr, Sa, So 8–17 Uhr, gemeinsam mit Männern, Eintritt ins Thermalbad 2500 HUF, für unter 2 Stunden 2200 HUF, nur Schwimmbecken 1500 HUF). Es ist ein sehr schönes, wenn auch etwas heruntergekommenes Bad aus der Mitte des 16. Jahrhunderts.

Gellértberg

Hinter der Elisabethbrücke erscheint rechter Hand nach dem Burghügel die nächste Anhöhe: der Gellértberg mit der von unten jetzt gut sichtbaren riesigen **Statue des heiligen Gerhard** (Szent Gellért szobor), der von seiner Position ungefähr auf halber Höhe des Berges fast ganz Budapest im Blick hat. Der aus Italien stammende Bischof fiel 1046 einer Revolte zum Opfer, als er von den „Heiden" von eben diesem Berg hinab in die Donau und damit in den sicheren Tod gerollt wurde. Zusammen mit dem Gründerkönig *Stephan* und dessen Sohn wurde *Gellért* nur kurze Zeit später heiliggesprochen.

Schaut man steil hoch, ganz auf die Spitze des Berges, sieht man die große Freiheitsstatue (siehe unten). Die große **Zitadelle** (Citadella) hinter der Freiheitsstatue ist auf schönen Spazierwegen den Berg hinauf zu erreichen oder auch per Bus vom Móricz Zsigmond körtér, der „hinter" dem, also südlich des Gellértberges liegt. Für den **Aufstieg zu Fuß** wählt man am besten den Weg die Donau entlang bis zum Szent Gellért tér mit dem prächtigen Gebäude des Gellértbades und -hotels und geht dort rechts und wieder rechts in die Grünanlage hinein. Von nun an macht eine Wegbeschreibung keinen Sinn mehr, denn die verschlungenen Pfade führen in Dutzenden von Alternativstrecken fast alle auf den Gipfel.

Die **Freiheitsstatue** (Szabadságszobor), die man zwischendurch immer wieder als Orientierungspunkt über sich im Blick hat, ist 14 Meter hoch und steht auf einem 26 Meter hohen, massiven Sockel und hält in den beiden hochgestreckten Händen ein riesiges Blatt. Sie symbolisierte am Anfang eine aus heutiger Sicht eher zweifelhafte Freiheit, denn sie wurde 1947 als Zeichen des Sieges gegen die Nazis errichtet – allerdings bedeutete der damals zur Herrschaft kommende Kommunismus auch eine neue Unfreiheit. Daher wurden während des Volksaufstands 1956 sogar Teile des Denkmals beschädigt. Von der die Statue umgebenden Aussichtsplattform bietet sich ein **fantastischer Panoramablick auf Budapest,** die Budaer Burg und die komplette linke Donauseite. An die Plattform mit dem Denkmal schließt sich direkt die alte Verteidigungsanlage der Zitadelle an. Besonders im Sommer wimmelt es hier von Touristen, die in großen Reisebussen meist direkt bis an die Zitadelle gebracht werden und dann ausschwärmen. Entsprechend viele Buden, mobile Imbisse und Kneipen stehen hier dicht an dicht. Dennoch ist der Besuch definitiv ein Höhepunkt jeder Budapest-Besichtigung. **Abends ist es am schönsten:** Der Andrang hat dann schon deutlich nachgelassen, der Blick auf die hell erleuchtete Stadt ist umwerfend, und der Auf- und Abstieg auf den schwach beleuchteten Spazierwegen ist ein kleines, ungefährliches Abenteuer.

Von oben ist auch das etwas niedriger gelegene **Gellért-Denkmal** mit einem Spaziergang durch die Grünanlage zu erreichen. Auf diese Weise kann man die Statue genauer in Augenschein nehmen und eine etwas andere, wenn auch nicht grundsätzlich neue Perspektive auf Budapest genießen.

Auffahrt zum Gellértberg per Bus

Wer den nicht gerade halsbrecherischen, aber doch immerhin einigermaßen anstrengenden Aufstieg oder auch Auf- und Abstieg nicht zu Fuß bewältigen kann oder möchte, dem bietet sich die Möglichkeit, mit dem **Bus Nr. 27** vom Móricz Zsigmond körtér hinaufzufahren. Diesen erreicht man vom Szent Gellért tér (also vom Gellértbad) über die dort beginnende Bartók Béla út nach einigen hundert Metern, per Spaziergang oder Straßenbahn. Wenn man den Móricz Zsigmond körtér erreicht, liegt die Bushaltestelle am Beginn der nach rechts vom Platz abgehenden Straße Villányi út. Der Bus arbeitet sich bis zum späten Abend regelmäßig in Schlangenlinien durch Wohngebiete der Gutsituierten den recht steilen Hügel hinauf. Eine Haltestelle „Citadella" gibt es nicht, der entsprechende Stopp wird für Touristen aber angekündigt. Von dort sind es nur wenige Schritte bis zur Verteidigungsanlage.

Auch für Nicht-Busfahrer, die aber ein wenig mehr Zeit für Budapest mitgebracht haben, lohnt sich ein **Gang auf der Bartók Béla út** und einigen der Nebenstraßen zum Móricz Zsigmond körtér, der oft auch einfach Körtér genannt wird. Hier, in Budapests Stadtviertel Nummer XI, ist zu beobachten, wie die Bewohner ein wenig abseits der touristischen Punkte tatsächlich leben. Die über die Jahrzehnte gewachsenen Wohnstraßen

ung006 Foto: mk

bieten zahlreiche reizvolle Ansichten und Motive, etwa die vielen kleinen Handwerkerläden und Friseursalons, die noch wie im 19. Jahrhundert im Familienbesitz zu sein scheinen und zumindest vorerst den allgemeinen Trend zum großen Kaufhaus und zum Sterben der Tante-Emma-Geschäfte überlebt haben. Außerdem gibt es in diesem Viertel auch eine Handvoll interessanter Restaurants, Kneipen, Konditoreien, Hotels und 24-Stunden-Lebensmittelgeschäfte – und das alles nur einen Steinwurf vom Gellértbad entfernt.

Gellértbad

Das Gellértbad (Gellért Gyógyfürdő) ist ohne Frage das **berühmteste Schwimm- und Heilbad** der an solchen Anlagen reichen ungarischen Hauptstadt. Hinter der imposanten weißen Jugendstilfassade wird außerdem noch ein großes **Hotel** der oberen Güte- und auch Preisklasse betrieben. Der Hoteleingang liegt vorn, mit Blick zur Donau, zum Bad betritt man das Gebäude dagegen seitlich über die Kelenhegyi út. Schon im Eingangs- und Kassenbereich beeindrucken die hohen Deckengewölbe und Säulen sowie die Statuen, Figuren und Wandmalereien. Durch die kassettenartigen Fenster im Deckengewölbe und die fast wie in einer Kirche bemalten Seitenfenster dringt das Licht. Noch eindrucksvoller ist selbstverständlich der eigentliche Schwimmsaal mit dem

Prächtige Decke im Gellértbad

ung007 Foto: mk

Szabadság híd (Freiheitsbrücke)

säulenumstandenen Thermalbecken und einigen Nebenräumen für Saunasitzungen, Massagen und weitere Kurbehandlungen. Der Eintritt ins Thermalbad kostet 3600 HUF (wer weniger als zwei Stunden bleibt, bekommt 300 HUF vom Automaten am Ausgang erstattet). Von Mo bis Fr ab 17 Uhr und Sa, So ab 18 Uhr zahlt man nur 3300 HUF. Vorhanden sind auch ein weiteres Schwimmbad (Eintrittspreise wie beim Thermalbad) und ein Außenbecken mit Wellen. Wer nicht ins Wasser steigen, sondern nur das Bauwerk von innen bewundern will, kann ein Besucherticket für 1200 HUF erstehen und sich umsehen.

Freiheitsbrücke

Die direkt gegenüber dem Gellértbad und -hotel gelegene Donaubrücke Szabadság híd (Freiheitsbrücke) bietet eine **hevorragende Aussicht auf beide Seiten der Millionenstadt** – mit Gellértberg und Burghügel zur Linken sowie dem Parlament weit hinten auf der rechten Seite. Wie auch von allen anderen Brücken ist besonders im Dunkeln der Blick sehr reizvoll, wenn die ganze Metropole in Tausenden von Lichtern erstrahlt und auf der Donau die bunten Ausflugsschiffe für die Nacht vor Anker liegen. Und auch die Brücke selbst kann sich sehen lassen: Gerade im Jahr 2009 frisch renoviert, macht das ein volles Jahrhundert alte Bauwerk mit der Hängekonstruktion aus massivem Gusseisen, dem Gitterschmuck und den zwei ungarischen Wappen sowie den flügelschwingenden Vögeln auf jedem der vier Türmchen einen sehr stilvollen Eindruck. Zur Brücke gehört die Straßenbahn, die hier fast unaufhörlich von Buda nach Pest und zurück rattert.

Pest

Markthalle

Gleich hinter der Brücke Szabadság híd liegt auf der rechten Straßenseite die größte und wohl auch interessanteste Markthalle Budapests: **Nagyvásárcsarnok** (Vámház körút 1–3, geöffnet Mo 6–17 Uhr, Di bis Fr 6–18 Uhr, Sa 6–14 Uhr). Trotz ihrer Größe richten sich ihre Öffnungszeiten eher nach denen kleinerer Geschäfte. Daher schließt sie samstags früher und sonntags ganz. Die Halle besteht aus einem lang gezogenen Saal mit einer hohen, etwas spitz zulaufenden Holzdecke und seitlich zwei großen Fensterreihen zur Beleuchtung. Ebenerdig verlaufen ein breiter Hauptgang in der Mitte und zwei etwas schmalere Seitengänge, von denen auch Treppen und Rolltreppen zur ersten Etage und in den Keller führen. Im Erdgeschoss dominieren große Verkaufsstände mit klassischen ungarischen Spezialitäten, besonders **Paprikaprodukte aller Art und Salamis.** Die Würste hängen massenweise von ihren Fäden herab und baumeln hauptsächlich für die Touristen, die zumindest in der Hauptsaison hier eindeutig die Mehrheit der Besucher ausmachen. Zu sehen und kaufen gibt es auch frischen **Fisch, Fleisch und Wurst, Obst und Gemüse, ungarische Gänseleber, Honig, Süßigkeiten, Souvenirs** wie die kleinen typischen Paprikasäckchen mit Holzlöffel und **traditionelle Kleidung.** Oben geht es etwas weniger geordnet zu. Es ist eigentlich kein richtiges Stockwerk, sondern eine Art Galerie, ein Gang am Rand rund um die Halle, mit einigen verbindenden Quergängen, sodass sich von oben immer wieder ein schöner Blick auftut auf die offen daliegende Markthalle. Auf der Galerie werden vornehmlich **Textilien, Spielzeug, Geschenke, Postkarten, Keramik** und Ähnliches zum Kauf angeboten. Hinzu kommt eine ganze Reihe kleiner **Imbissstände,** an denen man meist im Stehen klassische Gerichte wie Wurst, Gulasch, Pfannkuchen, Schnitzel und als Dessert Torten verspeisen kann – alles sichtbar in Schaukästen ausgestellt. Wegen der touristischen Ausrichtung sind die Preise nicht ganz auf Imbissniveau, und es herrscht oft ein ziemliches Gedränge. Trotzdem macht eine schnelle, unkomplizierte und deftige Zwischen- oder Hauptmahlzeit mit ungarischer Hausmannskost Freude. Ein größeres Restaurant – ebenfalls mit Selbstbedienung – verfügt über Sitzplätze, was allerdings die Preise recht deutlich ansteigen lässt.

Wer beim Bummeln Lust aufs Einkaufen bekommen hat, aber mit den

Finanzen haushalten muss, kann in den Keller gehen, wo ein relativ großer **Supermarkt** ebenfalls einige der traditionellen Produkte wie Paprikapulver, Paprikapaste und ganze Salamis verkauft. Unten lässt sich auch ein kleiner Rundgang vorbei an einigen Verkaufsständen machen. Hierher verirren sich kaum Touristen, und die Preise sind daher etwas niedriger, die Auswahl freilich auch deutlich kleiner. Besonders Fisch, Sauerkraut und die in Ungarn so beliebten eingelegten „mixed pickles" sind zu finden.

Im Erdgeschoss der Markthalle wird eine Wechselstube betrieben, auch ein Geldautomat steht zur Verfügung.

An der Markthalle endet die **Fußgängerzone der Váci utca,** die nordwärts nahe der Erzsébet-Brücke die große Straße Szabad sajtó út überquert und dann weiter verläuft bis zum Vörösmarty tér.

Kálvin tér und die Gaststättenstraße Ráday utca

Folgt man von der Markthalle jedoch der Hauptstraße Vámház körút, so erreicht man als nächstes den gerade umgebauten und erneuerten **Kálvin tér,** passenderweise mit einer **calvinistischen Kirche** (Kálvin téri református-templom), die an die starke Präsenz dieser Form des Protestantismus in Ungarn erinnert. Das schlichte weiße Bauwerk mit dem nicht allzu hohen Turm samt Zwiebeldach stammt ursprünglich aus dem frühen

ung008 Foto: mk

19. Jahrhundert. Innen fallen vor allem die große, schöne Orgel und die systematische Ordnung der Bauweise auf. Glänzende Pracht ist hier nicht zu erwarten, eher eine bescheidene Atmosphäre zur Einkehr, wenn auch die bunten Glasfenster sehr schön sind. Ein interessantes Detail: Die Turmuhr leuchtet im Dunkeln.

Der Kálvin tér ist auch ein **wichtiger Ort für alle, die mit Bus und Bahn** durch Budapest fahren: Die Metrostation unter dem Platz ist die nächstgelegene zur Markthalle und zum Nationalmuseum. Sogar zu Gellértbad und Gellértberg auf der gegenüberliegenden Seite der Donau kann man hier aussteigen und dann per Straßenbahn weiterfahren.

Vom Fluss kommend biegt gleich zu Beginn des Kálvin tér die **Ráday utca** rechts ab. Nach einigen Metern verläuft diese schöne Straße mit den frisch herausgeputzten Hausfassaden für ein Stückchen als Fußgängerzone mit vielen **Restaurants, Cafés, Kneipen und Imbissen** auf beiden Seiten. Zu jeder Tageszeit, aber besonders an lauen Sommerabenden, wimmelt es hier von Einheimischen und Touristen, die eine sehr entspannte, aber doch lebendige Stimmung genießen. Interessant sind neben den bis spät abends geöffneten Gaststätten auch einige kleine Esslokale, die nur mittags günstige und typisch ungarische Speisen anbieten (siehe unten „Praktische Tipps"). Kleine Eck-Supermärkte, eine **Buchhandlung** mit Antiquariat, **Geschäfte** wie ein Hutladen oder ein Friseursalon im alten Stil, sogar ein Bioladen und auch das Goethe-Institut mit seinem eher modernen Gebäude runden das Bild der interessanten Ráday utca ab. Wie an so vielen Stellen in der Hauptstadt finden sich auch in der Umgebung dieser Straße viele faszinierende Jugendstil-Fassaden, die meisten in den letzten Jahren renoviert.

Buntes Treiben in der Markthalle

Jugendstilpracht

Die Kinizsi utca lenkt den Weg von der Ráday utca nach links zur Hauptverkehrsstraße Üllői út. Gleich links liegt das **Museum für Angewandte Kunst** (Iparművészeti Múzeum, Üllői út 33–37, geöffnet Di 14–18 Uhr, Mi, Fr, Sa, So 10–18 Uhr, Do 10–22 Uhr, Eintritt in alle Ausstellungen 2000 HUF, Tickets zu den einzelnen Ausstellungen erhältlich, www.imm.hu). Auch wer sich für die Ausstellungen nicht gerade brennend interessiert, sollte sich den Jugendstilpalast mit dem mächtigen Turm und dem mannigfaltig verzierten Äußeren, den Statuen und Malereien zumindest von der Straße aus anschauen. Er wurde 1896 im Rahmen der ungarischen Tausendjahrfeiern eröffnet. Nach dem Zweiten Weltkrieg mussten schwere Schäden repariert werden. Das prächtige Dach erinnert mit seinen schuppenförmigen, bunt lackierten Ziegeln an Matthiaskirche und Fischerbastei. In wechselnden Expositionen finden von japanischem Design bis zu ungarischer Architektur viele Dinge ihren Platz in den

Sälen (aktuelle Informationen auf der Internetseite).

Unterwegs zum Nationalmuseum folgt nun ein **Jugendstilgebäude** dem nächsten. Von den mehreren möglichen Routen kann man zum Beispiel diejenige über die Szentkirályi utca wählen und dann die zweite Straße links in die Múzeum utca abbiegen. An den engen, verkehrsreichen Straßen sind immer neue, außergewöhnliche Fassaden zu bewundern. In einem besonders schönen Jugendstilgebäude, der **Károlyi-Csekonics Rezidencia** (Múzeum utca 17, www.kcsr.hu - Website nur auf Ungarisch) werden wechselnde große Ausstellungen gezeigt, die oft auf Plakaten in der ganzen Stadt beworben werden. In jedem Fall lohnt ein Blick in den großen Eingangssaal mit seiner eindrucksvollen, geschwungenen Holztreppe sowie der Galerie oben und der hohen leuchtenden Decke.

Nationalmuseum

Über die Múzeum utca gelangt man nun von der Seite zum monumentalen Bauwerk des **Ungarischen Nationalmuseums** (Magyar Nemzeti Múzeum, Múzeum krt. 14–16, geöffnet tägl. 10–18 Uhr, Mo geschlossen, Eintritt 1040 HUF, freier Eintritt u.a. für Behinderte mit einer Begleitperson und Senioren über 70, freier Eintritt für alle an Nationalfeiertagen: 15. März, 20. August, 23. Oktober, auch bei freiem Eintritt muss ein Ticket erworben werden, www.mnm.hu), der **Quintessenz ungarischen Nationalstolzes:** Hier wird die Geschichte des Landes bis zur Befreiung vom kommunistischen Regime 1990 ausführlich dargestellt. Hinzu kommt die archäologische Dauerausstellung „An der Grenze zwischen Orient und Okzident".

Über eine ausladende Freitreppe erreichen die Besucher den Eingang des **mächtigen klassizistischen Gebäudes** mit den acht hohen Säulen.

Die ständige Geschichtsausstellung füllt fast das gesamte zweite Stockwerk, in dem man sich die **Historie der Ungarn** chronologisch vor Augen führen kann. Von Herrschaftssymbolen der Arpadenkönige über Kleidung, Waffen und Schmuck aus den verschiedenen Jahrhunderten bis hin zu geschichtlich bedeutsamen Dokumenten, einem seltenen Lederumhang aus der türkischen Besatzungszeit, Handwerksprodukten und *Lajos Kossuths* Galaanzug wird eine große Bandbreite an Exponaten geboten. Alles wird zusammengehalten von ausführlichen Texten, Bildern, Fotos, Grafiken, Landkarten und anderen Schaubildern.

Einer der Höhepunkte der gesamten Ausstellung ist der über **1000 Jahre alte Krönungsumhang** des heiliggesprochenen **Königs Stephan I.** Dieses einmalige Stück von unschätzbarem Wert wurde aus mit Gold bestickter Seide hergestellt. Über Jahrhunderte wurde dieser etwa 2,6 x 1,3 Meter große Stoff für die Krönungszeremonien der ungarischen Könige verwendet. Er ist heute im ersten Stockwerk nahe dem Haupteingang zu bestaunen.

In zwei weiteren Ausstellungssälen werden **archäologische Ausgrabun-**

gen aus der Zeit der Römer und aus dem Mittelalter und der frühen Neuzeit präsentiert.

Wer übrigens die breite Freitreppe zum Haupteingang nicht bewältigt, kann das Museum auch von der Bródy Sándor utca aus betreten, wo ein Fahrstuhl zur Verfügung steht. Das Nationalmuseum versichert, dass auch **Rollstuhlfahrer** alle Ausstellungssäle ohne Hindernisse besichtigen können. Sogar für **Blinde und Sehbehinderte** wurde eine Galerie aus 30 Exponaten im historischen und 20 Stücken in der archäologischen Ausstellung eingerichtet, die man anfassen, riechen und/oder hören kann. Informationen in Blindenschrift ergänzen diese Stücke. Zusätzlich wird eine speziell für Sehbehinderte gestaltete Audio-Führung angeboten. So können Blinde völlig selbstständig die Ausstellungen besuchen. Blinde mit Begleitperson erhalten eine andere Version des Audio-Guides.

Das Museum betreibt auch einen Andenkenladen und ein Café.

Große Synagoge

Nur einige teils jugendstilartige Häuserblöcke vom Nationalmuseum entfernt, hinter der großen Querstraße, die nach links hin Kossuth Lajos utca und nach rechts Rákóczi út heißt, erheben sich die beiden Türme der nach eigenen Angaben **größten europäischen Synagoge** (Nagy Zsinagóga), daher auch der Beiname „Große Synagoge" oder nach der Straße „Dohány utcai Zsinagóga". Das braun-gelbe, reich verzierte Backsteingebäude mit der Reihe runder, von einem Davidstern ausgefüllter Fenster und der hebräischen Schrift in goldenen Lettern über dem Eingangsportal beherbergt auch das **Jüdische Museum** der Hauptstadt (Dohány utca 2, geöffnet März bis Oktober Mo bis Do 10–17.30 Uhr, Fr 10–14.30 Uhr, So 10–17.30 Uhr, Sa und an jüdischen Feiertagen geschlossen, Eintritt nur im Rahmen einer geführten Tour, 2250 HUF für Museum und Synagoge, Fototicket 500 HUF). Das Gotteshaus kann ebenfalls nur mit einer Führung besichtigt werden. Wer nur die Synagoge anschauen will, zahlt 1900 HUF. In beiden Führungen ist der Besuch des kleinen Gartens mit dem **„Memorial Tree"** inbegriffen. Dieser „Baum" ist im Prinzip eine große Konstruktion aus silberfarbenem Metall in der Form einer kleinen Baumgruppe, ergänzt durch einen hohen Gedenkstein. Das gerade restaurierte Denkmal erinnert an die „600.000 ungarisch-jüdischen Märtyrer des Holocaust". Die Stätte ist mit einigem Abstand auch von der Straße aus durch den Zaun zu erkennen, ebenso wie die alten Grabsteine des direkt daneben gelegenen **jüdischen Friedhofs** – die meisten Sterbedaten sind mit den Jahren 1944 oder 1945 angegeben, dem Höhepunkt der mörderischen Judenverfolgung durch die Nationalsozialisten. Gedenktafeln erinnern an den Besuch der Synagoge durch prominente Gäste: die ehemaligen israelischen Staatspräsidenten *Chaim Herzog* und *Moshe Katsav*. Eine weitere Tafel markiert die Stelle, wo das Geburtshaus des österreichisch-

ung010 Foto: mk

ungarischen Autors **Theodor Herzl** (1860–1904) stand, der als Begründer des modernen politischen Zionismus gilt. Sein Grab liegt auf dem Jerusalemer Herzlberg.

Die von *Ludwig Förster* erbaute Synagoge wurde 1859 eingeweiht. Der Teil des Gebäudes, der das Jüdische Museum beherbergt, wurde erst 1931 hinzugefügt. Die **Zwiebelform der Turmspitzen** war übrigens damals völlig neu, wurde aber daraufhin im In- und Ausland nachgeahmt. Weitere orientalisch-byzantinische Elemente sind an der Fassade zu entdecken, beispielsweise die spitzenförmige Dekoration oben. Trotz des interessanten Äußeren beeindruckt aber vor allem der **golden strahlende Innenraum der Synagoge** mit seinen prächtigen Kerzenhaltern, den Kronleuchtern, den mächtigen hölzernen Galerien zu beiden Seiten, den großen Bögen des kassettenförmig unterteilten Deckengewölbes und dem Heiligsten, dem Toraschrein gegenüber dem Eingangsportal.

Der „Memorial Tree“
bei der Großen Synagoge

Das Museum, offiziell **Jüdisches Nationalmuseum und Archive** (Nemzeti Zsidó Múzeum és Levéltár), gibt vor allem einen erhellenden Einblick in die **Geschichte der Juden in Ungarn,** die über Jahrhunderte eine wichtige Rolle im Land spielten, auch wenn heute nur

ung011 Foto: mk

noch vergleichsweise wenige Juden in Ungarn leben. Immerhin ist es wohl noch die größte jüdische Gemeinde Ostmitteleuropas. In vier Sälen werden vor allem religiöse, aber auch kulturelle Utensilien wie Porzellangeschirr und alte Schriftrollen präsentiert. Viele der kostbaren Stücke überdauerten den Zweiten Weltkrieg im Keller des Nationalmuseums. Ein Saal ist der tragischen Geschichte des Holocaust in Ungarn gewidmet.

Neben den Möglichkeiten, nur die Synagoge (40 Minuten) oder Synagoge und Museum (70 Minuten) zu besichtigen, besteht auch noch die Alternative, für 2600 HUF in einer 90-minütigen Tour zusätzlich die nahe gelegene Rumbach-Synagoge zu erleben.

Alle Führungen werden von der **Budapester Jüdischen Gemeinde** organisiert, die das Museum betreibt.

Ganz in der Nähe der Großen Synagoge bietet das koschere Restaurant Carmel seine Dienste an (siehe unten „Praktische Tipps").

Jüdisches Viertel

Natürlich kann man den Rest des jüdischen Viertels auch auf eigene Faust kennenlernen. Es liegt grob gesagt rund um die an der Großen Synagoge beginnende **Wesselényi utca.** Einst war über die Hälfte der Bewohner die-

Die Kuppel der Rumbach-Synagoge im jüdischen Viertel

ung009 Foto: mk

Heimisch und doch Fremde – Juden in Ungarn

Im Jahr 2005 lebten laut dem Jewish People Policy Planning Institute gut 50.000 Juden in Ungarn, nachdem es 35 Jahre zuvor noch 70.000 gewesen waren. Für 2020 prognostizierte das Institut einen weiteren Rückgang auf 34.000. Fast in der gesamten ungarischen Geschichte waren es deutlich mehr. Juden bildeten stets einen **wichtigen und gewichtigen Teil der Gesellschaft.**

Viele jüdische Einwanderer kamen mit der ersten Immigrationswelle aus deutschen Landen sowie Böhmen und Mähren, gleich im 11. Jahrhundert. Sie siedelten sich in den ersten entstehenden Städten an. Während sie als Nicht-Christen zunächst von Restriktionen betroffen waren, erhielten sie recht schnell die Bürgerrechte. Bereits im 12. Jahrhundert nahmen immer mehr von ihnen **führende Positionen** in der Gesellschaft ein, besonders in der Wirtschaft. Die Kirche betrachtete den Aufstieg vieler Juden mit Argwohn und erließ mit Hilfe des Adels Gesetze, welche Juden die Landpachtung und das Erlangen von Titeln verboten – ja sogar das Tragen von Abzeichen vorschrieben, was der König aber zu einem guten Teil ignorierte. Nach weiteren **Repressalien** im 14. Jahrhundert entfaltete sich die jüdische Bevölkerung unter dem bis heute hoch verehrten König *Matthias Corvinus,* neue Einwanderer jüdischen Glaubens kamen hinzu. Es gab jedoch auch immer wieder gewalttätige Ausschreitungen gegen Juden, besonders in den wirtschaftlich schwierigen Zeiten nach *Matthias'* Tod und im 16. Jahrhundert. Die Könige schlossen sich der antijüdischen Stimmung an. So wurden den Ungarn etwa per Dekret alle Schulden erlassen, die sie bei jüdischen Bürgern hatten.

Als die **Türken** Ungarn erstmals angriffen, folgten viele Juden den osmanischen Kriegern auf deren Rückzug und verstreuten sich auf diese Weise über den Balkan. Als die Türken wiederkehrten und Ungarn über ein Jahrhundert besetzten, behandelten sie die Juden recht ordentlich. Buda und andere Städte erhielten große jüdische Gemeinden.

Als die **Habsburger** Ungarn von den Türken eroberten, brach sich der **Antisemitismus** immer wieder Bahn, doch trotzdem kamen jüdische Einwanderer hinzu. Dennoch hat die Zahl der Juden im Jahr 1735 wohl kaum 11.600 überstiegen. Nur 50 Jahre später waren es aber schon über 80.000 – und das, obwohl Juden besondere Steuern zahlen und ungleiche Behandlung über sich ergehen lassen mussten. Im 19. Jahrhundert verbesserte sich die Situation generell. Gerade in der zweiten Hälfte hatten Juden entscheidenden Anteil an der gewaltigen wirtschaftlichen Entwicklung Ungarns. Ihre Zahl stieg gewaltig auf über 900.000 vor dem Ersten Weltkrieg. Über die Hälfte der Kaufleute waren zu dieser Zeit Juden.

Der Kurzzeit-Staatschef, der Kommunist *Béla Kun,* war selbst Jude, auch wenn er seinen Familiennamen „Kohn" hungarisierte. Als er abgesetzt wurde, starben gut 3000 Juden beim „Weißen Terror". Staatschef *Miklós Horthy* und sein Regime machten Juden das Leben in Ungarn in der Folgezeit immer schwerer. Besonders mit den **„Judengesetzen"** seit 1938 verschärfte sich die Lage – viele Juden erhielten Berufsverbot, ihre Anzahl in wichtigen Positionen wurde scharf begrenzt. Hunderttausende standen vor dem

Ruin, einige traten notgedrungen zum Christentum über. Doch selbst diese Menschen galten 1941 wieder als Juden, weil das **Judentum** nun nicht mehr als Religion, sondern **als Rasse** angesehen wurde. Eine Hochzeit zwischen Christen und Juden war nun verboten. Juden spielten keine Rolle mehr im gesellschaftlichen Leben, ihre wirtschaftliche und soziale Position verschlechterte sich weiter. Doch so antisemitisch die Regierung auch eingestellt war: Sie deportierte bis 1944 keine Juden ins Deutsche Reich, was von der Nazi-Regierung gefordert wurde. Als Deutschland in jenem Jahr Ungarn besetzte, waren 63.000 Juden gestorben. Nun begannen die großen, **systematischen Deportationen** in die Vernichtungs- und Konzentrationslager. Von 825.000 Juden vor dem Krieg starben schätzungsweise 565.000. Am meisten Menschenleben konnten in Budapest gerettet werden.

Direkt nach dem Krieg wurden jüdischen Bürgern ihre wichtigsten Rechte zurückgegeben, und es bildeten sich wieder jüdische Gemeinden. Doch schon Anfang der 1950er Jahre begannen weitere Repressionen wie die Vertreibung aus den großen Städten. Die Maßnahmen wurden später teilweise wieder aufgehoben, doch wer aktiv seinem Glauben nachging, musste mit vielfältigen Nachteilen rechnen. So sank die Zahl der Juden in Ungarn immer weiter. Mit dem Ende des Kommunismus erhielten Juden wieder alle Rechte. Doch viele Menschen waren nicht mehr übrig geblieben. Jüdische Organisationen können sich heute wieder frei entfalten, sorgen sich aber zunehmend um **feindliche Tendenzen in der Gesellschaft** – ein Beispiel ist der Wahlerfolg der offen antisemitischen Partei Jobbik bei den letzten Parlamentswahlen 2010.

ses Gebietes jüdischen Glaubens. Während der deutschen Besatzungszeit 1944 wurde der Kern des jüdischen Viertels zwischen Király u. und Dohány u. zum abgeschlossenen **jüdischen Ghetto** mit rund 70.000 eingepferchten Menschen. Viele von ihnen überlebten unter schwierigsten Bedingungen, bis die sowjetische Rote Armee das Ghetto befreite. Gleich der erste Abzweig links, die Rumbach S. utca, führt nach sehr kurzer Strecke zu der äußerst sehenswerten **Rumbach-Synagoge** (Rumbach Sebestyén utcai Zsinagóga, geöffnet Mo bis Do, So 10–17.30 Uhr, Fr 10–14.30 Uhr, Nov. bis März nur bis 15.30 Uhr, Fr bis 13.30 Uhr, So bis 14.30 Uhr, Eintritt in die Synagoge 500 HUF). Sie ist innen derzeit leer und beherbergt wechselnde kleine Ausstellungen. Im Augenblick funktioniert das Gebäude also nicht als heilige Stätte, dies kann sich in den nächsten Jahren aber im Rahmen einer Restaurierung wieder ändern. Noch sucht der ungarische Staat als gegenwärtiger Besitzer einen passenden Käufer für das Objekt. Vor allem lohnt sich der Eintritt für einen ausführlichen Blick in den Innenraum: Direkt unter der hohen, wunderbar **verzierten Kuppel** strömt das Tageslicht aus einem Kreis von Fenstern in die Halle. Der Raum ist von der Kuppel herab achteckig gestaltet, acht goldene Säulen verbinden die Decke mit der rundherum verlaufenden Empore, unter der auf diese Weise acht niedrige Räume mit Kassettendecke entstehen. Je länger man hinschaut, desto mehr **schmuckvolle Details** sind an der gesamten Konstruktion zu erkennen. Seitlich stehen einige übrig gebliebene Elemente der alten Einrichtung: Steine mit Inschriften, Schränke, gemusterte Fenstergitter.

Die Rumbach-Synagoge, 1872 im **römisch-maurischen Stil** erbaut, gehörte übrigens zu der jüdischen Strömung des **„status quo ante":** Nachdem sich 1869 die ungarischen Juden in zwei Strömungen aufteilten (Orthodoxe und Neologen), weigerte sich eine kleine Minderheit, diese Trennung hinzunehmen. Sie bestanden auf dem „status quo ante", also dem vorherigen Zustand. Diese Gruppe des jüdischen Glaubens existiert bis zum heutigen Tage.

Die Rumbach S. utca trifft sehr bald auf die komplett sehenswerte Király utca (siehe unten). Rechts und bei zweiter Gelegenheit wieder rechts lohnt aber noch ein Abstecher in die **Kazinczy utca,** vielleicht das **Herz des jüdischen Stadtteils.** Wer ein intaktes jüdisches Viertel im wiederhergestellten alten Stil erwartet, wird wahrscheinlich enttäuscht sein: Allzu wenige typische Häuser sind erhalten geblieben. Und die bestehenden Bauten sind meist recht heruntergekommen. In gelegentlich klaffenden Baulücken haben sich Parkplätze und -häuser sowie moderne Gebäude breitgemacht. Dennoch sind noch einige Perlen für denjenigen zu entdecken, der genau hinschaut, etwa in besagter Kazinczy u. eine hohe gelbe Fassade mit bröckelndem Putz, verfallenen, teilweise mit Brettern vernagelten Fenstern und abgebrochenen Balkonen. Die ehemalige Schönheit und jüdische Bauelemente sind noch zu erkennen. Einige Häuser wie das schon erwähnte koschere Restaurant sind bereits erneuert worden. Eine **orthodoxe Synagoge** steht in der Kazinczy u. 29–31. Die Straße kommt schließlich wieder neben der Großen Synagoge heraus.

An der Kreuzung von Kazinczy u. und Dob u. finden sich noch weitere Höhepunkte des jüdischen Budapest: eine kleine Synagoge und das **jüdisch-orthodoxe Restaurant Hanna.** Das einfache, authentische Lokal (Dob u. 35, geöffnet tägl. 7–15.30 Uhr, Fr 7–22 Uhr, Sa 11–15.30 Uhr, So 7–15.30 Uhr, die Zeiten können sich ändern, Tel. (1) 3421072) ist an der Straße ausgeschildert, liegt aber tief in einem sehr ruhigen Hinterhof.

Durch die unscheinbare Hauseinfahrt mit der Adresse Dob u. 35 und dann gleich links führt der Weg auch zu der versteckten kleinen **Synagoge,** die man mit einigem Glück besichtigen kann (keine festen Zeiten), etwa wenn gerade eine Gruppe das Bethaus bevölkert.

Auf der Király utca zum Stadtpark

Die durch das ehemalige jüdische Viertel und dann weiter östlich verlaufende Király utca besticht durch eine **Vielzahl an schönen Häusern,** meist im Jugendstil, durch Geschäfte und Gaststätten sowie eine hohe Einkaufshalle, die wie eine kleine Version der großen Markthalle an der Szabadság-Donaubrücke anmutet.

Auf einem kleinen Platz an der Király utca, zwischen Nagymező utca und

Hegedű utca, steht die hübsche **Barockkirche St. Theresien** mit gelber Fassade und hellem Innenraum samt Kronleuchter und Altar im Stil eines römischen Tempels. Am selben Platz residiert auch das zweisprachige ungarisch-deutsche sowie ungarisch-englische Gymnasium „Budapest Theresienstadt". Nur wenige Schritte später biegt von der Király utca links der **Liszt Ferenc tér** ab. Der wie eine breite Straße lang gezogene, nach *Franz Liszt* benannte Platz macht seiner Bezeichnung alle Ehre: Das monumentale Gebäude der **Franz-Liszt-Musikakademie** (Liszt Ferenc Zeneművészeti Egyetem, Informationen auf Englisch unter www.lfze.hu) mit dem über dem Eingang thronenden Komponisten, den Säulen, Statuen und Verzierungen auf der breiten und hohen Fassade ist ein echter Blickfang. Kein anderer als *Liszt* persönlich gründete die Institution 1875 als Königlich-Ungarische Musikakademie. Nicht selten dringt aus den offenen Fenstern klassische Musik aus den Probenräumen der Akademie.

Wenn man die Király utca immer geradeaus weiter verfolgt – später heißt die Straße dann Városligeti fasor –, gelangt man auf sehr angenehme Weise, vorbei an Jugendstilgebäuden und später an feinen Villen, zum großen **Stadtpark Városliget** mit dem **„Märchenschloss"** und dem herausragenden **Széchenyi-Bad,** die weiter unten näher beschrieben werden.

Liszt Ferenc tér, Operettenhaus und Oper

Geht man von der Musikakademie jedoch weiter auf dem Liszt Ferenc tér entlang, so bietet sich eine **idyllische, von Kneipen und Restaurants gesäumte Doppelstraße** mit Grünstreifen in der Mitte – der ideale Ort für eine Essens-, Kaffee- oder einfach nur Ruhepause mitten in Pest. Der Liszt Ferenc tér trifft nach kurzer Strecke auf die Andrássy út, eine der Budapester Hauptverkehrsadern, die von nahe der Donau schnurgerade, vorbei an Oper und Oktogon, bis zum Park Városliget verläuft. Vom Liszt Ferenc tér kommend links und dann gleich in der nächsten Straße rechts steht das **Operettenhaus** der Hauptstadt (Budapesti Operettszínház, BÉTA, Nagymező utca 17, aktuelles Programm und weitere Informationen unter www.operettszinhaz.hu). Vor dem abends geschmackvoll beleuchteten Haus sitzt auf einer Bank lässig kein Geringerer als *Imre Kálmán,* natürlich nur aus Stein. Unter dem Namen **Emmerich Kálmán** ist er besonders mit seiner „Csárdásfürstin" ein international beachteter Operet-

ung012 Foto: mk

Imre (Emmerich) Kálmán

tenkomponist geworden. Neben ihm auf der Bank ist noch Platz für jeden, der schon immer einmal für ein Foto mit *Kálmán* posieren wollte.

Vom Operettenhaus ist es nur ein Steinwurf auf der Andrássy út bis zum letzten Objekt dieses großen musikalischen Dreiecks: dem **berühmten Budapester Opernhaus** (Magyar Állami Operaház, Andrássy út 22, ausführliche Informationen auf Englisch, Anmeldungen für Gruppenbesichtigungen, aktuelles Programm und Ticketkauf, teils sogar mit der Möglichkeit, die Eintrittskarten selbst auszudrucken, unter www.opera.hu). Wie so viele wichtige Gebäude in Budapest entstand auch die Oper in der österreichisch-ungarischen Blütezeit des späten 19. Jahrhunderts, in diesem Fall im Jahr 1884, als sogar Kaiser *Franz Joseph I.* extra angereist kam. Die Menschen waren Anekdoten zufolge so neugierig auf das pompöse neue Gebäude, dass sie am Tag der Premiere frühzeitig die Sicherheitsbarrieren überwanden und das Haus „stürmten", um es endlich in Augenschein zu nehmen. 1980 präsentierte sich die Oper nach langer Vernachlässigung in schlechtem Zustand und wurde über vier Jahre **komplett renoviert.** Ein wenig respektlos könnte man sogar behaupten, dass die Oper von außen, so eindrucksvoll sie sich auch darstellt, nicht zu den allerschönsten Bauwerken der Metropole zählt – irgendwie glänzt und funkelt sie weniger als an-

ung013 Foto: mk

dere Häuser der Stadt, nicht einmal die Beleuchtung im Dunkeln ist besonders überzeugend. Bei genauerem Hinsehen gibt es aber dennoch viel zu entdecken an diesem im Neorenaissancestil entstandenen Bauwerk, etwa die Reihe der **Statuen** am Rande des Daches. Hier versammeln sich einige der größten Komponisten der Welt, darunter *Mozart, Beethoven* und *Verdi.* Weiter unten flankieren die ungarischen Komponistenhelden *Franz Erkel* und *Franz Liszt* in Form sitzender Statuen den Haupteingang.

Eine komplette **Besichtigung** ist **nur im Rahmen einer Führung** möglich (tägl. jeweils um 15 und 16 Uhr, Eintritt 2800 HUF). Jeder kann aber zumindest durch den Haupteingang einen Blick in den ersten Saal werfen, der mit seinen Marmorsäulen und -wänden, dem gemusterten Mosaikfußboden sowie der runden Kassettendecke mit den kleinen quadratischen Gemälden besticht. Die weiteren Säle, Korridore und prächtigen Treppenfluchten halten, was der Eingangsraum verspricht: Wie ein kleiner Palast kommt dieses Musiktheater daher. Es dominieren **überall Marmor, Gold und kunstvolle Malereien.** Über einen Mangel an Schönheit kann sich hier niemand beklagen, einige werden die Ausstattung vielleicht sogar schon als überladen kritisieren. Höhepunkt des Prunks ist selbstverständlich der **Bühnensaal** selbst, in dem Abend für Abend die großen Opern aufgeführt werden. Das Parkett ist dabei sogar recht klein, mit seinen kaum über 20 Reihen rot bezogener Klappsessel. Doch der erste, zweite und vor allem der hohe dritte Rang geben dem Theater seine Dimension. Ganz oben, in der Mitte der Decke, fällt der Blick auf ein rundes Gemälde, das spontan fast an die Sixtinische Kapelle im Vatikan erinnert – diese scheint jedenfalls das Vorbild gewesen zu sein. Ein breiter, strahlender Kronleuchter hängt von dort herab. Hinzu kommen abermals: Marmorsäulen, goldüberzogene Figuren, die den jeweils nächsten Balkon auf ihren Schultern tragen, überall musikalische Bildmotive, Kassettendecken und sehr, sehr viel Goldbesatz. Die beste Methode, das Opernhaus kennenzulernen, ist natürlich der Besuch einer Vorstellung. Nur dann hat man wirklich Zeit, alle Details dieses glitzernden und glänzenden Hauses aufzunehmen. So wird schon der Gang zum Spielsaal und die Wartezeit vor dem Beginn der Vorstellung zum Erlebnis.

Ein Blickfang des Jugendstils –
die Franz-Liszt-Musikakademie

Jugendstil-Metrolinie Nummer 1

Auf der Andrássy út verkehrt die alte Metrolinie 1, nur wenige Meter unter der Straße. An der Oper hat sie eine ihrer Stationen („Opera"). Eine Fahrt mit dieser Bahn, die im Prinzip die ganze Zeit unter der Andrássy út verläuft, dient nicht in erster Linie der Fortbewegung, sondern ist eine Sehenswürdigkeit. Die winzigen Stationen fallen im Straßenbild kaum auf: Ein kleines Schild im Pariser Metro-Stil markiert den Eingang, eine sehr kurze, gerade Treppe führt direkt auf den Bahnsteig. Dabei muss man aufpassen, dass man das Gleis in die richtige Fahrtrichtung erwischt, denn sonst muss man wieder hinauf zur Andrássy út, diese überqueren und gegenüber die Treppe hinuntergehen. Die Fahrtrichtung der Bahnen entspricht derjenigen der Autos, Ausstieg ist immer rechts. Gebaut wurde diese **erste Metrostrecke Budapests** – wie könnte es anders sein – Ende des 19. Jahrhunderts, genau zur Millenniumsfeier 1896. Den Auftrag erhielt die deutsche Firma Siemens & Halske. Damals verkehrte die Bahn zwischen dem Vörösmarty tér nahe der Donau bis zum berühmten Széchenyi-Bad im Stadtpark. Erst vor knapp 40 Jahren kam der letzte Abschnitt vom Bad bis zur heutigen Endstation Mexikói út hinzu. Der schönste Teil der Strecke ist derjenige zwischen dem Metro-Knotenpunkt Deák Ferenc tér im Zentrum und dem Bad (Széchenyi fürdő). Schon auf dem winzigen Bahnsteig fühlt sich der Fahrgast **wie in einem Museum** oder wie in einem alten Wohnzimmer: An den Wänden kleine weiße und braune Kacheln, der Name der Haltestelle kunstvoll umrahmt von Ornamenten, in der Mitte ein kleines Holzhäuschen für den aufpassenden Bahnangestellten, wo man einst Fahrkarten kaufen konnte, ein paar Schautafeln mit alten Bildern, gusseiserne Säulen mit schmuckvollen Endungen nach oben und als Abschluss eine Holzwand, die aussieht wie nebeneinander liegende Schranktüren. Auf der beschriebenen Strecke sehen alle Haltestellen fast oder ganz genauso aus. Doch auch die Fahrt selbst ist ein Ereignis: Die wenigen, **winzigen Waggons** wirken wie aus einer anderen Zeit, sausen aber erstaunlich schnell (bis zu 60 km/h) auf den kurzen Strecken zwischen den Stationen. Auch so ist eine Besichtigung der langen Andrássy út möglich: Einsteigen, eine Station weiterfahren, aussteigen, sich umschauen und wieder einsteigen. Die Bahnen fahren schließlich oft, und die Treppen sind mit nicht mehr als 25 niedrigen Stufen nur sehr kurz.

Über den Oktogon zum Heldenplatz

Eine Station der Linie 1 von der Oper stadtauswärts liegt der achteckige, große Platz **Oktogon.** Tagsüber, abends und **besonders auch nachts pulsiert hier** und in den umgebenden Straßen **das Leben:** Restaurants, Kneipen und Supermärkte haben bis tief in die Nacht oder sogar rund um die Uhr geöffnet. Am Oktogon treffen sich die zwei Hauptverkehrsstraßen Andrássy út und Nagy körút. Aus der Kreuzung wird ein Achteck, weil die Eckhäuser auf den vier Straßenseiten zur Kreuzung hin nicht spitz zulaufen, sondern angeflacht wurden.

Hinter dem Oktogon, der die Andrássy út ziemlich genau in zwei Hälften teilt, verändert sich langsam der Charakter dieser Straße: Die urbanen Jugendstilgebäude weichen kleineren Ein- oder Mehrfamilienhäusern, teureren Restaurants und Galerien sowie schicken Villen und Hotels. Der von Bäumen und Grünstreifen gesäumte

ung014 Foto: mk

schöne Boulevard führt nun geradewegs auf den großen Park Városliget zu. Schon von weitem ist das riesige Denkmal auf dem ebenso gewaltigen **Heldenplatz** (Hősök tere) zu erspähen, der gewissermaßen den Eingang zum Park bildet. Der Platz entstand anlässlich der Tausendjahrfeiern 1896. Das 36 Meter hohe sogenannte **Heldendenkmal** mit der Figur des Erzengels Gabriel auf der Spitze markiert den Mittelpunkt des Platzes. Auf dem Sockel unten stehen der Fürst *Árpád* und seine sieben Stammesfürsten, die einst der historischen Überlieferung zufolge die „Landnahme" des ungarischen Volkes vollzogen und das spätere Ungarn zu ihrer Heimat machten. Hinter dem Helden- steht das **Millenniumsdenkmal,** bestehend aus zwei halbrunden antiken Säulenreihen. Am Anfang und am Ende einer jeden Reihe thronen insgesamt vier Figuren auf der Spitze. Zwischen den Säulen stehen wie in einem Pantheon die **Statuen der wichtigsten Figuren der ungarischen Geschichte,** darunter der heilige *Stephan, János Hunyadi,* König *Matthias Corvinus* und *Lajos Kossuth* – wer sie abschreitet, erhält die personalisierte Essenz der tausendjährigen Historie Ungarns bis zum Ende des 19. Jahrhunderts. Das Grab des unbekannten Soldaten findet sich hier

Das Heldendenkmal auf dem gleichnamigen Platz

ung015 Foto: mk

Märchenschloss Vajdahunyad

ebenfalls. Der Rest des weitläufigen runden Platzes blieb leer und glatt – im wahrsten Sinne des Wortes ein ideales Pflaster für Fahrradakrobaten und Skateboarder, die diese Gelegenheit auch weidlich nutzen.

Rechts und links wird der Hősök tere flankiert von zwei imposanten Gebäuden: Im **Museum der Schönen Künste** (Szépművészeti Múzeum, Dózsa György út 41, www.szepmuveszeti.hu, geöffnet Di bis So 10–17.30 Uhr, Mo geschlossen, letzter Einlass 1 Stunde vor Schließung, Eintritt 1400 HUF für die ständigen Ausstellungen, extra für Wanderausstellungen) werden Malereien alter europäischer Meister vom 13. bis 18. Jahrhundert, gut 600 Skulpturen, 4000 Exponate ägyptischer Kunst, antike Kunstobjekte, Drucke, Zeichnungen, eine Ausstellung moderner Kunst und regelmäßig wechselnde, oft sehr hochwertige temporäre Ausstellungen gezeigt. In der **Kunsthalle von Budapest** (Műcsarnok, geöffnet tägl. 10–18 Uhr, Do 12–20 Uhr, Mo geschlossen, Eintritt 1400 HUF, www.mucsarnok.hu mit aktuellem Programm) sind wechselnde Ausstellungen zu sehen. Beide Gebäude entstanden im klassizistischen Stil und ergänzen auf beeindruckende Weise die Bedeutung und Ausstrahlung des

Heldenplatzes. Während die Kunsthalle schon zu den Tausendjahrfeiern fertig wurde, musste das Museum noch bis 1906 auf seine Eröffnung warten.

Stadtpark mit Schloss

Direkt hinter dem Heldenplatz beginnt der **Városliget** (Stadtwäldchen oder Stadtpark). Die Straße Kós Károly sétány durchschneidet ihn. Auf der rechten Seite liegt das ebenfalls zur Tausendjahrfeier entstandene märchenhafte **Vajdahunyad-Schloss** (Vajdahunyad vára), das alle möglichen Baustile in sich vereinigt, sodass einige Kritiker schon zu viel des Guten in ihm sehen: Romanik, Gotik, Renaissance, Barock und noch einige weitere, schwer zuzuordnende Elemente. Es war eigentlich nur als Kulisse für die Feierlichkeiten aus Pappe und Holz errichtet worden, gefiel den Budapestern aber den Erzählungen zufolge so gut, dass sie es dauerhaft behalten wollten. So machte man sich nach 1896 gleich an den Bau, der in knapp zwölf Jahren fertiggestellt wurde. Es ist sicher eines der wenigen Schlösser überhaupt, dessen einziger Sinn schon beim Bau die Freude der Menschen an seinem Anblick war. Außer als Heimstätte des **Landwirtschaftlichen Museums** wird das Gebäude auch bis heute nicht sonderlich genutzt. Schon von außen erkennt man, dass nicht alle Teile des Schlösschens im allerbesten Zustand sind, heruntergekommen ist es allerdings noch bei weitem nicht. Ein gemütlicher Spaziergang rund um das romantische Objekt macht Freude, besonders nach einem langen Tag Pflastertreten in Budapest. Mitten auf dem Schlosshof, auf der Vorderseite des Gebäudes, fasziniert eine ungewöhnliche Skulptur Touristen wie Einheimische gleichermaßen: eine Figur mit weit über den Kopf gezogener Kapuze, sodass ihr Gesicht nicht zu erkennen ist, und mit einer Feder in der Hand. Der **anonyme Schreiber** geht wohl zurück auf einen Autoren am Hof *Bélas II.,* der die erste ungarische Geschichte verfasst haben soll. Einem Aberglauben zufolge soll es Glück bringen, wenn man die Feder des Unbekannten berührt.

Zum Schlosskomplex gehört auch die **Ják-Kirche,** eine Kopie des schönsten romanischen Gotteshauses Ungarns im Dorf Ják (siehe im Kapitel zu Westungarn).

Besonders stimmungsvoll ist ein Spaziergang in der Abendsonne oder sogar im Dunkeln, wenn die gesamte Anlage sehr schön beleuchtet wird. An einem kleinen Wasserstreifen mit Blick auf das Schloss ragen kleine Stege wie Inselchen ins Wasser. Dort sind einige **Liegestühle aus Holz** aufgestellt. Sie sind meist recht begehrt, doch wer einen ergattert, hat einen Logenplatz zum Bewundern des Ensembles.

Széchenyi-Heilbad

Gleich auf der anderen Seite der Kós Károly sétány erstreckt sich das mächtige und prächtige Széchenyi-Heilbad (Széchenyi fürdő, gesprochen Setscheni mit scharfem s am Anfang und weichem n). Ob es das schönste der Stadt ist oder vom Gellért-Bad geschlagen wird, scheint eine müßige Diskussion.

ung016 Foto: mk

Fest steht auf jeden Fall, dass es andere Qualitäten aufweist als sein großer „Rivale“: Die **drei Schwimmbecken** liegen nämlich **unter freiem Himmel im schönen Jugendstil-Innenhof** des Gebäudekomplexes und bieten neben der Heilwirkung des Wassers jede Menge Spaß für alle Besucher.

Die weite Kuppel in der Mitte und die kaum kleineren Kuppeln zur rechten und linken Seite des repräsentativen Bauwerks sind schon von weitem zu erkennen. Ein weitläufiger Vorgarten aus englischem Rasen und bunten Blumenbeeten unterstreicht die Würde des **fast wie ein Schloss** oder eine Kathedrale wirkenden Bauwerks. Der Haupteingang führt direkt zu den Kassen und hinein in die Anlage. Ein Seiteneingang bringt die Besucher in ein sehr hübsches Foyer. Für alle, die es nicht schaffen, das Bad von innen zu besuchen: Von hier aus kann man durch die Fenster einen Blick erhaschen auf den Hof mit den Schwimmbecken. Und noch eine technische Information: Wer die Anlage in den Abendstunden besuchen will, sollte den Hintereingang benutzen, denn nur von dort gelangt man zu den Umkleideräumen, die erst ganz am Ende geschlossen werden. Die Kabinen, die man über den Vorder- und den Seiteneingang erreicht, müssen bis 19 oder 20 Uhr geräumt werden. Ansagen im Bad machen abends mehrsprachig darauf aufmerksam. Trotzdem sollte man sich schon beim Kartenkauf noch einmal vergewissern, dass man den richtigen Eingang gewählt hat, um spätere Unannehmlichkeiten zu vermeiden. Die im Gegensatz zur Pracht des gesamten Bades eher **spartanischen Umkleideräume** liegen im Untergeschoss. Neben den Schwimmbecken mit Massagedüsen und Wasserfällen, die zum Entspannen und Krafttanken bestens geeignet sind, werden auch noch einige Attraktionen geboten. So verfügt das linke Becken über eine kreisrunde Schwimmbahn, in der man von Wasserdüsen „angetrieben“ wird. Nicht nur Kinder vergnügen sich damit bestens.

Die größte Freude beim Besuch dieser Einrichtung macht aber ohne Zweifel die Atmosphäre des Bades. Man muss sich den Hof eines kleinen Palastes vorstellen und dann, dass man mitten auf diesem Hof in einem warmen Becken mit Heilwasser sitzt. Das Oval der gelben, reich verzierten und edlen Fassade umgibt die Anlage – Standfiguren, Laternen und Bäume ergänzen das Bild ebenso wie eine schöne Terrasse mit Restaurant. Ein **besonderes Erlebnis** ist der Besuch des Bades **am Abend,** wenn man vom Wasser aus die einfallende Dämmerung und die Beleuchtung des Hofes erlebt.

Eine Pracht – das Széchenyi-Bad

Zoo und feine Restaurants

Gleich gegenüber dem Hintereingang des Széchenyi-Bades, an der Straße Állatkerti körút, liegen ein kleiner Vergnügungspark und Zirkus (Nagycirkusz) und daneben der **Budapester Zoo mit Botanischem Garten** (Fövárosi Állat-és Növénykert, Állatkerti körút 6–12, geöffnet Mai bis August Mo bis Do 9–18.30 Uhr, Fr bis So 9–19 Uhr, April u. Sept. Mo bis Do 9–17.30 Uhr, Fr bis So 9–18 Uhr, März u. Okt. Mo bis Do 9–17 Uhr, Fr bis So 9–17.30 Uhr, Jan., Febr., Nov., Dez. tägl. 9–16 Uhr, Eintritt 1850 HUF, Kinder unter 14 Jahren 1290 HUF, Familie mit 2 Erw. u. 2 Kindern 5290 HUF, jedes weitere Kind 890 HUF, www.zoobudapest.com). Es gibt auf dem großen Gelände viele exotische und heimische Tierarten zu bestaunen. Am meisten Aufmerksamkeit ziehen auf sich: Nashorn, Elefant, Tiger, Kamel, Affe, Giraffe, Schwarzbär, Eisbär, Pandabär, Pinguin, Löwe, Känguru, Gorilla, Zebra, Wolf und verschiedene Schlangen. Der Tiergarten entstand bereits 1866 und **gehört** somit **zu den ältesten Europas.** Die Stadt übernahm ihn um die Zeit der Millenniumsfeiern und betreibt ihn seither. Auffällig ist das im Stil eines orientalischen Palastes errichtete Elefantenhaus mit Aussichtsplattform oben im Turm. Für Kinder wurde ein Streichelzoo eingerichtet. Die Kleinen können sich auch auf einem großen Spielplatz austoben. Traditionelle ungarische Nutztiere werden in einem eigenen Gebiet präsentiert. Ein Palmenhaus und ein großes Aquarium komplettieren das Angebot.

Der **Botanische Garten** bietet einen zusätzlichen Anreiz zum Zoobesuch. Zwischen den Hunderten von erläuterten Pflanzenarten lässt sich ein idyllisches Päuschen einlegen, und die bisherigen Eindrücke der Millionenstadt Budapest können Revue passieren.

Im Sommer – meist zwischen Anfang Juli und Mitte August – werden an Mittwochabenden **Konzerte** auf dem Gelände des Zoos gespielt. Wer etwas früher kommt, kann vor Beginn noch durch den Park spazieren.

Viele Menschen schauen auf zoologische Gärten mit zwiespältigen Gefühlen, weil die Tiere oft auf engem Raum eingesperrt sind. Natürlich leben sie auch im Budapester Zoo nicht in Freiheit. Man hat aber doch das Gefühl, dass ihnen hier ein etwas größeres und auch ein wenig natürlicheres Lebensumfeld geboten wird als an manch anderen Orten.

In Blickweite von Zoo, Széchenyi-Bad und Heldenplatz residiert das berühmte **Restaurant Gundel,** das – natürlich – zum Ende des 19. Jahrhunderts eröffnet wurde. *Gundel Károly (Karl Gundel),* der Gründer des Lokals, erfand die süßeste ungarische Spezialität, „gundel palacsinta", Pfannkuchen mit Schokoladensauce und Walnussfüllung (mehr zu dem Lokal unten unter „Praktische Tipps"). Sehr bezahlbar in diesem eher teuren Restaurant sind übrigens die Tagesmenüs.

Gleich nebenan konkurriert ein weiteres Lokal um die Kunden: **Bagolyvár.** Auch sehr hübsch, mit guter ungarischer Küche und etwas günstiger.

Kogarthaus

Ein Wegweiser verrät es: Vom Heldenplatz sind es 2,5 Kilometer auf der Andrássy út bis zum Zentrum. Doch ein Spaziergang lohnt sich allemal – besonders wenn man die unter der Straße verlaufende Metrolinie 1 schon kennengelernt hat. Weitere hübsche Cafés und Restaurants und gepflegte Villen säumen den Boulevard. Und je weiter man geht, desto kleiner wird die Millenniumssäule auf dem Heldenplatz. Doch zu sehen ist sie die ganze Zeit.

Im gepflegten **Restaurant Kogart** auf der rechten Straßenseite lässt es sich nicht nur essen, sondern unter demselben Dach wird auch eine **Ausstellung moderner bildender Kunst** gezeigt (KOGART Ház, Andrássy út 112, geöffnet Mo bis Sa 10–17 Uhr, So 10–20 Uhr, Eintritt 1500 HUF, wechselnde Ausstellungen, aktuelle Informationen unter www.kogart.hu). Die weiße Villa existiert bereits seit über einem Jahrhundert und beherbergte schon Privatleute, die Rote Armee, einen Künstlerclub und eine berühmte Gaststätte. Erst im Jahr 2003 gründete der heutige Besitzer *Gábor Kovács* eine Stiftung zur Förderung zeitgenössischer Künstler. Kogart hat sich seither einen durchaus guten Namen gemacht.

Die Fassade und die wichtigsten Innenräume des Hauses wurden übrigens von *Ignác Alpár* mitgestaltet, demselben Mann, der die Nationalbank, die Börse und das Schloss im Stadtpark gebaut hat.

Die Andrássy út überquert dann den kleinen Platz **Kodály körönd** mit vier einander gegenüber aufgestellten Statuen von Helden aus dem Kampf gegen die Türken: *György Szondi, Miklós Zrínyi, Bálint Balassy* und *János Bottyán,* der im Volksmund *Vak Bottyán* („der blinde Bottyán") genannt wird.

Die Villen weichen nun nach und nach nicht minder schönen größeren Gebäuden. Es folgt der bereits beschriebene Platz Oktogon mit seinem regen Nachtleben.

Roosevelt tér und Stephans-Basilika

Vom Opernhaus an der Andrássy út sind es nur ein paar Straßenzüge bis zu dem außer der Matthiaskirche auf dem Burgberg wahrscheinlich spektakulärsten Gotteshaus der Stadt, der Stephans-Basilika. Am schönsten erreicht man sie allerdings nicht von der Oper, sondern von der Kettenbrücke über die Donau. Die Brücke mündet in den nach dem amerikanischen Präsidenten benannten **Roosevelt tér** mit seinen feinen Restaurants – etwa dem Esslokal des Hotels Four Seasons (ein schönes Beispiel ungarischer Sezession) – und mit dem massiven Bauwerk der **Akademie der Wissenschaften** auf der rechten Seite (Roosevelt tér 9; wem das Gebäude gefällt, sollte es sich auch einmal von innen anschauen, am besten im Rahmen eines Besuchs der Kunstausstellung im dritten Stockwerk, geöffnet Mo bis Fr 11–16 Uhr, www.mta.hu). Geht man ziemlich geradeaus über den Platz, so gelangt man in die für den Autoverkehr geschlossene, kleine Zrínyi utca, die wiederum direkt auf die Basilika zuführt. So auf die prächtige Kirche zuzugehen, ist ein ganz besonderes Erlebnis, weil die hohen, schönen, restaurierten Gebäude der engen Straße eine steile Flucht zur Basilika bilden. Zu sehen ist nur ihr Mittelteil mit Hauptportal und Turm.

Kurios ist die Figur kurz vor Ende der Zrínyi utca, die aussieht wie Kaiser *Wilhelm,* mit rundem Bauch und Pickelhaube.

Erst jetzt mündet das elegante Sträßchen in den **großen Platz Szent István tér** und öffnet den Blick auf das majestätische Bauwerk der **Stephans-Basilika** (Szent István-bazilika) mit ihren zwei schlanken Türmchen an beiden Seiten und dem Hauptturm in der Mitte. Einziger Wermutstropfen ist der schmucklose Schuhkarton von einem Haus aus der Nachkriegszeit auf der linken Seite des Platzes. Der Platz ist leer – kein Brunnen, keine Grünfläche. Nichts lenkt hier vom Hauptobjekt ab. Die kleine Fußgängerzone ist übrigens erst 2002 eingerichtet worden. Ein Jahr später wurde dann auch die Kirchenfassade restauriert. Der Bau, der manchmal auch als Kathedrale bezeichnet wird, ist noch relativ jung: Erst 1905, noch zur Blütezeit der österreichisch-ungarischen Monarchie, wurde die Kirche den Gläubigen und der Öffentlichkeit übergeben. Es war das Ende einer sehr langen und tragischen Planungs- und Bauphase, die insgesamt über ein halbes Jahrhundert andauerte. Das schlimmste Unglück passierte 1868, als die riesige Kuppel vollkommen einstürzte und der Bau von vorn begonnen werden musste. Es ist bis heute das größte Gotteshaus Budapests. Über dem Portal prangt in goldenen Lettern der Leitspruch: „Ego sum via, veritas et vita" („Ich bin der Weg, die Wahrheit und das Leben"). Das wichtigste und wertvollste Ausstellungsstück im Inneren des klassizistischen Sakralgebäudes ist eine sehr ungewöhnliche **Reliquie:** die **mumifizierte Hand des Staatsgründers** und ersten Königs von Ungarn, des heiligen *Stephan,* nach dem die Kirche benannt wurde. Am Namenstag *Stephans,* dem zu seinen Ehren eingerichteten ungarischen Nationalfeiertag am 20. August, wird die Hand jedes Jahr in einem festlichen Umzug durch die Stadt getragen.

Die Kirche ist 96 Meter hoch – und hat damit genau die gleiche maximale Höhe wie der nicht allzu weit entfernte Parlamentskomplex. Ob am Anfang oder am Ende der Kirchenbesichtigung: Ein Gang auf den Südturm ist obligatorisch, denn von oben bietet sich der **beste Blick von der Pester Seite auf Budapest** (geöffnet nur April bis Oktober Mo bis Sa 10–18 Uhr, Eintritt 500 HUF). Per Fahrstuhl und dann die letzten Stufen zu Fuß (man kann auch den ganzen Weg auf Treppen bewältigen) gelangt man zur Aussichtsplattform direkt unter der Turmspitze. Der Blick in alle Richtungen ist einmalig: auf die Kettenbrücke, den Budaer Burgberg und die Budaer Berge weiter im Hintergrund; auf die Basilika selbst mit ihren zwei weiteren Türmen und ihrem Vorplatz; auf die Fußgängerzone von Pest, auf Börse, Nationalbank und auf das Staatliche Schatzamt mit seinem bunt glänzenden, schmuckvollen Dach; auf den er-

Die Stephans-Basilika

staunlichen Parlamentskomplex, der über seiner Umgebung zu thronen scheint; auf das Stadtwäldchen mit Széchenyi-Bad und Schloss und auf den Gellértberg mit der alles überragenden Freiheitsstatue. Für den Gang auf den Kirchturm sollte man auf keinen Fall ein Fernglas oder einen Fotoapparat mit starkem Zoom vergessen.

Der Kirchenbesuch selbst ist zurzeit noch kostenlos, sogar Fotografieren ist ohne Weiteres erlaubt (die Kirche ist in der Regel tägl. 7–17 Uhr geöffnet). Nur der Eintritt in die Schatzkammer kostet extra (geöffnet tägl. 9–17 Uhr, im Winterhalbjahr 10–16 Uhr). Besonders faszinierend sind der **Altar mit der leuchtenden Christus-Figur** und die atemberaubende Kuppel, durch deren Fenster das Licht in das Hauptschiff der Kirche flutet. Das an Marmorwänden, Goldverzierungen, Skulpturen und biblischen Malereien reiche Innere der Basilika besticht aber vor allem durch seine **schiere Größe und Erhabenheit.** Die Basilika ist eine der größten Kirchen der Welt und vermittelt auch genau diesen Eindruck. Angesichts solcher Ausmaße wirkt die Orgel recht bescheiden. Dies mindert jedoch nicht das Erlebnis eines Orgelkonzerts mit einzigartiger Akustik (Konzerte in der Regel von Juli bis Okt. Mo 19 Uhr, die Zeiten können abweichen). Die erwähnte rechte Hand König *Stephans* wird in einer der Kapellen in einem kleinen Reliquienbehälter aufbewahrt.

ung017 Foto: mk

ung018 Foto: mk

Kettenbrücke

Die klassizistische Donaubrücke, die den Clark Ádám tér unterhalb der Budaer Burg mit dem Roosevelt tér auf Pester Seite verbindet, wird wegen ihres Baumaterials Kettenbrücke genannt und auf Ungarisch Széchenyi Lánchíd, zu Ehren des Wegbereiters der Revolution aus dem 19. Jahrhundert, *István Széchenyi,* der unter anderem auch dem Heilbad im Stadtpark seinen Namen gab. Die Brücke gilt als die spektakulärste und schönste, ist aber auf jeden Fall die **älteste der Budapester Brücken.** *István Széchenyi* konzipierte sie in seiner Amtszeit vor der Revolution 1848 tatsächlich, eingeweiht wurde sie aber in einer bösen Ironie der Geschichte von den österreichischen Besatzern nach der Niederschlagung des Aufstands. Getragen wird die Hängebrücke von zwei mächtigen, fast wie Stadttore aussehenden Steinkonstruktionen, durch welche die namensgebenden Eisenketten verlaufen. Große Löwenfiguren „bewachen" das Bauwerk und vielleicht auch die dahinter liegende Stadt. Im Dunkeln ist diese auch für den Autoverkehr geöffnete Brücke besonders spektakulär beleuchtet.

Die Kettenbrücke – wohl die schönste Donaubrücke Budapests

Parlament

Mit einem kleinen Spaziergang vom Ende der Kettenbrücke nach links oder beispielsweise per Metrolinie 2 (Haltestelle Kossuth Lajos tér) ist das Parlamentsgebäude zu erreichen, das in den meisten Darstellungen Budapests als **Wahrzeichen der Stadt** präsentiert wird. Dies liegt sicher vor allem an den **monumentalen Ausmaßen** des Gebäudekomplexes und daran, dass es mit seiner Lage direkt am Donauufer aus so vielen verschiedenen Perspektiven gut sichtbar ist – besonders wenn man es von einer der Donaubrücken oder von der Budaer Seite aus betrachtet. Die nackten Zahlen unterstreichen die Ausmaße dieses Bauwerks: 268 Meter Länge, der Hauptturm 96 Meter hoch, 691 Säle und Räume im Inneren, 40 Millionen beim Bau verwendete Ziegelsteine. Der Architekt *Imre Steindl* war für das Großprojekt verantwortlich, er ließ sich angeblich vom Londoner Westminster inspirieren, als er in den 1880er Jahren den Auftrag bekam, der ungarischen Nation „endlich ein Haus" zu geben. Ein Teil des Gebäudes im nördlichen Abschnitt wird, seitdem gegen Kriegsende die zweite Parlamentskammer abgeschafft und nicht wieder eingeführt wurde, anderweitig verwendet, etwa für internationale Konferenzen.

Ein **Rundgang von außen** um das Parlament ist deswegen schwierig, weil es zur Donau hin direkt an der großen Autostraße liegt. An den drei anderen Seiten des Ensembles kann aber jeder in Ruhe entlangspazieren und die 16 Statuen großer Herrscher der ungarischen Geschichte betrachten, welche die Außenwände säumen.

Organisierte Touren durch Budapest enthalten oft die **Besichtigung** des Parlaments. Sonst gestaltet sich der Besuch der Innenräume etwas schwieriger – evtl. wird man am Eingang sogar abgewiesen, weil das Parlament gerade Sitzung hat oder weil das knappe Besucherkontingent schon ausgeschöpft ist. Besichtigungswillige müssen jedenfalls zum Eingangstor mit der römischen Ziffer X gehen (wo in der Regel auch schon andere Touristengruppen stehen), denn woanders werden sie vom Wachpersonal mehr oder weniger entschieden angehalten. Deutschsprachige **Führungen** werden täglich (wenn eine Parlamentssitzung oder eine internationale Konferenz es nicht verhindern) um 11 und 15 Uhr veranstaltet, englischsprachige um 10, 12 und 14 Uhr. Eintrittskarten, für EU-Bürger kostenlos, gibt es bei besagtem Tor Nr. X.

Kossuth tér und Ethnografisches Museum

Der nach dem von den Ungarn am meisten verehrten Freiheitskämpfer *Lajos Kossuth* benannte Platz **Kossuth tér** liegt nicht zufällig gleich in Nachbarschaft des Parlaments. Am Ende des kleinen grünen Platzes weist der steinerne Kossuth auf einem hohen Sockel stehend der ungarischen Nation den Weg.

Am Platz ist auch das wichtige und große **Ethnografische Museum** be-

ung019 Foto: mk

Die monumentale Kuppel des Parlamentsgebäudes

Budapest

heimatet (Néprajzi Múzeum, Kossuth tér 12, Tel. (1) 4732400, geöffnet Jan., Feb., Nov., Dez. tägl. 10–16 Uhr, März bis Okt. tägl. 10–18 Uhr, Mo Ruhetag, Eintritt 800 HUF, Fototicket 300 HUF, Videoticket 1000 HUF, deutschsprachige Führungen für Gruppen über 25 Personen nach Voranmeldung, www.neprajz.hu). Das in gleich mehreren Stilen entstandene Gebäude (Renaissance, Barock, Klassizismus), das im 19. Jahrhundert zuerst als Justizministerium diente, enthält fast 200.000 Ausstellungsstücke zur Völkergeschichte, die eindeutige Mehrheit davon über Ungarn. Hier lässt sich die Entwicklung des ungarischen Volkes nicht anhand von Herrschern, Kriegen und großer Politik, sondern vor allem über Kultur, Gesellschaft und Menschen verfolgen. Deswegen auch die prominente Lage gegenüber dem Parlament: Das Museum besitzt für die Ungarn selbst eine besondere Bedeutung, denn hier wird ihre Geschichte als Volk erzählt. Hinzu kommen Wechselausstellungen auch mit internationalen Themen. Man sollte sich nicht vom eher trüben Eingangsbereich des Museums abschrecken lassen, denn die Innenräume zeigen sich sehr hübsch mit Treppenfluchten, Säulen, Marmorwänden und Stuckornamenten.

Nagy-Brücke, Freiheitsplatz und Nationalbank

Gleich gegenüber dem Parlament und dem Kossuth tér beherbergt das kleine dreieckige Plätzchen Vértanúk tere eine Besonderheit, nämlich die **kleine gusseiserne Brücke mit der Steinfigur des Imre Nagy** darauf, der elegant mit Mantel und Hut bekleidet wie beiläufig auf das Parlament blickt. Dieses unprätentiöse, aber dennoch bewegende Denkmal ist eine schöne Geste der Budapester für den Professor, der nach dem Krieg zunächst die Kommunistische Partei mit führte, sich dann aber von der offiziellen Marschrichtung absetzte und rund um den Volksaufstand 1956 demokratische und liberale Reformen durchsetzen wollte. Er bezahlte schließlich mit seinem Leben dafür. Jeder Passant kann auf der gebogenen Brücke, die eigentlich über nichts führt, an *Nagy* vorbeischreiten, doch Vorsicht: Sie ist steil und rutschig. Der Name „Nagy" wird übrigens ungefähr wie „Nodj" ausgesprochen, mit einem o wie in „Wolle".

Schöne **restaurierte Hausfassaden** erfreuen in dieser Gegend den Betrachter. Die Vécsey utca landet nach wenigen Metern vom Vértanúk tere am deutlich größeren **Freiheitsplatz** (Szabadság tér), der fast die Form eines Fußballfeldes einnimmt, allerdings ohne die „Südkurve". Diese grüne Oase mitten in Budapest wird sehr gern von den Städtern für einen Spaziergang mit Kindern und Hunden oder für eine Ruhepause auf einer der vielen Parkbänke genutzt. Kein Wunder, denn rundherum bietet sich ein Ausblick auf viele Gebäude mit prächtigem Äußeren, darunter die **Budapester Börse** und die **Ungarische Nationalbank** (Magyar Nemzeti Bank, Szabadság tér 8–9, dreimal pro Woche Führungen auf Englisch und Deutsch:

Di 14 Uhr, Mi 12 Uhr, Fr 14 Uhr, Anmeldung unter Tel. (1) 4282752, www.mnb.hu). Im Besucherzentrum werden kleine Ausstellungen, etwa zur Geschichte der ungarischen Währung, gezeigt (geöffnet tägl. 9–16 Uhr, Eintritt frei). Fotografieren innerhalb des Gebäudes ist untersagt.

Margaretheninsel

Die lang gezogene Landzunge namens **Margitsziget mitten in der Donau** ist eine äußerst sympathische Ergänzung zu den Attraktionen der beiden großen Stadtteile Buda und Pest. Die Margaretheninsel zeichnet sich besonders aus durch **große Grünflächen** und durch eine echte Besonderheit: eine **Laufbahn für Jogger,** die immer am Ufer entlang rundherum führt. Einige Lokale, zwei größere Hotels, ein Schwimmbad, einige Kirchenruinen und ein Turm ergänzen das Bild.

Die Insel liegt zwischen zwei Donaubrücken, die zentrumsnahe von beiden heißt **Margarethenbrücke** (Margit híd) und startet auf der Pester Seite nur ein kleines Stück oberhalb des Parlamentsgebäudes. Es empfiehlt sich unbedingt, das Auto stehen zu lassen und **zu Fuß bzw. mit der Straßenbahn** die Insel zu erreichen. Von der Haltestelle mitten auf der Brücke führt der Weg direkt auf die Insel. Autofahrer haben nur begrenzt Zufahrt und müssen sich beim Passieren der Schranke ausweisen. Der **Bus Nr. 26** verkehrt regelmäßig (bis zu fünfmal pro Stunde) von einem Inselende zum anderen und zurück, die normalen Fahrkarten für die öffentlichen Verkehrsmittel in Budapest gelten auch hier. So kann man zum Beispiel in einer Richtung spazieren und dann per Bus zurückkehren. Auf großen **Liegewiesen** erholen sich Budapester und Touristen gleichermaßen, gerade im Sommer werden auch Konzerte oder Feste veranstaltet, zum Beispiel für Kinder. Picknicken, Ballspiele, Tai-Chi-Übungen – der Erholung sind keine Grenzen gesetzt. In einem **Mini-Zoo** leben vor allem einige Vogelarten wie Bussard, Störche und Enten.

Interessant ist die **Ruine des Dominikanerklosters.** Allerdings ist von dem einst der heiligen *Margarethe* gewidmeten Bauwerk kaum mehr als der Grundriss mit wenige Meter hohen Mauern übrig geblieben. Am Eingang wurde eine Mauer mit einer kleinen **Aussichtsplattform** eingerichtet, von der die Ruine überblickt werden kann. Am meisten Freude haben hier wahrscheinlich Kinder, die zwischen den Mauern Verstecken spielen können.

Eine richtig hohe Aussichtsterrasse bietet dagegen der **Wasserturm** (Kilátó Galéria, geöffnet tägl. 11–19 Uhr), in dem auch ein **einfaches Restaurant** betrieben wird (Margit Étterem, geöffnet tägl. ab 11 Uhr, die Schließzeiten variieren). Der Turm, der ein wenig aussieht wie eine steingewordene Weltraumrakete, kommt nicht gerade als Schönheit daher, und der Blick von oben ist auch nur durch Fenster möglich, aber Freunde interessanter Panoramen werden dennoch ihren Spaß haben.

Auf der rechten Seite des Weges taucht in der Nähe des Turms eine kleine und niedrige, idyllisch im Grünen gelegene romanische Steinkirche auf: Die **St.-Michael-Probsteikirche** stammt ursprünglich aus dem 12. Jahrhundert. Was heute zu sehen ist, wurde allerdings erst 1931 erbaut, denn dem Angriff der Türken im 16. Jahrhundert fiel das originale Bauwerk zum Opfer. Erst fast 400 Jahre später wurden die Überreste des Gotteshauses wieder ausgegraben.

Zwei große Hotels bieten in direkter Nachbarschaft ihre Dienste an, beide eher der oberen Preisklasse zugehörig. Das erste, auf der rechten Seite (Grand Hotel), ist vor allem wegen seines gepflegten Restaurants und Cafés mit einer sehr schönen Terrasse im Grünen reizvoll (Restaurant Széchenyi, Frühstück 7–10 Uhr, Mittagessen 12–15 Uhr, Abendessen 19–23 Uhr). Tellergerichte, darunter einiges aus der ungarischen Küche, werden ab ca. 3000 HUF angeboten, können aber auch durchaus 6000 HUF kosten (mehr zu Hotel und Restaurant unter „Praktische Tipps").

Das zweite Hotel mit großem Parkplatz wirkt architektonisch gelinde gesagt wenig anziehend, ist aber innen gepflegt. Hier ist auch der Eingang des **Margaretheninsel-Heilbads.**

Wenige Schritte weiter folgt die nächste Überraschung: ein **kleiner japanischer Garten** mit hübschem Teich, einer kleinen Felswand samt Wasserfall und einigen Bänken zum Erholen. Nun ist das Ende der Insel erreicht. Vom Laufweg direkt am Ufer bietet sich ein sehr reizvoller Blick auf die Donau.

Geht man nun nahe der rechten Uferseite zurück in Richtung der Margit híd, passiert man noch ein **Freibad,** das in der Sommersaison sehr gut besucht ist. Hauptattraktion ist eine sehr lange gewundene Rutsche. Eine weitere **Kirchenruine** säumt den Weg.

Ein Stein erinnert an die Eröffnung des ungewöhnlichen Laufweges im Jahr 1993 durch den Bürgermeister. Die Strecke wird übrigens **„Friedensmeile"** genannt und wurde ganz pathetisch zum Zwecke der Völkerverständigung und des „weltweiten Friedens durch physische Fitness" eingerichtet.

Eine letzte kleine Sehenswürdigkeit ist die **südliche Spitze der Insel.** Man steht unter der Zubringerbrücke, die von der **Margarethenbrücke** auf die Insel führt, was eine interessante Perspektive ergibt. Von der Margit híd selbst, am besten von der dem Eiland gegenüberliegenden Straßenseite, bietet sich auch ein **großartiger Blick** auf das Parlament zur Linken und den Budaer Burgberg zur Rechten sowie auf die – abends stimmungsvoll beleuchtete – Kettenbrücke in der Mitte. Auch Parlament und Burg werden natürlich schön illuminiert.

Aquincum

Wo einst Budapest geboren wurde, herrschen heute leider hässliche Plattenbausiedlungen und eine mehrspurige Hauptverkehrsstraße vor: in **Óbuda,** neben Pest und Buda der dritte

ung020 Foto: mk

große Stadtteil Budapests. Die **ältesten Zeugen einer Besiedlung** stammen **von den Römern,** die hier unter dem Namen Aquincum einen kleinen Ort bauten, nachdem sie die Provinz Pannonien eingenommen hatten. Wen römische Ruinen faszinieren, der sollte sich auf den Weg in dieses Viertel machen - auch das ist schließlich Budapest. Aquincum ist per Bus oder am schnellsten per Vorortbahn HÉV zu erreichen (vom Batthyány tér im Zentrum). Von der großen Straße Szentendrei út aus ist das Ruinenfeld bereits bestens zu erkennen. **Viel ist freilich nicht geblieben** von den Gebäuden der früheren Siedlung, hauptsächlich Reste der Grundmauern und einige Säulen. Doch den Mangel an intakten historischen Gebäuden versuchen die Betreiber wettzumachen durch ein sehr modern und reichhaltig eingerichtetes **Museum** (Aquincumi Múzeum, geöffnet Mai bis Sept. 10–18 Uhr, zweite Aprilhälfte und Okt. 10–17 Uhr, Ruinenfeld geöffnet ab 9 Uhr, Mo geschlossen). Auf Grafiken und Abbildungen wird die Siedlung genau dargestellt, antike Fundstücke werden gezeigt, detaillierte Informationen zu Gestalt und Charakter des Castrum Aquincum geliefert. Sogar den auf der Szentendrei út passierenden Autofahrern entgeht nicht die Be-

Aquincum - römische Siedlungsreste

ung021 Foto: mk

sonderheit des Ortes: Auf dem kleinen Trennstreifen zwischen den zwei dreispurigen Fahrbahnen steht das **Fragment eines römischen Aquädukts.** Mehr über römische Spuren in Budapest findet sich auch im Internet unter www.aquincum.hu (auf Englisch).

Direkt neben dem Museumsgelände hat sich ein rund um die Uhr geöffnetes **Restaurant** auf ungarische Pfannkuchen (Nagyi Palacsintázója) spezialisiert.

In der Nachbarschaft liegt übrigens auch ein größeres **Einkaufszentrum.**

Regenschirmfigur in Óbuda

Óbuda Altstadt

Zwischen Aquincum und Donau, schon in Spazierweite zum Fluss, versteckt sich ganz unauffällig eine kleine Perle: die nicht allzu spektakuläre, aber doch sehr nette Altstadt von Óbuda. Leider hat sie keine besonders gute Gesellschaft: Sie wird **durchschnitten von der großen Ausfallstraße** durch den Stadtteil und zu allem Übel auch noch begrenzt von hohen, äußerst unansehnlichen Wohnblöcken. Die Hauptstraße führt auf einer großen Brücke (der Verlängerung der nahen Donaubrücke Árpád híd) über die Altstadt hinweg. Auf der mit Blick auf die Donau rechten Seite steht eine barocke Kirche mit einem kleinen Platz davor, auf dem sich die Menschen von Óbuda zum Beispiel an nationalen Feiertagen versammeln. Auf der anderen Seite der Brücke liegt die **winzige Fußgängerzone** des erhaltenen alten Stadtkerns – eigentlich nicht mehr als ein Platz namens Fő tér und zwei, drei Sträßchen. Nach den Plattenbauten und sechsspurigen Straßen wirkt das **idyllische Plätzchen** mit seinen Pflastersteinen, den Laternen im alten Stil, dem Mariendenkmal und den teilweise schon wieder schön restaurierten Hausfassaden wie aus einer anderen Welt. Über dem Eingang des alten Óbudaer Gymnasiums weht die ungarische Flagge, zu lesen ist die Jahreszahl 1878. Das rosafarbene Herrenhaus ist zwar noch nicht ganz renoviert worden, besticht aber dennoch durch seine Architektur. Das Gelb des Rathauses strahlt dagegen ziemlich frisch von der kürzlichen Runderneuerung, ebenso wie die Front des Hotels und Restaurants Postakocsi, das der oberen Preisklasse angehört. Nur die schon erwähnten grauen Wohnblöcke lauern unangenehm im Hintergrund. Gleich hinter dem Hauptplatz ziehen ungewöhnliche **Figuren mit silbernen Regenschirmen** in der Hand die Blicke auf sich.

Die **Budapest Galéria** in der Laktanya utca bietet wechselnde Ausstellungen. Die Harrer Pál utca führt zurück zum Platz und beherbergt zwei, drei **Gaststätten** mit hübschen Terrassen auf der Straße, wo jeder sitzen und das Óbudaer Leben eine Weile an sich vorbeiziehen lassen kann, das in diesem Stadtteil schon pulsierte, bevor es Buda und Pest überhaupt gab. Mehr dazu bei den „Praktischen Tipps“ zu Restaurants, Pubs und Cafés.

An der Hídfő utca 16 lädt auch die ordentliche **Konditorei** Rózsahegyi Cukrászda zu einer Pause bei Kaffee und Kuchen ein.

Von der Óbudaer Altstadt fahren **Vorortbahn** (HÉV) und **Busse** wieder in Richtung Zentrum. Die HÉV-Haltestelle heißt „Óbuda“, die Bahn fährt bis Batthyányi tér, wo es per Bus und Metro in alle Richtungen weitergeht.

Ausflug in die Budaer Berge

Einer der weniger bekannten Reize Budapests besteht in der weitgehend **unangetasteten Natur** der Berge von Buda, die nicht zu verwechseln sind mit dem Budaer Burghügel. Die Berge liegen ein wenig im Hintergrund, aber auch nur wenige Kilometer. Fährt man von der Donau nach Buda hinein, so gerät man sehr schnell auf ziemlich hügelige Straßen. Die Berge können also eigentlich gar nicht als „Umgebung“ bezeichnet werden, sondern gehören im Grunde zur Stadtbesichtigung dazu. Es gibt viele Wege in die Berge, unter anderem mit Mountainbike (normale Fahrräder reichen da kaum noch) oder auch zu Fuß. Die schönste – oder zumindest vergnüglichste – Variante ist aber eine Kombination dreier völlig verschiedener, ganz besonderer Bahnen: **Zahnrad-,**

ung022 Foto: mk

Mit der Zahnradbahn in die Budaer Berge

Kinder- und Seilbahn. Und das Allerbeste: Diese Tour lässt sich recht leicht als Rundweg gestalten.

Los geht es nahe dem **Moszkva tér.** Der Moskauer Platz ist mit der Metro bestens zu erreichen (nur eine Station vom Batthyányi tér und zwei Stationen vom Parlament mit der Linie 2 entfernt). Dieser eigentümliche Platz ist rundherum von Straßen umgeben, die zu allem Überfluss auch noch rauf und runter, kreuz und quer verlaufen, sodass trotz Stadtplan zunächst Orientierungslosigkeit herrscht. Die Faustregel lautet: Wenn man von der Metrostation auf den Moszkva tér hinausgeht, muss man sich in Fahrtrichtung der Metro halten und kommt dann zu der Stelle, wo die große Straße Szilágyi Erzsébet fasor beginnt. Links verläuft parallel zu dieser Straße eine kleine Grünfläche. An der Straße geht es nun entlang bis zur Station der **Zahnradbahn.** Wer weniger laufen will, kann auch ein oder zwei Haltestellen mit der Straßenbahn zur Station fahren, die man links von der Hauptstraße aber nicht verpassen sollte, denn es handelt sich nicht gerade um einen riesigen Bahnhof. Viel mehr als ein Kiosk, ein Imbiss und eine Toilette sind hier nicht zu finden. Die Station heißt **Városmajor.** Für die Bahn gelten auch die Fahrkarten, etwa die Tageskarte, des Budapester Nahverkehrs, sie trägt die Nummer 60 und verkehrt in der Regel dreimal pro Stunde, am Wochenende zwischen 9 und 20 Uhr sogar viermal. Gleich von Anfang an geht es recht steil bergauf durch hübsch gelegene Wohngebiete. Hergestellt wurde die Bahn mit ihren schlichten rot-weißen Wagen übrigens in Graz. Nur 16 Minuten dauert die „Auffahrt" in die Hügel zur Endhaltestelle **Széchenyi-hegy.**

Von der Station geht es geradeaus weiter, und nach wenigen Minuten Fußweg ist der nächste kleine Bahnhof erreicht. Auch er trägt den Namen Széchenyi-hegy, doch hier verkehrt eine völlig andere **Bahn,** denn sie wird tatsächlich **von Kindern betrieben.** Pfadfinder-Organisationen haben sie übernommen, und so wird man in den halb offenen Waggons, die durch sehr viele wilde Wälder und grüne Hügel rattern, von kleinen Mädchen und Jungs kontrolliert. Der Kartenknipser und das rot-grüne Signal, mit dem die Kleinen das Zeichen zur Abfahrt von den Bahnhöfen geben, mögen zwar etwas überdimensioniert wirken, aber Passagiere wie auch „Angestellte" scheinen definitiv Spaß an der gemeinsamen, ungewöhnlichen Reise zu haben. Die frische Luft und die grünen Landschaften tun ein Übriges. Die Bahn verkehrt mindestens einmal pro Stunde, von Széchenyi-hegy immer zur vollen Stunde (die Fahrpläne können sich ändern, Fahrpreis 450 HUF pro Person, Budapest-Fahrkarten gelten nicht, Fahrkarten gibt es am Schalter im Bahnhof, im Winterhalbjahr von Sept. bis April ist die Bahn jeweils montags nicht in Betrieb, www.gyermekvasut.hu). Wer im Bahnhof eine längere Wartezeit hat, kann sie sich beim Betrachten der topografischen Karten der Budaer Berge und mit dem Beobachten der Kinder vertreiben, die oft schon lange vor Abfahrt bereitstehen und sich auf ihre nächste Tour freuen, manchmal zur Gitarre Lieder singen oder den „Kollegen“ im ankommenden Zug salutieren. Die komplette Reise der „Kinderbahn“ dauert eine gute Dreiviertelstunde, doch für die Rundtour bleibt man nicht bis zur Endhaltestelle Hűvösvölgy sitzen, sondern muss bereits nach 25 Minuten **bei Szépjuhászné aussteigen.** Von dort führt ein **Wanderweg** steil nach oben. Die schöne Wanderung muss nicht mehr als 15 Minuten dauern, gerade bei Hitze kann man aber ganz schön schnell ins Schwitzen kommen, weshalb man den Weg lieber sehr ruhig angehen sollte. Der Pfad mündet schließlich in einen größeren Platz, an dem die nächste Bahnstation liegt: Diesmal ist es eine **Seilbahn** (in Betrieb 10–17 Uhr, Fahrpreis 700 HUF), die geradewegs wieder hinunter nach Budapest fährt.

Wer noch nicht müde ist, kann einen weiteren Abstecher machen, denn über der Station auf einem Hügel steht der **Turm,** der den höchsten Punkt der gesamten Umgebung markiert und den man also als absolute Spitze der ungarischen Hauptstadt bezeichnen kann. Eine kleine Autostraße windet sich zum Turm, während für Fußgänger eine steile Treppe durch den Wald eingerichtet wurde. Wer oben angekommen ist, sollte die paar Stufen auf den nach Königin *Elisabeth (Sisi)* benannten Turm (Erzsébet-Kilátó, geöffnet tägl. 8–20 Uhr, Aufstieg kostenlos) auch noch hinter sich bringen. Es lohnt sich, denn dann liegt dem außer Atem gekommenen Betrachter ganz Budapest im wahrsten Sinne des Wortes zu Füßen. Von der Seilbahnstation auf den Hügel dauert es vielleicht 15 Minuten, hinunter noch einmal 10 Minuten.

Die offenen Wagen der Seilbahn, die während der Betriebszeit unaufhörlich auf und ab fährt, bieten Platz für zwei Personen – ein wenig wie bei einem Skilift. Die **Abfahrt ist herrlich,** weil man aus den hohen grünen Hügeln hinabgleitet und die ganze Zeit den bestmöglichen Ausblick auf Budapest genießt, besonders auf den Komplex des Parlamentsgebäudes, der immer näher und näher rückt.

Höhlen

Eher der ungewöhnlichen Kategorie – jedenfalls für eine Millionenstadt – sind auch die beiden Höhlensysteme zuzuordnen, zumal sie erstaunlich **nah am Zentrum** liegen und per Stadtbus recht schnell zu erreichen sind. Für alle, die beide Höhlen besichtigen wollen, ist ein Fußweg zwischen ihnen ausgeschildert. In jedem Fall geht es los vom Busbahnhof am **Kolosy tér,** nahe der Donau auf der Budaer Seite, ungefähr auf halber Höhe der Margaretheninsel – zu erreichen per Spaziergang, Straßenbahn oder mit der Vorortbahn HÉV, Haltestelle Szépvölgyi út. Eine Kirche und das große japanische Restaurant Wasabi (siehe unten „Praktische Tipps“) säumen den Platz. Der Bus Nr. 65 fährt zwei- bis viermal pro Stunde zu einer der Höhlen. Es empfiehlt sich aber, den Bus Nr. 29 zu nehmen, der stündlich bis zu sechsmal verkehrt. Von der vierten Haltestelle, Szemlő-hegyi barlang, sind es nur wenige Schritte zurück zu der wie die Busstation heißenden Höhle, die behindertengerecht gestaltet wurde (geöffnet tägl. 10–16 Uhr außer Di, **Führungen** beginnen jeweils zur vollen Stunde und dauern ca. 60 Minuten, www.szemlohegyi.atw.hu). Von der ersten Höhle ist dann der Weg durch die hügeligen Wohngebiete zur zweiten Höhle ausgeschildert – in Form von Höhlensymbolen (die ungefähr aussehen wie ein Omega-Zeichen) an Bäumen und Masten und von Fußabdrücken auf dem Pflaster. Nach 15–20 Minuten ist das Ziel erreicht, wo die Führungen passenderweise jeweils zur halben Stunde beginnen (Pál-völgyi barlang, geöffnet tägl. 10–16 Uhr außer Mo, Eintritt 1000 HUF, www.pal-volgyi.atw.hu). Die Temperatur in den Höhlen beträgt 10–11 Grad, warme Kleidung ist also ratsam. Bei der Pál-völgyi-Höhle trifft man wieder auf die schon bekannte Buslinie 65, die von hier in nur knapp zehn Minuten zum Kolosy tér fährt.

Die **Pál-völgyi barlang** mit zahlreichen schönen Tropfsteinformationen ist mit 7200 Metern die längste Höhle der Budaer Berge und immerhin die drittlängste in ganz Ungarn. Das gesamte Gebiet steht seit 1944 unter strengem Naturschutz.

In der **Szemlő-hegyi barlang** sind faszinierende Kristallformationen sowie sehenswerte Tropfsteine zu bewundern. Im Gegensatz zur Pál-völgyi-Höhle, in der viele Stufen und sogar Leitern bewältigt werden müssen, ist hier eine Besichtigung ohne große Anstrengungen möglich, also auch für Kinder oder ältere Menschen.

Transport und Verkehr

Vom Flughafen in die Stadt

Zu Flugverbindungen nach Ungarn siehe das entsprechende Kapitel in „Praktische Tipps A–Z".

Die gute Nachricht: Der internationale Flughafen von Budapest (**Airport Budapest Ferihegy,** Tel. (1) 2969696, www.bud.hu/english, Website mit allen Informationen von ständig aktualisierten Ankunfts- und Abflugzeiten bis hin zu neuesten Nachrichten für Flugreisende, Hinweisen zu Parkplätzen, Zufahrt und den Einrichtungen vor Ort) liegt **nicht weit außerhalb,** nämlich nur 16 km südöstlich vom Stadtzentrum. Der Airport (internationaler Code: BUD), der mehrheitlich von der Firma Hochtief und dem ungarischen Staat kontrolliert wird, besteht seit 1950 und verfügt inzwischen über **drei Terminals** und zwei Landebahnen. Ausbaumaßnahmen sind im Gange, bis 2012 soll über eine Viertelmilliarde Euro investiert werden. In den Jahren 2007 und 2008 nutzten jeweils gut 8,5 Mio. Passagiere den Airport.

Die nicht so gute Nachricht: Die Zufahrt mit öffentlichen Verkehrsmitteln lässt noch zu wünschen übrig, auch und besonders weil Terminal 1 und die

Terminals 2a und 2b sehr weit voneinander entfernt liegen. Der **Flughafenbus 200E** bringt die Reisenden tagsüber mindestens fünfmal pro Stunde zur Metrostation Kőbánya-Kispest, ab 19 Uhr etwas seltener. Der letzte Bus verkehrt gegen Mitternacht, der erste noch vor 5 Uhr morgens. Die Fahrt von Terminal 2 zu Terminal 1 dauert mindestens zehn Minuten, von dort zur Metrostation noch einmal 15 Minuten – wenn der Bus nicht im Stau steht ... Wer seine Koffer dann die recht hässliche Metrohaltestelle hinaufgeschleppt hat, kann aufatmen: Zügig bringt die **U-Bahn** ihre zehn Stationen bis zum zentralen Deák Ferenc tér hinter sich. Die **Buslinie 93** verkehrt nur vom Terminal 1 zur Metrostation. Fahrkarten können an Automaten bei den Bushaltestellen für 300 HUF erworben werden, beim Busfahrer kosten sie 400 HUF. Mit diesen Karten kann man dann auch in die Metro umsteigen. Tageskarten gelten ebenfalls ab Flughafen.

Für Passagiere, die vom Terminal 1 in die Stadt wollen, kann die **Vorort-Eisenbahn** eine Alternative darstellen. Sie ist über eine gut sichtbare Fußgängerbrücke gegenüber dem Ausgang des Terminals zu erreichen. Fahrstühle stehen zur Verfügung, natürlich ohne Garantie, dass sie auch funktionieren. Am Bahnsteig B gibt es einen Fahrkartenautomaten (Ticket 300 HUF, dies ist kein Ticket für den Nahverkehr in Budapest!), Fahrscheine können auch

ung023 Foto: mk

im Terminal 1 bei der Touristeninformation (Tourinform) gekauft werden. Der Vorteil ist die Fahrt ins Zentrum (zum Budapester Bahnhof Nyugati) ohne Umsteigen.

Angesichts dieser nicht ganz einfachen Verhältnisse kann sich ein **Taxi** lohnen. Offizielle Taxistände vor den Terminalausgängen vermitteln das nächste freie Auto. Eine Fahrt kostet aber 240 HUF pro Kilometer, also je nach Ziel in Budapest schnell 4000 HUF und mehr. Etwas günstiger wird es mit den **Minibussen,** die ebenfalls an den Ausgängen bereitstehen: Sie kosten 3000 HUF pro Person und Richtung sowie 5000 HUF für eine Hin- und Rückfahrkarte. Zwei Personen zahlen zusammen 4500 HUF bzw. hin und zurück 8500 HUF. Diese Preise gelten für beide Terminals zu einer frei wählbaren Adresse in Budapest. Eine Fahrt zwischen Terminal 1 und 2 kostet 700 HUF. Reservierungen direkt im Terminal am Schalter von „Airport Shuttle" oder bis 24 Stunden vor Ankunft unter www.airport-shuttle.hu. Die Fahrt dauert ein wenig länger, weil meist andere Fahrgäste mit im Bus sitzen, die auch zu ihrem Wunschort gebracht werden müssen.

Mehrere Anbieter von **Mietwagen** sind in den Terminals vertreten. Neben bekannten internationalen Firmen wie Hertz, Sixt und Budget operieren hier auch die Vermieter Buchbinder (www.buchbinder-rent-a-car.de) und Regina (www.reginaauto.hu).

Im **Terminal 1** werden die Passagiere der sogenannten Budget Airlines, also der „Billigflieger", abgefertigt. In den Terminals 2a und 2b sind es die klassischen Linien wie Lufthansa, Austrian Airlines, Swiss und Malév. Das näher am Zentrum liegende Terminal 1 ist sehr klein und übersichtlich. Einige Läden, ein Bistro und eine Terrasse zum Beobachten der Flugzeuge sind vorhanden. Busse, Minibusse und Taxis fahren direkt vor den Ausgängen ab. Im Café in der ersten Etage gibt es Internet.

Das **Terminal 2b** ist ein wenig größer, aber ebenfalls ein Gebäude der kurzen Wege, einfach, aber einigermaßen modern eingerichtet. **2a** ist schon etwas altmodischer, aber verlaufen kann man sich auch hier kaum. Das gesamte Terminal 2 wird derzeit erweitert und erneuert, daher kann es hier besonders 2010 noch zu Einschränkungen kommen.

Touristeninformationen finden sich in allen Terminals.

Mit dem Auto in Budapest

Zur Anfahrt mit dem Auto nach Ungarn siehe das entsprechende Kapitel in „Praktische Tipps A–Z".

Wer auf der **Autobahn M1** aus Richtung Wien über Győr nach Budapest fährt, wird von Westen her direkt ins Stadtzentrum geführt, also von der Budaer Seite. Wer nach Pest will, muss noch die Donau überqueren. Fahrer, die aus der Slowakei einreisen, erreichen die Millionenstadt über Vác von Norden her, an der Donau entlang, und landen auf der Pester Seite. Die **Ausfallstraßen** sind mehrspurig, und der Verkehr fließt außerhalb der Stoßzeiten recht akzeptabel, ganz im Zentrum, besonders parallel zur Donau, kommt es aber immer wieder zu Staus. Die **Ausschilderung** kann allgemein als gut bezeichnet werden. Fast alle Sehenswürdigkeiten können theoretisch per Auto erreicht werden, abgesehen von der kleinen Fußgängerzone der Váci utca. Dennoch empfiehlt sich das Autofahren nur in Ausnahmefällen, denn Budapest verfügt über einen sehr guten und auch preiswerten öffentlichen Nahverkehr: mehrere Metrolinien, Busse und Straßenbahnen. Richtig verwirrend kann das Autofahren aufgrund der für Ungarn so typischen **vielen Einbahnstraßen** werden – am schlimmsten auf der Budaer Donauseite, wo ganz schnell die Hügel beginnen und man sich rasch im Gewirr steil auf- und absteigender Wohnstraßen wiederfindet.

Parken

Besonders im Zentrum der Stadt werden einige **bewachte Parkplätze** betrieben. Die Preise beginnen meist bei knapp unter 200 HUF pro Stunde, bei längeren Standzeiten auch weniger. Viele Hotels besitzen eigene Stellflächen für die Fahrzeuge ihrer Gäste. Ansonsten gilt bis außerhalb des Stadtkerns das Prinzip der **„Parkomaten“:** Man parkt, sucht den nächsten Parkautomaten, wirft Münzen ein und zieht einen Parkschein, der dann sichtbar hinter die Windschutzscheibe gelegt wird. Erst weit in den Wohnvierteln enden die gebührenpflichtigen „Parkzonen“. Die Zeiten, in denen bezahlt werden muss, variieren und sind jeweils auf Schildern angegeben. Der Stundenpreis reicht von 100 HUF bis über 400 HUF. In der engsten Innenstadt gilt zudem eine **Höchstparkdauer von zwei Stunden.** Wer nicht zahlt oder falsch parkt, muss mit einer **Sperre unter dem Reifen** rechnen, ergänzt durch ein mehrsprachiges Merkblatt. Die „Befreiung“ des Autos wird dann richtig teuer und aufwendig.

Für Pendler und von außerhalb Anreisende hat auch Budapest an einigen großen Metrostationen **P+R-Einrichtungen** geschaffen, wo man sein Auto zu relativ günstigen Bedingungen stehen lassen und dann Bus und Bahn benutzen kann.

ung024 Foto: mk

Nichts geht mehr ...

Budapest

Bahnhöfe

Zu Bahnverbindungen nach Ungarn siehe das entsprechende Kapitel in „Praktische Tipps A–Z".

Budapest besitzt drei große Bahnhöfe. Am interessantesten für Anreisende ist zunächst **Keleti pályaudvar,** oft abgekürzt als Keleti oder Keleti pu. Fast alle **internationalen Züge** halten hier. Die Metrolinie 2 führt zu ihm und besitzt eine Haltestelle gleichen Namens. Keleti war nach seiner Eröffnung Ende des 19. Jahrhunderts ein prächtiges Bauwerk, was auch heutige Besucher noch nachvollziehen können, auch wenn der Zahn der Zeit unverkennbar seine Spuren hinterlassen hat. Die elektronische Anzeigentafel mit den Abfahrtszeiten wirkt in der altmodischen Umgebung völlig deplatziert. Da passen schon eher die behelfsmäßigen Verkaufsstände mit Magazinen, die Zugänge zu den Bahnsteigen, bei denen man oft schon beim Betreten sein Ticket vorzeigen muss wie zu Großmutters Zeiten, sowie die älteren Herren, die neben den ratternden Anzeigentafeln Schach spielen. Ein Einkaufszentrum, wie es an anderen großen europäischen Bahnhöfen üblich geworden ist, sucht man hier vergebens. Einige Läden, Auskunft, Internetzugang und Cafés werden aber geboten. Die internationalen Kassen sind im Untergeschoss zu finden. Die Umgebung des Bahnhofs, besonders der Platz davor namens **Baross tér,** wird derzeit komplett umgebaut, was sicher noch einige Zeit in Anspruch nehmen wird. Der Verbindungstunnel zur Metro ist bereits völlig neu. Vom Bahnhof aus in nordwestliche Richtung führt die **Bethlen Gábor utca,** die einige Gaststätten, Cafés und Geschäfte beheimatet.

Die Straße **Rákóczi út,** die ganz aus dem Zentrum bis zum Bahnhof verläuft, ist eine breite, verkehrsreiche Allee mit einer ganzen Reihe eindrucksvoller Gebäude zu beiden Seiten.

Eine weitere wichtige Station liegt noch näher am Zentrum und ebenfalls auf der Pester Seite: **Nyugati pályaudvar.** Die Hauptstraße Szent István körút leitet den Verkehr direkt von der Margit híd, der Margarethenbrücke, dorthin. Auch Nyugati entstand in der goldenen Zeit des ungarischen Fortschritts, also Ende des 19. Jahrhunderts, und die Station verrät ebenfalls ihre einstige Pracht, auch wenn sie seit Langem auf eine grundlegende Erneuerung wartet. Die je zwei Türme zu beiden Seiten der Haupthalle lassen das Bauwerk auf den ersten Blick wie einen kleinen Palast erscheinen. In der riesigen Halle mit dem gewaltig hohen Deckengewölbe ist wie bei Keleti kein Treppensteigen nötig, denn auch Nyugati ist ein Kopfbahnhof, von dem hauptsächlich **regionale und ungarische Ziele** angefahren werden, darunter auch Terminal 1 des Flughafens. Fahrkarten können an den mehrsprachigen Ticketautomaten erworben werden. In der Umgebung des Bahnhofs tobt fast rund um die Uhr das Le-

Zurück ans Tageslicht – Rolltreppe in der Metro

ben, direkt daneben lockt das moderne **Kaufhaus West End** Kunden an.

Eher seltener braucht man den drittgrößten Bahnhof Budapests, **Déli pu,** auf der Budaer Seite, etwa einen Kilometer von der Donau entfernt zwischen Ketten- und Elisabethbrücke.

Busbahnhöfe

Wegen der guten Bahnverbindungen werden nur **wenige Reisende per Bus nach Ungarn** kommen. Auch innerhalb des Landes empfiehlt sich in der Regel der Zug. Wer aus bestimmten Gründen dennoch per Reisebus unterwegs sein will oder muss, findet den **internationalen Busbahnhof Népliget** (Üllői út 131) gut fünf Kilometer südöstlich des Pester Zentrums. Von hier geht es auch zu einigen Inlandszielen.

Nach Nordostungarn, also vor allem in die Berge, fahren die Busse von der **Station Stadion** (Hungária krt. 48–52), nach Norden zum Donauknie vom **Bahnhof Árpád híd** (Árboc u. 1–3). Mehr Informationen über alle Verbindungen gibt es bei der ungarischen Reisebusgesellschaft Volánbusz unter www.volanbusz.hu und unter Tel. (1) 3820888, besonders für Fragen zu internationalen Strecken.

Stadtbusse und -bahnen

Das Netz des öffentlichen Nahverkehrs in Budapest ist sehr eng ge-

ung025 Foto: mk

spannt und ermöglicht ein **schnelles Vorankommen** in der Hauptstadt. An erster Stelle stehen die drei Linien der U-Bahn, **Metro** genannt. Die längste Metrolinie ist die **M3,** die blaue Linie, die vom Nordosten (Újpest-Központ) über das Pester Zentrum bis recht weit in den Südosten der Stadt verkehrt. Die **M2,** die rote Linie, erreicht als einzige unter der Donau hindurch auch die Seite von Buda. An ihr liegen die Bahnhöfe Déli pu und Keleti pu, der Moszkva tér für den Ausflug per Zahnradbahn in die Budaer Berge, der Batthyány tér, wo die Vorortbahn HÉV startet, und das Parlament (Kossuth Lajos tér). Am Vörösmarty tér ganz in Donaunähe beginnt die **kürzeste Li-**

nie, die **M1,** die mit ihren kleinen Waggons durch mehrere höchst sehenswerte **Jugendstilstationen** unterhalb der repräsentativen Straße Andrássy út rattert. Während die M1 nur wenige Meter unterhalb der Straße fährt, rollen die beiden anderen Linien über weite Strecken, gerade im Zentrumsbereich, sehr tief unter der Erde. Die schier endlos scheinenden Rolltreppen sind eine Attraktion für sich. Sie bewegen sich mit für Fremde wahnsinniger Geschwindigkeit, sodass auch kaum jemand auf den Rolltreppen läuft. Die rasanten Treppen könnten bald EU-Standards zum Opfer fallen. Was aus Sicherheitsgründen verständlich ist, bedeutete aber auch: Eine Fahrt kann statt einer dann zwei oder drei Minuten dauern!

Neben den Stadt- und „Trolleybussen" (Oberleitungsbusse, ungarisch „trolibusz" oder „troli") sind noch die **Straßenbahnen** von großem Nutzen, die auch in der erweiterten Innenstadt fast überall verkehren. Am interessantesten sind die Linien Nr. 4 und 6, die im großen Kreis den gesamten Stadtkern umfahren. Allein aus dem Fenster – wenn man einen Sitzplatz ergattert – lässt sich da schon vieles bewundern. Dies gilt auch und besonders für die **Linie Nr. 2,** die an der Donau entlangfährt: Gellértberg, Burgberg, Parlament und Donau können dabei bestaunt werden.

In dem recht schnell hügelig werdenden Stadtgebiet auf der Budaer Seite ist man oft auf **Busse** angewiesen, etwa auf dem Weg zu den Höhlen oder auch auf die Spitze des Gellértberges zur Zitadelle. Die Busse haben den Nachteil, dass sie schnell voll sind und nicht selten im Stau stehen, zu Stoßzeiten im Berufsverkehr sollte man also nach Möglichkeit auf sie verzichten. Busse mit roten Nummern sind Expressbusse, die nicht an jeder Station anhalten.

Metros und Straßenbahnen verkehren von sehr früh morgens bis gegen 23 Uhr. **Nachtbusse** tragen die Nummern 901 bis 999, fahren in der Regel alle halbe Stunde und decken praktisch das gesamte Stadtgebiet ab.

Fahrkarten sollte man immer im Voraus kaufen. An vielen Straßenbahn- und Metrohaltestellen gibt es mehrsprachige Ticketautomaten, an den größeren Stationen auch Verkaufsschalter. Vom Personal kann man keine großen Fremdsprachenkenntnisse erwarten, aber einfache Wünsche auf Englisch werden meist verstanden. Fahrkarten gibt es auch an Kiosken. Für einen Tag voller Besichtigungen lohnt sich definitiv die **Tageskarte,** mit der man 24 Stunden lang unbesorgt kreuz und quer fahren kann – mit Bus, U-Bahn und Tram.

Wichtig ist es, die Tickets vor Antritt der Reise – bei Tagestickets natürlich nur einmal – an den Stempelautomaten zu **entwerten.** Bei der Metro sind diese Geräte noch vor der Fahrt per Rolltreppe zu finden, bei Bus und Bahn im Fahrzeug. Einige alte Modelle stempeln noch nicht selbst, sondern man muss die Karte hineinstecken und dann den schwarzen Teil des Gerätes zu sich ziehen, um einen Lochcode in das Ticket zu hämmern. Wegen der

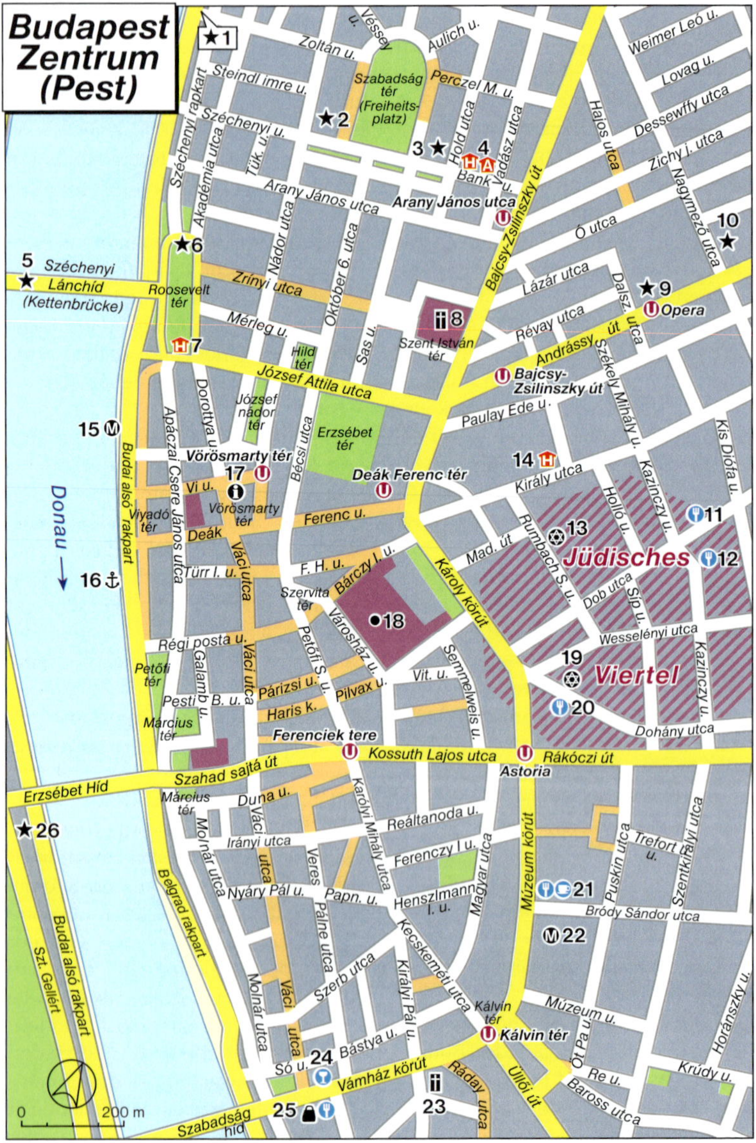
Budapest Zentrum (Pest)
1
Zoltán u.
Vécsey u.
Aulich u.
Weimer Leó u.
Lovag u.
Steindl imre u.
Szabadság tér (Freiheitsplatz)
Perczel M. u.
Széchenyi u.
2
3
Hold utca
4
Vadász utca
Hajós utca
Dessewffy utca
Zichy J. utca
Széchenyi rakpart
Akadémia utca
Tük. u.
Bank u.
Arany János utca
Arany János utca
Bajcsy-Zsilinszky út
Nagymező utca
Ó utca
10
Nádor utca
Október 6. utca
6
5
Széchenyi Lánchíd (Kettenbrücke)
Roosevelt tér
Zrínyi utca
8
Lázár utca
Dalsz. utca
9
Opera
Mérleg u.
Sas u.
Szent István tér
Révay utca
Andrássy út
7
Hild tér
József Attila utca
Bajcsy-Zsilinszky út
Székely Mihály u.
Dorottya u.
József nádor tér
Bécsi utca
Erzsébet tér
Paulay Ede u.
15
Apáczai Csere János utca
Budai alsó rakpart
Vörösmarty tér
17
Deák Ferenc tér
14
Király utca
Kis Diófa u.
Vi u.
Vörösmarty tér
Ferenc u.
Holló u.
Kazinczy u.
11
Donau
Vigadó tér
Deák
Váci utca
Mad. út
Rumbach S. u.
13
Jüdisches
12
16
Türr I. u.
F. H. u.
Bárczy I. u.
Károly körút
Szervita tér
18
Dob utca
Síp u.
Városház u.
Wesselényi utca
Régi posta u.
Petőfi S. u.
Semmelweis u.
19
Viertel
Kazinczy u.
Petőfi tér
Galamb u.
Váci utca
Párizsi u.
Vit. u.
Pilvax u.
Pesti B. u.
Haris k.
20
Március tér
Ferenciek tere
Dohány utca
Kossuth Lajos utca
Rákóczi út
Astoria
Szabad sajtó út
Erzsébet Híd
Március tér
Duna u.
Károlyi Mihály utca
Reáltanoda u.
26
Molnár utca
Irányi utca
Váci utca
Veres Pálne utca
Ferenczy I. u.
Magyar utca
Múzeum körút
Puskin utca
Trefort u.
Szentkirályi utca
Belgrád rakpart
Nyáry Pál u.
Papn. u.
Henszlmann I. u.
21
Bródy Sándor utca
Budai alsó rakpart
Szt. Gellért
22
Kecskeméti utca
Királyi Pál u.
Szerb utca
Molnár utca
Váci utca
Kálvin tér
Múzeum u.
Horánszky u.
Kálvin tér
Ötpa u.
Só u.
24
Bástya u.
Ráday utca
Üllői út
Re u.
Krúdy u.
Baross utca
Vámház körút
23
25
Szabadság híd
0
200 m

★	1	Parlament
★	2	Börse
★	3	Ungarische Nationalbank
H A	4	Boomerang Hostel & Apartments
★	5	Kettenbrücke
★	6	Akademie der Wissenschaften
H	7	Sofitel Atrium Budapest
⛪	8	Stephans-Basilika
★	9	Oper
★	10	Operettenhaus
🍴	11	Hanna (jüdisches Restaurant)
🍴	12	Carmel Glatt Kosher (jüd. Restaurant)
✡	13	Rumbach-Synagoge
H	14	Domina Inn Fiesta
M	15	Museumsschiff
⚓	16	Vigadó tér Bootsanleger
i	17	Touristeninformation
•	18	Rathaus
✡	19	Große Synagoge
🍴	20	Katapult Kávéház
🍴☕	21	Múzeum Étterem
M	22	Nationalmuseum
⛪	23	Calvinistische Kirche
🍸	24	For Sale
🛍 🍴	25	Markthalle mit Restaurant und Imbisse
★	26	Türkisches Rudas-Bad

vielen Touristen im öffentlichen Verkehr wird die Ausrede vom „ahnungslosen Ausländer" ohne gültiges Ticket kaum akzeptiert. Die Strafen sind recht hoch. Außer bei der U-Bahn muss für jede Fahrt ein neues Einzelticket entwertet werden, also bei jedem Umsteigen.

Ein **Einzelticket** kostet derzeit 320 HUF, zehn Einzelfahrkarten im Büchlein sind für 2800 HUF zu erwerben, ein Tagesticket für 1550 HUF und ein Dreitagesschein für 3850 HUF. Wer lange bleibt, kauft sich ein Wochenticket für 4600 HUF. In den Bussen und Trolleybussen kann man Einzeltickets auch direkt beim Fahrer kaufen, die kosten dann aber 400 HUF.

Alle **Informationen** zu Preisen, Verkaufsstellen, Linien und Fahrzeiten finden sich auf Englisch bei den Budapester Nahverkehrsbetrieben BKV unter www.bkv.hu/english.

Behinderte haben im öffentlichen Verkehr der Hauptstadt noch immer große Schwierigkeiten. Die Metros scheiden wegen ihrer langen Rolltreppen schon einmal aus. Einige Straßenbahnen und Busse sind aber in Niedrigflur-Bauweise konstruiert. Von Montag bis Samstag bietet die BKV auch einen Sonderservice für Behinderte an: Speziell ausgestattete Minibusse verkehren von Haus zu Haus – allerdings muss die Fahrt vorher angemeldet werden. Hierzu sollte man sich an den ungarischen Behindertenverband MEOSZ wenden (Tel. (1) 3885529, (1) 3882387 oder (1) 3882388, www.meoszinfo.hu). Am besten, man sucht hier die Unterstützung eines ungarisch sprechenden Menschen, der die Bestellung des Busses vornehmen kann, um Missverständnisse auszuschließen.

Taxis

Taxis verkehren meist mit einem Zeichen auf dem Dach. Wenn es leuchtet, ist das Taxi frei und kann herbeigerufen werden, leuchtet es nicht, hat das Taxi bereits einen Fahrgast. Doch man sollte darauf achten, dass das Fahrzeug markiert ist mit dem Namen der Taxifirma. Auch der Kilometerpreis sollte an der Scheibe oder anderswo am Auto ersichtlich sein, um böse Überraschungen zu vermeiden. Am besten ist es, ein Taxi nicht einfach auf der Straße aufzuschnappen, sondern **telefonisch** zu **bestellen** oder bestellen zu lassen, etwa vom Hotel oder vom Restaurant aus. Einige seriöse Gesellschaften sind: BudaTaxi, 6x6 Taxi, Taxi 4, Radio Taxi. City Taxi (www.citytaxi.hu, Bestellungen unter 2111-111, auch per Handy ohne Vorwahl) akzeptiert in der Regel sogar Kreditkarten und hat englischsprachige Telefonoperators. Der **Standardpreis** in Budapest beträgt rund 240 HUF pro Kilometer und 300 HUF einmalige Grundgebühr. Bei Wartezeiten werden 60 HUF pro Minute berechnet. Für Fahrten außerhalb Budapests wird der Hin- und Rückweg zugrunde gelegt, zum Flughafen gibt es Pauschalpreise.

Praktische Tipps

Information

Gleich eine ganze Reihe von Touristeninformationen sind über Budapest verteilt. Die offiziellen Infopunkte heißen wie in ganz Ungarn **Tourinform.** Die Hauptstadt-Abteilung heißt **Budapest Info.** Auf der Internetseite **www.budapestinfo.hu/de** finden sich sehr viele praktische und aktuelle Informationen in deutscher Sprache.

Hilfreich kann auch das monatlich erscheinende **Magazin „Where Budapest"** sein (www.wherebudapest.hu), das in vielen Hotels, Bürogebäuden, Touristeninformationen, in Botschaften und am Flughafen ausliegt.

Die Büros von Tourinform in Budapest:

- **Flughafen Ferihegy**
  - Terminal 1, Tel. (1) 4388080, ferihegy1@budapestinfo.hu. Geöffnet ganzjährig tägl. 9–22 Uhr.
  - Terminal 2a, Tel. (1) 4388080, ferihegy2A@budapestinfo.hu. Geöffnet ganzjährig tägl. 8–23 Uhr.
  - Terminal 2b, Tel. (1) 4388080, ferihegy2B@budapestinfo.hu. Geöffnet ganzjährig tägl. 10–22 Uhr.
- **Deák tér**
  (Zentrum, Knotenpunkt der drei Metrolinien) Sütő u. 2 am Deák tér, Tel. (1) 4388080, suto@budapestinfo.hu. Geöffnet ganzjährig tägl. 8–20 Uhr.
- **Liszt Ferenc tér**
  Liszt Ferenc tér 11 (am Platz Oktogon), Tel. (1) 3224098, liszt@budapestinfo.hu. Geöffnet Juni bis Sept. tägl. 10–18 Uhr, im Mai tägl. 12–20 Uhr, Okt. bis April Mo bis Fr 10–18 Uhr.

Bahnhof Nyugati

Stadtführungen und Ausflüge

Auskünfte und Buchungen bei den offiziellen Tourismusinformationen. Außerdem u.a.:

- **Budapest Sightseeing Tours**
Verschiedene Bus- und Schiffstouren durch Budapest, auch nach Themen geordnet („Jüdisches Budapest", „Sound of Budapest", „Trabant Tour") und organisierter Besichtigungen, etwa des Parlaments. Weitere Offerten für andere Ziele in Ungarn (Balaton, Donauknie, Puszta, „Sissi Tour"). Alle Zeiten, Preise und Informationen auf der Webseite www.sightseeingtoursbudapest.com/de.

Behinderte

Zu Kommunismuszeiten wurden Behinderte kaum in Betracht gezogen beim Bau von Straßen und Gebäuden. Dies hat sich in den letzten Jahren verbessert, lässt aber immer noch an allen Ecken und Enden zu wünschen übrig. Ein positives Beispiel ist das bei den Sehenswürdigkeiten beschriebene Nationalmuseum mit seinem Service für geh- und sehbehinderte Menschen. Unter dem Punkt „Stadtbusse und -bahnen" wird oben auch erwähnt, dass die Budapester Verkehrsbetriebe spezielle Angebote unterbreiten und auch einige Niedrigflurbusse und -bahnen in ihrer Flotte haben. Besonders bei öffentlichen Gebäuden, Hotels und Restaurants wurden schon sehr oft Rampen und ähnliche Hilfsmittel eingerichtet. Selbst Apartments in höheren Stockwerken können oft per Fahrstuhl erreicht werden (aber Vorsicht bei allzu alten Fahrstühlen, sie können schnell vorübergehend stillgelegt sein, da sollte man also Hilfe zur Hand haben). Insgesamt können sich auch Behinderte an Budapest erfreuen, **viele Attraktionen** sind **ohne Treppen und Barrieren** zu erreichen, beispielsweise der Budaer Burgberg mit Altstadt, das Parlament, das Schlösschen im Stadtpark, das National-

Budapest

ung026 Foto: mk

museum, die zahlreichen prächtigen Jugendstilgebäude, die Margaretheninsel, die Kettenbrücke und vieles mehr.

Zahlreiche **Hinweise und Ratschläge** für Budapest (darunter eine Liste und Beschreibung vieler behindertengerechter Sehenswürdigkeiten und Hotels) und auch ganz Ungarn sind auf der Website des ungarischen Behindertenverbandes MEOSZ zu finden: **www.meoszino.hu.**

Post

Die Postämter der Stadt sind in der Regel Mo bis Fr 8–18 Uhr geöffnet. Die beiden Hauptpostämter nahe den beiden großen Bahnhöfen haben längere Öffnungszeiten, am Keleti-Bahnhof sogar sonntags.

- **Teréz krt. 51** (neben dem Bahnhof Nyugati pu), Mo bis Sa 7–21 Uhr.
- **Baross tér 11** (am Bahnhof Keleti pu), Mo bis Sa 7–21 Uhr, So 8–20 Uhr.

Telefonieren

Die **Vorwahl für Budapest** ist die **1.** Wer aus dem Ausland anruft, wählt die Kennzahl für Ungarn (0036) und dann die 1, gefolgt von der Rufnummer des gewünschten Teilnehmers. Aus dem Budapester Festnetz muss nur die Rufnummer eingetippt werden, per Handy die komplette Nummer mit Vorwahl.

Die meisten öffentlichen **Telefonzellen** verlangen eine Karte, die auf Postämtern und an Kiosken zu erwerben ist, es gibt aber auch zahlreiche **Münzfernsprecher.** Allerdings sind innerhalb der EU die Gebühren für Auslandsgespräche und für das „Roaming", also das mobile Telefonieren mit dem eigenen Handy im Ausland, drastisch günstiger geworden, sodass sich die Telefonzelle kaum noch lohnt.

ung027 Foto: mk

Internetcafés

Alle möglichen Internetcafés mit allen denkbaren Öffnungszeiten sind in Budapest anzutreffen, oft auch mit der Möglichkeit, Dokumente auszudrucken. Die Preise beginnen bei ca. 100 HUF pro Stunde im Netz. Fast alle Hotels und Hostels bieten inzwischen Computer mit Anschluss ins weltweite Netz und/oder kabellosen WLAN-Zugang für den eigenen Laptop. Diese **„Hotspots"** sind auch sehr zahlreich über die ganze Stadt verteilt – viele davon kostenlos, einige gebührenpflichtig. Am häufigsten sind sie in Cafés und Restaurants. Eine schöne und sehr praktische Liste mit Stadtplan steht im Internet unter **www.hotspotter.hu/en.**

- **AMI Internet**

Váci utca 40, Tel. (1) 2671644. Internetcafé in der Hauptfußgängerstraße auf Pester Seite, geöffnet rund um die Uhr, 50 Computer.

Geld

Es ist überhaupt kein Problem, jederzeit und an jedem Ort Budapests (wie auch in ganz Ungarn) einen **Geldautomaten** zu finden, an dem man per EC-Karte (Maestro, Visa Electron) oder Kreditkarte Bares abheben kann. Die Gebühren hängen von der Hausbank und von der gewählten Bank in Budapest ab. Es kann sich eventuell lohnen, bei der Heimatbank vor Reiseantritt nachzufragen, ob sie einen Partner in Ungarn hat. Die Geldautomaten sind leicht zu bedienen, und fast immer kann man auch eine deutschsprachige Anleitung wählen. **Bargeld** von zu Hause mitzunehmen, das verloren gehen oder gestohlen werden kann, empfiehlt sich daher kaum. Wer dennoch Euros oder Franken tauschen will, hat dazu in unzähligen **Wechselstuben** der Stadt Gelegenheit, einige auch rund um die Uhr geöffnet. Es lohnt sich, zwei oder drei Wechselstuben zu vergleichen, um keinen schlechten Kurs zu erwischen. Bei Unterkünften und Restaurants/Cafés werden oft **Kreditkarten** angenommen, aber längst nicht immer, gerade in kleineren Häusern. „Nur Bargeld" ist eine in Ungarn häufig gehörte Feststellung.

Nützliche Adressen

Botschaften

- **Deutschland**
Úri utca 64–66, Tel. (auch in Notfällen) (1) 4883500, www.budapest.diplo.de.
- **Österreich**
Benczúr utca 16, Tel. (1) 4797010, www.aussenministerium.at/budapest.
- **Schweiz**
Stefánia utca 107, Tel. (1) 4607040, www.eda.admin.ch/budapest.

Kultur und Handel

- **Goethe-Institut Ungarn**
Ráday utca 58, Tel. (1) 3744070, www.goethe.de/budapest.

Schön gelegen an der Ráday utca mit ihren Jugendstilgebäuden und Villen. Das Kulturinstitut mit Zeitschriften im Leseraum ist Mo bis Do 9–19 Uhr, Fr 9–18 Uhr geöffnet. Die Bibliothek ist Di bis Do 14–19 Uhr, Fr 11–17 Uhr, Sa 10–14 Uhr zugänglich. Zeitschriften auch außerhalb der Öffnungszeiten im Eingangsbereich zum Durchlesen.

- **Österreich Institut Budapest**
Andrássy út 21, Tel. (1) 3223030, (1) 3226010, www.oesterreichinstitut.hu.

Gleich neben der Oper, hauptsächlich Sprachkurs-Angebote, aber auch deutschsprachige Zeitungen und Zeitschriften zum Lesen in der Aula sowie Organisation von Veranstaltungen und Projekten.

- **Deutsch-Ungarische Industrie- und Handelskammer**
Haus der Deutsch-Ungarischen Wirtschaft, Lövőház u. 30, Tel. (1) 3457600, www.ahkungarn.hu.

Hauptsächlich für in Ungarn aktive Unternehmen, aber auch mit vielen Informationen auf der Internetseite über die ungarische Wirtschaft und über Messen sowie Link zu einer Jobbörse für Stellensuchende.

Waschsalon

- **Irisz Szalon**
V. Városház utca 3–5, Tel. (1) 3172092. Geöffnet Mo bis Fr 7–19 Uhr, Sa 7–13 Uhr, Selbstbedienung.

Kopieren und Drucken

- **Copy General** (24 Stunden)
Kálmán Imre utca 22, nahe Nyugati, Tel. (1) 3023208, www.copygeneral.hu.

Notfälle

24-Stunden-Apotheken in Zentrumsnähe (Auswahl)

- **Aranyhorgony Gyógyszertár**
IV. Bezirk, Pozsonyi út 19.
- **Óbuda Gyógyszertár**
III. Bezirk, Vörösvári út 86.
- **Szent Margit Gyógyszertár**
II. Bezirk, Frankel Leó út 22.
- **Teréz Gyógyszertár**
VI. Bezirk, Teréz krt. 41.

Deutschsprachiger Zahnarzt

- **Jildent Clinique**
Lukács utca 3 II/9, www.jildent.hu.

Krankenhäuser

Eine umfassende Liste von Krankenhäusern mit englischsprachigen Ärzten ist auf der Webseite **www.budapestby.com/tourist_information/health.htm** zu finden. Auf Deutsch finden sich Adressen im Internet unter dem Suchbegriff „Krankenhäuser Budapest". **Zwei Kliniken** mit guter Reputation sind:

- **Szent János Korház**
Diósárok u. 1, Tel. (1) 3561112, www.janoskorhaz.hu.
- **Szent István Korház**
Nagyvárad tér 1, Tel. (1) 2152140, www.istvankorhaz.hu.

Unterkunft

Budapest ist allgemein gesprochen **kein besonders günstiges Pflaster** für Übernachtungen. Sogar Hostels können schnell relativ kostspielig werden. Insgesamt ist das Übernachtungsangebot sehr groß und in jeder Preis- und Qualitätskategorie etwas zu finden. Bezahlung mit Kreditkarte ist nicht überall möglich, gerade in kleineren Häusern ist oft Barzahlung angesagt. Eine Buchung per Internet kann sich lohnen.

Eine gute Alternative, besonders für zwei und mehr Personen und für einen mehrtägigen oder noch längeren Aufenthalt, sind die immer zahlreicher werdenden **Apartments** für Touristen, oft ganz normale Wohnungen mit Originalmöbeln aus früheren Zeiten, die der Besitzer zur Verfügung stellt. So kann man oft noch einen Eindruck gewinnen, wie normale Budapester leben. Ein gutes Angebot für die Hauptstadt enthält die Webseite www.only-apartments.com.

Zusätzliche Übernachtungsmöglichkeiten zu den hier genannten unter **www.booking.hu** und **www.budapestinfo.hu.**

Hotels (obere Preiskategorie)

- **Sofitel Atrium Budapest**

Roosevelt tér 2, Tel. (1) 2661234,
www.sofitel-budapest.com.

Rundum-Versorgung in diesem Luxushotel direkt an der Kettenbrücke mit Blick auf Donau und den Budaer Burgberg auf der anderen Seite. Zimmer mindestens 28 Quadratmeter groß. Preise ab ca. 200 Euro. Angebote und Pakete auf der Internetseite.

- **Hotel Gellért**

Szent Gellért tér 1, Tel. (1) 8895500,
www.danubiushotels.com/gellert.

Im Gebäude des legendären Gellértbades und zu Füßen des gleichnamigen Berges. Für Jugendstil- und Kurbadliebhaber ein reizvoller Luxus. Über 200 Zimmer, freier Zugang zum berühmten Bad für Gäste. Einfaches DZ mit knapp 30 Quadratmetern für ca. 170 Euro, 60-Quadratmeter-Suite für über 300 Euro.

- **Hilton Budapest**

Hess A. tér 1–3, Tel. (1) 8896600,
www.hilton.com/budapest.

Besticht durch seine einmalige Lage direkt neben der Fischerbastei und der Matthiaskirche in der Altstadt auf dem Budaer Burghügel mit Panoramablick auf Donau und Parlament. DZ ab ca. 150 Euro.

- **Grand Hotel Margitsziget**

Margitsziget (Margaretheninsel),
Tel. (1) 8894700,
www.danubiushotels.com/grandhotel.

Auf der schönen Donauinsel inmitten von viel Grün: Liegewiesen, japanischer Garten, Ruinen und der Wasserturm bieten reichlich Entspannung. Im Hotel ist ein Kurbad mit Thermalwasser, es besteht die Möglichkeit zu vielen Heil- und Spa-Behandlungen. DZ ab ca. 150 Euro.

Hotels (mittlere Preiskategorie)

- **Hotel Andrássy**

Andrássy út 111, Tel. (1) 4622100,
www.andrassyhotel.com.

Von außen gar nicht mal so spektakulär, aber in gediegener Lage zentrumsnah an der Andrássy út zwischen Oktogon und Stadtpark, dort wo die kleinen Villen stehen. Die Jugendstil-U-Bahn ist direkt vor der Tür, die Zimmer sind modern und elegant, ohne Schnickschnack. DZ von 75 bis über 100 Euro je nach Größe.

- **Cotton House**

Jókai utca 26, Tel. (1) 3542600,
www.cottonhouse.hu.

Für Nostalgiker. Einrichtung der 1920er und -30er Jahre, klein und stilvoll. Die 22 Zimmer sind nach berühmten Personen benannt, etwa *Frank Sinatra* und *Al Capone*. Badewannen mit Whirlpool, Sauna, Fitnessraum. DZ je nach Saison und Ausstattung 50 bis über 100 Euro.

- **Corvin Hotel**

Angyal utca 34, Tel. (1) 2186566,
www.corvinhotelbudapest.hu.

Ruhiges, in den 1990er Jahren eröffnetes Dreisterne-Hotel mit bewachtem Parkplatz. Gute Ausstattung, aber keinerlei Luxus. DZ 75–125 Euro, Apartment 105–130 Euro. Kinderfreundlich. Abholung von Flughafen und Bahnhof mit Minibus gegen Aufpreis. Lage nahe der Donau, nur eine Brücke südlich vom Gellértberg, 1–2 Kilometer ins Zentrum.

- **Domina Inn Fiesta**

Király utca 20, Tel. (1) 8835000, www.dominahotels.com.

Mit insgesamt 112 Räumen mittelgroßes Hotel. Modern und schick ausgestattet. Sauna, Fitnessraum. Hervorragend gelegen an der schönen Király utca mit ihren Jugendstilgebäuden und -villen. An der sehr nahen Parallelstraße Andrássy út liegen die Jugendstil-U-Bahnlinie 1, die Oper, der Platz Oktogon und am Ende der Stadtpark mit Schloss und Széchenyi-Bad. Ab ca. 90 Euro pro DZ.

Hotels und Hostels (untere Preiskategorie)

Bei allen Hotels, aber besonders bei den in dieser Kategorie vorkommenden Hostels kann sich eine **Buchung über internationale Internetseiten** wie www.hostelworld.com oder www.hostels.com preislich lohnen. Außerdem kann man sich weitere Hostels nach eigenem Bedarf herausfiltern und anfragen.

- **Easy Hotel**

Eötvös utca 25a, www.easyotel.com.

Kleine, schmucklose, funktionale und saubere Zimmer für derzeit 30 Euro pro DZ. Perfekte Lage am lebendigen Oktogon. Aber: Von der TV-Fernbedienung bis zur Gepäckaufbewahrung kostet vieles extra, was als „optional" bezeichnet wird.

- **Hostel Tiger Tims Place**

Teréz krt. 58, Buchung über www.hostelworld.com oder www.hostels.com.

Sehr beliebtes Hostel mit freundlichem Rundum-Service wie Wi-Fi auf den Zimmern, Waschmaschine, 24 Std. geöffnet. Nachtruhe ab 22 Uhr, aber das Hostel organisiert Kneipentouren durch Budapest. Im lebhaften Viertel gegenüber dem Nyugati-Bahnhof gelegen. Nur 6- oder 8-Bett-Zimmer, ab ca. 15 Euro pro Person.

- **Boomerang Hostel & Apartments**

Bank utca 7, Tel. (30) 4792971, www.boomeranghostel.com.

Recht ruhig und dabei sehr zentral nahe der Basilika gelegen. Hier gibt es neben Vierer- und Dreier- auch Doppelzimmer verschiedener Art, von ca. 20 Euro pro Person ohne Bad bis etwa 30 Euro im „Deluxe"-DZ. Internet und sonstiger Service vorhanden, eher ruhige Atmosphäre, kein Party-Hostel. Hilfreiches Personal

- **Downtown Oasis**

Károly krt. 24, 4. Etage, Tel. (20) 3943509, www.downtownoasis.net (schöne Website).

Kleines Hostel auf der Pester Seite der Donau, sehr zentral gelegen, eher ruhig und familiär, sauber, stilvoll und sehr angenehm. Das Angebot reicht von DZ (20–30 Euro pro Person) bis zu 4-Bett-Räumen (15–20 Euro pro Person).

Jugendherberge

- **Univa Youth Hostel Budapest**

Ajtósi Dürer sor 23, Tel. (1) 3840616, www.univahostel.hu.

Auf der Rückseite des Schlossparks gelegen; man gelangt durch den Park zur Metrolinie M1 (Haltestelle Hosök tere). Guter Service: Bettwäsche, Internet, Aufzug, Abholservice, Kreditkartenzahlung usw. DZ je nach Saison 6000–8000 HUF.

Camping

- **Zugligeti Niche Camping**

www.campingniche.hu

Sehr sympathischer kleiner Campingplatz im Grünen für Wohnmobile, Wohnwagen und Zelte. An der Endhaltestelle der Buslinie 291, nur 20 Busminuten vom Zentrum entfernt, direkt an der Talstation der Seilbahn, die aus den Budaer Bergen kommt (Ende der oben beschriebenen Rundfahrt mit Zahnrad-, Kinder- und Seilbahn). Einfaches Restaurant mit sehr leckerem Essen und freundlichem Personal. Gute Ausstattung (kabelloses Internet, Waschmaschine, Frühstück, Safe, Bar, Geldwechsel, Kartenzahlung usw.). Auto und Zelt je ca. 1500 HUF, Van 2500 HUF, Bus 5400 HUF, Elektrizität 1400 HUF, pro Person 1800 HUF.

Essen und Trinken

Die ungarische Küche muss sich vor keiner anderen europäischen Cuisine verstecken. Entsprechend groß ist auch das Angebot an

ung029 Foto: mk

Blick auf die Stadt von den Budaer Bergen

Restaurants mit einheimischen Speisen. Dennoch mangelt es auch nicht an anderen Lokalen, etwa chinesischen, die besonders häufig zu finden sind. Nicht verpassen sollte man das Essen in einem **„büfé“.** Unter diesem und auch anderen Namen existieren imbissartige Gaststätten, meist mit Selbstbedienung an der Theke. Aber das Essen, von der Theke oder frisch zubereitet, erhält man gemütlich sitzend an Restauranttischen. Die Offerte mag bescheiden sein, aber wer typisch ungarisch essen will, landet hier genau richtig. Die teureren, an Touristen gerichtete Lokale findet man ja ohnehin ohne Probleme. Auf jeden Fall lohnt sich neben dem gemütlichen

Sitzen in Cafés auch ab und zu der Besuch einer einfachen **„Cukrászda"** (Konditorei), die fast immer eine gute Auswahl an Kuchen und Torten sowie meist sehr ordentlichen Kaffee mit Tischen zum Verweilen anbieten. Hier ist es schwer, einzelne Läden hervorzuheben – einfach eine „Cukrászda" nach Geschmack aussuchen und hineingehen!

Die Kategorien überschneiden sich: In den meisten „Cafés" und „Pubs" gibt es auch einfaches, aber gutes Essen!

Obere Preiskategorie

- **Carmel Glatt Kosher**
Kazinczy utca 31, Tel. (1) 3424585, www.carmel.hu, geöffnet So bis Do 12–23 Uhr, Fr 12–16 Uhr, Sa 12–14 Uhr.

Koscheres Restaurant der gehobenen Klasse (Menüangebote ab 5000 HUF) im Jüdischen Viertel nahe dem Nationalmuseum, jeden Do ab 20 Uhr Live-Klezmermusik.

- **Gundel**
Állatkerti út 2, Tel. (1) 3631917, www.gundel.hu, geöffnet 12–16 und 18.30–24 Uhr.

Eines der bekanntesten und angesehensten Restaurants der Hauptstadt, vielleicht sogar des ganzen Landes, in der Nähe von Stadtpark, Heldenplatz, Zoo und Széchenyi-Bad. Mit exquisiter Ausstattung, einem sehr schönen Garten und feinen Speisen, allerdings auch zu entsprechenden Preisen: Allein die Gulaschsuppe kostet bereits ca. 2500 HUF, ein klassisches Tellergericht 5000 HUF und mehr, die „Gundel palacsinta" knapp unter 2000 HUF.

- **Wasabi Wok & Sushi Étterem**
Szépvölgyi út 15, Tel. (1) 4301056, www.wasabi.hu, geöffnet tägl. 11–23 Uhr.

Großes, sehr modern eingerichtetes japanisches Restaurant mit umfangreichem Sushi-Angebot. Am Kecske köz gelegen, wo die Busse zu den Budapester Höhlen starten. Die Preise sind recht hoch, aber an Werktagen gibt es für 4000–4500 HUF ein Mittagsmenü (bis 17 Uhr) und abends eines für 5000–5500 HUF.

Weitere Filialen von Wasabi: Alkotás utca 53 (XII. Bezirk, MOM-Park) und Podmaniczky utca 21 (nahe Nyugati-Bahnhof und Váci utca im Zentrum).

- **Restaurant Széchenyi**
Margitsziget (Margaretheninsel), Tel. (1) 8894700, www.danubiushotels.com/grandhotel, geöffnet tägl. 7–10, 12–15 und 19–23 Uhr.

In diesem zum Grand Hotel gehörenden Lokal auf der Donauinsel Margitsziget mit sehr schönem Garten gibt es hervorragende ungarische Speisen zu höheren, aber durchaus akzeptablen Preisen. Schwerpunkt auch auf gesunder („Wellness"-)Küche.

●Kogart (mit Galerie)
Andrássy út 112, Tel. (1) 3543838,
www.kogart.hu, geöffnet tägl. 10–24 Uhr.

Gediegenes Restaurant in schicker weißer Villa mit internationaler Feinschmeckerküche. Unter demselben Dach wird die unter „Sehenswertes" beschriebene Ausstellung zeitgenössischer Kunst präsentiert. Die Stiftung dafür wurde vom Besitzer des Hauses gegründet.

Mittlere Preiskategorie

●Múzeum Étterem
Múzeum krt. 12, Tel. (1) 2670375,
www.muzeumkavehaz.hu.

Café und Restaurant mit über 100-jähriger Tradition nahe dem Nationalmuseum, Tellergerichte für 3000–5000 HUF. Stilvoll und elegant.

●Hanna
Dob utca 35, Tel. (1) 3421072,
geöffnet So bis Do 7–15.30 Uhr,
Fr 7–22 Uhr, Sa 11–15.30 Uhr.

Traditionelles jüdisches Restaurant in einem von zwei Straßen zugänglichen Hof, in dem sich auch eine kleine Synagoge versteckt (siehe „Jüdisches Viertel" unter „Sehenswertes"). Einfach eingerichtet, sehr gute Küche und faire Preise.

●Bagolyvár
Állatkerti út 2, Tel. (1) 4683110,
www.bagolyvar.com.

Liegt direkt neben dem Restaurant Gundel, ist auch ziemlich schick ausgestattet, das Essen schmeckt, und die Preise sind einen Tick niedriger.

Untere Preiskategorie

●Nagyi Palacsintázója
Batthyány tér 5, Tel. (1) 2124866.

Bei „Omas Palatschinkenbude" gibt es Aberdutzende der in Ungarn so beliebten „palacsinta" – und zwar als Hauptgericht, also „salzig" bzw. „scharf" mit allen möglichen Füllungen, und als Nachspeise, also süß. Dabei ist alles sehr preisgünstig. Das Beste sind die Öffnungszeiten, nämlich rund um die Uhr. Hier, direkt an der Metrohaltestelle Batthyány tér, wo auch viele Busse, Nachtbusse und die Vorortbahnen der HÉV abfahren, ist immer etwas los, auch nachts.

Es gibt **weitere Filialen** von Nagyi Palacsintázója, etwa direkt neben den römischen Ruinen des Aquincum in Óbuda, ebenfalls nonstop geöffnet.

●Ebédlő Büfé/Kávézó
Frankel Leó út 51, geöffnet tägl.
11.30–17 Uhr, Sa, So 12–16.30 Uhr.

Kleines, einfaches und bescheidenes Lokal, aber sehr gutes Essen. Mittags kommen Einheimische, um klassische ungarische Küche zu sehr niedrigen Preisen zu erhalten. Sehr nah der Donau auf Budaer Seite, auf Höhe der Margaretheninsel ein wenig nördlich der Brücke Margit híd.

●Madárfészek/Bird's Nest
Beim Móricz Zsigmond körtér.

Gut für Frühstück. Imbisse aus aller Welt für ca. 600 HUF.

●Bombay Express
Andrássy út 44, Tel. (für Außerhaus-Bestellung) (1) 3328363,
www.bombayexpress.hu,
geöffnet tägl. 12–24 Uhr.

Fast Food einmal anders, nämlich indisch. Nahe dem Oktogon. Gerade spät am Abend der ideale Ort für eine würzige Stärkung. Mit Selbstbedienung, aber Tischen und Stühlen.

●Fakanál Étterem
In der Markthalle oben, Selbstbedienung, Sitzplätze an Tischen. Daneben weitere Stehimbisse, die noch günstiger sind, man wählt die Speisen selbst aus.

●„58-as" Kisvendéglő
Tel. (1) 2008346, www.campingniche.hu,
geöffnet 12–22 Uhr.

Das kleine, einfache und sehr leckere Restaurant auf dem Campingplatz Niche (s.o.) überzeugt mit den Klassikern Gulasch (Pörkölt) und Lángos (am besten als Tellergericht). Freundliche Atmosphäre an der Talstation der Seilbahn. Zufahrt per Bus Nr. 291 innerhalb von 20 Minuten aus dem Zentrum.

Cafés

●Ruszwurm Cukrászda
Szentháromság utca 7,
Tel. (1) 3755284, www.ruszwurm.hu.

Das traditionsreiche, bei dem Rundgang durch die Budaer Altstadt beschriebene Konditorei-Café in der Nähe von Fischerbastei und Matthiaskirche ist der Anlaufpunkt aller Süßigkeiten-Liebhaber.

- **Hősök Tere Café**

Dózsa György út 96, Tel. (1) 3541087,
www.hosokterecafe.hu,
geöffnet Mo bis Mi 9–21 Uhr,
Do bis Sa 9–22 Uhr, So 10–21 Uhr.

Sehr hübsches Café mit Sesseln und stuckverzierten Decken, direkt am Heldenplatz, in unmittelbarer Nähe zu Stadtpark, Schlösschen, Zoo und Széchenyi-Bad. Neben Kaffee und Kuchen gibt es auch Snacks wie Baguettes und Croissants.

- **Café Kara**

Andrássy út 130, Tel. (1) 2694135,
www.cafekara.hu, geöffnet tägl. 10–22 Uhr.

Gemütliches türkisches Café mit riesiger Wasserpfeife und allem Drum und Dran, nur wenige Schritte vom Heldenplatz entfernt. Leckere Vorspeisen, Sandwiches, Salate und türkische Süßigkeiten.

- **Marvelosa Kávézó**

Lánchíd utca 13, Tel. (1) 2019221,
www.marvelosa.eu.

Kleines, sehr sympathisches, schnörkelig verziertes Café und Restaurant mit einer Art Mini-Balkon über dem Eingang. Zwischen Elisabeth- und Kettenbrücke, unter dem Burgberg, nahe der Donau. Immer wechselndes, empfehlenswertes Tagesmenü für ca. 1500 HUF. Frühstück ab 10 Uhr.

Nachtleben

Bars, Pubs, Clubs, Discos – die Kategorien überschneiden sich stark. So wären eine ganze Reihe der oben genannten Restaurants auch genauso gut als Pub zu bezeichnen, in denen man einfach nur ein Bier trinken geht. Andererseits haben fast alle Clubs, Kneipen und sogar Discos in Budapest auch etwas zum Essen im Angebot.

- **Cotton Club**

Jókai utca 26, Tel. (1) 3540886,
www.cottonclub.hu.

Im Gebäude des bei „Unterkunft" beschriebenen Hotels Cotton House. Restaurant und Club im Stil der amerikanischen 1920er Jahre. Abends Live-Musik, passend zum Stil Jazz aus der ersten Hälfte des 20. Jahrhunderts. Am Wochenende wird getanzt.

- **Kis Dreher Söröző**

Kórház utca 1.

Kleiner Pub, auch mit einigen einfachen und günstigen Speisen wie etwa Tortilla, sehr gemütlich in der winzigen Fußgängerzone des Stadtteils Óbuda, direkt neben dem Hauptplatz (Fő tér).

- **Hidfő Pub**

Hidfő utca 18.

Neben dem Kis Dreher Söröző ein weiterer kleiner und netter Pub in der Fußgängerzone von Óbuda. Wein, günstiges Bier sowie deftige Speisen aller Art von Frühstück bis Abendessen.

- **For Sale**

Vámház körút 2, Tel. (1) 2670276.

Restaurant und Pub, sehr originell eingerichtet mit Tausenden an die Wände und Decken geklebten Zettelchen und Papieren, zwischen Kálvin tér und Markthalle/Szabadság-Brücke. Jeder Gast darf etwas an die Wand pinnen: Zettel, Visitenkarte, Zeichnung, es steht ihm völlig frei. Für ein entspanntes Bier am Abend, aber auch mit richtigen Speisen. Im Country-Stil mit viel Holz eingerichtet. Erdnüsse gibt es umsonst.

- **Katapult Kávéház**

Dohány utca 1A, Tel. (1) 2667226,
www.katapult.extra.hu.

Direkt gegenüber der Synagoge mit Blick auf das beleuchtete Gotteshaus. Von außen recht unscheinbar, von innen dafür bunt und gemütlich bei Kaffee, Süßspeisen, Bier, Wein und Snacks. Hier sitzen spät abends oft noch viele Gäste in entspannter Atmosphäre (auch draußen), wenn es in anderen Lokalen schon ruhig geworden ist.

- **A 38**

Tel. (1) 4643946, www.a38.hu (ungarisch),
geöffnet tägl. außer So 16–4 Uhr.

Auf einem alten ukrainischen Boot an der Nordseite der Petőfi-Brücke. Live-Konzerte verschiedener Musikrichtungen von Rock über Pop bis House – durchaus auch international szenebekannte Namen. Der Eintritt schwankt je nach Konzert zwischen 500 und 3000 HUF. Mit Esslokal.

•Underground
Teréz körút 30, Tel. (1) 3111481,
geöffnet Mo bis Mi 18–2 Uhr,
Do bis So 18–4 Uhr.

Bar und Klub in Anlehnung an den gleichnamigen Kultfilm von *Emir Kusturica,* stilisiert als Fabrik. DJs legen Funk und elektronische Musik für ein junges Publikum auf.

Homosexuelle

Die ungarische Hauptstadt ist ein durchaus weltoffener und recht liberaler Ort. Dennoch gehört im überwiegend katholischen Ungarn ein offenes Auftreten von Schwulen und Lesben noch nicht zum Straßenbild. Wer sich nicht verstecken möchte, hat zwar in aller Regel keine Unannehmlichkeiten zu befürchten, muss aber damit rechnen, die Blicke auf sich zu ziehen. Die Schwulen- und Lesben-Szene in Budapest ist in den letzten Jahren gewachsen. Einen großen und praktischen Überblick für Homosexuelle, die nach Budapest reisen, bietet die Seite **www.budapest.gayguide.net.** Hier sind schwulenfreundliche Unterkünfte, Kneipen, Clubs usw. zu finden, ebenso sonstige Informationen für Homosexuelle.

Kinos

Ein Besuch im Kino bietet sich für Filmfans an, denn die Streifen laufen fast immer im Original mit ungarischen Untertiteln. Es gibt mehrere Multiplex-Filmtheater und eine ganze Menge kleinerer, oft sehr sympathischer Kinos. Am besten einen aktuellen Veranstaltungskalender besorgen wie das Magazin „Where Budapest“, das an vielen Orten ausliegt, auch in Hotels.

•Corvin Budapest Filmpalota
Corvin köz 1, Tel. (1) 4595050,
www.corvin.hu.

Berühmter Ort aus der Revolution des Jahres 1956, wo Kämpfe stattfanden. Heute ein modernes Kino mit allen technischen Annehmlichkeiten und einer großen Auswahl der neuesten internationalen Filme. Zu erreichen u.a. per Metrolinie M3, Station Ferenc körút.

•Kultiplex
Kinizsi u. 28, Metrostation Ferenc körút,
Linie M3.

Kleines Arthouse-Kino. Hauptsächlich ist es ein Klub mit alternativer Musik, von elektronischen Klängen bis hin zu Heavy Metal.

Museen

Neben den im Text unter „Sehenswertes“ genannten Museen existieren natürlich noch eine ganze Reihe weiterer Häuser, die je nach Geschmack und Interessenlage von Belang sein können. Eine übersichtliche Zusammenstellung (auf Englisch) der wichtigsten Museen findet sich auf der Website **www.budapestinfo.hu/de/kultur/museen.** Oder einfach nach „Museen in Budapest“ suchen.

ung028 Foto: mk

Brunnen vor dem Hotel Gellért

Theater, Oper und Konzerte

Während ein Theaterbesuch sich wegen der ungarischen Sprache für ausländische Gäste nur im Ausnahmefall anbietet, lohnt sich der Besuch einer Opernaufführung oder eines Konzerts allemal.

- **Opernhaus – Magyar Állami Operaház**
Andrássy út 22, Tel. (1) 3312550, www.opera.hu.

Die schönste Art, das prächtige Budapester Opernhaus kennenzulernen, ist ohne Frage das Anschauen einer Vorstellung. Auf der Website ist das aktuelle Programm zu finden, und man kann auch Karten reservieren und kaufen, sogar mit Hilfe eines Sitzplans ganz konkrete Plätze, wenn sie zur Verfügung stehen. Die Preise sind übrigens sehr moderat: Stehplätze gibt es schon ab 400 HUF, die besten Plätze kosten über 10.000 HUF.

- **Operettenhaus – Budapesti Operettszínház**
Nagymező utca 19, Tel. (1) 4722030, www.operettszinhaz.hu.

In direkter Nähe zum Opernhaus. Die hier gespielten Operetten und Musicals bieten klassisches Musik-Entertainment. Der Schöpfer der „Csárdásfürstin", *Imre (Emmerich) Kálmán,* sitzt unten vor dem Eingang auf einer Parkbank. Auf der Internetseite auch Programm und Eintrittskarten.

- **Duna palota – Donaupalast (Donau-Symphonieorchester)**
Zrínyi utca 5.

Ein ehemaliges Kasino vom Ende des 19. Jahrhunderts ist nun die Heimstätte des Donau-Symphonieorchesters. Es werden aber auch viele Gastauftritte gezeigt.

- **Sportaréna**
Stefáni út 2, www.budapestarena.hu.

Wer die ganz großen Rockkonzerte mag, der ist hier richtig aufgehoben. Pop- und Rockstars von internationalem Kaliber treten hier vor bis zu 12.500 Zuschauern auf. Mit „Sky Bar" und Restaurant. Die Metrolinie 2 fährt direkt hin: Haltestelle Stadionok, gar nicht so weit vom Stadtpark und damit auch vom Zentrum entfernt (ca. 5 km).

Einkaufen

- **WestEnd City Center**
Váci út 1–3, Tel. (1) 2387777, www.westend.hu, Öffnungszeiten: Geschäfte Mo bis Sa 10–21 Uhr, So 10–18 Uhr, Supermarkt Mo bis Sa 8–21 Uhr, So 8–18 Uhr.

Über 400 Geschäfte finden sich in diesem neuen, modernen, blitzenden und blinkenden Konsumtempel direkt neben dem Nyugati-Bahnhof mitten in der Stadt. Hinzu kommen ein großes Kino, Restaurants und Cafés.

- **Nagy Vásárcsarnok – Große Markthalle**
Vámház körút 1–3, geöffnet Mo 6–17 Uhr, Di bis Fr 6–18 Uhr, Sa 6–14 Uhr.

Im hohen Gebäude vom Ende des 19. Jahrhunderts werden vor allem Obst, Gemüse, Fleisch, Fisch und ungarische Spezialitäten wie Salami verkauft. Eine nähere Beschreibung steht unter „Markthalle" bei „Sehenswertes". Frühmorgens sind noch nicht so viele Touristen da und die Stimmung ist authentischer.

Bücher

- **Alexandra**
Nyugati tér 7, Tel. (1) 4287077, www.alexandra.hu, geöffnet tägl. bis Mitternacht.

Ladenkette von inzwischen mindestens 15 Buchläden in Budapest, auch mit deutsch- und englischsprachigen Titeln sowie mit Reise- und Wörterbüchern, Stadtplänen usw. Das fünfstöckige Gebäude am Nyugati tér ist das größte von ihnen.

ung037 Foto: mk

Budapests Umgebung

ung041 Foto: mk

ung042 Foto: mk

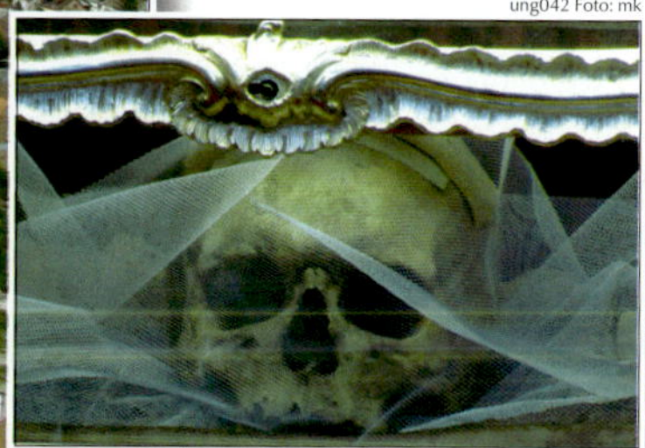

Blick über die Bischofsstadt Esztergom

Fahrradweg an der Donau

Reliquie in der Basilika von Esztergom

Einleitung

Eines der zu Recht beliebtesten Reiseziele in Ungarn sind die malerischen Landschaften und sehenswerten Städtchen gleich nördlich und dann später nordwestlich von Budapest – dort, wo die Donau einen schwungvollen Bogen westwärts vollzieht. Bekannt geworden ist diese Region daher auch als **„Donauknie“**, was sich mit einem Blick auf die Landkarte schnell erschließt. Höhepunkte dieses gut 60 Kilometer langen Abschnitts sind das pittoreske Städtchen **Szentendre** samt der dazugehörigen Insel, das mächtige Schloss von **Visegrád** sowie die schon ein wenig größere Stadt **Esztergom** an der slowakischen Grenze mit ihrer imposanten Kathedrale. Hinzu kommt eine in weiten Teilen **faszinierende Natur** mit immer wieder grandiosen Ausblicken auf den majestätischen Fluss. Auch das andere, das linke Donauufer sollte man nicht ganz verschmähen – hier finden sich einige hübsche Plätze abseits der großen Touristenströme. Ob als Tagesausflug oder längere Reise per Auto, als Fahrradtour oder mit Anreise per Bahn und Bus – das Donauknie ist nicht schwer zu erreichen und macht Freude.

Einen Tagesausflug wert – oder einen Zwischenhalt unterwegs zum Balaton – ist auch **Székesfehérvár,** die „Stadt der Könige“ (siehe Kapitel zum Balaton).

Szentendre

V/C,D1,2

Die Ortschaft mit über 20.000 Bewohnern, im Mittelalter benannt nach dem heiligen *Andreas,* lockt mit ihrer **einzigartigen Atmosphäre** jährlich gut eine Million Besucher in ihre Gassen. Viele von ihnen bleiben freilich nicht über Nacht, sondern schlendern nur für einige Zeit durch die mit Kopfsteinpflaster belegten Sträßchen. Umso wichtiger ist es für die Einheimischen, ihre Geschäfte auch auf Kurzzeitbesucher einzustellen. Daher drängen sich an der Hauptstraße die Läden mit typisch ungarischen Souvenirs dicht an dicht. Unterbrochen wird die Phalanx der Läden von Restaurants, Imbissen, Cafés sowie einigen Museen und Ausstellungen – Szentendre legt Wert darauf, nicht nur ein Magnet für Besucher aus dem In- und Ausland, sondern seit Langem auch für Künstler und Kunstliebhaber zu sein. Genügend fesselnde Motive finden Maler und Fotografen hier allemal. Stolz ist man besonders auf das Freilichtmuseum ein wenig außerhalb des Stadtrandes. Geprägt wird das heutige Stadtbild von den hübschen Bürgerhäusern im Stil der Barockzeit.

Geschichte

Dank der **günstigen Lage** zwischen den Pilis-Bergen und der Donau war Szentendre auch schon vor der Neuzeit eine Ortschaft mit gewisser Bedeutung und Ausstrahlung. Sie ist besiedelt seit der Steinzeit, zuerst von den Illyrern, dann den Kelten und schließlich den Römern, die ihr den Namen **Ulcisia Castra** (Wolfslager) und später Castra Constantia gaben. Als die Ungarn um die erste Jahrtausendwende die Region eroberten, bauten sie ihr Städtchen um den Hügel, auf dem auch heute noch die Hauptkirche ihren Platz einnimmt. Szentendre war eine wichtige Station auf dem Weg von Buda zur bedeutenden Burg von Visegrád. Im Zuge der türkischen Fremdherrschaft verließen viele Bewohner die Stadtmauern und siedelten über auf die nur ein paar Steinwürfe entfernte Szentendre-Insel. Um das Jahr 1700 eroberten die Türken Belgrad zurück. Österreich gewährte 6000 Serben daraufhin Asyl und sogar besondere Bürgerrechte in Szentendre. Weitere **Flüchtlinge und Auswanderer** aus Serbien, Bosnien, Dalmatien und Griechenland folgten und siedelten sich dauerhaft an. Bis heute sieht man der Stadt diese **ethnische Vielfalt** an – nicht nur in Gestalt der verschiedenen Restaurants, sondern auch vieler Gebäude wie der serbisch-orthodoxen Kirche. Erst im 20. Jahrhundert stellten die Ungarn wieder die Mehrheit.

Mit dem Barock kam die **Blütezeit Szentendres.** Es wurde gebaut, gehandelt und produziert. Ende des 19. Jahrhunderts begann die Bahn regelmäßig nach Budapest zu verkehren – ein weiterer Meilenstein für das kleine Städtchen. Neben einigen in der Zeit des Kommunismus eröffneten Fabriken waren es also vor allem Händler, Handwerker und Künstler, die Szentendre ausmachten. Erst ganz spät, in den 1970er und 1980er Jahren, kam der **Tourismus** hinzu, der heute entscheidend zum Wohlstand des Ortes beiträgt.

Sehenswertes

Wenn das Wetter es nur einigermaßen erlaubt, dann sind **Innenstadtstraßen** wie die Bogdányi utca, Angyal utca, Bartók Béla utca und der engste Ortskern rund um den Hauptplatz Fő tér auf beiden Seiten belegt mit Ständern voller traditioneller ungarischer Kleidung, den typischen Paprikasäckchen samt Holzlöffel oder Keramik, Malereien und Spirituosen wie Pálinka und Unicum. Die Preise liegen in der Regel zwar auf touristischem Niveau, von Abzocke oder Preistreiberei kann in den meisten Läden allerdings nicht die Rede sein. Die Geschäfte scheinen sich untereinander abzustimmen, die Preise ähneln sich in der Mehrzahl. Tische von Lokalen stehen auf dem Kopfsteinpflaster.

Der **Fő tér** ist mit seinen Barock- und Rokoko-Fassaden sowie der Mariä-Verkündigungs-Kirche aus dem 18. Jahrhundert so klein wie malerisch. Seine Mitte wird von einer **schmuckvollen Säule** aus dem 18. Jahrhundert markiert, welche die Dankbarkeit der Bevölkerung zum Ausdruck bringen sollte, als eine schwere Pestepidemie endlich vorüber war. Der schönste Weg auf den **Kirchhügel** führt über eine ganz schmale, leicht zu übersehende Gasse, die direkt am Hauptplatz startet und die Schritte steil nach oben lenkt – auf halber Strecke vorbei an einem Imbiss im Grünen mit hervorragenden Lángos und Palacsinta.

Das nach *Johannes dem Täufer* benannte **katholische Gotteshaus** (Keresztelő Szent János) stammt aus dem 13. Jahrhundert und ist damit offenbar das älteste erhaltene Gebäude der Stadt. Übrig geblieben sind von der ursprünglichen Form allerdings nur einige Elemente. Restaurierungen im gotischen und später im barocken Stil haben im Laufe der Jahrhunderte deutliche Spuren hinterlassen. Die biblischen Szenen an den Wänden haben als Hintergrund das Stadtbild Szentendres und stammen aus dem 20. Jahrhundert. Ein Besuch der Kirche ist nicht immer möglich, die Touristeninformation gibt hier Auskunft und arrangiert auch die Anmeldung von Besichtigungen. Vom **Templom tér,** dem hoch gelegenen Platz vor der Kirche, eröffnet sich ein **eindrucksvoller Blick** über die Stadt und auf die scheinbar gemächlich dahinfließende Donau.

Wer die kleine, steile Gasse hinauf zur Kirche genommen hat, sollte nun über die etwas breiteren, schön **gewundenen Altstadtgassen** wieder zum Fő tér zurückkehren und vielleicht in einigen Galerien oder Cafés eine kleine Pause einlegen, um die romantisch-künstlerische Atmosphäre länger genießen zu können.

Eine kuriose Möglichkeit zur Zerstreuung ist das **Marzipan-Museum** in der Altstadt (Szabó Marcipán Múzeum, Dumtsa Jenő utca 14, Tel. 26 311931, geöffnet April bis Okt. 9–19 Uhr, Nov. bis März 10–18 Uhr, Eintritt 400 HUF), knapp 100 Meter südlich des Fő tér. Von einer Nachbildung des ungarischen Parlaments bis zur lebensgroßen Replik von Popstar *Michael Jackson* wurde hier in detaillierter Handarbeit alles aus Marzipan hergestellt. Wem vom vielen Schauen das Wasser im Mund zusammengelaufen ist, der kann nebenan im Café die aus Mandeln hergestellte Köstlichkeit gleich selbst probieren.

Das auch **„Belgrad-Kirche"** genannte, ebenfalls am Hauptplatz stehende serbisch-orthodoxe Gotteshaus von 1752 – Zeugnis des eingangs beschriebenen serbischen Einflusses in Szentendre – kann eigentlich nicht besichtigt werden – wenn überhaupt, dann nur mit gebührendem Auftreten während der Messen. Zu bestaunen sind schöne Ikonen im Rokoko-Stil. Für

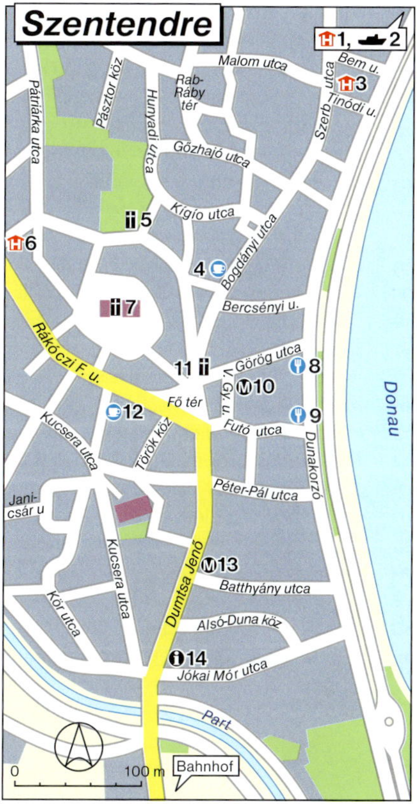

1 Hotel Waterfront
2 Fähranleger
3 Centrum Panzió
4 Nosztalgia Kávéház
5 Belgrad-Kirche
6 Ilona Panzió
7 Kirche Johannes des Taufers
8 Görög Kancsó Étterem
9 Promenade Vendéglő
10 Kovács-Museum
11 Mariä-Verkündigungs-Kirche
12 Café Dorothea
13 Marzipanmuseum
14 Touristeninformation

näher Interessierte gibt es gleich gegenüber ein kleines **Museum** (geöffnet Di bis So 10–16 Uhr), in dem viel über die Kirche und ihre Geschichte zu erfahren ist sowie liturgische Kostbarkeiten besichtigt werden können.

Ein weiteres beliebtes Museum ist das **Kovács Margit Múzeum** (Vastagh György utca 1, Tel. 26 310244, geöffnet März bis Nov. tägl. 10–18 Uhr, Dez. bis Febr. tägl. außer Mo 10–17 Uhr, Eintritt 400 HUF). Im hübschen Gebäude sind **Keramik-Kunstwerke** aller Art, darunter besonders auch naive Kunst, untergebracht. Es gilt als eines der meistbesuchten Museen im Lande – vor allem von Ungarn selbst.

Wem der Altstadtspaziergang trotz der Steigungen und Gefälle noch zu kurz war, kann eine der kurzen Verbindungsstraßen zum **Dunakorzó** nehmen, der am Fluss entlangführenden Straße. Sie wird zwar auch von Autos befahren, es existiert aber auch eine Art **Promenade** nur für Fußgänger. Empfehlenswert ist eine kurze Fahrt mit der Fähre hinüber auf die **Szentendre-Insel,** von der man die schöne Aussicht auf Szentendre genießen und Spaziergänge im Grünen oder am besten eine ausgedehnte Fahrradtour über das kleine Eiland unternehmen kann (Beschreibung der Insel siehe unten). Die Überfahrt ist ungefähr einmal pro Stunde möglich und kostet 250 HUF pro Person, 500 HUF für eine Person mit Fahrrad.

Freilichtmuseum

Ein weiterer Höhepunkt in Szentendre ist für viele das Freilichtmuseum (Szabadtéri Néprajzi Múzeum, Sztaravodai út, Tel. 26 502500, www.skanzen.hu, geöffnet Di bis So 9–17 Uhr, Eintritt 1400 HUF, Autoparkplatz zusätzlich 500 HUF). Es liegt landschaftlich reizvoll am Rande des bergigen Duna-Ipoly-Nationalparks, 2–3 Kilometer Luftlinie nordwestlich vom Zentrum der Stadt, zu erreichen über die Straße 11 in Richtung Visegrád und Esztergom und dann recht bald links der ausgeschilderten Straße folgend. Auf dem großen, in den 1960er Jahren eröffneten Gelände im Grünen wird dem **traditionellen ungarischen Dorfleben** vergangener Zeiten wieder Atem eingehaucht: Häuser, Kirchen und Stallungen wurden nachgebaut und originalgetreu eingerichtet. Hinzu kommen Lokale im alten Stil, die nicht nur zu besichtigen sind, sondern auch zur „Benutzung" einladen, wie das ein wenig feinere Gasthaus Jászárokszállási Fogadó oder das Kellerlokal Mádi pinceétterem. In einer Ausstellung werden Geräte des täglichen Bedarfs, aber auch künstlerischer Natur gezeigt. Gelegentlich organisieren die Betreiber auf dem Gelände des Museums **Festivals** oder andere Veranstaltungen. Zu diesen Zeiten kann der Eintrittspreis leicht steigen. Andere Freilichtmuseen in Ungarn mögen etwas günstiger sein, doch mit einem vielleicht zweistündigen Rundgang durch diesen „Skanzen" kann man auf keinen Fall etwas falsch machen.

Blick von der Szentendre-Insel auf den gleichnamigen Ort

Fahrräder darf man ohne weiteres Eintrittsgeld mit auf das Gelände nehmen. Dies kann sehr nützlich sein, sind doch die Entfernungen zwischen den Siedlungen nicht ganz klein.

Praktische Tipps

Information

- **Tourinform Szentendre**
Dumtsa Jenő utca 22, Tel. 26 317965, szentendre@tourinform.hu, keine eigene Internetseite. Nahe dem Marzipan-Museum. Material und Auskunft über Szentendre und die gesamte Region (Visegrád und Esztergom haben keine eigenen Tourinform-Büros).
- Die Seite **www.szentendre.hu** mit vielen Informationen gibt es bisher leider nur in einer ungarischen Version.

Unterkunft

- **Hotel Waterfront**
Dunakorzó 5 (Yacht Club),
Tel. 26 500478, www.waterfront.hu.
Sehr ordentliches Dreisternehotel direkt am Donauufer mit eigenem Zugang zum Fluss. Keine Bettenburg, sondern mit persönlichem Touch (Eigenwerbung: „Natürlich gibt es wahrscheinlich neuere oder schönere Hotels, aber wohl kaum bessere."). Hilfe und Ausstattung für Fahrrad-, Kajak- und andere Bootstouren. DZ mit Frühstück ab 16.500 HUF
- **Centrum Panzió**
Dunakorzó,
Tel. 26 302500, www.hotelcentrum.hu.
Pension im Stadtkern und an der Donau, mit Flussblick, nahe dem Bootsanleger, Fahrradverleih und Organisation von Touren, auch von Sportarten wie Tennis und Angeln. Internet, Parkplatz, Rezeption rund um die

ung033 Foto: mk

Uhr. Ordentliche, saubere Zimmer. DZ mit Frühstück 13.000 HUF, in der Nebensaison Rabatte

- **Aradi Panzió Vendégház**

Aradi utca 4,
Tel. 20 3107286, www.aradipanzio.hu.

Kleine Pension, nur wenige Gehminuten von Ortskern und Bahnhof entfernt, gute Zimmer. Um einen Raum mit Balkon bitten. Mit netter „Bierstube" (es gibt auch zu essen) samt Terrasse für die Gäste. DZ ab 7000 HUF, in der Saison mehr.

- **Ilona Panzió**

Rákóczi F. utca 11,
Tel. 26 313599, www.ilonapanzio.hu.
Familiäre, einfache, aber saubere Pension. DZ 8000 HUF.

- **Erika Vendégház**

Levendula utca 7,
Tel. 26 313633, www.erika-vendeghaz.hu.

Günstige, ordentliche Privatzimmer gut 1 km vom Ortskern und 500 m vom Bahnhof in ruhiger Wohnstraße. DZ 28 Euro (Angabe nur in Euro).

Essen und Trinken

Szentendre verfügt über eine **ungeheure Vielzahl** an Cafés, guten Kneipen und natürlich Restaurants – trotz der vielen Touristen in ihrer übergroßen Mehrheit von guter bis sehr guter Qualität – und Imbissen, wie das im Text erwähnte Lángos- und Palacsinta-Lokal beim Aufstieg vom Fő tér zum Kirchhügel. Im Folgenden einige Tipps:

- **Promenade Vendéglő**

Futó utca 4, Tel. 26 312626,
www.promenade-szentendre.hu.

Gutes Essen in renoviertem historischen Gebäude, Außenterrasse mit Donaublick, mittlere Preisklasse.

- **Nosztalgia Kavéház**

Bogdányi utca 2, Tel. 26 311660,
geöffnet tägl. 10–22 Uhr.

Café- und Restaurantklassiker in der Innenstadt, gemütlich im Wiener Kaffeehaus-Stil, internationale Küche und eine schöne Auswahl an Torten und Süßwaren

- **Görög Kancsó Étterem**

Dunakorzó 9, Tel. 26 303178,
www.gorogkancsoetterem.hu (ungarisch).

Sehr sympathisches kleines Café und Restaurant in dem zu Szentendre gut passenden mediterranen Stil (mit entsprechendem Essen), mit Außenterrasse und sehr akzeptablen Preisen. Am Beginn der Donaustraße, wenige Gehminuten südlich des Ortskerns.

- **Café Dorothea**

Jankó János utca 4, Tel. 20 5793800,
geöffnet Mo bis Fr 8–22 Uhr,
Sa, So 10–23 Uhr.

Am Rande des Hauptplatzes gelegen (Achtung: Google lokalisiert das Café falsch), aber eher versteckt. Sehr gemütlich, mit gutem Essen und Süßigkeiten.

Anreise

Auto

Aus Budapest kommend, fährt man auf der Straße 11 durch Szentendre hindurch. Um durch das Zentrum zu kommen, biegt man am Ortseingang rechts in die Straße Dunakorzó ein, die am Donauufer verläuft und auf wenige Schritte Entfernung an den Altstadtkern heranführt. Wer in der Saison keinen der offiziellen Stellplätze mit Parkuhr (zu bezahlen auch am Wochenende, PKW 270 HUF/Stunde) mehr findet, kann auch einige hundert Meter weiterfahren, dann scharf links in die Ady Endre út abbiegen und gleich parken – bisher kostenlos. Von dort geht es dann zu Fuß immer geradeaus direkt in den interessantesten Teil des Städtchens.

Bahn

Wer mit dem Vorortzug HÉV **aus Budapest** kommt, beginnt den Stadtrundgang genau von der entgegengesetzten Seite, denn der Bahnhof (HÉV Végállomás Szentendre, Dózsa György út 1) liegt einige hundert Meter südlich des Ortskerns. Der Zug startet in Budapest an der U-Bahn- und Zughaltestelle Batthyány tér auf der anderen Flussseite gegenüber dem Parlament. Die Bahn verkehrt von frühmorgens bis Mitternacht im Abstand von meist nur wenigen Minuten und braucht gut 40 Minuten bis Szentendre. Der Fahrpreis beträgt 565 HUF pro Person. Informationen: www.bkv.hu/english.

Gleich am Bahnhof steht auch ein **Supermarkt** für alle, die sich zu günstigen Preisen

ung034 Foto: mk

verpflegen wollen, bevor es in die touristisch geprägte Innenstadt geht.

Bus

Die Busstation liegt nur gut 100 m vom Bahnhof entfernt und heißt **HÉV állomás.** Von Budapest lohnt sich eine Busfahrt aber kaum. Sie dauert zwar nicht unbedingt länger als die Fahrt mit der Bahn, startet aber nicht zentral in der Hauptstadt, und die Gesellschaft **Volanbusz** (www.volanbusz.hu) ist bisher nur unzureichend auf Ausländer eingestellt. Wer nach Visegrád oder Esztergom mit öffentlichen Verkehrsmitteln weiterfahren will, ist schon eher auf den Bus angewiesen, kann aber bis Szentendre der Einfachheit halber trotzdem den Zug nehmen.

Schiff

Sehr beliebt ist die Anreise **aus Budapest** auf dem Wasserweg. Von der Anlegestelle auf der Pester Seite der Hauptstadt zwischen Ketten- und Elisabethbrücke gibt es im Sommer täglich eine Handvoll Angebote. Einige Schiffe fahren zusätzlich die Station Batthyány tér an. Die Fahrt dauert in etwa anderthalb Stunden hin und eine Stunde zurück. Meist geht ein Schiff vormittags nach Szentendre und kommt am späten Nachmittag zurück. Von Herbst an verkehren viele Schiffe nur noch am Wochenende, im Sommer sind sie dagegen sehr voll. Einer der Anbieter ist **Mahart** (www.mahartpassnave.hu, gute Webseite, auch auf Deutsch), der außerdem viele weitere Routen und Ausflugsfahrten im Programm hat.

Das gemütliche Café Dorothea

Szentendre-Insel

⇗V/D1,2

Das Eiland zieht sich 31 Kilometer auf der Donau entlang und kommt an den meisten Stellen sehr nah an die beiden Ufer des Flusses heran. Vom namensgebenden Ort Szentendre gelangt man nur per Fähre auf die Insel, die an dieser Stelle noch einige Kilometer nach Süden weiterführt, aber nicht mehr erschlossen oder gar besiedelt ist. Weiter nach Norden hin existieren einige kleine Dörfer inmitten der **idyllischen Flusslandschaft.** Einst „flüchteten" viele Bewohner Szentendres während der türkischen Okkupation auf die Insel. Davon zeugen bis heute zum Beispiel noch einige calvinistische Kirchen, die sich erhalten haben. Eine **Brücke** besteht im Dorf Tahitótfalu zwischen Szentendre und Esztergom. Sie führt hinüber ins noch kleinere Tótfalu. Von dort kann man dann südlich fahren, über Szigetmonostor bis hin zur einsam gelegenen Anlegestelle gegenüber von Szentendre, um einen Panoramablick auf das Städtchen zu erhalten. Oder man fährt von der Brücke links, also nördlich-nordwestlich, auf der einzigen bestehenden Straße durch wahrhaft hübsche, fast unbewohnte Felder und Wälder bis zum Dorf Kisoroszi, welches das Ende der Insel markiert. In der Einsamkeit ist es nicht ungewöhnlich, seltene Vögel auszumachen oder die typisch **ungarischen Graurinder** beim Grasen oder Überqueren der Straße zu sehen.

Wegen des sehr begrenzten Verkehrs empfiehlt sich auch ein kleiner **Rundweg per Fahrrad** durch die fast unberührte Natur. Informationstafeln in den Dörfern geben detailliert Auskunft über die Geschichte und die kleinen Sehenswürdigkeiten dieser charmanten Insel.

Wählt man in Tótfalu den Weg geradeaus, so erreicht man nach wenigen Kilometern die **Fähre** in die auf der linken Donauseite gelegene Stadt **Vác,** die durchaus einen kleinen Rundgang durch ihren Ortskern wert ist – vor allem, wenn man sowieso in der Nähe vorbeifährt. Von Vác führt die Hauptstraße hinauf zur slowakischen Grenze. Die Fähre verkehrt in der Regel alle halbe Stunde und kostet pro Person 400 HUF (Fahrrad 400 HUF, Auto 1400 HUF).

Visegrád

⇗V/C1

Das Dorf selbst hört bereits fast wieder auf, nachdem es gerade richtig angefangen hat. Nur die **reizvolle Lage direkt am eigentlichen Donauknie** würde herausstechen, wäre da nicht die hoch über dem Ort thronende **gewaltige Burg** mit ihrer großen geschichtlichen Bedeutung. Eben wegen dieser einzigartigen Festung ist eine Übernachtung in Visegrád durchaus zu empfehlen, denn der Aufstieg auf steilen Wanderwegen kostet Kraft und Zeit. Das Angebot an Zimmern ist nicht schlecht, und am Abend empfehlen sich zwei, drei Gaststätten mit gepflegter ungarischer Küche, um den Tag angenehm ausklingen zu lassen.

Geschichte

Wie in Szentendre richteten auch hier schon die Römer eine Siedlung ein. Im 14. Jahrhundert wurden der Salamon-Turm, eine Unterburg und ein **königliches Schloss** errichtet, und die ungarischen Herrscher nutzten Visegrád sogar für eine längere Zeitspanne als ihren **Regierungssitz.** Das gotische Bauwerk ist bis heute eines der herausragenden nichtkirchlichen Gebäude seiner Zeit. Der Name „Visegrád" stammt aus dem Slawischen und bedeutet so viel wie „obere Burg". Und so steht der Ort bis heute im wahren und im übertragenen Wortsinn ganz im Schatten dieses Monuments. In die kurze Zeit als Hauptstadt (bereits Anfang des 15. Jahrhunderts wurde der Königssitz nach Buda verlegt) fiel ein bedeutendes **Gipfeltreffen,** als der ungarische, der böhmische und der polnische König sich für zwei Monate auf der Burg trafen, um sich gegen Österreich zusammenzutun. Nach dem Ende der kommunistischen Zeit trafen sich 1991 die Präsidenten Polens, der Tschechoslowakei und Ungarns erneut, um an diesem so symbolträchtigen Ort ein neues Bündnis zu schmieden. Der Begriff **„Visegrád-Gruppe"** ist in jenen Ländern bis heute ein gängiger Begriff, auch wenn es um das Trio in den letzten Jahren ruhiger geworden ist.

Sehenswertes

Die relativ stark befahrene Durchfahrtsstraße 11 führt in Visegrád sehr nah an der Donau entlang. Die Hauptstraße durch den Ort ist die fast parallel verlaufende **Fő utca,** die insgesamt auch nicht viel mehr als einen Kilometer misst. Von ihr gehen einige kleine Straßen in Richtung der recht massiven Berge ab.

Einige Schritte, bevor die Fő utca sich von der Straße 11 trennt (aus Szentendre kommend), beginnt links der **Wanderweg hinauf zur** Burg. Die **Unterburg mit dem Salomon-Turm** (Alsovár Salamon Torony) ist recht schnell erreicht. Dort sind einige **Ausstellungen** zu sehen, darunter über

ung035 Foto: mk

Touristen beim „Gipfeltreffen" hoch über dem Donauknie

ung036 Foto: mk

die Geschichte Visegráds bis in die Neuzeit hinein, Skulpturen aus der Zeit des Königs *Matthias* und ein gotischer Brunnen aus dem Königspalast. Eine interessante Anekdote besagt, dass das Bauwerk nur aus Versehen Salomon-Turm heißt, denn der Namensgeber, König *Salomon,* saß Ende des 11. Jahrhunderts in einem anderen Turm in Haft. Erst König *Béla IV.* ließ das Objekt bis 1360 als Wohnturm für sich und seine Gemahlin errichten. Es war Teil der großen Festungsanlage von der oberen Burg bis hinunter an das Donauufer. Freunde der Architekturgeschichte bekommen detaillierte Auskunft über die Bauphasen und Entwicklungsstufen der Burg. Der sechseckige Turm selbst ist von außen allerdings nicht gerade eine Schönheit.

Weiter geht es je nach Geschwindigkeit eine knappe Stunde auf hübschen, ausgeschilderten Wanderwegen durch die waldigen Berge bis **hinauf zur oberen Burg.** Die Wanderung ist unbedingt zu empfehlen, doch wer die Burg zu Fuß nicht erklimmen kann oder will, hat die Möglichkeit, per Bus oder auch eigenem Auto bis zum Eingang hinaufzufahren. Die kurvige und recht steile Straße ist ausgeschildert und beginnt kurz vor dem Ortseingang und endet in der Stadt-

Ansicht der Burg von Visegrád

mitte (oder umgekehrt). Der Parkplatz kostet für PKW 300 HUF pro Stunde.

Nun beginnt erst das eigentliche **Gelände der Burg** (geöffnet tägl. 9–18 Uhr, Eintritt 1400 HUF), auf dem es noch einmal recht steile Wege, Pfade und Treppen zu bewältigen gilt. Für den ziemlich hohen Eintrittspreis entschädigen die **grandiosen Aussichten** auf das gesamte Donauknie und die weitere Umgebung, die jeder „Bezwinger" der Burg von ganz oben genießen kann. Hinzu kommen einige Arrangements wie eine gedeckte Tafel für die Ritter oder diese in voller Rüstung. An den Ständen mit Kopfhörern, wo es Audio-Informationen gibt, haben vor allem Kinder ihren Spaß. Allen Besuchern macht aber vor allem das Stapfen von Turm zu Turm, von Ebene zu Ebene in dieser gut erhaltenen Ruine Freude. Scheint eine Aussichtsplattform schon ein wunderschönes Panorama zu eröffnen, so steigt man noch einmal zehn, zwanzig Meter höher und kann die **Traumlandschaft** noch schöner überblicken – bei klarem Wetter ein Traum für professionelle und Hobby-Fotografen. Kleine Zerstreuungen wie Bogenschießen ergänzen das Angebot. Am Parkplatz bewahrt übrigens ein Brunnen mit **Trinkwasser** die durstigen Wanderer davor, ihre Geldbörse allzu sehr für teure Getränke zu erleichtern. Unten am Salomon-Turm fließt ebenfalls Trinkwasser.

Ein Wanderweg führt von der Burg nicht gleich wieder hinunter in den Ort, sondern zu einem weiterem Parkplatz. Neben Imbissen und Cafés gibt es dort eine **Bob-Bahn** (eine Abfahrt kostet 350 HUF, 10 Abfahrten 2800 HUF), einen Minigolf-Platz (eine Runde kostet 800 HUF) und eine **Canopy-Anlage** (Tel. 20 6617949, www.canopy.hu, geöffnet März bis Nov. Di bis So 10–18 Uhr, Preis 3900 HUF, Mindestalter 12 Jahre, Höchstgewicht 110 kg). An einer Art starkem Gummiband hängend rutscht man an einem Seil hinunter. Die „Abfahrt" wird unterbrochen von Zwischenstationen mit kleiner Plattform. Alternativ führt ein Wanderweg unter der „Seilrutschbahn" entlang zurück nach Visegrád. Dabei tun sich nicht nur immer wieder schöne Aussichten auf, sondern man sieht auch durch die Bäume Touristen am Seil vorbeisausen.

Vom Bob- und Seilbahn-Parkplatz führt ein weiterer Wanderweg hinauf zum achteckigen Aussichtsturm **Zsitvay-kilátó** auf 377 Metern Höhe – noch ein wenig mehr als die Burg vorweisen kann. Wer diese gesehen hat, muss aber nicht unbedingt hier hinauf, auch wenn es natürlich ebenfalls sehr schön ist.

Zum Bersten voll ist Visegrád, und besonders das Burggelände, wenn das **große internationale Schlossfest** gefeiert wird mit Wettkämpfen, Präsentationen, Live-Musik und weiteren Attraktionen. In der Regel ist der Termin für die Feierlichkeiten Anfang Juli.

Unten im Dorf gibt es noch einen alten **königlichen Palast** zu besichtigen (Fő utca 23, Eintritt 1040 HUF). Erbaut wurde er bereits 1320 bis 1323 von *Karl Robert Andegawen.* Damals soll er eine der schönsten Residenzen Europas gewesen sein. Erhalten sind nur

Donauschwaben – die fast vergessene Minderheit

Die 2009 zur Nobelpreisträgerin gekürte Schriftstellerin *Herta Müller,* Fußball-Legende *Jupp Posipal,* Tarzan-Darsteller *Johnny Weissmuller* und Deutschlands führender Katholik *Robert Zollitsch,* sie alle haben eines gemeinsam: Sie sind Donauschwaben. Da *Posipal* und *Müller* aus Rumänien stammen und *Zollitsch* aus dem heutigen Serbien, wird deutlich, dass sich die Gruppe der Donauschwaben, die sich **dem deutschen Volk zugehörig fühlt,** nicht auf das heutige Ungarn beschränkt. Es ist aber aktuell das Land mit den meisten Donauschwaben. Aus *Ceausescus* Despotenreich in Rumänien flüchteten aus nahe liegenden Gründen mehr Deutschstämmige als aus dem zumindest seit den 1970er Jahren vergleichsweise liberalen Ungarn.

Doch während Landsmannschaften wie die Schlesier, die Ostpreußen und die Sudeten auch heute noch in Deutschland präsent und den meisten Menschen ein Begriff sind, gerieten die Donauschwaben in letzter Zeit ein wenig in Vergessenheit. Wer nach dem Zweiten Weltkrieg in Ungarn geblieben ist, assimilierte sich weitgehend, spricht seitdem perfekt ungarisch, und Kinder sowie Kindeskinder können oft gar kein oder kaum noch Deutsch. Seit der Wende Ende der 1980er Jahre werden Sprache und Kultur der Deutschstämmigen wieder stärker gepflegt – die zweisprachigen Ortsschilder an vielen Stellen, die Kulturhäuser und -vereine legen davon Zeugnis ab. Es ist allerdings gar nicht so leicht, einen Donauschwaben zu verstehen, wenn er in seinem Dialekt spricht. Wobei die Sprache auch variiert, denn Donauschwaben ist ein **Sammelbegriff** für alle Einwanderer aus deutschen Landen in das damalige, sehr große Königreich Ungarn.

Dass viele Donauschwaben ihre Identität und Herkunft nicht einfach zurücklassen, zeigt die Webseite **www.donauschwaben.net.** Unter dem Motto „Für immer frei und ungeteilt" lassen sich hier die vielfältigen Aktivitäten der Volksgruppe nachvollziehen (in diesem Fall in Österreich). Und auf **www.donauschwaben.com** landet der staunende Internetsurfer gar auf der Seite eines Vereins in Cincinatti, Ohio in den fernen USA.

die Fundamente und einige Teile der Mauer, der Rest wurde hauptsächlich im 20. Jahrhundert rekonstruiert – darunter auch der schöne Innenhof mit Renaissancebrunnen.

Praktische Tipps

Information

- **Tourinform**
Zuständig ist auch für Visegrád die Tourinform in Szentendre (siehe dort).
- Informationen online (auch auf Deutsch) unter **www.evisegrad.hu.**

Unterkunft

- Am günstigsten und oft auch am schönsten sind gerade auf dem Land oder in kleinen Orten Privatunterkünfte vom Typ **„Zimmer frei".** Diese findet man in Visegrád unter anderem an der Fő utca. In dem aus Richtung Szentendre kommend letzten „Zimmer frei" auf der linken Seite (Hausnummer 141) wohnt eine Donauschwäbin, die sich ganz besonders über deutschsprachige Gäste freut. Ihr alter Dialekt ist eine Herausforderung, aber auch eine spannende Erfahrung (ordentliches DZ 6000 HUF).
- **Hotel Silvanus**
(Silvanus Konferencia és Sport Hotel)
Fekete-hegy, Visegrád,
Tel. 26 398311, www.hotelsilvanus.hu.

Viersternehotel auf einem Hügel und von Wald umgeben, mit schönen Blicken aus den Fenstern und eleganten Zimmern, teils zur Donau, teils zum Wald (etwas günstiger). DZ ab 30.900 HUF (124 Euro) mit Büfettfrühstück. Auch mit großem Restaurant.

- **Hotel Panzió Honti Visegrád**
Fő utca 66, Tel. 26 398120, www.hotelhonti.hu.
Kleine Pension und Hotel mit Blick auf die Burg. DZ und auch Apartments ab 13.000 HUF, die Preise können besonders in der Nebensaison verhandelt werden.

Essen und Trinken

- **Gulyás Csarda**
Nagy Lajos utca 4, Tel. 26 398329.
Das richtige Lokal für Freunde typisch ungarischer Küche zu sehr annehmbaren Preisen und in netter Atmosphäre mit Holzmöbeln, dekorativen Paprikaschoten und Knoblauchknollen an den Wänden und sogar deutschem Bier im Angebot.
- **Fekete Holló**
Rév utca 12, Tel. 26 397290.
Ungarisches Restaurant zu anständigen Preisen, mit schöner Terrasse, nahe der Donau. Im Haus ist auch eine kleine, einfache Pension.

Sonstiges

- Einige Kilometer hinter Visegrád auf dem Weg nach Esztergom (Straße 11) ist eine **Sommerrodelbahn** ausgeschildert (Visegrádi Bobpálya, Ortsteil Nagyvillám, Tel. 26 397397, geöffnet Mai bis Aug. mind. 9–18 Uhr, im Winter teils nur 11–16 Uhr, Preis für eine Abfahrt 370 HUF, sechs Abfahrten 2000 HUF, Internetseite auf Ungarisch www.bobozas.hu/visegrad); nicht zu verwechseln mit der schon beschriebenen Bob-Bahn in der Nähe der oberen Burg von Visegrád.
- Eine relativ kleine **Personen- und Autofähre** verkehrt tagsüber regelmäßig zwischen Visegrád und dem gegenüberliegenden Ort **Nagymaros,** in dem man gut essen und nett an der Donau entlangspazieren kann.

Esztergom

V/C1

Diese Stadt an der Grenze zur Slowakei und am Ende der als Donauknie bezeichneten Region bietet vor allem eines: eine **großartige Kathedrale,** oft auch Basilika genannt. Sie besitzt nicht nur geschichtlich eine enorme Bedeutung, sondern die Besichtigung ihres Äußeren und Inneren, ihrer Schatzkammer sowie ihrer Kuppel sind echte Erlebnisse, die eine spezielle Anfahrt selbst aus größerer Entfernung rechtfertigen würden – doch dies ist gar nicht notwendig, denn Budapest liegt gerade einmal gut 50 Kilometer entfernt. Eine Übernachtung ist hier nicht zwingend, denn außer der Kathedrale und einigen **schönen Museen** gibt es wenige echte Höhepunkte, aber das Zentrum der Stadt mit über 30.000 Bewohnern ist mit seinen Barockhäusern durchaus sympathisch und eignet sich daher auch für einen etwas längeren Aufenthalt.

Geschichte

Nach den Kelten, die hier in der Vorzeit siedelten, kamen die Römer. Der Ort, damals unter dem Namen **Solva,** lag an der Grenze der römischen Provinz Pannonia. **Fürst Géza** (später wurde er König), der die Ungarn vor über 1000 Jahren in ihr heutiges Land führte, wählte Esztergom als seine Hauptstadt und baute auf die Ruinen der römischen Burg seinen **Königspalast.** In diesem wurde um das Jahr 970 sein Sohn geboren, der später als heiliger *Stephan* und als Gründerkönig des

ung038 Foto: mk

ungarischen Reiches in die Geschichte eingehen sollte. *Stephan* war es auch, der eine Kirche auf dem Burghügel erbauen ließ und den Erzbischof von Esztergom als Führer der ungarischen Kirche einsetzte – diese Tradition wurde noch Jahrhunderte später aufrechterhalten. Im Jahr 1000 wurde **Stephan in Esztergom gekrönt** – ein geradezu mythisches Ereignis der ungarischen Historie. Der Ort bildete also das staatliche und religiöse Zentrum des Landes, bis Buda schließlich

Die mächtige Orgel in der Basilika

zur Hauptstadt ernannt wurde. Esztergom hatte eine Reihe von Angriffen, Belagerungen und Zerstörungen zu überstehen, doch litt es besonders unter der **türkischen Herrschaft** über Ungarn, denn seine Bauwerke wurden fast vollständig zerstört – darunter auch die Königsburg, die nicht wiederaufgebaut wurde. Auch die von den Türken errichteten Moscheen und Bäder überlebten nicht lange.

Erst im 18. Jahrhundert, als die katholischen Bischöfe wieder Kontrolle über Esztergom gewannen, konnten sie auf den Ruinen des Burghügels die neue Kathedrale errichten lassen, dort wo einst die vom heiligen *Stephan* errichtete St.-Adalbert-Kirche gestanden hatte.

Besonders im Zweiten Weltkrieg gab es wieder ernsthafte Zerstörungen, die in der zweiten Hälfte des Jahrhunderts so gut wie möglich behoben wurden.

Während hier nur einige Stichworte genannt werden können, lohnt sich für den Interessierten eine nähere Betrachtung der Stadtgeschichte, denn sie spiegelt in vielen Phasen die Historie des gesamten Landes wider.

Die politische Bedeutung hat Esztergom längst verloren, religiös und im sehr wachen Geschichtsbewusstsein der Ungarn nimmt es aber weiterhin einen sehr wichtigen Platz ein.

Sehenswertes

Basilika

Man tritt sicher keiner anderen Stadt und keiner anderen Kirche zu nahe, wenn man die Kathedrale von Esztergom als **wichtigstes und größtes Gotteshaus Ungarns** bezeichnet. Dabei kann es beim Alter mit vielen „Konkurrenten" kaum mithalten: Es wurde erst 1869 fertiggestellt, 47 Jahre nach dem Beginn der Planungen und Bauarbeiten, für die *Pál Künchel, János Pach* und vor allem *József Hild* verant-

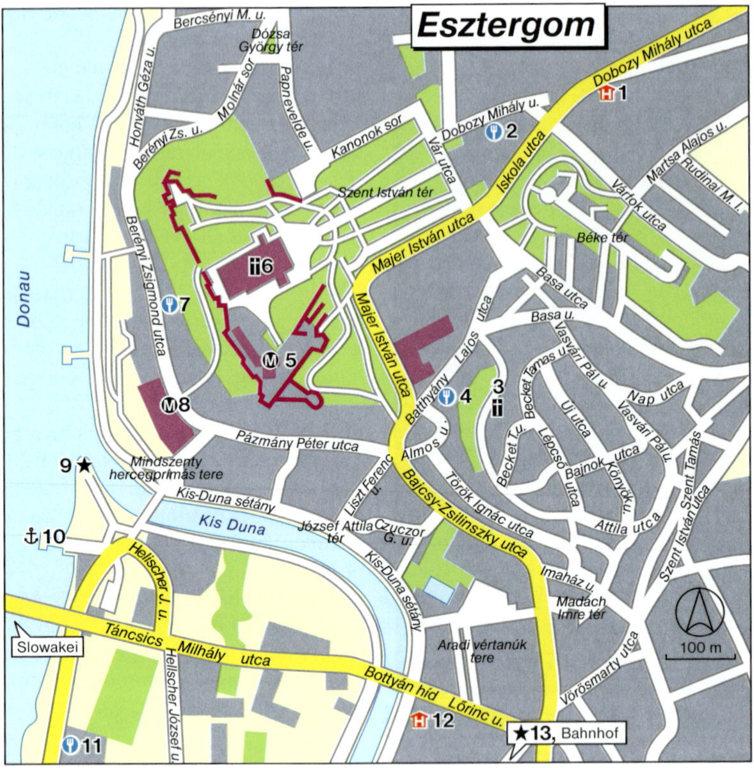

wortlich waren. *Hild,* der die Arbeiten nach *Pachs* Tod beendete, hatte bereits die ebenfalls massive Kathedrale von Eger entworfen. Kein Geringerer als der selbst erklärte Ungar österreichischer Herkunft, der Komponist **Franz Liszt,** schrieb eine Messe speziell für die große Einweihung.

Das massige Bauwerk mit dem riesigen Portal aus 22 korinthischen Säulen und der **102 Meter hohen Kuppel** betritt man mit dem gebührenden Respekt – nämlich von vorn zum Portal aufsteigend, das nach Osten weist (Eintritt frei, nur Schatzkammer und Kuppel sind zu bezahlen). Innen sticht das beeindruckende, an *Tizian* angelehnte **Altarbild** von *Michelangelo Greigoletti* mit der „Aufnahme der Jungfrau Maria" hervor, außerdem die imposante Orgel und die zentrale Kuppel, durch die das Sonnenlicht flutet. Die **enormen Ausmaße** der 118 Meter langen und 48 Meter breiten

H	1	Szent Kristóf Panzió
R	2	Zsigmond Kútja Vendéglő
K	3	St. Thomas-Hügel (Kalvarienberg mit Kirche)
R	4	Csülök Csárda
M	5	Schlossmuseum
K	6	Basilika
R	7	Anonim Vendéglő
M	8	Christliches Museum
★	9	Kossuth-Denkmal
⚓	10	Hafen
R	11	Szalma Csárda
H	12	Platán Panzió
★	13	Rathaus (am Széchenyi tér)

Kathedrale werden erst nach dem Eintreten so richtig deutlich, denn der Innenraum ist kaum durch Säulen, Querschiffe und andere Elemente beengt. Der reichlich verwendete **graue Marmor** unterstreicht noch diesen Eindruck.

Ein sehr wichtiges Element der Basilika ist die **Bakócz-Kapelle** im südlichen Teil des Bauwerks. Sie stammt vom Anfang des 16. Jahrhunderts und hatte sämtliche Zerstörungen weitgehend überstanden. Die Erbauer der Kathedrale nahmen die Kapelle in 1600 Einzelteile auseinander und fügten sie wieder in ihrer ursprünglichen Form zusammen. Besonders beeindruckend sind der weiße Altar und die Goldschmiedearbeiten. Einige Bestandteile sind keine Originale, sondern wurden im 19. Jahrhundert hinzugefügt.

In der im ägyptischen Stil gehaltenen **Krypta** (Eintritt 100 HUF, geöffnet 9–16.30 Uhr) liegen die Sarkophage einer Reihe von Erzbischöfen von Esztergom, darunter auch des in Ungarn hoch verehrten Kardinals *József Mindszenty*, der 1975 im Exil starb und dessen Überreste erst später nach Esztergom überführt wurden.

Herausragend ist schließlich auch die **Schatzkammer** im nordöstlichen Bereich der Basilika (Eintritt 700 HUF, geöffnet 9–16.30 Uhr). Hier werden großartige Werke der Kirchenkunst aus den Zeiten des frühen Mittelalters bis ins 19. Jahrhundert aufbewahrt und ausgestellt. Die älteste Arbeit ist aus Bergkristallen hergestellt und stammt aus dem 9. Jahrhundert. Auch in der Schatzkammer fallen die feinen Goldschmiedearbeiten wieder besonders ins Auge.

Trotz all dieser Herrlichkeit dürfte der Höhepunkt des Aufenthalts in der Kathedrale für die meisten Besucher der **Aufstieg auf die Kuppel** sein (Eintritt 400 HUF, geöffnet 9–16.30 Uhr). Doch **Schwindelfreiheit** oder zumindest starke Selbstbeherrschung sollte man auf jeden Fall mitbringen, denn nach dem Aufstieg über teils enge, gewundene Treppen erreicht man keinen breiten Balkon, sondern einen so schmalen Rundgang, dass ein Mensch sich gerade einmal um die eigene Achse drehen kann - Begegnungen oder Überholmanöver sind also völlig ausgeschlossen. Die Touristen gehen im Gänsemarsch einmal im großen Kreis (Durchmesser 71,5 Meter). Dies geschieht schön langsam, doch wenn die Gruppe zu sehr stockt, treibt sie eine Art Aufpasser etwas an, sich weiter nach vorn zu bewegen. Der Angestellte läuft in atemberaubender Weise auf dem steil abfallenden und überhaupt nicht abgesicherten Dach im Kreise, um den Überblick zu behalten. Entschädigt werden alle Mutigen für ihren Nervenkitzel mit einem **herrlichen Panoramablick** auf Stadt und Donau, den sich wirklich niemand entgehen lassen sollte.

Schlossmuseum

Auf dem Gelände der Kathedrale lassen sich im Schlossmuseum (Magyar Nemzeti Múzeum Vármúzeuma, Szent István tér 1, Tel. 33 415986, geöffnet April bis Okt. 10–18 Uhr, Nov. bis März 10–16 Uhr, Mo geschlossen, Eintritt frei, www.hnm.hu) neben Waffen und anderen historischen Objekten auch Ausgrabungsstücke der **antiken römischen Burg** bewundern, die einst auf demselben Hügel stand, auf dem sich heute die Basilika erhebt. Die Ausgrabungen sind bis zum heutigen Tage noch im Gange, sodass noch neue Exponate dazustoßen können.

ung039 Foto: mk

Das Schlossmuseum ist eine Abteilung des Ungarischen Nationalmuseums in Budapest.

Christliches Museum

Sehenswert ist auch das Christliche Museum (Keresztény Múzeum, Mindszenty tér 2, Tel. 33 413880, www.christianmuseum.hu, geöffnet immer Mi bis So, Mai bis Okt. 10–18 Uhr, sonst 11–15 Uhr, die Zeiten können sich ändern, Eintritt 800 HUF). Was nach Kirchenmuseum klingt, ist nichts anderes als eine hervorragende Sammlung von Werken der europäischen Malerei aus den vergangenen Jahrhunderten – neben ungarischen sind hier deutsche, österreichische, holländische und italienische Gemälde zu bestaunen. Es handelt sich um die nach allgemeiner Einschätzung **wichtigste Gemäldegalerie Ungarns außerhalb der Hauptstadt.**

Das Museum liegt am Rande des Kathedralen-Geländes, zur Donau hin, ganz in der Nähe der Autobrücke, die direkt hinüber in die **Slowakei** führt. Wer einmal seinen Fuß auf slowakischen Boden setzen will, kann dies hier inzwischen ohne jede Grenzkontrolle tun.

Stadtzentrum

Wer noch ein wenig Zeit mitgebracht und um die Kathedrale herum schon alles gesehen hat, kann noch am Nebenarm der Donau (Kis Duna, kleine Donau), der südlich der Kathedrale beginnt, auf einem Flanierweg spazieren und erreicht so das heutige Stadtzentrum rund um den Széchenyi tér mit dem **sehenswerten Rathaus** und der sich davor erhebenden Mariensäule.

Im Gänsemarsch
einmal um die Kuppel der Basilika

Praktische Tipps

Information

- Ein Tourinform-Büro existiert in Esztergom erstaunlicherweise noch nicht. Man sollte sich also bei Bedarf bereits in Budapest oder sonst in Szentendre mit Material eindecken oder die ungarnweite **Tourinform-Hotline** (1) 4388080 anrufen (rund um die Uhr).
- Ausführliche Informationen im Internet (auch auf Deutsch), allerdings nicht immer topaktuell, gibt es unter **www.esztergom.hu.**

Unterkunft

- **Szent Kristóf Restaurant & Panzió**
Dobozy Mihály utca 11, Tel. 33 414153, www.szentkristofpanzio.com.

Liebevoll eingerichtete Räume (fünf Zimmer, fünf Apartments), sauber und modern, freundliche Betreuung durch die Besitzer, einige Zimmer mit Blick auf die Kathedrale. DZ ab 10.000 HUF. Mit Restaurant der etwas höheren, aber immer noch gut bezahlbaren Preisklasse im Hause.

- **Platán Panzió**
Kis-Duna sétány 11, Tel. 33 411355, www.eurokt-akademia.hu (englische Version wählen, dann auf „about us" und dann auf „Motel" klicken).

Direkt an der „kleinen Donau" ruhig gelegene Pension.

- **Levendula Vendégház**
Vadvirág utca 2, Tel. 20 9535970, www.levendulavendeg.uw.hu.

Freundliche Zimmer mit neuen Holzbetten in diesem „Lavendel"-Gasthaus, alles ist frisch, angenehm und sauber, Küche, Infrarot-Sauna und Schwimmbecken stehen zur Verfügung.

Nahe, aber nicht direkt an der recht stark befahrenen Straße 11, knapp 2 km vom Zentrum, DZ ohne Frühstück 8000 HUF.

Essen und Trinken

- **Szalma Csárda és Panzió**

Nagy-Duna sétány 2, Tel. 33 403838, www.szalmacsarda.hu (nur auf Ungarisch).

Uriges ungarisches Gasthaus und Pension. Hier gibt es typisches einheimisches Essen in sehr netter Atmosphäre.

- **Anonim Vendéglő**

Berényi utca 4, Tel. 33 411880.

Gemütliches Lokal am Rande des Kathedralen-Hügels zur Donau hin, mit wunderschönem Garten und gutem, recht günstigem Essen.

- **Csülök Csárda**

Batthyány Lajos utca 9, Tel. 33 412420, www.csulokcsarda.hu, geöffnet tägl. 12–22 Uhr.

Deftige Küche in einer klassischen ungarischen Csárda mit Preisen, die für ein Hauptgericht schon unter 1500 HUF beginnen. Spezialität sind Eisbein- und Kalbshaxenvariationen.

- **Zsigmond Kútja Vendéglő**

Dobozi Mihály utca 3, Tel. 20 9270732.

Kleines, fast schon verstecktes Lokal mit meist sehr wenigen Touristen in der Einbahnstraße, die direkt auf die Kathedrale zuführt. Sehr günstig und lecker.

Anreise

Auto

Am schönsten auf der Straße 11 **am Donauknie.** Die Entfernung aus Budapest beträgt dann fast 60 km, aus Visegrád 24 km und aus Szentendre 47 km. Nimmt man die kürzeste Strecke aus Budapest, so sind es nur knapp 50 km (aber nicht an der Donau entlang). Direkt vor der Kathedrale stehen nicht immer genügend Parkplätze zur Verfügung. Es könnte sich daher empfehlen, ein paar hundert Meter vorher bereits kostenlos am Straßenrand, bei einem Supermarkt o.Ä. zu parken und dann gemütlich zu Fuß zu gehen.

Bahn

Züge aus **Budapest** vom **Bahnhof Nyugati** verkehren in der Regel alle halbe Stunde, brauchen anderthalb Stunden bis Esztergom und kosten derzeit 1100 HUF pro Person. Der Bahnhof (Vasútállomás, Virágos utca) liegt etwa 2 km südlich der Innenstadt. Die Bahnen fahren nicht am Donauknie entlang, wo bis Szentendre keine Schienen verlaufen, sondern auf kürzester Strecke nach Süden in die Hauptstadt.

Bus

Wer **aus Szentendre oder Visegrád** kommt und auf öffentliche Verkehrsmittel angewiesen ist, wird den Bus nehmen müssen, da keine Gleise auf dieser Strecke vorhanden sind. Von Visegrád 400–480 HUF, von Szentendre gut 800 HUF (www.volanbusz.hu).

Schiff

Einer der Anbieter für Bootsfahrten ist wie im Kapitel über Szentendre bereits erwähnt **Mahart** (www.mahartpassnave.hu, auch auf Deutsch), der Ausflugsfahrten auch nach Esztergom im Programm hat.

Alternative Strecke links der Donau

Für den Rückweg nach Budapest bietet sich ein „Seitenwechsel" an. Vor Esztergom verkehrt tagsüber regelmäßig eine **Fähre in das Dorf Szob** auf dem linken Donauufer (täglich in kurzen Abständen von ca. 7–19.30 Uhr, die Fähre ist von der Straße 11 ausgeschildert, kurze Zufahrt, Preis 350 HUF pro Person, 1300 HUF pro Auto, Fahrscheine auf der Fähre). Von dort führt die Straße 12 schön am Fluss entlang nach **Nagymaros,** direkt gegenüber Visegrád. Der Ort liegt direkt an der Donau und bietet sich ebenfalls für einen Stopp oder sogar eine Übernachtung an – vielleicht auch als Alternative zur Nacht in Esztergom. Der Blick auf die Burg von Visegrád ist prächtig, die Spazierwege am Fluss und im Ortskern rund um den Hauptplatz sind sehr schön. Lokale und „Zimmer-frei"-Unterkünfte sind auch vorhanden. Eines davon, in einem Spielzeugladen an der Hauptstraße durch den Ort, besitzt ein unverkennbares Schild, das auch den Umschlag dieses Buches schmückt. Wie oben bei der Beschreibung zu Visegrád erwähnt, verkehrt eine Personen- und Autofähre regelmäßig zwischen den beiden Orten. Nagymaros ist ein echter Tipp für alle, die ein wenig Ruhe vom Touristentrubel suchen und dennoch mitten in der Schönheit des Donauknies sein wollen.

Weitere Fähren für Fußgänger und Fahrradfahrer werden besonders im Sommerhalbjahr entlang der gesamten Donaustrecke betrieben.

Einen gemütlichen Spaziergang wert ist die übersichtliche, sehr schöne Fußgängerzone des sympathischen Städtchens **Vác.** Der Ort mit über 30.000 Einwohnern und der an den Petersdom im Vatikan angelehnten Kathedrale wird von Touristen meist übersehen – zu Unrecht.

ung040 Foto: mk

Im Zentrum von Vác

Hinter der Stadt Vác stößt die Straße 12 dann auf die Straße 2. Diese verläuft geradewegs nach Budapest. Freunde von Überfahrten mit Fähren können sich in Vác noch einmal übersetzen lassen auf die Szentendre-Insel und von dort trockenen Fußes per Brücke wieder zur altbekannten Straße 11 gelangen (zur Fähre Vác siehe den Abschnitt oben zur Szentendre-Insel).

Essen und Trinken

• Korona vendéglő
Nagymaros, Dózsa György út 1,
Tel. 27 355336, geöffnet 10–22 Uhr.
Traditionelles, freundliches Lokal zu günstigen Preisen, mit schönen Tischen auf der Terrasse und auch direkt im Garten.

Schloss Gödöllő ⇗V/D2

Der im Volksmund auch gern **„Sissi-Schloss"** genannte **größte Barockpalast Ungarns** liegt gerade einmal gut 30 Kilometer nordöstlich der Hauptstadt und ist mit dem Vorortzug bestens zu erreichen, weshalb er schon fast zum Standard-Ausflugsziel für Budapest-Besucher geworden ist. Der Graf *Antal Grassalkovich I.* ließ das Schloss im 18. Jahrhundert vom Architekten *András Mayerhoffer* entwerfen. Seine heutige Form erhielt das Bauwerk Anfang des 19. Jahrhunderts.

Nachdem es nach den Wirren des Revolutionsjahres 1848 zum sogenannten Ausgleich mit Österreich gekommen war (1867), entstand die k. u. k. Monarchie, also Österreich-Ungarn. **Kaiser Franz Joseph I.,** der fast während der gesamten k. u. k. Zeit regierte (ein gutes halbes Jahrhundert), erhielt zusammen mit seiner Gattin *Elisabeth* Gödöllő als **Krönungsgeschenk.** Die Ungarn verstanden das Schloss fortan als eines der wichtigsten Symbole ihres Staates und ihrer Nation. *Elisabeth,* berühmt geworden als *Sissi* (sie selbst nannte sich „Sisi“), der das ungarische Volk ihrem eigenen Bekunden zufolge besonders ans Herz gewachsen war, mochte Gödöllő besonders gern, während ihr viel beschäftigter Ehemann sich wesentlich seltener blicken ließ.

ung068 Foto: mk

In der Zeit zwischen den Weltkriegen nutzte Staatschef **Miklós Horthy** das Schloss als Erholungsort. Während der kommunistischen Herrschaft verfiel es zusehends, Soldaten wurden einquartiert, und vom Glanz früherer Tage blieb nichts mehr übrig.

Umfangreiche Restaurierungsarbeiten begannen 1994 und dauern immer noch an. So ist der früher riesige Schlosspark noch nicht annähernd wiederhergestellt. Das Gebäude selbst erstrahlt aber schon wieder weitgehend in alter Frische und kann von außen und innen unter die Lupe genommen werden. Das früher berühmte barocke Theater, Räume, Korridore, Wandbemalungen, Einrichtungen und vieles mehr wurden nach den alten Vorlagen so gut es ging instand gesetzt – die Restauratoren mussten praktisch bei null anfangen. Auch im Inneren sind die Arbeiten zur Wiederherstellung noch im Gange. Gerade wurden beispielsweise der „Rudolf“- und der „Gisella“-Flügel des Schlosses erneuert. Weitere Flügel und Abschnitte warten noch auf ihre Renovierung. Es kann also immer wieder zu Besuchseinschränkungen kommen.

Über eine kleine Brücke geht es auf die Hauptfassade zu und hinein ins Gebäude. Rechter Hand sind die **Kassen,** wo Besucher auch auf Deutsch fachkundig und freundlich beraten und informiert werden (Gödöllői Királyi kastély, auch „Grassalkovich kasté-

Im Innenhof des Schlosses

ly“ genannt, Tel. 28 415403, geöffnet April bis Okt. tägl. 10–18 Uhr, Nov. bis März tägl. außer Mo 10–17 Uhr, Eintritt ins Schloss 1800 HUF, Barocktheater nur mit Führung zusätzlich 1200 HUF, Kombiticket für Schloss, Theater und Pavillon 3300 HUF, gute Webseite www.kiralykastely.hu mit vielen Extras, inkl. virtuellem Rundgang, auch auf Deutsch). Für die sogenannte große Runde aus Schloss, Theater und Pavillon muss man über zwei Stunden veranschlagen, für das Theater eine halbe und für das Schloss selbst eine gute Stunde. Theater- und Pavillonführungen werden nur nach Voranmeldung organisiert, man kann aber spontan fragen, ob vielleicht gerade eine Gruppe startet.

Besonders das Theater ist sehenswert, doch auch das „Basisprogramm“ mit dem Schlossrundgang ohne Führung dürfte Freunde solcher Prachtbauten erfreuen. Fotografieren und Filmen im Schloss sind verboten. Zu sehen sind prächtige Räume, teure, goldbesetzte Möbel, feines Porzellan, prachtvolle Öfen, Gemälde von *Sissi* und anderen Adeligen, Stuckdecken und alles, was ein gutes Königsschloss sonst noch so zu bieten hat. Ein Zimmer ist der mächtigen **Habsburger-Kaiserin Maria Theresia** gewidmet, deren „treuer Diener“ Schlossherr *Grassalkovich* war, wie es heißt ... Viele Räume stehen unter dem Zeichen der so beliebten „Sissi“.

Kostenlos ist einstweilen der Hof zu erreichen und – wenn er einmal fertig sein wird – der sich anschließende Schlossgarten.

Der Ort Gödöllő

Der Rest des Städtchens ist auch eher noch in der Aufbauphase – weitere Sehenswürdigkeiten sind nicht zu finden, daher empfehlen sich im Normalfall auch keine Übernachtung oder ein längerer Aufenthalt.

Wer ein eigenes Fahrzeug hat, kann von Gödöllő einen **Ausflug zum „Hungaroring“** machen, einer Formel-1-Rennstrecke. Sie liegt hinter dem Dorf, allerdings sieht man durch die Zäune nicht viel. Eine Besichtigung ist möglich. Auf der Webseite www.hungaroring.hu (auch auf Deutsch) finden Motorsportfans den aktuellen Veranstaltungskalender und Besuchsmöglichkeiten der Strecke. Sogar befahren kann sie ein Normalsterblicher (je nach Auslastung des Geländes); eine Anmeldung mindestens zwei Wochen im Voraus wird verlangt.

Praktische Tipps

Anreise

Auto

Aus Budapest auf der Landstraße 3 bis nach Gödöllő oder auf der Schnellstraße M3 und dann die Abfahrt nach Gödöllő nehmen. Das Schloss steht in der Ortsmitte und ist nicht zu verfehlen. Direkt vor dem Komplex steht ein Parkplatz zur Verfügung (täglich zu bezahlen von 9–18 Uhr, 200 HUF/Stunde). Ein Stückchen weiter in der Nebenstraße kann man auch schattige, kostenlose Plätze im beginnenden Wohngebiet finden, wenn der offizielle Parkplatz voll ist.

Mit dem Auto sollte nur anreisen, wer von Gödöllő aus weiterfahren will. Für einen Tagesausflug aus Budapest mit Rückkehr in die Hauptstadt sollte man den Vorortzug HÉV nehmen, was schneller und stressfreier geht.

Bahn

Die Vorortbahn HÉV verkehrt vom frühen Morgen bis in die Nacht meist alle halbe Stunde **von Budapest** nach Gödöllő. Sie braucht für die Strecke gut 50 Minuten. Allerdings startet die HÉV in Budapest nicht wie in Richtung Szentendre am Batthyány tér, sondern am **Őrs vezér tér** (Endstation der Metrolinie M2). Aussteigen in Gödöllő sollte man an der Haltestelle Szabadság tér. Sie liegt bereits in Sichtweite des Schlosses.

Bus

Angesichts der Bahnverbindung mit der HÉV ist eine Busfahrt eher nicht notwendig. Wer das trotzdem will, muss in **Budapest** am **Busbahnhof Népstadion** starten und einen „Volanbusz" nehmen (www.volan.hu).

Hollókő

↗VII/C2

Dieses kleine Dorf ist eigentlich ein ganz normaler Ort – und doch wirkt es wie ein **großes Freilichtmuseum,** für das man nur keinen Eintritt bezahlen muss. 1987 nahm die UNESCO es in die Liste des Weltkulturerbes auf. Der Ort mit dem deutschen Namen Rabenstein liegt im Niemandsland **nahe dem Mátra-Gebirge,** nicht sehr weit von der slowakischen Grenze. Ein großer Umweg mag sich nicht lohnen, aber wer beispielsweise von Budapest über Gödöllő ins Gebirge und dann weiter nach Eger fährt, also in den Nordosten, sollte durchaus einen Abstecher nach Hollókő einplanen. Auch wer in der Hauptstadt eine Auszeit

ung069 Foto: mk

nehmen und eine Pause vom Asphalttreten einlegen möchte, kann sich im Rahmen eines Tagesausflugs durch schöne, bergige Landschaften ins ziemlich genau 100 Kilometer entfernte Hollókő begeben und abends zurückkehren. Auch aus Eger ist ein Tagesausflug möglich.

Hollókő ist trotz der zahlreichen Touristen ein sehr charmanter und im besten Sinne eigentümlicher, auch ohne Besucher lebendiger Ort geblieben, in dem **Geschichte gelebt** wird. Zwar verirren sich auch viele Ausländer in das Dorf, doch die übergroße Mehrzahl der Besucher sind Ungarn. Die Abgelegenheit und der geringe Bekanntheitsgrad halten noch immer viele Menschen aus anderen Ländern von der Anreise ab.

Sehenswertes

Wie die UNESCO es formulierte, ist Hollókő ein **hervorragendes Beispiel** für eine absichtlich erhaltene traditionelle Siedlung. Das Dorf, das hauptsächlich im 17. und 18. Jahrhundert entstand, sei ein lebendiges Beispiel ländlichen Lebens vor der landwirtschaftlichen Revolution des 20. Jahrhunderts.

Nur gut 400 Menschen leben heute in dem Palozen-Dorf mit den unebenen, schmalen, aufwärts und abwärts führenden **Kopfsteinpflaster-Sträß-**

Souvenirstand mit traditionellen Handarbeiten

ung071 Foto: mk

Ein kleines und geheimnisvolles Volk

Wer das Weltkulturerbe-Dorf Hollókő besucht, wird sie treffen: die **Palozen.** So heißt das Völkchen, dass im Mátra-Gebirge lebt. Noch heute sprechen die Angehörigen einen besonderen ungarischen Akzent, den ein Einheimischer sofort heraushört. Wo die Palozen herkommen, ist noch weniger geklärt als bei den restlichen Ungarn. Fest steht nur, dass sie ihre **eigenen Traditionen und Sitten** besitzen und auch pflegen. Die besonders farbenprächtigen Trachten der Frauen in den Straßen von Hollókő sind also etwas Spezielles, das man ausschließlich in dieser Gegend antrifft. Dennoch sollte man nicht davon ausgehen, dass es sich um ein „isoliertes" Volk handelt, das sich irgendwann ins ungarische Reich verirrte oder schon vor den Ungarn da war. Die Palozen werden laut neuestem Stand der Forschung eher als Untergruppe dem Volk der Magyaren zugeordnet, während die Türken sie einst als eigene Ethnie betrachteten. Wie dem auch sei: Die Palozen sind ein weiterer Grund, Hollókő zu besuchen. Und man sollte mindestens eine der so typischen Stickereien als Souvenir mit nach Hause nehmen.

ung070 Foto: mk

chen und den so markanten wie reizvollen kleinen weißen Häusern samt Schuppendächern und vielen schönen Holzelementen. Ein große Zahl an Besuchern kommt besonders in den Sommermonaten tagein, tagaus, um dieses Biotop ländlichen Lebens zu bewundern. Ältere Frauen stellen vor den Häusern ihre **traditionellen Handarbeiten** aus und hoffen auf Käufer, Lokale buhlen mit Live-Musik und gutem Essen um Gäste, und kleine Läden locken mit Handwerkskunst und allerlei Souvenirs. Sehr schön sind die **Keramikwaren.**

Ein Fixpunkt der Besichtigung ist die so kleine wie schöne weiße **Kirche** des Dorfes mit ihrem Dach und Turm aus Holz. Sie bietet im Inneren gerade einmal Platz für sechs Reihen Holzbänke, auf denen langen Sitzkissen liegen. Hinter dem kleinen Altar hängt an der weißen Wand ein Kruzifix, das ebenso aus Holz gefertigt wurde wie die von Balken getragene Decke. Einige Bilder schmücken die Wände – und das war es auch schon. Doch gerade durch diese Schlichtheit besticht das Gotteshaus in der Ortsmitte.

Praktische Tipps

Information

- **Tourinform Hollókő**

Kossuth utca 68, Tel. 32 579010, www.holloko.hu. Kleines Büro im historischen Ortskern mit einigem Info-Material, das Personal ist nicht immer fremdsprachensicher.

Unterkunft

So richtig erfahren kann man den Charme des Ortes erst, wenn man in einem der traditionellen Häuser übernachtet - einfach und recht günstig. Dazu gibt es eine Handvoll Gelegenheiten. Eine vorherige Anmeldung wird in der Regel vorausgesetzt. Adressen für Übernachtungen in Hollókő sind auf der Website www.holloko.hu zu finden (derzeit nur auf Ungarisch). Klickt man auf das Feld „Szálláshelyek“ und dann auf „Magán szálláshelyek“, erscheint eine Liste mit Unterkünften; eine davon ist im alten Ortskern **Attila vendégház,** Kossuth utca 57, Tel. 30 6472272, attilavendeghaz@atw.hu.

Camping

●**Panoráma Panzió és Camping**
Orgona utca 31, Tel. 32 379048.

Kleiner Campingplatz im Ort mit Häuschen und Zimmern sowie einem Restaurant.

Essen und Trinken

Eine Handvoll Restaurants und Cafés bietet an den schmalen Gässchen ihre Dienste an – die meisten davon mit einer schönen Terrasse, von der man das bunte Treiben in Hollókő beobachten kann. Darunter auch das **Muskátli Vendéglő,** Kossuth utca 61, Tel. 30 2065968, www.muskatlivendeglo.hu, ein hübsches traditionelles Restaurant im Ortskern in einem der historischen Häuser (mittlere Preisklasse).

Veranstaltungen

Stadtfeste werden vor allem im Juli, ein **Burgfest** im August und **Weinfeste** im September gefeiert.

Besonders schön sind die Tage rund um das **Osterfest** in Hollókő mit einem großen Umzug der Einheimischen in ihren traditionellen, farbenprächtigen Kostümen. In diesen Tagen ist das Dorf voller Besucher, und man sollte nicht mit einem Schlafplatz rechnen, wenn man nicht reserviert hat.

Anreise

Auto

Aus Budapest auf der Straße 2 in nördlicher Richtung durch das Städtchen Vác mit seiner hübschen Innenstadt, dann weiter auf der Straße 22 an der slowakischen Grenze entlang durch den ebenfalls sehenswerten Ort Szécsény. Dort rechts nach Süden durch das Dorf Nagylóc und schließlich rechts nach Hollókő. Spätestens ab Szécsény ist Hollókő ausgeschildert.

Man kann Hollókő auch mit dem **Besuch des Schlosses Gödöllő** östlich von Budapest verbinden. Dazu nimmt man die Straße 3 oder die Autobahn M3 (unterwegs liegt Gödöllő) und biegt in Hatvan links ab. Auf der Straße 21 geht es dann nach Norden und schließlich links nach Hollókő.

Beide Strecken sind rund 100 km lang. Weitere Abstecher und alternative Routen sind möglich, denn schön ist es in der bergigen Umgebung von Hollókő allemal.

Typisches Haus in Hollókő

ung065 Foto: mk

Westungarn

ung066 Foto: mk

ung067 Foto: mk

Freilichtmuseum in der Wächterregion

Blumenschmuck auf der Szigetköz-Insel

Schloss Hédervár

Einleitung

Wenn von Westungarn die Rede ist, dann meist vom Nordwesten des Landes, der über die Jahrhunderte von allen ungarischen Regionen am stärksten mit dem Habsburgerreich verbunden war. Kein Wunder, denn die Region liegt in unmittelbarer **Nachbarschaft zu Österreich.** Nur zu Zeiten des Kommunismus von der Nachkriegsperiode bis 1989 trennte der „Eiserne Vorhang" die beiden Länder in massiver Weise. Die Grenzöffnung, unter anderem für DDR-Flüchtlinge, bei Sopron war einer der großen europäischen Momente des 20. Jahrhunderts. Westungarn liegt zu einem guten Teil auf dem Gebiet der alten römischen Provinz Pannonien. Die Höhepunkte für Besucher sind neben den Städten **Sopron, Kőszeg** und **Győr** das berühmteste ungarische Schloss, der Esterházy-Prachtbau in **Fertőd,** und sicher auch die gewaltige **Benediktinerabtei** von Pannonhalma.

Dem Plattensee (Balaton), der geografisch auch zum westlichen Teil Ungarns gehört, mit seiner Umgebung ist in diesem Buch selbstverständlich ein eigener Abschnitt gewidmet.

Sopron

↗ II/A2

Diese Stadt mit immerhin fast 60.000 Einwohnern ist ohne Zweifel eine der reizvollsten im ganzen Lande. Besonders mit seiner **idyllischen Altstadt** besticht der zu österreichischen Zeiten auch Ödenburg genannte Ort, der fast viermal näher an Wien (60 Kilometer) als an Budapest (220 Kilometer) liegt. Hier bieten sich romantische Spaziergänge zu jeder Tages- und Nachtzeit ebenso an wie Ausflüge zum sehr nahe gelegenen Neusiedler See und auch zum Esterházy-Schloss in Fertőd. Für Österreicher, die nahe der ungarischen Grenze wohnen, ist es nur ein Katzensprung nach Sopron. Der Zug nach Wiener Neustadt fährt eine gute Stunde, nach Wien auch nicht viel länger. Besonders schön ist es während einer der Feiern, etwa dem **Weinfest,** zu dem der Altstadtmarkt voller Tische, Bänke und Holzbuden von Winzern aus der Region steht. Denn auch wenn Sopron vielleicht von vielen weniger mit Wein in Verbindung gebracht wird als der Balaton oder Eger und Tokaj, so gibt es hier doch viele sehr gute Tropfen zu entdecken. Eine absolute Besonderheit stellen auch die schier unzähligen **Hausdurchgänge** dar. Der Spaziergänger gelangt an vielen Stellen von einem Innenhof zum nächsten und entdeckt auf diese Weise die Stadt immer wieder von Neuem. Und auch Museumsfreunde kommen vollkommen auf ihre Kosten. Ein wichtiger praktischer Hinweis für alle Besucher von Ausstellungen und Museen, von denen es allein im Stadtkern von Sopron so zahlreiche gibt: Sie sind fast alle montags geschlossen.

Geschichte

Scarbantia, so nannten die Römer das damalige Dorf in ihrer Provinz Pannonien. Das Interessante dabei ist, dass der Hauptplatz Scarbantias, das römische „Forum“, exakt an der Stelle des heutigen Altstadtmarktes von Sopron lag. Im Zuge der Völkerwanderung, nachdem die Römer längst das Feld geräumt hatten, verfiel Scarbantia und wurde erst mit dem **Einzug der Ungarn** vor über tausend Jahren wieder belebt und mit einer Burg befestigt. Von einem der damaligen Burgherren, *Suprun,* soll sich auch der spätere Name der Stadt ableiten. Im 13. Jahrhundert erhielt Sopron den Status einer **freien königlichen Stadt.** Der große türkische Überfall erreichte Sopron im Jahr 1529. Der Ort wurde zwar verwüstet, aber nicht von den Türken besetzt. So avancierte Sopron für viele Flüchtlinge aus dem türkisch okkupierten Ungarn zum einigermaßen sicheren Hafen. Und auch am nächsten großen Meilenstein der ungarischen Geschichte spielte Sopron eine **Sonderrolle:** Während *Ferenc II. Rákóczi* Anfang des 18. Jahrhunderts seinen Aufstand gegen die österreichische Besatzungsmacht durchführte, stellte sich Sopron demonstrativ nicht auf seine Seite. Einer der Helden der späteren Revolution von 1848, *István Széchenyi,* war häufig in Sopron, bereits 1835 wurde er Ehrenbürger der Stadt, die schon damals über ihre äußeren Schutzwälle hinaus mit immer neuen Wohnsiedlungen wuchs („Vorstadt“).

Die ganz großen Daten der ungarischen Geschichte scheinen ein wenig an Sopron vorbeigegangen zu sein. So griff auch die Revolution von 1848 nicht wirklich auf die Stadt über. In der zweiten Hälfte des 19. Jahrhunderts, zunächst unter österreichischer Herrschaft und dann im Rahmen der ungarisch-österreichischen k.u.k.-Monarchie, war Sopron **unter dem Namen Ödenburg Hauptstadt der Region Transdanubien.** Die Industrialisierung und Modernisierung erfasste das ganze Land und damit auch Sopron. An der großen Bahnlinie von Wien nach Budapest lag der Ort indes nicht, was einen Bedeutungszuwachs mit sich gebracht hätte.

Nach dem Ersten Weltkrieg verlor Ungarn im Vertrag von Trianon fast zwei Drittel seiner Fläche. Auch Westungarn sollte zum Teil an Österreich gehen, Sopron jedoch blieb ungarisch, auch dank einer Volksabstimmung Ende 1921. Infolgedessen erhielt Sopron den Titel der **„Civitas Fidelissima"** („treueste Stadt"), mit dem man sich bis heute schmückt. Einige behaupten, der Begriff gehe bereits auf das Mittelalter zurück, zweifelsfrei nachzuweisen ist das jedoch bisher nicht.

Während des Zweiten Weltkriegs litt Sopron unter der grenznahen Lage. Im März 1944 von deutschen Truppen besetzt, erfolgten am Neujahrstag 1945 drei schwere Bombenangriffe, Ende März kamen schließlich die Sowjets. Doch die **Situation als Grenzstadt** brachte auch in der Nachkriegszeit erhebliche Schwierigkeiten mit sich: Besucher konnten nur mit Spezialgenehmigung einreisen, und für die Bewohner waren Schikanen wie Kontrollen oder Durchsuchungen an der Tagesordnung. Die Abschottung schadete natürlich Handel und Tourismus. Man versuchte aber wenigstens, die Kultur und die Schönheit der Stadt zu pflegen. Über die Jahre erkämpften sich die Einwohner gewisse Erleichterungen, doch der kilometerlange Stacheldraht an der Grenze blieb präsent. Als er am 19. August im benachbarten **Fertőrákos** erstmals durchschnitten wurde, konnten Hunderte von **DDR-Flüchtlingen** in den Westen ausreisen. Dieses historische Ereignis, das den Anfang vom Ende des Eisernen Vorhangs markierte, machte Sopron auf einen Schlag berühmt.

In den zwei Jahrzehnten seither profiliert sich das Städtchen als **Magnet für Touristen,** besonders aus dem wenige Kilometer entfernt beginnenden Österreich, aber auch aus Deutschland, der Schweiz und vielen anderen Ländern.

Sehenswertes

Hinweis: Für (Geh-)Behinderte kann die Besichtigung erschwert werden durch den teilweise holprigen Straßenbelag in der Altstadt sowie durch Stufen und Barrieren, etwa beim Betreten von Kirchen. In Museen und öffentlichen Gebäuden bemüht man sich zusehends um behindertengerechte Lösungen. Die Besteigung des Feuerturms ist nur zu Fuß möglich. Dennoch sind Spaziergänge durch Sopron auch für Behinderte empfehlenswert, zumal die Altstadt nicht groß ist.

Hauptplatz Fő tér

Die wichtigsten und schönsten Anziehungspunkte bietet Sopron in der nicht allzu großen, **in ovaler Form angelegten Altstadt.** Deren Herz wiederum ist der Hauptplatz Fő tér ein wenig nördlich ihres Zentrums. Der Fő tér präsentiert sich als fast abgeschlossenes Ensemble, er ist beinahe vollständig von **hübschen bis prächtigen Fassaden** eingeschlossen und ein beliebter Treff- und Ausgangspunkt für Einheimische und Touristen während des ganzen Jahres. Hinzu kommt noch seine besondere Rolle während der zahlreichen Feste, etwa wenn die Weinkultur der Region zelebriert wird. Offene Holzbuden mit Weinproben und -verkauf laden zum Verweilen ein, das große, abends schön beleuchtete, mit einer gewundenen Säule versehene **Dreifaltigkeits-Denkmal** aus dem 17. Jahrhundert in der Mitte des Platzes ist umgeben von Bänken und Tischen, und es herrscht geradezu Volksfestcharakter – wenn auch in ganz entspannter Atmosphäre, mit einem einmaligen Rundblick auf die schönen Gebäude.

Feuerturm

Das meistbestaunte und -besuchte Gebäude am Fő tér ist wahrscheinlich der Feuerturm (Tűztorony). Mit seinem **grünen Zwiebeldach** und der Uhr sieht er auf den ersten Blick wie ein Kirchturm aus. Doch nach unten hin nimmt der Rumpf des Bauwerks eine runde Form an. Der Turm entstand auf den Resten von Fundamenten der alten Römer. Bereits im 13. Jahrhundert war er das wichtigste Element der damaligen Stadtmauer. Durch den Torbogen auf Straßenebene schreitet man noch heute aus dem engsten Stadtkern hinaus. Die bereits beschriebene Turmspitze kam erst in der Barockzeit hinzu. Die Turmwächter hielten nach Eindringlingen, Angreifern und anderen Gefahren, besonders

Soproni Kékfrankos

Das Erlauer Stierblut *(Egri Bikavér)* aus Eger und den lieblichen Tokajer kennen fast alle. Ein bisschen mehr muss man schon über Weine (oder über Ungarn) wissen, um mit dem Soproni Kékfrankos vertraut zu sein. Einige schwören auf kleinere Regionen mit hervorragenden Tropfen wie Szekszárd oder Villány. Viele **Liebhaber ungarischer Rotweine** schätzen jedoch ganz besonders den **Blaufränkischen** aus Sopron für sein trockenes, herbes, aber doch fruchtiges Aroma. Der dunkelrote Kékfrankos gefällt den österreichischen Gästen, denn er ähnelt dem Blaufränkischen aus dem Burgenland – ganz einfach, weil die Regionen nicht weit voneinander entfernt liegen.

Woher der Name rührt, ist übrigens nicht wirklich geklärt. Kommt die Traube aus dem Frankenland (heute Deutschland) oder aus Frankreich? Eine Legende besagt, dass *Napoleons* Soldaten auf ihren Eroberungszügen mit bläulichen Franken (Franc) für den Wein bezahlt hätten, was aber nicht besonders plausibel klingt. Wahrscheinlich begann die Anpflanzung des Blaufränkischen in Westungarn erst im 19. Jahrhundert, jedenfalls im großen Stil. Heute ist es die häufigste Traubensorte im ganzen Land. Sie hält relativ kühles Wetter ganz gut aus, braucht aber auch entsprechend länger, um ganz auszureifen.

Leider gibt es **nur eine Handvoll Produzenten,** die den Blaufränkischen in Sopron und Umgebung anbauen. Experten bemängeln das Fehlen einer Strategie, um diesen hervorragenden Wein über die Landesgrenzen hinaus bekannter zu machen. Aber vor Ort schmeckt es ja sowieso am besten. Und wer auf den Geschmack gekommen ist, kann den Blaufränkischen auch in den anderen ungarischen Weinregionen suchen – außer in Tokaj freilich, wo nur Weißweinsorten angebaut werden dürfen.

ung043 Foto: mk

aber nach potenziell gefährlichen Feuerquellen in der Stadt Ausschau. Sie schlugen Alarm, wenn sie etwas Verdächtiges erspähten. Trompetensignale alle Viertelstunde verkündeten den Sopronern die Uhrzeit, bis schließlich die Turmuhr installiert wurde. Ende des 19. Jahrhunderts wurde das benachbarte alte Rathaus abgerissen, und das Fundament des Turms erlitt dadurch Schaden. Nach den Plänen des berühmten Architekten *Frigyes Schulek* wurde die vorher große **Toröffnung deutlich verengt,** um mehr Stabilität zu garantieren. Das Relief rund um das Tor kam erst in den 1920er Jahren hinzu. Es symbolisiert die oben beschriebene „Treue" der Bevölkerung zu Ungarn bei der Volksabstimmung.

Kernstück einer Besichtigung der Altstadt ist der **Aufstieg über beinahe 200 Stufen bis zum Erker unter dem Dach des Turms** (Tel. 99 311327, geöffnet April 10–18 Uhr, Mai bis Aug. 10–20 Uhr, Sept., Okt. 10–18 Uhr, Mo geschlossen, Eintritt 700 HUF), von dem sich ein hervorragender **Rundblick auf die Stadt** bietet – schließlich mussten die Wächter einst von hier aus alles im Visier haben. Von oben lässt sich auch der Verlauf der Stadtmauer gut nachvollziehen. Aus dem Meer roter Dachziegel ragen nur einige Kirchtürme heraus. Die alte Steinfassade der Benediktinerkirche jedoch liegt direkt im frontalen Blickfeld.

Der Feuerturm – einst Teil der Stadtmauer

Benediktinerkirche

Das Gotteshaus wird oft einfach „Benediktinerkirche" – „bencés templom" – genannt (geöffnet Okt. bis Mitte April tägl. 8–18 Uhr, Mitte April bis Sept. tägl. 8–21 Uhr, Messe tägl. außer Mo 9 Uhr, Do 17 Uhr). Die von innen erstaunlich lichte und freundliche Steinkirche aus dem 13. Jahrhundert mit ihrem schlanken Turm blickt auf eine lange Geschichte zurück: Hier wurden im Laufe der Zeit **ein König und zwei Königinnen gekrönt** sowie Landesparlamente abgehalten. Mitglieder der Familie von *István Széchenyi,* dem Vater der Revolution von 1848, sind an diesem Ort begraben. Ein eher seltenes Phänomen weist der **Hochaltar** mit dem riesigen Altarbild auf: Am Ende des Kirchenschiffes, direkt hinter dem Altar, flutet das Licht durch die nach oben hin spitz zulaufenden großen Fenster hinein in den Raum und durch die Lücken des Hochaltars auch durch diesen hindurch, womit ein ganz besonderer Eindruck erzeugt wird. Obwohl die Kirche einst – übrigens von den Franziskanern, erst später ging das Bauwerk in den Besitz der Benediktiner über – im gotischen Stil erbaut wurde, ist ihre Ausstattung im Inneren doch zum überwiegenden Teil **barock geprägt.** Die reich mit Putten und Goldfiguren verzierte Kanzel ist ein schönes Beispiel für die Pracht. Die Orgel erscheint dagegen schon vergleichsweise bescheiden. Bemerkenswert sind auch die goldenen Sterne auf der hellen Kirchendecke, die ansonsten nicht ausgemalt ist.

An die Kirche, die im Volksmund auch als **„Ziegenkirche"** bezeichnet wird, schließt sich direkt das eindrucksvolle **Kloster** an, das mit dem Gotteshaus zusammen entstand. Der Kapitelsaal (geöffnet 10–12 und 14–17 Uhr) ist von der Kirche aus zu betreten. Einst diente er als Gruft, dann wurde er zur Kapelle umfunktioniert. Bei der Restaurierung des Raumes wurden mittelalterliche Figuren, Fresken und andere Zierelemente sichtbar, deren Existenz schon vergessen worden war. Am meisten Aufsehen erregen die **Darstellungen der alttestamentarischen Todsünden** anhand von Masken und Figuren mit Tierkörpern und menschlichen Köpfen.

Rathaus

Wie erwähnt musste das alte Rathaus nach einem schweren Feuer Ende des 19. Jahrhunderts abgerissen werden. Das neue Rathaus verbindet **alle möglichen Stilrichtungen** miteinander (Eklektizismus). Hübsch anzusehen ist die weiße Fassade auf jeden Fall. Das Archiv der Stadt hat im ersten Stock des Gebäudes seinen Sitz.

Apothekenmuseum

Ebenfalls am Fő tér findet sich das Apothekenmuseum (Patika múzeum, Fő tér 2, Tel. 99 311327, geöffnet April bis Sept. tägl. außer Mo 10–18 Uhr, Okt. bis März tägl. außer Mo 10–14 Uhr), dessen Besuch nicht nur für Freunde alter Pharmaziekunst reizvoll ist. Seit dem 17. Jahrhundert wurde in dem Gebäude eine Apotheke betrieben, die **„Engelsapotheke".** Mitte des 19. Jahrhunderts verschwanden bei einem Umbau die vorher bestehenden Arkaden. Seit gut 45 Jahren dient das Objekt bereits als Museum. Faszinierend zu besichtigen sind nicht nur die schmuckvollen **Apothekergefäße,** darunter einige **aus altem Wiener Porzellan,** sondern auch die antiken, teils mächtigen und prachtvollen Möbelstücke wie Schränke zur Aufbewahrung und Arbeitstische zum Mischen der zahlreichen Arzneien. Neben diesem „Inventar" werden den Besuchern auch einige **Kuriositäten** präsentiert, etwa Amulette, die vor dem sprichwörtlichen „bösen Blick" schützen sollten. Zu sehen sind darüber hinaus einige heute oft vergessene heilkundliche Weisheiten der Vergangenheit und alte Bücher großer Mediziner, etwa von *Paracelsus.*

Storno-Haus

Eine weitere der so zahlreichen Attraktionen des Hauptplatzes ist das Storno-Haus mit der gleichnamigen Sammlung (Storno-ház, Fő tér 8, Tel. 99 311327, geöffnet April bis Sept. 10–18 Uhr, Okt. bis März 14–18 Uhr, Mo jeweils geschlossen). Der Prachtbau stammt aus dem 15. Jahrhundert, erhielt sein heutiges barockes Aussehen aber erst gut 300 Jahre später. Die namensgebende Familie *Storno* kaufte das Haus Ende des 19. Jahrhunderts. *Franz Liszt* gab hier zweimal ein Konzert. Die *Stornos* machten sich einen

Namen als Förderer und Retter von Kunstwerken. Liebhaber von **Antiquitäten** werden beim Besichtigen der Sammlung von alten Möbeln, Einrichtungsgegenständen, wertvollen Glas- und Porzellanstücken ins Schwärmen kommen. Bei der Gelegenheit kann man natürlich auch das Interieur dieses schönen Hauses genauer in Augenschein nehmen.

Viele kommen ins Storno-Haus, um noch ein weiteres Museum zu besuchen: die **Ausstellung zur Regionalgeschichte,** die als Teil der Storno-Sammlung betrachtet wird und daher keinen zusätzlichen Eintritt kostet. Zu sehen sind historische Dokumente, Requisiten, Bilder, Darstellungen, Waffen und einiges mehr - aus Sopron von der Zeit der Türkenkriege bis in die Moderne.

Fabricius-Haus

Und noch ein historisch bedeutsames Gebäude ziert den Fő tér: das Fabricius-Haus (Fabricius-ház, Fő tér 6, Tel. 99 311327, geöffnet April bis Sept. 10–18 Uhr, Okt. bis März 10–14 Uhr, Mo jeweils geschlossen). Es entstand im 18. Jahrhundert auf den Ruinen eines mittelalterlichen Gebäudes. Noch interessanter aber war die Entdeckung von Archäologen, dass die **alten Römer hier ein Bad betrieben** hatten. Eine Besichtigung lohnt sich schon, um den prächtigen gotischen Saal zu erleben, doch auch der Keller ist höchst interessant, denn dort werden Fundstücke aus der Römerzeit präsentiert – eine **Zeitreise durch zwei Jahrtausende.** Eine archäologische Ausstellung mit Funden aus den letzten 3000 Jahren ergänzt das breite Angebot dieses Hauses.

Altstadtspaziergang

Am schönsten in Sopron sind vielleicht gar nicht die einzelnen Highlights, sondern ein gemütlicher Spaziergang durch die kleine, aber sehr charmante Altstadt. Für Deutschsprachige ist es besonders interessant, dass sogar die **alten deutschen Namen der Gassen** beibehalten worden sind und nun zusammen mit den aktuellen ungarischen auf den stilvollen

ung044 Foto: mk

Altstadtgasse

Straßenschildern prangen. So heißt der Fő tér auch gleichzeitig offiziell „Hauptplatz", und die dort beginnende Kolostor utca ist die „Klostergasse". Auch die Templom utca (Kirchgasse) beginnt am Fő tér und vereinigt sich nach kaum über 100 Metern mit der Kolostor utca. Die dritte Gasse, die den Hauptplatz verlässt, ist die Szent György utca, von der nach einigen Schritten noch einmal die Új utca abgeht. Alle vier erwähnten Sträßchen führen vom Fő tér nach Süden und vereinigen sich nach rund 300 Metern wieder in der Fegyvertár utca und im Orsolya tér (Ursulinerplatz), welche das Oval der Altstadt nach unten hin mit einem Bogen abschließen.

ung045 Foto: mk

Besonders faszinierend sind die **Hausdurchgänge,** die von einem Hinterhof zum nächsten führen und schließlich irgendwo wieder hinaus auf eine Straße. Wer etwas Muße hat, sollte sich einmal von Durchgang zu Durchgang treiben lassen. Gelegentlich kann man Pech haben und in einer Sackgasse landen, doch das passiert eher selten. Abends oder an Feiertagen können einige sonst offene Wege versperrt sein, weil das ein oder andere Tor zum Innenhof geschlossen wird.

Templom utca

In der Templom utca sind gleich eine Handvoll Museen in Betrieb – für jeden Interessenbereich ist etwas dabei. Das vielleicht schönste Gebäude beherbergt eine auf den ersten Blick eher wenig aufregend klingende Einrichtung: das **Zentrale Bergbau-Museum** (Templom utca, Tel. 99 312667, geöffnet April bis Okt. tägl. außer Mo 10–18 Uhr, Nov. bis März tägl. außer Mo 10–16 Uhr) im **Esterházy-Palais** mit seiner schönen blauen Fassade. In eben diesem Haus wurde 1921 das Ergebnis jener für Sopron so denkwürdigen Volksabstimmung verkündet, in der die Bewohner sich für die Zugehörigkeit zu Ungarn entschieden hatten. Die interessante Ausstellung, die hauptsächlich um die **Förderung von Edelmetallen in Ungarn** kreist, wird durch den Ort ihrer Präsentation noch

Ausgang offen –
Hausdurchgang in der Altstadt

interessanter: Den Nachbau eines gut 100 Jahre alten Stollens kann jeder Besucher betreten und entdecken - auch ein Spaß für Kinder. Gezeigt werden Werkzeuge und Maschinen sowie natürlich die Erze selbst.

Noch im selben historisch so bedeutenden Gebäude ist auch das Museum mit dem sperrigen Namen „Sammlung zur Geschichte der Forst- und Holzwirtschaft und des Vermessungswesens" untergebracht - etwas für Spezialisten.

Evangelische Kirche

Nur wenige Schritte weiter, wo sich Templom utca und Kolostor utca treffen, steht die durchaus reizvolle, barocke evangelisch-lutherische Kirche (deutscher Gottesdienst jeden So um 9 Uhr) vom Ende des 18. Jahrhunderts. Der immerhin 52 Meter hohe, schlanke Turm selbst entstand erst gut 80 Jahre später auf neoromanische Art. Zwar ist das weiß gestrichene Innere im lutheranischen Sinne eher bescheiden gehalten, doch sticht der im Kloster Kahlenberg bei Wien gefertigte **schmuckvolle Holzaltar** ebenso hervor wie die Kanzel, ein Schnitzwerk des Ödenburger Tischlers *Matthias Lang*, und das prächtige Taufbecken. Die schwerste der vier Glocken wiegt fast 3500 Kilo. Am schönsten lässt sich die Atmosphäre des Gotteshauses bei den **regelmäßig veranstalteten Orgelkonzerten** erleben - es erklingen 3382 Orgelpfeifen!

Direkt im Anschluss an die Kirche liegen die **„Soproner Sammlungen des Evangelischen Landesmuseums"** (Templom utca 12, Tel. 99 523002, geöffnet Mi bis Fr 10.30–13.30 Uhr, Sa, So 14–17 Uhr, eventuell vorherige Anmeldung notwendig) im Gebäude des evangelischen Pfarrhauses. Zu sehen sind Kunstwerke wie Gemälde, kirchliche Gebrauchsgegenstände wie Kelche, Kerzenhalter und Altartücher sowie alte Dokumente und Bücher.

Synagoge

Ein weiteres nicht-katholisches Gotteshaus liegt ungefähr auf der Höhe der evangelischen Kirche, aber in der Parallelstraße Új utca: die alte Synagoge (Ó-Zsinagóga, Tel. 99 311327, geöffnet April bis Okt. tägl. außer Mo 10–18 Uhr). Sie hat ihren Namen verdient, denn sie entstand tatsächlich bereits **um das Jahr 1300 im gotischen Stil** - eine Seltenheit für Ungarn, ja für ganz Europa. Nur noch einige Elemente wie das Fundament der Kanzel sind aus dieser Zeit erhalten, der Rest musste im Laufe der Jahrhunderte erneuert werden. Für Frauen war damals ein Betsaal mit gesondertem Eingang gebaut worden, die Männer beteten im schöneren großen Saal. Bei besonderen Ereignissen dort durften die Frauen zwar auch nicht eintreten, konnten aber zumindest durch Fensterschlitze zuschauen.

Ursulinerplatz

Der Ursulinerplatz mit seinen strahlenförmig auf den **Marienbrunnen** samt Denkmal in der Mitte zulaufenden Pflastersteinen strahlt ganz anders als der Hauptplatz eine gewisse **Ruhe und Abgeschiedenheit** aus. Hier sind weder Geschäfte, Verkaufsbuden noch Cafés oder Restaurants zu finden – stattdessen aber im Gebäude mit der Hausnummer 2 eine katholisch-kunstgeschichtliche Sammlung und gleichsam eingequetscht in die direkt angrenzenden Hausfassaden die **katholische Kirche** mit ihrem kleinen achteckigen Steinturm und den vielen spitz zulaufenden Bauelementen. Es handelt sich um ein neogotisches Bauwerk, das erst knapp 150 Jahre alt ist. Die Kirche ist natürlich nicht wirklich zwischen völlig fremde Gebäude eingezwängt worden: Zu einer Seite schließt sich das **ehemalige Kloster** an, zur anderen die Schule – beide entstanden fast gleichzeitig mit dem Gotteshaus und hatten denselben Bauplaner: *Nándor Handler.*

Der Brunnen in der Mitte des Platzes schmückt ihn erst seit den 1930er Jahren. Vorher stand er auf dem Hof der Benediktinerkirche (siehe oben).

Praktische Tipps

Information

Tourinform

Liszt Ferenc utca 1, Tel. 99 517560 oder 99 517561, www.sopron.hu. Großes Büro mit breiter Auswahl an Info-Material.

Internet

Kabelloser **WiFi-Zugang** zum Internet in den meisten Hotels und vielen Pensionen, zudem u.a. bei McDonald's Sopron Drive, Lackner K. utca 60. Für alle, die ohne Laptop verreisen, sind **Internetcafés** im Zentrum und auch Computerterminals in den Hotels zahlreich vorhanden.

Notfälle und nützliche Adressen

Apotheken

Lővér patika, Béke út 4, Tel. 99 508614, geöffnet Mo bis Fr 7–19 Uhr, Sa 8–13 Uhr; **Király patika,** Várkerület 114, Tel. 99 508242, geöffnet Mo bis Fr 7.30–18 Uhr, Sa 8–13 Uhr, direkt am Ring um die Altstadt.

Krankenhaus

Erzsébet Oktató Kórház (Elisabeth-Krankenhaus), Győri út 15, Tel. 99 312120.

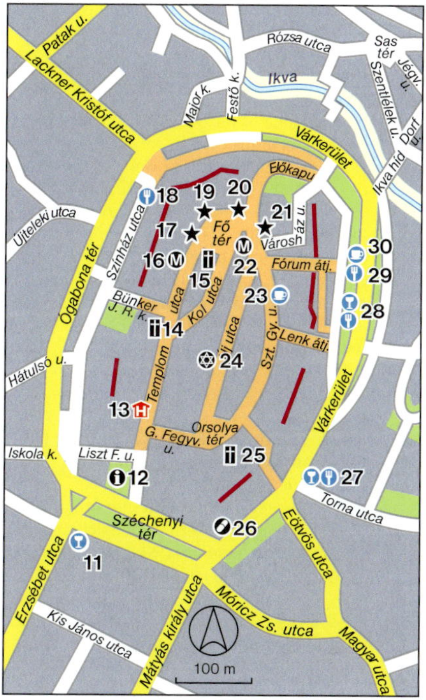

- 1 Busbahnhof
- 2 Randevú Panzió
- 3 Boutique Hotel Civitas
- 4 Villa Mimi
- 5 Villa Cecile
- 6 Danubius Hotel Lővér
- 7 Átrium Panzió
- 8 Soproni Vendégház
- 9 Elisabeth-Krankenhaus
- 10 Gibraltar Étterem
- 11 Perkovátz ház
- 12 Touristeninformation
- 13 Hotel Wollner
- 14 Evangel. Kirche
- 15 Benediktinerkirche
- 16 Esterházy-Palais
- 17 Fabricius ház
- 18 Attila Étterem
- 19 Storno ház
- 20 Feuerturm
- 21 Rathaus
- 22 Apothekenmuseum
- 23 Liszt Szalon
- 24 Synagoge
- 25 Katholische Kirche
- 26 Király-Apotheke
- 27 Papa Joe's Saloon + Steakhouse
- 28 Várkerület-Puskás Söröző És Étterem
- 29 Tokaji Borozó Étterem
- 30 Café Randevú

- **Polizei**

Lackner Kristóf utca 5, Tel. 99 311234.

- **Post**

U.a. Széchenyi tér 7–10, Tel. 99 413250, geöffnet Mo bis Fr 8–19 Uhr, Sa 8–12 Uhr, am südlichen Ende der Altstadt.

Geld

Nirgendwo in Sopron mangelt es an Wechselstuben und Banken mit 24-Stunden-Bankautomaten. Durch die grenznahe Lage und die touristische Bedeutung ist es auch oft kein Problem, in **Euro** zu bezahlen, dies sollte man aber vorher klären und vor allem auf den jeweiligen Kurs achten, den z.B. ein Restaurant bietet. In der Regel lohnt es sich, ungarisches Geld in der Tasche zu haben.

Unterkunft

Sopron bietet kaum klassische private „Zimmer-frei"-Unterkünfte. Dafür besteht eine **breite Auswahl an Pensionen und Hotels,** wobei die kleinsten und günstigsten von ihnen durchaus mit den „Zimmer-frei"-Preisen mithalten können. Durch die große Konkurrenz kann sich das Übernachtungsangebot sehen lassen – auch in oder in direkter Nähe der Altstadt lassen sich bezahlbare und stilvolle Herbergen finden.

- **Danubius Hotel Lővér**

Várisi út 4, Tel. 99 888400, www.danubiushotels.com/lover.

Recht großer Hotelkomplex, wunderbar in den grünen Lővér-Hügeln gelegen (2–3 km zum Stadtzentrum). Ideal für Wanderer (mehrere Wege in direkter Nachbarschaft) sowie Wellnessfreunde: Fitnessraum, Pool, Sauna, Jacuzzi, Kosmetik- und Gesundheitsbehandlungen aller Art, Massagen. DZ ab ca. 20.000 HUF, bei Sonderangeboten günstiger.

- **Hotel Wollner**

Templom utca 20, Tel. 99 524400, www.wollner.hu.

Elegantes Hotel mit einem persönlichen Touch in der Altstadt – nur 18 Gästezimmer. Weinstube sowie Biergarten-Restaurant im Grünen und Blick auf die alte Stadtmauer. Klassisch-stilvoll eingerichtete, geräumige Zimmer. DZ ab knapp 20.000 HUF.

- **Boutique Hotel Civitas**

Rákóczi utca 33, Tel. 99 788228, www.hotelcivitas.hu.

Nah am Stadtkern gelegenes neues Haus mit kreativem Äußerem und geschmackvoll sowie modern eingerichteten Zimmern.

- **Randevú Panzió**

Vitnyédy utca 21, Tel. 99 311908, www.randevupanzio.hu.

Einfaches, kleines, neu eingerichtetes Gästehaus auf dem Niveau von „Zimmer-frei"-Unterkünften. DZ ab 8000 HUF, ohne Dusche sogar ab 6000 HUF. Knapp 1 km zur Altstadt. Nicht zu verwechseln mit dem Café Randevú am Altstadtrand.

- **Villa Cecile**

Károlymagaslati utca 2, www.villacecile.hu.

Knapp 2 km südwestlich der Altstadt in Richtung Lővér-Hügel. Nur vier sehr elegante und geräumige (22 bis 42 Quadratmeter), individuell gestaltete Zimmer mit viel Holz, schicken Möbeln und schönen französischen Betten. Preiswert: ab 12.000 HUF für 2 Personen.

- **Villa Mimi**

Honvéd utca 5, Tel. 30 2370275, www.mimi-ameli.com

Für Individualisten: an der Südspitze des Botanischen Gartens (Botanikus-kert), knapp 2 km von der Altstadt. Pension mit schönem 2000-Quadratmeter-Garten. Fünf verschiedenfarbige und unterschiedliche, hübsche Zimmer. DZ ab 12.000 HUF.

- **Átrium Panzió & Wellness**

Kőszegi utca 3, Tel. 99 313799, www.atriumsopron.hu.

Fast 200 Jahre altes Gebäude, frisch renoviert. Ca. 2 km südlich des Zentrums. Umfangreiches Wellnessangebot wie Massage, Sauna, Sprudelbad. DZ ab ca. 12.000 HUF.

- **Soproni Vendégház**

Kőszegi út 59/p, Tel. 99 787393, www.sopronivendeghaz.hu (nur ungarisch).

1,5 km vom Stadtkern, ordentliche, saubere Zimmer in einer Art Mehrfamilienhaus. DZ schon ab 6000 HUF.

Camping

- **Ózon Camping Sopron**

Erdei malom köz 3, Tel. 99 523371, www.campingsites.hu/ozon-camping-sopron.

Wenige Kilometer von der Innenstadt, am Rande der grünen Lővér-Hügel. Gut ausgestattet mit Sauna, Pool, 24-Stunden-Rezeption, Spielplatz, Laden, Restaurant, Waschmaschinen u.a., geöffnet Mitte April bis Mitte Okt., einige Gästezimmer und Bungalows. Erwachsener 1100 HUF, Zelt 750 HUF.

Essen und Trinken

•Attila Étterem
Színház utca 11, Tel. 99 311729,
geöffnet tägl. 10–2 Uhr, So geschlossen.

Ungarische Küche zu moderaten Preisen, direkt am Altstadtring, am schönsten zu erreichen, wenn man vom Fő tér (Hauptplatz) durch das große Tor des weißen Gebäudes gegenüber von Rathaus und Feuerturm geht. Man erreicht dann auf typisch Soproner Weise durch die Hinterhöfe das ausgeschilderte Lokal.

•Gibraltár Étterem és Vendégház
Becserényi Miklós utca 35, Tel. 20 9394340,
www.gibraltarvendeghaz.hu.

Restaurant unter einem Dach mit einem empfehlenswerten, aber nicht ganz günstigen Gästehaus (DZ ab ca. 11.000 HUF). Typisch ungarisches Essen in seemännischer Atmosphäre, Terrasse mit Blick auf die Dächer der Stadt, etwa 1 km südöstlich der Altstadt.

•Papa Joe's Saloon & Steakhouse
Várkerület 108, Tel. 99 340933,
www.papajoe.hu, geöffnet tägl. 11–24 Uhr,
Fr, Sa 11–2 Uhr.

Gemütliches Lokal im amerikanisch-rustikalen Stil mitten im Zentrum. Lockere und freundliche Cowboy-Stimmung und reichlich Essen für alle, die einen Abend Pause von der ungarischen Küche machen wollen. Sogar die Barhocker an der Theke haben die Form von Pferdesätteln. Bezahlbare Preise.

•Várkerület-Puskás Söröző és Étterem
Várkerület 83, Tel. 99 319286,
www.puskasrestaurant.hu.

Bierstube und Restaurant am Rande der Altstadt, traditionelle, lockere Atmosphäre mit gutem, deftigem Essen von „Tante Ilonka" zu sehr akzeptablen Preisen. Dazu ein Soproner Bier vom Fass!

•Liszt Szalon
Szent György utca 12,
geöffnet tägl. 10–21 Uhr.

Das „Schokolade-Tee-Kaffeehaus" liegt in der Altstadt und bietet neben 100 Teesorten, Kaffee und Kakao verschiedener Art auch Süßigkeiten (darunter zum Mitnehmen als Souvenir oder Geschenk), Bier, Wein, Spirituosen und Toasts als Imbiss.

•Café Randevú
Várkerület 30.

Kleines, gemütliches Café an der Ringstraße um die Altstadt. Auch mit netten Sitzplätzen draußen. Leckere, frische Kuchen und Gebäck.

•Tokaji Borozó Étterem
Várkerület 47, Tel. 99 340644.

Wein- und Esslokal, trotz seines Namens auch mit vielen lokalen Tropfen.

•Perkovátz ház
Széchenyi tér 12, Tel. 99 316839,
www.perkovatz.hu.

Im Stil eines Pubs eingerichtet, aber mit traditioneller ungarischer Küche, darunter sogar Graurind und Wollschwein.

Veranstaltungen

•Soproni Volt Fesztival (www.volt.hu)
Großes Rockfestival im Sommer, eines der bekanntesten Ungarns mit Auftritten von international bekannten Bands wie zuletzt Limp Bizkit.

•Soproner Winzerfesttage
Anfang September verwandelt sich die ganze Innenstadt, besonders der Hauptplatz, in ein großes Weinfest, bei dem die Winzer ihre besten Weine verköstigen und verkaufen und musiziert, getanzt, geplaudert und gefeiert wird. Doch bereits im Sommer werden in der Altstadt immer wieder die milden Abende zum Zelebrieren der Weinkultur genutzt – mit Live-Musik und vielen leckeren Tropfen aus der Region, besonders dem Blaufränkischen (Soproni kékfrankos).

Anreise

Auto

Aus Deutschland und der Schweiz über Österreich. Ab Wien nicht auf der A4 nach Budapest, sondern auf der A3 in südlicher Richtung („Südost-Autobahn") bis zu ihrem derzeitigen Ende in Wulkaprodersdorf und dann einige Kilometer auf der Straße 16 bis zur ungarischen Grenze. Von dort sind es auf der Straße 84 keine 10 km nach Sopron, insgesamt aus Wien nach Sopron etwa 75 km.

Vom Balaton kommend führt die Straße 84 direkt hinauf nach Sopron. Die Entfernung beträgt rund 100 km.

Von Budapest empfiehlt sich die Autobahn in Richtung Wien bis Győr und dann die Straße 85, die sich kurz vor Sopron mit der Straße 84 vereint. Für die knapp 200 km sollte man mindestens drei Stunden Fahrzeit einplanen.

Bahn

In der Regel verkehren die Züge **von Wien** nach Sopron **mindestens einmal pro Stunde** und benötigen anderthalb Stunden, gelegentlich sogar etwas weniger. Nach Wiener Neustadt sind es gar nur 40 Minuten. So kann, wer etwas Zeit hat, sogar einen Besuch in Sopron mit einer Spritztour nach Wien verbinden.

Von Budapest erreicht man Sopron in zweieinhalb bis drei Stunden, ebenfalls tags-

ung046 Foto: mk

Flucht beim „Picknick" – der Anfang vom Ende des Eisernen Vorhangs

Grün ist es heute dort, die Grenze im Europa des Schengener Vertrages kaum noch auszumachen, kleine Dörfer verstreuen sich unschuldig über die weite Fläche, das Naturschutzgebiet des ruhigen Neusiedler Sees liegt fast in Rufweite. Und doch fand es hier statt, vor nunmehr über 20 Jahren: das **„Paneuropäische Picknick".** Was so harmlos klingt, war ein Ereignis von weltpolitischem Gewicht. Die österreichische Zeitung „Kurier" berichtete am **20. August 1989:** „Mehrere hundert DDR-Bürger nutzten Samstag den Beginn einer Veranstaltung der Paneuropa-Bewegung Österreich und des ungarischen Demokratischen Forums am Grenzübergang an der alten Ödenburger Straße, um sich in den Westen abzusetzen." Bei der Veranstaltung wollten Österreicher und Ungarn für die Abschaffung der Grenzen eintreten. „Als das sonst geschlossene Tor an der Grenze für die Kundgebungsteilnehmer geöffnet werden sollte, drängten Hunderte Ostdeutsche dagegen und drückten es auf." Viele von ihnen hatten schon mehrfach einen Fluchtversuch an der ungarisch-österreichischen Grenze unternommen.

So wurden die damals schließlich noch von den Kommunisten regierten Ungarn halb unfreiwillig zu einem der Haupthelfer beim Aufreißen des Eisernen Vorhangs. Halb unfreiwillig, denn allein schon die Zustimmung der ungarischen Seite, beim „Picknick" für drei Stunden symbolisch das Grenztor zu öffnen, war ein Schritt, der kurz zuvor dort und sicher auch in anderen Ländern des Ostblocks als unerhörte Aktion gegolten hätte. Über 500 Menschen, vielleicht 600 oder sogar 700, gelang damals die Flucht – die Sicherheitskräfte waren angesichts des gewaltigen Andrangs machtlos, wenn sie ein Blutbad vermeiden wollten. In den folgenden Wochen und Monaten wurde die Grenzsicherung zwar wieder verstärkt und wartende Flüchtlingsgruppen mussten ausharren, doch bereits am 11. September wurden die Barrieren dann ganz offiziell geöffnet.

Ein gut zehn Meter hohes **Kunstwerk** (Stacheldraht in Form eines Kreuzes) erinnert **in Fertőrákos** an den August 1989. An jener Stelle, an der das Tor sich einst öffnete, steht eine aufgehende Tür.

über mindestens einmal pro Stunde. Der Fahrpreis beginnt derzeit bei etwa 3500 HUF pro Person, im schnelleren IC kostet es ab ca. 4500 HUF pro Ticket (www.mav.hu/deutsch). Der **Bahnhof** (Sopron GySEV pályaudvar, Állomás utca 2) liegt nur gut 1 km südlich der Altstadt

Bus

Aufgrund der guten Bahnverbindungen sowohl nach Österreich als auch mit den ungarischen Bahnen erübrigt sich für die meisten Reisenden die Anfahrt per Bus. Wer doch per Bus anreist, wird höchstwahrscheinlich am **Busbahnhof** (Lackner Kristóf utca 9, Tel. 99 311040) landen, wenige hundert Meter nordwestlich des Stadtkerns.

Die Umgebung von Sopron

Wien

Wer einen Tag übrig hat, kann kurzentschlossen in die österreichische Hauptstadt reisen. Die Fahrt dauert per Zug und Auto jeweils kaum über eine Stunde (siehe oben „Anreise").

Neusiedler See/Fertőrákos

Der Neusiedler See (ungarisch: Fertő-tó) liegt **hauptsächlich auf der österreichischen Seite der Grenze.** Der recht kleine südliche Zipfel, der zu Ungarn gehört, steht unter strengem Naturschutz. Der Naturpark (**Fertő-Hanság Nemzeti Park,** seit 1979 UNESCO-Biosphärenreservat) ist aber nicht der Hauptgrund dafür, dass der Zugang zum Wasser so schwierig ist. Vielmehr liegt es daran, dass man noch teils kilometerweit durch ein einzigartiges **Sumpf- und Schilfgebiet** gelangen muss, um tatsächlich Wasser zu sehen – zu erkennen an dem großen grünen Uferstreifen auf den Landkarten. Der beste – und eigentlich auch einzige – Zugang zum See auf ungarischer Seite erfolgt als kurzer Ausflug per Auto oder Fahrrad von weniger als zehn Kilometern nach Fertőrákos. Dort werden **Schiffsfahrten über den See** angeboten, die nicht nur für Freunde seltener Vögel und anderer Tiere höchst spannend sind. Man kann auch **auf eigene Faust per Kajak** die Umgebung zu Wasser erkunden. Der See ist sehr flach und im Laufe der Jahrhunderte schon einige Male fast völlig ausgetrocknet, das letzte Mal 1867 bis 1881.

Zum Ufer in Fertőrákos gelangt man mit dem Auto nur nach Entrichtung einer Gebühr von 460 HUF (Schranke). Neben zahlreichen Imbissen und anderen Buden und einem Mini-Strand findet man hier vor allem den Fähranleger. Das Unternehmen **Drescher Linie** (www.drescher.at) unternimmt von Mai bis September täglich vier Fahrten mit der Fähre ins österreichische Mörbisch (Fahrzeit 20–30 Minuten, mindestens fünf Passagiere, Hin- und Rückfahrt pro Person 8 Euro; außerhalb der Saison nur nach Voranmeldung oder bei Bedarf).

Unterwegs nach Fertőrákos kommt man durch das sehr hübsche Dorf Sopronkőhida mit zahlreichen Privatunterkünften und einem Steinbruch. Von hier aus ist es nur ein Steinwurf bis Sopronpuszta, wo im August 1989 Geschichte geschrieben wurde: Beim **„Paneuropäischen Picknick"** wurde auf Beschluss der ungarischen Führung die Grenze nach Österreich geöffnet, was Hunderte von DDR-Bürgern spontan zum (für sie unerlaubten) Grenzübertritt ausnutzten. Dies war der erste Schritt zum Niederreißen des Eisernen Vorhangs und zur Öffnung aller Grenzzäune. Eine kleine Gedenkstätte erinnert an die historischen Ereignisse vor über 20 Jahren.

Nagycenk

↗II/A2

Von Sopron geht es zunächst in südöstlicher Richtung auf der Straße 84 bis zur Gabelung in Nagycenk **(Großzinkendorf),** wo sich die Straßen 84 und 85 trennen. Es lohnt eine kurze Pause in Nagycenk, um in der Csikós Csárda zu essen (siehe unten), aber auch, um das Dorf zu besichtigen. Dieser **Heimatort der berühmten Széchenyi-Familie** verfügt immerhin über den **Széchenyi-Palast** (Széchenyi-kastély) aus dem frühen 18. Jahrhundert mit schickem französischen Garten, die hübsche Stephanskirche, eine herrliche barocke Pietà-Statue und das Széchenyi-Mausoleum, in dem auch der laut *Lajos Kossuth* „größte Ungar", *István Széchenyi,* seine letzte Ruhe fand (geöffnet tägl. außer Mo 10–18 Uhr); der Friedhof ist wegen seiner schönen alten Grabsteine sowieso sehr sehenswert. Der Palast liegt einige hundert Meter außerhalb des Ortskerns. Am schönsten ist er zu erreichen über die **baumbestandene Lindenallee** namens Kisallé, die nur wenige Schritte vom Széchenyi tér entfernt beginnt. Man kann aber auch mit dem Auto fast bis zum Haupteingang vorfahren. Im Palast selbst ist das **Széchenyi-Gedächtnismuseum** untergebracht (Kiscenki u. 3, Tel. 99 360023, www.muzeum.sopron.hu, geöffnet tägl. 10–18 Uhr, Mo geschlossen, Führungen auch auf Deutsch, Eintritt 1000 HUF, Foto, Video 200 HUF; viele Beschreibungen nur auf Ungarisch, daher ist der Audio-Guide empfehlenswert). Einen kostenlosen Spaziergang im Park sollte man in jedem Fall unternehmen, vielleicht auch etwas essen oder einen Kaffee trinken auf der Terrasse des Schlosshotels.

Gegenüber dem Széchenyi-Palast liegt der kleine Bahnhof „Kastély" der **Museums-Eisenbahn** aus Sopron mit Dampf- und Dieselbetrieb, die mehrmals am Tag verkehrt (Nagycenki Széchenyi Múzeumvasút, Hin- und Rückfahrt 680 HUF, bei Dampflok zusätzlich 400 HUF, Fahrrad 170 HUF, verkehrt April bis Okt. an Wochenenden und Feiertagen, in der Saison auch Fr, www.gysev.hu). Für 1600 HUF darf man in dieser von Kindern und Jugendlichen betriebenen Bahn auch unterwegs selbst einmal Lokführer spielen und erhält dann ein offizielles „Diplom".

Essen und Trinken

- **Csikós Csárda**

9485 Nagycenk, Tel. 99 701031,
www.csikoscsarda.extra.hu.

Großes Restaurant 12 km von Sopron entfernt an der Gabelung der Straßen 84 und 85. Der Name heißt übersetzt „Fohlenhof". Rustikal eingerichtet, breite Auswahl typischer, meist deftiger Speisen. Sicher touristisch ausgerichtet, aber im guten Sinne. Ideal für eine gemütliche Essenspause, wenn man per Auto unterwegs ist.

Fertőd

↗ II/B2

Auf der Straße 85 geht es bis Fertőszentmiklós und dann noch einmal gut drei Kilometer bis Fertőd, wo das neben dem Palast von Gödöllő bei Budapest wohl **berühmteste Schloss Ungarns** steht – benannt nach der Esterházy-Familie, die fast ein halbes Jahrhundert für den Bau dieses Meisterwerks brauchte (von 1720 bis 1766). Gleich nach der Fertigstellung zog kein Geringerer als *Joseph Haydn* ein. Er verbrachte bis 1790 viel Zeit im Schloss, wo einige seiner größten Kompositionen entstanden. Als Vorbild für die Anlage diente der Palast von Versailles.

Das Schloss Esterházy

Durch das wunderbar verzierte gusseiserne Tor kann man bereits die gesamte Front des eindrucksvollen Esterházy-Barockschlosses erkennen, das in **Hufeisenform** angelegt ist. Der breite Hauptweg führt geradewegs auf einen Brunnen und dahinter auf den Haupteingang zu. Zwei Freitreppen schwingen sich zu beiden Seiten auf einen Balkon hinauf, von dem man einen schönen Blick zurück auf den Innenhof und die Längsseiten des „Hufeisens" werfen kann.

Auf der Rückseite erstreckt sich der weite **Schlosspark,** der geprägt ist von zahllosen, riesigen, in verschiedene geometrische Formen getrimmten grünen Büschen, welche die schmalen Spazierwege säumen. Hier kann man auf einer Bank oder ein wenig im Hintergrund vielleicht sogar auf dem stets millimeterkurz geschnittenen Gras eine gemütliche Pause mit Schlossblick einlegen.

Das Schloss von Fertőd ist ohne Zweifel ein besonders schöner Ort. Wer allerdings ganz große Pracht und Glitzer erwartet, könnte ein wenig enttäuscht sein, denn trotz weitgehender Renovierungen in den letzten Jahren prägt auch eine **gewisse Schlichtheit** das Ensemble: Innenhof, das Schloss selbst und der Garten auf der Rückseite, die übrigens anders als die Vorderseite eine gelbe, noch auf ihre Erneuerung wartende Fassade aufweist (was sich schnell ändern kann). Auch der Garten besticht durch seine Einfachheit: Büsche und Rasen – keine gewaltigen Blumenbeete, Terrassen, Brunnen oder Ähnliches (Park geöffnet tägl. 6 Uhr bis Dämmerung, Eintritt frei, Eingang durch Andenkenladen, auch wenn das Schloss zu ist).

Auch beim Blick in das Gebäude hinein fällt schnell auf, dass noch einiges zu erneuern wäre. Doch gerade deswegen lohnt auch ein Besuch des Inneren, wo in einer **Dauerausstellung** Gegenstände aller Art aus den Glanzzeiten der *Esterházys* und ihres Schlosses gezeigt werden. Gut ein Fünftel der über 100 Säle des Schlosses wird vom Museum genutzt, der Rest steht weitgehend leer. Doch Räume wie der Parade- oder der Konzertsaal sind auch ohne jeden Inhalt schon eine kleine Besichtigung wert. Ende des 18. Jahrhunderts schwelgte der Palast in schier unfassbarem Reichtum, sodass sogar der Hof in Wien ein wenig neidisch gewesen sein soll. Er glänzte mit viel Gold, gewaltigen Wandgemälden, sündhaft teuren Möbeln und Geschirr – ganz im Sinne der ausschweifenden Zeit von Barock und Rokoko. Diese „goldene Zeit" der *Esterházys* ist längst vergangen, doch sie lässt sich auch heute noch auf jedem Schritt erkennen. Ergänzt wird das Angebot mit einer **Schau zu Leben und Werk von Joseph Haydn** sowie mit wechselnden thematischen Schwerpunkten, zuletzt etwa „Nikolaus I. Fürst Esterházy und seine Zauberwelt" (Museum geöffnet 15. März bis Okt. tägl. 10–18 Uhr, Mo geschlosen, Nov. bis 14. März Fr, Sa, So 10–16 Uhr, die Kassen schließen jeweils eine Stunde vor Ende, Eintritt 1500 HUF). Eine Führung durch das Schloss, die derzeit täglich um 11.30 Uhr und im Sommer auch um 15 Uhr auf Deutsch angeboten wird, ist nicht unbedingt zu empfehlen. Sie dauert nur eine gute halbe Stunde und bringt wenig Erkenntnisgewinn.

ung047 Foto: mk

Wie das Schloss Haydn nervte und inspirierte

Viele Klassik-Fans werden schon einmal die spektakuläre Haydn-Symphonie Nr. 45 auf der Bühne gesehen und gehört haben. Sie wird auch **„Abschieds-Symphonie"** genannt. Das Werk aus dem Jahr 1772 hat eine besondere Beziehung zu Fertőd, denn entgegen der schönen Worte in den Tourismusprospekten hat es *Joseph Haydn* im Schloss nicht allzu gut gefallen. Der Überlieferung zufolge langweilte er sich so sehr, dass er beschloss, seinem Arbeitgeber, Prinz *Nikolaus Esterházy,* eine Lehre zu erteilen. Weil *Esterházys* Hofkapellmeister *Haydn* und seine Orchestermitglieder endlich wieder zu ihren Familien zurückwollten, komponierte der Österreicher die Symphonie so, dass im Adagio des letzten Satzes die Musiker nach und nach aufhören zu spielen, die Bühne verlassen und dabei ihre Kerzen löschen. Am Ende halten zwei einsame Geiger die Stellung, bis auch sie schließlich aufstehen, ihre Lichter ausmachen und gehen. *Esterházy* verstand die nicht allzu subtile Andeutung: Am Tag nach der Aufführung konnten alle nach Hause gehen. Die Musikwelt hat Fertőd also eine echte Pioniertat zu verdanken: Wohl nie zuvor endete eine Symphonie statt mit einem Paukenschlag mit sich langsam ausbreitender Stille ...

Praktische Tipps

Unterkunft

- **Schlosshotel**

Schloss Fertőd,
Tel. 99 537649, hotel@mag.hu.

Romantiker sollten es sich nicht nehmen lassen, in den Mauern des Schlosses zu nächtigen. Und dies ist noch nicht einmal ein Luxus: Ein Zweibettzimmer mit Bad auf dem Flur und ohne Frühstück gibt es schon ab 8000 HUF. Schöner sind freilich die histori-

Vorbild Versailles – Schloss Esterházy

schen Apartments für zwei (18.000 HUF) oder vier Personen (36.000 HUF) mit Frühstück im Restaurant gegenüber dem Schloss.

• Dori Hotel-Camping
Pomogyi utca 1, Tel. 99 370838,
www.dorihotel.hu.

Die günstige Alternative zum Schlosshotel, nur wenige Schritte vom Palast, mit einfachen Zimmern (schon ab 5500 HUF für zwei Personen), schön eingerichteten Holzhäusern für ein bis sieben Personen (4500 HUF pro Gast bei zwei, 3000 HUF pro Kopf bei sieben Personen), Zeltplatz, Stellflächen für Wohnwagen mit Stromanschluss und Restaurant. Rabatt bei Aufenthalten über drei Tage.

Essen und Trinken

• Gránátos Étterem
Joseph Haydn utca 2, Tel. 99 370944,
www.rabensteiner.hu.

Klassisches Restaurant, direkt gegenüber dem Schloss, dessen Hotelgäste zum Frühstücken auch zu Gránátos geschickt werden.

• Dori Étterem
Pomogyi utca 1, Tel. 99 370838,
www.dorihotel.hu.

Klassisches, einfaches, aber ordentliches Restaurant im oben erwähnten Dori Hotel-Camping mit Spezialitäten aus Land und Region zu sehr guten Preisen (volles Gericht ab 1500 HUF), auch Frühstück.

Győr

↗ III/D2

Die Stadt (deutscher Name: Raab), mit ihren knapp 130.000 Bewohnern immerhin die sechstgrößte des Landes, kennzeichnet nicht ganz so sehr wie Sopron eine urige Altstadtidylle, sondern sie wirkt offener, uneinheitlicher, moderner. Dies mag auch der zentralen Lage auf der großen Trasse von

ung048 Foto: mk

ung051 Foto: mk

Wien nach Budapest geschuldet sein. Doch auch Győr besitzt **viele äußerst reizvolle Straßen, Plätze und Bauten.** Der steile, gewundene Weg durch die hübsche kleine Altstadt hinauf zur Kathedrale und zum Bischofspalast, die kleine Insel auf dem Flüsschen Rába und das Thermalbad gleich auf der anderen Uferseite machen Győr mit seiner langen und wechselvollen Historie zum Anziehungspunkt.

In Győr treffen sich drei kleinere Flüsse, während die Donau nur wenige Kilometer nördlich der Stadt fließt. Mit ihrem Nebenarm Moson-Duna bildet sie eine lang gezogene, ruhige und naturbelassene Insel, die von Norden kommend in Győr endet. Ein Ausflug per Fahrrad oder Auto drängt sich da geradezu auf. Weitere Ziele für Touren mit Startpunkt in Győr sind die gewaltige Benediktinerabtei von **Pannonhalma** (UNESCO-Weltkulturerbe) sowie die reizvollen Städte **Pápa** und **Zirc** zu beiden Seiten des bergigen und dicht bewaldeten **Bakony-Naturparks.**

Die Geschichte des Bischofspalastes geht bis ins 14. Jahrhundert zurück

Geschichte

Keltische Stämme siedelten im Bereich des heutigen Győr bereits im 5. Jahrhundert v. Chr. und nannten ihren Ort **Arrabona** – daher auch die spätere deutsche Bezeichnung Raab. Um Christi Geburt besetzten die Römer Pannonien und damit auch Arrabona. Nach ihrem Rückzug kamen erst slawische Stämme, dann auch Lombarden, Franken und andere. Um das Jahr 900 nahmen die Ungarn (Magyaren) das Land ein und erneuerten die alte römische Festung bei **Geur,** wie der Ort nun genannt wurde. Ungarns erster König *Stephan I.* ernannte die Stadt zum **Bischofssitz.** Beim Mongolensturm im 13. Jahrhundert und in weiteren Kriegen erlitt Győr schwere Schäden. Am schlimmsten zerstört wurde es jedoch während der türkischen Invasion – und das von den Ungarn selbst! Die Verteidiger der Stadt sahen ihren Kampf als aussichtslos an und brannten Győr daher nieder, bevor es die Angreifer tun konnten. Daher auch der türkische Name Győrs, **Yanik kale, die „verbrannte Stadt".** Als der Wiederaufbau vonstattenging, hatte die Renaissance bereits Ungarn erreicht. Viele Gebäude in Győr sind daher geprägt vom Stil dieser Zeit, teils entworfen von italienischen Baumeistern. Ende des 16. und Ende des 17. Jahrhunderts versuchten die Türken jeweils, die Burg von Győr und die ganze Stadt einzunehmen, doch sie blieb fast die ganze Zeit unter österreichischer Kontrolle. So war es auch größtenteils in den folgenden Jahrhunderten, abgesehen von der zwischenzeitlichen Besetzung der Burg durch den französischen Kaiser *Napoleon.* Kaiserin *Maria Theresia* ernannte Győr 1743 zu einer **freien königlichen Stadt.**

Im 19. Jahrhundert gewann Győr zunächst durch den Fortschritt der Dampfschifffahrt auf der Donau an Bedeutung als Handelsstadt, nur um diese in der zweiten Hälfte des Jahrhunderts mit dem Vormarsch der Eisenbahn wieder zu verlieren: Die erste Bahnstrecke von Budapest führte nicht durch Győr. Die Industrialisierung schritt dennoch wie im ganzen Land voran. Während Győr im Ersten Weltkrieg verhältnismäßig glimpflich davonkam, erlitt es im Zweiten Weltkrieg einige Zerstörungen. In der kommunistischen Periode wurden Baulücken

ung050 Foto: mk

Altstadtbummel

zunächst mit hässlichen Blöcken geschlossen, doch bereits in den 1970er Jahren bemühte man sich um **Erhaltung und Rekonstruktion** des historischen Zentrums. Schon 1989, also zum Ende des Kommunismus, wurde Győr ein europäischer Preis für den Erhalt von Denkmälern zugesprochen. Die Stadt profitiert, seitdem die Grenzen endgültig gefallen sind, in ihrer Entwicklung immens von der Lage auf der Verkehrsachse Wien – Budapest und von ihren Reizen als Touristenziel. Sowohl Österreicher als auch Slowaken haben es nicht weit nach Győr. Die slowakische Hauptstadt Bratislava (Preßburg) liegt noch näher als das etwa 100 Kilometer entfernte Wien. Eine Hochgeschwindigkeits-Bahnlinie von Paris nach Budapest, die nach bisherigen Planungen bis etwa 2015 fertiggestellt werden soll, wird durch Győr führen.

Sehenswertes

Hinweis für (Geh-)Behinderte: Die Altstadt ist im Prinzip gut per Rollstuhl zu besichtigen, wobei der Weg hinauf zum Kapitelhügel von beiden Seiten recht steil ist – er lässt sich aber mit Hilfsperson sicher bewältigen, weil nur eine der Routen einen Treppenabschnitt enthält. Auch der Weg über die Brücke und zum Heil- und Erlebnisbad sollte kein größeres Problem darstellen. Eintritte in Kirchen können Barrieren haben, die meisten Museen besitzen inzwischen Rampen oder Ähnliches. Das Hotel Famulus (siehe „Unterkunft“) hebt seine behindertengerechte Einrichtung hervor.

Das interessanteste Gebiet für einen ausführlichen **Spaziergang** lässt sich gut auf das Quadrat zwischen dem Fluss und den Straßen Szent István út und Galántai út eingrenzen. Dies ist der Stadtkern, zu einem guten Teil als **Fußgängerzone** oder zumindest verkehrsberuhigt eingerichtet. Hinzu kommt dann der Weg über die Brücke auf die andere Seite des Rába, wo das kleine Kurviertel der Stadt liegt, sozusagen „Bad Győr“, und wo man auf die kleine Flussinsel schlendern kann.

Baross út

„Hauptschlagader“ des Stadtkerns ist wahrscheinlich die Baross Gábor út, auch Baross út oder Baross utca genannt. Sie führt als breite Ausfallstraße vom Süden an das Zentrum heran und verwandelt sich dort in einen **Boulevard nur für Fußgänger.** Sie strotzt vor Leben und Betriebsamkeit und ist nicht nur für Schaufensterbummler eine Freude. Sie verläuft geradewegs auf die kleinen gewundenen Gassen am Ende der Altstadt zu, die ihrerseits oben auf dem Káptalan-Hügel bei Kathedrale und Bischofspalast enden. Die meisten der hübschen Bürgerhäuser stammen hier aus dem 19. Jahrhundert.

Bischofspalast

Győr kann nicht mit einem klassischen königlichen Schloss oder einer Ritterburg aufwarten. Doch von beidem lässt sich etwas im Bischofspalast (Püspökvár) entdecken, der in strategisch guter Position oberhalb des Flussufers erbaut wurde. Nur noch wenige Originalelemente aus dem 14. Jahrhundert sind erhalten. Der imposante Gebäudekomplex ist am schnellsten über den breiten, mit Kopfsteinen gepflasterten, recht steil aufsteigenden Weg namens Káptalandomb zu erreichen, der an der Brücke am Platz Dunakapu tér beginnt. Nach nur wenigen Schritten bergauf erscheint rechter Hand der breite Palast mit Blick auf den Zusammenfluss der Rába mit dem Donauarm Mosoni-Duna. Schon die alten Römer hatten, wie archäologische Funde zeigten, an dieser Stelle eine Burg gebaut. Der Turm des Komplexes sieht aus wie ein Kirchturm ohne Dach. In Wirklichkeit handelt es sich um einen Burgturm, von dessen Spitze bestens die Umgebung im Blick behalten werden konnte. Püspökvár ist also tatsächlich eine **Kombination aus Verteidigungsburg, Palast und Kirche** – nicht nur, weil der Bischof hier residierte, sondern auch, weil er Ende des 15. Jahrhunderts eine gotische Kapelle neben den Turm bauen ließ. Im 16. Jahrhundert erfuhr das Ensemble eine Umgestaltung und Ergänzung. Gerade einmal vier Jahre lang konnten die türkischen Angreifer während ihres Ungarnfeldzugs den Bischofspalast halten, bevor sie wieder vertrieben wurden. Im 18. Jahrhundert schließlich erhielt Püspökvár weitgehend sein heutiges Aussehen.

Eine Besichtigung des gesamten Geländes ist für Touristen nicht vorgesehen, es dient noch heute der Diözese und dem Bischof von Győr; bei der Hausnummer 26 kann man aber die **Schatzkammer,** u.a. mit alten Werken der Goldschmiedekunst, besichtigen sowie in einer Ausstellung das Leben und den gewaltsamen Tod des hier sehr verehrten **Bischofs Vilmos Apor** nachvollziehen, der 1945 von sowjetischen Soldaten im Keller der Burg erschossen wurde. Auch Bibliothek und Lapidarium des Bischofspalastes sind zu besuchen (Káptalandomb 26, Tel. 20 3128735, geöffnet Di bis So 10–16 Uhr, Führungen in Gruppen zu jeder vollen Stunde).

Die Kathedrale (Basilika)

Ganz oben auf dem Kapitelhügel, quasi gegenüber dem Bischofspalast, erhebt sich über Győr die Kathedrale der Stadt, deren **relativ schlichte weiße Fassade** mit einem Turm samt Zwiebeldach über die außerordentliche Bedeutung des Gotteshauses schnell hinwegtäuschen kann. Gleich mehrere **besondere Reliquien** und Objekte verbergen sich hinter ihren Mauern. Die Basilika, wie die Kathedrale auch genannt wird, kann auf eine **tausendjährige Geschichte** zurückblicken. Der in Ungarn so verehrte Gründerkönig *Stephan I.* rief das Bistum von Győr um die erste Jahrtausendwende aus. Bereits im 11. Jahrhundert soll es eine Kirche an dieser Stelle gegeben haben, gut 300 Jahre später entstand ein gotischer Bau, der aber nach der verheerenden ungarischen Niederlage gegen die Türken bei Mohács 1526 in einem Feuer vollkommen zerstört wurde. Im 17. Jahrhundert begann die Wiedererrichtung durch italienische Baumeister, im 18. Jahrhundert erst wurde das barocke Innere der Basilika fertiggestellt. Weitere Baustile kamen hinzu: eine klassizistische Fassade auf der Westseite

1823, knapp 100 Jahre später angereichert mit neoromanischen Elementen. Die Fresken und einige Altarbilder stammen vom damals sehr bekannten Künstler *Franz Anton Maulbertsch*, das **eindrucksvolle Deckengemälde** erinnert auf bescheidene Art schon fast an *Michelangelos* Sixtinische Kapelle.

Die drei Reliquien der Kathedrale

Die meisten Einheimischen und Ungarn überhaupt suchen die Kathedrale vor allem auf, um das **Gnadenbild der Heiligen Jungfrau Maria** zu verehren. Ein Ire, der vor der dortigen Katholikenverfolgung geflüchtet war, brachte es Mitte des 17. Jahrhunderts nach Győr, wo es in die Kathedrale gehängt wurde. Als einige Jahrzehnte später die nächste Angriffswelle gegen Katholiken in Irland erfolgte, soll die Madonna, die sich auf dem Bild über das Jesuskind beugt, mehrere Stunden lang blutige Tränen geweint haben – damals bestätigt von zahlreichen Augenzeugen. Bis heute glauben die meisten Győrer und Ungarn an die Wahrhaftigkeit dieses Wunders, sodass die Basilika geradezu eine Pilgerstätte geworden ist. Auch das Tüchlein, mit dem die Blutstränen abgewischt worden sein sollen, wurde aufbewahrt.

Von ganz spezieller Bedeutung ist den Menschen in Győr auch der **Sarkophag des** im Zusammenhang mit dem Palast schon erwähnten **Bischofs Vilmos Apor,** 1945 von den Sowjets ermordet. Er wird als Märtyrer besonders hoch geschätzt. Auf dem Sarkophag, der stets mit frischen Blumen geschmückt ist, liegt eine lebensgroße Figur des Geistlichen.

Und schließlich ist auch ein drittes religiöses Objekt nicht minder wichtig – für den neutralen Besucher vielleicht sogar besonders beeindruckend: die **goldene Büste des heiligen László** (Szent László-herma, auf Deutsch auch „Herme des Heiligen Ladislaus" genannt). Als der König *László* aus dem Hause *Árpád* 1192 heiliggesprochen wurde, entnahm man seinem Grab Knochen und Schädel und bewahrte sie in einem Schrein auf. Später wurde aus dem Schädel mit Hilfe von goldbesetztem Silber die Herme (Büste) geschaffen, die zunächst jahrhundertelang im Dom von Nagyvárad aufbewahrt wurde, bevor sie 1607 nach Győr kam. Sie ist **eine der wichtigsten Reliquien Ungarns** und wird jedes Jahr in einer großen Prozession durch Győr getragen. Das Original ist allerdings bereits Anfang des 15. Jahrhunderts zerstört worden. Die heutige Goldschmiedearbeit ist besonders bei dezenter Beleuchtung außerordentlich eindrucks- und auch geheimnisvoll – es scheint tatsächlich, als würde die Figur auf mystische Weise zum Leben erwachen.

Vor der Kathedrale fällt das **barocke Michaelsdenkmal** sofort ins Auge. Es stammt von 1764, der Schöpfer ist unbekannt. Dargestellt ist der Erzengel Michael im Kampf gegen den Teufel.

Eine weitere barocke Statue auf dem Gutenberg tér – wie der Platz auf dem Kapitelhügel vor der Kathedrale heißt – zeigt zwei Engel, die ein die Arche darstellendes Boot tragen. Auf dem Boot liegt ein Lamm, das symbolisch für das „Lamm Gottes“ steht. Das Denkmal heißt **„Frigyláda“ („Bundeslade“).** Kaiser *Karl III.* spendierte dieses religiöse Denkmal der Legende zufolge einst als Entschuldigung dafür, dass seine Soldaten das Jesuitenkloster auf der Suche nach einem Deserteur gestürmt und dabei die Monstranz des Abtes zerbrochen hatten.

Sehr reizvoll ist der Weg vom Gutenberg tér hinunter in die Altstadt. Hier hat man zwei Alternativen: entweder auf dem Hauptweg Aradi vértanúk útja oder über die schmale Gasse und Treppe, die unten neben dem Hotel Schweizerhof münden. Von dort lässt sich der schöne **Spaziergang durch den alten Stadtkern** ideal fortsetzen, etwa über den Széchenyi tér, die Baross utca und die benachbarten Straßen wie die hübsche Liszt Ferenc utca mit ihren vielen renovierten Bürgerhäusern. Eine charmante Besonderheit von Győr sind dabei die elegant an den Gebäudemauern hängenden **Laternen,** die besonders bei Dunkelheit der Altstadt ein sehr romantisches Flair verleihen.

Dunakapu tér

Wer von der Kathedrale denselben breiten Kopfsteinpflasterweg Káptalandomb, vorbei am Bischofspalast, wieder hinabgeht oder auch aus der Altstadt in Richtung Donau-Brücke geht, sieht vor sich den Platz Dunakapu tér, der sich **jeden Mittwoch und Samstag** in einen **großen Markt** verwandelt, wo man neben frischen Lebensmitteln wie Gemüse, Obst, Fisch und Fleisch auch schöne Handwerksprodukte wie selbst geflochtene Körbe erwerben kann. Außerhalb der Marktzeiten hebt sich in der Mitte des Platzes ein Brunnen mit der Figur eines Hahns und einer Mondsichel ab (siehe entsprechenden Exkurs).

Kreszta-ház

Dort wo die Altstadt kurz vor dem Fluss in den Dunakapu tér mündet, zieht ein Haus die Aufmerksamkeit auf sich, dessen Längsseiten aufeinander zulaufen und es **immer schmaler** wer-

ung049 Foto: mk

Kreszta-ház

ung052 Foto: mk

Hahn und Mondsichel schreckten die Türken

Am Dunakapu tér versetzt ein recht kleiner, fast schon unauffälliger eiserner Hahn über einer Mondsichel den aufmerksamen Betrachter ins Staunen. Was hat es damit auf sich, vielleicht eine Anspielung auf die Türken? In der Tat geht die Figur auf eine **alte Stadtlegende** zurück, nach der die Osmanen einen Hahn und eine Mondsichel auf einem hohen Dach in der Stadt anbrachten. Sie hatten gerade Győr erobert und verkündeten selbstbewusst: Solange dieser Hahn nicht kräht und solange diese Mondsichel nicht zu einem Vollmond wächst, werden wir Türken in dieser Stadt regieren. Ein raffinierter Bürger soll daher auf das Dach geklettert sein und, ein Federvieh nachahmend, in eine Trompete gestoßen haben. Die verwirrten Türken schauten hinauf, und just in dem Moment ließ die Reflexion der Sonne die Sichel wie einen Vollmond aussehen ... Von diesem Schreck – so die Legende – erholten sich die Besatzer nicht mehr: Nach nur wenigen Jahren konnten die Türken aus Győr wieder verdrängt werden – anders als im überwiegenden Teil des Landes.

den lassen: das Kreszta-ház aus dem 17. Jahrhundert, benannt nach seinem langjährigen Besitzer, einem wohlhabenden Gewürzhändler. Es liegt zwischen den Sträßchen Jedlik Ányos utca, Káposztás köz sowie Apáca utca und beherbergt neben einem Restaurant-Café (siehe „Praktische Tipps") auch eine interessante **Keramikausstellung** (Apáca utca 1, Tel. 96 326739, www.artmuz.hu, geöffnet Di bis So 10–18 Uhr). Gezeigt wird die Sammlung der zu Lebzeiten und auch nach ihrem Tod 1977 immer noch sehr populären Keramikmeisterin *Margit Kovács*. Zu bestaunen ist Keramik aller Art: Gebrauchsartikel, Ziergegenstände und Schmuck.

Széchenyi tér

Die gesamte Fläche des Széchenyi tér wurde 2009/10 neu gestaltet. Der trostlose Beton musste endlich Pflastersteinen weichen, um dieser besonders hübschen Ecke im Herzen der Altstadt ein angemessenes Aussehen zu verleihen. Immerhin liegen hier die schöne **Benediktinerkirche** (Szent Ignác Bencés templom) mit ihren zwei weißen Türmen und dazu eine ganze Reihe sehr hübscher und größtenteils längst restaurierter Bürgerhäuser. Die Jesuiten gaben einst den Bau des Gotteshauses beim italienischen Meister *Baccio del Bianco* in Auftrag, der ihn 1641 vollendete. Anfang des 19. Jahrhunderts übernahm der Benediktinerorden das Sakralgebäude. Die Innenausstattung wie Kanzel und Altar stammt hauptsächlich aus dem Frühbarock und Barock des 18. Jahrhunderts. Der Wiener Künstler *Paul Troger* schuf die meisten der Wand- und Deckenmalereien. Auf dem Platz selbst steht die **hohe Mariensäule** vom Ende des 17. Jahrhunderts, die der damalige Bischof errichten ließ, um die Rückgewinnung Budas von den türkischen Besatzern zu feiern. Die Madonna, die von den ungarischen Katholiken als Schutzpatronin ihres Landes verehrt wird, trägt die ungarische Krone auf dem Kopf und hält das Christkind im Arm.

Nationaltheater

Parallel zur Baross út, an der Czuczor utca, fällt das Nationaltheater von Győr (Győri Nemzeti Színház) mit seiner ungewöhnlichen **neuzeitlichen Erscheinung** aus der Reihe. 1978 erbaut, ragt es über 42 Meter in die Höhe und ist ein Erbe der „sozialistischen" Architektur. Besonders das riesige achteckige Flachdach zieht die Blicke auf sich.

Bécsi kapu tér

Und noch einen freundlichen Platz hat die Altstadt von Győr zu bieten: den Bécsi kapu tér, zu Deutsch **Wienertor-Platz.** Er liegt vor der Brücke über den Fluss Rába (Rába kettőshíd) **am westlichen Rand des Stadtkerns** (die Brücke ist nicht zu verwechseln mit der schon erwähnten Brücke über die Mosoni-Duna im Norden hinter dem Dunakapu tér).

Der Wienertor-Platz hebt sich durch seinen barocken Charakter ab, besonders mit der gelben Fassade der 1725 vollendeten **Karmeliterkirche.** Im schmucken Inneren ist vor allem die sogenannte Loreto-Kapelle mit der schwarzen Madonna erwähnenswert. Kurios ist, dass der Turm nicht an der vorderen Fassade, sondern an der Rückseite des Gotteshauses errichtet wurde – ein seltener Anblick.

Im **Lapidarium des János-Xántus-Museums** (Bécsi kapu tér 5, Tel. 96 310588, www.gymsmuzeum.hu, geöffnet April bis Okt. Di bis So 10–18 Uhr, Eintritt 550 HUF) werden Steine aus römischer, mittelalterlicher und auch aus der Neuzeit ausgestellt – zusammen mit einer Ziegelsammlung des 1961 verstorbenen Soproner Malers und Künstlers *Jószef Horváth*.

Die Insel Radó sétány und die andere Flussseite

Vom Bécsi kapu tér führt die Brücke ans andere Ufer der **Rába.** Doch in der Mitte der Brücke erstreckt sich nach beiden Seiten die kleine, längliche Insel Radó sétány, auf der es sich **wunderbar im Grünen spazieren** lässt – vorbei an Skulpturen und offenen Gartenhäuschen. Im Sommer werden hier oft kleine Feste und Veranstaltungen für die ganze Familie organisiert.

Am anderen Ufer taucht nach wenigen Schritten das kleine „Kurviertel" von Győr auf, dessen interessantestes Objekt natürlich das **Thermalbad** ist (Rába-Quelle, Heil-, Thermal- und Erlebnisbad, Fürdő tér 1, Tel. 96 514900, www.rabaquelle.hu, www.gyortermal.hu, Tageskarte 2200 HUF, Wellness-Tageskarte mit Sauna und 50 Min. Massage 8000 HUF, nach 18 Uhr bis

Schluss 1300 HUF, geöffnet So bis Di 9–20.30 Uhr, Fr, Sa, Feiertage 9–21 Uhr). Es handelt sich um einen modern eingerichteten, hellen, freundlichen Komplex mit einem sehr breiten Angebot, das von Saunagarten, finnischen Saunen, Dampfsaunen, Infrarotsauna, Aromakabine, Salzhöhle mit geheizten Ruhebänken und Massagesesseln über Wellness-Behandlungen bis hin zu Schönheitssalon sowie Restaurant und Café reicht – nicht zu vergessen natürlich der Bereich mit fünf Schwimmbecken (chlorfreies Wasser) inklusive zweier langer Rutschen, Strömungskanälen, Massagedüsen, Wasserfall usw. Sogar eine Pool-Bar ist in Betrieb.

Rába-Spazierweg

Zurück auf der Innenstadt-Seite der Rába lässt es sich gemütlich am Ufer des sich schlängelnden Flusses entlangspazieren.

Rathaus

Das Rathaus (Városháza, Városház tér 1, Tel. 96 500100, geöffnet Mo bis Mi 7.30–15.30 Uhr, Do 7.30–18 Uhr, Fr 7.30–13 Uhr) von Győr liegt ein wenig ungemütlich an der großen Hauptstraße Szent István út am südlichen Rand der Innenstadt. Für das Verwaltungsgebäude einer bestenfalls mittelgroßen Stadt ist es **erstaunlich monumental geraten.** Es entstand Ende des 19. Jahrhunderts in dem zu dieser Zeit für Ungarn so typischen eklektischen Stilmix. Der mittlere der drei Türme ist ganze 55 Meter hoch und übernahm die Funktion des ursprünglichen Feuerturms. Im Inneren führt von der Eingangshalle eine breite Treppe zum Festsaal, wo eine von der Budapester Musikakademie stammende Orgel steht. Es lohnt sich, im aktuellen Veranstaltungskalender nach **Orgelkonzerten** zu suchen, die hier immer wieder veranstaltet werden.

Praktische Tipps

Information

- **Tourinform Győr**

Árpád utca 32, Tel. 96 336817, www.gyortourism.hu, geöffnet Mitte Juni bis Ende Aug. Mo bis Fr 9–20 Uhr, Sa, So 10–19 Uhr, Sept. bis Mitte Juni Mo bis Fr 9–17 Uhr, Sa 9–13 Uhr, So geschlossen. Viel Info-Material, gute Beratung, Verkauf von Eintrittskarten für zahlreiche Veranstaltungen, Zimmervermittlung, Geldwechsel, Führungen.

Stadtführungen

Dazu erkundigt man sich am besten im Büro der Touristeninformation (siehe oben).

Internet

WiFi-Hotspots für den eigenen Laptop gibt es in den meisten Hotels und Pensionen sowie in Restaurants. Außerdem u.a. bei den MOL-Tankstellen der Stadt und bei McDonald's in der Altstadt (Baross utca 23). Ein Internetcafé ist u.a. **Different Brain-Store Internet Café & Club** (Liszt Ferenc utca 20, Tel. 96 317675, www.different.hu) im Zentrum.

Notfälle und nützliche Adressen

- **Apotheke**

Árpád út 47, Tel. 96 618358. Apotheke mit Notdienst, im Zentrum zwischen Baross út und Czuczor utca gelegen.

- **Krankenhaus**

Vasvári Pál utca 2/4, Tel. 96 418244, knapp 2 km südlich der Altstadt, nahe der großen Nagy Imre utca.

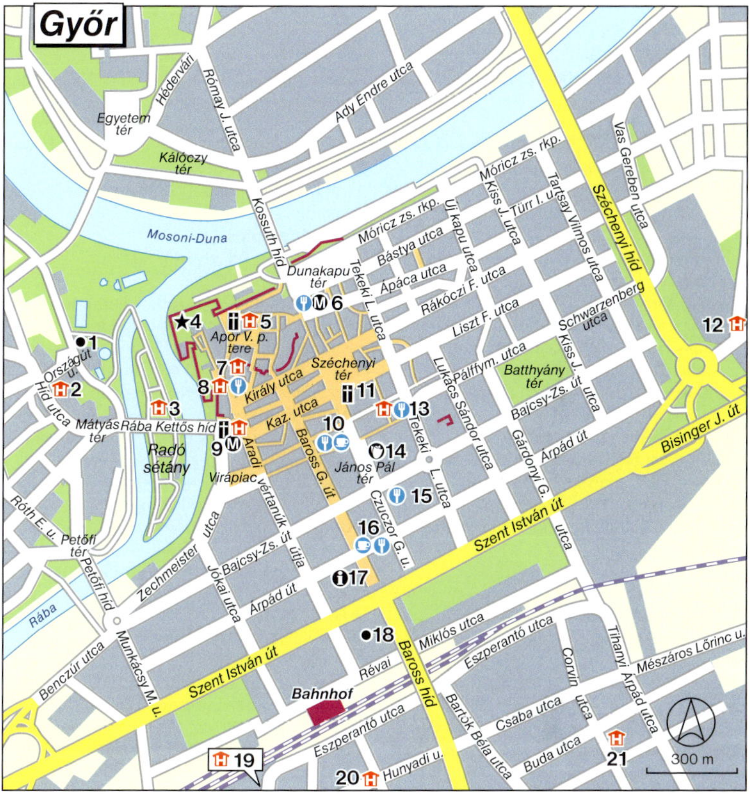

- ● 1 Thermalbad
- 2 Termál Panzió
- 3 Arany Szarvas Fogadó
- ★ 4 Bischofspalast
- 5 Kathedrelale und Hotel Konferencia
- 6 Kreszta-ház
- 7 Romantik-Hotel Schweizerhof
- 8 Katalinkert Panzió und Restaurant
- 9 Karmeliterkirche und Gróf Cziráky Panzió, Lapidarium
- 10 Szürkebarát Étterem, Bécsi Kávéház
- 11 Benediktinerkirche
- 12 Hotel Famulus
- 13 Fonte Hotel und Restaurant
- 14 Nationaltheater
- 15 Komédiás Étterem
- 16 Royal Belgian Beer Café und Restaurant
- 17 Touristeninformation
- ● 18 Rathaus
- 19 Panzió Hummel
- 20 Hunyadi Panzió
- 21 Corvin Hotel

• Polizei
U.a. Híd utcai rendörség, Híd utca 15, von der Altstadt aus gesehen gleich auf der anderen Seite der Rába-Brücke, Notruf 107, Rettungsdienst 104.

• Post
U.a. Révai utca 8, Tel. 96 313322, hinter dem Rathaus und gleich neben dem Bahnhof.

Geld

Es gibt eine Fülle von **Bankautomaten,** die rund um die Uhr zur Verfügung stehen und sowohl Maestro-/EC- als auch Kreditkarten akzeptieren. An **Wechselstuben** mangelt es ebenfalls nicht, auch in Hotels. Hotels und Pensionen sowie Restaurants nehmen in der Regel **Kreditkarten** an, doch gerade bei kleineren Häusern ist dies nicht immer garantiert. Durch die grenznahe Lage zu Österreich und der Slowakei kann man vielerorts in **Euro** bezahlen, man sollte sich aber den Kurs sagen lassen und prüfen, ob es sich nicht lohnt, Forint abzuheben oder zu tauschen.

Unterkunft

• Gróf Cziráky Panzió
Bécsi kapu tér 8, Tel. 96 528466, www.hotelcziraky.hu.

Hübsches Gebäude am malerischen barocken Wienertor-Platz (siehe „Sehenswertes"). Elf nicht herausragende, aber ordentliche und saubere Zimmer mit Klimaanlage. Fahrstuhl, sehr freundliches Personal, Massagen. DZ 10.800 HUF. Mit Pub Shakes Beer (siehe unten).

• Hunyadi Panzió
Hunyadi utca 10, Tel. 96 329162, www.hunyadi-gyor.hu.

Sehr hübsche kleine Villa mit elf schönen Zimmern mit Klimaanlage. DZ 11.900 HUF mit Frühstücksbüfett, Restaurant im Haus, 24-Stunden-Rezeption.

• Termál Panzió
Híd utca 12, Tel. 96 310408, www.hanekampanziogyor.t-online.hu.

In direkter Nachbarschaft des Thermal- und Erlebnisbades, Zimmer mit WiFi-Internet, Parkplatz, Massagen, ermäßigter Eintritt ins Thermalbad. DZ 12.300 HUF mit Frühstück.

• Romantik-Hotel Schweizerhof
Sarkantyú köz 11–13, Tel. 96 512358, www.schweizerhof.hu.

Sehr malerisches, recht kleines Viersternehotel in den gewundenen Altstadtgassen, am Fuße des Kapitelhügels mit Kathedrale und Bischofspalast. DZ 17.000–19.300 HUF (groß) mit Frühstücksbüfett und Klimaanlage. Im Hotel Wellnessangebot: Sauna, Solarium, Massage, Fitnessgeräte.

• Hotel Famulus
Budai út 4–6, Tel. 96 547770, www.famulushotel.hu.

Viersternehotel in 200 m Entfernung zur Altstadt, 44 Zimmer, davon zwei behindertengerecht eingerichtet, Heilmatratzen, Allergiker-Bettwäsche. DZ 86 Euro mit Parkplatz und Frühstück (Preisangabe nur in Euro).

• Hotel Konferencia
Apor Vilmos püspök tere 3, Tel. 96 511450, www.hotelkonferencia.hu.

Herausragende Lage gegenüber der Kathedrale auf dem Kapitelhügel, zwar nicht allzu ansehnlich von außen, aber ordentliche Zimmer mit WiFi, 24-Stunden-Rezeption u.a. 16.000 HUF für DZ mit Frühstück und Tiefgarage.

• Fonte Hotel
Schweidel utca 17, Tel. 96 513810, www.hotelfonte.hu.

Im historischen Stadtkern, schick eingerichtete Zimmer mit Safe, Minibar, Internet, gutes Restaurant im Hause, eigener Parkplatz. DZ 16.300 HUF, Apartment für drei Personen 23.000 HUF.

• Arany Szarvas Fogadó
Radó sétány 1, Tel. 96 517452, www.aranyszarvas-gyor.hu.

Auf der hübschen Rába-Insel, besonders interessant für Kurgäste, nur wenige Schritte vom Thermal- und Erlebnisbad, auch mit eigenen Saunen und Jacuzzi (im Zimmerpreis inbegriffen). Zur Altstadt fünf Minuten Fußweg. WiFi-Internet. Nach Zimmer mit Balkon fragen. Helle Zimmer mit viel Holz. Zusatzleistungen wie Massage und Körperpflege. DZ 16.000 HUF. Kombinations-Sonderpreise für Hotel und Thermalbad (siehe Internet).

• Corvin Hotel
Corvin utca 17–19, Tel. 96 515490, www.corvinhotel.hu.

Ordentliches Dreisternehotel, ruhig gelegen in Bahnhofsnähe, WiFi-Internet auf den Zimmern. 19 Zimmer, zwei Apartments, DZ ab 9000 HUF.

- **Panzió Hummel**
Kálvária út 57, Tel. 96 412599, www.hummelpanzio.hu.
Sympathische Pension mit acht Zimmern, nur gut 1 km südwestlich des Stadtkerns. DZ 7400 HUF, mit Frühstück 8800 HUF.
- **Katalinkert Panzió**
Sarkantyú köz 3, Tel. 96 542088, katalinkert@t-online.hu.
Kleine idyllische Altstadt-Pension zu Füßen des Kapitelhügels. Parkplatz, Safe, Haustiere erlaubt. Sehr nettes Restaurant (s.u.).

Camping

- **Pihenő Camping és Vendégház**
Győr-Kertváros, Tel. 96 523007, www.piheno.hu.
Im Wald gelegen, 5 km vom Stadtzentrum nahe der Straße 1 nach Komárom. Zelt- und Abstellplatz für Wohnwagen mit Strom- und Wasseranschluss, Holzhütten für bis zu vier Personen ohne Bad und Heizung, auf dem Gelände auch 17 Gästezimmer mit Klimaanlage, Bad und Frühstücksbüfett. DZ 7600 HUF, Hütte 5900 HUF.

Essen und Trinken

- **Kreszta-ház**
Jedlik Ányos utca 3, Tel. 96 318435, geöffnet Mo bis Do 10–23 Uhr, Fr, Sa 10–24 Uhr.
Im historischen Kreszta-Haus (siehe „Sehenswertes") werden ungarische und internationale Gerichte serviert.
- **Katalinkert Vendéglő**
Sarkantyú köz 3, Tel. 96 542088, katalinkert@t-online.hu.
Restaurant der gleichnamigen Pension (s.o.) mit schönem Hof und gutem ungarischen Essen zu günstigen Preisen in angenehmer Atmosphäre.
- **Royal Belgian Beer Café and Restaurant**
Árpád út 34, Tel. 96 889460, www.danubiushotels.com/raba, geöffnet Mo bis Fr 10–24 Uhr, Sa 11–24 Uhr, So 11–22 Uhr.
Beim Hotel Rába, schick im Stil des frühen 20. Jahrhunderts eingerichtet, mit mindestens 25 belgischen Biersorten, aber auch einem vollen Speisenangebot zu mittleren Preisen. Großes Bier vom Fass ab 590 HUF.
- **Szürkebarát Étterem**
Arany János u. 20, Tel. 96 311548.
Weinkeller mit ordentlichen und günstigen Mittagsmenüs, Hauptgerichte schon ab 1300 HUF, am Wochenende trifft sich hier die Jugend der Stadt auf ein Bier.
- **Komédiás Étterem**
Czuczor Gergely u. 30, Tel. 96 527217, www.komediasetterem.hu.
Empfehlenswertes Restaurant mit Mittagsgerichten schon unter 1500 HUF; Internet-Hotspot.
- **Bécsi Kávéház**
Arany János u. 18.
Nettes Café mit gutem Eis.

Nachtleben

- **Shakes Beer Söröző & Pizzéria**
Bécsi kapu tér 8, Tel. 96 528466, www.hotelcziraky.hu.
Im Keller der Pension Gróf Cziráky. Pizza und andere Imbisse aus Pizzateig sowie einige Biersorten und andere Getränke.
- **Cinema City Győr Plaza**
Vasvári Pál utca 7, Tel. 96 411111. Großes Kino etwa 2 km südlich des Stadtkerns nahe der Ausfallstraße Nagy Imre utca (Verlängerung der Baross Gabor út).

Anreise

Auto

Aus Deutschland und der Schweiz über Österreich. Ab Wien auf der A4 und dann in Ungarn auf der Autobahn M1 oder alternativ auf der Straße 1 in Richtung Budapest. Die Straße 1 führt direkt nach Győr, von der Autobahn muss man die entsprechende Abfahrt nehmen und dann einige Kilometer bis Győr fahren.

Aus Budapest wählt man entsprechend die M1 in Richtung Wien. Wer hier die Autobahn vermeiden will, muss einen Umweg in Kauf nehmen über die nördliche Straße 10 und dann 1 nach Győr.

Vom Balaton kommend führt die Straße 82 von Veszprém direkt nach Győr.

Entfernungen: Wien ca. 120 km, Budapest ca. 130 km, Balaton knapp 100 km.

Bahn

In der Regel verkehren die Züge von Budapest nach Győr ein- bis zweimal pro Stunde und fahren anderthalb bis zwei Stunden. Der Preis liegt zwischen 2200 und 2700 HUF.

Von Wien erreicht man Győr in gut anderthalb Stunden Fahrzeit, tagsüber meist einmal pro Stunde.

Bahnhof: Révai utca 4–6, Tel. 96 311613, gute Internetseite: www.mav.hu/deutsch.

Bus

Aufgrund der guten Bahnverbindungen sowohl nach Österreich als auch mit den ungarischen Bahnen erübrigt sich für die meisten Reisenden die Anfahrt per Bus. Für Reisen in die nähere und weitere Umgebung von Győr kann sich ein Bus für Nicht-Autofahrer aber anbieten oder sogar notwendig sein. Der **Busbahnhof** liegt auf der dem Zentrum abgewandten Seite des Rathauses bzw. auf der Rückseite des Zugbahnhofs (Hunyadi utca 9, Tel. 96 317711, www.kisalfoldvolan.hu).

Flughafen Győr-Pér

Tel. 96 559200, www.gyor-per.hu, derzeit noch eher uninteressant für Reisende. Dies könnte sich in den kommenden Jahren mit der möglichen Einführung internationaler Verbindungen ändern.

Pannonhalma

↗ III/D2,3

Nur 23 Kilometer südlich von Győr – zu erreichen über die Straße 82 in Richtung Veszprém – erhebt sich inmitten von Weinbergen der gewaltige Gebäudekomplex der **berühmten Benediktiner-Abtei** mit dem alles überragenden, gen Himmel strebenden Kirchturm in seiner Mitte. Von der UNESCO wurde das Ensemble 1996 als **Weltkulturerbe** anerkannt, genau 1000 Jahre nachdem Fürst *Géza* die ersten Mönche aus Prag und Italien auf eben jenem Hügel angesiedelt hatte. *Gézas* Nachfolger *Stephan der Heilige,* Ungarns erster König, erneuerte und stärkte die besondere Stellung der Abtei als Verteidigungsbastion des Christentums mit der Stiftungsurkunde von 1001. Seit jenen Zeiten ist das Kloster aktiv, allerdings mit zwei kurzen Pausen: vom Ende des 16. bis zur Mitte des 17. Jahrhunderts nach dem Überfall der Türken und noch einmal, nachdem Kaiser *Joseph II.* es schließen ließ, bis es 1802 von Kaiser *Franz II.* wieder einberufen wurde. Im Zweiten Weltkrieg stand die gesamte Einrichtung unter dem Schutz des Roten Kreuzes. Bis zu 4000 Flüchtlinge kamen damals dort unter. Noch heute leben, arbeiten und beten im Kloster etwa 50 Mönche. Unter anderem unterrichten sie 300 Schüler im Gymnasium und im Internat, die beide auf dem Gelände der Abtei liegen.

Heute steht die Anlage für Besichtigungen offen. Allerdings kann niemand einfach so durch den Haupteingang hineinspazieren. Vielmehr führt

ung054 Foto: mk

Blick über Pannonhalma

ein sympathischer Spazierweg im Grünen nahe den Klostermauern zum hinteren Teil, wo ein **modernes Besucherzentrum** eingerichtet wurde – mit kostenlosem und käuflich zu erwerbendem Material, Büchern, Karten usw. Wer auf dem kleinen Parkplatz oben am Haupteingang keine Lücke mehr findet oder nicht so gern einen Weg mit Steigungen und Stufen bewältigen will, kann auch die Straße nehmen, unterhalb des Besucherzentrums parken und per Fahrstuhl nach oben gelangen.

Die Abtei ist **ausschließlich mit Führung zu besichtigen.** Deutschsprachige Touren werden in der Regel mehrmals täglich angeboten. Um eine eventuelle Wartezeit zu vermeiden, kann man aber auch an einer ungarischen Führung teilnehmen. Man erhält dann ein Faltblatt, auf dem in deutscher Sprache jede Etappe der Führung erklärt wird. Beim kleinen Eröffnungsfilm zu Beginn des Programms, in dem das Kloster in bewegten Bildern vorgestellt wird und einige Mönche von ihrem Alltagsleben erzählen, werden auf Wunsch sogar deutsche Untertitel eingeblendet. Ein weiterer Vorteil der ungarischen Tour ist der etwas geringere Preis.

Höhepunkte des Rundgangs sind die Kirche mit Unterkirche und Kreuzgang sowie die fantastische Bibliothek. Als Bonus erhalten die Besucher einen eindrucksvollen **Panoramablick von der Aussichtsterrasse** gegenüber der Kirche. Elegant erstrecken sich Hügel, Täler und Weinstöcke vor dem Auge des Betrachters.

Die **Kirche** wurde in ihrer heutigen Form im 13. Jahrhundert im frühgotischen Stil erbaut. Die an ungefähr derselben Stelle existierende Vorgängerkirche war im 12. Jahrhundert wahrscheinlich einem Brand zum Opfer gefallen. Später wurden bei Grabungen Reste gefunden. Der Stil war eher nüchtern und ohne großen Pomp, so wie die gesamte Kirche nicht gerade gewaltige Ausmaße besitzt. Bei den Angriffszügen der Türken ging fast die komplette Einrichtung verloren. Was man heute im Inneren sieht, stammt zumeist aus dem 19. Jahrhundert. **Imponierend ist die Unterkirche** mit ihrer Dreiteilung durch je zwei mächtige Säulen. Die Ehefrau des österreichisch-ungarischen Kronprinzen *Rudolf von Habsburg,* Prinzessin *Stefanie,* ist hier begraben. Von der Unterkirche führt der Weg durch das „Prächtige Tor" („Porta Preciosa") in den spätgotischen Kreuzgang von 1486.

Das letzte große Objekt der Besichtigung ist die **Bibliothek,** die erst Anfang des 19. Jahrhunderts erbaut wurde, als die Klosterschule ihren Betrieb aufnahm. Im Vorraum hängen die originalgetreuen Kopien zweier der wichtigsten Dokumente der ungarischen

ung053 Foto: mk

Historie: die bereits erwähnte **Gründungsurkunde** des Klosters Pannonhalma von 1001 (einige Angaben sprechen von 1002) sowie die **Stiftungsurkunde** des Klosters auf der Balaton-Halbinsel Tihany von 1051. Das Original des Tihany-Dokuments, das jedes ungarische Kind kennt, liegt im Archiv von Pannonhalma. Es gilt als älteste erhaltene Schrift in ungarischer Sprache. In der Bibliothek sammelten die Mönche bis heute gut 400.000 Bücher. Der große Saal mit seinen goldverzierten Marmorsäulen und den hohen Regalen voll alter Bücher, die bis zur prächtigen Kuppel reichen, lässt nicht nur die Herzen von Fans antiquarischer Schriften höher schlagen. Der Künstler *Josef Klieber* schuf das große Deckengemälde. Die Besucher erhalten genügend Zeit, um diesen Saal gebührend zu bewundern und zu fotografieren (Foto- und Videoaufnahmen sind gestattet, in den Innenräumen aber nur ohne Blitzlicht).

Wer in Pannonhalma eine atemberaubende, glitzernde und glänzende Pracht erwartet, könnte enttäuscht werden. Gerade die Wohn- und Verwaltungsgebäude sind sogar recht nüchtern. Faszination und Würde dieses Ortes liegen eher in seiner monumentalen Größe, der Lage „näher an Gott" auf dem Hügel und der immensen historischen Bedeutung des Klosters, untersteht es doch als einzige Benediktinerabtei außer derjenigen in Monte Cassino direkt der **Weisungshoheit des Papstes.** Auch einen allzu intimen Einblick in das „Privatleben" der Mönche sollte niemand erhoffen, denn Schlafräume, Badezimmer und Ähnliches werden nicht präsentiert. Dennoch kann der aufmerksame Beobachter spannende Eindrücke sammeln. Interessant genug ist es schon, wenn einem zum Beispiel eine Gruppe von Benediktinern mit lockerem Schritt und in angeregte Gespräche vertieft begegnet. Man kann das Gelände, dessen Stilmix einen Schwerpunkt auf barocke Elemente setzt, auch als Städtchen für sich auffassen, abgeschieden von der bunten und lauten Außenwelt. Im Anschluss wird man durch eine (wechselnde) Ausstellung und durch den Andenken- und Buchladen hindurch wieder nach draußen geschleust.

Im gegenüber dem Haupteingang liegenden, sich über den Hügel erstreckenden **Garten** mit schönen Spazierwegen steht eine Miniatur der Abtei. Dort finden sich auch Kilometerangaben zu einer Auswahl ferner und nicht so ferner Städte.

In der Bibliothek der Benediktiner-Abtei

• **Erzabtei Pannonhalma,** TriCollis Apátsági Tárlatvezető Iroda, Vár 1, Pannonhalma, Tel. 96 570191, www.bences.hu, Eintritt 2500 HUF, geöffnet 21. März bis Ende April sowie Okt. bis 11. Nov. tägl. außer Mo 9–16 Uhr, Mai tägl. 9–16 Uhr, Juni bis Sept. tägl. 9–17 Uhr, 12. Nov. bis 20. März tägl. außer Mo 10–15 Uhr, die Zeiten der Führungen variieren, meist zwei bis drei Führungen täglich auf Deutsch und Englisch, aber nur auf telefonische oder persönliche Voranmeldung mit Risiko längerer Wartezeit, oder Teilnahme an den meist stündlichen ungarischen Führungen mit Faltblatt auf Deutsch; Dauer: ca. 1,5 Stunden. Ebenfalls mit Voranmeldung kann zusätzlich die Kellerei der Abtei besichtigt werden – mit Weinprobe.

Gehbehinderte sollten sich ebenfalls im Voraus anmelden. Das Gelände ist nur teilweise behindertengerecht eingerichtet, nach Voranmeldung wird die Route der Führung aber so umgestellt, dass Behinderte nur kleinere Barrieren überwinden müssen und mehr Programmpunkte mitmachen können.

2009 begannen **Umbau- und Erneuerungsarbeiten,** die mehrere Jahre dauern können. Dadurch kann es zu Abweichungen bei den Zeiten oder bei den Programmpunkten kommen.

Praktische Tipps

Unterkunft/Camping

- **Familia Panzió**

Béke utca 61, Tel. 96 470192, http://w3.enternet.hu/familiap.

Eher Privatzimmer als Pension, getreu dem Namen herrscht eine familiäre, entspannte Atmosphäre beim Grillen oder Tischtennis-Spielen im Garten.

- **Panoráma Camping**

Fenyvesalja utca 4, Tel. 96 471240.

Recht einfacher, aber ordentlicher, sauberer, ruhiger und schön gelegener Campingplatz (Zweisterne-Kategorie), kinderfreundlich, geöffnet Mai bis Sept., für Wohnwagen und Zelte, auch mit Gästezimmern (DZ 7000 HUF). Vor Ort ausgeschildert.

Essen und Trinken

- **Szent Márton Étterem**

Vár 1, www.szentmartonetterem.hu, geöffnet Di bis So 10–20 Uhr.

Direkt bei der Abtei, mittlere Preisklasse, internationale Küche, aber auch ungarische Klassiker. Schöner Ausblick von der Terrasse.

- **Borbirodalom**

Szabadság tér, Tel. 96 471730.

Angenehmes Weinlokal mit gutem, günstigen Essen (Gerichte ab 1300 HUF) und einem sehr schönen Innenhof.

Im Dorf gibt es weitere Angebote für Touristen wie etwa Privatzimmer („Zimmer frei") und Gaststätten.

Anreise ohne Auto

Von Győr mit einem **Regionalzug** in Richtung Veszprém bis zur Haltestelle Pannonhalma, dann 2 km zu Fuß oder per Taxi zum Kloster (neunmal täglich, Fahrzeit unter 30 Minuten, Preis 400 HUF, Verbindungen unter www.mav.hu/deutsch).

Es verkehren auch einige **Linienbusse** von Győr nach Pannonhalma direkt zum Kloster (dreimal täglich). Wem ein Spaziergang aus dem Dorf zur Abtei nichts ausmacht, fährt aber wohl besser Zug. Informationen im Busbahnhof in Győr.

Natürlich ist die Abtei von Győr auch gut per **Fahrrad** oder sogar im Rahmen einer Wanderung zu erreichen (23 km).

Zirc und die Bakony-Region

↗ XIV/B1

Die Kleinstadt Zirc mit etwas über 7000 Einwohnern inmitten der wald- und hügelreichen Bakony-Region, ungefähr in der Mitte zwischen Győr und dem Plattensee, ist über die Straße 82 von Győr und Pannonhalma direkt zu erreichen. Ob sie einen Umweg von 40 Kilometern lohnt, hängt davon ab, wie viel Zeit man hat. Wer in der Nähe vorbeikommt, sollte auf jeden Fall einen Stopp einlegen.

Sehr beachtlich ist das **Kloster von Zirc,** das Zisterziensermönche aus Schlesien nach dem Rückzug der Türken Anfang des 18. Jahrhunderts hier errichteten. Wer den enorm raumgreifenden Innenhof betritt, wird als erstes den Blick auf die prachtvoll verzierte gelbe Barockkirche lenken. Sie glänzt besonders von innen mit ihren ausdrucksstarken Fresken von *István Wagenmeister,* dem goldbestückten Altar mit einem großen Gemälde des bereits aus Győr bekannten, im 18. Jahrhundert bedeutenden Österreichers *Franz Anton Maulbertsch,* der schönen Orgel sowie den zahlreichen Statuen.

Neben der Kirche ist im Sandsteingebäude mit der mächtigen Säulen- und Bogenfassade über ein großes Treppenhaus die **Bibliothek** (geöffnet tägl. außer Mo 9–12 und 13–17 Uhr, Eintritt 500 HUF) zu erreichen. Wer glaubt, die schönste Bibliothek bereits im Kloster von Pannonhalma gesehen zu haben, liegt sicher richtig. Dennoch kann auch die Sammlung von Zirc mit 65.000 Bänden aufwarten, darunter einige echte Schätze. Wenn nicht allzu großer Betrieb herrscht, erhält man von den hilfsbereiten Angestellten durchaus eine individuelle Führung – auch auf Deutsch – mit vielen interessanten Informationen zu den einzelnen, teils sehr beeindruckenden Räumen und den wertvollsten Büchern. So wurden die großartigen Regale fast alle aus einheimischem Holz von einem lokalen Handwerkermeister in zehnjähriger Arbeit geschnitzt, nur das Palisander kam aus dem Ausland. Ein Tisch wird durch Herausziehen zu einer hohen Leiter, mit der man Zugang zu den Büchern selbst der oberen Reihe erhält. Zu bestaunen ist auch der weltweit erste gedruckte Globus.

ung055 Foto: mk

Der Altar in der Barockkirche von Zirc

Dasselbe Gebäude beherbergt das **Naturwissenschaftliche Museum** der Region Bakony (Bakonyi Természettudományi Múzeum, geöffnet tägl. außer Mo 9–17 Uhr, Eintritt 500 HUF).

Im **Botanischen Garten** (Arborétum, geöffnet Mitte März bis Ende April, Sept. bis Mitte Nov. 9–17 Uhr, Mai bis August 9–19 Uhr, Eintritt 550 HUF), einige Gehminuten vom Kloster entfernt, werden teils seltene Pflanzen und Bäume gepflegt und präsentiert. Die Grünanlage ist schön angelegt und lädt zu einem entspannten Spaziergang ein. Wer von Győr kommt, fährt direkt darauf zu. Die Straße 82 macht eine scharfe Kurve und heißt von hier an Köztársaság utca. Beim Kloster schlägt sie dann wieder einen engen Bogen und heißt nun Széchenyi utca. Hier liegen der Haupteingang zum Klosterhof und auch der kleine Ortskern des Städtchens, wo man noch auf einen Kaffee und Kuchen in die Cukrászda gehen oder sich einen Lángos als Imbiss in die Hand geben lassen kann.

Wer **Wanderungen in die Bakony-Berge** unternehmen oder einfach nur übernachen will, kann auch sehr gut für einen oder mehrere Tage in Zirc bleiben. Blau, rot, grün und gelb markierte Wanderwege führen ordentlich ausgeschildert in die baumreiche Hügelwelt der Region.

Unterkunft und Essen

- **Jeskó Panzió Vendéglő**
Kossuth Lajos utca 28, Tel. 88 583705, www.jeskopanzio.hu.
Einfache Privatpension mit Restaurant, DZ 8000 HUF, ab zwei Nächten 6900 HUF, ab fünf Nächten 5500 HUF, typisch ungarisches Essen zu recht niedrigen Preisen im Lokal. Wenige Gehminuten vom Kloster an der (nachts nicht so stark befahrenen) Hauptstraße.
- **Weitere Lokale** direkt beim Kloster an der Széchenyi utca.

Pápa

↗ III/C3

Wie Zirc ist auch Pápa nicht für jeden Besucher obligatorisch, aber wer sowieso in der Nähe auf der Durchreise ist oder einen Ausflug von Győr unternehmen will, sollte in diese mit gut 33.000 Einwohnern schon etwas größere Stadt einen Blick werfen. Sie liegt 46 Kilometer südlich von Győr an der Straße 83, die man beispielsweise als alternative Strecke zur 82 auf dem Weg zum Balaton benutzen kann. Jeder Ungar kennt den Ort schon allein deswegen, weil sich der große Schriftsteller **Mór Jókai** und der Nationaldichter und Revolutionsheld **Sándor Petőfi** hier kurz vor der Mitte des 19. Jahrhunderts bei ihrer Ausbildung an der Calvinistenschule trafen.

Erster Höhepunkt im Ort ist die weiße **Pfarrkirche des Heiligen Stephan** aus dem 18. Jahrhundert am Hauptplatz Fő tér. Ihr Doppelturm ist nicht weniger als 72 Meter hoch, in Pápa nennt man das Gotteshaus daher die „Großkirche". Nachdem die mittelalterliche Kirche an dieser Stelle einst zerstört worden war, ließ der Graf *Károly Esterházy,* damals Bischof von Eger, das neue Bauwerk im Stile des Spätbarock errichten. Die sehenswerten Fresken im Inneren sind abermals, wie auch in Zirc und Győr, vom österreichischen Barockmeister *Franz Anton Maulbertsch* (Eingang seitlich).

Einige **denkmalgeschützte Häuser** mit bemerkenswerten Fassaden schmücken die direkte Umgebung des Gotteshauses am Fő tér, viele davon auch aus dem 18. Jahrhundert. Es lohnt sich, die Bauten des Hauptplatzes und am Beginn der Fő utca einmal ganz in Ruhe abzuschreiten und in Augenschein zu nehmen.

Als zweiten Höhepunkt kann man das **Esterházy-Schloss** von Pápa bezeichnen. Ohne Frage ist es derzeit nicht in allerbestem Zustand und könnte eine gründliche Renovierung vertragen, was vielleicht ja sogar bald passiert. Doch auch in seiner jetzigen

Form ist der gelbe Palast, der sich mit seiner ein wenig ungleichmäßigen Hufeisenform gleich an den Hauptplatz der Stadt anschließt, sehenswert. Er stammt ebenfalls aus dem 18. Jahrhundert und entstand auf den Fundamenten einer zuvor dort stehenden alten Burg. Innen lohnt sich ein Blick in den Lesesaal der Jókai-Bibliothek, einst die Kapelle des Ensembles. Interessant sind die zwei recht eigentümlich aussehenden Löwen, die zu beiden Seiten des Weges den Besucher begrüßen – oder auch warnen, je nach Interpretation. Eine dieser Kreaturen hält das Wappen der *Esterházys,* die andere einen Palmenzweig.

Vor dem Schloss wurden auch die beiden Schriftsteller *Jókai* und *Petőfi* mit je einem Denkmal verewigt.

Ein Großteil des Palastes steht derzeit jedoch leer oder wird für verschiedene Zwecke genutzt, sodass man auch schon mal beispielsweise den Probenlärm einer Rockband aus dem Inneren dringen hört.

Unterkunft und Essen

● **Hotel Arany Griff**
Fő tér 15, Tel. 89 312000,
www.hotelaranygriff.hu.

Traditionsreiches Haus am Hauptplatz, in dem schon vor 150 Jahren die Ehrengäste der Stadt nächtigten und mit den Einheimischen große Bälle feierten. Großer Saal für Feiern, Konzerte und Tanzabende. Tolle Lage, ordentliche, aber keineswegs luxuriöse Zimmer, DZ ab 12.600 HUF. Im Restaurant gute Auswahl an ungarischen und regionalen Speisen zu akzeptablen, mittleren Preisen.

● **Erkel Panzió**
Somlai út 69, Tel. 89 315045,
www.globonet.hu/erkelpanzio
(Website nur auf Ungarisch).

Kleine familiäre Pension, einfach, sauber und freundlich mit guten Zimmern. Gut 1 km südlich des Hauptplatzes (die Straße Somlai út geht direkt von der Straße 83 ab). DZ ab 5900 HUF.

Mosonmagyaróvár

⇗ III/C1

Die Kleinstadt mit dem schier unendlich und unaussprechlich scheinenden Namen (auf Deutsch hieß sie Ungarisch-Altenburg) muss jeder passieren, der aus Wien in Richtung Győr und Budapest fährt. Die Abfahrt von der Autobahn lohnt aber nicht nur für eine kurze Besichtigung von Mosonmagyaróvár selbst, sondern vor allem für eine kleine Fahrt auf die **Donauinsel Szigetköz** (Schüttinsel), die erst in Győr endet. Die Insel entsteht durch den Donauarm Moson-Duna. Der Landstreifen zwischen ihm und dem Hauptbett der Donau ergibt die Insel. Von Mosonmagyaróvár kann man mit dem Auto oder auch per Fahrrad noch ein Stückchen nach Norden fahren, über eine Brücke die Insel erreichen und auf der idyllischen Szigetköz dann je nach Wunsch hinunter bis Győr gelangen.

Der Name der heute gut 30.000 Bewohner zählenden Stadt ergab sich erst 1939 durch die Zusammenlegung der beiden Orte Moson und Magyaróvár. Reisende werden keine Mühe haben, Hotels, Restaurants und Cafés zu finden, denn wegen der Lage nur 15 Kilometer von ihrer Grenze kommen besonders **viele Österreicher** zu Besuch.

Neben der sympathischen und sauberen kleinen Fußgängerzone der Innenstadt mit einigen Kirchen, barocken Häusern und der sehenswerten Burg steht die Gesundheit im Vordergrund: Im **Heilbad** finden besonders Magen- und Darmkranke sowie Menschen mit Bewegungsschmerzen Linderung, und in den unglaublich vielen **Zahnarztpraxen** und -kliniken (die meisten davon auch deutschsprachig) werden mit etwas Glück die versprochenen dentalen Wunder zu guten Preisen vollbracht.

Die **Fußgängerzone** des kleinen Ortskerns liegt direkt rechts, also östlich, neben der Hauptstraße Fő út. In einer Viertelstunde hat man die meisten Winkel abgeschritten. In der Magyar utca reckt sich die neogotische evangelische Kirche in die Höhe.

ung056 Foto: mk

Der Ortskern von Mosonmagyaróvár

Natürlich muss noch das wichtigste Gotteshaus der Stadt erwähnt werden, die weiße **Barockkirche St. Gotthard** (Szent Gotthárd templom) auf dem Szent László tér, erbaut in ihrer heutigen Gestalt 1777. Decken und Wände sind schmuckvoll ausgemalt. Das Deckengemälde in der zentralen Kuppel macht dabei besonders Eindruck.

Ein Kleinod ist auch der **Deák tér,** einst der Marktplatz von Magyaróvár, mit Mühle und Bierbrauerei. Das **Habsburg-Haus** (Habsburg palota) aus dem 18. Jahrhundert mit seinem heutigen Äußeren aus dem 19. Jahrhundert war lange Jahre der erzherzogliche Palast. Am 23. Oktober 1848 hielt Nationalheld und Revolutionär *Lajos Kossuth* aus einem der Erkerfenster eine Rede. Einige alte Barockhäuser zieren den Deák tér ebenso wie die mächtige Statue des heiligen *Johann von Nepomuk* aus dem Jahr 1744.

Die gegenüberliegende **Burg** (von ihr stammt auch der deutsche Name Altenburg), im 13. Jahrhundert auf den Ruinen einer römischen Festung entstanden, wurde im Laufe der Zeit immer wieder mehr oder weniger einschneidend umgestaltet. Das heutige Erscheinungsbild stammt hauptsächlich vom letzten großen Umbau im 18. Jahrhundert. Herzog *Albert Kasimir,* Schwiegersohn der Kaiserin *Maria Theresia,* gründete hier 1818 eine **Agrarhochschule.** Später wurde sie zur Landwirtschaftlichen Fakultät der Universität Westungarn, die bis heute besteht. Beim Nebeneingang der heute schon recht abgenutzt erscheinenden Burg steht die winzige **Lucsony-Kapelle** (Lucsonyi kápolna) mit Holztürmchen und Zwiebeldach, die 1713 zur Erinnerung an die damals überstandene Pestepidemie erbaut worden war. Hinter der Kapelle beginnt der relativ weitläufige **Wittmann-Park,** der sich für eine Verschnaufpause im Grünen eignet.

Eine gute Tat für die Gesundheit ist ein Besuch im **Heil- und Schwimmbad Flexum Termál** (Kolbai Károly utca 10, Tel. 96 215475, geöffnet Mo 8–18 Uhr, Di bis Fr 8–20 Uhr, Sa, So 8–19 Uhr), nur einige hundert Meter östlich der Fußgängerzone gelegen.

Praktische Tipps

Information

- **Tourinform**
Kápolna tér 16, Tel. 96 206304.

Unterkunft

- **Termál Hotel Aqua és Camping**
Kígyó utca 1, Tel. 96 579168, www.tha.hu.

Hotel direkt neben dem Heil- und Schwimmbad mit Schwerpunkt auf Kur- und auch Zahnbehandlungen. DZ 14.500 HUF. Mit angeschlossenem Campingplatz und Restaurant.

- **Pension Nest**
Kígyó utca 22, Tel. 96 21599, www.freeweb.hu/nest.

Auch in direkter Nachbarschaft des Heilbades. Familiäre Pension, DZ mit Bad 10.000 HUF, DZ mit Gemeinschaftsbad (drei Zimmer) 7000 HUF. WiFi-Internet 500 HUF.

- **Érsek Vendégszobák**
Marx Károly utca 6, Tel. 96 212751, www.sargaborostyan.hu.

„Zimmer-frei"-Unterkunft. Die Karl-Marx-Straße wird übrigens gelegentlich nur Károly utca genannt. Einfache, aber sehr anständige Zimmer, DZ nur 5500 HUF, 10% Aufschlag bei nur einer Nacht.

- **„Zimmer-frei-Straße"**
Nimmt man aus dem Zentrum hinaus die Straße 1 in Richtung Wien, so heißt die Wohnstraße links vor dem Kreisverkehr Klapka György utca. Am besten dreht man am Kreisverkehr einfach um, fährt zurück und nimmt die erste Straße rechts. Hier haben gleich mehrere Häuser „Zimmer-frei"-Angebot. In der Straße findet sich auch eine gute Pizzeria.

Essen und Trinken

- **Csülökház Vendéglő**
Gulyás Lajos utca 2, Tel. 96 213657, www.csulokhaz.hu.

Freundliches, nicht allzu gehobenes Gasthaus mit guter Auswahl ungarischer Speisen. Rustikale Holztische auf der Außenterrasse. Nahe dem Heilbad und der Innenstadt. Die Straße heißt auf einigen Karten nicht Gulyás utca, sondern Frankel Leó utca.

Einkaufen

Auf der **Straße 1** Richtung Wien finden sich gleich hinter dem ersten Kreisverkehr rechts und links viele große und kleine Geschäfte auf einem Fleck, darunter auch Tesco und Aldi.

Donauinsel Szigetköz

↗ III/C1

Man kann von Mosonmagyaróvár direkt auf einer Brücke auf die Szigetköz **(Schüttinsel)** gelangen, das erste Dorf auf der Insel heißt **Halászi.** Alternativ nimmt man die Straße 150 und dann ungefähr am Ortsausgang von Mosonmagyaróvár die kleine Straße rechts nach **Feketeerdő,** ebenfalls auf

ung057 Foto: mk

der Szigetköz. Ein dritter Weg auf die Insel führt über die Straße 150 bis Rajka kurz vor der slowakischen Grenze (keine 30 Kilometer nördlich von Rajka liegt bereits die slowakische Hauptstadt Bratislava) und dann rechts zum Inseldorf **Dunakiliti.** Dies kann sich lohnen, weil Dunakiliti und das dann folgende **Dunasziget** hübsche Dörfer in sehr reizvoller Landschaft sind. So kann man sich nun die Insel hinunter in Richtung Győr bewegen. Die letzten Kilometer vor Győr sind nicht mehr so idyllisch, sondern führen schon durch eine Art Vorort, sodass man die Insel vorher verlassen und auf die Straße 1 nach Győr zurückkehren kann. Andererseits ist es auch interessant, einmal durch die Wohngebiete „von hinten", in die Stadt zu gelangen.

Während die Donau breit und recht geradlinig in Richtung Budapest fließt, machen die Nebenarme wilde Bögen und bilden zahlreiche Verästelungen. Die **Moson-Duna,** die mit der großen Donau zusammen die Insel bildet, windet sich ebenfalls in alle Richtungen. Besonders schön ist es, so nah wie möglich an das Donauufer zu fahren, wo kleinere Nebenarme **regelrechte grüne Biotope** schaffen. An einigen Stellen, wie bei Dunasziget,

Schilfdickicht am Donauufer

Idylle auf der Szigetköz-Insel

kann man Blicke durch das Schilf auf diese Naturschönheiten erhaschen. In den Dörfern selbst, etwa in Dunakiliti oder Dunasziget, werden auf Info-Tafeln sogar in deutscher Sprache die Sehenswürdigkeiten der Orte dargestellt – hier eine Kirche, da eine Schule in einem alten Herrenhaus –, alles ist sehr idyllisch und dörflich. Zwischen **Lipót** und **Hédervár** ist der Fluss besonders gut zu sehen. Und in Hédervár zieht das „Schloss" (eher eine Art Herrenhaus) die Blicke auf sich. Auch der Abschnitt von Hédervár nach **Dunaszeg** ist sehenswert.

Auf den für Autos freigegebenen Straßen ist auch das Radeln ein Genuss, denn der Verkehr hält sich sehr stark in Grenzen.

Praktische Tipps

Camping

- **Holt-Duna Kemping**

Lipót, Holt-Duna út 1, geöffnet April bis Okt., schön im Grünen gelegen, guter Ausgangspunkt für Radtouren und Wanderungen. Preise: Erwachsene tägl. 800 HUF, Zelt 500 HUF, Wohnwagen 700 HUF, Wohnmobil 1000 HUF, PKW 500 HUF, Stromanschluss 700 HUF.

Reitsport

- **Reiterhof Szelle**

Dunasziget, Sérfenyő u. 99, Tel. 96 233515, www.go.to/szelle.

Fahrradtouren

- **Hier zwei empfohlene Trassen:** Mosonmagyaróvár - Halászi - Dunasziget - Dunakiliti - Feketeerdő - Mosonmagyaróvár (31 km); Mosonmagyaróvár - Máriakálnok - Püski - Lipót - Hédervár - Darnózseli - Halászi - Mosonmagyaróvár (43 km).
- **Fahrradausleihe:** In vielen Hotels, Pensionen und Privatunterkünften. Außerdem u.a. im Fahrradladen Hevi-Bike im 4 km von Mosonmagyaróvár entfernten Inseldorf Halászi (Petőfi utca 62, Tel. 30 2561987).

Kőszeg

↗ II/A3

Sie liegt ein ganz klein wenig abseits der großen Straßen, diese Kleinstadt mit knapp 12.000 Einwohnern (deutscher Name: Güns), auch wenn mit dem Fall des Eisernen Vorhangs vor mehr als zwei Jahrzehnten die Grenze zu Österreich endlich geöffnet wurde. Seitdem die Kontrollen ganz entfielen, kann man von Sopron nach Kőszeg einfach durch das Nachbarland fahren und spart dabei sogar einige Kilometer. Die Lage am westlichen „Ende" Ungarns hat auch viel Gutes: Kőszeg hat sich seinen **urigen, ruhigen, altmodischen,** im positiven Sinne vielleicht sogar etwas verschlafenen **Charakter** bewahren können. Das übersichtliche, geschlossene Altstadtensemble erinnert an Sopron, ist jedoch ein bisschen kleiner und einfacher, was ihm einen besonderen Charme verleiht. Kőszeg liegt in einer sehr hügeligen Gegend an einem weiten Ausläufer der Alpen. Die Menschen sind stolz auf ihre **regionalen und lokalen Weine,** die es besonders im Stadtzentrum fast an jeder Ecke zu probieren und kaufen gibt. Der **historische Ortskern** mit seinen drei schönen Kirchen, der Heldenturm und die alte Burg sind nur die Highlights dieses bemerkenswerten Städtchens, das bei einem Abendspaziergang bei Laternenschein besonders zauberhaft wirkt. Mindestens eine Übernachtung sollte man also einplanen.

Geschichte

Kőszeg, so geschichtsträchtig es auch scheinen mag, gehört nicht zu den ältesten Städten Ungarns. Erst um 1274 siedelte sich die Adelsfamilie *Kőszegi* hier an. Doch der Ort nahm einen schnellen Aufstieg: Der Anjou-König *Karl* übernahm 1327 die Macht in Kőszeg und ernannte es zur **Königsstadt.** Die heute noch bestehende Form der Innenstadt entstand zu dieser Zeit.

Während der dritten türkischen Angriffswelle auf Ungarn trat Kőszeg in den Mittelpunkt der blutigen Auseinandersetzungen: Fast den gesamten August 1532 stand die Stadt unter dem Beschuss der Angreifer mit ihrem Heerführer *Ibrahim.* Doch die Attacke konnte abgewendet werden. Angeblich verließen am 30. August um 11 Uhr die letzten Türken die Umgebung der Stadt. **Noch heute läuten** daher im Gedenken an diesen Sieg **jeden Tag um 11 Uhr** in Kőszeg **die Kirchenglocken.** Seit damals bis zum Anfang des 20. Jahrhunderts kontrollierte die mächtige Esterházy-Familie Burg, Stadt und Umgebung. Die Weltkriege überstanden die historischen Bauten von Kőszeg glücklicherweise weitgehend unbeschadet. Heute plagt sich die nach eigenen Angaben „finanzschwache Stadt" eher mit wirtschaftlichen Sorgen und hofft neben einem zunehmenden Tourismus auf in- und ausländische Investoren.

Sehenswertes

Hinweis für (Geh-)Behinderte: Der Aufstieg auf den Heldenturm ist nicht möglich, aber ansonsten besteht der Hauptreiz der Stadt in einem gemütlichen Spaziergang durchs Zentrum und zur Burg, was weitgehend frei von Barrieren und steilen Anstiegen zu bewältigen ist – abgesehen natürlich von störenden Stufen etwa an Kircheneingängen und am Kalvarienberg.

Heldenturm

Einen Spaziergang durch den Ortskern kann man beispielsweise am sogenannten Heldenturm beginnen, der gleichzeitig auch als Tor fungiert. Der eher schlichte graue Turm mit einigen Erkerfenstern auf der einen und mit einem Relief der Kreuzigung Christi auf der anderen Seite seiner Fassade ist noch nicht einmal 100 Jahre alt: Er entstand zum 300-jährigen Jubiläum der erfolgreichen Verteidigung der Kőszeger Burg gegen die Türken. Anführer der ungarischen Truppen war ein gewisser **Miklós Jurisics.** Nach ihm heißt heute nicht nur die gesamte Burg, sondern auch der Platz am Heldenturm: Jurisics tér. Einst war es der Marktplatz von Kőszeg. Riesig ist der Turm zwar nicht, aber ein Aufstieg zum Panoramagang direkt unter dem Dach eröffnet dennoch einen **hervorragenden Blick auf die Altstadt und die Burg** (Eintritt 600 HUF, Ticket auch gültig für die Ausstellung des Kleingewerbes der Stadt).

Jurisics tér und St.-Emmerich-Kirche

Der nach dem lokalen Helden der Türkenkriege benannte Platz hat eine ungewöhnliche Form, denn er entsteht aus dem Zusammentreffen zweier aufeinander zulaufenden Straßen. Auf der dreieckigen Insel zwischen den beiden Gassen ist gerade genug Raum für die gelb-weiße Kirche St. Emmerich und in der Spitze des Dreiecks für die hohe und kunstvolle **Mariensäule** von

ung059 Foto: mk

Auftakt zum Ortsrundgang – der Heldenturm

1739. Sie wurde vom Steinmetz *Lorenz Eisenköbel* aus Sopron geschaffen, der den Überlieferungen zu Folge aus Strafgeldern bezahlt wurde, die evangelischen Bewohnern der Stadt auferlegt worden waren, nachdem sie angeblich die Heilige Jungfrau beleidigt hatten. Vom selben Künstler stammt das sehr ansehnliche **Brunnenhaus** gleich hinter der Statue. An genau jener Stelle, wo heute Maria über die Stadt wacht, stand in früheren Zeiten der Pranger, an den Übeltäter gestellt wurden.

Die **St.-Emmerich-Kirche** selbst hat eine **interessante Geschichte,** wurde sie doch im 16. Jahrhundert, nachdem Kőszeg evangelisch geworden war, unmittelbar neben die damalige Kirche St. Jakobs gebaut. Letztere diente der deutschsprachigen evangelischen Gemeinde, und das neue Gotteshaus sollte die „ungarische Kirche" von Kőszeg werden. Als Ende des 17. Jahrhunderts wieder der Katholizismus Einzug hielt, wurde sie zur katholischen Pfarrkirche der Stadt und erhielt den Namen des heiligen *Emmerich* (Szent Imre). Außen sind noch einige gotische und Renaissance-Elemente zu finden (die Fenster), der Innenraum ist gotisch geprägt. Auffällig sind die zahlreichen vergoldeten Statuen, darunter der Könige *Stephan* und *Ladislaus* sowie der Heiligen *Peter* und *Paul.*

Wichtige Gebäude am Jurisics tér

Das **Rathaus** gleich rechter Hand, wenn man vor der Mariensäule steht, ist ein besonders altes Gebäude, denn es stand hier bereits im 15. oder sogar schon im 14. Jahrhundert. Im 17. Jahrhundert kam es dann zu einer groß angelegten Renovierung. Besonders auffällig sind die Wappen und Herrscherporträts an der Fassade.

Ein Augenschmaus für Freunde alter Möbel und Einrichtungen ist das **Apothekenmuseum** am Jurisics tér in direkter Nachbarschaft zum Heldenturm (Jurisics tér 11, Tel. 94 360337, geöffnet Di bis Do 10–17 Uhr, Fr 10–14 Uhr, Eintritt 600 HUF). Die von Jesuiten aus Eichenholz im Stil des österreichischen Barock geschnitzten Einrichtungen – besonders die riesigen und äußerst kunstvoll verzierten Regale – sind allein schon den Blick in das Innere wert. Auch die hübschen Gefäße dieser 1777 eröffneten Apotheke sind zumeist Originale.

Das rot-braune Haus mit den gelben Streifen und den Arkaden am Platz wurde 1774 von einem Baumeister aus Breslau errichtet. Seitdem beherbergte es Tanzsäle und eine Metzgerei; dann wurden die Arkaden zugemauert und ein gutes Jahrhundert später 1959 wieder freigeräumt, um schließlich in den 1970er Jahren das **Stadtarchiv** hier einzurichten.

Die Fassade des **„Sgraffitohauses"** mit der Adresse Jurisics tér 7 wurde mit einer besonderen, aus Italien stammenden Technik gestaltet. Man bringt dabei zwei oder mehr Putzschichten immer heller werdender Farben auf die Mauer auf und kratzt die obere Schicht je nach Wunsch so ab, dass sich zusammen mit den darunter liegenden Putzschichten ein apartes Muster ergibt.

ung060 Foto: mk

In der Altstadt von Kőszeg (im Hintergrund der Kalvarienberg)

Die weiße **Kirche St. Jakob** aus dem frühen 15. Jahrhundert brannte in ihrer wechselvollen Geschichte nicht nur einmal fast völlig ab, sondern war zuerst katholische, dann ungarisch-evangelische, dann deutsch-evangelische und dann wieder katholische Kirche. Die jeweils neuen „Besitzer" installierten ihre eigene Einrichtung, sodass von den jeweiligen Vorgängern kaum etwas übrig blieb. Da sich seit dem 18. Jahrhundert die Eigentumsverhältnisse nicht mehr geändert haben, stammt die heute noch sichtbare Ausstattung aus dieser Zeit. Faszinierend war 1937 bei einer Renovierung die Freilegung von **Wandgemälden,** die so alt sein müssen wie die Kirche selbst. Auf einem von ihnen ist der heilige *Christophorus* dargestellt, Schutzpatron der Reisenden. Wer ihn anschaut, so die Legende, ist als Reisender einen Tag lang vor jeder Gefahr geschützt. Versuchen kann man es ja.

Kalvarienberg

Vom Jurisics tér mit dem Heldenturm im Rücken weitergehend, erblickt man in einiger Entfernung oben

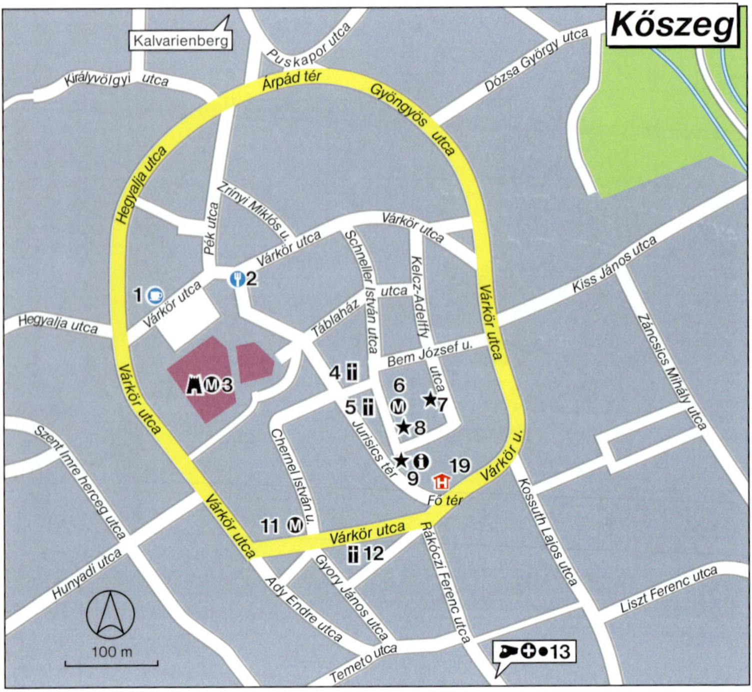

auf einem stark bewaldeten Hügel die drei Türme (zwei kurz und rund, einer hoch und viereckig mit Zwiebeldach) der weißen **Kalvarienkirche** aus dem 18. Jahrhundert. Sie liegt sehr reizvoll in den beginnenden Kőszeger Bergen. Mit dem Auto kommt man nicht ganz hinauf. Am schönsten ist es für alle, die über Nacht in Kőszeg bleiben, einen Verdauungsspaziergang auf den Berg zu unternehmen. Ein **ausgeschilderter Weg** führt vom Fuße des Hügels hinauf – entlang den Stationen des Kreuzwegs. In einem Bunker zu Beginn des Pfads wurde gegen Ende des Zweiten Weltkriegs einmal die so wichtige und geschichtsträchtige ungarische Krone aufbewahrt.

Burg

Viel näher, nämlich nur etwa 200 Meter vom Jurisics tér, liegt die ebenfalls nach *Jurisics* benannte Burg von Kőszeg. Früher hieß sie auch **Esterházy-Burg** nach der mächtigen Familie, die lange Zeit die gesamte Region kontrollierte oder zumindest jahrhundertelang großen Einfluss besaß. Wie

	1	Várpark Cukrászda
	2	Kék Huszár Restaurant
	3	Burg und Burg-Museum
	4	St. Jakob-Kirche
	5	St. Emmerich-Kirche
	6	Apothekenmuseum
★	7	Rathaus
★	8	Sgraffito-Haus
★	9	Heldentor und Touristeninformation
	10	Hotel Portré
	11	Burgmuseum (Zwinger)
	12	Herz-Jesu-Kirche
	13	Polizei, Krankenhaus, Bahnhof

so viele Bauten in Kőszeg fiel auch die Festung einem Brand zum Opfer. In ihrer heutigen Form steht sie seit 1777. Die Burg gliedert sich in zwei Teile: Vorburg und innere Burg. Die **Vorburg** erreicht man über eine kleine Steinbrücke, die aussieht, als könne sie jederzeit hochgezogen werden. Und tatsächlich befand sich an dieser Stelle einst eine Zugbrücke. Einen Burggraben, den es auch einmal gab, sieht man nicht mehr. Es handelt sich nicht um ein Schloss oder eine repräsentative Anlage, sondern ganz klar um eine der Verteidigung dienende Festung. Und ihre **Effektivität als Trutzburg** hat sie ja bei der berühmten Schlacht gegen die Türken unter Beweis gestellt, als *Jurisics* und seine Männer die Angreifer schließlich vertreiben und Kőszeg verteidigen konnten. Heute lässt sich für 1000 HUF die gesamte Anlage besichtigen, inklusive temporärer und ständiger Ausstellungen im Burgmuseum (geöffnet tägl. außer Mo 10–18 Uhr).

Interessant ist auch der kleine **Kräutergarten** direkt im Schatten der alten Burgmauer, wo Heilkräuter und Gewürze wachsen und erläutert werden. Der Eintritt ist kostenlos. Am Ende des Gartens werden in einem kleinen Laden Handwerks- und Naturprodukte aus der Region verkauft – eine schöne Gelegenheit, kleine Mitbringsel oder Geschenke zu erwerben.

Hauptplatz Fő tér

Beim Schlendern durch die kleine Innenstadt sieht man an vier Stellen recht große, in die Wand eingelassene **Heiligenfiguren.**

Geht man am Jurisics tér nun durch den Heldenturm (oder Heldentor) hindurch und folgt der Gasse, so erreicht man rasch den heutigen Hauptplatz der Stadt, Fő tér. Dieser vergleichsweise weiträumige Platz präsentiert sich mit Sitzbänken, einigen Blumenkästen, einer Handvoll hübscher Hausfassaden, der hohen und elegant gedrehten **Dreifaltigkeitssäule** (1713 zum Gedenken an die Pestepidemie in Kőszeg aufgestellt) sowie ein paar einladenden Cafés und Restaurants recht sympathisch. Hier bietet sich eine Kaffeepause in der Cukrászda an.

Als Glanzstück des Fő tér kommt noch die imposante **Herz-Jesu-Pfarrkirche** hinzu. Sie ist ein echter Neuling unter den Gotteshäusern von Kőszeg, denn sie entstand erst 1894 im neogotischen Stil. Zu ihrem 100. Geburtstag wurde sie grundlegend renoviert. Durch ihren immerhin 57 Meter hohen Turm ist sie das höchste Gebäude der gesamten Stadt. Mit ihrer vielfältigen Fassade erinnert sie ein wenig an die großen gotischen Kirchen wie etwa den Kölner Dom. Besonders das Eingangsportal mit einer Darstellung der Kreuzigung ist prachtvoll verziert. Wer genau hinsieht, entdeckt, dass die Spitzbögen des Portals oberhalb der Christusfigur mit Weinblättern und Trauben ausgeschmückt sind - eine Hommage an die Lieblingspflanze und das bevorzugte Getränk der Einheimischen.

Im Inneren der Kirche stammen die **Wandbemalungen** vom Österreicher *Otto Kott*. Das Besondere dabei ist das Fehlen konkreter, beispielsweise biblischer Motive. Stattdessen brachte *Kott* in mühsamer Kleinarbeit mehr oder weniger abstrakte Motive und geometrische Formen in intensiven Farben an die Säulen und Wände - mit außerordentlich schönem Resultat. In die Kuppel über dem Altar malte er einen Sternenhimmel. Verbildlichungen der Bibelgeschichte sind dafür auf den langen, bunten Glasfenstern zu finden. Die Orgel stammt aus dem Hause Rieger, die Altäre wurden in Wien und Tirol geschnitzt.

Praktische Tipps

Information

- **Tourinform Kőszeg**

Jurisics tér 7, Tel. 94 563120, www.koszeg.hu. Informationen über die Stadt und die bergige Region; Tipps für Ausflüge, Vermittlung von Zimmern und Stadtführungen.

Internet

WiFi-Hotspots in einigen Hotels, z.B. im Hotel Írottkő am Hauptplatz. Dort auch Computerterminal mit Internetzugang (kostenpflichtig) an der Hotelbar.

Notfälle und nützliche Adressen

- **Apotheken**

Küttel Gyógyszertár patika, Kossuth Lajos utca 12–14, Tel. 94 563078, um die Ecke vom Hauptplatz Fő tér. Eine weitere Apotheke ist in dieser Straße unter der Hausnummer 9 **(Szent Benedek patika).**

- **Krankenhaus**

Munkácsy Mihály utca 17, Tel. 94 360178, gut 200 m südöstlich der Altstadt.

- **Polizei**

Rómer Flóris utca 8, Notruf 112, 200 m südöstlich der Altstadt.

- **Post**

U.a. Várkör utca 65, Tel. 94 360043, geöffnet Mo bis Fr 8–16 Uhr, Sa 8–12 Uhr, in der Nähe der Burg.

Geld

Banken und **Bankautomaten** sowie **Wechselstuben** finden sich ausreichend. Durch die grenznahe Lage zu Österreich werden in Restaurants, Hotels oder Geschäften oft auch **Euro** akzeptiert, man sollte aber auf den Kurs achten. Kreditkartenzahlung nur in einigen Unterkünften, Lokalen und Läden.

Unterkunft

- **Csikar Csárda Panzió**

Alsó körút 12, Tel. 94 362444, www.csikarpanzio.hu.

In einem hübschen Haus an der großen Straße 87 gelegen, der Verkehr hält sich aber besonders nachts in Grenzen. Gut für alle, die nicht lange suchen oder den vielfältigen Service hier nutzen wollen. Zum Zentrum ca. 1 km. Bowling, Sauna, Jacuzzi und Fitnessraum sowie traditionelles Csárda-Restaurant. Organisation von Stadtführungen, Wanderungen, Reiten. DZ ca. 10.000 HUF.

● **Portré**
Fő tér 7, Tel. 94 363170, www.portre.com.

Kleines, interessantes Hotel mit nur sechs hellen, freundlichen und stilvollen Zimmern mit Blick auf den Hauptplatz von Kőszeg. DZ 14.000 HUF (Sauna inklusive), Bar und Restaurant mit Terrasse.

● **Família Vendégház**
Kórház utca 28, Tel. 30 9565226, www.familiavendeghaz.fw.hu (nur ungarisch).

Gut 1 km vom Zentrum, nahe der Straße 87, einfache Unterkunft im „Zimmer-frei"-Stil, DZ 6000 HUF.

Essen und Trinken

● **Várpark Cukrászda & Café**
Várkör utca 68, Tel. 94 363717.

Kleines nettes Café in einem weißen Spitzdachhaus gegenüber der Burg.

● **Kék Huszár Vendéglő**
Várkör utca 60–62, Tel. 94 360850.

Der „Blaue Husar" gegenüber der Burg bietet ungarische Küche – Spezialitäten sind Wild und Fisch – in netter Umgebung zu moderaten Preisen.

Anreise

Auto

Aus Österreich ist Kőszeg direkt zu erreichen, aus Wien über die A3 und später die S31 (Burgenland-Schnellstraße) in südöstlicher Richtung. Weiter dann über Unterpullendorf und die Straße 61 (die bereits nach Kőszeg benannte „Günser Bundesstraße") und die letzten Kilometer über die ungarische Straße 87 ans Ziel.

Aus Sopron nimmt man die Straße 84 und dann die 86 nach Szombathely. Von dort wieder auf der 87 hinauf nach Kőszeg. Nur mit einer guten Landkarte lässt sich der Umweg über Szombathely auch abkürzen, indem man nicht weit hinter Sopron von der Straße 84 abbiegt (z.B. in Lövő) und dann über die Dörfer nach Kőszeg gelangt. Eine weitere Alternative ist der Weg durch Österreich über Deutschkreutz und Lutzmannsburg.

Aus Győr (und Budapest) ist die kürzeste Strecke die in Richtung Sopron bis Csorna, dann links auf der 86 nach Szombathely und auf der 87 nach Kőszeg. Wer von Győr kommt, kann auch auf der 83 südlich ins sehenswerte Pápa fahren und dann über Sárvár nach Szombathely und Kőszeg.

Bahn

Die etwas über 250 Bahnkilometer von Budapest bewältigt man schnellstens in knapp dreieinhalb Stunden (IC bis Szombathely und dann Umsteigen nach Kőszeg), Preis gut 3800 HUF. Von Győr dauert es mit IC und Umsteigen in Szombathely unter zwei Stunden (ca. 2500 HUF), von Sopron anderthalb Stunden (ca. 1500 HUF) und von Wien ca. vier Stunden. Jeweils zahlreiche Verbindungen täglich. Gute Internetseite mit allen Infos: www.mav.hu/deutsch.

Bus

Aufgrund der guten Bahnverbindungen sowohl mit Österreich als auch mit den ungarischen Bahnen erübrigt sich für die meisten Reisenden die Anfahrt per Bus.

Szombathely

↗XII/B1

Die Stadt mit dem deutschen Namen Steinamanger taucht wohl nicht gerade in vielen Listen der wichtigsten ungarischen Sehenswürdigkeiten auf. Doch wer, etwa auf dem Weg nach Kőszeg, durch Szombathely kommt, sollte auf keinen Fall einen Besuch der **sympathischen Innenstadt** versäumen. Der Name dieses immerhin gut 80.000 Einwohner zählenden Ortes bedeutet so viel wie „Samstagsplatz", ein Hinweis auf die Wochenmärkte, die hier seit dem Mittelalter abgehalten wurden. Literaturliebhaber, speziell irischer Autoren, werden überrascht sein, ausgerechnet hier die Heimat des wohl berühmtesten James-Joyce-Helden zu finden (siehe unten). Und kein Geringerer als *St. Martin,* der später seinen Mantel mit einem Bettler teilte, ist ebenfalls ein Sohn dieser Stadt.

Geschichte

In antiker Zeit war Szombathely unter dem Namen **Savaria** seit Beginn des 2. Jahrhunderts die **Hauptstadt der römischen Provinz Pannonia Superior** und insofern auf Augenhöhe mit Aquincum, dem späteren Budapest, der Kapitale von Pannonia Inferior (um 100 n. Chr. war Pannonien geteilt worden). Die Gründung von Szombathely soll sogar bis ins Jahr 45 v. Chr. zurückgehen. Im 5. Jahrhundert verwüsteten zuerst die **Hunnen** unter *Attila* und wenige Jahre später ein Erdbeben den Ort, weshalb von den römischen Gebäuden wie dem Bad oder dem Amphitheater kaum etwas erhalten blieb. Aus den Steinen des römischen Bades soll um das Jahr 800 der Erzbischof von Salzburg die Burg von Szombathely erbaut haben, nachdem zunächst slawische Stämme und dann die Franken die Siedlung beherrscht hatten. Nach kurzer mährischer Kontrolle kamen die Magyaren gegen 900 und übernahmen die Macht. Dem **Mongolensturm** im 13. Jahrhundert fiel Szombathely zum Opfer, doch die türkische Invasion ging recht glimpflich an der Stadt vorüber: 1664 standen die **Osmanen** bereits vor den Toren, wurden aber im nahen Szentgotthárd zurückgeschlagen. Und 1683 plünderten sie auf dem Rückzug vom gescheiterten Sturm auf Wien viele Orte, doch Szombathely war durch seine Stadtmauern erstaunlich gut geschützt.

Anfang des 18. Jahrhunderts zerstörten erst eine Pestepidemie und dann ein Großfeuer die Stadt und töteten viele Menschen. Neue **Siedler** kamen vor allem aus deutschen Landen und sorgten dafür, dass Szombathely lange Zeit eine deutsche Bevölkerungsmehr-

ung061 Foto: mk

Die Dreifaltigkeitssäule am Fő tér

heit hatte. Die **Habsburger** kontrollierten die Stadt mit kurzen Unterbrechungen (*Napoleon* besetzte Szombathely 110 Tage lang) im gesamten 18. und 19. Jahrhundert. Erst mit dem Ende des Ersten Weltkriegs geriet Szombathely von einem wichtigen Zentrum Westungarns in eine **Randlage** nur wenige Kilometer von der österreichischen Grenze. Die Situation verschärfte sich noch nach dem Zweiten Weltkrieg mit dem „Eisernen Vorhang", der direkt vor der Stadt verlief. Britische Luftangriffe hatten Szombathely gegen Ende des Krieges zudem mächtig zugesetzt: Hunderte Menschen kamen um, die Stadt war schwer zerstört. In der **Nachkriegszeit** wurden Industriekomplexe angesiedelt. Bedenkt man diese tragische Geschichte, so ist es erstaunlich, welch einen guten Eindruck Szombathely heute auf die Besucher macht.

Sehenswertes

Hauptplatz Fő tér

Kern der Stadt ist der sehr weiträumige gepflasterte Hauptplatz Fő tér. Ein großer Brunnen, Grünflächen, Bäume, viele Sitzgelegenheiten sowie zahlreiche Geschäfte hinter ansehnlichen Fassaden verleihen ihm besonders bei warmem und sonnigem Wetter eine sehr **freundliche und lebhafte Atmosphäre** – ganz anders als in früheren Jahren, als hier noch Autos verkehrten und parkten, bevor der Platz zur Fußgängerzone umgebaut wurde.

Ein besonderer und unerwarteter Anblick ist die **Kupferfigur des irischen Schriftstellers James Joyce** mit Hut und Stock, wie er gewissermaßen aus der Hauswand mit der Adresse Fő tér 40 heraustritt – ein Teil seines Körpers scheint sich noch in der Mauer zu verstecken. Eine Tafel informiert den verwirrten Besucher, dass *Joyces* großer Romanheld *Leopold Bloom* aus dem epochalen Werk „Ulysses" laut dem Buch in Szombathely geboren wurde und Mitte des 19. Jahrhunderts nach Dublin auswanderte. Und tatsächlich hatte im 19. Jahrhundert ein gewisser Herr *Virág* in diesem Hause

ung062 Foto: mk

James Joyce zeigt sich in Szombathely

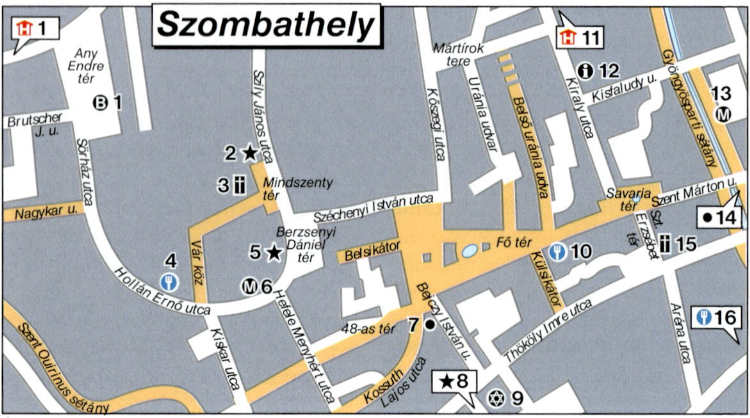

- 1 Perintparti
- 1 Busbahnhof
- 2 Ruinengarten Járdányi Paulovics
- 3 Kathedrale
- 4 Gödör Haspártiak
- 5 Bischofspalast
- 6 Smidt-Museum
- 7 Rathaus
- 8 Ruinengarten Iseum
- 9 ehemalige Synagoge
- 10 Pannónia Ház
- 11 Park Hotel Pelikán
- 12 Touristeninformation
- 13 Savaria-Museum
- 14 Bahnhof
- 15 Elisabeth-Kirche
- 16 Kanga Kisvendéglő

gelebt, der dann über mehrere Stationen nach Irland ging (wohl der Vater *Leopolds*). *Virág* heißt auf Deutsch „Blume“ oder als Name „Blum“, was in englischer Schreibweise dann „Bloom“ ergibt.

Weit sichtbar ist die gewaltige **Dreifaltigkeitssäule,** die fast die Traufhöhe der den Platz begrenzenden Bürgerhäuser aus dem 19. Jahrhundert erreicht. Auch die **gelbe St.-Elisabeth-Kirche** (Szent Erzsébet templom) mit Zwiebelturm und recht schlichtem Innenraum ist am Fő tér zu finden (offizielle Adresse: Aréna utca). Das Gotteshaus entstand im gotischen Stil, enthält jedoch einige barocke Elemente, darunter das Portal. Neben der Kirche steht das Franziskanerkloster.

Ruinengarten Iseum

In der vom Platz abzweigenden Rákóczi Ferenc utca lohnt bei der Hausnummer 1 der römische Ruinengarten Iseum aus dem 2. Jahrhundert einen Besuch, wo **antike Fundstücke,** darunter das größte erhaltene Mosaik der Provinz Pannonien, zu bewundern sind. Der Name Iseum geht auf den Kult rund um die ägyptische Göttin *Isis* zurück, der zu Ehren die Römer damals an dieser Stelle einen Tempel errichteten. Die Stätte wurde im 5. Jahrhundert durch ein Erdbeben zerstört und erst um 1960 wieder ausgegraben und rekonstruiert. Im Sommer werden hier auch Spektakel unter freiem Himmel abgehalten.

Savaria Múzeum

Freunde archäologischer **Fundstücke aus römischer Zeit** kommen auch im Savaria Múzeum am nordöstlichen Ende des Hauptplatzes auf ihre Kosten (Kisfaludy Sándor utca 9, Tel. 94 500720, geöffnet Mitte April bis Mitte Okt. tägl. 10–17 Uhr, Jan. bis Mitte April Fr bis So 10–17 Uhr, Mitte Okt. bis Dez. Fr bis So 13–17 Uhr, Eintritt 460 HUF). Im schönen Museumsgebäude werden Torsos, Altäre und christliche sowie heidnische Grabsteine ausgestellt. In der Etage darüber kann die Früh- und Siedlungsgeschichte der Region nachvollzogen werden.

Ruinengarten Járdányi Paulovics

Und noch eine weitere Attraktion bietet die Stadt mit ihrer reichen römischen Geschichte: den Ruinengarten (Járdányi Paulovics István Romkert, Mindszenty József tér 1, Tel. 94 313369, Eintritt 600 HUF) neben Bischofspalast und Kathedrale. An dieser Stelle hatten die **Römer** offenbar unter anderem einen **Palast** von bis zu 200 x 200 Meter Grundfläche aus dem Boden gestampft, dessen Reste heute unter freiem Himmel zu bestaunen sind. Wer den Eintritt sparen will, kann auch von der Sörház utca nahe dem Busbahnhof einen Blick über den Zaun werfen und ein Foto von den Resten der ehemaligen Bernsteinstraße machen.

Kathedrale und Bischofspalast

Ebenfalls nur wenige Schritte vom Fő tér entfernt erhebt sich am kleinen Berzsenyi Dániel tér die mächtige Kathedrale der Stadt, ergänzt vom Bischofspalast. Der Platz war offenbar das Zentrum Szombathelys in antiken Zeiten, das römische Forum befand sich wahrscheinlich an der Stelle der heutigen Kathedrale. Diese wurde im Stil des ausgehenden **Barock** und beginnenden **Klassizismus** 1814 fertiggestellt. Das Innere war allerdings komplett in Barock gehalten, wurde aber im Zweiten Weltkrieg weitgehend zerstört. Heute sind also vor allem Nachbildungen oder Neuschöpfungen aus der zweiten Hälfte des 20. Jahrhunderts zu besichtigen. Es dominieren die gewaltigen Marmorsäulen und das Altarbild mit dem riesigen Strahlenkranz darüber. Angesichts der relativ bescheidenen Fassade ist man überrascht von der Dimension des Innenraums. Die Kanzel überstand die Zerstörung und ist damit eines der wenigen Originalstücke.

Smidt Múzeum und Synagoge

Einige Minuten Fußweg vom Stadtkern entfernt liegt die sehr sehenswerte **Synagoge** vom Ende des 19. Jahrhunderts, die seit den 1970er Jahren als Konzertsaal genutzt wird.

Unterwegs zur Synagoge kommt man am **Smidt Múzeum** vorbei, hinter dem Bischofspalast, das eine interessante Sammlung zeigt (geöffnet 10–17 Uhr, Eintritt 700 HUF), die der Sammelleidenschaft eines örtlichen Chirurgen zu verdanken ist. Das Museum besteht seit Ende der 1960er Jahre; von Münzen über Waffen, Uhren, Möbeln, Kostümen und Malerei bis hin zu Glaskunstwerk, alten Nutzgegenständen und seltenen Büchern ist hier alles Mögliche zu finden.

Praktische Tipps

Information

- **Tourinform**

Rajnis utca 7, Tel. 94 563121, koszeg@tourinform.hu, geöffnet Mo bis Fr 9–17 Uhr.

Unterkunft

- **Park Hotel Pelikán**

Deák Ferenc utca 5, Tel. 94 513800, www.hotelpelikan.hu.

Schön im Stadtzentrum gelegenes Oberklassehotel, dazu noch am hübschen Pelikán-Park. Innen wie außen geschmackvoll eingerichtet, mit Wellness-Angebot und gutem Restaurant. DZ ab ca. 25.000 HUF.

- **Perintparti Panzió**

Kunos Endre u. 3, Tel. 94 339265.

Sehr angenehme Pension mit freundlichem Personal, besonders empfehlenswert sind die Zimmer im Dachgeschoss. DZ je nach Saison 8000–10.000 HUF.

- **Hotel László**

Szent Gellért utca 6, Tel. 94 331080, www.hotel-laszlo.hu.

Zweisternehotel mit bezahlbaren Preisen, 1,5 km südlich des Hauptplatzes. Rezeption rund um die Uhr. Einfache Zimmer, nette überdachte Terrasse, Restaurant im Hause. DZ ab 8500 HUF.

- **Kispipa Vendéglő és Panzió**

Sólyom utca 70, Tel. 94 310604, www.kispipapanzio.hu (nur ungarisch)

Kleine Pension 2 km vom Stadtkern mit sehr schlichten, aber akzeptablen Zimmern zu niedrigen Preisen. DZ ab 5500 HUF.

Essen und Trinken

- **Kispipa Vendéglő és Panzió**

Sólyom utca 70, Tel. 94 310604, www.kispipapanzio.hu (nur ungarisch).

Klassische Küche in diesem einfachen, traditionellen und preisgünstigen Esslokal. Gehört zu der oben erwähnten Pension.

- **Kanga Kisvendéglő**

Hunyadi utca 5–7, Tel. 94 331242, www.kangakisvendeglo.extra.hu (nur ungarisch).

Nur 200 m vom Fő tér hinter der Elisabeth-Kirche. Gute ungarische Küche zu Preisen ohne Touristenaufschlag. Hier isst man ein gutes Gulaschgericht schon für knapp über 1000 HUF und zum Nachtisch Palacsinta ab 300 HUF.

- **Pannónia Ház**

Fő tér 29, Tel. 94 509588, www.pannoniaetterem.hupont.hu.

Ess- und Weinlokal in einem alten Bürgerhaus, recht modern eingerichtet, ungarische Küche und auch Steinofenpizza.

- **Gödör Haspártiak**

Hollán Erno utca 10–12, Tel. 94 510078, www.godorvendeglo.hu.

Rustikales, sympathisches Kellerlokal im Zentrum mit gutem Essen sowie lustigen und detaillierten Beschreibungen der Speisen in der Karte.

Ják

↗ XII/B1

Von Szombathely führt die Erkel Ferenc utca direkt nach Ják, eine Strecke von etwa zehn Kilometern. Man kann auch ohne größeren Umweg die Straße 86 (E 65) in Richtung Körmend nehmen und in Balogunyom nach Ják abbiegen. Ják selbst ist ein kleines

Dorf, gerade einmal vier Kilometer Luftlinie von der Grenze zu Österreich entfernt. Einziges, aber dafür herausragendes Ziel der touristischen Begierde dort ist die imposante **Abteikirche Szent György vértanú** oder Jáki Apátsági Templom, wohl das **bemerkenswerteste romanische Gotteshaus in Ungarn.** Auf einem Hügel thront es über seiner Umgebung. Man kann unten parken und hinaufsteigen oder aber auf einer kleinen Straße die Höhe erreichen. Im Souvenirshop am Parkplatz werden auch die Eintrittskarten verkauft (300 HUF), zu deren Kauf jeder verpflichtet ist, auch wenn er zu Fuß von unten kommt und eventuell nicht am Eintritt ohne Bezahlung gehindert wird. Die Kirche ist von November bis März nicht für Besucher geöffnet (evtl. nach vorheriger Verabredung), sonst tägl. 8–18 Uhr, Tel. 94 356014.

Die sandsteinfarbene Kirche mit ihren **zwei massiven Türmen** samt spitz zulaufenden Dächern wurde bereits 1214 zusammen mit einem benachbarten Benediktinerkloster gegründet und erhielt den Namen des heiligen *Georg*. Im 16. Jahrhundert wurden die Gebäude beim Sturm der türkischen Eroberer beschädigt, wenige Jahrzehnte später beendete das Kloster seinen Betrieb und verschwand für immer von der Bildfläche. Die Kirche allerdings wurde wiederhergestellt – daher auch einige gotische Elemente (die Gotik hatte sich auch schon während der langwierigen Errichtung eingeschlichen). Fortan hatte die Kirche das Glück, von großen Zerstörungen verschont zu bleiben. Herausragend ist vor allem das **Portal** mit seinen hintereinander stufenweise langsam kleiner werdenden Spitz- und dann Rundbögen. In Ungarn wird Kindern in der Schule gelehrt, dass diese Bögen das schönste Beispiel des Übergangs von der Romanik zur Gotik sind, der durch die lange Bauzeit ermöglicht wurde. Über dem Eingang wachen in das Mauerwerk eingelassene, in eigenen Nischen stehende Figuren von Christus und zehn seiner Jünger über die eintretenden Besucher. Die beiden fehlenden Apostel sind in den Wänden der Türme zu finden. Der obere Teil der Fassade ist im Vergleich zum Eingangsbereich eher schlicht gehalten. Auch das Innere besticht nicht etwa durch glitzernden Schmuck, sondern durch die **mächtigen, hohen Säulen** und durch die rohe, **monumentale Ausstrahlung** dieses Ortes geistlichen Lebens. Im Sanktuarium und im Untergeschoss des Südturms wurden wertvolle Fresken aus dem 13. Jahrhundert entdeckt. Sehenswert ist auch die **Holzstatue der Jungfrau Maria** im gotischen Stil, wahrscheinlich vom Ende des 15. Jahrhunderts.

Unterkunft

- **Jáki Turistaház**

Szabadság tér 18, Tel. 94 321436.

Einfache Zimmer in einem hübschen Häuschen direkt in Ják (insgesamt für 15 Personen). Mit angeschlossener Gaststätte.

- **„Zimmer frei"**

Széchenyi utca 16, Tel. 94 356305.

Günstige Privatzimmer im Ort.

Körmend

↗ XII/B2

Der Straße 86 (E 65) von Szombathely weiter südlich folgend, erreicht man nach kurzer Fahrt den Ort Körmend, der sich mindestens für einen kurzen Zwischenstopp eignet. Hier steht mitten im Zentrum und direkt an der Straße das **Ensemble des barocken Batthyány-Palastes mit zwei Museen.** Schon das von Heiligenfiguren gesäumte Eingangstor lässt die frühere Pracht des Anwesens erahnen, das zwischen 1730 und 1745 vom italienischen Baumeister *Donato Felice de Allio* entworfen und verwirklicht wurde. Der Hauptpfad der hübschen Grünanlage führt direkt auf den säulenbestandenen Eingang des zentralen Gebäudes zu. Die Fassade des massigen Baus mutet ein wenig eigentümlich an, da der Mittelteil über den Säulen in barockem Gelb heraussticht, während der Rest der Außenwände ein graues Steinmuster aufweist. Dem Palais würde, wie sofort zu sehen ist, eine Renovierung gut zu Gesicht stehen. Verfallen ist er aber keineswegs. In dem nach dem letzten Besitzer des Anwesens, *Dr. László Batthyány-Strattmann,* benannten **Museum** (Eintritt 700 HUF, Fototicket 400 HUF) lässt sich das Innere des Gebäudes besichtigen. *Batthyány-Strattmann* lebte hier bis ins 20. Jahrhundert. Er war Mediziner und erhielt wegen seiner Wohltätigkeit von der Bevölkerung den Titel „Arzt der Armen“. Vor dem Gebäude ist er als väterlicher Helfer eines Kindes als Statue verewigt. Das Museum zeigt **wertvolle Sammlerstücke,** viele darunter von der in Ungarn berühmten Batthyány-Familie: bedeutende historische Dokumente, Testamente, 500 Jahre alte Schmuckstücke sowie archäologische Schätze aus Körmend und Region, beginnend mit prähistorischen Fundstücken. Dargestellt werden auch das **Leben der Handwerker** aus Körmend im 19. Jahrhundert und ihre Werkzeuge. Zu guter Letzt lernt man noch eine Menge über Flora und Fauna der Region und kann eine **Sammlung exotischer Vögel** betrachten.

Im ansehnlichen Nebengebäude findet sich noch ein Kuriosum: **Ungarns einzige Ausstellung von Schuhen** und anderer Fußbekleidung (Cipőtörténeti gyűjtemény).

Praktische Tipps

Information

- **Touristeninformation**
  Dr. Batthyány-Strattmann László u. 5, Tel. 94 410107, geöffnet Mo bis Fr 10–16 Uhr.

Unterkunft und Essen

- **Berki Vendéglő és Panzió**
  Rákóczi F. utca 77, Tel. 94 594015.
  Großes Restaurant und Pension mit 15 Zimmern nahe der Straße 8 (kreuzt sich in Körmend mit der Straße 86). Große Auswahl an Spezialitäten aus Ungarn und aus der Wächterregion, mittlere Preisklasse, geöffnet mindestens 10–22 Uhr. Schöne DZ mit viel Holz ab 13.100 HUF.
- **„Zimmer-frei“-Angebote** sind besonders an der Straße in Richtung österreichischer Grenze zu finden.

Wächterregion („Wart“)

↗XII/A2,3

Ein ganz besonderes Fleckchen Erde – und sicher einzigartig in Ungarn – ist die sogenannte Wächterregion (auch als „Wart“ bezeichnet), die seit 2002 im 44.000 Hektar großen **Nationalpark Őrségi Nemzeti** zusammengefasst und unter besonderen Schutz gestellt wurde. Das Gebiet, auf der Landkarte sofort als riesige Grünfläche zu erkennen, liegt vielen Reisenden ein wenig zu weit abseits von den großen Sehenswürdigkeiten und ist auch tatsächlich touristisch weniger erschlossen als andere Gegenden. Dabei ist es nur einige Steinwürfe von Österreich entfernt und lässt sich beispielsweise auch auf dem Weg zum Balaton mit einem kleinen Umweg in die Reiseplanung einbinden. Für **Natur- und Dorfliebhaber** zahlt es sich ganz bestimmt aus, denn die Fahrt auf den kleinen Landstraßen durch endlos scheinende Nadelwälder und sich bis zum Horizont ziehende hügelige, sattgrüne Landschaften ohne Zeichen von Zivilisation ist ein echtes Erlebnis. Die eher schwach befahrenen Straßen bieten sich auch für **Fahrradfahrer** an; im Sommer schützen die zahlreichen Bäume vor der unbarmherzigen Sonne. Allerdings erfordern die Hügel, die nur aus dem Auto heraus sanft erscheinen, einige Kraft und Ausdauer in den Beinen.

Die Region zeichnet sich durch **sehr feuchte Böden** aus, was vor 1000 Jahren noch stärker der Fall war als heute. Viele seltene Vogel- und Pflanzenarten sowie als Besonderheit viele **schöne Schmetterlinge** sind daher in diesen Gefilden heimisch. Die Verteidigung der Landesgrenze wurde den Ungarn durch das unwegsame Gelände fernab der größeren Städte allerdings äußerst schwer gemacht. So engagierten die Machthaber bereits damals freie Ritter aus dem ganzen Land, die sich hier ansiedelten und dafür besondere lebenslange Privilegien erhielten. Ihre stolze Aufgabe war die **Abwehr von Feinden** aus der Fremde. Daher stammt der heutige Name der „Wächterregion“. Einige hübsche Dörfer mit traditionellen Häusern und mittelalterlichen Kirchen ergänzen das attraktive Bild – schließlich handelt es sich um die einzige Gegend Ungarns, in der die Bevölkerung über die Jahrhunderte an einem Ort geblieben ist: Die Wart war **kaum** von **Abwanderungen oder Neuansiedlungen** betroffen.

Um den Landstrich zu entdecken, stehen eine Handvoll kleiner **Straßen** zur Verfügung. Wer aber nicht allzu viel kreuz und quer fahren möchte, kann **von Körmend** die Straße 8 in Richtung Österreich nehmen und am Rand der Region entlang in einer halben Stunde die 30 Kilometer in den sympathischen Grenzort Szentgotthárd zurücklegen, einen kurzen Zwischenstopp einlegen und dann von dort die Wächterregion fast der ganzen Länge nach durchqueren. Die Durchfahrt ist selbst mit einigen kleinen Umwegen kaum länger als 50 Kilometer und kostet daher auch nicht zu viel Zeit.

Szentgotthárd ⇗XII/A2

Wie in so vielen Orten an der ungarischen Westgrenze weht auch in Szentgotthárd (St. Gotthard) seit der Öffnung der Schlagbäume ein frischer Wind. Und mit dem kompletten Fall der Grenzkontrollen ist das Städtchen endgültig aus dem Abseits herausgetreten. Zum alten Übergang nach Österreich auf der Bundesstraße 8 sind nun kleinere, unscheinbare Passagen hinzugekommen. Wer dieses historische Gefühl des freien Grenzübertritts einmal hautnah erleben will, fährt aus dem Zentrum von Szentgotthárd nicht zur Straße 8, sondern nimmt den kleinen direkten Grenzübergang. Auf dem neuen Asphaltsträßchen geht es durch die Felder und **fast unbemerkt auf österreichisches Territorium.** Oft merkt man es erst, wenn das erste Ortsschild kommt. Kaum zu glauben, dass hier noch vor kurzer Zeit Stacheldraht stand oder gar tödliche Schüsse drohten.

Szentgotthárd macht mit seiner schmucken eintürmigen, gelben **Barockkirche** eine gute Figur. Einige weitere Gebäude wie das Gymnasium sind einen Blick wert. Wer hier abends ankommt und übernachten will, findet eine gute Auswahl an Unterkünften und Restaurants.

In Szentgotthárd konzentriert sich die sehr überschaubare **slowenische Minderheit** Ungarns. Auf der historischen Landkarte findet sich das Städtchen übrigens auch wieder, weil eine österreichische Armee hier 1664 die Türken besiegte, was zu einem 19 Jahre währenden Frieden führte.

Von Szentgotthárd nach Őriszentpéter ⇗XII/A2,3

Őriszentpéter ist gewissermaßen die „Hauptstadt“ der Wächterregion. Um von Szentgotthárd dorthin zu gelangen, kann man über Csörötnek und Kondorfa fahren, oder man taucht direkt in den Naturpark ein und gelangt über Máriaújfalu und Szalafő ans Ziel. Die elf Kilometer zwischen den beiden letztgenannten Orten führen durch fast vollständige Einsamkeit von Feldern, Wäldern und Hügeln.

ung063 Foto: mk

Die Barockkirche in Szentgotthárd

Am Rande von Szalafő werden in einem kleinen - ausgeschilderten - **Freilichtmuseum** („Volkstümliches Denkmalensemble“) Bau- und Lebensweise der Menschen dieser Region dargestellt (Népi Műemlékegyüttes Szalafő Pityerszer, Tel. 94 548034, geöffnet April bis Okt. Di bis Fr 10–16 Uhr, Juni bis Aug. Mo bis Fr 10–18 Uhr). Auf einem deutschsprachigen Informationsblatt ist eine Einführung in die Gegend nachzulesen, und die drei Typen der traditionellen Strohdach-Häuser werden erklärt. Auch von innen sind die Häuschen eingerichtet und geben Einblick in das einstige Leben der Bewohner. Schön anzuschauen sind besonders die Kachelöfen, aber auch die vielen hübschen Töpferwaren, für die das Umland bekannt ist.

Das kleine Dorf **Szalafő** selbst besteht aus sieben Mini-Siedlungen, die für die Wächterregion so charakteristisch sind und hier **„szer“** („Reihe“) genannt werden. Szalafő bietet sich auch als Ausgangspunkt für Wanderungen und längere Spaziergänge an – oder einfach nur, um das Landleben mit Gärten voller Ziegen, Kühe oder Hühner aus nächster Nähe zu genießen und frischen Käse oder Eier direkt vom Erzeuger zu erstehen. An der Hauptdurchgangsstraße steht ein Gasthaus mit einigen geräumigen, neu und sehr sympathisch eingerichteten Zimmern (siehe unten). Im netten Lokal, in dem auch schon mal österreichisches oder slowenisches Radio läuft (die Grenze ist keine vier Kilometer entfernt), gibt es allerdings nur Getränke, Proviant sollte man also gegebenenfalls mitbringen oder die wenigen Kilometer nach Őriszentpéter hineinfahren, um essen zu gehen.

In **Őriszentpéter,** dem Zentrum der Region, ist aber nicht nur für das leibliche Wohl gesorgt, sondern es sind auch eine kleine Touristeninformation (an der Hauptkreuzung, geöffnet werktags 10–16 Uhr) und noch einige der alten Strohdachhäuser zu finden. Von historischer Bedeutung ist die mittelalterliche Kirche. Wer sich besonders für die reizvollen Gotteshäuser dieser Periode interessiert, kann auch noch einen kleinen Abstecher nach Hegyhátszentjakab und nach Szőce machen. In diesen beiden Dörfern, schon ganz am östlichen Rand des Nationalparks, stehen zwei weitere Exemplare.

Unterkunft und Essen

- **Vadkörte Fogadó**

Kondorfa, Alvég út 7, Tel. 94 429031, www.vadkorte.hu (nur ungarisch).

Sehr elegant und im antiken Stil eingerichtete Apartments und Zimmer mit schönen Holzarbeiten wie Möbeln und Balken. Traditionelles Restaurant „Wildbirne“ der mittleren Preisklasse.

- **Molnár Vendégház**

Szalafő, Templomszer 32, Tel. 94 428809.

Gemütliche Zimmer in einem kleinen Gästehaus.

- **Alsószeri Csárda**

Szalafő, Alsószer 25b,
geöffnet Do bis So 11.30–20.30 Uhr,
Mo nur geöffnet wenn Feiertag,
Di, Mi geschlossen.

Sehr gemütliches Landgasthaus mit schmackhaften traditionellen Gerichten der mittleren Preisklasse, aber auch günstige kleine Portionen sind erhältlich.

- **Őrszem Fogadó**

Szalafő, Templomszer 22c, Tel. 20 9644208, www.orszemfogado.hu.

Das oben im Text erwähnte gemütliche Gasthaus im Dorf Szalafő, Essen wird für Gäste auf Vorbestellung organisiert, ansonsten nur Getränke in der Gaststätte. Schöne, große DZ 7000–8000 HUF.

Zalaegerszeg

XII/B3

Unterwegs zum Balaton aus Richtung Wächterregion, Szombathely oder auch Kőszeg durchquert man höchstwahrscheinlich die Stadt Zalaegerszeg, gelegen an der Kreuzung der Straßen 74 und 76. Auf halber Strecke zum Plattensee wird ein kurzer Aufenthalt mit einer **hübschen Innenstadt** und einigen sehenswerten Gotteshäusern belohnt, darunter die barocke Maria-Magdalena-Kirche am Hauptplatz Szabadság tér. Ein Denkmal erinnert an *József Mindszenty*. Der 1975 verstorbene Kardinal ist das wohl berühmteste Kirchenoberhaupt der ungarischen Geschichte. In der Zwischenkriegszeit, noch am Anfang seiner klerikalen Karriere, wirkte er über viele Jahre in Zalaegerszeg.

Viele Geschäfte sowie Lokale aller Art finden sich in der Kossuth Lajos utca, die sich zwar nicht autofrei, aber renoviert und freundlich präsentiert.

Herausragend ist die **Synagoge** dieser Provinzhauptstadt mit etwas über 60.000 Einwohnern. Das imponierende, schon von Weitem sichtbare rotbraune Bauwerk mit den beiden recht kurzen Zwiebeltürmen ist gerade einmal ein Jahrhundert alt. Es sieht auch von innen noch immer so aus, als könnte sich hier jederzeit die jüdische Gemeinde der Stadt versammeln. Doch mangels jüdischer Bürger wurde schon vor Jahren ein **Konzertsaal** eingerichtet. Heute ist der Bau wegen der schönen Orgel und der guten Akustik der beste Ort für Musikdarbietungen in ganz Zalaegerszeg (Ady E. utca 2, zur Besichtigung geöffnet Di bis Fr 10–18 Uhr, Sa 14–18 Uhr, Tel. 20 2986934, wechselnde Ausstellungen im Inneren, Eintritt 300 HUF).

Eine Kuriosität der Stadt ist der ein wenig außerhalb auf einem Hügel stehende **Fernsehturm.** Der ganz im Wald versteckte Bau aus dem Jahr 1971 fällt besonders durch die spiralförmig aufsteigenden Außentreppen auf. Für Besucher steht ein Fahrstuhl zur Verfügung. Die Antenne auf dem Dach erreicht eine Höhe von über 95 Metern, das Aussichtscafé oben liegt immerhin bei 53,16 Metern (TV Torony, Bazitai utca 1, geöffnet Di bis Fr 14–18 Uhr, Sa, So 10–18 Uhr, Mo geschlossen, Eintritt 450 HUF, Tel. 20 3297804). In dem einfachen Café gibt es neben dem schönen Rundblick auf die liebliche Landschaft warme und kalte Getränke sowie einen Imbiss zu akzeptablen Preisen. Der Turm ist aus dem Stadtzentrum heraus ausgeschildert („TV Torony"). Wenn man dann hinter der Stadtgrenze bergauf fährt, kann man den kleinen holperigen Zufahrtsweg zum Turm auf dem Scheitelpunkt des Berges aber leicht verpassen. Wer das Dorf Bazita erreicht, ist schon einige hundert Meter zu weit gefahren.

Stolz ist Zalaegerszeg nicht zuletzt auch auf sein **Freilichtmuseum,** das sehr romantisch im Grünen liegt (Falumúzeum utca 20, Tel. 92 314537, geöffnet April bis Okt. Di bis So 10–18 Uhr, Eintritt 600 HUF, 1–2 km westlich des Zentrums nahe der Straße 76). Es besteht schon seit 1968 und wurde am Wasser des Flusses Zala rund um eine bereits bestehende Windmühle gebaut. Ein Dorf des 19. und beginnenden 20. Jahrhunderts aus der Region mit insgesamt 40 Gebäuden wurde hier in Gänze rekonstruiert, inklusive lebendiger Tiere wie Esel und Ziegen, die gemütlich grasen.

Praktische Tipps

Information

● **Tourinform**
Széchenyi tér 4–6, Tel. 92 316160, geöffnet Mo bis Fr 9–17 Uhr, in der Sommersaison auch Sa 9–14 Uhr.

Unterkunft und Essen

● **Arany Bárány Hotel**
Széchenyi tér 1, Tel. 92 550040, www.aranybarany.hu.

Mitten im Zentrum in einem sehr schönen Gebäude gelegen, mit Restaurant und Zusatzleistungen wie Flughafentransfer, Friseur, Massage und Kosmetiker. DZ ab 20.000 HUF.

● **Kiskondás Étterem és Panzió**
Hock János út 53, Tel. 92 321378, www.kiskondasetterem.hu.

Pension mit einigen ordentlichen Zimmern (DZ 8000 HUF) und einem schönen, geräumigen Restaurant mit sehr bezahlbaren Preisen. An der Straße 76, 2–3 km westlich des Stadtkerns, sehr nah am Freilichtmuseum.

● **Orgona Kávézó**
Ady E. utca 21, Tel. 92 316933.

Nettes Kaffeehaus nahe der Synagoge mit einigen Tischen unter freiem Himmel.

Camping

● **Aquatherma Termálfalu és Camping**
Gébárti-tó, Tel. 92 511268, www.aquatherma.hu.

Campingplatz der hohen Güteklasse und Thermalbad in einem. Knapp 4 km nordwestlich des Zentrums schön am Wasser gelegen. Ein großes, schönes Holzhaus für fünf Personen gibt es für 23.800 HUF, zwei Personen zelten für 750 HUF, ein Fahrzeugstellplatz kostet 1500 HUF, die Übernachtung im 18-Bett-Raum 1000 HUF.

ung064 Foto: mk

Gerade einmal 100 Jahre alt – die Synagoge in Zalaegerszeg

ung086 Foto: mk

Balaton (Plattensee) und Umgebung

ung084 Foto: mk

ung085 Foto: mk

Entspannen am Plattensee

Székesfehérvár –
Warten auf das Glockenspiel

437 m hoch – der Badacsony-hegy

Einleitung

Für die einen ist es der zentrale Ort eines Ungarn-Urlaubs, die anderen machen einen Bogen um diesen Touristenmagneten, weil sie dort nicht das „wahre" Ungarn vermuten, sondern eher eine östliche Version der bekannten Mallorca-Klischees. Die Wahrheit über den Balaton, auf Deutsch Plattensee genannt, liegt wie immer irgendwo zwischen diesen beiden Extremen – und es gibt viele gute Gründe, das „ungarische Meer" auf keinen Fall links liegen zu lassen. Es stimmt zwar, dass einige Orte wie Siófok im Hochsommer von partywütigen Touristen gestürmt werden. Doch der größte Abschnitt des Ufers, einschließlich der meisten Dörfer, eignet sich bestens zum **Baden** und zur **Erholung** – besonders vor Mitte bis Ende Juni und nach Ende August. Gerade im September herrschen oft noch hohe Luft- und Wassertemperaturen, und die Weingebiete fangen gerade erst an, so richtig interessant zu werden. Eltern wissen das besonders am Südufer sehr flache Wasser zu schätzen, das sich nicht nur schnell aufwärmt, sondern vor allem für kleine Kinder weniger gefährlich ist.

Durchschnittlich ist dieser **größte See Mittel- und Westeuropas** nur drei Meter tief. Die maximale Länge beträgt 77 Kilometer, die breiteste Stelle misst 17 Kilometer, die schmalste gerade einmal über einen Kilometer (zwischen der Halbinsel Tihany und Szántód). Die **Weinberge,** die sich gleich oberhalb des Südufers erstrecken, bieten nicht nur leckere Tropfen direkt vom Winzer, sondern auch gemütliche Landgasthöfe sowie schöne Panoramablicke hinab auf den Plattensee. Spötter behaupten sogar, das schönste am Nordufer des Balaton sei die Aussicht auf die Höhenzüge des Südufers ...

Wen die Aussicht auf tagelanges Sitzen am See, Sonnenbaden und gelegentliches Schwimmen nicht begeistert, sollte sich den Balaton dennoch nicht entgehen lassen: Ein **hervorragender Fahrradweg** führt ganz um das Gewässer herum, die überwiegende Strecke davon auf speziell für die Zweiräder vorgesehenen Wegen oder kleinen Wohnstraßen – meist sehr nah am Ufer und fast ohne Autoabgase. Nur einige wenige Teilstrecken verlaufen auf der großen Straße. Eine komplette Umrundung des Sees ist je nach Geschwindigkeit schon in drei Tagen möglich, man kann sich aber auch eine Woche Zeit nehmen für die knapp über 200 Kilometer lange Trasse.

Reizvoll ist auch die **Bahnlinie,** die um den gesamten See verläuft und fast überall näher am Wasser liegt als die große Straße. Oft tun sich daher den Fahrrad- und Bahnfahrern und natürlich Spaziergängern und Wanderern die schönsten Blicke auf. Bahn- und Fahrradfahrten lassen sich auch bestens kombinieren. Alle Informationen zu den Zugverbindungen – auch in deutscher Sprache – gibt es auf der hervorragenden Webseite der ungarischen Bahnen www.mav.hu. Hier kann man sich jede nur denkbare Route zusammenstellen.

Mit dem Auto ist es da schon wesentlich schwieriger, nah ans Wasser zu kommen – abgesehen von den Strandzufahrten in den Dörfern. Gelegentlich findet sich eine Uferstraße, die bis ins nächste Dorf reicht, doch meist endet sie schnell und führt zur großen Straße zurück.

Zur schnellsten Anreise an den Balaton wählen die meisten die Stadt **Siófok,** weil die Autobahn von Budapest dorthin führt (und weiter mit einigem Abstand am Südufer entlang), so wie auch die große Bahnlinie aus der Hauptstadt. Für Details siehe den Abschnitt zu Siófok.

Beim Thema Unterkünfte sollte man wissen, dass es ein gewaltiges Angebot an **„Zimmer-frei"-Übernachtungen** gibt. Allerdings ist es am Balaton besonders im Sommer oft schwierig, nur für eine oder zwei Nächte eine solche Herberge zu finden – anders als im Rest des Landes. Zu sehr können sich die Vermieter dieser Privatzimmer oft darauf verlassen, dass sie noch einen „besseren" Kunden finden, der eine Woche oder länger bleiben will. Viele „Zimmer-frei"-Anbieter verzichten sogar in der Vor- und Nachsaison schon auf Kurzzeitreisende. Eine Spur höher sind auch die Preise in diesem Bereich, nämlich kaum unter 7000 HUF pro Doppelzimmer. Mehr Glück kann haben, wer sich ein wenig vom Ufer entfernt – aber nicht zu weit, denn recht bald beginnen dann auch schon die Dörfer ohne oder mit sehr wenigen Unterkünften. Dennoch bleiben die „Zimmer frei" für die meisten die erste Adresse auch am Balaton.

Eine Alternative sind die **zahlreichen Pensionen,** bei denen man aber in der Regel selbst mit eventuellem Rabatt mindestens 10.000–12.000 HUF pro Doppelzimmer auf den Tisch legen muss. Ein guter Ausweg für alle Besucher mit kleinem Budget sind die **Campingplätze,** deren Qualität von einfachen Zeltplätzen über recht heruntergekommene Anlagen bis zu sehr akzeptablen, gar komfortablen Einrichtungen reicht. Viele der besseren Plätze verfügen neben Abstellflächen für Wohnwagen und Wohnmobile auch über Zimmer und vor allem über **Holzhäuschen** mit Bad und Küche, die schon ab einer Nacht vermietet werden. Campingplätze sind auch am Balaton, wie im ganzen Land, gut für Kurzentschlossene und alle, die spät anreisen, denn bei vielen von ihnen ist die Rezeption bis in die Nacht oder sogar rund um die Uhr geöffnet, und irgendein Platz findet sich immer (und wenn es die Übernachtung im eigenen Auto oder im zu mietenden Zelt ist). Eine insgesamt empfehlenswerte Kette von Campingplätzen ist Balatontourist (www.balatontourist.hu) mit einigen Objekten rund um den See.

Die Übernachtungspreise am Plattensee steigen in der Hochsaison deutlicher an als irgendwo anders.

Anreise

Auto

Von Budapest auf der Autobahn M7 oder kostenlos auf der weitgehend parallelen Straße 7 **nach Siófok** und dann ans gewünschte Ziel am Balaton. Die Fahrzeit für die 103 Kilometer nach Siófok beträgt im Idealfall eine Stunde, man sollte aber bis zu zwei Stunden einplanen, besonders wenn man Landstraße fährt.

Bahn

Durchschnittlich einmal pro Stunde verkehrt ein Zug **vom Bahnhof Budapest Déli nach Siófok;** Fahrzeit ab 1.50 Stunden, Preis ab 2160 HUF. Jedes Ziel rund um den Balaton ist mit der Bahn bestens und auf sehr malerische Weise zu erreichen. Mehr Informationen und Fahrpläne, auch auf Deutsch, unter **www.mav.hu.**

Flugzeug

Ein kleiner, aber wichtiger Flughafen liegt wenige Kilometer westlich des Balaton – zwischen Kis-Balaton und dem großen See. Über den **Fly Balaton Airport** (www.flybalaton.com) mit seiner etwas skurrilen Zufahrt über Betonplatten vorbei an kaputten Militärgebäuden fliegen die Touristen direkt an den Plattensee. Viele Reisende, die außer dem Balaton in Ungarn nichts besichtigen, landen hier. Gelegentlich kann dieser kleine Flughafen sogar für Menschen interessant sein, die ganz Ungarn oder zumindest größere Teile des Landes erkunden wollen. Einige **Billigfluglinien** steuern ganz gezielt diesen Ort an und vermeiden Budapest, weil dort die Flughafengebühren höher sind. In der Regel ist eine Ankunft in der Hauptstadt natürlich vorzuziehen, allein schon weil man diese schließlich auch besichtigen will.

Die Lufthansa landet am Balaton aus Frankfurt, Düsseldorf und Hamburg kommend. Die Fluggesellschaft Hamburg International steuert das Ziel aus Dresden und Leipzig an. Es verkehren zwar auch Busse von diesem Flughafen, doch hauptsächlich ist man bei Fly Balaton auf eine Abholung oder einen Mietwagen angewiesen (Autovermieter sind vorhanden, u.a. Fox Autorent, Denzel Car Rental). Der Airport wird derzeit weiter ausgebaut.

Auf dem **Flughafenparkplatz** ist die Parkdauer bis 5 Min. kostenlos, danach alle 30 Min. 400 HUF. Langzeitparken bis zu drei Tagen kostet 2400 HUF pro 24 Std., ab vier Tagen 1300 HUF pro 24 Std.

Geschichte

Lacus Pelso – unter diesem Namen kannten die antiken Römer den Balaton. Sie bauten Dörfer und erkannten auch sofort das Potenzial dieser Landschaft als Weinregion. Einige **wenige Ruinen** und Fundstücke von damals haben die inzwischen vergangenen zwei Jahrtausende überstanden und können besichtigt werden.

Das nächste große Ereignis spielte sich Mitte des 11. Jahrhunderts ab und besitzt für das ganze Land enorme Bedeutung: die **Gründung der Abtei auf der Balaton-Halbinsel Tihany** im Jahr 1055, denn die entsprechende Urkunde ist das älteste noch erhaltene Schriftdokument der Ungarn. In den folgenden Jahrhunderten entstanden am See ungarische Dörfer und Städtchen, mit Steinkirchen, aber wenigen Burgen oder Befestigungen, sodass während der türkischen Invasion und Okkupation sehr vieles zerstört wurde. Beim Wiederaufbau wurden daher neben Häusern und Straßen auch Schutzanlagen errichtet.

Der Beginn des **Tourismus** kann auf den Anfang des 18. Jahrhunderts datiert werden, als das erste Badehaus für Gäste entstand, gefolgt von Hotels. Sommerhäuser am Balaton für Landsleute, etwa aus Budapest, hatte es schon vorher gegeben, und noch heute besitzen viele ungarische Stadtbewohner eine Hütte oder ein Häuschen an ihrem „Meer". Im Jahr 1861 entstand die **Bahnlinie** dicht am Südufer und brachte endgültig Ströme von Touristen. Der Ort Balatonfüred mauserte sich zu einem mondänen Treffpunkt der Reichen und Schönen, aber auch politischer Größen. Anfang des 20. Jahrhunderts kam die Bahnlinie am Nordufer hinzu, nach dem Ersten Weltkrieg schossen Ferienanlagen, Kurhäuser, Badeanstalten, Pensionen und Hotels wie Pilze aus dem Boden. Vieles fiel den Kämpfen des Zweiten Weltkriegs zum Opfer, weil eine der Frontlinien genau durch die Region verlief. Doch der Wiederaufbau ließ nicht lange auf sich warten. Mit der Liberalisierung der Einreisebestimmungen in den 1960er, vor allem aber in den 1970er Jahren entdeckten immer mehr Touristen aus den „sozialistischen Bruderländern", aber eben auch Westdeutsche und andere „Westeuropäer" den Balaton.

ung072 Foto: mk

Einzigartige Begegnungen im Kalten Krieg

Sie nennen es die **„Deutsche Einheit am Balaton“:** Die Künstler *Péter Forgács* und *Gusztáv Hámos* zeigen seit Mai 2010 in ihrer „kinematografischen Installation“ viele Bilder von **Begegnungen zwischen Ost- und Westdeutschen** – von den 1960ern bis hinein in die 1980er Jahre. Man habe die deutsche Einheit damals vorweggenommen, behauptet sogar jemand, der dabei war. In der vom Collegium Hungaricum Berlin veranstalteten Ausstellung sind Fotos mit Familien aus beiden Teilen Deutschlands zu sehen, wie sie vor ihren so verschiedenen Autos stehen und fröhlich vereint in die Kamera lächeln. Ein DDR-Mann legt den Arm um eine West-Bekannte – kurz danach wird er einen Fluchtversuch über den Neusiedler See unternehmen. Neben vielen Fotos gibt es auch einen gut 14-minütigen Film mit faszinierenden historischen Aufnahmen und Zeitzeugenberichten – von Liebesgeschichten bis hin zu Erzählungen von Fluchtversuchen und politischen Einschätzungen. Der irgendwie skurrile, aber durchaus spannende Film ist derzeit bei der Bundeszentrale für Politische Bildung abzurufen (www.bnp.de, als Stichwort „Deutsche Einheit am Balaton“ eingeben).

Kis-Balaton

↗XIII/C3

Den „kleinen Balaton“ trennen Welten von seinem großen Bruder – nicht nur, was die Größe angeht, sondern auch im Charakter: Während der Plattensee Badeurlauber und Erholungswillige anzieht und fast rundherum zugänglich ist, präsentiert sich der Kis-Balaton als streng **abgeschirmtes Naturschutzgebiet,** das nur an wenigen Stellen überhaupt in Augenschein genommen werden kann.

Vor etwas über 200 Jahren war das Gewässer noch eine Bucht des großen Balaton, später wurde es trockengelegt und heute dient es als Teil eines gewaltigen menschengemachten Systems zur Verbesserung der Wasserqualität im gesamten Plattensee. Vor allem ist der Kis-Balaton aber auch ein **Paradies für Flora und Fauna:** seltene Fische, Nattern, Eidechsen, Schildkröten und 232 Vogelarten (u.a. Silberreiher, Seeadler, Brachvogel) sowie eine ganze Reihe streng geschützter Pflanzenarten.

Eigentlich existieren nur zwei Zugänge zum See: Der erste liegt hinter dem Dorf **Zalavár,** zu erreichen vom Balaton oder auch von Westungarn über die Straße 76 und dann ab Sármellék wenige Kilometer auf einer kleinen Nebenstraße. In Zalavár steht das **Kis-Balaton-Haus** (Kis-Balaton ház, geöffnet März bis Nov. 9–12 Uhr und 13–18 Uhr, Mo geschlossen), eine Art Besucherzentrum mit Informationen über das Naturschutzgebiet, in dem auch Gruppentouren in das Herz der Schutzzone organisiert werden, das man als „Normalsterblicher" nicht zu Gesicht bekommt. In dem modernen Gebäude bietet auch ein angenehmes Café seine Dienste an. In Sichtweite steht eine kleine weiße Kapelle.

Direkt hinter Zalavár führt die Autostraße auf einem einige hundert Meter langen **Damm mitten durch den See.** Hinter ein wenig Schilf und Gräsern sowie nistenden Enten und Gänsen grenzt zu beiden Seiten das Wasser direkt an die Straße.

Empfehlenswert ist der hin und zurück etwa zehn Kilometer lange **Radweg,** der am Kis-Balaton-Haus startet und die ganze Zeit direkt am Ufer verläuft. Hier sind Einblicke in diese ansonsten streng abgeschirmte Zone möglich (Fahrradverleih neben dem Kis-Balaton-Haus, geöffnet Di bis So 9–17 Uhr, Preis 500 HUF pro Stunde).

Fehlt nur noch die Entdeckung des Kis-Balaton zu Fuß, und genau dies ist auf der kleinen **Kányavár-Insel** auf sehr ansprechende Weise möglich. Der Weg dorthin führt von Zalavár nicht hinauf zur Straße 76, sondern in die Gegenrichtung, also nach Süden. Nach etwa fünf Kilometern folgt das Mini-Dorf **Balatonhídvég,** wo der oben erwähnte Fahrradweg am Ufer endet. Etwa zwei Kilometer danach weist ein Schild nach rechts den Weg zur „Kányavár szigeti", also zur Insel. Vom Parkplatz (unbewacht, PKW 300 HUF pro Stunde, 800 HUF pro Tag) führt eine Holzbrücke mit beachtlicher Konstruktion hinüber auf das Eiland. Von der Brücke, aber auch während des ausführlichen Inselrundwegs, der problemlos bis zu einer Stunde dauern kann, tun sich **wunderbare Blicke** auf das Naturschutzgebiet des Kis-Balaton auf. Unterwegs werden auf Informationstafeln die wichtigsten Vogelarten des Areals präsentiert. Mit etwas Glück bekommt man einige Exemplare der gefiederten Freunde auch selbst zu Gesicht.

Als besonderer Service werden Gehbehinderte und Familien mit Kleinkindern und Kinderwagen auch per **Fähre** auf die Insel befördert. Die Fähre steht gewöhnlich bei Bedarf kurzfristig zur Verfügung.

Unterwegs vom Kis-Balaton zum Balaton liegt der oben erwähnte Fly-Balaton-Flughafen.

Hévíz

XIII/C3

Superlative nutzen sich bei häufiger Benutzung schnell ab, doch Hévíz kann man tatsächlich guten Gewissens als in ganz Europa **einzigartigen Kurort** bezeichnen, der als Station auf keiner Ungarnfahrt fehlen sollte. Zu verdanken hat das Städtchen dieses Prädikat nicht seinen Sträßchen mit dem zumindest im Sommer sehr regen Betrieb und auch nicht dem hübschen kleinen Kurpark, sondern dem fantastischen Thermalsee, der nur wenige Schritte vom Zentrum entfernt Bade- und Kurgäste anzieht.

Der Thermalsee

Das Wasser des 4,4 Hektar großen Sees tauscht sich auf natürliche Weise alle drei Tage komplett aus – es fließt aus Hévíz übrigens durch den Fluss Zala schließlich in den Balaton hinein. Im See von Hévíz fällt die Wassertemperatur auch im Winter **nicht unter 24 Grad,** im Sommer ist es mindestens zehn Grad wärmer. Die Mineralstoffzusammensetzung des Wassers ist gut geeignet zur Behandlung von Erkrankungen des Bewegungsapparats (Gelenke, Bandscheiben) sowie von Nerven- und Frauenleiden. Kindern unter zwölf Jahren wird allerdings vom Baden abgeraten, allein schon wegen der ungeheuren Tiefe des Sees: Die Thermalquelle, die ihn speist, liegt 38 Meter unter der Oberfläche. Für die optimale Heilwirkung empfehlen die Betreiber, 20 bis 30 Minuten im Wasser zu verbringen, dann eine halbe Stunde zu pausieren und anschließend wieder ins angenehm warme Nass zu steigen – insgesamt bis zu drei Mal.

Doch auch für alle nicht Heilungsbedürftigen ist ein Bad im Thermalsee von Hévíz ein **Genuss:** Umgeben von einem großen Wald, übersät mit malerischen Seerosen, ausgestattet mit Haltegriffen zum Entspannen in aufrechter Position und bebaut mit den charakteristischen Spitzdach-Holzhäuschen, wird das Bad zu einem echten Vergnügen. Das Wissen, dass es sich um den „größten natürlichen, auch biologisch aktiven Thermalsee der Welt" (so die Angabe der Verwaltung) handelt, erhöht nur die Begeisterung. Ein Café mit Speisen und Getränken wird in einem der Häuschen betrieben. Am Seeufer stehen auf den Holzstegen Liegestühle zum Relaxen bereit.

Es gibt **zwei Eingänge** in das Bad (Dr. Schulhof Vilmos sétany 1, Tel. 83 501700), einen am Bahnhof und den anderen vom Kurpark aus (mit der Aufschrift „Tófürdő" und zwei Fabelwesen, die den Eintritt flankieren). Zum Abend hin wird meist nur der Kurpark-Eingang offen gehalten, durch den man dann hinausgehen muss. Schlüssel für die abschließbaren **Kabinen** erhält man gegen 1000 HUF Kaution und zusätzlich 1200 HUF Gebühr für die Kabine. Vorsicht: Unbedingt die eigene Schließfachnummer merken, wenn sie nicht auf dem Schlüssel steht.

ung073 Foto: mk

Entspannend und gesund –
ein Bad im Thermalsee von Hévíz

Geöffnet ist in der Sommersaison von Juni bis Aug. 8.30–19 Uhr, in der Nachsaison 9–17 Uhr (die Zeiten können sich verändern, sie schwankten in den letzten Jahren).

Tickets für drei Stunden 2100 HUF, fünf Stunden 2950 HUF, Tageskarte 3700 HUF, bei Zeitüberschreitung zusätzlich 10 HUF pro Minute. In den Sommermonaten kostet der Eintritt ab 17.30 Uhr 1400 HUF. Wer selbst nicht ins Wasser will, kann für 350 HUF mit einer **Besucherkarte** 20 Minuten lang das Gelände besichtigen. Angeboten werden auch Massagen, Schlammbehandlungen, Heilgymnastik und andere Therapien in Verbindung mit den Wassergängen – nirgendwo ist dies so entspannend wie in Hévíz.

Sehenswertes

Die Hauptstraße durch Hévíz heißt Széchenyi utca. Die erste Gelegenheit links führt direkt zum See. Im weiteren Verlauf biegen nach links die typischen, teils dicht von Bäumen bestandenen Kurort-Sträßchen ab mit Cafés, Restaurants, Kiosken, Handwerks- und Souvenirläden. Auf der Hauptstraße selbst sieht es ähnlich aus. Nach rechts hingegen gelangt man eher in Wohnstraßen, in denen sehr viele „Zimmer-frei"-Schilder aushängen. Wer nur für eine Nacht bleiben will, kann es gerade in der Saison schwer haben, aber ansonsten dürfte es kaum Probleme bei der Suche nach einem Quartier geben. Und ein Aufenthalt in Hévíz lohnt sich, nicht nur, um in den See zu springen, und weil der Ort recht sympathisch ist und sich Ausflüge etwa zum Kis-Balaton anbieten, sondern auch wegen einer weiteren Attraktion: **Egregyi Szőlőhegy.** Der malerische Weinberg des Städtchens lockt mit tollen Aussichten auf die liebliche Hügellandschaft und ist übersät mit Weinkellern und Restaurants. Der Weg ist aus dem Zentrum heraus ausgeschildert, man kann beispielsweise die Zrinyi Miklós utca nehmen und dann nach einigen hundert Metern links in die Egregyi utca abbiegen. Dort folgt recht bald ein Parkplatz. Am schönsten ist freilich ein Spaziergang hinauf, zumal wenn man ein Gläschen trinken will. Taxis bieten ab etwa 1000 HUF ihre Dienste an. Die Egregyi utca verengt sich und wird zum reinen Spazierweg über den Weinberg. Natürlich ist dies alles sehr touristisch – man hört mehr Deutsch als Ungarisch. Aber es ist auch einfach sehr schön. Und einige Lokale bieten ziemlich faire Preise für Essen und Trinken unter freiem Himmel inmitten der Rebstöcke, teilweise sogar auf Panoramaterrassen.

Als Bonus gibt es am Ende des recht kurzen Fußweges noch eine **Kirche** mit Friedhof zu bestaunen, die sich über die sie umgebenden Täler erhebt. Der romanische Bau, vermutlich vom Anfang des 13. Jahrhunderts, ist eines der wenigen erhaltenen Gotteshäuser aus dieser Periode, allerdings wurde er im Laufe der Jahrhunderte jeweils nach Beschädigungen mehrmals umgebaut. Mit der schlichten Steinfassade bleibt die Kirche zumindest nach außen hin ihrer Entstehungszeit treu (Gottesdienst So 18 Uhr).

Praktische Tipps

Information

•Tourinform Hévíz
Rákóczi utca 2, Tel. 83 540131, www.heviz-marketing.hu, www.heviz.hu. Informationsmaterial, Zimmervermittlung, Organisation von Touren und Transport, z.B. vom/zum Flughafen.

•www.hevizszallas.hu
Verband der privaten Zimmervermieter in Hévíz, mit Suchmaschine.

Notfälle

•Polizei
6–18 Uhr, Tel. 83 342860, sonst Notruf 107.

•Apotheke
U.a. Kossuth utca 5, Tel. 83 343421.

•Ärzte
Die meisten der zahlreichen Mediziner in Hévíz sind auf deutschsprachige Patienten eingestellt.

Unterkunft

Es gibt eine Fülle an großen und kleinen Hotels sowie Pensionen, die meisten mit Wellness-Angeboten.

•Hotel Spa Hévíz
Dr. Schulhof Vilmos sétany 1,
Tel. 83 501708, www.spaheviz.hu.

Im 19. Jahrhundert vom Grafen *Festetics* eröffnetes Oberklasse-Kurhotel, großes Wellness-Angebot. DZ ab ca. 27.000 HUF (100 Euro), aber immer wieder Sonder- und Paketangebote auf der Webseite.

•Hotel Erzsébet
Erzsébet királyné utca 13–15,
Tel. 83 342036, www.hotelerzsebet.net.

Direkt im Zentrum, mit allem Komfort. Keine Bettenburg, sondern in einem angenehmen, gepflegten Haus mit nur knapp 50 Zimmern. Schönheitsfarm und Kurbehandlungen aller Art, Zahnarzt. Restaurant und Café im Hause. DZ ab ca. 20.000 HUF, inkl. Frühstücksbüfett und Benutzung des Wellnessbereichs.

•Villa Viktória
Attila u. 64, Tel. 83 315394,
www.villaviktoria.hu.

Moderne Apartments mit kleiner Küchenecke ab 10.000 HUF. Nette Gastwirtsfamilie.

•Szent Hubertus Panzió és Vendéglő
Mórics Zs. utca 8, Tel. 83 340502.

Vier Gästezimmer in einem hübschen, blumenverzierten Haus. Restaurant-Jägerstube mit Wildspezialitäten. Rustikales DZ 9500 HUF mit Halbpension.

•Napfény Apartmanház
Kisfaludy utca 35, Tel. 30 6260501,
www.heviznapfeny.hu.

Günstige und gute Alternative zu Hotel- und Pensionszimmern für Selbstversorger. Sehr anständige, voll ausgestattete Apartments mit Balkon, wenige hundert Meter vom Ortskern. Geschlossener Parkplatz und kleiner Saunabereich für alle Gäste. Ab einer Woche Aufenthalt kostenloser Transfer aus Keszthely oder vom Fly-Balaton-Flughafen. Einzimmer-Apartment für zwei Personen schon ab 6200 HUF/Nacht (ab zwei Nächten), 2- und 3-Zimmer-Apartments ab 6800 HUF/2 Personen/Nacht, vier Personen insgesamt nur 10.000 HUF.

Camping

•Fortuna Camping
Felsöpahok, Szent István utca 89,
Tel. 83 344630, www.fortuna-camping.hu.

3 km von Hévíz und dem Thermalsee entfernt, Stellplätze für Wagen und Zelte, Zelt- und Fahrradvermietung, Zimmervermittlung für Hévíz und Umgebung, ordentliche sanitäre Anlagen, freies Internet (Hotspot) auf dem Gelände, Waschmaschinen. Stellplatz 4 Euro, zusätzlich pro Person 5 Euro, Haustier 1 Euro; Preisbeispiel: Ein Wohnmobil mit zwei Erwachsenen, Kurtaxe und Stromanschluss kostet 18 Euro.

Essen und Trinken

Hévíz ist sehr touristisch geprägt, was sich auch in den Restaurantpreisen niederschlägt. Dennoch garantiert die starke Konkurrenz, dass sich die Rechnung am Ende doch in Grenzen hält. Besonders zu empfehlen ist es, nach Mittagsmenüs Ausschau zu halten. Auf diese Weise kann man oft schon für 1000 oder 1500 HUF richtig gut satt werden (ohne Getränke), vereinzelt sogar für 800 HUF.

•Napfény Étterem
Széchenyi utca 21, Tel. 20 9836677,
www.napfeny-hotel.hu,
geöffnet tägl. 10–22 Uhr.

Hotel-Restaurant mit hübschem Gartenlokal direkt an der Hauptstraße durch Hévíz im Zentrum, aber ein wenig abgeschirmt. Gute Küche zu bezahlbaren Preisen. Auch einfache Zimmer (DZ ab 8200 HUF).

•Hegyalja Borozó
Egregyi szőlőhegy, Tel. 30 4279806, www.hegyaljaborozoheviz.hu (nur ungarisch),
geöffnet tägl. außer Sa 14–22 Uhr.

Restaurant und Weinstube in rustikalem Ambiente auf dem im Text beschriebenen schönen Weinberg, mit Garten und Terrasse.

•Weinstube zur Reblaus
Egregyi szőlőhegy, Tel. 83 342182,
www.balaton.hu/reblaus.

Ebenfalls auf dem Weinberg, aber eine Spur höhere Preise. Terrasse mit grandioser Aussicht, Grillspezialitäten.

•Öreg Harang Borozó
Egregyi szőlőhegy, Tel. 30 9279011,
geöffnet tägl. 15–22 Uhr.

Gemütliches Lokal auf dem Weinberg, Speisen mit italienischem Einfluss.

Wellness

Fast alle Hotels, Pensionen und sogar Privatvermieter bieten entweder selbst Kurbehandlungen an oder vermitteln sie zumindest. Zusätzlich ist das Städtchen übersät mit **Salons, Studios und Praxen,** die Massagen, Schlammpackungen, Sauerstofftherapien etc. anbieten. Die Preise beginnen meist bei ca. 1000 HUF für die kürzeste Massage (20 Minuten).

Autofahren

•Parken kostet im Zentrum 200 HUF pro Stunde, etwas weiter in den Wohnstraßen ist es dann kostenlos. Parkplätze stehen meist ausreichend zur Verfügung.

•Autovermietung: Hertz, Ady Endre utca 13, Tel. 83 540266; **Fox Autorent,** Széchenyi utca 7, Tel. 1 3829000 (ungarnweite Telefonnummer), www.fox-autorent.com.

Sonstiges

•Deutschsprachiger Gottesdienst
So 9.30 Uhr, Ev. Kirche, Helikon utca.
•Optiker (deutschsprachig)
Optik Martin, Széchenyi utca 7,
Tel. 83 340142, www.optikmartin.com
•Taxi: Tel. 83 340045.
•Reiterhof
www.zalailovarda.hu, Zalaszentlászló.

Keszthely

↗XIII/C3

Dieses Städtchen mit 23.000 Einwohnern an der **Westspitze des Balaton** bildet für die Reisenden entweder den Anfangs- oder den Endpunkt einer Besichtigung des Nordufers, oft auch

ung074 Foto: mk

Segelschiff vor Keszthely

Start und Ziel einer Plattensee-Umrundung (z.B. wenn man auf dem Fly-Balaton-Flughafen landet oder wenn man von Westen anreist). Es besitzt neben einigen Zugängen zum Plattensee eine durchaus **attraktive Innenstadt** mit einer Handvoll Museen, einem Palast sowie reichlich Läden und Lokalen. Selbstbewusst nennt man sich hier „Hauptstadt des Balaton". Man tut sicher niemandem Unrecht, wenn man Keszthely als den schöneren und freundlicheren Ort im Vergleich zu dem genau auf der anderen Seite des Balaton liegenden Siófok bezeichnet (Party-Touristen ausgenommen). Eine Reihe von Pensionen in eher ruhigen Wohnstraßen nicht allzu weit vom Zentrum bietet neben den zahlreichen Hotels, Privatzimmern und dem schicken innerstädtischen Campingplatz genügend Auswahl an Übernachtungsplätzen. Wer eher die Natur sucht, kann ohne Weiteres auch in eines der nachfolgenden Dörfer weiterfahren, dort nächtigen und Keszthely nur besichtigen.

Geschichte

Seit Tausenden von Jahren siedelten bereits Menschen verschiedener Völker auf dem Gebiet des heutigen Keszthely, aber eine mit historischen Dokumenten nachweisbare Geschichte hat die Stadt erst seit 1247. Das ist dennoch eine längere Zeit als die meisten anderen Orte rund um den Balaton aufzuweisen haben, daher das starke Selbstbewusstsein der Einwohner. Hinzu kommt das **Festetics-Schloss.** Solch ein hervorstechendes Bauwerk hat ebenfalls kein anderer direkter Balaton-Anrainerort zu bieten (auch wenn einige Burgen und Schlösser in Plattensee-Nähe existieren, etwa in Veszprém).

Sehenswertes

Fußgängerzone

Die Kossuth Lajos utca, an der einige schöne Gebäude zu finden sind, mündet in den Hauptplatz Fő tér, wo die kleine Fußgängerzone mit vielen Geschäften und Lokalen beginnt. Hier lässt es sich hervorragend flanieren, Postkarten und Zeitungen kaufen, einen Kaffee trinken und Orte wie das **Puppenmuseum** (Baba Múzeum, Kossuth Lajos utca 11, Tel. 83 318855, www.babamuzeum.mool.hu, Eintritt 300 HUF) besuchen, das sich selbst als das „größte Puppenmuseum Mitteleuropas" bezeichnet. Tatsächlich handelt es sich um eine sehr große Ausstellung schöner Puppen, in der man auch viel über Traditionen und Trachten der Region und ganz Ungarns lernt. Das **Panoptikum** mit zahlreichen Wachsfiguren daneben kostet ebenfalls 300 HUF Eintritt. Alle, die den Besuch eines **Foltermuseums** für einen gelungenen Zeitvertreib halten, finden ein solches ebenfalls in direkter Nachbarschaft (Eintritt 500 HUF).

Festetics-Schloss

An der nächsten großen Kreuzung erhebt sich bereits der wie eine Kirche anmutende Turm des Festetics-Palastes. Die Familie dieses Namens resi-

dierte gut 200 Jahre lang in diesem Bauwerk. Das Schlösschen mit seinem gepflegten Garten und den getrimmten Büschen erreicht man von der Fußgängerzone durch ein schönes Portal. Im Inneren ist besonders die **reich ausgestattete Bibliothek** von großem Wert. Zur Zeit seiner Eröffnung Mitte des 18. Jahrhunderts besaß der Palast nur 34 Säle und einen Barockgarten. Der Wiener Architekt *Viktor Rumpelmayer* war es dann, der die Anlage bis 1887 ausbaute und ihr ihre heutige **Hufeisenform** sowie den neobarocken Stil gab. Die Zahl der Räume verdreifachte sich, der markante weiße Turm kam hinzu.

Museen auf dem Gelände: Schlossmuseum (1800 HUF), Marstallmuseum (Pferde des Fürsten, Kutschen, Wagen, 900 HUF; Schloss- und Marstallmuseum kombiniert 2200 HUF), Jagd- und Modelleisenbahnausstellung (1400 HUF, getrennt je 900 HUF), Weinmuseum, Kombiticket für alle Ausstellungen 3200 HUF, Audioguide 700 HUF, Fototicket 700 HUF. Ein Besuch des Schlossmuseums ist zu empfehlen, der Rest je nach individuellen Interessen. Im Sommer (Juli, August) werden auf dem Gelände **Nachtführungen** für 2600 HUF angeboten.

Das Festetics-Schloss in trüber Wetterstimmung

Marzipan-Museum

Gleich gegenüber dem Schloss findet sich das Marzipan-Museum (Katona József utca 19, Tel. 83 319322, www.marcipanmuzeum.hu, geöffnet Di bis So 10–18 Uhr, Juli, Aug. auch Mo geöffnet, Jan., Febr. geschlossen, Eintritt 160 HUF), ein kleiner Familienbetrieb, in dem unter anderem ein **Marzipan-Modell des Festetics-Palastes** zu bestaunen ist.

Balaton-Museum

Das Balaton-Museum (Balatoni Múzeum, Múzeum utca 2, Tel. 83 312351, www.balatonimuzeum.hu, geöffnet Mai bis Okt. Di bis So 10–18 Uhr, Nov. bis April Di bis Sa 10–17 Uhr, Eintritt 600 HUF, Führung englisch und deutsch mit Voranmeldung 4000 HUF) ist eine weit über die Grenzen der Stadt hinaus bekannte Institution. Das Angebot umfasst das János-Halápy-Gedenkzimmer, ein **Lapidarium** aus der Römerzeit, ein mittelalterliches Lapidarium und Sonderexpositionen wie etwa „Glanz und Untergang des Inkareiches". Der Eingang liegt an der großen Kossuth Lajos utca.

Am See

Es ist gar nicht so leicht, aus dem Stadtkern zum Strand zu kommen. Prinzipiell gilt: Man muss einen Übergang über die Bahnlinie finden, und schon ist das Ufer beinahe erreicht. Am besten man parkt in der Stadt und macht einen Spaziergang durch den **Helikon-Park** (von der Hauptstraße Kossuth Lajos utca z.B. über die Helikon utca in wenigen Schritten zu erreichen) und dann über die Gleise direkt zum Wasser. Ein breiter gepflasterter Weg (keine Seebrücke, eher eine Art kleiner Damm) führt ein Stückchen ins Wasser hinaus, zur Anlegestelle, auch nett zum Spazieren, zum Betrachten der Boote oder um eine **Rundfahrt** zu starten (einstündige Promenadefahrt mit dem auf Raddampfer getrimmten Nostalgieschiff „Helka", zuletzt ab Mitte April, tägl. 11, 13, 15 und 17 Uhr, Erwachsene 1300 HUF, Änderungen möglich).

Praktische Tipps

Unterkunft

- **Hotel Ovit**

Alsópáhoki út, Tel. 83 515135, www.hotelovit.hu.

Sympathisches, modernes Haus nahe, aber nicht direkt an der Straße 71, ruhig, 2–3 km vom Zentrum, nicht zu groß (max. 100 Gäste). Gute, meist geräumige Zimmer mit Balkon oder Terrasse, DZ ab 17.000 HUF inkl. Sauna, Sprudelbad, Billard, Tischtennis, Fitnessraum, Spiel-, Grill- und Parkplatz, WiFi-Internet. Großes Wellness- und Kurangebot.

- **Nussbaum Panzió**

Móra Ferenc utca 15, Tel. 20 3743144, www.nussbaumpanzio-balaton.hu.

Angenehme Pension, gute Zimmer, die man allerdings nicht alle gut abdunkeln kann, nett mit viel Holz eingerichtet. Einige Räume mit Balkon. DZ ab ca. 15.000 HUF, außerhalb der Saison ist der Preis zu verhandeln. Unten Gaststätte.

- **Abszolút Vendégház**

Katona József utca 27, Tel. 83 319072, www.freeweb.hu/kiss-mate-panzio.

Ordentliches Gasthaus nur wenige Schritte vom Festetics-Palast entfernt. DZ ab 8800 HUF, in der Hochsaison 11.000 HUF.

- **Steinhaus Panzió**

Rezgö utca 3, Tel. 83 312224, www.pensionsteinhaus.com.

Familiäre Pension mit mediterranem Flair, Hunderten von immergrünen Pflanzen, Terrasse, Schwimmbecken. 200 m vom Seeufer, ca. 1 km zum Hafen, 1–2 km zum Zentrum und Schloss. DZ ab 10.200 HUF. Die Besitzerin kümmert sich um ihre Gäste – wer seine Ruhe will, geht lieber woanders hin ...

- **Pension Sissy**

Erzsébet királyné u. 70, Tel. 83 315394, www.villasissy.hu.

Hübsche, ruhige Pension in einer alten Stadtvilla am kleinen Helikon-Park. Modern ausgestattete Zimmer mit Kühlschrank, auch für Selbstversorger. Nah am Zentrum und Strand. Freundliche Gastwirtsfamilie, die gut deutsch spricht. DZ 6000–12.000 HUF.

Weitere Pensionen und „Zimmer-frei"-Privatvermieter finden sich in der Móra Ferenc utca und in den benachbarten Wohnstraßen, darunter:

- **Tokaji Panzió**

Apát utca 21, Tel. 83 319875, www.pensiontokajer.hu.

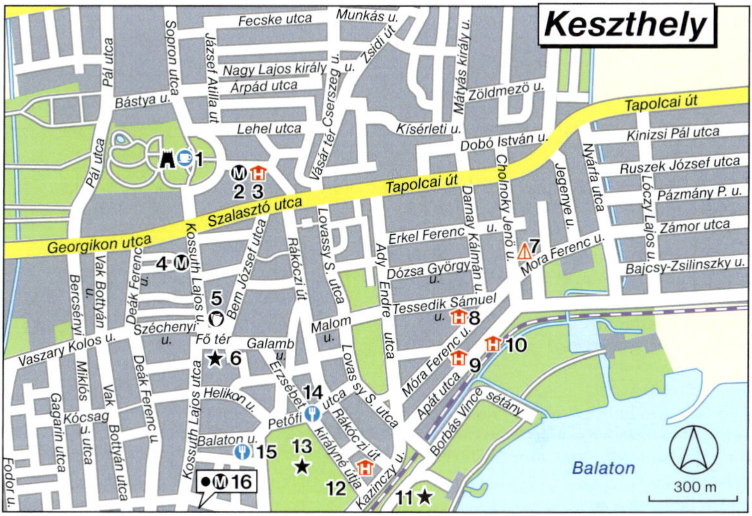

1	Schloss und Café „Keszthely"	9	Steinhaus Panzió
2	Marzipan-Museum	10	Tokaji Panzió
3	Abszolút Vendégház	11	Strandpark
4	Puppenmuseum	12	Pension Sissy
5	Stadttheater	13	Helikon-Park
6	ehemaliges Franziskaner-Kloster	14	Corso Restaurant
7	Castrum Camping	15	LaKoma Étterem
8	Nussbaum Panzió	16	Bahnhof und Balaton-Museum

Sehr elegant und ansprechend eingerichtete Zimmer. DZ knapp 12.000 HUF (13.400 HUF in der Hochsaison), evtl. verhandelbar.

Camping

- **Camping Castrum**

Móra Ferenc utca 48, Tel. 83 312120, www.castrum-group.hu, Tor geöffnet 6–22 Uhr.

Sehr zentrumsnah gelegen in einem Viertel mit zahlreichen Privatzimmern, Hotels und Pensionen. Gute Alternative für alle, die in Keszthely keine passende Unterkunft finden (zu späte Anreise, zu teuer, nur eine Nacht usw.). Preis pro Person 900 HUF (Kinder 700 HUF), Stellplatz ab 1200 HUF, Strom 800 HUF, Wasser 250 HUF. Schattige, voneinander durch Hecken abgetrennte Stellplätze. Erneuerte sanitäre Anlagen, Pool.

Essen und Trinken

- **Corso Étterem**

Erzsébet királyné u. 23, Tel. 83 312596.

Gutes Restaurant mit sehr moderaten Preisen; gehört zum Abbázia Club Hotel (www.abbazia-clubhotel.hu).

- **LaKoma Étterem**

Balaton u. 9, Tel. Tel. 83 313129, www.lakomaetterem.hu.

Empfehlenswertes Lokal mit Terrasse, in dem ungarische Gerichte serviert werden. Am Ende würfeln die Gäste um die Bezahlung ihres Essens: Wer drei Sechser wirft, zahlt nichts.

- **Keszthely Kávézó**

Kastély u. 1. Schickes Café in exklusiver Lage mit Blick auf den Schlosspark.

Sonstiges

- **Parken** im Zentrum (tägl. 8–18 Uhr) kostet 220 HUF pro Stunde.
- **Schiff:** Zweimal täglich gelangt man auf dem Wasserweg von Keszthely über Balatongyörök und Szigliget nach Badacsony. Los geht es jeweils um 9.30 und 10.30 Uhr, die Fahrt dauert knapp drei Stunden und kostet in einer Richtung knapp 1600 HUF. Am Donnerstag Direktfahrt nach Badacsony (90 Minuten).

Das Nordufer des Balaton

Nationalpark Balaton Oberland ⇗XIII/C,D3

Die auf Keszthely folgenden Dörfer liegen sehr badefreundlich direkt am Wasser. In **Balatonederics** sollte man sich die **Höhle Csodabogyós-barlang** (Info-Tel. 30 5406575, www.csodabogyos.hu, Eintritt 5000 HUF, „Extremtour“ 8000 HUF) nicht entgehen lassen. Über dem Dorf, in den Wäldern des Nationalparks Balaton Oberland (Balaton-felvidéki Nemzeti Park), sind einige Abschnitte der fünf Kilometer langen Höhle zugänglich. Besucher können zwischen einer normalen, knapp zwei Stunden langen, und einer „extremen“, bis zu vier Stunden währenden geführten Tour wählen. Es werden gute Kondition, feste Kleidung und Wanderschuhe vorausgesetzt. Die Touren beginnen täglich um 8, 10, 12, 14 und 16 Uhr, man sollte sich aber in jedem Fall vorher anmelden und auch zu einem vereinbarten Termin etwas früher erscheinen. Belohnt werden die Teilnehmer für ihren Aufwand mit einem unvergesslichen Rundgang durch diese faszinierende und abenteuerliche Tropfsteinhöhle.

Doch selbst wer Kosten und Mühen scheut, sollte mit dem Auto zum Eingang der ausgeschilderten Höhle fah-

Der Mühlenteich in Tapolca

ren. Der Weg führt durch Weinberge und Felder, vorbei an einigen hübschen Häusern, hinauf in die Hügel. Weiter oben, selbst wenn man sich verfahren sollte, ergeben sich **einmalige Aussichten auf den Balaton** – gute Fotomotive garantiert!

Szigliget

⇗XIII/D3

Szigliget ist ebenfalls eine längere Pause wert, hat es doch eine nette kleine Mole und ein durchaus ansprechendes Strandbad (Eintritt 400 HUF). Direkt über Szigliget erhebt sich die erstaunlich mächtige **Ruine der alten Burg** (Szigligeti vár), durch die man einen ausführlichen, wegen der Steigungen nicht ganz leichten Spaziergang absolvieren und zwischendurch die sehr fotogenen Motive bewundern kann, die der zu Füßen liegende Balaton mit der Burg im Vordergrund bietet. Im Lokal VárVendéglő bei der Burg lässt es sich schön im Freien sitzen und eine Mittagspause einlegen. Es werden traditionelle Speisen der mittleren Preiskategorie serviert.

Tapolca

⇗XIII/D2,3

Kurz hinter Szigliget führt eine schmale Straße hinauf in das nur wenige Kilometer entfernte Städtchen Tapolca. Es besitzt eine malerische Innenstadt und einen nicht weniger hübschen **Mühlenteich** (Malom-tó), an dem man wunderbar etwas essen oder einfach

ung076 Foto: mk

nur einen Kaffee trinken kann. In der Umgebung des Teiches gibt es übrigens kostenlosen WLAN-Internetempfang (Hotspot).

Zu Tapolca gehört auch die **„Seehöhle“** (Tapolcai tavasbarlang, geöffnet Juli bis Aug. 9–19 Uhr, sonst Mitte März bis Okt. 10–17 Uhr, Nov. bis Mitte März nur Sa 10–16 Uhr, Eintritt 1000 HUF). Die etwas über drei Kilometer lange Höhle wurde erst vor gut 100 Jahren entdeckt und steht seit 1982 unter besonderem Schutz. Tropfsteine gibt es hier keine, Fledermäuse auch nicht, wohl aber Fische, die sogar aus dem Mühlenteich ins Höhlenwasser gelangen können. Spannend ist eine Rundfahrt durch die Seehöhle (oder auch Höhlensee) dennoch, auch wegen der stets 20 Grad warmen Luft mit 100% Luftfeuchtigkeit und einem hohen Ca-Ionengehalt – gut gegen Erkrankungen der Atemwege. Weitere Informationen unter www.tapolca.hu.

Theodora-Quelle

Von Tapolca zurück zum Balaton (oder je nach Richtung der Tour vom See nach Tapolca) sollte man unbedingt über **Kékkút** fahren und dann in Richtung **Kővágóörs,** das nur zwei bis drei Kilometer entfernt liegt. Die Landstraße passiert auf freier Strecke die Fabrik der Theodora-Quelle. Hier wird das wohl **berühmteste Mineralwasser Ungarns** abgefüllt. Fast jeder siebte verkaufte Liter Wasser im Lande stammt von diesem Werk, das inzwischen einem internationalen Konzern gehört. Bei einem kurzen Stopp kann man im kleinen Brunnenhäuschen gleich beim Parkplatz an der Straße mit der Aufschrift „Anno 1907 Theodora“ seinen Durst ganz kostenlos mit dem Original-Quellwasser stillen und es am besten gleich in einige mitgebrachte Flaschen abfüllen. Auf Schautafeln werden die geologischen Zusammenhänge erklärt (Text nur ungarisch, aber Zeichnungen vorhanden). Wer besonders interessiert ist und vielleicht eine ungarischsprachige Begleitung hat, kann einen acht Kilometer langen **Wanderweg** mit insgesamt 15 Info-Stationen rund um die Quelle abschreiten – auf jeden Fall ein schöner Spaziergang (ausgeschildert als „Theodora Tanösvény“).

Salföld

↗XIV/A2

Im Dörfchen Salföld, nur zwei Kilometer vom Ufer des Plattensees entfernt, öffnet der **Naturschutzhof** Salföld seine Tore. Hier, in der auch „Meierhof“ genannten Anlage (geöffnet Mitte März bis April und Sept. bis Mitte Nov. 9–17 Uhr, Mai bis Aug. 9–19 Uhr, Eintritt 500 HUF), wird unter freiem Himmel die Umwelt der Region dargestellt – mit besonderem Augenmerk auf dem ökologischen Tourismus. Besucher können, wenn sie in freier Wildbahn bisher kein Glück hatten, die typisch ungarischen Tierrassen wie Graurind, Zackelschaf und Mangalica-Schwein in natura und vor allem vor dem Hintergrund der malerischen bergigen Umgebung bestaunen. Kontakt: Nationalpark Balaton Oberland (Balaton-felvidéki Nemzeti Park, Tel. 87

555260, www.bfapi.hu, sehr informative Webseite über die Region, auch auf Deutsch).

Badacsony-hegy

↗XIV/A2

War die Landschaft bisher schon pittoresk, so wird es erst richtig bezaubernd auf der **Strecke von Badacsony nach Badacsonytördemic** – allerdings nicht auf der Hauptstraße, sondern auf dem kleinen, engen Asphaltweg direkt parallel darüber. In einer Art Halbkreis führt die Római út am Fuße des Badacsony-hegy entlang und bietet einmalige Aussichten auf den ganz unten liegenden Balaton. Wie so oft ist das Panorama am schönsten in der Abendsonne, wenn sich das warme Licht im Wasser spiegelt und die Laubbäume, Farne sowie einzelnen Häuser im Vordergrund besonders reizvoll leuchten. Nur die allgegenwärtigen Strommasten und -leitungen machen den Hobbyfotografen das Leben schwer. Tagsüber stehen am Straßenrand auf einem Abschnitt dieser Straße **Winzer in Holzbuden** und bieten ihre Erzeugnisse an. Die Preise sind meist akzeptabel, es lässt sich auch oft ein wenig verhandeln. Einige Wege führen mehr oder weniger steil hinauf zu Weinstuben, Landgasthöfen und Restaurants, die ihre Aussichtsterrassen und Speisekarten preisen. Natürlich sind sie sehr touristisch eingestellt, aber eben auch in einmaliger Lage und daher nicht zu verachten.

Hier startet auch ein ausgeschilderter **Wanderweg** (Badacsony Tanösvény) rund um und auf den 437 Meter hohen Gipfel des Badacsony-Berges, auf dem man einige Stunden verbringen kann; immer wieder bieten sich großartige Panoramablicke.

Essen und Trinken

- **Szent Orbán Borház és Étterem**
Kisfaludy S. u. 5, an der Straße, die später Római út heißt, Badacsony, Tel. 87 431382, www.szeremley.com. Gemütliches Lokal mit schöner schattiger Terrasse inmitten der Weinberge mit Blick auf den Balaton. Gutes Essen und Wein direkt vom Winzer.

Badacsonytomaj

↗XIV/A2

Die Hauptstraße 71 führt durch **Badacsonytördemic,** das nicht direkt am Wasser liegt, sowie durch die kleinen Dörfer **Badacsonylábdihegy** und **Badacsony** in den Ort Badacsonytomaj mit einer gepflasterten breiten Seebrücke und einem kleinen, netten Segelhafen. Vom See weg in Richtung Berge gibt es einige „Zimmer-frei"-Angebote am Ortsrand. Das Dorf liegt am östlichen Ende des Berges und bietet sich gut als Ausgangspunkt für Wanderungen oder Rundfahrten an. Wer eine gute Unterkunft findet, kann auch von hier Ausflüge nach Szigliget, Tapolca oder je nach Reiseplanung in die andere Richtung zur Halbinsel Tihany unternehmen.

Ábrahámhegy, Balatonrendes und Révfülöp

↗XIV/A2

Gleiches gilt für die nachfolgenden Ortschaften Ábrahámhegy (Abzweig in Richtung Salföld und Kékkút zur Theodora-Mineralwasserquelle), Balatonrendes und das etwas größere Révfülöp, das sehr nah am Ufer liegt und sich daher bestens für Touristen und Besucher eignet. Der Ort kann eine schöne Promenade direkt am Wasser mit Bademöglichkeit und eine Seebrücke vorweisen. Einen schönen Blick auf den See garantiert der **Aussichtsturm** auf dem „Fülöp"-Berg, der erst zu Beginn unseres Jahrhunderts gebaut wurde. Der kleine Berg trägt den Namen des Dorfes zu mittelalterlichen Zeiten, als auch die Kirche aus rötlichem Sandstein erbaut wurde, deren Ruine noch heute vor dem Bahnhof des Dorfes besichtigt werden kann. Für Liebhaber könnte auch die Heimatkundliche Sammlung direkt am Balaton-Ufer interessant sein.

Information

• Tourinform Révfülöp
Villa Filip tér 8/b, Tel. 87 463092, www.revfulop.hu.

Unterkunft

• Iris Vendégház
Révfülöp, Ade Endre út 15, Tel. 87 464209, http://irispansion.fw.hu. Nettes Gästehaus mit sieben Zimmern, ganzjährig geöffnet, familiäre Atmosphäre, mit Garten und Grillmöglichkeit, DZ 6500 HUF.

ung077 Foto: mk

Essen und Trinken

• Tóth Vendéglő
Révfülöp, Kacsajtósi út 16, Tel. 87 464368, www.tothvendeglo.hu. Großes Gasthaus in Gehentfernung vom Zentrum und nah am Seeufer, fast jeden Tag traditionelle Live-Musik, naturgemäß touristisch orientiert, aber sehr akzeptable Preise und gutes Essen.

Das vierte der nach Révfülöp folgenden kleinen Dörfer heißt **Balatonudvari.** Hier findet sich am Ortsrand, direkt an der großen Straße neben einem Fußballplatz, ein Ort, den man auf keinen Fall verpassen sollte: der **„Friedhof der Herzen".** Was kitschig klingt, ist eine historische Kuriosität aus dem 18. Jahrhundert, als hier eine ökumenische letzte Ruhestätte eingerichtet wurde. Warum der Maurergeselle die Steinblöcke in Herzform schlug, ist nicht eindeutig überliefert. Fest steht, dass die so gestalteten Grabsteine auch heute noch zu bewundern sind. Die oft deutlich über ein Jahrhundert alten Aufschriften sind teilweise zu entziffern.

Die Halbinsel Tihany

XIV/B2

Direkt danach beginnt die Halbinsel, die zum Balaton gehört wie der Wein und die Strände – besonders wegen der Stiftungsurkunde des Klosters, die wie bereits an anderer Stelle erwähnt das älteste erhaltene Schriftdokument in ungarischer Sprache ist. Für Reisende – ob aus Ungarn oder dem Aus-

Netter Biergarten in Sajkod auf der Halbinsel Tihany

land – ist Tihany (Aussprache ungefähr „Tihonj" mit einem „o" wie in „morgen") aber ganz einfach **einer der schönsten Flecken am Plattensee.** Der größte Teil der Halbinsel ist völlig unbewohnt, nur der östliche Rand wurde mit einem Straßennetz versehen. Wer kurz vor dem offiziellen Abzweig nach Tihany in die kleine Straße nach Sajkod einbiegt, kommt nach etwa einem Kilometer in ein kleines Wohngebiet, und dann folgt – das große Nichts. Oder anders gesagt: ungestörte und weitgehend unberührte Natur. Im winzigen Ort **Sajkod** genießen hauptsächlich die Eigentümer ihre Ruhe. Es gibt aber eine Handvoll Lokale, die zur Rast einladen, z.B. das nette Restaurant Bohém Tanya Étterem mit guten und günstigen Tagesmenüs.

Zurück auf der Hauptstraße geht es nun zum „richtigen", ausgeschilderten Weg nach Tihany. Bis zur Spitze der Halbinsel, die schon fast das andere Balatonufer berührt und die schmalste Stelle des Sees bildet, sind es nur gut fünf Kilometer und daher wenige Autominuten. Vom Dorf Tihany, das ungefähr auf der Hälfte der Strecke liegt, führen zwei Straßen dorthin – eine durch Tihany und dann immer geradeaus, die andere unter dem höher gelegenen Ortskern hinweg und fast direkt am östlichen Ufer entlang (mit schönen Ausblicken). Beide Wege treffen sich an jener Landspitze, dem Hafen mit Namen **Kopaszhegy,** wo auch die regelmäßig verkehrende **Autofähre** anlegt (Überfahrt pro Person 490 HUF, EU-Bürger über 65 Jahre frei, zusätzlich pro Wohnmobil 3000 HUF, PKW 1370 HUF, Fahrrad 200 HUF, www.balatonihajozas.hu), die Tihany mit dem gegenüberliegenden Szántód verbindet. Am Fähranleger warten kleine Imbisse und Händler mit ihren Buden voller Körbe, Kleidung und anderen Waren auf Kunden. Während der Hafen selbst erwartungsgemäß wenig idyllisch ist, kann man seitlich ganz hübsch ein Stückchen am Wasser entlangspazieren oder sich hinsetzen und die ankommenden und abgehenden Schiffe bzw. das gegenüberliegende Ufer betrachten.

Wer für den Weg zur Fähre die Strecke durch das Dorf Tihany gewählt hat, sollte nun die Straße rechts (also östlich) ganz **am Ufer** entlang nehmen. Hier lässt es sich auch parken und schnell über einen der Stege ins Wasser hüpfen. Der Weg führt unterhalb des höher gelegenen Dorfkerns vorbei. Entweder man spaziert also von der Hauptstraße über mehrere Treppen hinauf, oder man biegt links ab und gelangt per Auto ins Zentrum – wo das Parken besonders in der Saison nicht immer leicht und nie günstig ist (mind. 250 HUF pro Stunde).

Tihany

Das **Hauptdorf der Insel** trägt den gleichen Namen wie sie selbst: Tihany. Es wird überragt von den sehr weit sichtbaren weißen Zwillingstürmen der berühmten Klosterkirche. Es ist eine kleine Ortschaft mit malerischen aufsteigenden und abfallenden Straßen voller Läden, Restaurants, Cafés und hübscher kleiner Häuser. Kein Wunder, dass schon die alten Römer hier ihre Sommervillen gebaut haben, von denen freilich nichts mehr übrig geblieben ist. Immer wieder ergeben sich wunderbare Aussichten auf den Balaton.

Strategisch an der höchsten Stelle steht die **Benediktinerabtei** aus dem Jahr 1055 mit der bereits erwähnten zweitürmigen, weithin sichtbaren Kirche. Das heutige Kloster mit der Kirche stammt zwar aus der Mitte des 18. Jahrhunderts, doch die **Gründungsurkunde** der Abtei ist bis heute erhalten geblieben und gilt den Ungarn als ältestes nationales Dokument, weil in ihm neben Tihany auch eine Reihe anderer ungarischer Orte und Namen erstmals erwähnt werden. Das Original der Urkunde lagert heute in der Abtei von Pannonhalma (Westungarn). Erhalten geblieben ist aus dem Hochmittelalter aber immerhin die **Krypta der Klosterkirche,** deren mächtige runde Säulen ganz besonders beeindrucken. König *Andreas I.*, der den Bau der Abtei in Auftrag gegeben hatte, wurde hier 1060 bestattet. Eine Kopie der Gründungsurkunde hängt an der Wand. Die Anlage **kann teilweise besichtigt werden** (Tihanyi Bencés Apátsági Templom és Múzeum, geöffnet tägl. 9–18 Uhr, Eintritt 700 HUF, Führung auf Deutsch 8000 HUF nach Voranmeldung). Zu sehen sind mit einer Eintrittskarte die Kirche selbst, die königliche Krypta, ein Gedenkzimmer für König *Karl IV.*, eine historische und einige Kunstausstellungen.

Sehenswert ist ganz in der Nähe des Klosterkomplexes ein kleines **Freilichtmuseum** (Szabadtéri Néprajzi Múzeum, Pisky sétany 12, Tel. 87 714960, geöffnet Di bis So 10–18 Uhr) mit einigen hübschen alten Gebäuden, darunter das Haus der Fischerzunft (Halászcéh-ház) von 1840, das im Laufe der Jahre verfiel, aber 1965 wiederhergestellt wurde. Weiße Mauern und ein schönes Schilfdach – das klassische Tihanyer Haus. Weitere Gebäude wie ein typisches Bauernhaus der Region werden präsentiert, ebenso ein historisches Töpferhaus, in dem auch Töpferwaren direkt vom Hersteller erworben werden können – am schönsten sind die blau-weiß gepunkteten Krüge, Becher, Vasen und anderen Gefäße.

Gleich beim Freilichtmuseum ist auch ein kleiner **Kalvarienberg** zu finden, der 1927 zu Ehren König *Karls IV.* errichtet und später zerstört wurde. Eine speziell gegründete Stiftung kümmert sich jetzt um seine komplette Wiederherstellung. Der Weg führt direkt auf drei riesige Holzkreuze zu.

Und in direkter Nähe befindet sich auch das **Puppenmuseum** (Tihanyi Babamúzeum, Visszhang utca 4, Tel. 87 448431, www.babamuzeum.hu, geöffnet im Sommerhalbjahr 9–19 Uhr, sonst 10–17 Uhr, Eintritt 400 HUF, mit schönem Museumscafé). Wer Puppen in allen möglichen Arrangements mag, am besten noch mit einem etwas nostalgischen Touch, der liegt hier wahrscheinlich genau richtig.

Auf der dem Balaton abgewandten Seite des Dorfes schließt sich fast direkt der nicht allzu große **See Belső tó** an. Recht idyllische ausgeschilderte Wanderwege durchs Grüne führen zu ihm hin.

Information

•Tourinform Tihany
Kossuth utca 20, Tel. 87 448804, geöffnet Mitte Juni bis Aug. Mo bis Fr 9–19 Uhr, Sa, So 10–18 Uhr, sonst mind. Mo bis Fr 10–16 Uhr. Breite Auswahl an Informationsmaterial, Verkauf von Karten, Briefmarken etc.
•www.tihany.hu

Unterkunft

•Allegro Hotel Tihany Centrum
Batthyány utca 6, Tel. 87 448456, www.allegrohotel.hu.

Hübsches Hotel mit Viersterne-Standard, dennoch recht familiäre und ruhige Atmosphäre. DZ ab ca. 20.000 HUF.

•Centrum Vendégház (Apartments)
Petőfi utca 13, Tel. 30 9978271.

Sehr hübsches Haus mit Schilfdach in einer hübschen Straße, die von der Hauptstraße abgeht. Nett eingerichtete Zimmer, vier verschiedene Kategorien. DZ ab 8000 HUF.

Essen und Trinken

Besonders das Dorf Tihany verfügt über eine ungeheure **Vielfalt an Restaurants und Cafés,** davon die meisten mit traditionell ungarischer Küche. Bei solch einer Auswahl lohnt es sich, auf die Speisekarte zu schauen und das Lokal mit den niedrigeren Preisen auszusuchen – die Qualität ist in der Regel sehr vergleichbar.

•Echo Étterem
Visszhang utca 19, Tel. 87 448460.

Kurioses Rundhaus mit Schilfdach, ungarisches Restaurant mit Preisen der mittleren Klasse. Mit tollem Ausblick aus den Fenstern und von der Terrasse.

•Miska Csárda
Kiserdőtelepi utca, Tel. 30 9297350, www.miskacsarda.hu.

Gemütliches Lokal im Grünen nah am Zentrum, unterwegs zum kleinen See Belső tó. Mit Weinkeller, auch vegetarische und Fischspeisen, gute Preise.

•Rege Cukrászda
Kossuth utca 22, Tel. 87 448280, www.regecukraszda.hu.

Sehr schönes helles Café mit einmaliger Aussichtsterrasse über dem Balaton, gutem Kuchen und leckerem Eis. Bezahlbarer Luxus: Kaffee und Kuchen ab jeweils 500 HUF.

•Péntek Cukraszda Fagyizó
Kossuth utca 18, Tel. 87 448002, geöffnet 11–19 Uhr.

Einfaches, nettes kleines Café mit gutem Kaffee und Kuchen schon ab 300 HUF und selbst gemachtem Eis ohne Milchanteil.

Sonstiges

•Fortbewegung auf der Halbinsel: Eine **Bimmelbahn** verkehrt regelmäßig vom Fährhafen ins Dorf Tihany (350 HUF).

Balatonfüred

↗XIV/B2

Gleich nachdem die Straße 71 Tihany rechts liegen lässt, beginnt der vielleicht **eleganteste Ort** am gesamten Plattensee: Balatonfüred ist zwar nicht gerade St. Tropez, aber zu sehen und gesehen zu werden gehört auch hier sicher für viele dazu. Schicke Sonnenbrillen oder das neueste Outfit präsentierende Urlauberinnen und Urlauber sind Teil des Stadtbildes. Dazu passt auch der **Yachthafen** mit entsprechenden Clubs und Restaurants. Blank geputzte Segelboote stehen vertäut an Stegen mit frischen Holzplanken und neu angelegten Blumenbeeten. Der Hafen mit der Abtei von Tihany im Hintergrund ist ein Wunschmotiv für jeden Fotografen.

Während die Straße 71, die im Zentrum Széchenyi út heißt, nach links abbiegt, beginnt geradeaus so etwas wie die **Hauptpromenade** von Balatonfüred. Zuerst ist es die Zákonyi Ferenc utca und dann der Tagore sétány. Letzterer ist nur noch für Fußgänger geöff-

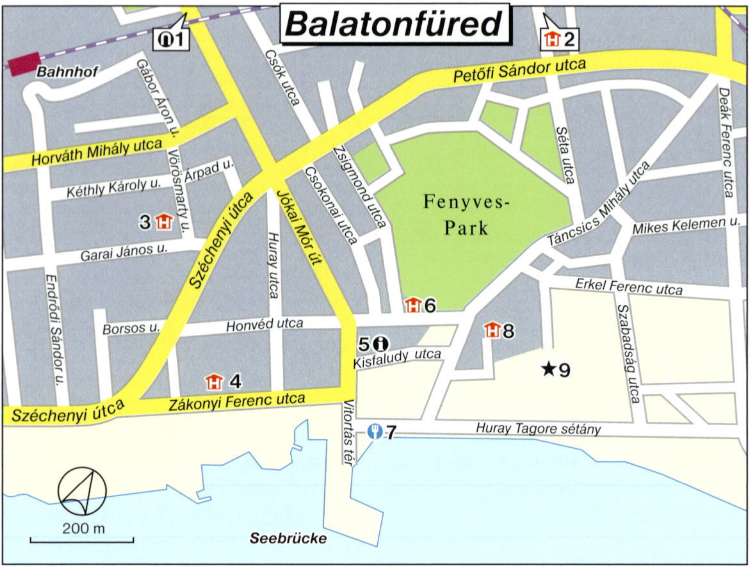

- 1 Lóczy-Höhle
- 2 Zsuzsa Panzió
- 3 Thetis Hotel
- 4 Halászkert Étterem
- 5 Touristeninformation
- 6 Hotel Blaha Lujza
- 7 Stefánia Vitorlás Étterem
- 8 Anna Grand Hotel
- ★ 9 Strandpark

net und führt schließlich durch einen kleinen hübschen Park immer weiter direkt am Seeufer entlang. Der Vitorlás tér ragt als eine Art Seebrücke oder Mole ins Wasser hinein. **Platanenalleen** zur einen und der freie Blick über den Balaton zur anderen Seite, gepflasterte, geschmackvoll mit Blumenbeeten versehene Flanierwege und die ruhige Atmosphäre frei von Autoverkehr machen Spaziergänge zu einer angenehmen Angelegenheit.

Erstmals genannt wurde Balatonfüred in einer Urkunde des nahen Klosters Tihany im Jahr 1211. Die touristische Tradition reicht sehr weit zurück: Bereits seit Mitte des 18. Jahrhunderts trägt das heute 13.500 Einwohner zählende Städtchen offiziell den Titel eines Heilurlaubsortes, seit 1971 sogar eines **Heilkurortes.** Kernstück des Heilbetriebs ist die **Herzklinik,** in der auch das Quellwasser des Ortes mit seinem besonderen Säuregehalt verwendet wird.

Im kleinen Strandpark wenige Schritte von der Promenade und gleich bei der Kisfaludy utca liegt am Platz Gyógy tér das **Brunnenhaus der Kossuth-Quelle** von 1802 (benannt nach dem Freiheitskämpfer *Kossuth* erst vor gut einem halben Jahrhundert). Hier kann jeder selbst eine Kostprobe nehmen und die Heilwirkung des Wassers persönlich testen. Hauptschmuckstück des Gyógy tér ist das **Anna Grand Hotel** (www.annagrandhotel.hu). An dieser Stelle stand wohl bereits im 18. Jahrhundert das erste Gasthaus des Ortes. Im Laufe der Jahre kam es immer wieder zu Umbauten. An der Geschichte dieses Gebäudes am Gyógy tér 3 spiegelt sich die Entwicklung des Kurortes. Es lohnt einen näheren Blick.

In Sichtweite des Gyógy tér steht das hübsche klassizistische Gebäude des Hotel-Restaurants Blaha Lujza (siehe unten).

Als kleine Attraktion außerhalb des Zentrums hat Balatonfüred noch die **Höhle Lóczy barlang** zu bieten (Tel. 87 555291, geöffnet Mai bis Mitte Sept. 10–18 Uhr, Eintritt 400 HUF, der Kauf einer Eintrittskarte berechtigt zu Rabatten bei anderen Sehenswürdigkeiten im hier beginnenden Naturreservat Balaton-felvidéki Nemzeti Park). Die schön im Grünen gleich oberhalb des Ortes gelegene Höhle (ausgeschildert) ist 120 Meter lang und fast 20 Meter tief und hat kaum Tropfsteinformationen zu bieten. Dennoch ist eine Begehung der Ende des 19. Jahrhunderts entdeckten und seit 1934 eröffneten Grotte lohnenswert, gerade wenn man ein wenig länger im Ort bleibt. Im Winter ist es in der Höhle 6 bis 10 Grad warm, im Sommer 11 bis 13 Grad. Die Führung dauert nur etwa 20 Minuten.

Information

- **Tourinform Balatonfüred**

Kisfaludy utca 1, Tel. 87 580480, geöffnet Mo bis Fr 9–17 Uhr, Sa 9–13 Uhr. Kleine Touristeninformation direkt im Ortskern, in Blickweite der Promenade

- **www.balatonfured.hu**

Gute Webseite mit zahlreichen Informationen auch auf Deutsch.

Unterkunft und Essen

- **Blaha Lujza**

Blaha utca 4, Tel. 87 581210, www.hotelblaha.hu.

Das wohl zentralste Hotel des Ortes, in schönem klassizistischem Gebäude, 22 saubere und ordentliche Zimmer ab 9000 HUF. Restaurant mit gutem Essen und sehr vertretbaren Preisen.

- **Thetis Hotel**

Vörosmarty utca 7, Tel. 87 341506, www.hotelthetis.hu.

Sehr originell entworfenes Gebäude mit 22 ordentlichen, sauberen Zimmern mit guten französischen Doppelbetten, Rezeption 24 Stunden besetzt, Restaurant mit Terrasse, 5 Gehminuten von der Promenade. DZ ab ca. 10.000 HUF.

- **Stefánia Vitorlás Étterem**

Vendégház, Tagore sétány 1, Tel. 87 343407, www.vitorlasetterem.hu, geöffnet 10–24 Uhr.

Restaurant, Konditorei und Biergarten direkt an Promenade und Seebrücke, im Hause auch vier Zimmer mit Balaton-Blick. Sauna im Hause. Schöne Terrasse, jeden Sommerabend ab Juni Live-Musik.

- **Zsuzsa Panzió**

Batsányi utca 18, Tel. 20 5305440, www.zsuzsapanzio.hu.

Nur einige hundert Meter vom absoluten Ortskern am Wasser gelegen, hübsche Privatpension auf gutem Niveau, angenehme Zimmer. DZ 6600 HUF, Ende Juni bis Aug. 8200 HUF.

- **Halászkert Étterem**

Zákonyi Ferenc u. 3, Tel. 87 343039, www.halaszkert.hu.

Sehr schmackhafte ungarische Fischgerichte, dazu auch typische Speisen mit Fleisch, wie etwa Graurind. Große Terrasse.

● **Tölgyfa Csárda**
Meleghegyi dulo, Tel. 87 343036, www.tolgyfacsarda.hu.

Etwa 500 m außerhalb des Zentrums an der bei der Seebrücke beginnenden Jókai Mór út. Typisches Lokal mit ungarischen Spezialitäten, darunter Graurind und Wollschwein.

Csopak

⇗XIV/B2

Der auf Balatonfüred folgende Ort Csopak wirkt wie ein Gegenstück zu Balatonfüred: statt mondäner Eleganz eher ein schlichtes Ortsbild - was aber nichts Schlechtes sein muss. Die kleine Seebrücke und der überschaubare Segelhafen sind hübsch, einen Strand findet man ebenfalls wie eine Reihe von Unterkünften, auch „Zimmer frei". In Csopak beginnt die Straße 73 ins nur 14 Kilometer nördlich gelegene Veszprém. Am Ortsausgang in Richtung Veszprém erscheint links eine alte Mühle, die hübsch in der Landschaft liegt. Direkt am sich drehenden Rad befindet sich das traditionelle und rustikale **Restaurant Malom Csárda** mit Gerichten schon unter 1500 HUF (Veszprémi út 3, Tel. 87 446063, www.malomcsarda.hu).

Felsőörs und Alsóörs

⇗XIV/B2

Nach Csopak folgen als nächstes die Dörfer Felsőörs und Alsóörs - klein, hübsch, vergleichsweise ruhig und wenig touristisch. Man kann wunderbar am Ufer entlangspazieren oder sich auf eine Bank setzen und den Blick über den gesamten See genießen. Neben einem guten **Strandbad** (Strandfürdő, geöffnet 8–19 Uhr, Eintritt 420 HUF) und einem Reiterhof gibt es in Alsóörs einige Übernachtungsmöglichkeiten, darunter die Szandra Panzió mit gut ausgestatteten, modernen und geräumigen Zimmern (Suhatag utca 4–6, Tel. 87 789177, www.szandrapanzio.hu, DZ ab 14.000 HUF).

Balatonalmádi

⇗XIV/B1

Auch das folgende Dorf Balatonalmádi mit seiner kleinen Fußgängerzone wirkt ruhig und liegt nett inmitten der ein wenig hügeligen Umgebung. Nur das mächtige und nicht gerade sehr ästhetische Hotel aus kommunistischer Zeit, das über dem Strand thront, stört ein wenig. Links der Hauptstraße liegt der **Bikini-Campingplatz** (Óvári F. utca 70, Tel. 30 2688773, geöffnet Mitte Juni bis Ende Aug., www.bikinicamping.hu, auch mit einigen „Bungalows" genannten Holzhütten); der Campingplatz Yachtcamping liegt direkt am Wasser. Traditionelles und gutes Essen gibt es in der **Kerekes Csárda** (Mátyás Király utca 60, Tel. 88 430945).

Balatonfüzfő, Balatonkenese und Balatonakarayatta

⇗XIV/B1

In **Balatonfüzfő** ist die **Nordspitze des Plattensees** erreicht. Das ruhige Dorf bietet einige Unterkünfte direkt an der Hauptstraße, einen kleinen Segelhafen, einen Strand, Lokale und vor allem einen Panoramablick über den

See. Von hier sollte man nicht die ein Stückchen vom Ufer entfernt verlaufende Hauptstraße nehmen (die jetzt 710 statt 71 heißt), sondern direkt am Wasser entlang auf der kleinen Straße Balaton körút fahren, die parallel zur ebenfalls wunderbar gelegenen Bahnlinie verläuft.

Im nächsten Dorf **Balatonkenese** heißt die Straße dann Balatoni út. Auf der linken Seite passiert sie den Camping Romantic (Gesztenye fasor 1, Tel. 88 482360, geöffnet 10. Mai bis 10. Sept.). Ansonsten bietet Balatonkenese deutlich weniger Unterkünfte als andere Orte, die Infrastruktur insgesamt ist schlecht. Dieser Abschnitt – obwohl so nah an der Party-Hauptstadt Siófok – ist einer der ruhigsten am Plattensee.

Dies gilt auch für das Dorf **Balatonakarattya.** Die Straße direkt am Wasser führt hier nicht bis zum folgenden Ort Balatonaliga, sondern endet bald als Sackgasse. Fährt man ein Stückchen auf der holperigen Straße, sieht man nette Villen und Ferienhäuser im Wald: So machen Ungarn und sicher auch einige Deutsche Urlaub, die am Balaton Eigenheime besitzen. Einige Restaurants bieten in dieser idyllischen Umgebung ihre Dienste an. Erstaunlich ist nur, dass ihre Preise trotz der abgeschiedenen Lage eher höher liegen als am Nordufer. Vielleicht liegt es an der mangelnden Konkurrenz.

Balatonaliga

⇗XIV/B2

In Balatonaliga finden sich schon wieder mehr Unterkünfte, darunter auch „Zimmer frei". An dieser Stelle fällt das Ufer steil zum Plattensee hinab. Man erreicht den See hier aber nur nach Passieren einer Schranke – das komplette **Strandgebiet** ist also eine **geschlossene Zone,** die nur gegen Bezahlung betreten werden kann (Erwachsene 700 HUF, für Autos und Wohnmobile fallen weitere Gebühren an). Nach einem steilen Weg abwärts erreicht man einen riesigen Strandpark mit guter Infrastruktur und Campingplatz sowie einigen Spazierwegen. Es bleibt dennoch die Frage, warum man zahlen soll, um überhaupt ans Ufer zu gelangen, wenn es anderswo kostenlos oder zumindest günstiger ist.

An dieser Stelle lässt sich die Balaton-Rundfahrt für einen **Abstecher nach Székesfehérvár** unterbrechen (siehe unten). Ansonsten geht es am Südufer weiter nach Siófok.

Das Südufer des Balaton

Siófok

⇗XIV/B2

Siófok mag sich mit Keszthely oder gar Balatonfüred darüber streiten, welche Stadt am Balaton denn nun die Hauptstadt sei, doch den Titel der **Sommer- und Party-Hauptstadt** wird sich Siófok sicherlich nicht so schnell nehmen lassen. Um es gleich auf den Punkt zu bringen: Reisende, die landschaftliche oder auch architektonische, kunstgeschichtliche und andere Reize dieser Art suchen, werden nicht lange hier verweilen. Das Motto in Siófok heißt: Tagsüber an den Balatonstrand und abends feiern. Dazwischen kann man noch ein bisschen shoppen, essen gehen, einen Kaffee trinken oder sich in den Straßen der Innenstadt die Beine vertreten. Das Image als „Ballermann des Balaton" ist aber nicht ganz gerecht, denn in Siófok machen nicht nur Feierwütige ausgelassen Urlaub, sondern auch Familien, Senioren und alle, die einfach ein paar Strandtage genießen wollen. Dennoch bleibt die Frage: Warum gerade Siófok, wo es doch so viele schöne, ebenfalls gut erreichbare Badeorte am Plattensee gibt? Ein Vorteil sind die zahlreichen Veranstaltungen im Sommer wie etwa große Radrennen oder Läufe, an denen man teilnehmen oder einfach die Athleten anfeuern kann. Ein weiteres Plus ist die breite Auswahl an Restaurants und Imbissen - Letztere nennen sich hier besonders häufig „büfé".

Immerhin gibt es auch eine schöne Platanenallee und den netten, direkt am Wasser gelegenen Jókai-Park. Die Mini-„Fußgängerzone" des Städtchens mit heute über 23.000 Einwohnern heißt Kálmán Imre sétány. Dort finden sich das **Mineralienmuseum** (Ásvány Múzeum, Kálmán Imre sétány 10, Tel. 84 350038, geöffnet Mitte April bis Mitte Okt. 10–19 Uhr, Eintritt 300 HUF), mit über 3000 Ausstellungsstücken immerhin die größte Sammlung dieser Art im ganzen Lande, und das Museum des Namensgebers der Straße (**Kálmán Imre Múzeum,** Kálmán Imre sétány 5, Tel. 84 311287, geöffnet 9–17 Uhr) mit zahlreichen an den berühmten Operettenkomponisten erinnernden Exponaten, darunter Noten, Instrumente, Büsten, Frauenfiguren in Kostümen usw. *Kálmán* („Die Csárdásfürstin") wurde in eben jenem Haus in Siófok geboren, das heute das Museum beherbergt, und ist sicher der berühmteste Sohn des Städtchens.

Eine Art „Wahrzeichen" Siófoks ist der 45 Meter hohe **Wasserturm** von 1912 am Fő tér, wo auch das Tourinform-Büro untergebracht ist.

Im Sommer ist die Stadt arg überlaufen, in der Vor- und Nachsaison kann sich ein Besuch des Strandbades dagegen schon eher lohnen.

Information

- **Tourinform Siófok**

Fő tér (im Wasserturm), geöffnet Mo bis Do 8–16 Uhr, Fr 8–13 Uhr, am Wochenende geschlossen

- **www.siofok.hu**

Webseite mit vielen Informationen auch auf Deutsch.

Unterkunft

„Zimmer-frei"-Angebote gibt es besonders außerhalb des engsten Zentrums **wie Sand am Meer.** In der Hochsaison (und teilweise auch sonst) wird man freilich am Balaton selten nur für eine Nacht aufgenommen. Wer Siófok besichtigen will, sollte sowieso lieber nur für ein paar Stunden anreisen und nicht unbedingt übernachten.

- **La Riva Panzió & Pizzéria**

Petőfi sétany 7,
Tel. 84 310152, www.lariva.hu.

2004 renoviertes Haus, ordentliche Zimmer mit Klimaanlage, guten Doppelbetten und Balkon. Pizzeria-Restaurant im Hause, sehr nah am Strand und der Vergnügungsmeile. DZ kosten je nach Größe und Saison ab 9000 HUF.

Essen und Trinken

Das Angebot an Lokalen ist riesig, hier nur zwei Empfehlungen:

- **Öreghalász Étterem**
Zamárdi utca 2, Tel. 84 350313.
An der Straße 7 in Richtung Zamárdi, gute ungarische Küche, besonders Fischgerichte (gute Fischsuppe „Halászle"), zu anständigen Preisen. Parkplatz.
- **Piroska Csárda**
Balatonszáplak-felső út 7, Tel. 84 350683.
Klassisch-ungarisches Landgasthaus mit nicht ganz so günstigen Preisen, aber schöner Atmosphäre.

Nachtleben

- **Coke Club**
Nagystrand, Petőfi sétany 3, www.cokeclub.hu (nur Ungarisch).
Der Klub am Strand wird abends und nachts zur zentralen Anlaufstelle für Partygänger. Viele Konzerte, mit großer Bühne und Tanzfläche.

Anreise

Auto

Aus Budapest in ein- bis anderthalb Stunden auf der Autobahn M7 oder alternativ auf der gebührenfreien Straße 7. Parkplätze in der Stadt kosten meist 300 HUF pro Stunde.

Bahn

Durchschnittlich einmal pro Stunde **vom Bahnhof Budapest Déli.** Fahrzeit ab 1.50 Stunden, Preis ab 2160 HUF.

Zamárdi und Szántód

XIV/B2

Am südlichen Balatonufer geht es nun durch Zamárdi in das Dorf Szántód. Beide machen mit ihren frei zugänglichen, schönen Stränden einen sympathischen Eindruck. Man kann aus dem Zentrum Szántóds die paar hundert Meter zur **Anlagestelle der Fähre** schön am Wasser entlangfahren oder -laufen und sich dann zur Halbinsel Tihany übersetzen lassen, deren Landspitze an dieser Stelle nur einen guten Kilometer entfernt ist. Nicht zu übersehen ist die Kirche der berühmten Benediktinerabtei auf der anderen Uferseite.

Essen und Trinken

- Schmackhaft und gemütlich essen lässt es sich in der **Paprika Csárda** (Honvéd utca 1, Tel. 84 348705, www.paprikacsarda.eu, geöffnet 10–22 Uhr) rechts der Hauptstraße, noch in Zamárdi. Gerichte sind schon ab 1500 HUF zu haben.

Balatonföldvár

XIV/B2

Auf Szántód folgt ohne Übergang das sehr hübsche Örtchen Balatonföldvár, das mit seinen vielen grünen Alleen und dem schönen kleinen **Strandpark** einen freundlichen, entspannten und eher ruhigen Eindruck macht – auch wenn es im Hochsommer natürlich auch hier sehr voll sein kann. Doch auch und gerade an heißen Tagen machen die dichten Platanen und anderen Laubbäume einen Spaziergang zur schattigen Erholung. Ein guter Strand rundet das positive Bild ab. An der Rákoczi-Allee steht eine Reihe schicker Villen, und rechts der Bahnlinie führt eine kleine Straße (Jókai utca) direkt am Ufer entlang zum nächsten Dorf Balatonszárszó. Einige Parkplätze in Balatonföldvár sind sogar kostenlos.

Information

- **Tourinform Balatonföldvár**
Geöffnet Mo bis Fr 9–16 Uhr, Sa 10–16 Uhr, So geschlossen. Kleines Büro mit einigen Materialien auch auf Deutsch.

Essen und Trinken

- **Pub-Lik-Bisztró**

Széchenyi utca 10, geöffnet rund um die Uhr, Küche von 12–24 Uhr, mit Terrasse, mitten im Ortskern mit breiter Auswahl an Speisen und Getränken.

Balatonszemes

↗XIV/A2

Im folgenden Dorf Balatonszemes herrscht schon wieder etwas mehr Betrieb, dennoch ist es immer noch vergleichsweise ruhig. Von hier bis **Balatonlelle** und dann weiter nach Balatonboglár kann man wieder direkt am Wasser durch die Wohngebiete fahren, auch wenn die Straße 7 sowieso sehr dicht am Ufer verläuft.

Unterkunft

- **Villa Botos**

Jázminvirág utca 3, Tel. 30 3773514, www.botoscsarda.hu, fünf Gehminuten vom Seeufer. Apartments für zwei bis vier Personen, Rabatt im Restaurant für Gäste der Villa.

Camping

- **Balatontourist Camping Vadvirág**

Lellei utca 1–2, Tel. 84 360114, www.balatontourist.hu, geöffnet Mitte April bis Mitte Sept. Großer, gut ausgestatteter und angenehmer Campingplatz mit viel Raum für Zelte und Wohnmobile, aber auch mit kleinen und großen einfachen Holzhütten („Bungalows"). Schön direkt am See gelegen. 600 m langer, eigener Strand. Die Preise variieren stark je nach Saison. So kosten Hütten für zwei bis vier Personen bis Mitte Juni ab 6000 HUF, aber im Juli und August ab 15.000 HUF.

Essen und Trinken

- **Botos Csárda**

Május 1. utca 34, Tel. 85 454804, www.botoscsarda.hu, geöffnet 11–24 Uhr. Benannt nach der Betreiberfamilie. Leckeres, traditionelles Essen im einfachen, aber gemütlichen Gasthof mit sehr freundlichem Service. Gute Preise. Das Lokal liegt an der Straße 67 nach Kaposvár, aber unweit des Zentrums.

Einkaufen

- In Balatonlelle haben sich eine ganze Reihe von **Supermärkten** wie Aldi und Lidl sowie ein McDonald's angesiedelt.

Balatonboglár

↗XIII/D3

In Balatonboglár, das sich gleich anschließt, sind zwei **Friedhofskapellen** aus dem 19. Jahrhundert interessant (Kék Kápolna und Vörös Kápolna), die man zu Fuß aus dem Zentrum über eine Treppe und einen ausgeschilderten Spazierweg oder auch per Auto über die Hétház utca, dann Arpád utca und Abbiegen in die kleine Kápolna utca erreicht. Oben finden sich auch noch kümmerliche Reste römischer Ruinen, und es öffnet sich ein herrlicher Blick auf den Balaton. Die blaue („kék") Kapelle ist lutheranisch und stammt von 1856, die rote Kapelle ein Stückchen weiter wurde 1892 fertiggebaut. In beiden Bauwerken werden im Sommer Kunstwerke ausgestellt. Die Kapellen stehen wirklich sehr pittoresk da und sind einen Abstecher wert.

Balatonboglár hat außerdem eine **Platanenallee,** einen Strand, viele Tennisplätze, eine nette Seebrücke mit hübschen Laternen und einen Yachthafen zu bieten. Hier kann man es also aushalten, besonders in der Nebensaison (bis Mitte Juni und ab Anfang Sept.), wenn es ruhig zugeht.

Balatonboglár – Blick über den See

Information

- **Tourinform Balatonboglár**
Erzsébet utca 12–14, im Fischl-Haus (Fischlház) auf der vom See abgewandten Seite der Hauptstraße Nr. 7 (hier Dózsa György utca), Tel. 30 3514476, www.balatonboglar.hu.

Unterkunft und Essen

- **Erzsébet Vendéglő-Fogadó**
Erzsébet utca 23, Tel. 85 353537, www.erzsebetvendeglo.hu. Einfaches Gasthaus-Restaurant mit einigen schlichten Zimmern.
- **Metro KisVendéglő**
Kisfaludy utca (sehr nah am Wasser). Kleines, familiäres Lokal mit klassisch-ungarischen Speisen, nicht teuer.

Zwischen Balatonboglár und Keszthely

Einer der letzten lebhaften Orte des Südufers ist **Fonyód** (www.fonyod.hu), wo die Straße 7 unmittelbar am Seeufer entlang gebaut wurde. Doch auch hier ist die Touristeninformation außerhalb der Saison geschlossen – ein klares Zeichen, dass nur an zwei, drei Monaten im Jahr eine größere Zahl an Besuchern erscheint und es sonst sehr ruhig wird.

Dieser Trend setzt sich in den folgenden Dörfern fort. Die Infrastruktur ist in einem schlechteren Zustand, dafür geht es deutlich beschaulicher zu. Leider ist das **Ufer** auch immer **häufiger mit Schilf bestanden,** was den Zugang mehr und mehr erschwert, wenn es auch hübsch anzusehen ist. Passend zur Umgebung sind denn auch einzelne Häuser schön mit einem Schilfdach gedeckt.

Der letzte größere Ort im Süden heißt **Balatonmáriafürdő,** zieht sich ziemlich weit in die Länge und macht

ung080 Foto: mk

mit seinem im Vergleich dazu kleinen Zentrum ebenfalls einen ruhigen Eindruck. Hier gibt es noch einmal zahlreiche Übernachtungsangebote vom Typ „Zimmer frei".

Die Straße 7 biegt nun weg vom See, doch ein kleiner Weg rechts der Bahnlinie führt ins Dörfchen **Balatonberény** mit FKK-Strand. Vom Restaurant Panoráma Étterem (Külterület 41, Tel. 30 9704696) bietet sich ein schöner Blick auf den Balaton.

Über die Straße 76 und dann 71 schließt sich nun der Kreis, und der Ausgangspunkt dieses Kapitels bzw. der Balaton-Rundfahrt, die Stadt Keszthely, ist wieder erreicht. Wer die in vielen Landkarten eingezeichneten **römischen Valcum-Ruinen** (római romok) sehen will, muss sehr aufpassen, vor Keszthely den Abzweig nach links nicht zu verpassen. Von einer Ausschilderung kann kaum die Rede sein, ein Stückchen die holprige Straße hinein gibt aber ein Schild mit Übersichtsplan Auskunft über die Objekte. Nur einige Ruinenreste im Grünen sind zu entdecken: die Fundamente eines Tores, einer Basilika und eines Lagerhauses – alles aus dem 4. Jahrhundert. Autofahrer sollten den Wagen stehen lassen und zu Fuß gehen.

Fährt man auf der Straße 68 in Richtung Süden, erreicht man sehr schnell das Dorf **Kéthely,** in dem noch viele Schilder auf Deutsch zu finden sind, etwa zu Weinkellern. Kurz vor dem nächsten Dorf **Marcali** folgt die **Lóki Csárda,** ein rustikales Häuschen, in dem sehr gute ungarische Küche serviert wird (geöffnet 10–22 Uhr) – für Kenner ein echter Tipp. Selbst wer nicht in Richtung Süden weiterfahren will, kann hierher einen Abstecher machen, zumal sich unterwegs schöne Aussichten auf den Balaton ergeben.

Veszprém

↗XIV/A,B1

Geschichte ist in Ungarn an vielen Orten **lebendig.** Ganz besonders trifft dies zu für Veszprém, das im Rahmen eines kurzen Ausflugs ideal mit einem Balaton-Besuch zu verbinden ist, aber auch von Budapest sehr gut erreicht werden kann, etwa zusammen mit einer Besichtigung des ebenfalls geschichtsträchtigen Székesfehervár. Die Altstadt von Veszprém präsentiert sich im wahrsten Sinne des Wortes als **Freilichtmuseum,** sie ist weniger Wohnort ganz normaler Bürger, als vielmehr Schauplatz zahlreicher Baudenkmäler mit Museen, Institutionen, Kirchen und anderen für Touristen interessanten Einrichtungen. Besucher – Ungarn wie Ausländer – stellen denn auch gerade im Sommer die Mehrzahl der Spaziergänger im Ortskern, während die Einheimischen sich auf den sehr lebendigen, noch ein wenig nach der Kommunismuszeit aussehenden Einkaufsstraßen der Fußgängerzone tummeln. Die recht übersichtliche Altstadt dagegen gehört zum Kernprogramm einer jeden großen Ungarn-Reise.

Eingang zur Burgstadt von Veszprém

Geschichte

Die Veszprémer üben sich in ihrer Sicht auf die Vergangenheit nicht gerade in Bescheidenheit: **Auf sieben Hügeln** sei ihr Heimatort einst erbaut worden – genau wie Rom. Das besagt jedenfalls die gängige Legende. Aus einem historischen Dokument geht immerhin hervor, dass beim Einzug der Magyaren vor über 1000 Jahren hier bereits eine Burg stand – wahrscheinlich eine fränkische Festung aus dem 9. Jahrhundert. So teilt sich Veszprém mit Székesfehervár und Esztergom die Ehre, die **ältesten Steinburgen Ungarns** zu besitzen.

Gisela, die Gattin des Gründerkönigs *Stephan des Heiligen,* soll Veszprém zu ihrem Lieblingsort erklärt haben. In der Folge wurden über Jahrhunderte die Königinnen Ungarns in dieser Stadt gekrönt – daher der stolze Beiname **„Stadt der Königinnen".**

Die Burg schützte Veszprém vor einigen Attacken der Mongolen und der Türken. Erst die Habsburger fügten der Festung Anfang des 18. Jahrhunderts erheblichen Schaden zu. Während die Stadt nie ein großes urbanes Zentrum war, erhielt sie sich doch im Laufe der Zeit immer ihren besonderen **historischen Status.** Hinzu kommt die Nähe zum Plattensee, der nur gut 15 Kilometer entfernt liegt, was Veszprém gerade auch für ungarische Urlauber attraktiv macht. Die Stadt erfuhr im 20. Jahrhundert aber auch einen unge-

ung082 Foto: mk

wöhnlich **starken Bevölkerungszuwachs:** Zählte sie 1960 nur gut 28.000 Bewohner, so stieg ihre Anzahl auch dank der Ansiedlung verschiedener Industrien in nur zehn Jahren auf 40.000 und dann bis 1990 auf fast 64.000 Menschen – ein Niveau, das sich bis heute ungefähr gehalten hat.

Sehenswertes

Óváros tér

Eine Besichtigung konzentriert sich selbstverständlich auf den historischen Stadtkern, also die alte Siedlung rund um die Burg. Man erreicht sie den Hinweisschildern folgend über den sehr reizvollen, passend benannten Óváros tér, also den **Altstadtplatz,** in früheren Zeiten der Marktplatz der Stadt. Dieser liegt nur wenige Gehminuten vom heutigen Hauptplatz Veszpréms entfernt, dem Freiheitsplatz Szabadság tér. Am Óváros tér steht das **Rathaus** (Városháza) mit seinen verschnörkelten Zierelementen und den blumenbehangenen gusseisernen Balkonen. Der gepflasterte Platz besitzt eine besonders charmante Ausstrahlung, denn er bildet nicht einfach eine große, freie Fläche, sondern ist verwinkelt: Hier schlängelt sich eine gepflasterte kleine Straße an hübschen Hausfassaden entlang, da führen breite Stufen hinauf zu einem Denkmal, dort steht das Rathaus, und wieder woanders geht es vorbei an der Skulptur eines Mädchens, die gerade einen Krug voller Wasser ausgießt, zur Treppe steil hinunter in den tiefer liegenden Teil der Stadt.

Überhaupt muss man in Veszprém mit **vielen Steigungen** rechnen, denn die Stadt ist äußerst hügelig, doch dadurch nur umso reizvoller, weil immer wieder schöne Motive sich hinauf- oder hinabschlängelnder Gassen und Panoramablicke über die zu Füßen liegenden Ebenen auftauchen.

Das Beste wird sein, sich am Óváros tér erst einmal gemütlich in ein Café zu setzen – oder einfach auf eine Bank – und die Atmosphäre in sich aufzunehmen. Dann geht es hinein in den eigentlichen Bereich der Altstadt, stilecht durch das große **Heldentor** am Gebäude mit der Aufschrift „Vár Múzeum". Es wurde 1936 zu Ehren der im Ersten Weltkrieg gefallenen ungarischen Kämpfer errichtet und war in der Geschichte stets der einzige Eingang in die Burgstadt. Gleich dahinter liegt rechts die bestens ausgestattete Touristeninformation.

Feuerturm

Gleich **zu Beginn der Altstadt** lockt der barocke, 48 Meter hohe Feuerturm (Tűztorony, Vár utca 9, Tel. 88 425204, geöffnet Mai bis Okt. tägl. 10–18 Uhr, sonst 10–17 Uhr, die Zeiten können sich ändern, Eintritt 600 HUF) die Besucher in luftige Gefilde. Er sieht mit seiner schicken, schlanken Form, der Uhr und der dunkelgrünen Spitze aus wie ein Kirchturm und verfügt über einen **Aussichtsbalkon** auf gut zwei Dritteln seiner Höhe. Der Turm ist von Weitem sichtbar und prägt die Silhouette der Stadt. Jede volle Stunde ertönt eine traditionelle Militärmelodie. Von oben wurde die

Stadt einst vor potenziellen Eindringlingen bewacht, später hielt man hautsächlich nach Feuer Ausschau. Eine schmale, gewundene Treppe führt den Turm hinauf.

St.-Emmerich-Kirche

Die **Vár utca** verläuft an prachtvoll restaurierten, hohen barocken Fassaden entlang, von denen ungarische und europäische Fahnen hängen oder auch stilvolle Laternen, deren Leuchten bei Einbruch der Dämmerung für eine ganz besondere Stimmung sorgt. Vorbei geht es auch an der katholischen St.-Emmerich-Kirche (Szent Imre Templom, Vár utca 12–14, Tel. 88 426088, geöffnet Mai bis Mitte Okt. 10–17 Uhr, Mo geschlossen). Monumentale Größe kann das **Piaristen-Gotteshaus** nicht bieten, ein wenig eingequetscht steht es mit seinem kleinen quadratischen Turm zwischen zwei Häusern. Es erweist sich dafür im Inneren als klassizistisches Schmuckkästchen (eingeweiht wurde die Kirche 1833) mit schönen Wand- und Deckenmalereien.

St.-Michaels-Kathedrale

Die Vár utca erreicht schließlich den **Szentháromság tér** (Dreifaltigkeitsplatz). Es überrascht nicht, dass die große, reich verzierte Säule in seiner Mitte ebenfalls der Heiligen Dreifaltigkeit gewidmet ist. Die Veszprémer bezeichnen den Szentháromság tér stolz als einen der schönsten Barockplätze des Landes, vielleicht sogar Europas. An ihm steht der **Dom,** auch St.-Michaels-Kathedrale genannt (Szent Mihály-székesegyház, Vár utca 20, Tel. 88 328038, geöffnet Mai bis Mitte Okt. tägl. 10–17 Uhr). Der Dom wurde offenbar bereits im 10. Jahrhundert erbaut, denn er wird schon in der historischen Gründungsurkunde der Benediktinerabtei Pannonhalma (Westungarn) erwähnt. Das Gotteshaus änderte über Jahrhunderte mehrmals sein Aussehen, kehrte aber schließlich zum romanischen Ursprung zurück, wenn auch in der neoromanischen Abwandlung. Von außen wirken der einfache Turm und die glatte Fassade fast schon schlicht, doch innen beeindrucken die typischen Kreuzgewölbe, die schmalen, hohen Buntglasfenster und allgemein die ehrwürdige Ausstrahlung dieses für die Katholiken der Stadt heiligen Ortes. Den speziellen Reiz von St. Michael machen aber einige Besonderheiten aus: Zum Altar führt eine breite Treppe hinauf, und hinter der Orgel fällt durch ein rundes Fenster Licht, das durch die Orgelpfeifen hindurch scheint. Eine Seltenheit in einem Dom dieser Bedeutung ist auch die Kassettendecke aus Holz – ohne größere Verzierungen oder sonstige Beigaben. Erst seit den 1990er Jahren wird in der Kathedrale auch die Reliquie von *Gisela,* der Gattin *Stephans des Heiligen,* aufbewahrt. In der Unterkirche finden sich einige Grabstätten.

Erzbischöflicher Palast

Ein weiteres bedeutendes Gebäude am Szentháromság tér ist der Erzbischöfliche Palast (Érséki Palota, Vár utca 16, Tel. 88 426088, www.ersekseg.veszprem.hu, Webseite nur auf Unga-

ung081 Foto: mk

risch, geöffnet Mai bis Mitte Okt. tägl. außer Mo 10–17 Uhr, Besichtigung mit vorheriger Anmeldung, Eintritt 1000 HUF). Das **weiße Barockbauwerk** von 1776 steht an derselben Stelle, an der sich in früheren Zeiten ein Schloss der Königin und ein Palast des Bischofs erhoben. Es wurde im 19. Jahrhundert nach Jahren des Verfalls generalüberholt und dann noch einmal 1996 zu den Millenniumsfeiern renoviert. Schöne Säle mit edlem Schmuck – darunter die berühmten Deckenfresken von *Johann Cymbal* in der Bischofskapelle und im Speisesaal – sowie der hübsche Garten mit Terrasse sind nun wieder in gutem Zustand, ebenso die mit Stuck verzierte

Fassade. Das Wappen über dem Eingang ist dasjenige des Bischofs *Ignác Koller*. Er war es, der einst den Bau des Palais in Auftrag gab.

Gisela-Kapelle

Direkt neben dem Palast steht die Gisela-Kapelle (Gizella kápolna, Vár utca 18, Tel. 88 426088, geöffnet Mai bis Aug. tägl. 10–18 Uhr, sonst tägl. außer Mo 10–17 Uhr, die Kapelle kann in stündlichen Abständen für 25 Min. besichtigt werden, Eintritt 300 HUF, Eintrittskarten gibt's im Gisela-Museum schräg gegenüber). Die in Ungarn und besonders in Veszprém hoch verehrte Ehefrau des heiligen *Stephan* soll die Kapelle eingeweiht haben, allerdings stammt das bestehende Gebäude wohl aus dem 13. Jahrhundert. Da die während der Türkenzeit schwer zerstörte Kapelle dennoch *Gisela* zugeschrieben wird, gilt sie den Einheimischen als heilige Stätte und **eines der wichtigsten Gebäude der Stadt.** Sie wurde erst beim Bau des Bischofspalais entdeckt und daraufhin wiederhergestellt. Die Fassade ist komplett nachgebaut, doch im Inneren haben sich einige alte Elemente erhalten, besonders die hervorragenden **Apostelfresken** aus dem 13. Jahrhundert an den Wänden und die Malereien im Deckengewölbe.

Königin-Gisela-Museum

Ebenfalls *Gisela* gewidmet ist das in direkter Nähe liegende Königin-Gisela-Museum (Gizella Királyné Múzeum, Tel. 88 426088, geöffnet Mai bis Mitte Okt. tägl. außer Di 10–17 Uhr), eine Sammlung wichtiger Stücke der **Kirchenkunst,** darunter einige von historischer Bedeutung.

Panorama vom Aussichtsbalkon am Ende der Vár utca

Sonstiges

Hinter dem Dreifaltigkeitsplatz geht die Vár utca noch einige Schritte weiter und endet dann an einem **Aussichtsbalkon** mit Blick auf den im Tal liegenden Teil der Stadt. Hier kann man sich noch einmal vergegenwärtigen, wie strategisch günstig die Burgstadt einst erbaut wurde - bot sich ihren Verteidigern doch eine perfekte Rundsicht auf potenzielle Gefahren und Angreifer. Dort vor dem Panorama des Tals stehen die **Statuen** des heiligen *Stephan* und *Giselas* beisammen auf einem Sockel. Auf halber Höhe zwischen Burghügel und Tal ist eine Art Felsvorsprung zu sehen, auf dem ein kleiner Fußweg zu einem großen Kruzifix an dessen Ende führt.

Ganz im Hintergrund recken sich die nicht ganz ins Bild passenden Plattenbausiedlungen aus der kommunistischen Zeit in den Himmel.

Vom Ende der Vár utca führt eine Treppe hinunter in die Talstadt.

Die einzige Möglichkeit, aus der Burgstadt zum Óváros tér und schließlich zur heutigen Innenstadt zurückzukehren, ist derselbe Weg, also die Vár utca. Weitere Straßen in der Burgstadt existieren nicht.

Über den Óváros tér mit seinen vielen Restaurants und Cafés geht es zum **Szabadság tér.** Hier beginnt die **Fußgängerzonen-Straße Kossuth Lajos utca.** Es lohnt sich, auch diese Straße einmal auf und ab zu flanieren, denn hier spielt sich das heutige Leben der Bürger von Veszprém ab. Einige alte Gebäude sind noch vorhanden, in viele Lücken wurden aber sogenannte Plomben eingesetzt, nämlich Häuser im sozialistischen Stil der Nachkriegszeit. Richtig schön ist das zwar nicht, doch die Verkaufsstände, die vielen Geschäfte sowie die allgemeine Betriebsamkeit sind eine interessante Abwechslung zur Ruhe und Abgeschiedenheit der Burgstadt.

Praktische Tipps

Information

- **Tourinform Veszprém**
Vár utca 4, Tel. 88 404548, www.veszprem-info.hu (sehr schöne und informative Seite), geöffnet Juli bis Aug. tägl. 9–18 Uhr, Mai bis Sept. tägl. 10–18 Uhr, Okt. bis April Mo bis Fr 9–17 Uhr. Gut ausgestattetes Infobüro, kompetente Beratung in freundlicher Umgebung, Eintrittskarten, Organisation von Ausflügen, Souvenirverkauf usw.

Unterkunft

- **Hotel Gizella**
Jókai Mór utca 48, Tel. 88 579490, www.hotelgizella.hu.
Dreisternehotel direkt neben der Altstadt mit gutem Standard, nur 22 Zimmer, stilvoll mit alten Balken eingerichtet, behindertengerecht, kinderfreundlich. WLAN-Internet, 24-Stunden-Rezeption. DZ 20.000 HUF.
- **Panzió Oliva**
Buhim utca 14–16, Tel. 88 403875, www.oliva.hu.
Elf Zimmer, auf mehreren Ebenen direkt am Hang gelegen, nur wenige Gehminuten von der Burg, auch sehr gutes Restaurant und Grillgarten mit schöner Innenterrasse, besonders im Sommer bei Live-Musik ein Erlebnis. DZ 16.000 HUF.
- **Biotourist Vendégház**
Rózsa utca 21, Tel. 88 328994, www.biotourist.hu.
Im Wohngebiet gelegenes sympathisches Gasthaus mit nur fünf Zimmern. WLAN-Internet, Parkplatz inbegriffen. DZ mit Bad auf dem Flur 6400 HUF, mit eigenem Bad 7600 HUF.

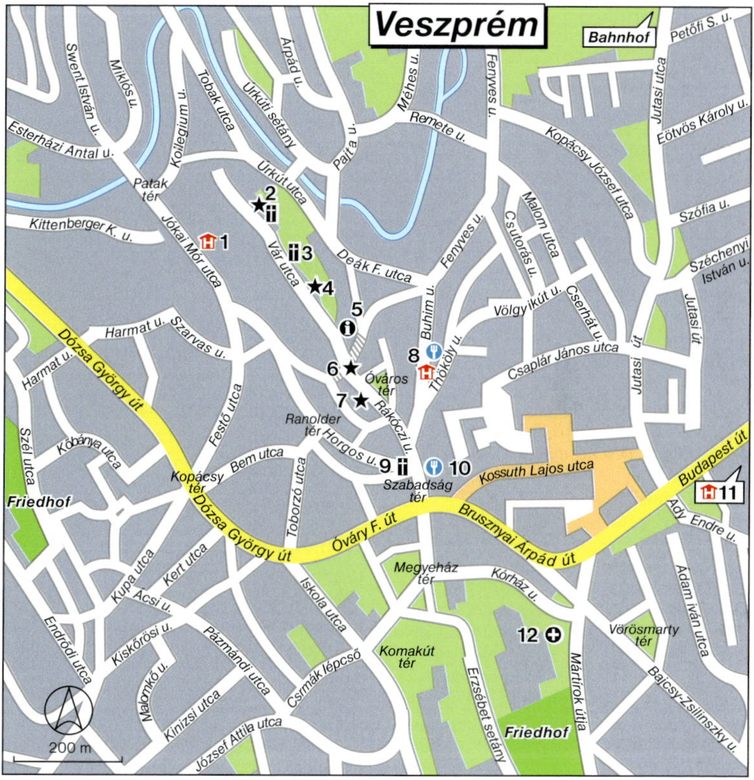

- 🏨 1 Hotel Gizella
- ★ 2 Dreifaltigkeits Platz mit Kathedrale, Bischofspalast, Gisela-Kapelle
- ⛪ 3 St.-Emmerich-Kirche
- ★ 4 Feuerturm
- ℹ 5 Touristeninformation
- ★ 6 Heldentor (Eingang in Burgstadt)
- ★ 7 Rathaus
- 🏨 8 Oliva Panzió und Restaurant
- ⛪ 9 Franziskaner-Kirche
- 🍴 10 Szürkebarát Vendéglő
- 🏨 11 Biotourist Vendégház
- ✚ 12 Krankenhaus

Essen und Trinken

- **Kokó**

Kossuth L. utca 6–8.

Café, Konditorei und Bar in der Fußgängerzone, die vom Szabadság tér abgeht. Wenig touristisch, mit Terrasse.

- **Szürkebarát Vendéglő**

Szabadság tér 12, Tel. 88 405888, geöffnet 10–22 Uhr.

Am Hauptplatz der Stadt, wo die Fußgängerzone beginnt. Traditionell ungarische Küche und Pizzas, sehr bezahlbare Preise.

- **Panzió Étterem Oliva**

Siehe oben bei „Unterkunft".

Veranstaltungen

- **Gisela-Tage**

Großes Stadtfest im Burgviertel, zuletzt Anfang Mai, mit Musik, Tanz, Schauspiel, Umzügen in historischen Kostümen, Lesungen und Konferenzen.

- **Straßenmusikfestival**

Im Juli, mehrere Tage dauernde Versammlung von Straßenmusikern vieler Stilrichtungen in der Innenstadt.

- **Veszprém-Fest**

Live-Musik vor dem Hintergrund des historischen Burgviertels von Veszprém auf dem barocken Szentháromság tér. Jeweils einen Tag lang werden Opern, Gitarrenmusik, Jazz, Swing und Soul gespielt. Termin: Ende Juli, Anfang Aug. Aktuelle Informationen: www.veszpremfest.hu.

Székesfehérvár

↗XV/C1

Von Veszprém kann man auf der Straße 8 direkt nach Székesfehérvár fahren. Diese außerordentlich ansehnliche Stadt ca. 30 km nordöstlich vom Balaton mit ihrem schönen Ensemble verschiedener Bauwerke wird trotz ihrer strategisch guten Lage zwischen Budapest und Balaton von vielen ausländischen Touristen links liegen gelassen. Ganz anders behandeln dagegen ungarische Besucher diesen für ihre Nation **geschichtsträchtigen Ort.** Sie stürmen ihn besonders im Sommer in großen Gruppen, darunter auch viele Schulklassen. Die Dominanz ungarischer und das Fehlen großer Massen ausländischer Touristen ist ein kurioser Gegensatz zum so nahe gelegenen Plattensee. Ein Ausflug von dort oder aus der Hauptstadt sollte, wenn zeitlich möglich, für jeden Ungarn-Reisenden dazugehören. Einige Stunden reichen zur Besichtigung der wichtigsten Straßen und Sehenswürdigkeiten aus, eine Übernachtung kann aber auch sehr nett sein.

Geschichte

Während Veszprém die Stadt der Königinnen ist, so wird Székesfehérvár **„Stadt der Könige"** genannt. Dies ist nicht übertrieben: Kein Geringerer als der Gründerkönig, der heilige *Stephan*, wurde zur Weihnachtszeit des Jahres 1000 hier gekrönt. *Stephan* machte Székesfehérvár zum weltlichen Sitz seines Reiches (die kirchliche Hauptstadt war Esztergom). Der Landtag, der über die Geschicke der Nation bestimmte, tagte hier zweimal im Jahr. Im Laufe der folgenden Jahrhunderte wurden nicht weniger als **43 Könige in der Basilika von Székesfehérvár gekrönt,** 15 von ihnen auch bestattet. Und noch ein Eckpunkt ungarischer Geschichte spielte sich in den Mauern dieser Stadt ab: 1222 erließ König *András II.* die **Goldene Bulle,** eine Verfügung, die den Adeligen Rechte gegenüber dem König einräumte und die über Jahrhunderte Gültigkeit behielt. Sie wird von einigen mit ein wenig Übertreibung als ungarisches Gegenstück zur englischen „Magna Charta" bezeichnet (siehe „Land und Leute/Geschichte").

Als sich nach der türkischen Besetzung Ungarns die Landtage wieder versammelten, taten sie dies nicht mehr in Székesfehérvár. Dennoch entwickelte sich die Stadt durch ihre günstige Lage an der **Kreuzung wichtiger Verkehrswege.** Mitte des 18. Jahrhunderts begann eine rege Bautätigkeit, deren Ergebnisse bis heute das an vielen Stellen **barocke Stadtbild** prägen, während die Reste der mittelalterlichen Stadt erst nach und nach von Forschern freigelegt werden.

Besonders im 20. Jahrhundert erfuhr Székesfehérvár einen gewaltigen **Zuwachs** an Industrie und damit **an Bevölkerung.** Die Einwohnerzahl wuchs in gut 30 Jahren von 35.000 zum Kriegsende 1945 auf über 100.000 – diese Zahl hat heute noch Bestand.

Sehenswertes

Die einige hundert Meter lange **Altstadt** mit nur einer Handvoll Straßen eignet sich hervorragend für einen Spaziergang zum Kennenlernen der wichtigsten Sehenswürdigkeiten. Sie liegt grob gesagt zwischen den beiden Hauptverkehrsachsen Várkörút (Straße 81) und Palotai út bzw. Piac tér.

Városház tér

Kernpunkt des historischen Stadtkerns ist der barocke Városház tér **(Rathausplatz)** ziemlich genau in der Mitte. Neben dem namensgebenden **Rathaus** aus dem 18. Jahrhundert (das zwei Paläste aus dem 17. und 18. Jahrhundert vereint) versammeln sich hier einige weitere herausragende Bauten der Stadt. Einer davon ist der wuchtige **Bischofspalast** mit seiner gelben Fassade. Er wurde 1803 fertiggestellt und enthält heute vor allem eine Bibliothek mit 40.000 Bänden. An seiner Stelle erhob sich im Mittelalter die Jungfrau-Maria-Basilika, also die damalige Kathedrale. Viele Steine der Basilika wurden für den Bischofspalast wiederverwendet. Vor dem Palast, dessen Besichtigung durch Touristen in der Regel nicht vorgesehen ist, steht das **Denkmal des Reichsapfels** – Symbol der herausragenden Bedeutung Székesfehérvárs für König und Adel. Ein mächtiges Reiterdenkmal erinnert an das 10. Husarenregiment.

Ebenfalls am Rathausplatz steht das sehenswerte Barockgebäude (im Übergang zum Rokoko) des **Hiemer-Font-Caraffa-Hauses** (Hiemer-ház, Jókai utca 1, www.hiemerhaz.hu) vom Ende des 18. Jahrhunderts. Das Fundament stammt übrigens noch original aus dem Mittelalter. Erst 2008 wurde die letzte Renovierungsphase abgeschlossen. Im Gebäude unterhält unter anderem das Standesamt einen Saal (einen romantischeren Ort für Hochzeiten kann man sich schwerlich vorstellen), außerdem ein Jugendklub. Auskünfte zu Besichtigungen an „Tagen der offenen Tür" im Tourinform-Büro.

Und auch die **Franziskaner-Kirche** aus dem 18. Jahrhundert erhebt sich am Rathausplatz, der damit ein einzigartiges barockes Ensemble mitten in Székesfehérvár bildet.

Ruinen der alten Kathedrale

Ganz in der Nähe zeugt eine Art Ruinenfeld am Koronazó tér (Krönungsplatz) von der **mittelalterlichen Vergangenheit** der Stadt. Neben den Resten der Stadtmauer werden hier Ruinen der alten Kathedrale präsentiert (Középkori romkert, Tel. 22 315583, www.szikm.hu, geöffnet April bis Okt. tägl. außer Mo 9–17 Uhr, Eintritt 500 HUF). Es handelt sich um eben jene Basilika, die einst *Stephan der Heilige* bauen ließ und in der bis 1543 die ungarischen Könige gekrönt wurden. Die türkischen Belagerer hielten hier ihr Schießpulver trocken, bis das gesamte Bauwerk 1601 in die Luft flog. Die Ausgrabungsarbeiten besitzen eine besondere Bedeutung, denn viele Ungarn bedauern bis heute, dass ausgerechnet in Székesfehérvár, wo so viele Könige gekrönt wurden, zahlreiche bauliche Zeugen der Vergangenheit zerstört wurden. Kein Wunder also, dass dieser Ort fast schon zu einer Art **patriotischer Wallfahrtsstätte** geworden ist. Nicht zuletzt auch deswegen, weil in einem Mausoleum der **Sarkophag Stephans I.** liegt. Ob *Stephans* Gebeine tatsächlich in dem Sarg lagern, konnten Historiker bisher nicht nachweisen. Entscheidend ist aber die symbolische Bedeutung.

St.-Anna-Kapelle

Das einzige Bauwerk aus dem Mittelalter, das die türkische Okkupation und spätere Bedrohungen einigermaßen unbeschadet überstanden hat, ist die St.-Anna-Kapelle (Szent Anna kápolna) aus dem 15. Jahrhundert. Sie versteckt sich fast ein wenig in der malerischen Arany János utca. Bei der Restaurierung kamen auch Elemente des 18. und 19. Jahrhunderts hinzu.

Dom (Stephans-Basilika)

Der Dom, auch Stephans-Basilika genannt (Szent István Bazilika, Arany János utca 9, Tel. 22 315114), ist zu erkennen an der gelben, schon ein wenig abblätternden Fassade und den zwei parallelen, mit Zwiebeldächern abschließenden Türmen. Er entstand Anfang des 13. Jahrhunderts **auf Geheiß König Bélas IV.,** noch bevor er zum Herrscher wurde. Seine Krönung wurde dann hier zelebriert. Die Türken funktionierten die Basilika zu einer Moschee um, später ging sie an die Jesuiten. Das heutige barocke Gewand erhielt das Gotteshaus erst Ende des 18. Jahrhunderts. Fresken des bekannten Künstlers *Johann Cimbal* schmücken das Innere, das nur ein einziges großes Deckengewölbe aufweist. Das Altarbild stammt von *Vinzenz Fischer,* damals Lehrer an der Wiener Akademie. Über dem Eingangsportal stehen die Figuren der Heiligen *Stephan, Ladislaus* und *Emmerich.*

Karmelitenkirche

Die Arany utca führt geradewegs zur Karmelitenkirche (Karmelita templom). Gerühmt und viel bewundert werden im Inneren des Gotteshauses die tatsächlich **beeindruckenden De-**

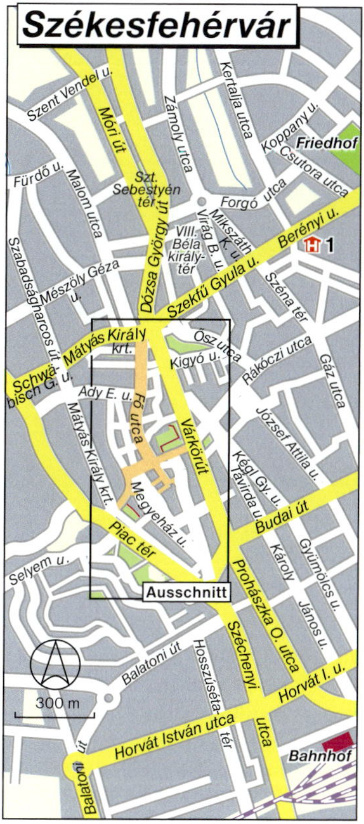

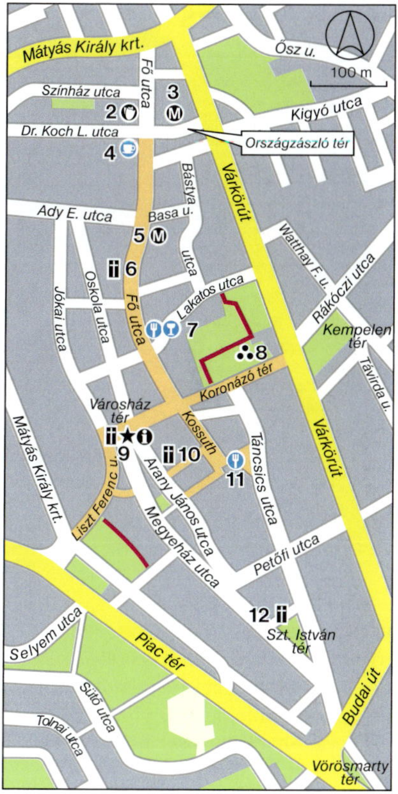

1	Vadászkürt Panzió	9	Bischofspalast,
2	Theater		Rathaus,
3	König-Stephans-Museum		Franziskaner-Kirche,
4	Vörösmarty Cukrászda		Touristeninformation
5	Apothekenmuseum	10	Stephans-Basilika
6	Franziskaner-Kirche	11	Bástya Vendéglő
7	Korzó Sörözõ és Étterem	12	Karmelitenkirche
8	Kathedrale		

ung083 Foto: mk

ckenfresken des österreichischen Barockmalers *Franz Anton Maulbertsch,* der in vielen ungarischen Städten seine Spuren hinterließ. Auch der reich verzierte Altar fällt sofort ins Auge. Auf dem benachbarten Szent István tér wurde ein Reiterstandbild des grimmig und entschlossen dreinblickenden Königs *Stephan* errichtet.

Sonstiges

Die Fő utca führt bis an den Altstadtrand, der vom **Országzászló tér** markiert wird. Dieser Platz erlebt gerade eine grundlegende Restaurierung. Bereits seit einigen Jahren schön anzusehen ist die **Blumenuhr** - ein riesiges Blumenbeet aus verschiedenfarbigen Pflanzen, die das Ganze als Zifferblatt erscheinen lassen. Nur die Zeiger sind nicht rein pflanzlich.

Blumenuhr am Országzászló-Platz

Im **König-Stephans-Museum** (Szent István Király Múzeum, Országzászló tér 3, Tel. 22 398083, geöffnet März bis Nov. tägl. außer Mo 14–18 Uhr sowie März/April und Okt. bis Dez. tägl. außer Mo 10–14 Uhr) werden oft reizvolle Wechselausstellungen gezeigt. Hinzu kommen ständige Expositionen, darunter über die Stadtgeschichte im Mittelalter und während der türkischen Okkupation, Fundstücke der Region aus der Bronzezeit und anderen prähistorischen Epochen sowie ein römisches Lapidarium.

Im **Apothekenmuseum** (Fekete Sas Patikamúzeum, Fő utca 5, geöffnet 10–18 Uhr, Eintritt 600 HUF) können historische Utensilien der Pharmazie bestaunt werden. Die Innenräume sind von besonderer Rokoko-Pracht.

Eine schöne und relativ neue Besonderheit der Stadt ist das **Glockenspiel** im Hinterhof der Kossuth utca. Fünfmal am Tag versammeln sich vor dem kleinen Glockenhäuschen Dutzende, wenn nicht Hunderte von Neugierigen, um die Melodie zu hören und die Bewegung der sich drehenden Figuren zu beobachten. Die Zeiten der kurzen Präsentation: 10, 12.04, 14, 16 und 18 Uhr.

Praktische Tipps

Information

- **Tourinform Székesfehérvár**
Városház tér 1, Tel. 22 537261, www.szekesfehervar.hu. Auswahl deutschsprachiger Prospekte, obwohl man sich insgesamt eher auf ungarische Touristen einstellt. Hilfe bei Buchung und Organisation von Ausflügen.

Unterkunft

- **Dominó Panzió**
Fiskális utca 111, Tel. 22 305279, www.dominos.hu.
Ca. 4 km vom Stadtkern im Nordosten. Ruhig gelegen, familiäre Atmosphäre, gute Zimmer. DZ ohne Frühstück 8000 HUF.
- **Öreg Szőlő Vendégház és Borház**
Szőlő utca 29, Tel. 20 5462599, www.szekesfehervar-panzio.hu.
Kleine, gemütliche Pension auf hohem Niveau, schönes Ambiente, saubere Zimmer, Pool, Sauna, Internet, Weinprobe, Grillplatz im Garten, einige Kilometer südwestlich des Zentrums nahe der Straße 63 nach Südosten, aber auch vom Balaton praktisch zu erreichen. DZ 9500 HUF.
- **Vadászkürt Panzió**
Berényi út 1, Tel. 22 507514, www.jagerhorn.hu.
Sehr zentrumsnah gelegen (1–2 km), gutes Preis-Leistungs-Verhältnis, kein Luxus, aber einwandfreie Zimmer, Internet über Kabel und WLAN. DZ ohne Frühstück 11.000 HUF, Apartment 14.000 HUF, Sonderangebote auf der Internetseite.

Essen und Trinken

- **Korzó Söröző és Étterem**
Fő utca 1, Tel. 22 312674, www.korzosorozo.hu, geöffnet 10–24 Uhr.
„Bierstube und Restaurant" mit schönen Sitzplätzen draußen an der zentralen Fő utca.
- **Bástya Vendéglő**
Kossuth Lajos utca 3, Tel. 22 315091, geöffnet tägl. ab 12 Uhr.
Gute ungarische Küche im Stadtkern zu akzeptablen Preisen.
- **Vörösmarty Cukrászda**
Fő utca 9, Tel. 22 324012.
Ideal für die Kaffee- und Kuchenpause zwischendurch.

Anreise

Auto

Aus Budapest auf der Autobahn M7 (gebührenpflichtig) oder alternativ auf der fast parallelen Straße 7, die Székesfehérvár aus östlicher Richtung erreicht. Man sollte mindestens eine Stunde einplanen.

Vom Balaton ebenfalls auf der Autobahn M7 oder auch auf der kostenlosen Straße 7. Der erste größere Ort am Plattensee ist Siófok. Die Fahrt dauert ohne Behinderungen eine halbe bis eine Stunde.

Bahn

Der **Bahnhof** (Székesfehérvár Vasútállomáső, Béke tér 5) liegt nur gut einen Kilometer südöstlich der Altstadt.

Von Budapest Déli fahren Züge in der Regel alle halbe Stunde. Fahrzeit eine bis anderthalb Stunden, Preis 1280 HUF.

Vom Balaton (Siófok) etwa einmal pro Stunde, Fahrzeit mind. 37 Minuten, Preis 915 HUF.

ung103 Foto: mk

Südungarn

ung104 Foto: mk

ung105 Foto: mk

Der Széchenyi-Platz in Pécs

Die Ortsmitte von Dunaföldvár

Siklós – die Burg thront über dem Ort

Einleitung

Es mag die Region mit der geringsten Dichte an ausländischen Touristen sein – jedenfalls bisher. Doch Ungarns Süden hat mehr aufzuweisen als allgemein bekannt: Ein Besuch der faszinierenden Stadt **Pécs** ist ein absolutes Muss, und auch die **„Salami-Stadt" Szeged** sollte wenn möglich auf jeder Liste stehen. Hinzu kommen historisch bedeutsame Stätten wie Mohács, charmante mittelgroße Orte wie Kecskemét und Kalocsa, die „Heimat der Paprika", vorzügliche, wenn auch international weniger bekannte **Weingebiete** und sogar **eine kleine Puszta.** Starten lässt sich eine Reise in den Süden entweder von Westen und Balaton, aus dem Norden oder ganz einfach ab der Hauptstadt: Von Budapest nach Szeged dauert es kaum mehr als anderthalb Stunden.

Pécs

⇗ **XX,XXI/B,C2**

Jeder Ungarn-Reisende hat seine Vorlieben und Favoriten, doch die überwältigende Mehrheit dürfte sich einig sein: Pécs ist abgesehen von Budapest sicher die faszinierendste und wohl auch schönste Stadt des Landes. Hier sind die türkischen Einflüsse noch deutlich erkennbar, etwa an der gewaltigen ehemaligen Moschee im Herzen der Stadt, die inzwischen zur katholischen Kirche umgebaut wurde. Den Platz an diesem Gotteshaus säumen zahlreiche weitere architektonische Perlen. Die quer verlaufende Fußgängerzone nimmt den Spaziergänger sofort mit ihrer Jugendstil-Pracht für sich ein, die Kathedrale mit den vier Türmen erhebt sich gewaltig von ihrem quadratischen Grundriss, die Synagoge erinnert an das alte Pécs, Fundstücke aus frühchristlicher und römischer Zeit sind zu bestaunen, und der Fernsehturm erlaubt einen besonderen Blick von oben auf diese außergewöhnliche Stadt, nur einen Katzensprung nördlich der Staatsgrenze zu Kroatien.

Geschichte

Archäologische Funde belegen eine Besiedlung der Gegend um die heutige Stadt bereits gut 6000 Jahre v. Chr. Wahrscheinlich lebten verschiedene Stämme und Völker schon weit früher in der Region. Den Kelten folgten die **Römer.** Pécs gehörte zwar nicht zur römischen Provinz Pannonien (ungefähr das heutige Ungarn westlich der Donau), lag aber nah an der Grenze und wurde von den Römern seit dem frühen 2. Jahrhundert n. Chr. als Kolonie verwaltet, besonders zum Weinanbau. Die Gebiete, zu denen das heutige Pécs gehörte, hießen **Sopianae.** Bis jetzt glauben viele, dass es sich hierbei um eine Stadt handelte, doch der Plural des Wortes Sopianae deutet eher darauf hin, dass es um mehrere Gebiete ging. Hinweise auf eine Stadtmauer aus römischer Zeit wurden in Pécs nicht gefunden, Reste eines Aquädukts hingegen sind noch erhalten, ebenso christliche Friedhöfe, die zu den frühesten überhaupt gehören und daher auf der UNESCO-Liste des Weltkulturerbes stehen.

Als das Römische Reich im Niedergang begriffen war, herrschten verschiedene Völker in der Region, darunter die Hunnen. Schließlich gelangte das Gebiet an das Heilige Römische Reich und gehörte fortan zur Diözese Salzburg.

Die erste Erwähnung fand das spätere Pécs bereits im Jahr 871 unter dem Namen **Quinque Basilicae,** also „fünf Kirchen". Als Pécs nach der „Landnahme" des späteren Ungarn durch die Magyaren zu einem wichtigen religiösen Zentrum wurde, tauchte es in lateinischen Urkunden als „Quinque Ecclesiae" („fünf Kirchen") auf. Bis heute wird in Österreich der deutsche Name **Fünfkirchen** für Pécs verwendet. Der Ursprung des ungarischen Wortes Pécs ist bis heute nicht endgültig geklärt; wahrscheinlich stammt es vom slawischen Begriff für „fünf". Orden wie Dominikaner und Benediktiner bauten ihre Klöster und bereits im 12. Jahrhundert das erste Krankenhaus in Pécs. Im Jahr 1367 folgte die **erste Universität Ungarns,** die allerdings nicht ununterbrochen bis zum heutigen Tag in Betrieb blieb, sondern einige längere Pausen im Laufe der Jahrhunderte hinnehmen musste. *Janus Pannonius,* der vielleicht berühmteste ungarische Dichter aller Zeiten, wurde 1459 Bischof von Pécs.

Die traumatische Niederlage gegen die **türkischen Angreifer** in der Schlacht von Mohács erlitt Ungarn in direkter Nachbarschaft von Pécs. Der siegreiche Sultan *Suleiman* plünderte daraufhin die Stadt. Es kam zu weitgehenden Zerstörungen. Kaum dass die

Habsburger mit Unterstützung der Stadtbevölkerung den Ort zurückerobert hatten und den Wiederaufbau begannen, geriet Pécs abermals unter türkische Kontrolle – diesmal für ein gutes Jahrhundert. Es wurden Moscheen und Minarette, türkische Bäder und Koranschulen eingerichtet. Ausgerechnet der Freiheitskämpfer *Miklós Zrínyi* war es, der 1664 fast das gesamte mittelalterliche Pécs ebenso zerstörte wie das türkische. Es blieben drei Moscheen, zwei Minarette, Reste eines Bades, die alte Stadtmauer mit einem Bastionsturm sowie das unterirdische Netz aus Tunneln und Katakomben. Ende des 17. Jahrhunderts kam **Österreich** wieder in den Besitz der Stadt. Zu den Kriegszerstörungen gesellten sich noch zwei Epidemien. Infolge von Ansiedlungen war nur noch gut ein Viertel der Bevölkerung ungarisch, gut die Hälfte kam aus südslawischen Ländern, der Großteil des letzten Viertels waren Einwanderer aus deutschen Landen. Pécs unterstützte daher auch nicht den Aufstand *Rákóczis* gegen Habsburg, was der Stadt 1704 eine weitere Plünderung durch dessen Truppen einbrachte.

Während der Revolution 1848/49 war Pécs kurz unter kroatischer Herrschaft, ging dann aber an Österreich und wie der Rest des Landes in die k. u. k. Monarchie ein. Im Ersten Weltkrieg besetzten **serbische Truppen** die gesamte Region, und bis 1921 war es unklar, ob Pécs überhaupt wieder an Ungarn gehen würde. Als stattdessen Bratislava (Preßburg) verloren ging, wurde die dortige Universität nach Pécs verbracht. Im Zweiten Weltkrieg blieb Pécs von starken Zerstörungen weitgehend verschont und entwickelte sich in der Folgezeit zu einer mittelgroßen ungarischen Stadt. Mit knapp 160.000 Bewohnern ist Pécs heute die fünftgrößte Stadt Ungarns.

In den 1990er Jahren wirkte sich der Krieg im benachbarten damaligen Jugoslawien negativ auf den Tourismus aus. Seit Beginn des neuen Jahrhunderts steht einer dauerhaften touristischen Entwicklung aber nichts mehr im Weg. Einen internationalen Erfolg erzielte man mit der Wahl von Pécs zur **Europäischen Kulturhauptstadt 2010** unter dem Slogan „Stadt ohne Grenzen". Eine nette Laune der Geschichte ist es, dass ausgerechnet das türkische Istanbul ebenfalls für 2010 diesen Titel erhielt – ist Pécs doch bis heute die ungarische Stadt mit den meisten türkischen Spuren.

Sehenswertes

Hinweis für (Geh-)Behinderte: Die nicht allzu gravierenden, aber doch allgegenwärtigen Steigungen und Gefälle können eine Besichtigung der Stadt erschweren. Sie sind aber nicht extrem oder unüberwindbar. Da die meisten Sehenswürdigkeiten nicht weit voneinander entfernt liegen, sollte deswegen niemand auf eine Anreise verzichten.

Ein schöner Ort, den **Stadtrundgang** zu beginnen, ist die Ecke Nagy Lajos király útja (Fernstraße 6) und **Irgalmasok utcája.** Wer unten oder am Anfang der Irgalmasok-Straße einen Parkplatz findet, kann von dort diese Straße einige hundert Meter bis ins Herz der Stadt gehen. Diese pulsierende Ader der City führt stetig leicht bergan und steuert vorbei an Einkaufsstraßen und der quer verlaufenden Fußgängerzone direkt auf den Platz Széchenyi tér und das wohl bekannteste Gebäude von Pécs zu: Belvárosi plébánia templom, das von einer Moschee zur Kirche umgewandelte Bauwerk.

Die Straßen rund um die Eckpunkte von Pécs wie **Szent István tér, Széchenyi tér** und **Kossuth tér** sind durchweg sehr sehenswert und eignen sich für einen ausgedehnten Spaziergang, ganz abgesehen von den besonderen Bauwerken oder den vielen Museen, die je nach Interesse besichtigt werden können.

Der Einfluss der Türken

Die **Schlacht von Mohács** (1526) ist jedem ungarischen Kind und Erwachsenen ein Begriff und wird wohl auch in Zukunft ein dominanter Faktor im Geschichtsverständnis der Menschen bleiben – und erst recht im Verhältnis zur Türkei. Während das lange Jahrhundert der türkischen Besatzung (in vielen Regionen Ungarns regierten die Osmanen noch länger) als dunkelstes Kapitel der ungarischen Historie gilt und von Anfang an galt, wurden die meisten Spuren dieser Ära beseitigt. Erst im Verlauf des 20. Jahrhunderts begann man, die Überbleibsel der **türkischen Regentschaft** als kulturhistorische Schätze zu betrachten. Doch viel war nicht mehr zu retten: eine Handvoll Moscheen oder zu christlichen Kirchen umfunktionierte Moscheen (wie in Pécs und Szigetvár) und wohl nur ein einziges aus Steinen erbautes Wohnhaus im türkischen Stil (in Székszárd). Am häufigsten vertreten sind die angenehmsten **Relikte:** die Bäder. Allein in Budapest gibt es zwei recht bekannte: das schöne, wenn auch von außen recht unauffällige Király-Bad und das Rudas-Bad am Fuße des Gellért-Hügels. Hinzu kommen noch einzelne Kuriositäten wie das Minarett in Eger, eine der Hauptattraktionen dieser Bischofsstadt.

Obwohl die Türken als bittere Feinde in die ungarischen Annalen eingingen, hatten die beiden Völker über Jahrhunderte sehr **vieles gemeinsam.** Es spricht einiges dafür, dass sie bei ihrem Zug vom Ural in Richtung ihrer neuen Heimat im Karpatenbecken lange Zeit zumindest teilweise gemeinsam gen Westen wanderten. Die Magyaren übernahmen dabei das eine oder andere Wort, das eine oder andere Element in ihre Sprache – was während der türkischen Okkupation später ebenfalls passierte. Des Ungarischen nicht mächtige Ausländer haben oft das Gefühl, dass die Sprache an das Türkische erinnert, zum Beispiel wegen der vielen „ü"-Buchstaben. Doch mag der Klang auch ähnlich sein: Eine nahe Verwandtschaft besteht weder zwischen den Völkern noch zwischen den Sprachen.

So schwer das Trauma von Mohács noch immer wiegt: Das **Verhältnis zur Türkei** hat sich inzwischen deutlich entspannt. Ein markantes Zeichen dafür ist das Denkmal der ungarisch-türkischen Freundschaft bei Szigetvár, wo die einstigen Todfeinde Sultan *Suleiman* und *Miklós Zrínyi* nun friedlich nebeneinander in Stein gehauen stehen. Zur Eröffnung 1994 kam gar der türkische Präsident, freilich gab es auch besonders in Ungarn lebhafte Proteste. Und auch auf wirtschaftlicher Ebene tut sich einiges: Im Jahr 2010 forderte der ungarische Generalkonsul in Istanbul türkische Hightech-Firmen zu Investitionen in seiner Heimat auf. Bisher leben nach offiziellen Angaben rund 2000 Türken in Ungarn, davon 400 Geschäftsleute. Vielleicht werden es schon bald deutlich mehr.

Die ehemalige Moschee (Belvárosi plébánia templom)

Das bescheiden als „Innerstädtische Gemeindekirche" bezeichnete achteckige, massive Gebäude mit der grünen Kuppel wurde während der türkischen Besatzungszeit 1546 als islamisches Gotteshaus an der Stelle erbaut, wo zuvor eine gotische Kirche gestanden hatte. Die Türken benutzten sogar die Steine der abgetragenen Kirche zum Bau. Daher der zweite, alte Name des Bauwerks: **Moschee von Pascha Kassim Gasi** (Gázi Kászim pasa dzsámija, Széchenyi tér, Tel. 72 321976, geöffnet 15. April bis 15. Okt. Mo bis Sa 10–16 Uhr, So 11.30–16 Uhr, den Rest des Jahres Mo bis Sa 10–12 Uhr, So 11.30–14 Uhr, Eintritt frei, Spende erbeten). Auf dem Dach prangt unter dem christlichen Kreuz auch die islamische Mondsichel – Symbol der Verbindung zweier Weltreligionen in diesem Gebäude, das nach Abzug der Osmanen wieder zu einer Kirche wurde. Das **Äußere** blieb aber kaum verändert stehen, abgesehen vom Minarett, das ganz verschwand. Das einfache alte Mauerwerk wurde nicht glatt verputzt, sondern die Steine lassen sich fast alle einzeln erkennen, inklusive verschiedener Ausbesserungsarbeiten, die über die Jahrhunderte erfolgten. Doch gerade diese nicht perfekte, „ehrliche" Fassade ist faszinierender als es ein schön gestrichener Putz jemals sein könnte.

Das **Innere** der Kirche mit den größtenteils weiß gekalkten Wänden und den rot-weiß gemauerten Rundbögen wirkt im Vergleich eher bescheiden. Sehenswert ist die schön ausgestaltete hohe Kuppel. Auch einige verbliebene islamische Elemente und ihre Verbindung mit christlichen Traditionen sind sehr interessant, darunter das Weihwasser in türkischen Becken zur rituellen Reinigung.

Fotografieren, auch ohne Blitz, und Filmen in der Kirche sind strengstens **verboten!**

Széchenyi tér

Die Kirche, die heute hauptsächlich für ökumenische Gottesdienste und für Besichtigungen genutzt wird, ragt nicht nur aus dem Stadtbild heraus, weil sie erhöht steht und man auf sie zuschreitet, sondern auch, weil sie am wunderbaren, von mächtigen Jugendstilgebäuden dominierten Széchenyi tér liegt. Von den Stufen der Kirche bietet sich ein besonders eindrucksvoller Blick. Eine **Dreifaltigkeitssäule** erhebt sich seitlich vor dem Bauwerk, ebenso ein **Reiterdenkmal** des von den Ungarn verehrten Staatsmannes aus Siebenbürgen, *János (Johann) Hunyadi,* Vater von König *Matthias.* Gegenüber fällt ein weiteres Gebäude ins Auge, das mit seinem hohen Turm ein wenig wie eine Kirche aussieht. Es handelt sich aber um das **Rathaus von Pécs** (Városháza). Der Bau in seiner heutigen Form aus dem Jahr 1907 verbindet neobarocke und eklektizistische Elemente. Einst im Barockstil einstöckig erbaut, kamen im Laufe der

Die zentrale Irgalmasok utcája mit Blick auf den Fernsehturm

STOP

Jahre neue Elemente hinzu, etwa der **Uhrenturm** von 1871, von dem bis heute zu jeder vollen Stunde eine Melodie über den Széchenyi tér geschickt wird. Aus einem der Fenster wurde 1780 feierlich verkündet, dass Pécs von Kaiserin *Maria Theresia* zur königlichen Freistadt erhoben worden war. Das Wappen auf dem Turm zeigt die historische Urkunde dazu. Heute hat das Infobüro der Pécser Kulturzentrale hier seinen Sitz. Man kann sich über kulturelle Programme informieren und auch Eintrittskarten erwerben.

Eine weitere **Kirche,** die **des Ordens der Barmherzigen,** hat ihren Platz am Széchenyi tér. Schön sind auch Gebäude wie das **Hotel Nádor** (Nádor Szalló), das Stadtgericht und weitere Prachtstücke der Sezession mit mächtigen Figuren, Säulen und schönen bemalten Dachziegeln sowie der kleine **Zsolnay-Zierbrunnen.** Das Nádor war das erste Hotel in Pécs und verfügte bereits im 19. Jahrhundert über eine spezielle Kuppel, die für die Gäste bei gutem Wetter geöffnet werden konnte. Nach dem Zweiten Weltkrieg geriet es in staatlichen Besitz und verfiel zusehends; inzwischen wurde es von Grund auf restauriert.

Szent István tér und Kathedrale

Die schönen Fassaden setzen sich auch in der Janus Pannonius utca fort, die am Széchenyi tér beginnt. Nach vielleicht 200 Metern öffnet sich die Straße zum großen Platz Szent István

ung089 Foto: mk

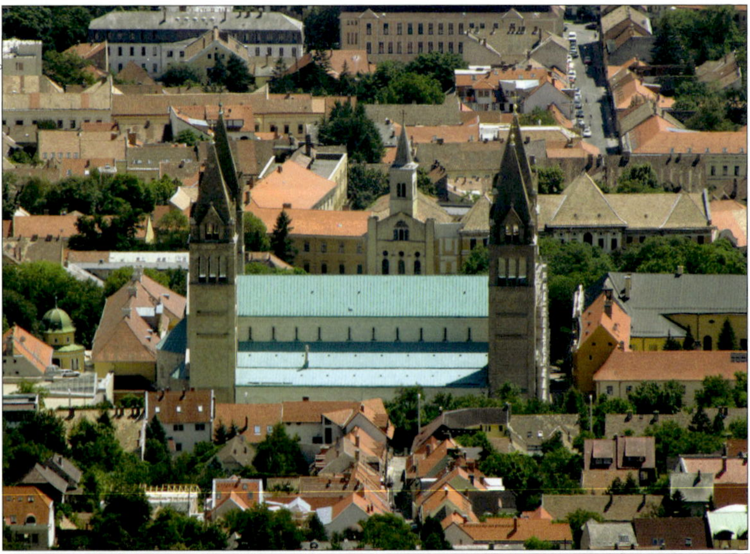

tér, hinter dem die vielleicht ungewöhnlichste Kathedrale des Landes auftaucht: das neoromanisch dominierte Pécsi Székesegyház, auch **Peter-und-Paul-Basilika** genannt (Szent Péter es Pál Bazilika, Szent István tér, geöffnet April bis Mitte Okt. Mo bis Sa 9–17 Uhr, So 13–17 Uhr, sonst Mo bis Sa 10–16 Uhr, So 13–16 Uhr, Eintritt 800 HUF, Kombiticket mit Lapidarium und Weinkellerei 1100 HUF). Die Kathedrale kann mit gleich vier Türmen aufwarten, die sich in jeder der vier Ecken des Gebäudes erheben – in brauner Farbe. Die Front und die Seitenfassaden der Kirche dagegen weisen einen helleren Ton auf. Auch wenn der Eintritt in die Kirche Geld kostet, es lohnt sich, denn märchenhaft schön wurde der gesamte Innenraum verziert und ausgemalt – mit einer erstaunlich starken Betonung der blauen Farben. Die Kassettendecke, die Kuppeln, die Wände, die Säulen und Bögen – alles weist reichen Schmuck und vor allem farbenprächtige Darstellungen auf. Dies alles trägt wie so vieles im heutigen Pécs den Stempel der **Sezession:** Die beiden Jugendstilmeister *Karl Lotz* und *Bertalan Székely* malten die Fresken sowohl in der Oberkirche als auch unten in der alten Krypta.

Die eigenartige Form der Kathedrale geht auch auf ihre wilde **Geschichte** zurück. Das genaue Datum des Baubeginns steht nicht fest, doch es wird wohl im 11. Jahrhundert gewesen sein.

Blick auf die Kathedrale vom Fernsehturm aus

Die charakteristischen vier Türme bestanden jedenfalls schon im Mittelalter. Die Türken nutzten die Kirche teils als Moschee. Es folgten weitere Umbauten, bis gegen Ende des 19. Jahrhunderts die heutige Gestalt geschaffen wurde. Die **Krypta,** deren Besichtigung im Eintrittspreis inbegriffen ist, erhielt sich aber aus der Entstehungszeit, ist also schon fast 1000 Jahre alt.

Direkt im Anschluss an den Szent István tér schließt sich ein **kleiner Park** an (geöffnet Mai bis Sept. 7–20 Uhr, Okt. bis April 9–17 Uhr), der an der alten Stadtmauer entlang zum runden **Basteiturm** (Barbakán) führt – mehr hat sich vom Verteidigungssystem der alten Burg nicht erhalten. Der Barbakán stammt aus der Zeit um das Jahr 1500. Über eine kleine Zugbrücke geht es auf den Turm, von dem sich ein hübscher Ausblick bietet. Im Hintergrund sieht man den **gelben Bischofspalast** (in seiner jetzigen Form aus dem 18. Jahrhundert), den die Mauer einst schützen sollte.

Zurück am Szent István tér steht vor der Kathedrale das **Denkmal von Ignácz Szepessy,** Bischof von Pécs von 1828 bis zu seinem Tod 1838. Nach unten hin schließt sich eine Grünfläche mit Brunnen und einigen Sitzbänken an – beliebt bei Einheimischen und Touristen als Erholungsort.

Moschee

Am unteren Ende des Szent István tér erreicht man in wenigen Schritten den Beginn der Rákóczi út, gleich an der Ecke zur Garay János utca und zur Ferencesek utcája mit einer **Franziska-**

nerkirche aus dem frühen 18. Jahrhundert und dem davor stehenden kuriosen **Taubenbrunnen.** Gleich im Anschluss folgt das wichtigste erhaltene islamische Heiligtum der Stadt: die **Moschee des Paschas Hassan Jakovali** (Rákóczi út 2, geöffnet April bis Okt. Mi bis So 9.30–18 Uhr, Eintritt 500 HUF) aus der zweiten Hälfte des 16. Jahrhunderts. Es ist eines der wenigen Relikte aus der über 150-jährigen türkischen Herrschaft über Ungarn. Genauer gesagt: Dies ist die einzige Moschee im ganzen Land, die zusammen mit ihrem Minarett weitgehend unbeschädigt geblieben ist. Der Grundriss ist quadratisch, die Kuppel wurde auf ein achteckiges Zwischenstück („Trommel") platziert. Zwar wurde das Bethaus Anfang des 18. Jahrhunderts in eine katholische Kapelle umgebaut, seit 1956 rekonstruierte man aber die ursprüngliche Form. Die Moschee steht heute ziemlich eingequetscht zwischen anderen Häusern.

Römisch-frühchristliche Gräber

Ein nicht ganz so leicht zu besichtigender Höhepunkt von Pécs ist der frühchristliche Friedhof an der **Apáca utca,** seit 2000 auf der UNESCO-Liste des Weltkulturerbes. Die Apáca utca geht direkt vom Szent István tér vor der Kathedrale ab und ist eine sehenswerte Straße. Vom Friedhof sieht man wegen der hohen Mauer allerdings nichts. Um den historisch äußerst wertvollen Ort besuchen zu können, muss man sich anmelden (Tel. 72 224755 oder persönlich beim Cella-Septichora-Besucherzentrum, siehe unten). Der Eintritt ist außerdem nur im Rahmen einer kombinierten Besichtigung zusammen mit der Cella Septichora möglich und kostet dann 2400 HUF. Die **Cella Septichora** (Szent István tér, Tel. 72 224755, www.septichora.hu, geöffnet April bis Okt. Do bis So 10–18 Uhr, Nov. bis März Do bis So 10–16 Uhr, Eintritt 1200 HUF) befindet sich ebenfalls am Szent István tér. Die spätrömische bzw. frühchristliche Grabkapelle aus dem 4. oder 5. Jahrhundert wurde erst in den 1970er Jahren entdeckt – die Forschungen und Ausgrabungsarbeiten

ung090 Foto: mk

Minarett der Moschee des Paschas Hassan Jakovali

sind noch längst nicht beendet. Doch schon jetzt ist sie ein faszinierendes und seltenes Zeugnis der spätrömischen Geschichte und sicher den relativ hohen Eintrittspreis wert.

Museumsstraße

Direkt vor der Kathedrale beginnt die **Káptalan utca.** Sie lässt die Herzen von Museumsfreunden höher schlagen, denn gleich eine ganze Reihe von Ausstellungshäusern haben hier ihren Sitz. Den Anfang markiert das beliebte **Zsolnay-Museum** (Káptalan utca 2, Tel. 72 324822, geöffnet April bis Okt. Do bis So 10–18 Uhr, Nov. bis März Do bis So 10–16 Uhr, Eintritt 700 HUF). Zsolnay ist eine international durchaus bekannte Marke und sicherlich **Ungarns bekannteste Fabrik für Porzellan,** Keramik und Fliesen. Gegründet wurde sie 1853 von *Miklós Zsolnay* nirgendwo anders als in Pécs. Kein Wunder also, dass der Name dem aufmerksamen Beobachter hier auf Schritt und Tritt begegnet. Das Gebäude des Museums gilt als ältestes Wohnhaus der Stadt (14. Jahrhundert), wurde aber mehrmals umgebaut, bis die Familie *Zsolnay* im 19. Jahrhundert einzog. Wer Porzellan und Keramik mag, wird an dem Museum seine Freude haben, denn es werden einige der schönsten Stücke gezeigt, die im Laufe der Zeit die Zsolnay-Manufaktur verließen. Hinzu kommen alte Möbel und Erinnerungen an die Zsolnay-Familie. Und wem dies immer noch nicht reicht, der kann auch die Fabrik persönlich unter die Lupe nehmen (Tel. 72 507660, geöffnet Mo bis Fr 8–12 Uhr, fremdsprachige Führung 1000 HUF/Person, Mindestteilnehmerzahl, Voranmeldung erbeten, auch über die Touristeninformation).

Ein weiteres interessantes, wenn auch völlig andersartiges Haus steht direkt gegenüber: das **Vasarely-Museum** (Káptalan utca 3, Tel. 72 324822, zuletzt vorübergehend geschlossen, neue Öffnungszeiten noch unklar) des 1997 verstorbenen *Victor Vasarely*. Der in Pécs geborene *Vasarely,* der später nach Frankreich auswanderte, gilt als einer der führenden zeitgenössischen ungarischen Künstler und Pionier der so genannten „Op art" („optical art") in der Malerei, also abstrakter Arbeiten auf der Basis optischer Täuschungen. Beim Blick auf die Bilder entsteht beispielsweise die Illusion einer Bewegung, oder es existieren versteckte Motive, die oft erst nach längerem Hinsehen erkannt werden.

Die **Szepesy Ignác utca** führt von der Káptalan utca wieder zurück zum Széchenyi tér. Auch sie wird dominiert von schönen Gebäuden aus dem 19. Jahrhundert, darunter der Universitätsbibliothek (Egyetemi Könyvtár).

Fußgängerzone

Am unteren Teil des Széchenyi tér beginnt die wunderschöne Fußgängerzone von Pécs, die **Király utca.** Sie führt vorbei an eindrucksvollen klassizistischen, eklektizistischen und Jugendstilfassaden und natürlich auch einigen neueren Gebäuden, an Shops, Cafés, Eisdielen und Restaurants. Einen der Höhepunkte stellt sicher das **Ungarische Nationaltheater** (Magyar

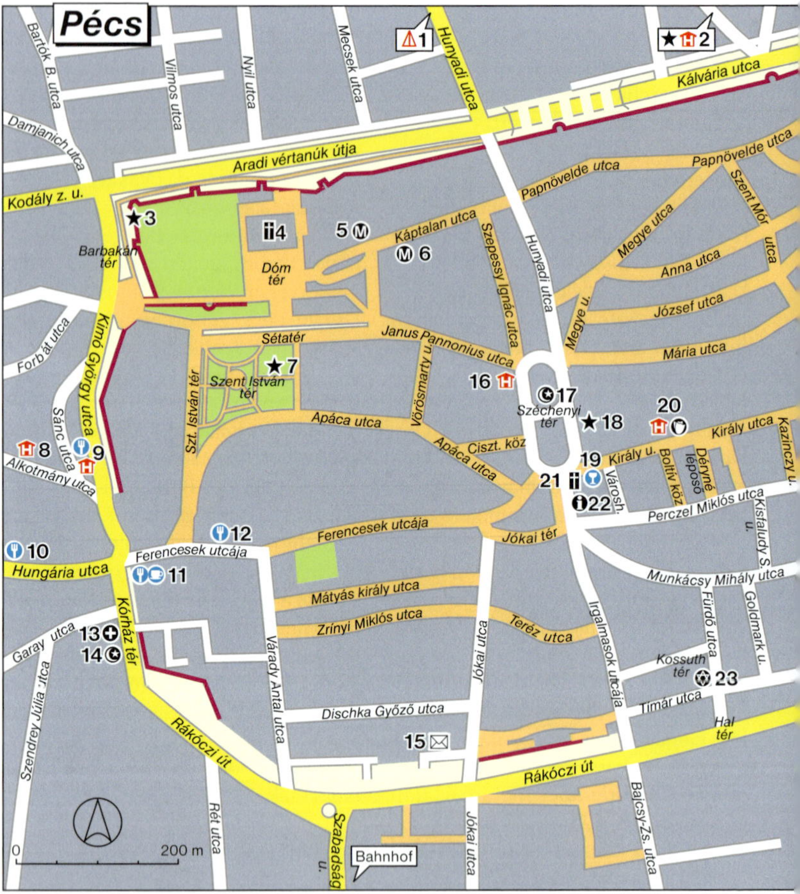

- 1 Horgony Camping
- 2 Fernsehturm, Hotel Mediterrán
- 3 Basteiturm
- 4 Kathedrale
- 5 Zsolnay-Museum
- 6 Vasarely-Museum
- 7 Frühchristliches Mausoleum
- 8 Várfal Fogádo
- 9 Szinbád Étterem és Panzió
- 10 Csillag Vendéglő
- 11 Kapuciner Presszó-Étterem
- 12 Minaret Étterem
- 13 Krankenhaus
- 14 Moschee Hassan Jakovali
- 15 Post
- 16 Nádor Szalló
- 17 ehem. Moschee Pascha Kassim Gasi
- 18 Rathaus

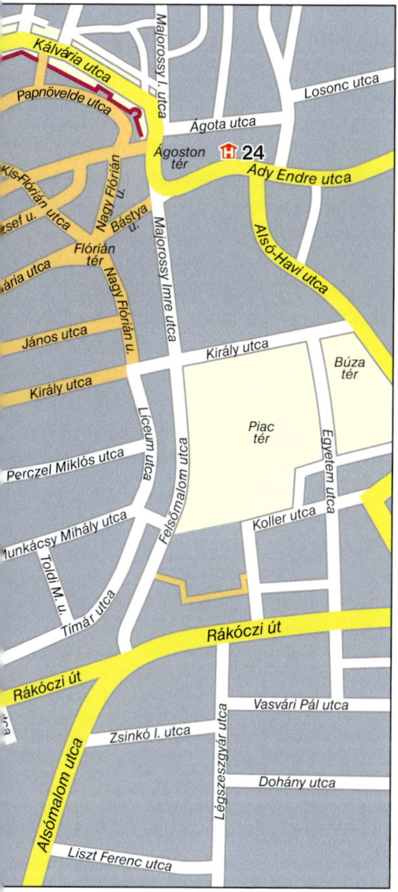

19 Murphy's Pub
20 Nationaltheater,
Grand Hotel Palatinus
21 Kirche des Ordens der Barmherzigen
22 Touristeninformation
23 Synagoge
24 Hotel Agoston

Nemzeti Színház) dar, das an dem nach ihm benannten Színház tér liegt. Die Király utca ist weniger zum Besichtigen bedeutender historischer Gebäude da, sondern einfach zum Genießen der schönen Stadt. Auch wenn es Kritiker geben mag, die alles schon ein wenig überzogen und kitschig finden: Die übergroße Mehrheit der Besucher ist begeistert.

Synagoge

Die Synagoge (Zsinagóga) von Pécs steht am gerade grundlegend restaurierten und umgebauten Kossuth tér – an der eingangs erwähnten, aufsteigenden Straße Irgalmasok utcája, nur wenige hundert Meter unter dem Széchenyi tér. Der massive, von außen gelblich schimmernde, schön restaurierte Bau entstand im Jahr 1869. Er ist über 32 Meter lang, über 23 Meter breit und fast 19 Meter hoch und wird **bis heute von der jüdischen Gemeinde** der Stadt als Gebetshaus **genutzt.** Die beiden anderen Synagogen von Pécs aus früheren Zeiten existieren nicht mehr. Männliche Besucher erhalten die „Kippa" (Käppchen). Meist ist auch ein Vertreter der Gemeinde anwesend, der auf Deutsch Fragen beantworten kann. Innen beindrucken vor allem die bis ins feinste Detail ausgemalten Kassettendecken und die zweistöckigen Holzbalkone zu beiden Seiten. Die gesamte Inneneinrichtung – abgesehen von der Elektrik – ist im Original erhalten geblieben. In den 1980er Jahren und zuletzt 2005 wurden lediglich Renovierungsarbeiten durchgeführt.

Am Eingang erhält man ein **Informationsblatt** in deutscher Sprache, das man beim Hinausgehen wieder abgibt oder auch kaufen kann.

Fernsehturm

Der Fernsehturm der Stadt erhebt sich hoch oben **in den Hügeln über Pécs.** Wenn man die eingangs beschriebene Irgalmasok utcája zur ehemaligen Moschee hochspaziert, sieht man den Turm bereits im Hintergrund. Man erreicht den „TV torony" (Misina tető, Tel. 72 336900, geöffnet 10–20 Uhr, Eintritt 650 HUF) aus dem Zentrum am besten über die Szőlő utca nach Norden. Diese führt schließlich über kurvige, deutlich ansteigende Straßen durch immer dünner besiedeltes Gebiet zum schon recht früh ausgeschilderten Turm. Unterwegs ergeben sich **immer wieder einmalige Blicke** auf Pécs und Umgebung aus immer höherer Position – am schönsten natürlich vom Turm selbst. Doch bereits die Fahrt hinauf lohnt sich, auch wenn sie teilweise etwas holperig ist. Unterwegs gibt es auch eine **Aussichtsplattform** (Parkplatz leicht erhöht gegenüber).

Neben dem Fernsehturm werden besonders für Kinder noch einige **Attraktionen** geboten, darunter eine von Kindern betriebene Schmalspurbahn, ein Spielplatz und ein kleiner Zoo mit Aquarium und Terrarium. Letzteres ist ausgeschildert, ebenso einige **Restaurants und Hotels** mit teils prächtiger Aussicht.

Praktische Tipps

Information

- **Tourinform Pécs**
Széchenyi tér 1, Tel. 72 212632, www.pecs.hu. Sehr gut ausgestattete Touristeninformation direkt am sehenswertesten Platz der Stadt. Volle Versorgung mit Infomaterial, vom Stadtplan bis zur Übersicht aller Museen. Hilfe bei der Organisation von Ausflügen und Besichtigungen.
- Informationen zu Pécs als **Kulturhauptstadt Europas 2010: www.pecs2010.hu.**

Notfälle und nützliche Adressen

- **Apotheken**
Arany Sas, Széchenyi tér 2, Tel. 72 532504, geöffnet Mo bis Fr 7–20 Uhr, Sa 8–13 Uhr; **Őrangyal,** Király utca 81, Tel. 72 311572, geöffnet Mo bis Fr 7.30–17.30 Uhr.

ung091 Foto: mk

Die restaurierte Synagoge

ung092 Foto: mk

• Krankenhaus des Komitats Baranya
Rákóczi út 2, Tel. 72 533133.

• Polizei
Vargha Damján utca 1, Tel. 72 504400, Notruf 107.

• Post
U.a. Jókaj utca 10, Tel. 72 506025, geöffnet Mo bis Fr 7–19 Uhr, Sa 8–12 Uhr, 200 m südlich von Kathedrale und Szent István tér.

Geld

Zahlreiche **Wechselstuben** gibt es u.a. in der Fußgängerzone (Király utca 11). **Geldautomaten** stehen an fast jeder Ecke zur Verfügung. In einigen Museen, Pensionen oder Restaurants kann man nicht mit Kreditkarte bezahlen.

Unterkunft

Die touristische Infrastruktur ist in Pécs noch immer nicht mit derjenigen in Städten wie Budapest oder Sopron zu vergleichen – doch sie entwickelt sich Jahr für Jahr. Somit steigt auch die Zahl an Hotels, Pensionen und Privatunterkünften stetig. Schon jetzt steht aber eine gute Auswahl in jeder Preisklasse zur Verfügung.

• Grand Hotel Palatinus
Király utca 5, Tel. 72 889462,
www.danubiushotels.com
(dann „Hotel Palatinus" suchen).

Wenn schon die höhere Preisklasse, dann am besten hier am Beginn der schönen Fußgängerzone der Kiraly utca, auch wenn es kein Luxushotel ist – dafür aber sehr schön im alten Stil eingerichtet. Bisher sind etwa ein Drittel der 94 Zimmer renoviert, man sollte also nach einem neuen Zimmer fragen oder einen guten Preis aushandeln. Massage, Sauna, Solarium und Palatinus-Restaurant im Hause. DZ 25.000 HUF.

Das Rathaus der Stadt

● **Hotel Mediterrán**
Dömörkapu-Hidegvölgyi út 1,
Tel. 72 514110, www.mediterranhotel.hu.

Ideal gelegen in den Hügeln über Pécs, wird ausgeschildert, wenn man dem Weg zum Fernsehturm folgt. Direkt am Hang mit hervorragendem Ausblick, auch von der Terrasse. Kinderspielplatz, kleine Sauna, Restaurant. 30 gute Zimmer und zwei Apartments in drei Gebäuden, nach Zimmer mit Aussicht fragen. DZ ab 12.000 HUF.

● **Ágoston Hotel**
Ágoston tér, Tel. 72 510496,
www.agostonhotel.hu.

Nur einige hundert Meter vom absoluten Zentrum, nahe dem Ende der Fußgängerzone, Zimmer ohne Luxus, aber freundlich, sauber und modern eingerichtet, mit Internet, Parkplatz, 24-Stunden-Rezeption und Restaurant. DZ 14.000 HUF.

● **Szinbád Panzió és Étterem**
Klimó György utca 9, Tel. 72 221110,
www.szinbadpanzio.hu.

Sehr beliebte, gemütliche Pension in bester zentraler Lage mit ausgezeichneten klimatisierten Räumen. DZ mit Frühstück 13.200 HUF, gutes Restaurant.

● **Várfal Fogadó**
Alkotmany utca 8, Tel. 72 512500.

Ordentliche, ruhige Gästezimmer mit idealer Lage im Zentrum, gemäßigte Preise.

● **„Zimmer frei"**
Hunyadi János utca, Tel. 72 335785.

Sehr sympathische Privatunterkunft in den Hügeln über Pécs unterwegs zum Fernsehturm. Günstig, frische Luft, schöne Aussichten, Honig direkt vom Imker zu kaufen.

Camping

● **Horgony Camping**
Hunyadi utca 187, Tel. 20 9283837.

Auf der Höhe des Dörfes Szalanta, gut 10 km südlich von Pécs unterwegs nach Harkány. Einfacher Campingplatz, gut für Angler, Häuschen entstehen gerade erst.

Essen und Trinken

● **Csillag Vendéglő**
Hungária utca 27, Tel. 72 314582.

Klassische ungarische Küche, leckeres Essen, niedrige Preise, freundliche Bedienung, gute Atmosphäre, zentral gelegen.

● **Minaret Étterem**
Tel. 72 311338, www.minaretetterem.hu.

Nettes Lokal bei der Moschee an der Rákóczi út, besonders Tagesmenüs zu sehr günstigen Preisen.

● **Hotel Mediterrán**
Restaurant in den Hügeln über Pécs, perfekte Aussichtsterrasse, mittlere Preisklasse (siehe oben bei „Unterkunft").

● **Szinbád Panzió és Étterem**
Gutes ungarisches Essen, mit Terrasse (siehe oben bei „Unterkunft").

● **Kapuciner Presszó-Étterem**
Ferencesek utca 41, Tel. 30 5759370,
geöffnet 7–17 Uhr.

Nettes Imbiss-Lokal mit einfachen Speisen, Frühstück, Kaffee, Sandwiches, Pfannkuchen usw., günstige Preise, nah an den wichtigsten Sehenswürdigkeiten.

● **Murphy's Pub**
Király utca 2, Tel. 72 325439,
http://murphys.rubynet.net.

Gemütliche Kneipe mit Sitzplätzen auf der schönen Fußgängerzonen-Straße Király utca. Frühstück, warme Speisen, Steaks, Nachspeisen, Kaffee, Bier, Wein.

Anreise

Auto

Die knapp 210 km **aus Budapest** sind bei guter Verkehrslage in drei Stunden zu bewältigen. Es geht auf der Straße 6 mehr oder weniger nah an der Donau entlang bis Pécs – vorbei an den sehenswerten Orten Dunaföldvár und Szekszárd. Für die erste Hälfte der Strecke steht auch die Autobahn M6 zur Verfügung (gebührenpflichtig).

Vom Balaton nimmt man aus Siófok die Straße 65 und dann später die Straßen 61 und 66 bis Pécs (116 km). Man kann auch auf der Straße 67 über Kaposvár und das sehenswerte Szigetvár anreisen (von Szigetvár Straße 6 bis Pécs).

Bahn

Vom **Budapester Bahnhof Keleti** verkehrt alle zwei Stunden ein IC, der 2.51 Stunden braucht und 5220 HUF kostet. Vom **Budapester Bahnhof Déli** gibt es mehrmals am Tag Verbindungen. Man spart allerdings nur 400 HUF und braucht dafür gut vier Stunden Fahrzeit.

Der **Hauptbahnhof** (Pécs Főpályaudvar) liegt am Indóház tér 1 km südlich des Stadtzentrums.

Bus

Aufgrund der guten Bahnverbindungen erübrigt sich für die meisten Reisenden die Anfahrt per Bus. Verbindungen unter www.volanbusz.hu.

Szigetvár

XX/A,B2

Entweder man reist vom Balaton über Kaposvár und dann Szigetvár an oder man macht einen 34 Kilometer weiten Abstecher von Pécs, um dieses Städtchen von kaum über 10.000 Einwohnern zu besuchen, dass neben einer kleinen Innenstadt vor allem eine Burg, ein gutes Thermalbad und türkische Spuren zu bieten hat – alles zusammen durchaus ein guter Grund für einen entspannten Aufenthalt und vielleicht sogar eine Übernachtung in diesem ruhigen Ort.

Kommt man aus dem Norden, aus Richtung Kaposvár, erblickt man vor den Toren der Stadt den **„Park der Türkisch-Ungarischen Freundschaft".** Kernstück dieser Anlage, für die man nur kurz aus dem Auto steigen muss, sind zwei riesige Steintafeln mit den Köpfen von *Miklós Zrínyi* und Sultan *Suleiman,* seinerzeit erbitterte Feinde. Doch der Sultan starb eben an diesem Ort, was die Ungarn zum Anlass nahmen, beiden gleichermaßen die Ehre zu erweisen – eine große Geste, wenn man bedenkt, dass die Zeit der türkischen Okkupation in Ungarn immer noch ein Trauma darstellt.

Im kleinen Szigetvár kann man sich kaum verfahren bzw. verlaufen. Die wuchtige **Burg,** die hinter einer hohen Mauer kaum zu erkennen ist, kann täglich außer Mo 9–17 Uhr besichtigt werden (Szigetvári Vár, Eintritt 600 HUF, www.szigetvarivar.hu). Die Festung aus dem 14. Jahrhundert geht auf keinen Geringeren als *Miklós Zrínyi* zurück. Er war es, der die Burg bis zuletzt gegen die türkischen Eroberer verteidigte und dabei 1566 den Heldentod starb. Innen kann man auch die von Sultan *Suleiman* erbaute Moschee sowie eine Ausstellung zur Geschichte der Burg sehen.

Gleich gegenüber erstreckt sich das **moderne Thermalbad** (Szigetvári Gyógyfürdő, geöffnet 8.30–20.30 Uhr, außerhalb des Sommers kürzer, Eintritt 1800 HUF, ab 14 Uhr 1200 HUF) mit mehreren Becken, davon zwei unter

ung093 Foto: mk

Im Thermalbad von Szigetvár

freiem Himmel, und Heilwasser von überregional anerkannter Qualität. Es ist besonders zu empfehlen, weil sich hierher nur sehr wenige Touristen verirren. So mischt man sich unter die Einheimischen und hat ein authentisch ungarisches Erlebnis. Zusätzliche Leistungen wie Krankengymnastik, Massage, Sauna etc. werden angeboten. An der Kasse erhält man ein Band für das Handgelenk, vor dem Betreten der Umkleideräume gegen Kaution den Schlüssel für ein Schließfach.

Am zentralen, nach dem lokalen und nationalen Helden benannten Platz **Zrínyi tér** erhebt sich eine gerade erst frisch restaurierte katholische Kirche. Sie wurde im 16. Jahrhundert von den Türken als Moschee eingeweiht, was man ihr auch immer noch von außen deutlich ansehen kann.

In der Bástya utca 1 steht das angeblich einzige in Ungarn erhaltene, von Türken erbaute Wohnhaus. Es stammt aus dem 16. Jahrhundert. Daher wird das auf den ersten Blick unscheinbare Backsteingebäude auch **Török Ház** (Türkenhaus) genannt. Im kleinen **Museum** (Tel. 73 514300, geöffnet Mai bis Mitte Okt. Di bis Sa 10–16 Uhr, die Zeiten können sich ändern, Eintritt 100 HUF) sind Erinnerungsstücke und Darstellungen der Türkenzeit zu sehen.

Praktische Tipps

Information

Ein Tourinform-Büro existiert bisher nicht. Informationen im Internet unter **www.szigetvar.hu** (Seite in mehreren Sprachen, doch zuletzt mit technischen Problemen).

Unterkunft und Essen

- **Lenzl's Panzió**

József A. utca 63, Tel. 73 311360, Anrufe auf Deutsch Tel. 30 4081302, www.panzio-szigetvar.hu.

Für ein wenig Heimatgefühl: Pension ganz im bayerischen Stil, der Chef ist oft zugegen – ein Rosenheimer, der in Szigetvár lebt. Gemütliche Atmosphäre, gute Zimmer, bayerisches Essen und Bier in der Gaststätte, Marmelade, Würste, Weine und Schnaps aus eigener Herstellung, auch zum Mitnehmen. DZ ab 8000 HUF, deutscher Stammtisch jeden Freitag ab 18 Uhr.

Harkány

↗ XXI/C3

Die Straße 58 gelangt aus Pécs in südlicher Richtung nach 26 Kilometern ins Dorf Harkány, vorbei an dem unter „Pécs" beschriebenen Horgony Camping. Fast 3500 Menschen leben in Harkány, das sich vor allem durch sein **Thermal- und Heilbad** einen Namen gemacht hat (Harkányi Gyógyfürdő, Kossuth Lajos utca 7, www.harkanyfurdo.hu, geöffnet täglich 9–18 Uhr, Eintritt 2500 HUF, ab 14 Uhr knapp 1670 HUF). Die große Anlage bietet neben dem Heilbad noch ein „Strandbad" (mit Freibad, Kinderbecken, Rutsche) sowie viele Behandlungen wie Massagen, Schlammpackungen, Heilgymnastik, Elektrotherapie, Kohlensäurebad, Wellnessbad usw. Das Wasser ist auch im Winter mindestens 33 Grad warm, im Sommer manchmal etwas kühler. Die meisten Gäste sind Ungarn, aber einige Ausländer haben dieses moderne Bad ebenfalls für sich entdeckt, das besonders für Familien bestens geeignet ist. Im Dorf gibt es einige „Zimmer-frei"-Angebote, selbst an der Einfahrt zum Schwimmbadparkplatz werden von Privatleuten auf der Straße Zimmer angeboten.

Praktische Tipps

Information

• **Tourinform Harkány**
Kossuth utca 2a, Tel. 72 479624, www.harkany.hu.

Unterkunft

• Außer den „Zimmer-frei"-Angeboten im Ort gibt es auch Hotels und Pensionen, darunter das **Wellness Hotel Xavin,** Kossuth utca 43, Tel. 72 479399, www.xavin.hu, ein recht neues, angenehmes Hotel mit guten Zimmern, Wellness-Angebot und Restaurant, DZ ab ca. 17.000 HUF.

Essen und Trinken

• **Tenkes Csárda**
Kurz vor Harkány beim Dorf Csarnóta, Tel. 72 424057.

Traditioneller ungarischer Landgasthof im rustikalen Stil.

Siklós

↗ XXI/C3

Von Harkány fährt man nicht weiter südlich zur Staatsgrenze, sondern östlich die vielleicht zwei Kilometer ins nächste Dorf Siklós, das einen kurzen Stopp wert ist. Es hat vor allem eine **Burg** zu bieten, die fast wie ein Zuckerhut über dem Ort thront. Man kann sie auch aus der Nähe besichtigen (geöffnet 10–18 Uhr, Parkplatz 100 HUF). Die Festung ist noch recht gut erhalten und wird im Sommer zum Schauplatz von Open-Air-Konzerten und Festveranstaltungen. Siklós selbst zeigt sich als sympathisches Dorf mit einer Franziskanerkirche, einem ruhigen kleinen Ortskern und einem wertvollen Andenken an die Zeit der Türkenherrschaft, einem **islamischen Gebetshaus.** Das Gebäude aus Feldsteinen stammt aus dem 16. Jahrhundert und kann besichtigt werden (Malkocs Bej Dzsámi, geöffnet tägl. außer Mo 10–12 und 13.30–18 Uhr, Eintritt 300 HUF).

Im nächsten Ort Richtung Osten, **Nagyharsány,** hat ein Künstler einen **Skulpturenpark** unter freiem Himmel geschaffen (für Bildhauerei-Interessierte, Eintritt 200 HUF).

Villány

↗ XXI/C3

Es folgt Villány. Was wie ein verschlafenes Städtchen scheinen könnte, ist das Herz einer in ganz Ungarn **bekannten Weingegend:** Die hervorragenden Villány-Weine sind landesweit

ung094 Foto: mk

Islamisches Gebetshaus in Siklós

zu kaufen. Wein-Enthusiasten sollten also hier verweilen und einen der zahlreichen Weinkeller oder zumindest ein Lokal besuchen. Sogar ein **Weinmuseum** (Bormúzeum, Bem utca 8, Tel. 72 492009, geöffnet 9–17 Uhr, Mo geschlossen) wird betrieben. Besonders in der Baross Gábor utca und der Batthyány utca reihen sich ein Weinkeller *(pince)* und ein Lokal an das nächste – ein äußerst reizvoller Anblick. Alle Gaststätten sind mit Holzpfeilen stilvoll ausgeschildert, inklusive vieler Privatunterkünfte.

Praktische Tipps

Information

- **www.villany.hu**

Unterkunft

- Sehr viele Privatzimmer und kleine Gasthäuser sind ausgeschildert, eines davon ist die **Péter Panzió,** Oportó utca 23, Tel. 70 2857818, www.peterpanzio.villany.hu, mit ordentlichen Zimmern; das Haus liegt mitten in den Weingärten; mit Terrasse, auf Wunsch Führung in den eigenen Keller mit Weinprobe direkt aus dem Fass. DZ ab 7000 HUF.

Essen und Trinken

- **Fülemüle Csárda**
Kültelek utca, Tel. 72 492939.
Gemütlicher Landgasthof, auch mit vielen Fischspeisen, sehr gute Preise, viele Gerichte bereits unter 1500 HUF.

Das Rathaus von Villány ist zweisprachig auf Ungarisch und Deutsch beschildert. Das setzt sich fort. So steht unter dem Ortsschild des folgenden Dorfes **Nagynárád** das deutsche „Großnarad" – für viele sicher ein überraschender Anblick so weit im Süden des Landes. Im Dorf sind weitere Orte wie das „Kulturhaus" ebenfalls auf Deutsch markiert – Deutschstämmige pflegen hier ihre Sprache und Traditionen.

Mohács

↗XXI/D3

Wenn man von Nagynárád auf schnellstem Wege die wenigen Kilometer zur Straße 56 fährt (durch das Dorf Sátorhely), so erreicht man diese ungefähr an der Stelle, wo vor einigen Jahrhunderten Geschichte geschrieben wurde. Die **„Schlacht von Mohács"** ist jedem Ungarn von Kindesbeinen an ein schauriger Begriff, denn hier wurden die ungarischen Verteidiger vernichtend von den angreifenden Türken geschlagen. Ein **Denkmalpark** (Mohácsi Történelmi Emlékhely, Tel. 72 517229, geöffnet April bis Nov. 9–18 Uhr) auf freier Strecke an der Straße von der Stadt Mohács zur nahen kroatischen Grenze erinnert an dieses nationale Trauma. Gut zu finden ist der Park allerdings nicht. Man muss schon genau hinschauen, um das Hinweisschild zu entdecken. Am besten zu erkennen ist die Anlage an ihrem lang gezogenen Parkplatz parallel zur großen Straße. 1976 wurde die Gedenkstätte zum 450. Jahrestag der Schlacht eingerichtet. 28.000 Ungarn starben damals, das Land ging anschließend über ein Jahrhundert in die Hände der Besatzer über. Denkmäler, Grabsteine und Holzschnitzarbeiten erinnern an das zwischenzeitliche Ende des ungarischen Reiches. Auf der kreisförmig angelegten Grünfläche stehen außer Holzkreuzen und -pfählen keine weiteren Objekte, ein Besuch der Stätte über den Kassenbereich hinaus hat also eher symbolischen Charakter.

Wenige Kilometer weiter südlich ist bereits die **Grenze zu Kroatien** erreicht.

Mohács selbst ist eine Stadt mit knapp 20.000 Einwohnern – nicht unschön, mit einigen Restaurants und Pensionen, aber ohne weitere große Sehenswürdigkeiten. Jedes Jahr wird ein großes Frühlingsfest veranstaltet.

Von hier kann man in kürzester Zeit zurück nach Pécs auf der Straße 57 oder auf der Straße 56 in nördlicher Richtung nach Szekszárd und weiter hoch die Donau entlang.

ung095 Foto: mk

Szekszárd

⇗XXI/D1

Am Treffpunkt der Straße 6 aus Pécs mit der landschaftlich schönen Straße 56 aus Mohács liegt Szekszárd, mit gut 35.000 Bewohnern die **kleinste Hauptstadt eines Landkreises** in Ungarn. Szekszárd markiert die Landschaftsgrenze zwischen den Bergen von Transdanubien und der Großen Ungarischen Tiefebene. Wer hier in der Gegend sein Nachtlager aufschlagen will, kann Szekszárd wählen, denn neben einer kleinen, freundlichen Fußgängerzone ist es wie das oben beschriebene Villány der Hauptort eines ungarnweit bekannten Weingebietes. Die zahlreichen Weinkeller in der Stadt zeugen davon.

In der **Innenstadt** rund um den Béla tér und Garay tér lädt die autofreie Zone zum Spazierengehen oder zum Kaffeetrinken unter freiem Himmel ein. Am Béla tér steht die katholische Kirche mit Dreifaltigkeitssäule und dahinter, ein wenig versteckt im kleinen Park, die kuriose Statue des lüsternen Weingottes Bacchus in einer gelinde gesagt zweideutigen Position mit einer jungen Frau. Ebenfalls am Béla tér findet sich das klassizistische Alte Rathaus (Régi Vármegyeháza) mit Säulen-

Jugendstil – das einzige deutschsprachige Theater in Ungarn

fassade. Wenige Schritte weiter, in der Fußgängerzone des Garay tér, fällt das Jugendstilgebäude der **„Deutschen Bühne"** auf, dem einzigen noch aktiven großen deutschsprachigen Theater Ungarns (Garay tér 4, Tel. 74 316533, www.dbu.hu). Wer in Szekszárd übernachtet, sollte nach Möglichkeit eine Vorstellung besuchen.

An der Straße, die am Béla tér beginnt, ist noch das familiäre **Mézeskalács Múzeum** von Interesse (Munkácsy utca 8, www.mezeskalacs.hu, geöffnet Febr. bis 20. Dez. tägl. außer Mo 10–18 Uhr, Okt. bis April So geschlossen, Eintritt 500 HUF inkl. Lebkuchenwappen von Szekszárd). Hier wird die **Herstellung von traditionellen Honigkuchen** (Lebkuchen) sowie weiteren Süßigkeiten wie Bonbons und Pralinen demonstriert, es werden Gerätschaften und Hintergründe zur Tradition erläutert. Gegen zusätzliches Geld (300 HUF) kann man auch seine eigenen Lebkuchen verzieren und im Laden die Produkte kaufen.

Von der Straße, an der das Lebkuchen-Haus liegt, führt ein nicht allzu langer, aber teils recht steiler Wanderweg zunächst über Treppen vorbei an Wohnstraßen und dann auf einem Pfad durch den Wald ganz nach oben auf den **Hügel über Szekszárd,** der den Namen Kálvária-hegy trägt. Der Weg dauert vielleicht eine halbe Stunde; von oben ergibt sich ein schöner Blick auf Szekszárd und Umgebung.

Weinkeller sind in Szekszárd fast schon massenhaft zu finden, viele davon in der Bartina utca, die gleich am Béla tér beginnt.

Praktische Tipps

Information

- **Tourinform Szekszárd**

Béla tér 7, Tel. 74 315198, www.szekszard.hu.

Unterkunft

- **Sió Motel**

Tel. 74 510482, www.siomotel.hu.

Sehr gut ausgestattete Anlage auf 2,5 Hektar Fläche an der Einfahrt der Straße 6 aus Pécs nach Szekszárd. 14 Wohnungen mit 80 m², fünf mit 60 m², ein behindertengerechtes Apartment; mit Restaurant. Hoher Standard. Kleine Wohnung (4 Personen) für 32.450 HUF, große (6 Personen) für 39.000 HUF, für zwei Personen Sonderpreis, Preise außerhalb der Saison Verhandlungssache.

- **Hotel Zodiaco**

Szent László utca 19, Tel. 74 511150.

Nettes Hotel mit 24 klimatisierten Zimmern mit Internet. Dienstleistungen wie Massage, Solarium und Wäscherei. Zentrale Lage, Restaurant im Hause, DZ 12.000 HUF.

Essen und Trinken

- **Főispán Étterem**

Béla tér 1, Tel. 74 312139,
www.foispanetterem.hu,
geöffnet tägl. ab 11.30 Uhr.

Solides Restaurant mitten im Ortskern mit ungarischer und internationaler Küche, Tagesmenüs für unter 1000 HUF.

Kalocsa

↗ XVI/A3

Von Szekszárd bringt eine kurze Autobahn den Reisenden hinüber auf die andere Donauseite (M9, derzeit noch nicht gebührenpflichtig). Dort erreicht man recht bald die Straße 51, die links, also nördlich, nach Kalocsa führt – insgesamt sind es von Szekszárd 50 Kilometer. **In diesem äußerst sympathischen Ort** von etwas über 17.000 Seelen **dreht sich alles um die Paprika.** Die Gegend ist eine der besten für den Anbau dieser in Ungarn so essenziell wichtigen Pflanze. Zunächst gab es nur die scharfen Paprikasorten, doch ein Institut in Kalocsa, dessen Nachfolgeeinrichtung heute noch existiert, entwickelte die ersten milderen, süßen Varianten.

Die Stadt ist ruhig und beschaulich und war in der Geschichte schon einmal von größerer Bedeutung. Nach Esztergom war es Kalocsa, das vom legendären König *Stephan I.* im Jahr 1002 zur **Erzdiözese** ernannt wurde.

Die von der Durchfahrtsstraße abbiegende, baumbestandene **Szent István utca** geht nach einigen hundert Metern in eine kurze Fußgängerzone über, deren Beginn von einer Reihe kleiner religiöser Standbilder markiert wird. Hier sollte man am besten schon parken und weiter zu Fuß laufen. Wenige Schritte später ist die Straße zwar wieder für Autos geöffnet, doch immer noch sehr grün und schön für Spaziergänge geeignet. Es geht vorbei am **Viski Károly Múzeum** (Szent István utca 25, www.viskikarolymuzeum, geöffnet Mitte März bis Mitte Sept. 9–17 Uhr, wechselnde Ruhetage Mo, Di oder So) mit ethnografischen Funden zu den Völkern, die in dieser Region gelebt haben. Zu sehen sind auch Beispiele der lokalen Handwerkskunst.

Nur einen Steinwurf weiter geradeaus, vorbei an schönen Hausfassaden, folgt das **Paprika-Museum** (Paprika Múzeum, Szent István utca 6, Tel. 78 461819, geöffnet 9–17 Uhr, Eintritt 320 HUF), in dem auch das Korona-Restaurant betrieben wird. Im Museum werden die Geschichte der Paprika in Kalocsa sowie die Möglichkeiten ihrer kulinarischen Verwendung auf nette Weise dargestellt.

Die Szent István utca mündet in den opulenten **Szentháromság tér** (Dreifaltigkeitsplatz) mit der **barocken Kathedrale** aus dem 18. Jahrhundert. Entworfen hat sie mit aller Wahrscheinlichkeit der in Ungarn fast allgegenwärtig scheinende österreichische Architekt *Andreas Meyerhoffer.* Gleich gegenüber setzt sich der **Erzbischöfliche Palast** in Szene (Erzbischöfliche Schatzkammer geöffnet tägl. außer Mo 9–17 Uhr), zusammen mit der Kirche stiller Zeuge der ruhmreichen Vergangenheit von Kalocsa - wenn auch mehr symbolisch, denn auch er ist ein Barockgebäude von 1776 und stammt nicht etwa aus mittelalterlichen Zeiten, als Kalocsa nach Esztergom noch die „Nummer Zwei" in Ungarn war. Am schönsten genießt man den Platz mit Kaffee und Kuchen in der Barokk Cukrászda.

In der Tompa Mihály utca, wenige hundert Meter nördlich des Zentrums und nahe der Straße 51, steht ein schönes, **schilfbedecktes Landschaftshaus** *(tájház);* über dem Eingang hängen Paprikaschoten und Handarbeitswaren, die zum Verkauf stehen.

Praktische Tipps

Information

Es existiert kein Tourinform-Büro. Auf **www.kalocsa.hu** gibt es aber eine deutsche Version mit Auskünften zur Stadt.

ung096 Foto: mk

Unterkunft

- **Hotel Piros Arany**
Szent István utca 37, Tel. 78 462220, einfache und günstige Zimmer an der zentralen Straße, kurz vor der Fußgängerzone

Essen und Trinken

- **Korona Étterem**
Szent István utca 6, Tel. 78 461819.
Kleines, nettes Lokal im Paprika-Museum.
- **Barokk Cukrászda**
Szent István utca 2-4, Tel. 78 461996, geöffnet 8–21 Uhr, Sa, So 9–21 Uhr.
Guter Kaffee und leckere Torten und Kuchen in einem eleganten Lokal am Dreifaltigkeitsplatz, Tische auf dem Bürgersteig mit Blick auf die Kathedrale, nicht teuer.

Paprika-Museum in Kalocsa

Dunaföldvár

↗XVI/A2

Auf der Straße 51 geht es weiter nördlich bis in den Ort Solt, wo die Straße 52 kreuzt. Folgt man ihr westwärts, wird bald eine Brücke über die Donau überquert und damit das nächste Städtchen erreicht: das sehr freundliche Dunaföldvár (40 Kilometer nördlich von Kalocsa). Hier lohnt es sich, einmal die **Templom utca** entlangzuspazieren, vielleicht sogar bis zur namensgebenden weißen Kirche. Einige Privatunterkünfte liegen an dieser Straße. Gleich am Anfang geht ein kurzer Weg direkt hinauf zur kleinen Burg von Dunaföldvár (ausgeschildert sind Vár Étterem und das Tourinform-Büro). Oben sind eine **Töpferei** zu besichtigen, die wenigen von der alten Festung verbliebenen **Mauerreste** sowie das **Burgmuseum** (Vár múzeum, geöffnet tägl. außer Mo 10–18 Uhr), außerdem findet sich dort das Burgrestaurant (siehe „Essen und Trinken"). Vor allem aber kann man den Blick auf den Ort und die Donau genießen.

Alles ist sehr ruhig und ein wenig verschlafen, was aber gerade den Reiz von Dunaföldvár ausmacht. Am meisten Betrieb herrscht noch im absoluten Ortskern, wo sich auch ein ordentliches städtisches Schwimmbad findet.

Praktische Tipps

Information

- **Tourinform Dunaföldvár**

Rátkay köz 2, Tel. 75 341176, oben auf der Burg. Sehr freundliche Beratung.

Unterkunft

Es gibt **zahlreiche Privatunterkünfte** vor Ort, in sehr ruhiger Lage zum Beispiel an der Templom utca, wo in der Frühstückspension mit der Hausnummer 5 auch Deutsch gesprochen wird. Für den Zimmerschlüssel der Varró Panzió (Templom utca 20) wählt man die 75 341810 oder geht in die Mészáros utca 16 zu den Besitzern.

Camping

- **Kék-Duna Camping**

Hősök tere 26, Tel. 75 541108, ganzjährig geöffneter, sehr zu empfehlender Campingplatz mit der notwendigen Ausstattung für Zelter und Wohnmobil-Reisende, in wunderbarer Lage direkt am Donauufer, in Spazierweite vom Ort, mit soliden, kleinen Hütten („Bungalows"). Zwei Personen schon ab 4000 HUF plus 300 HUF Kurtaxe pro Kopf.

Essen und Trinken

- **Centrum Étterem és Salátabár**

Rákóczi utca 2, Tel. 30 4997849.

Restaurant im Ortskern mit angenehmen Sitzplätzen auf der Terrasse zur Straße hin mit Blick auf das Rathaus. Speisen mit sehr niedrigen Preisen, Salatauswahl.

- **Vár Étterem**

Rátkai köz 2, Tel. 30 6648328, geöffnet 11–21 Uhr.

Gemütliches Restaurant oben auf der ehemaligen Burg mit schönem Ausblick.

Von Dunaföldvár kann man auf der Straße 6 nach Budapest fahren (genau 100 Kilometer) oder den Kreis schließen und nach Pécs zurückkehren (109 Kilometer). Wer aber nach Osten unterwegs ist, zum Beispiel auf der Strecke nach Szeged, der kann über **Kiskőrös,** den Geburtsort von *Sándor Petőfi,* des hoch verehrten Nationaldichters während der Revolution 1848, auf der Straße 53 nach Szeged gelangen. In Kiskőrös steht das hübsche Geburtshaus *Petőfis,* das zu einem kleinen Museum umfunktioniert wurde. Auf keinen Fall sollte man sich auch die Stadt Kecskemét (siehe unten) entgehen lassen (eventuell auf dem Rückweg von Szeged nach Budapest).

Szeged

↗ XXIII/D2

Szeged liegt zwar ganz im Süden, ist aber dennoch bestens zu erreichen und sollte daher in keinem Reiseplan fehlen. Die alte Universitätsstadt weist einige mächtige, **bedeutende Bauwerke** auf, darunter die gewaltige, vielseitige Kathedrale mit ihrer ungewöhnlichen Backsteinfassade, das Rathaus, die Universität und weitere Gotteshäuser wie die neue Synagoge.

Hinzu kommen eine raumgreifende Innenstadt, ein interessantes **Ufer des Flusses Tisza** (Theiß) und selbstverständlich die Heimat der berühmtesten ungarischen Salami: die Fabrik von Pick Szeged. Die Stadt mit etwas über 160.000 Einwohnern steht im recht bevölkerungsarmen Ungarn bereits auf dem vierten Platz hinter Budapest Debrecen und Miskolc. Der **Charme einer Provinzhauptstadt** wird ergänzt durch die Weltoffenheit eines internationalen Drehkreuzes: Serbien und Rumänien sind nur wenige Autominuten entfernt, österreichische Spuren haben sich erhalten, Touristen aus West und Ost ergänzen das lebhafte, tolerante Bild. Das selbst für ungarische Verhältnisse **besonders milde Klima** und die vielen baumbestandenen Straßen tun ein Übriges, um südliches Flair zu verbreiten – nur im Hochsommer kann es schon mal zu heiß werden.

Hinweis für Autofahrer: In Szeged sind die **Parkregelungen besonders kompliziert** und streng. Im gesamten Innenstadtbereich und auch außerhalb des direkten Zentrums müssen in Kiosken, Tankstellen oder Supermärkten Parkkarten gekauft und gemäß der mehrsprachigen Anweisung mit Löchern versehen werden, aus denen die Parkzeit ersichtlich wird. Diese Karten werden dann hinter die Windschutzscheibe gelegt. Es wird scharf kontrolliert, ein „Knöllchen" kostet mindestens 7100 HUF. Es wird auch ins Ausland nachgeschickt, wenn man es ignoriert. Bezahlt werden muss Mo bis Fr 8–18 Uhr.

Geschichte

Bereits 24.000 Jahre vor unserer Zeitrechnung sollen Mammutjäger die Region ums heutige Szeged bewohnt haben. Sie zogen in der Eiszeit in wärmere Gefilde ab. Aus der Steinzeit (um 5000 v. Chr.) stammen die ersten archäologischen Funde. In der Bronzezeit (etwa 2000 v. Chr.) begannen die Bewohner mit der landwirtschaftlichen Nutzung der Böden. Spätestens 600 v. Chr. siedelten hier die Völker Agathursos und Signunna, aus deren Sprache der Name für den Fluss Theiß (ungarisch: Tisza) stammen soll – „tijah" bedeutet „Fluss". Als die **Römer** das heute ungarische Gebiet westlich der Donau eroberten und zu ihrer Provinz Pannonien machten, lag Szeged knapp außerhalb. Doch nachdem auch das östlich von Szeged gelegene Transsylvanien (heute Rumänien) ins Römische Reich aufgenommen wurde, kam der Stadt, die damals **Partiscum** hieß, plötzlich eine strategisch wichtige Rolle zu. In der ersten Hälfte des 5. Jahrhunderts nahmen die **Hunnen** das Gebiet ein. Ihr legendärer Anführer *Attila* soll Szeged sogar für einige Zeit zur Hauptstadt seines Reiches gemacht haben, bevor dieses 454 für immer unterging.

Die ungarischen Stämme kamen wahrscheinlich 896, die erste Erwähnung Szegeds in öffentlichen Dokumenten stammt von 1138. Nur 100 Jahre später wurde bereits die erste Burg gebaut und Szeged der Titel einer **freien königlichen Stadt** verliehen. Szeged lag damals nicht wie heute in Grenznähe, dennoch kam dem

Erst 1930 eingeweiht – die Kathedrale

Ort beim Kampf gegen die von Süden vordringenden türkischen Eroberer eine sehr wichtige Rolle zu: Von hier wurden Truppen zu den so wichtigen Grenzburgen geschickt, hier wurde ein **Friedensvertrag mit den Türken** unterschrieben (1444), den die Ungarn selbst bereits wenige Tage später mit einem erneuten Angriff brachen. Aus dem Jahr 1522 ist eine Bevölkerungszahl von gut 7000 Menschen überliefert – ebenso viel wie Buda und Pest und damit an der Spitze des gesamten Reiches. Nur vier Jahre später nahmen die Türken die Burg von Szeged und damit die Stadt ein. Im ersten Vierteljahrhundert unter der Fremdherrschaft entwickelte sich der Ort zumindest wirtschaftlich gut. Doch ein gescheiterter Aufstand ungarischer Freiheitskämpfer führte zu Plünderungen und Brandschatzung der eigenen Stadt. Die Folge waren viele Tote und eine Massenflucht der verbliebenen Bewohner. Die Türken siedelten stattdessen Einwanderer aus ihrer Heimat und aus Serbien an, die Einwohnerzahl sank auf nur noch 1500.

Als mit Hilfe der **Habsburger** die Befreiung gelang, kam Ungarn unter österreichische Herrschaft. *Rákóczis* Unabhängigkeitskrieg scheiterte auch in Szeged, die Einnahme der Burg gelang 1704 nicht. Eine **schwere Überflutung 1712** tat ein Übriges, um die Einwohnerzahl zu dezimieren. Die Österreicher siedelten Vertreter verschiedenster Nationalitäten an, sodass Ende

ung097 Foto: mk

des 18. Jahrhunderts immerhin 20.000 Menschen in der Stadt wohnten.

Freiheitskämpfer *Lajos Kossuth* hielt während der Revolution 1848 eine seiner wichtigsten Reden in Szeged, und die **Revolutionsregierung** hatte hier 1849 für eine Weile sogar ihren Sitz. Nach Gründung der k. u. k. Monarchie begann wie in ganz Ungarn eine Zeit von Fortschritt und dynamischer Entwicklung. Doch wieder wurde Szeged von einer Tragödie heimgesucht, der **Flut von 1879.** Es starben von den gut 70.000 Einwohnern zwar „nur" 151, doch von über 5000 Häusern blieben gerade einmal 265 stehen.

Mit finanzieller Unterstützung aus ganz Europa wurde auf dem Reißbrett eine **neue Stadt** mit breiten Straßen, um das Zentrum führenden Ringstraßen und meist eklektizistischen oder Jugendstilgebäuden entworfen und dann gebaut. Die alte Burg musste abgerissen werden. So ist Szeged die einzige Großstadt Ungarns praktisch ohne jahrhundertealte Bauwerke, sondern mit einem sehr neuzeitlichen Gesicht, nämlich dem des späten 19. Jahrhunderts. Szeged war im Ersten Weltkrieg französisch und serbisch besetzt, blieb aber weitgehend unversehrt. Im Zweiten Weltkrieg allerdings zerstörten **britische Luftangriffe** eine ganze Reihe von Gebäuden. Die Nationalsozialisten errichteten ein **jüdisches Ghetto,** aus dem Tausende in Konzentrationslager geschickt wurden.

Bis 1989 wurde Szeged vor allem zu einer **Industriestadt,** unter anderem mit Fabriken für Gummi, Bekleidung und Streichhölzer. Bedeutung und Größe der Stadt nahmen langsam ab. 1970 konnte eine weitere schwere Flutkatastrophe um Haaresbreite verhindert werden.

Seit dem Ende des Kommunismus versucht sich Szeged wieder als Stadt der **Bildung** (Universität und weitere Hochschulen) sowie des **Tourismus** (grenznahe Lage) zu profilieren. Der Bau der Autobahn nach Budapest in den letzten Jahren hat diese Entwicklung befördert.

Sehenswertes

Széchenyi tér und Rathaus

Einen Rundgang beginnt man am Széchenyi tér. Der weiträumige, **wunderbar grüne und einladende Platz** mit Brunnen, eleganten Statuen und vielen Sitzbänken blickt auf das mächtige Rathaus der Stadt mit seiner reich verzierten gelben Fassade und den bunten Dachziegeln. Der ein wenig ausufernde neobarocke Stil passt zur Schönheit des Platzes. Der Grundstein für das **Rathaus** wurde bereits um 1800 gelegt, doch die heutige Form erhielt es erst 1883. Kurios ist die Brücke in luftiger Höhe zwischen dem Rathaus und dem Nebengebäude. Im Volksmund wird sie **„Seufzerbrücke"** genannt – angeblich, weil die Bediensteten von Kaiser *Franz Joseph* auf der anderen Seite schliefen und stöhnten, wenn sie wieder einmal vom Kaiser in den Hauptteil gerufen wurden (oder erleichtert seufzten, wenn sie endlich in ihren Abschnitt flüchten konnten). Kaiser *Franz Joseph* seinerseits, der das Gebäude gleich nach der Renovie-

ung098 Foto: mk

rung besuchte – Szeged hatte gerade eine große Flutkatastrophe hinter sich –, soll gesagt haben: „Szeged wird schöner werden als jemals zuvor."

Theiß-Ufer

Weitere **Bürgerhäuser und Paläste** schmücken den Széchenyi tér und die ihn umgebenden Straßen, darunter auch wie in der ganzen Stadt immer wieder hervorragende Jugendstilfassaden. Vom Platz sind es nur wenige Schritte zur Theiß, auf deren **Promenade** man spazieren gehen kann. Einheimische sitzen hier bei warmem Wetter besonders abends gern am Ufer, vielleicht mit einer Flasche Bier, und genießen den Blick auf die sich dahinwälzende Theiß. Vom Széchenyi tér kommend stößt man direkt auf den **pittoresken Schlossgarten** (Várkert) am Wasser.

Die **Stefánia utca** führt von dort am Ufer entlang zum **Roosevelt tér,** an dem wiederum die große Donaubrücke Belvárosi híd beginnt. In diesem Bereich lohnt sich ein ausführlicher Rundgang – die Zahl der sehenswerten Gebäude ist zu groß, um sie hier alle einzeln zu benennen.

Das imposante Rathaus der Stadt am Széchenyi tér

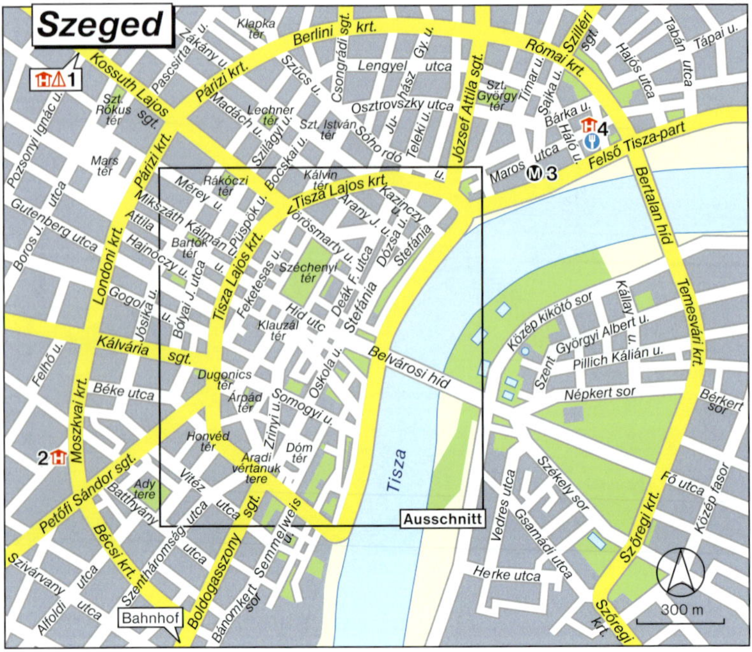

Das Heilbad

Vom Széchenyi tér führt die kurze Takaréktár utca zum dreieckigen **Kálvin tér** mit der großen reformierten Kirche der Stadt. Unterwegs und in der Umgebung des Kálvin tér sind wieder einige architektonische Perlen zu bewundern, darunter Gebäude im Jugendstil. Mächtig präsentiert sich das Gebäude des **Anna-Thermalbades** (Anna Gyógy Termál és Élményfürdő, Tisza Lajos körút 24, Tel. 62 487711, www.szegedifurdok.hu, geöffnet tägl. 6–20 Uhr, Wellnessbereich 12–20 Uhr, Sa, So 6–20 Uhr, Eintritt 1500 HUF), eine Institution mit langer Tradition in Szeged und sehenswerten Innenräumen.

Fußgängerzone

Alle Wege treffen sich am Széchenyi tér, daher beginnt hier auch die kleine Fußgängerzone der **Kárász utca,** die sehr bald in den großen **Klauzál tér** mündet. Der ebenfalls von hübschen Gebäuden umstandene Platz wurde nach *Gábor Klauzál* benannt, einem Mann aus Szeged, der Minister in der kurzlebigen ersten unabhängigen ungarischen Regierung von 1848 war. In der warmen Jahreszeit ist der Platz voller Straßencafés und Spaziergänger.

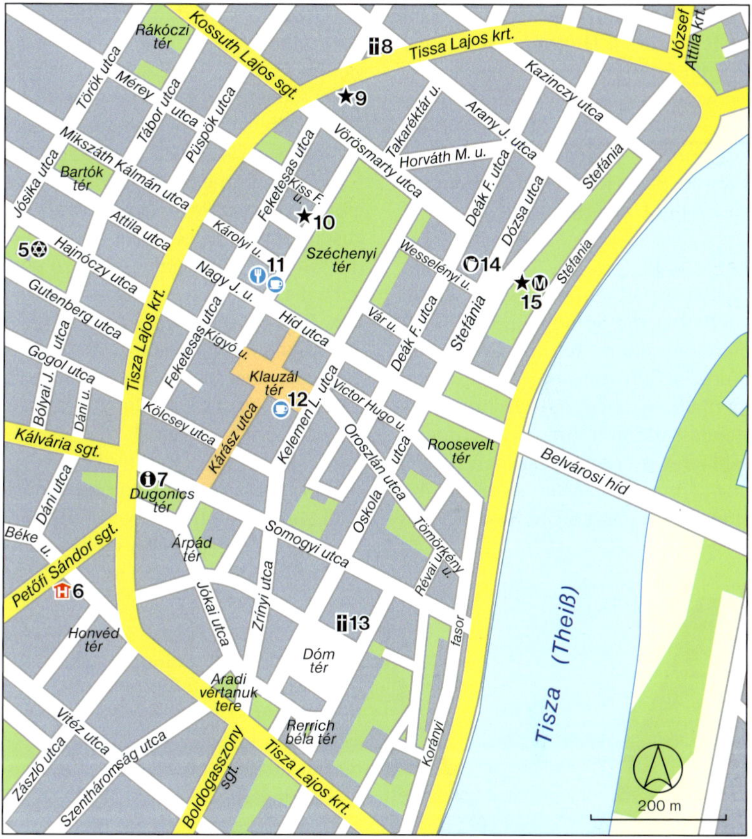

- 1 Nápfény Motel-Camping
- 2 Joó Szállás
- 3 Salami-Museum
- 4 Illés Panzió-Restaurant
- 5 Neue Synagoge
- 6 Hotel Korona
- 7 Touristeninformation
- 8 Reformierte Kirche
- 9 Anna-Heilbad
- 10 Rathaus
- 11 Matusalem
- 12 Virág-Café
- 13 Kathdrale
- 14 Theater
- 15 Schlossgarten und Schlossmuseum

Die Fußgängerzonen-Straße verläuft weiter bis zum **Dugonics tér,** einem kleinen grünen Platz, an dem auch – ein wenig versteckt im Hinterhof, aber ausgeschildert – das Büro der Touristeninformation liegt. Hier steht das mehrere Baustile vereinende Hauptgebäude der **Universität** von Szeged.

Kathedrale

Über Árpád tér und Jókai utca oder auch über die Somogyi utca erreicht man den **Dóm tér** mit einem der Wahrzeichen von Szeged, der monumentalen Kathedrale mit ihrer Backsteinfassade und ihren fast schon unzählbaren großen und kleinen Türmen und Türmchen. Man mag darüber streiten, ob das **größte Sakralgebäude Ungarns aus dem 20. Jahrhundert** stilistisch des Guten ein wenig zu viel bietet. In Ungarn ist die Entscheidung längst gefallen: Das erst 1930 eingeweihte Gotteshaus gilt offiziell als „eines der sieben Bauwunder" der Nation. Auch mit Blick auf das Innere gibt es Kritiker, die einige Elemente zu kitschig finden. Fest steht aber, dass die Wand- und Deckenmalereien und auch die Glasfenster mit ihren **intensiven Farben** eine willkommene Abwechslung im Vergleich zu vielen anderen Kirchen bieten. Beeindruckend ist auch die lichtdurchflutete Kuppel, ebenfalls reich ausgemalt.

Im Norden des Dóm tér liegt noch die im Angesicht des Doms zwangsläufig recht bescheiden wirkende **serbisch-orthodoxe Kirche,** die innen eine schöne Rokoko-Ikonenwand zu bieten hat.

Neue Synagoge

Ein Stückchen außerhalb des Zentrums, aber in Spazierweite, versteckt sich die Neue Synagoge, die kein Szeged-Besucher verpassen sollte. Das Gebäude aus dem Jahr 1903 zeigt sich einem Stilmix mit Elementen der Sezession. Während das Gotteshaus von außen, inmitten grüner Bäume, fast bescheiden und auch heruntergekommen wirkt, so beeindruckt es umso mehr mit seinem **gewaltigen Innenraum,** den reich verzierten Säulen

ung099 Foto: mk

Unterwegs in der Fußgängerzone

und Balkonen sowie der blau schimmernden Kuppel. Oft wird stimmungsvolle Musik gespielt, zur Verstärkung des Eindrucks. Die 400 HUF für den Eintritt sind gut angelegtes Geld.

Gleich um die Ecke steht die **Alte Synagoge.** Nach den Fassaden zu urteilen könnte man meinen, es verhielte sich genau umgekehrt – die alte sieht frischer aus als die neue Synagoge.

Salami-Fabrik Pick Szeged

Für alle Freunde der ungarischen Salami ist natürlich ein Besuch der europaweit bekannten Fabrik Pick Szeged am Flussufer unabdingbar (Felső Tiszapart 10, Tel. 20 9808000, www.pickmuzeum.hu, geöffnet Di bis Sa 15–18 Uhr, Eintritt 800 HUF). Gezeigt wird die **Geschichte von Salami und Paprika** in Szeged (*Dr. Albert Szent György* entdeckte in Szeged den hohen Vitamin-C-Gehalt von Paprika und erhielt dafür 1937 den Nobelpreis). Dem ein oder anderen reicht vielleicht auch schon der Besuch des firmeneigenen Ladens gleich nebenan. Den besten Zugang zu Museum und Shop hat man übrigens von der Zárda utca, also von hinten. Dort und an der Maros utca stehen genügend Parkplätze zur Verfügung.

Praktische Tipps

Information

- **Tourinform Szeged**

Dugonics tér 2, Tel. 62 488699, www.szeged.hu, versteckt in einem Hinterhof des zentralen Platzes, mit guter Auswahl an Info-Material zu Szeged und Umgebung.

Unterkunft

- **Hotel Korona Szeged**

Petőfi Sándor sgt. 4., Tel. 62 555787, www.hotelkoronaszeged.hu.

Elegantes, recht kleines Hotel mit freundlichen, geräumigen, gut ausgestatteten Zimmern in einem renovierten Bürgerhaus im Zentrum. DZ ca. 20.000 HUF.

- **Illés Panzió és Stüszi Vadász Étterem**

Maros utca 37, Tel. 62 315640, www.illespanzio-vadaszetterem.hu.

Pension mit hervorragenden, gemütlichen und großen Zimmern sowie einem ausgezeichneten Gartenrestaurant (siehe unten). Frühstück nur bis 9 Uhr. In ruhiger Lage nahe dem Fluss und nur wenige Schritte vom Salami-Museum entfernt. Zum Zentrum einige hundert Meter. DZ ab 10.000 HUF, bessere Kategorie ab 12.000 HUF. Zimmer am besten vorher zeigen lassen.

- **Joó Szállás**

Móra u. 10b, Tel. 62 442564, www.jooszallas.hu.

Pension mit sieben einfachen Gästezimmern im „Zimmer-frei"-Stil. Ca. 1 km zum Stadtkern. Internet-Hotspot. DZ ab 8600 HUF.

Camping

- **Napfény Motel-Camping**

Dorozsmai út 4, Tel. 62 554228, 3 km nordwestlich vom Zentrum.

Campingplatz mit Swimmingpool, Tennisplatz und Restaurant. DZ 15.000 HUF, Wohnung 24.000 HUF, volle Ausstattung zum Zelten und für Wohnmobile, Platz teilweise im Schatten.

Essen und Trinken

- **Illés Panzió és Stüszi Vadász Étterem**

Restaurant in oben erwähnter Pension, sehr gemütlicher Innenhof, besonders abends reizvoll, Spezialität sind Wildgerichte, doch die Auswahl ist groß. Auch nur zum Biertrinken bestens geeignet. Dazu noch sehr moderate Preise.

- **Matusalem Café**

Széchenyi tér 13, Tel. 62 420435, www.matusalemcafe.hu.

Gemütliches Lokal am schönsten Platz der Stadt mit guten Speisen vom Imbiss über Kaffee und Kuchen bis zum richtigen Mittag- und Abendessen, sehr akzeptable Preise, nette Bedienung.

- **Virág Cukrászda**
Klauzál tér 1, Tel. 62 541360.
Der Klassiker unter den Kaffeehäusern der Stadt, direkt am schönen Platz inmitten der Fußgängerzone, man zahlt ein wenig für den Namen, aber es schmeckt gut.

Anreise

Auto

Aus Budapest ist führt die Autobahn M5 nach Szeged (170 km, Fahrtdauer etwa zwei Stunden). Alternativ bietet sich die gebührenfreie, recht parallel verlaufende Straße 5 an. Szeged ist also sogar als Tagesausflug aus Budapest ein attraktives Ziel – wenn auch eine Übernachtung sehr zu empfehlen ist.

Bahn

Vom **Budapester Bahnhof Nyugati** verkehren die Züge tagsüber in der Regel stündlich. Sie brauchen derzeit 2.22 Stunden und kosten 3660 HUF. Sie kommen am Hauptbahnhof (Szegedi Pályaudvar) an, der am Inditóház tér am Ende der Szent Ferenc utca nahe der Donau 1–2 km südlich des Zentrums liegt.

Bus

Angesichts der guten Bahnverbindungen empfiehlt sich eine Anreise per Bus nicht wirklich. Infos unter www.volanbusz.hu.

Die Puszta von Bugac

↗XVI/XVII

Von Szeged in nordwestlicher Richtung fahrend (Straßen 55 und 53) gelangt man nach **Soltvadkert.** Dort geht nach Nordosten die Straße 54 in die Puszta ab. Zwar liegt „die Puszta" in Nordungarn, doch auch der Süden hat einige kleinere Regionen mit **Steppenlandschaften** zu bieten. Der wichtigste Ort und Namensgeber dieser Puszta heißt **Bugac.** Er ist per Abzweig von der Hauptstraße zu erreichen. An den einsamen Landschaften, den kleinen Dörfern und der „Western-Atmosphäre" merkt man, dass die Steppe begonnen hat. Wie in der großen Puszta wechseln sich auch hier die charakteristischen großen Ziehbrunnen aus Holz, Reiterhöfe und traditionelle Gaststätten ab. Die breite, gerade Straße zieht sich lange durch den Ort, viele Privatleute bieten „Zimmer-frei"-Unterkünfte an. Die Bugac-Puszta eignet sich bestens für Reitausflüge und Fahrradtouren.

Nicht weit nördlich dieser Puszta-Region liegt die Stadt Kecskemét (siehe unten).

Praktische Tipps

Information

- Viele Infos zur Bugac-Puszta, etwa zu Veranstaltungen (Reitshows) und Ausflügen, sowie Adressen sind auch auf Deutsch zu finden unter **www.bugacpuszta.info.hu.**

Essen und Trinken

- **Bugaci Csárda**
Bugac, Nagybugac 65,
Tel. 76 372522, www.bugacicsarda.hu.
Sehr schöner Landgasthof ganz im Grünen, gutes Essen. Das Lokal rühmt sich damit, dass bereits *Lady Di,* der norwegische König und seinerzeit *Sándor Petőfi* hier gespeist haben sollen. Dennoch bezahlbar.

Ethnografisches Freilichtmuseum
im Ópusztaszer-Nationalpark

Die Puszta nördlich von Szeged

↗XXIII

Anstatt nach Nordwesten in die Bugac-Puszta kann man Szeged auch nach Norden hin verlassen, zwischen der Straße 5 und der Straße 45 geht der Weg zum Dorf **Sándorfalva.** Dort beginnt bereits die einsame Steppenlandschaft der Puszta. Die Straße passiert über gut 15 Kilometer kaum Häuser und Zivilisation, bis sie das Dorf **Ópusztaszer** erreicht. Nach ihm ist der **Nationalpark** benannt, der sich hier erstreckt: **Ópusztaszeri Nemzeti Történeti Emlékpark.** Sein Kernstück ist ein riesiges und sehenswertes **ethnografisches Freilichtmuseum** (geöffnet April bis Okt. täglich 9–18 Uhr, Nov. bis März 10–16 Uhr, Preis ab 1900 HUF). Hier wurden Mühlen, alte Häuser, Ställe, Scheunen, Werkstätten und andere Gebäude aus dieser einzigartigen Region rekonstruiert und können nun von außen wie innen mit ihrer Einrichtung besichtigt werden (von Nov. bis März sind die Häuser geschlossen).

Vom Ort Ópusztaszer kann man dann noch schön durch den Naturpark nach **Baks** fahren und von dort in die kleine, ruhige und direkt an der Theiß gelegene Stadt **Csongrád.**

ung100 Foto: mk

Praktische Tipps

Information

- **www.opusztaszer.hu**

Zahlreiche Informationen zum gesamten Nationalpark, auch auf Englisch.

Camping

- **Szeri Camping**

Tel. 62 275133, www.opusztaszer.hu.

Malerische Lage im Nationalpark, mit schönen, modernen Holzhütten mit Küche und Bad für 12.600 HUF, einfacheren Hütten für nur 4000 HUF und Jurten für 6300 HUF.

Essen und Trinken

- **Szeri Csárda**

Ópusztaszer, Pusztaszeri major 111,
Tel. 62 275165, www.szericsarda.hu.

Gemütlicher Landgasthof mit deftigem Essen, dabei nicht teuer: Hauptgerichte meist um 1500 HUF.

Kecskemét

↗XVII/C2

Die mit über 110.000 Einwohnern immerhin **achtgrößte Stadt Ungarns** steht nicht gerade im Blickpunkt der Touristen, schon gar nicht derjenigen aus dem Ausland. Durch die Lage auf halber Strecke zwischen Budapest und Szeged sollte man aber nach Möglichkeit einen Zwischenstopp einlegen, denn das Zentrum präsentiert sich mit einem **Ensemble prachtvoller Gebäu-**

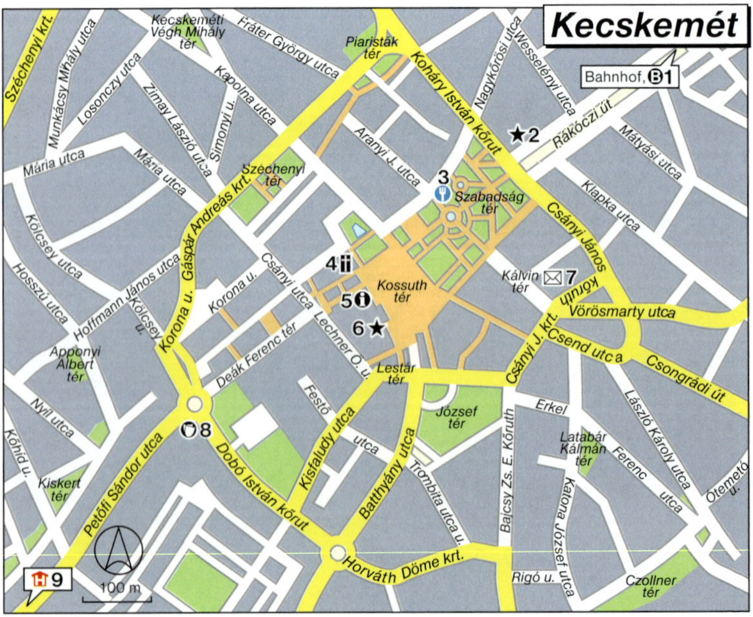

de - viele davon farbenfroh im Jugendstil - äußerst sympathisch.

Ohne die schönen Gebäude im Einzelnen hervorzuheben, sei einfach ein ausführlicher **Spaziergang durch das Herz der Stadt** empfohlen, das sich zwischen Szabadság tér (Freiheitsplatz) und Kossuth tér (mit einem großen Kossuth-Denkmal) erstreckt. Es ist fast komplett begrünt. Familien kommen mit ihren Kindern, die im Brunnenwasser planschen und spielen, Männer im fortgeschrittenen Alter treffen sich unter den Bäumen zum Schachspiel - kein Zentrum nur zum Vorzeigen, sondern eins zum Leben. Nur ein hässlicher Schuhkarton von einem Gebäude aus der Nachkriegszeit stört die Harmonie ein wenig.

Herrlich ist die gelbe **spätbarocke Hauptkirche** (Nagytemplom), die auch innen (Wand- und Deckenmalereien) sehr sehenswert ist. Gleich daneben erhebt sich das **Rathaus,** von dessen Glockenturm dreimal täglich (12, 18 und 20 Uhr) eine kleine Zusammenstellung bekannter Melodien über den Platz erklingt. Die Geschichte der **St.-Nikolaus-Kirche** gegenüber geht zurück bis ins 13. Jahrhundert. Eine absolute Perle der Sezession ist der **Cifrapalota** (Rákoczi út 1) am Ende des Szabadság tér.

ung102 Foto: mk

Ⓑ	1	Busbahnhof
★	2	Jugendstilpalast Cifrapalota
	3	Restaurant Liberté Étterem
	4	Hauptkirche
	5	Touristeninformation
★	6	Rathaus
✉	7	Post
	8	Neobarockes Theater
	9	Tó Hotel

Praktische Tipps

Information

•Tourinform Kecskemét
Kossuth tér 1, Tel. 76 481065, geöffnet Mo bis Fr 9–17 Uhr.

Unterkunft

•Tó Hotel
Csabai krt. 7, Tel. 76 328 166.

Nettes Hotel mit 32 Zimmern nahe der Straße 52 gut 2 km südwestlich des Stadtkerns in einem Viertel mit Sport- und Erholungsanlagen, günstige Preisklasse.

Essen und Trinken

•Liberté Étterem
Szabadság tér 2, Tel. 76 509175, www.liberteetterem.hu (nur ungarisch).

Einfaches, freundliches Lokal am zentralen Freiheitsplatz mit Mittagsmenüs schon ab 800–1000 HUF.

ung126 Foto: mk

Nord- und Ostungarn

ung112 Foto: mk

ung118 Foto: mk

Ziehbrunnen in der Puszta

In der Innenstadt von Eger

Hochbetrieb im Thermalbad Hajdúszoboszló

Einleitung

Die Palette an sehr unterschiedlichen Städten, Landschaften und Attraktionen ist im Norden und Osten besonders groß. Hervorzuheben, auch für ihre großartigen Weine, sind das reizvolle Städtchen **Tokaj** und die Bischofsstadt **Eger,** Höhepunkt der gesamten Region, die einen mehrtägigen Aufenthalt wert ist. Doch auch das Naturschutzgebiet des **Theiß-Sees** und die mit ihm zusammen auf der UNESCO-Liste des Weltkulturerbes verzeichnete Steppenlandschaft der **Puszta** liegen nicht weit entfernt. Die sensationellen Tropfsteinhöhlen von **Aggtelek** an der slowakischen Grenze reizen genau wie das in eine echte Höhle gebaute Thermalbad von **Miskolc.** Im Norden lässt es sich auch aktiv „urlauben", ob per Fahrrad um den Theiß-See, auf Wanderungen durch Bükk- und Mátra-Gebirge oder zu Pferde durch die Puszta. Das Beste ist, dass die meisten Ziele aus Budapest in ein, zwei oder höchstens drei Stunden zu erreichen sind.

Eger

↗X/A1

Berühmt geworden ist diese Stadt durch ihren **Wein:** Das **Erlauer Stierblut** (ungarisch „Egri Bikavér"), das viele Liebhaber in ganz Europa kennen, macht Eger neben Tokaj zum berühmtesten Weinort Ungarns. Doch erst eine ganze Reihe von Sehenswürdigkeiten und eine äußerst interessante und reizvolle Umgebung machen aus dieser mittelgroßen Provinzstadt ein **herausragendes Reiseziel:** eine mächtige Kathedrale, eine einzigartige Camera Obscura im Observatorium, eine weitläufige Burgruine, eine gemütliche Altstadt, ein kühles Tal mit unzähligen Weinkellern, Weinstuben und Restaurants, ein schöner Park, ein Thermalbad und nicht zuletzt ein altes Minarett aus der Türkenzeit, zu dessen Besteigung eine Menge Nerven benötigt werden. Die Umgebung, das ist das malerische Bükk-Gebirge, das sich ideal für Tagesausflüge anbietet. Eger ist keine Stadt für die Durchreise; man sollte für diesen Ort gleich mehrere Tage einplanen, um das komplette Angebot in Ruhe genießen und alles sehen zu können.

Geschichte

Archäologische Ausgrabungen legen nahe, dass in Eger gleich mit der „Landnahme", dem Einzug der Ungarn in ihre spätere und heutige Heimat, eine kleine Siedlung entstanden ist, also noch vor der vorletzten Jahrtausendwende. Es wurden menschliche Überreste gefunden, die sich **bis ins 9. Jahrhundert** zurückdatieren ließen. Eger wurde noch im Mittelalter zu einer der wichtigsten Städte Ungarns, was an der Entscheidung abzulesen ist, hier eine Kathedrale zu bauen. Noch heute dominiert das mächtige Bauwerk auf dem Hügel die Innenstadt. *Stephan I.* legte Eger als einen von nur zehn Bischofssitzen fest.

Während des **Mongolensturms** auf Ungarn im Jahr 1241 wurde die Stadt geplündert und niedergebrannt. Doch die Mongolen zogen ab, und Eger kehrte erneut als wichtige Handelsstadt zurück auf die Landkarte. Zum besseren Schutz wurde eine Verteidigungsanlage aus Stein errichtet. Die Wälder, die noch bis zum Mittelalter an die Stadtgrenzen reichten, wurden größtenteils gerodet und stattdessen **Wein** in der hügeligen Landschaft angebaut. Ende des 15. Jahrhunderts – die Stadtentwicklung war durch Straßen- und Häuserbau vorangetrieben worden – entstand der **Bischofspalast** in der Form, die noch heute im Zentrum zu bewundern ist.

Das Jahr 1526 ist ins ungarische Gedächtnis gebrannt als Datum der vernichtenden Niederlage gegen die Türken bei Mohács. Doch als die türkischen Truppen 26 Jahre später endlich Eger erreichten, konnten die Verteidiger dank ihrer Festung die Stadt halten. Die während der Belagerung stark in Mitleidenschaft gezogene Festung wurde in der zweiten Hälfte des 16. Jahrhunderts aufwendig restauriert. Als sie fertig war, gaben die Regierenden und die Händler der Stadt jedoch freiwillig auf und überließen Eger den **Türken,** die fast ein Jahrhundert lang die Geschicke des Ortes bestimmten. Augenfälligstes Zeichen der türkischen Periode ist heute das hohe Minarett mitten in der Stadt, das jeder besteigen kann. Als die Türken 1687 vertrieben wurden, waren nur noch gut 400 Häuser innerhalb der Stadtmauern verblieben, viele davon in schlechtem Zustand. Nach einer kurzen Übergangsphase wurde Eger wieder als Bischofssitz installiert. Während *Rákóczis* Aufstand gegen die

ung111 Foto: mk

Habsburger gehörte der Ort für wenige Jahre zum befreiten Teil Ungarns. Die **erste ungarische Zeitung** wurde zu dieser Zeit in Eger publiziert.

Im 18. Jahrhundert entstanden unter **österreichischer Herrschaft** viele der barocken Bauwerke, die das Stadtbild bis heute prägen, unter anderem mehrere Kirchen und das Lyzeum mit dem Observatorium. Am Ende dieser Epoche machten gut 17.000 Einwohner Eger immerhin zur sechstgrößten Stadt Ungarns.

40 Meter hoch – Europas nördlichstes Minarett aus der Türkenzeit

Während weite Teile Ungarns, allen voran die Hauptstadt Budapest, in der zweiten Hälfte des 19. Jahrhunderts, zur Zeit der k. u. k. Monarchie, einen gewaltigen Zivilisationssprung hinlegten, blieb Eger in seiner Entwicklung ein wenig zurück. Es galt jedoch noch lange als ein **Zentrum für Kultur und Bildung,** was aber in der Kommunismus-Ära nach 1945 langsam verloren ging. Immerhin blieb Eger die Verschandelung durch hässliche Zweckbauten oder Prachtklötze der sozialistischen Epoche weitgehend erspart.

Nach dem Ende des Kommunismus wurden viele architektonische Perlen wieder sehr schön restauriert. Eger, das heute 56.000 Einwohner hat, lebt neben dem Weinhandel vor allem von den Einnahmen aus dem Tourismus.

Sehenswertes

Hinweis für (Geh-)Behinderte: Gehbehinderte können die meisten Höhepunkte eines Eger-Besuchs ohne größere Probleme erleben, darunter die Basilika, das Schönfrauental, die Innenstadt (teilweise ansteigende oder abfallende Straßen) und den Bischofsgarten. Das Lyzeum mit seinen vielen Treppen stellt ebenso wie das Minarett ein unüberwindliches Hindernis dar. Die Burg kann vom Hintereingang aus (wie unten beschrieben) zumindest teilweise besichtigt werden.

Ein **Rundgang** durch Eger beginnt am besten mitten in Zentrum, wo eine recht weitläufige Fußgängerzone zum Spazieren und Bummeln einlädt. Weitere Ziele wie Thermalbad und Stadtpark liegen ebenfalls in Spazierweite entfernt – zum Tal der Schönen Frauen mit den vielen legendären Weinkel-

ung106 Foto: mk

lern muss man dagegen schon eine halbe Stunde laufen oder auf Auto, Bus und „Bimmelbahn" zurückgreifen.

Kathedrale

Zwei besonders signifikante Bauwerke stehen am Ende der Széchenyi István utca, dort wo sie schon fast in die auch von Autos befahrene Kossuth Lajos utca mündet. Auf der einen Seite führt eine breite, monumentale, wenn auch schon etwas in die Jahre gekommene **Freitreppe zur Kathedrale,** gegenüber steht das Lyzeum mit seiner schönen Bibliothek und dem Observatorium samt Camera Obscura.

Der Aufgang zur gelb gestrichenen Kathedrale wird flankiert von vier überdimensionalen Standfiguren des Bildhauers *Marco Casagrande*. Dargestellt sind die Könige *Ladislaus* und *Stephan* sowie die Heiligen *Peter* und *Paul*. Das **Eingangsportal** selbst macht einen prächtigen Eindruck mit seinen sechs riesigen, antiken Säulen und der Statue der heiligen Jungfrau Maria auf der Mitte des Daches.

Der Eintritt in das Gotteshaus ist normalerweise kostenlos. Nur zwischen 11 und 12 Uhr wird ein Eintritt von 500 HUF genommen, dafür kann sich der Besucher in diesem Zeitraum – etwa ab 11.30 Uhr (So 12.45–13.15 Uhr) – auf ein kleines **Orgelkonzert** freuen.

Die Kathedrale vom Lyzeum aus betrachtet

Während der Musik sind weder Gespräche noch Umherlaufen in der Kirche erwünscht. Es wird von allen erwartet, dass sie in den Bankreihen sitzen und lauschen, woran sich auch die meisten halten; einige Reisegruppen freilich können sich dennoch nicht beherrschen. Dennoch ist das Mini-Konzert in der gewaltigen Basilika sehr beeindruckend. Immerhin ist die Orgel des Salzburgers *Ludwig Moser* vom Ende des 19. Jahrhunderts angeblich die größte ganz Ungarns.

Die Kathedrale wurde erst 1836 **im neoklassizistischen Stil** fertiggestellt und geweiht. Baumeister *József Hild* gab sich nicht mit Mittelmaß zufrieden: Das Gotteshaus ist 93 Meter lang, 54 Meter breit, der höchste Turm ragt 54 Meter in den Himmel, und die zentrale **Kuppel** besitzt einen Durchmesser von 18 Metern. Sie dominiert denn auch den gesamten Innenraum mit dem Licht, das durch sie hineinflutet. Marmorsäulen tragen die weiten Bögen, bunte Fresken mit biblischen Darstellungen füllen die Wände und auch die Decke ganz oben in der Kuppel. Hinzu kommen einige sehr schöne, als Halbkreis gestaltete farbige Glasfenster. Als Abschluss des Altars dient ein riesiges Gemälde, das den Tod des heiligen *Johannes* im heißen Ölkessel zeigt – ein Werk des Wiener Malers *Josef Donhauser* von 1835. Der Grundriss der Kirche entspricht übrigens dem eines Kreuzes.

Die Besteigung einer der Türme ist nicht vorgesehen, dafür kann man im Gebäudekomplex gleich gegenüber hoch hinaus: im Lyzeum.

Lyzeum

Das Lyzeum kann gar nicht verfehlen, wer die breite Treppe von der Basilika hinunterschreitet: Es liegt direkt gegenüber (ungar. Líceum, eigentlich Esterházy Károly Foiskola, Esterházy Károly tér 1, Tel. 36 520400, geöffnet Mitte April bis Sept. Di bis So 9.30–15 Uhr, Okt. bis Dez. Di bis Fr 9.30–13 Uhr, Sa, So 9.30–12 Uhr, Januar bis Mitte März Sa, So 9.30–12 Uhr, Mitte März bis Mitte April Di bis Fr 9.30–13 Uhr, Sa, So 9.30–12 Uhr, Eintritt 800 HUF). Das spätbarocke Gebäude vom Ende des 18. Jahrhunderts heißt nicht nur **„Gymnasium“** (im Ungarischen bezeichnet „Líceum“ nicht wie früher in Deutschland eine höhere Mädchenschule), es ist tatsächlich eines. Wer außerhalb der Ferienmonate Juli und August zu Besuch kommt, wird stets Schwärme von Schülern um sich herum haben, die ein- und ausgehen. Der Schwerpunkt liegt dann eindeutig nicht auf dem Empfang von Touristen. Für diese wurde links vom Eingang ein kleiner Stand eingerichtet, wo ein freundlicher Angestellter auf Deutsch und Englisch Auskunft gibt und Karten verkauft. Es lassen sich der alte Saal der Bibliothek und das Observatorium samt Camera Obscura und astronomischem Museum besichtigen – entweder beide zusammen mit Kombiticket oder nur eines von beiden. Der Weg führt über den Innenhof in den hinteren Gebäudeteil und dann auf breiten und schmalen Treppen immer höher. Gelegentlich kann man durch eine offene Tür tatsächlich einen Blick auf den laufenden Schulunterricht werfen.

Die ersten drei, vier Stockwerke entsprechen normalen Etagen, danach aber sind es eher symbolische Höhenunterschiede, sodass man sich von der Angabe **„9. Etage" für das Observatorium** nicht abschrecken lassen sollte. Man kann auch Pausen unterwegs einlegen und zum Beispiel das ordnungsgemäß sehr tief herabhängende Foucault'sche Pendel bewundern, dass einst die Drehung der Erde um die eigene Achse bewies.

Wer eine Karte für die Besichtigung der alten **Bibliothek** gekauft hat, kann die Pracht des mächtigen Lesesaals bewundern und die Augen sowie die Kameralinse die eindrucksvollen Buchrücken entlangfahren lassen. Auf Höhe der „8. Etage" lässt eine rundum verlaufende **Aussichtsplattform** das Fehlen einer Terrasse in der Basilika vergessen: Der Blick reicht über die Dächer der schönen Innenstadt von Eger über die vielen Weinfelder bis in die Weiten des Bükk-Gebirges hinaus.

Derzeit immer zur halben Stunde („um halb") findet die Präsentation der **Camera Obscura** statt, eine Treppe über der Aussichtsterrasse. In dem kleinen Raum, der für die Schau völlig abgedunkelt werden kann, erklärt eine sehr freundliche Angestellte (wenn Ausländer dabei sind auch auf Englisch) die Funktionsweise dieses auf dem europäischen Festland einzigartigen Gerätes. Laienhaft ausgedrückt, fängt es durch ein „Auge" auf dem Dach, direkt über dem Raum, Bilder aus Eger ein. Mit Hilfe hängender Metallstäbe kann das Auge gedreht und ausgerichtet, sogar „gezoomt" werden. Das Ergebnis: Auf einer großen Tischplatte bestaunen die Besucher, in der Dunkelkammer stehend, Bilder vom Geschehen in der Stadt. Wenn man mit der Hand in die Projektion hineingeht, kann man gerade fahrende Autos oder Fußgänger „anheben" – ohne dass sie es merken, wie die Mitarbeiterin schmunzelnd bemerkt. Sie erklärt bei diesem **Rundblick auf ganz Eger** auch viele der Bauten und Sehenswürdigkeiten Egers, sodass sich ein Besuch der Camera Obscura entweder am Anfang des Eger-Aufenthalts anbietet, wenn man einen Überblick gewinnen will, oder ganz am Ende, wenn man all die Dinge wieder er-

ung107 Foto: mk

Das Lyzeum gegenüber der Kathedrale

kennt, die man bereits besichtigt hat. Kuriose Informationen kommen hinzu, etwa dass die Plattenbausiedlung am Rand der Innenstadt aus der Luft betrachtet die Form der Buchstaben CCCP hat, was die russische Abkürzung für „Sowjetunion" ist. Nach diesem Erlebnis sieht man Eger von der Aussichtsterrasse (von der man das wie ein Periskop aus dem Dach stechende Auge sehen kann) und auch unten in den Straßen anders: „Vielleicht bin ich gerade im Bild der Camera Obscura?" Die Präsentation dauert nicht länger als eine gute Viertelstunde. Im „10. Stock", also ganz oben, versteckt sich hinter einer Tür noch ein riesiges Teleskop.

Im **astronomischen Museum** sind einige interessante Teleskope und andere Geräte ausgestellt. Zu jeder vollen Stunde wird zudem in einer kleinen Schau die Faszination dieser Wissenschaft anschaulich gemacht.

Erzbischöflicher Palast

Nur wenige Schritte von der Kathedrale entfernt, in der Fußgängerzone die Széchenyi István utca stadteinwärts gehend, liegt der Erzbischofspalast mit seinem imposanten Hof samt sehr schmuckvollem Eisentor am Eingang (Széchenyi utca 5, geöffnet April bis Okt. Mo bis So 10–21 Uhr, Nov. bis März Mo bis So 10–17 Uhr, Tel. 20 9614019). Im Palais ist eine **Ausstellung der Erzbischöflichen Sammlung** zu sehen, von edlen Messgewändern bis hin zu goldenen Kelchen und Monstranzen. Unter den Exponaten sind auch Geschenke der österreichischen Kaiserin *Maria Theresia*.

Dobó tér mit Minoritenkirche

Der **Hauptplatz in der Innenstadt** von Eger ist der Dobó tér, dominiert von der Minoritenkirche mit ihren zwei Türmen und Zwiebeldächern. Diese **Barockkirche** wurde nicht wie die meisten ihrer „Zeitgenossen" von außen gelb gestrichen, sondern rötlich. Auffällig ist besonders der nach außen gewölbte, bauchige Mittelteil der Fassade. Das Innere prägen hohe, **reich verzierte und ausgemalte De-**

ung108 Foto: mk

Die Minoritenkirche am Hauptplatz der Innenstadt

ckengewölbe. Eigentlich heißt die Kirche „St. Anton", doch wegen ihrer Zugehörigkeit zum Orden der Minoriten erhielt sie ihren heute gängigen Namen. Einst betrieben die Franziskaner hier ein Gotteshaus, das während der Türkenzeit zur Moschee umgebaut wurde. Schließlich ging das Objekt an die Minoriten, deren Kirche aber auch nicht lange hielt. Im Jahr 1773 kam es schließlich zur Einweihung des heute noch bestehenden Baus – übrigens ein weitestgehend lokales Projekt. Maurermeister *János Falk* aus Eger fing damit an. Als er starb, übernahm sein Polier die Fertigstellung. Sogar die Steine kamen aus der Region. Für das Hauptaltarbild und die erwähnten Gewölbemalereien (aus dem Leben des heiligen *Anton*) kamen allerdings Künstler von außerhalb. Wer die Minoritenkirche entwarf, ist nicht mit Gewissheit überliefert. Das Projekt wird aber heute *Kilian Ignaz Dientzenhoter* zugeschrieben, der unter anderem auch in Wien und Prag Kirchen baute.

Neben der Kirche steht das **Rathaus** der Stadt Eger.

Der Platz selbst wird von dem Mann dominiert, der ihm seinen Namen gab: **István Dobó.** Der Baron aus dem 16. Jahrhundert machte sich in der Erinnerung aller Ungarn, aber besonders der Bewohner von Eger, für immer unsterblich, als er 1552 die Stadt erfolgreich gegen den Einfall der Türken verteidigte. Einige Jahrzehnte später fiel Eger freilich doch noch an die Eindringlinge und blieb ein Jahrhundert unter türkischer Herrschaft. Dies schmälert aber in den Augen der Ungarn nicht *Dobós* Leistung. Zu Lebzeiten wurde er nicht so uneingeschränkt geschätzt: Der ungarische König steckte ihn sogar für einige Jahre wegen angeblichen Verrats ins Gefängnis. Heute steht er auf einem mächtigen grauen Sockel überlebensgroß da, die gezückte Waffe im erhobenen Arm, wie er seine Männer in den Kampf führt. Ansonsten ist der Platz leer, wenn nicht gerade eines der über das Jahr verteilten **Feste** veranstaltet wird, so das Weinfest im September.

Dobó utca

Vom Hauptplatz führt die ebenfalls nach dem Helden von Eger benannte **Fußgängerstraße** Dobó István utca schräg hinauf zur weiträumigen Burgruine. Wer ganz im Zentrum von Eger nächtigen will, der findet genau in dieser Straße eine ganze Palette von Übernachtungsmöglichkeiten – von schicken Hotels bis hin zu den zahlreichen Pensionen und „Zimmer-frei"-Angeboten. Restaurants sowie einige Weinläden und -lokale ergänzen das reiche Angebot in diesem ganz besonders hübschen und idyllischen Sträßchen. Hier ist auch **abends noch am meisten los,** wenn weite Teile der Innenstadt schon ruhig geworden sind. Zumeist Touristen – darunter auch viele ungarische Besucher – lassen sich bei ein wenig teureren Speisen und Getränken traditionelle Live-Musik vorspielen. Diese Straße ist also nicht gerade ein „Insider-Tipp", kann aber dennoch Freude bereiten. Allzu überteuert ist es dabei in den meisten Häusern noch nicht.

Die Burg von Eger

Am Ende erreicht die Dobó utca ein grünes Plätzchen. Danach macht der Weg eine scharfe Linkskurve und führt in wenigen Schritten direkt recht **steil hinauf zum Burgeingang** (geöffnet tägl. außer Mo 9–17 Uhr, Kasse geöffnet bis 16.20 Uhr, Besichtigung des Burggeländes 700 HUF, Besichtigung von Gelände und Ausstellungen 1200 HUF). Das Angebot ist recht unübersichtlich, denn es gibt gleich eine ganze Anzahl verschiedener Expositionen: über die Geschichte der Burg, ein Kerkermuseum, eine Gemäldeausstellung, eine wechselnde Schau und dazu noch ein Wachs-Panoptikum, eine Münzsammlung und die Dobó-Bastei. Die drei Letztgenannten sind extra zu bezahlen. Wer sich also Kerker und Geschichte spart und einfach nur das Besichtigungsticket für das Burggelände kauft, kann unterwegs ins Panoptikum oder in die Bastei gehen, man bezahlt dafür dann am Eingang der jeweiligen Schau.

Nach dem Eingang geht es noch eine Wegstrecke steil hinauf. Die Mühe wird durch **sehr reizvolle Blicke** auf das immer tiefer liegende Eger entschädigt. Auf einiger Höhe angelangt, kann man dann ein wenig durch die Ruine der Burg hin- und herlaufen, an der so geschichtsträchtigen Festungsmauer entlang und auch zu den Kasematten, die am Hintereingang der Anlage liegen. **Gehbehinderte und Rollstuhlfahrer,** die das Burggelände von innen betrachten wollen, können diesen Eingang nutzen, zu dem direkt eine Straße führt, nämlich die Bástya utca. Am besten man lässt sich per Auto hinauffahren, etwa im Taxi – es sind nur wenige Minuten aus dem Stadtzentrum. Für alle anderen lohnt sich der Hintereingang kaum.

Das bereits erwähnte **Panoptikum** (geöffnet 9–18 Uhr, Eintritt 450 HUF) zeigt Wachsfiguren berühmter mit Eger verbundener Persönlichkeiten, etwa von *István Dobó* oder von Sultan *Suleiman.* Nach einem letzten Rundgang mit Blick auf die Dächer von Eger führt der Weg wieder hinunter in die Stadt.

Minarett

Neben der Camera Obscura wohl am auffälligsten und ungewöhnlichsten ist das Minarett (Knézich K. utca, geöffnet April bis Okt. Mo bis So 10–18 Uhr, Eintritt 200 HUF). Es reckt sich am nordöstlichen Rand der kleinen Innenstadt, ganz in der Nähe des Hauptplatzes Dobó tér, 40 Meter hoch in den Himmel – und es ist Europas nördlichstes noch aus der Türkenzeit erhaltenes Bauwerk. So interessant das sein mag, und so eindrucksvoll das aus Sandstein gebaute 14-eckige Minarett auch ist: Das richtige Abenteuer beginnt erst mit dem **Aufstieg.** Die eng gewundene Steintreppe im Inneren ist so schmal, dass eine Begegnung zweier Menschen unmöglich ist. Sollte also gerade jemand drin sein, muss man warten, bis er wieder heruntergekommen ist. Sogar für eine

Der Dobó tér mit der Burg im Hintergrund

Person ist es eigentlich zu eng, denn die Füße lassen sich beim Auf- oder Abstieg kaum auf den zudem noch sehr hohen Stufen platzieren. Menschen mit Klaustrophobie sollten sich hier also kein Ticket kaufen, genauso wenig all jene, die nicht schwindelfrei sind, denn oben führt ein **Mini-Balkon** um das Minarett herum. Der Balkon ist nicht viel breiter als ein Fuß, und das Geländer scheint gerade größeren Menschen auch nicht allzu hoch ... Wunderbar ist natürlich der Blick auf Eger, aber eben nur für Besucher mit starken Nerven. So mancher Mutige kommt recht blass aus dem Minarett wieder heraus, nachdem er die „nur" 97 Stufen wieder hinabgestiegen ist.

Kossuth Lajos utca

Einen gemütlichen Spaziergang ist auf jeden Fall die Kossuth Lajos utca wert. Sie beginnt am Dózsa György tér, gleich da wo der Weg vom Burgeingang ausläuft, und führt am Rand der Innenstadt entlang bis zum Esterházi tér, an dem die große Basilika und das Lyzeum mit der Camera Obscura liegen. Diese nach dem ungarischen Nationalhelden benannte Straße ist **gesäumt von sehr schönen Gebäuden,** teils Privatwohnungen, teils Büros. Aber es ist auch ein Museum dabei, das **Sportmuseum** (Kossuth Lajos utca 9, Tel. 20 5455050, geöffnet tägl. 10–18 Uhr, Mo geschlossen, Eintritt 300 HUF), in dem selbstverständlich

ung109 Foto: mk

die Leistungen ungarischer Athleten, und besonders jener aus Eger, im Vordergrund stehen. Wer sich für Sport und Geschichte begeistert, wird an den alten Fotos, Dokumenten und Artefakten seine Freude haben – etwa an dem Originalball, mit dem die ungarische Fußballmannschaft 1964 Olympiasieger in Tokio wurde (zehn Jahre nach der legendären WM-Finalniederlage gegen Deutschland).

Wer am Sportmuseum kein Interesse hat, sollte dennoch den Eingang mit der Hausnummer 9 passieren und wenige Schritte später rechts und links die beiden **prächtigen Tore aus schwarzem Schmiedeeisen** bewundern. Der Würzburger Handwerker und Künstler *Henrik Fazola* schuf sie Mitte des 18. Jahrhunderts im Barockstil, nachdem er vom Bischof der Stadt gerufen worden war, um die Schlosserarbeiten im damaligen Komitats-Rathaus auszuführen. Die goldene Figur der Justitia, Göttin der Gerechtigkeit, ist umrahmt von sehr reichem Schmuck an Blättern und Zweigen. Einige Wappen der Region tauchen ebenso auf wie Weinpflanzen – ein Hinweis auf das Aushängeschild der Stadt.

Ein weiteres Gebäude in der Straße beherbergt die **Zsinagóga Galéria** (Kossuth Lajos utca 17, geöffnet Di bis So 10–18 Uhr, Mo geschlossen, Eintritt 800 HUF) mit wechselnden Ausstellungen, meist Gemälden (Programme wie „Dürer" oder „Hommage an Picasso").

Nicht zu vergessen ist an der Kossuth-Straße natürlich noch die schöne, gelb strahlende **Barockkirche** mit ihren beiden Türmen und der relativ schlichten Fassade. Wie so manche der sehenswerten Gebäude an dieser Straße stammt auch das Gotteshaus des Franziskanerordens aus der Mitte des 18. Jahrhunderts.

Die „serbische" Kirche

Die Bewohner nennen Eger auch die „Stadt der Kirchen". Nicht alle kann man bei einem Besuch erkunden, doch ein bisher nicht erwähntes Gotteshaus ist sogar einen kleinen Umweg wert: die **Kirche der griechisch-orthodoxen Gemeinde,** auch „serbische Kirche" genannt. Man erreicht sie in wenigen Minuten Fußweg auf der Széchenyi István utca, die zunächst die Innenstadt durchquert und dann als normale Straße weiter in östlicher Richtung verläuft. Nach einigen hundert Metern taucht links im Hintergrund bereits der weiße Kirchturm auf. Doch wer den direkten Weg zum Gebäude sucht, bleibt in einem Innenhof stecken. Man muss ein wenig weiter gehen bis zur großen Kreuzung mit Autobrücke, dann links, und sehr bald wieder links beginnt als Fußgängerdurchgang die kleine Vitkovics M. utca, die Adresse der Kirche. Durch ein Tor geht es auf den Hof. Aus einem Nebenhaus springt dann in der Regel gleich jemand herbei, der durch eine Klingel am Tor aufmerksam gemacht wurde. Die **„Rác"-Kirche** (Vitkovics u. 55, geöffnet Di bis So 10–16 Uhr, Eintritt 400 HUF) mit ihren weiß getünchten Innenwänden besticht vor allem durch ihre **gewaltige Altarwand** aus

Dutzenden von Ikonen, die wie kleine Fensterchen nebeneinander und übereinander stehen, getrennt durch reich und mit viel Gold verzierte kleine Säulen. Ganz oben, an der Spitze des Rundbogens, überstrahlt die Christusfigur am Kreuz das gesamte Kunstwerk. Auch wenn es sicher wichtige Unterschiede gibt, so erinnert das Gotteshaus zumindest Laien sehr an die russisch-orthodoxen Kirchen – etwa durch die Ikonen, das Fehlen von Sitzreihen und die eher geringe Ausdehnung des Raumes. Die Demut vor dem Heiligsten wird hier nicht durch monumentale Größe beschworen. Der Besucher erhält auf Wunsch einen Zettel mit den wichtigsten Angaben über die Kirche, auch in deutscher Sprache. Auf dem Hof stehen einige **alte Grabsteine,** eine Handvoll von ihnen interessanterweise herzförmig gemeißelt.

In dem von der Türkenherrschaft dominierten 17. Jahrhundert hatten sich viele Serben in Eger angesiedelt. Später kamen noch weitere hinzu, sodass ihre Zahl in die Tausende ging. Im 18. Jahrhundert entstand die Kirche in ihrer heutigen Form, die Ikonenbilder stammen übrigens von einem Wiener Maler. Heute gibt es keine serbische oder überhaupt griechisch-orthodoxe Gemeinde mehr, das Gotteshaus dient hauptsächlich zur Besichtigung.

Markt

Nahe der die Innenstadt durchschneidenden Széchenyi István utca erstreckt sich der sehr interessante Markt von Eger, der **jeden Tag von morgens bis abends** geöffnet hat. Die übergroße Mehrheit der angebotenen Waren sind hier Obst und Gemüse, darunter frische Tomaten, die leckeren ungarischen Kartoffeln und natürlich Paprika. Ein guter Teil des Marktes liegt unter freiem Himmel, ein weiterer Abschnitt in einer mittelgroßen Halle, wo auch Fisch, Fleisch und andere Waren wie Schnittblumen verkauft werden. Am häufigsten werden in der Weinstadt Eger natürlich Trauben angeboten – zu richtigen Schleuderpreisen. An ihnen allein kann man sich für einen oder zwei Euro schon den ganzen Tag lang satt essen.

Bischofsgarten

Der Stadtpark von Eger ist nur einen Steinwurf vom Zentrum entfernt und ist bei Einwohnern wie Besuchern gleichermaßen beliebt als **Ort der Erholung** und für gemütliche Spaziergänge im Grünen. An milden Abenden, also die meiste Zeit des Jahres, herrscht auch lange nach Einbruch der Dunkelheit noch reger Betrieb in sehr angenehmer Atmosphäre. Genau in der Mitte zieht ein hoher, eleganter **Springbrunnen** die Blicke auf sich, Parkbänke und Grünflächen bieten genug Rastplätze für jeden. Der Hauptweg ist übrigens sehr breit und eben asphaltiert, was auch Gehbehinderten den Weg ins Grüne erleichtert. Auf der stadtauswärts liegenden Seite des Gartens befindet sich der Bahnhof von Eger, von dem sich erstaunlich gute Verbindungen, vor allem nach Budapest, aber auch in die Umgebung, anbieten.

Thermal-Freibad

Von besonderem Interesse ist das Thermal- und Schwimmbad der Stadt, das sich am südlichen Rand des Parks entlangzieht (Petőfi tér 2, Tel. 36 314142, www.egertermal.hu/de, geöffnet Mai bis Sept. Mo bis Fr 8.30–19 Uhr, Sa, So 8–19 Uhr, Okt. bis April tägl. 9–19 Uhr, Eintritt 1250 HUF). Es existieren **zwei Eingänge:** Einer liegt am südöstlichen Zipfel des Parks, aber außerhalb der Grünfläche, am Petőfi tér, und ist nur in der Sommersaison geöffnet; der zweite Eingang – ganzjährig in Betrieb – liegt im Park selbst. Man erhält ein Band, dass man die ganze Zeit um das Handgelenk tragen und beim Verlassen des Bades wieder vorzeigen muss. Zusätzlich erhält man am Eingang zu den Umkleideräumen gegen Zahlung einer Kaution den Schlüssel für ein Schließfach, den man während der Badezeit ebenfalls bei sich zu tragen hat.

Die warmen Becken laufen unter der Bezeichnung **„Thermalbad“,** die Spiel- und Schwimmbecken unter **„Erlebnisbad“,** alle liegen im Freien. Das Wasser in einem der Thermalbecken ist über 30 Grad warm, im zweiten Becken gar mindestens 40 Grad. Hier kann man sich das Wasser auf die Schultern fließen lassen und sich vollkommen entspannen. Allerdings sollte niemand länger als 15 bis 20 Minuten ununterbrochen in dem heißesten Becken verbringen, sonst kann es dem Organismus schaden. Auch schon nach einer Viertelstunde stellt sich zusammen mit der Entspannung eine gewisse Müdigkeit ein, die auch noch nach Verlassen des Schwimmbades anhalten kann. Ein **Besuch** bietet sich also eher **gegen Ende des Tages** an – es sei denn, man bringt den Kreislauf vor dem Anziehen mit einer kühlen Dusche wieder in Schwung. Das etwas kühlere Thermalbecken besitzt einige flach unter dem Wasser gelegene Einbuchtungen, aus denen es regelmäßig sprudelt wie bei einem Whirlpool. Es soll auch bald direkt neben der Anlage ein traditionelles türkisches Bad eröffnet werden, doch die Einweihung verzögerte sich zuletzt.

Trinkwasserbrunnen

Am Haupteingang zum Bad, außerhalb des Parks an der Ecke von Fürdő utca und Klapka György utca, fällt ein prachtvoll überdachter und säulenbestandener Brunnen inmitten einer kleinen Grünfläche ins Auge. Der Brunnen ist aber nicht nur schön anzusehen: Aus ihm fließt unaufhörlich Trinkwasser mit hervorragenden Nährstoffwerten. Eine Plakette informiert auch auf Deutsch darüber, dass es sich um **„Sankt-Joseph-Wasser“** handelt, das in seiner Zusammensetzung der lokalen Heilquelle praktisch gleichkommt. Es eignet sich ideal zum Trinken. Ständig kommen Einwohner von Eger per Fahrrad, Auto oder zu Fuß mit Plastikflaschen und Kanistern bewaffnet, welche sie dann mit dem Wasser für den Hausgebrauch auffüllen.

Schönfrauental

Es liegt ein wenig außerhalb der unmittelbaren Innenstadt und ist doch **neben der Kathedrale der wohl**

ung110 Foto: mk

meistbesuchte Ort Egers: das Tal der Schönen Frauen, mit dem schier unaussprechlichen ungarischen Namen Szépasszony-völgy („völgy" heißt „Tal" und wird ungefähr wie „wöldj" ausgesprochen). Es ist in etwa 20 Minuten Fußweg vom Esterházy tér (an Kathedrale und Lyzeum) zu erreichen. Am nahen Bartók tér beginnt die Király utca, die nordwestlich immer geradeaus führt – über die große Stadtumgehungsstraße hinweg – und schließlich den Namen in Szépassonyvölgy utca wechselt. Diese macht eine Rechtskurve, und schon geht es steil bergab ins Tal. Sofort spürt man die **kühleren Temperaturen.** Genau deshalb entwickelte sich dieses kleine Tal, umgeben von Weinhügeln am Stadtrand Egers, zum Sammelpunkt für **Weinkeller:** Die Temperaturen der Keller, die meist zwischen 10 und 15 Grad liegen, waren und sind ideal zur Lagerung der Fässer und Flaschen. Zudem behaupten die hiesigen Weinbauern, besondere Moose und Edelschimmel gäben ihren Weinen ein ganz spezielles Bukett. Mit den Kellern kamen die Verköstigungen und der Verkauf der roten und weißen Tropfen, flankiert von einer ganzen Reihe von Restaurants und Gaststätten, die sich neben dem Weintrinken auch um das restliche leibliche Wohl der Besucher kümmern. Man

Der Trinkwasserbrunnen
beim Thermalbad

Fenster in der Kathedrale von Eger

kann auch per Auto anreisen (Parkplatz im Tal), doch gilt es zu bedenken, dass man nach dem Genuss von (zu viel ...) Wein die Rückfahrt nicht mehr antreten kann. Tagsüber verkehrt die kleine **Touristen-Bimmelbahn** vom Zentrum ins Schönfrauental.

Die in die mehrere hundert Meter starke Tuffsteinschicht des Hügels hinein gehauenen Weinkeller reihen sich malerisch aneinander, vor dem **Kauf** darf man die verschiedenen Weinsorten erst einmal in Ruhe verköstigen. Die günstigste Variante ist die Abfüllung der gewünschten Weine in Plastikflaschen (meist alte Mineralwasserflaschen, die in den Weinkellern vorrätig sind), doch wer es stilvoll mag und die Weine länger behalten will (aus Plastikbehältern sollte man sie innerhalb von drei Monaten austrinken), erhält für einen etwas höheren Preis auch Glasflaschen. Einige der Kellerbesitzer stellen vor den Eingang auch Tische, an denen die Besucher verschiedene Weine nicht nur degustieren, sondern in „größeren Mengen" trinken können. Übrigens muss man Wein nicht unbedingt im Schönfrauental kaufen: Woanders ist oft die gleiche Qualität zu einem niedrigeren Preis erhältlich, etwa bei der Ausfahrt aus Eger auf der Straße 25 in Richtung Szilvásvárad, wo am Stadtrand tagsüber einige Buden bessere Preise für Wein direkt vom Erzeuger anbieten. Es empfiehlt sich auch, beim Gastgeber im Hotel oder der Privatunterkunft zu fragen: Meist besitzt er selbst Weine oder kann einen Nachbarn oder Bekannten empfehlen.

Weil das Schönfrauental mit seinen angeblich fast 200 Weinkellern im Laufe der Jahre so beliebt bei Besuchern geworden ist, haben sich auch einige **Esslokale** angesiedelt. Am bekanntesten und wohl auch teuersten ist das hübsche Kulacs Csárda (siehe „Essen und Trinken"). Am zentralen Platz des sehr kleinen und übersichtlichen Tals bietet gleich eine ganze Reihe nebeneinander liegender Lokale ihre Dienste an. Sie sind bei den Touristen am beliebtesten, weil sie offen sind und die Tische fast bis zum Bürgersteig reichen. Das Essen ist in der Regel voll-

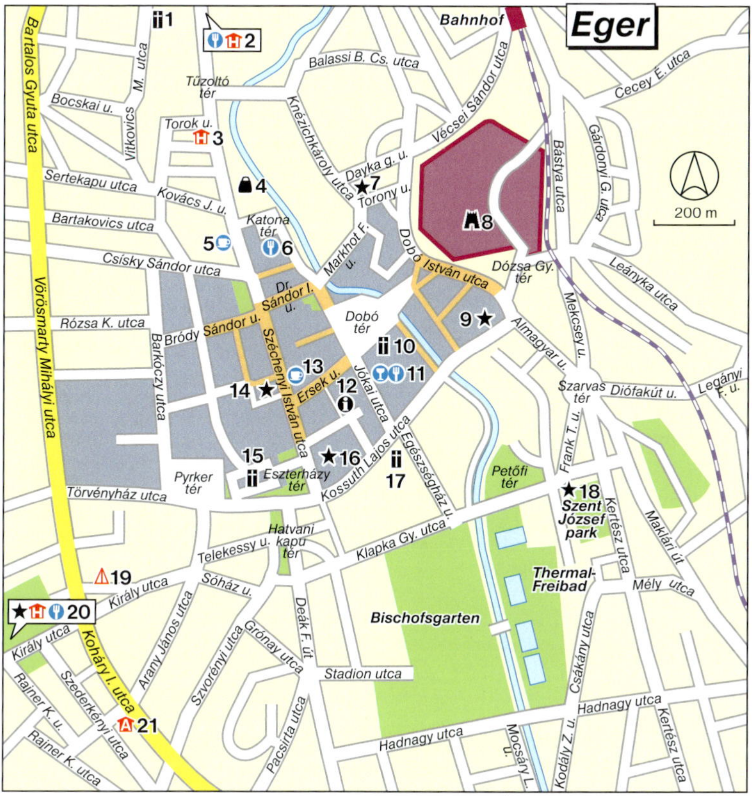

1 „Serbische" Kirche
2 Restaurant „Don Felipe", Nosztalgia Gasthaus
3 Hotel Arany Trófea
4 Markt
5 Harmos Cukrászda
6 Casa della Pasta
7 Minarett
8 Burg
9 Zsinagóga Galéria
10 Minoritenkirche
11 HBH Bajor Sőrház (bayer. Bierstube)
12 Touristeninformation
13 Dobó Cukrászda
14 Erzbischöflicher Palast
15 Kathedrale
16 Lyzeum mit Camera Obscura
17 Barockkirche
18 Trinkwasserbrunnen
19 Camping Tulipán
20 Schönfrauental, Kulacs Csárda Panzió, Szépasszony Restaurant
21 Appartementhaus Atrium

kommen in Ordnung, man sollte aber aufpassen, nicht unnötig Geld auszugeben, etwa wenn der Kellner mit Bedauern erklärt, es gebe keine offenen Weine, sondern nur Flaschen, die dann aber gleich das Doppelte kosten.

Das genaue Alter der Weinkeller ist übrigens ebenso wenig geklärt wie der Herkunft des Namens „Schönfrauental". Eine Überlieferung besagt, dass vor Jahrhunderten eine besonders schöne Frau in einem der Keller beste Weine verkaufte. Ethnologen glauben, dass der Name auf eine venusartige Göttin aus Vorzeiten zurückgeht. Die **Statue der schönen Frau,** wer auch immer sie sein mag, ist jedenfalls an der Einfahrt in das Tal zu bewundern.

- **Informationen zum Tal,** auch auf Deutsch, unter www.szepasszony-volgy.hu.

Praktische Tipps

Information

- **Tourinform Eger**
Bajcsy-Zsilinszky utca 9, im Stadtzentrum, Tel. 36 517715, www.eger.hu, geöffnet 15. Juni bis 15. Sept. Mo bis Fr 9–18 Uhr, Sa, So 9–13 Uhr, den Rest des Jahres Mo bis Fr 9–17 Uhr, Sa 9–13 Uhr, So geschlossen. Viel Material über Eger und Umgebung (Region „Eger-Tokaj-Bergland"). Hilfe bei der Organisation von Stadtbesichtigungen und anderen Führungen.

Notfälle und nützliche Adressen

- **Apotheken**
Gyógyszertári ügyelet – Zalár patika, Zalár utca 9, Tel. 36 310191, geöffnet täglich 7.30–20 Uhr; **Dobó téri kígyó patika,** Dobó tér 2, Tel. 36 312219, geöffnet Mo bis Fr 7.30–18 Uhr, Sa 8–12.30 Uhr.
- **Krankenhaus**
Markhot Ferenc Kórház, Markhot Ferenc utca 27–29, Tel. 36 411444.
- **Polizei**
Egri Rendőrkapitányság, Klapka Gy. utca, Tel. 36 522111, Notruf 107.
- **Post**
In Eger gibt es fünf Postämter, eines davon im Zentrum: Széchenyi utca 22, Tel. 36 411672.

Geld

Die Stadt verfügt über **zahlreiche Geldautomaten, Bankfilialen und Wechselstuben.** Geldwechsel ist außerdem in einigen Hotels möglich. Größere Restaurants, Hotels und Läden – auch Weingeschäfte im Zentrum – akzeptieren **Kartenzahlung,** kleinere Lokale und Unterkünfte sowie Winzer mit Weinverkauf dagegen meist nicht.

Unterkunft

- **Hotel Arany Trófea**
Széchenyi utca 41/B, Tel. 36 510840, www.aranytrofea.hu.
Kleines, recht neues Dreisternehotel mit nur 15 Zimmern, gemütlich, angenehm und sehr zentrumsnah gelegen. Tiefgarage, Sauna, Fitnessraum. DZ 12.500-17.000 HUF je nach Saison, Apartment ein wenig teurer. Paketangebote und Sonderpreise auf der Internetseite.
- **Apartmanház Átrium**
Neumayer út 8, Tel. 36 418427, www.atriumapartment.eu.
Zehn einfache, aber hell und ordentlich eingerichtete Apartments mit kleiner Küche und Terrasse oder Balkon. Gelegenheit zum Grillen. Zehn Gehminuten vom Zentrum, auf halber Strecke zum Schönfrauental. Preis für zwei Personen ab ca. 10.000 HUF pro Tag.
- **Nosztalgia Vendégház**
Ráchegy utca 13, Tel. 36 413004.
Nicht weit von der großen Straße, aber man hört kaum etwas von ihr. 10–15 Minuten zu Fuß ins Zentrum. Kleine Privatunterkunft mit vier Zimmern, die Besitzerin spricht ein wenig deutsch. Restaurant Don Felipe (siehe unten) wenige Häuser weiter. Einfache, aber angenehme Zimmer, freundliche

Athmosphäre, DZ ca. 6000 HUF. Private Verköstigung und Verkauf von Wein im Nachbarhaus.

●Kulacs Panzió
Szépasszonyvölgy, Tel. 36 311375, www.kulacscsarda.hu.

Unter einem Dach mit der bekannten Kulacs Csárda (siehe „Essen und Trinken"). Nur neun Zimmer und Apartments, urig-traditionell mit viel Holz eingerichtet. DZ ab 14.000 HUF.

●„Zimmer frei" in der Dobó utca
Wer direkt im Stadtzentrum übernachten will, zahlt ein klein wenig mehr, kann aber dafür etwas Schönes finden. Die beste Methode ist – besonders außerhalb der Spitzensaison – ein Gang durch die Fußgängerzone der Dobó utca. Hier reihen sich „Zimmer-frei"- und Pensionsschilder aneinander.

Camping

●Tulipán Camping
Szépasszonyvölgy utca, Tel. 36 410580.

Einfacher, aber akzeptabler Campingplatz, geöffnet Mai bis Mitte Okt., Rezeption rund um die Uhr besetzt, Service wie Gepäckaufbewahrung, Geldwechsel, Shop, Angelausstattung und Organisation von Pferdesport. Schöne Lage sehr nah am Schönfrauental.

Essen und Trinken

●Kulacs Csárda
Szépasszonyvölgy, Tel. 36 311375, www.kulacscsarda.hu.

Wohl das bekannteste Lokal des Schönfrauentals mit seinen Tuffstein-Weinkellern. In stilvoller Einrichtung und stimmungsvoller Atmosphäre werden hier traditionelle ungarische Speisen und Getränke serviert. Dabei wachsen die Preise nicht einmal in den Himmel: Ein Liter offener Wein ist schon für unter 2000 HUF zu haben. Mit Gartenlokal.

●Harmos Cukrászda
Széchenyi utca 25, Tel. 36 517608, geöffnet tägl. 9–19.30 Uhr.

Gemütliches kleines Konditorei-Café kurz vor dem Beginn der Fußgängerzone mit leckerem Kaffee, Kuchen und Eis (auch in der Waffel zum Mitnehmen) zu sehr akzeptablen Preisen.

●Dobo Cukrászda
Széchenyi utca 6, Tel. 36 413335, geöffnet tägl. 9.30–21 Uhr.

Wohl die bekannteste Konditorei der Stadt, in der Fußgängerzone, nur wenige Schritte vom Bischofspalast entfernt. Schick eingerichtet, sehr leckere Kuchen, aber auch vergleichsweise hohe Preise.

●Casa della Pasta
Katona tér 2, Tel. 36 412452, www.elefanto.hu (nur ungarisch), geöffnet tägl. 12–23.30 Uhr, Nov. bis April tägl. 12–22 Uhr.

Vor allem mediterrane und italienische Küche, aber auch internationale und ungarische Speisen, nur wenige Schritte von der Fußgängerzone entfernt. Ordentliches Essen, zu empfehlen aber vor allem wegen der schönen hohen Terrasse. Ideal für laue Abende.

●HBH Bajor Sörház
Bajcsy-Zsilinszky utca 19, Tel. 36 316312, geöffnet tägl. 10–22 Uhr.

Ess- und Trinklokal im bayerischen Stil, besonders was Ausstattung, Musik und Biere angeht, aber auch mit ungarischem Essen. In Sichtweite des Hauptplatzes Dobó tér.

●Szépasszony Fogadó
Szépasszonyvölgy, Tel. 36 310777.

Nur 50 m abseits des größten Betriebs im Schönfrauental und doch eine Alternative zu den aneinandergereihten Esslokalen gegenüber. Schöner großer Garten mit Tischen, preiswerter Wein und sehr schmackhaftes traditionelles Essen.

●Don Felipe
Ráchegy utca 1–3, Tel. 36 427758, www.donfelipe.hu (nur ungarisch), geöffnet Di bis Sa 11.30–24 Uhr, So 11.30–22 Uhr, Mo geschlossen.

Sehr ansprechend eingerichtetes spanisches Restaurant, gut 10 Gehminuten vom Zentrum entfernt auf der angenehmen Széchenyi utca zu erreichen (unter der Autobrücke hindurch). Sehr leckere Speisen, mittlere Preisklasse. Wenige Häuser von der Privatunterkunft Nosztalgia Vendégház entfernt.

Feste und Veranstaltungen

Neben unregelmäßigen Konzerten und anderen Festivitäten gibt es im Laufe des Jahres einige Fixpunkte, deren genaues Datum allerdings von Jahr zu Jahr ein wenig variiert. Zu ihnen gehören das **Frühlingsfestival** im März/April und einige interessante Anlässe im Juli: das **Fest des Erlauer Stierbluts** und ein **mittelalterlicher Markt** auf dem Hauptplatz Dobó tér. Auch die **Burg** von Eger lebt im Juli mit geschichtlichen Darstellungen von Kämpfen oder auch mit Tanz und Feiern mit Live-Musik auf. Im September präsentieren die **Winzer** der Region über mehrere Tage hinweg ihre besten Produkte auf dem Dobó tér. Neben Weinen werden auch Käse und lokale Spezialitäten angeboten.

Anreise

Bahn

Die 142 Kilometer **vom Bahnhof Budapest Keleti** nach Eger bewältigt der Zug in der Regel in flotten 1.50 Stunden. Der volle Fahrpreis beträgt derzeit in der 2. Klasse rund 3000 HUF, bei Zügen, die eine halbe Stunde länger fahren, nur etwa 2400 HUF. Es gibt meist zwei Verbindungen stündlich, die letzte aus Budapest aber schon um kurz nach 20 Uhr. Zwei Nachtzüge brauchen fast sechs Stunden und erreichen Eger sehr früh morgens. Von Eger nach Budapest ist das Bild sehr ähnlich.

Aus Miskolc ist Eger ebenso häufig zu erreichen, Fahrtzeit rund eine Stunde.

Der **Bahnhof** von Eger (Eger vasútállomás) liegt am Ende der Vasút utca in der Verlängerung der Deák Ferenc út auf der Rückseite des Stadtparks.

Bus

Da die Bahnverbindungen so häufig und bequem sind, bietet sich eine Busfahrt eher nicht an. Dennoch ist sie natürlich möglich. Die Busse **aus Budapest** (Station „Stadionok“) fahren mindestens einmal pro Stunde und halten meist direkt im Zentrum von Eger, nahe der Basilika.

Nördlich von Eger

Das Bükk-Gebirge

↗VIII/A3

Kloster Bélapátfalva

Von Eger gelangt man recht schnell ins Herz des Bükk-Gebirges oder zumindest in seinen touristischen Hauptort Szilvásvárad. Zunächst sollte man aber einen kleinen Abstecher zum Kloster Bélapátfalva nehmen (Ciszterci Apátsági templom). In jedem Fall fährt man aus Eger nordwärts auf der Straße 25 und nimmt dann nach nur wenigen Kilometern den Abzweig rechts. Eine etwas kurvige, aber gut befahrbare Straße erreicht bald Bélapátfalva. Dort ist die Abtei ausgeschildert. Man fährt nach rechts und dann noch gut anderthalb Kilometer durch schöne bergige Landschaften bis zum Parkplatz. Wer den Abzweig unten im Dorf verpasst, sieht einige hundert Meter später das Schild „Műemlék“, das ebenfalls hinauf zum Kloster weist, welches eine wichtige Kultstätte für die Region darstellt. Die **ehemalige Zisterzienserabtei** aus dem 13. Jahrhundert gehörte zwischenzeitlich gar dem Bischof von Eger. In der Türkenzeit verfiel sie, wurde aber schließlich wieder in alter Form hergestellt. Erst im 20. Jahrhundert legten Restauratoren die alte Mauer wieder frei. Die Kirche mit ihren kahlen Steinmauern und den mächtigen Säulen ist zu besichtigen (300 HUF). Es lassen sich auch längere Spaziergänge oder **Wanderungen** in sehr ruhiger Atmosphäre unternehmen (auf Schildern sind die Wanderwege dargestellt).

Szilvásvárad

Zurück im Dorf Bélapátfalva geht es rechts weiter bis Szilvásvárad. Dort wo die Hauptstraße Egri út eine scharfe Linkskurve beschreibt, kann man rechts parken (150 HUF pro Stunde). Von dort geht es auf ein per Schranke abgesperrtes Gelände (das man gegen Bezahlung einer Gebühr ein Stück weit befahren kann, um dann zu parken). Es beginnt ein **mehrere Kilometer langer Spazierweg,** vorbei an kleinen Attraktionen wie einem Museum, einem Aussichtsturm, einigen Lokalen und vor allem einem Bach, der zu einem kleinen Wasserfall führt (das ganze Gebiet heißt **Szalajka-völgy,** also Szalajka-Tal). Wer zwei, drei Stunden mitbringt, kann die Strecke komplett zu Fuß bewältigen. Eine sehr gute Idee ist auch das **Mieten eines Fahrrads** (900 HUF/Stunde, guter Zustand, große Auswahl) fast am Anfang des Abschnitts. Alternativ zum Fahrrad werden auch **Kutschfahrten** angeboten, und man kann die **Kleinbahn** nehmen, die täglich sieben bis zehn Mal die dreieinhalb Kilometer hin- und zurückfährt (700 HUF für eine Richtung). Die Fahrgäste sitzen in offenen Waggons auf Holzbänken. Im Ort wird auch eine Bob-Bahn betrieben.

Der Spazierweg ist bestens ausgebaut, und mit den vielen Familien und Gruppen stellt sich eher so etwas wie eine Flanier-Atmosphäre ein als eine richtige Wanderstimmung. Selbstverständlich sind von hier aber auch richtige **Wanderwege** ausgeschildert und jeder Interessierte kann eine längere Tour starten. Doch schon der Spaziergang durch den von Buchen bestandenen Wald zum **„Schleier-Wasserfall“** (Fátyolvízesés), wo der Bach terrassenartig herabfällt, vermittelt einen guten Eindruck von der Schönheit der Natur im Bükk-Gebirge.

Zum sehr eigenwillig erscheinenden **Aussichtsturm** Millenniumi Kilátó (geöffnet Mo bis Fr 10–17 Uhr, Sa, So 10–19 Uhr, Eintritt 300 HUF, schöner Ausblick von oben) führt ein längerer Abstecher vom Hauptspazierweg.

- **Bükk-Nationalpark: Bükki Nemzeti Park,** Sánc utca 6, Eger, Tel. 36 411581, www.bnpi.hu (die Seite soll auch bald auf Englisch bestehen). Auskünfte zum gesamten Park.
- **Unterkunft und Essen:** Im Ort gibt es eine Reihe von Gasthäusern und Restaurants, auch zahlreiche Privatunterkünfte. Einen besonders schönen Standort hat das **Gasthaus und Restaurant Villanegra Vendégház és Étterem**, Tel. 36 355240, www.villanegravendeghaz.hu (nur ungarisch), das sehr romantisch im Szalajka-Tal liegt. Restaurant mit guter Küche und – gemessen an der stark touristischen Umgebung – akzeptablen Preisen. Schöne Gästezimmer, DZ ab 10.000 HUF.

Östlich von Eger

Ein kleiner Tagesausflug von Eger führt östlich aus der Stadt heraus (am Hintereingang der Burg von Eger vorbei) durch die **Weinberge** in die Dörfer Noszvaj und Bogács. Die Straße ist nicht von bester Qualität, man sollte auf Schlaglöcher und Bodenwellen aufpassen.

In **Noszvaj** steht das auf Landkarten verzeichnete Schloss de la Motte, in dem ein Hotel eingerichtet wurde, dass aber ziemlich verlassen aussieht. Man erreicht das Herrenhaus dem Abzweig nach rechts folgend. Noszvaj lockt mit zahlreichen Lokalen und Unterkünften und weist neben der einladenden landschaftlichen Umgebung auch einige hübsche Holzhäuser auf.

Das kurz dahinter folgende **Bogács** besitzt ebenfalls zahlreiche „Zimmer frei" und andere Übernachtungsmöglichkeiten. An einer Straße seitlich reiht sich ein Weinkeller an den nächsten; viele davon sind außerhalb der Monate Juli und August geschlossen.

Von Bogács führt eine Straße hinunter in die etwas größere Ortschaft **Mezőkövesd,** die neben einem ordentlichen Schwimmbad (geöffnet tägl. außer Mo 9–18 Uhr, Eintritt 700 HUF) im Ortszentrum ein wunderbares kleines Viertel mit alten Handwerkshäusern zu bieten hat. Zum Ensemble aus einigen kleinen Straßen, das man am besten zu Fuß abschreitet, gehören sehr hübsche Häuschen, viele davon mit Schilfdächern, alte Ziehbrunnen aus Holz, Töpfereien mit Verkauf, blumen- und holzgeschmückte Fassaden sowie fein verzierte und bemalte Möbel.

Information

- **Tourinform Mezőkövesd**
Szent László tér 23, Tel. 49 500285, www.mezokovesd.hu. Gutes Büro mit Material zur Region.

Essen und Trinken

- **Hungária Étterem és Kávéház**
Alkotmány utca 2, Tel. 49 416800, www.hungaria-kavehaz.hu. Restaurant und Café gegenüber dem Tourinform-Büro, ungarisches Essen zu günstigen Preisen, gute Auswahl an Kaffee und Kuchen.

Westlich von Eger

Durch das Mátra-Gebirge von Eger nach Gyöngyös ↗VII

Auch westlich von Eger gibt es einiges zu entdecken, ob im Rahmen eines Tagesausflugs oder unterwegs nach Budapest. Man sollte also aus Eger nicht einfach hinunterfahren zur Autobahn M3, sondern die Straße 24 nach Westen nehmen. Sie führt bald durch das reizvolle Mátra-Gebirge (Mátrai Tájvédelmi Körzet) mit dem höchsten Berg Ungarns (siehe unten).

Die erste interessante Station ist das **historische Dorf Sirok.** Spektakulär ist die Ruine einer Burg aus dem 13. Jahrhundert, die von Weitem aussieht wie aus dem Felsen gemeißelt. Ein gelbes Schild weist den Weg zu ihr. Man kann mit dem Auto heranfahren und passiert eine Schranke bei der Einfahrt (400 HUF, geöffnet 8–18 Uhr). Zur Burg muss man dann noch ein Stückchen laufen. Es bietet sich ein wunderbarer Panoramablick von oben.

Unterkunft und Essen

- **Hunor Étterem és Minigolf**
Sirok, Petőfi út 9, Tel. 20 4657847, www.hunoetterem.hu. Rustikaler Landgasthof mit guter ungarischer Küche und Minigolf-Platz.
- **Liget Vendégfogadó**
Recsk, Kossuth út 199, Tel. 36 578033. Einfaches, aber hervorragendes Restaurant in dem auf Sirok folgenden Dorf Recsk, leckere Speisen, die meisten nicht teurer als 1500 HUF, auch einige ordentliche Gästezimmer, DZ 7000 HUF, ab zwei Nächten 6000 HUF.

Im nächsten Dorf, **Parád,** kann man kleinen Kristall-Läden mit Glaskunst

ung114 Foto: mk

aus der Region einen Besuch abstatten; typisch sind die vielen Häuser mit ihrem überdachten Eingangsbereich. In Parád gibt es ein durchaus interessantes **Kutschenmuseum** (Kocsimúzeum, Cifra Istálló, Kossuth u. 217, Tel. 36 364083, geöffnet April bis Okt. tägl. 9–17 Uhr, sonst Di bis So 10–16 Uhr), in dem schöne Kutschen gezeigt, aber auch die handwerklichen Fähigkeiten dargestellt werden, die zu ihrer Fertigung notwendig sind. Das Museum liegt in einem hübschen Bau (Stallungen) auf dem Gelände des Schlosses von Graf *Károlyi*. Das deutsche Wort „Kutsche" stammt übrigens tatsächlich aus dem Ungarischen und ist möglicherweise das einzige Lehnwort aus dieser Sprache.

Nun wird die Straße immer kurviger, und es geht voll in die Mátra hinein. Durch dichte Wälder ohne Dörfer schlängelt sich die Straße bis **Mátraháza,** wo ein kleiner Abzweig von vielleicht 3,5 Kilometern Länge auf den **höchsten Gipfel Ungarns** führt, auf den **Kékestető** (1014 m). Das Bergdorf in luftiger Höhe mit einigen Gaststätten und einem kleinen Skigebiet (Seilbahn) lässt sich per Auto gut erreichen. Ein in den ungarischen Landesfarben bemalter Stein markiert den höchsten Punkt. Wer noch höher hinaus will, kann den **Fernsehturm** er-

Gipfelmarkierung auf dem höchsten Berg Ungarns, dem Kékestető

obern (Torony Kilátó, geöffnet mind. 9–16 Uhr, Eintritt 480 HUF). Oben wird auch ein kleines Restaurant betrieben. Eine Handvoll interessanter Wanderwege ist ausgeschildert, etwa nach Sirok oder Mátrafüred.

Unterkunft und Essen

- **Kányai Uram Fogadója**
Kékestető, Üdülőtelep 1, Tel. 37 367064, geöffnet 8–21 Uhr. Ordentliches Restaurant mit Gästezimmern.

Sonstiges

- **Sport und Unterhaltung:** In den Mátra-Bergen gibt es eine Bob-Bahn, in Verbindung mit einigen anderen Unterhaltungsangeboten wie einem Abenteuerspielplatz für Kinder, einem Streichelzoo und einer Kletterwand sowie einem Campingplatz (**Oxygen Adrenalin Park,** nahe Mátraháza, unterhalb des Gipfels an der Straße 24, Tel. 37 316480, www.adrenalin-park.hu).

Durch Mátrafüred erreicht die Straße die Provinzstadt **Gyöngyös** und damit auch die große Straße 3 nach Budapest. Doch Gyöngyös ist zumindest einen kurzen Stopp wert. Neben einer netten Fußgängerzone, einigen restaurierten und auch zahlreichen noch nicht erneuerten alten Fassaden gibt es sogar ein Schloss zu besichtigen, dessen erster Besitzer die Grassalkovich-Familie war, die auch das Schloss im nicht weit entfernten Gödöllő bei Budapest besaß (Besichtigung 1000 HUF, Schlossgarten 300 HUF). Zwei mächtige Löwenfiguren bewachen den Eingang. Einen Blick lohnt die barocke Kirche am Hauptplatz des Ortes, die innen erstaunliche Proportionen, eine reiche Ausstattung und schöne Deckenmalereien vorweisen kann.

ung'15 Foto: mk

Information

•Tourinform Gyöngyös
Tel. 37 311155, www.matra.hu, geöffnet Mo bis Fr 9–17 Uhr.

Unterkunft und Essen

•Ein besonderes Erlebnis ist eine Übernachtung an einem ganz zwischen Weinfeldern versteckten Sträßchen mit Weinkellern, -keltereien und -lokalen, die gleich vor der Einfahrt nach Gyöngyös links liegen (aus Richtung Mátrafüred). In einem der letzten Lokale auf der rechten Seite ist die **Regélő Borház Csárda** (Gyöngyös, Farkasmály, Tel. 37 319692, www.regeloborhaz.hu) zu Hause, ein Weinlokal mit einigen sehr gemütlichen, geräumigen und schönen Gästezimmern im Obergeschoss. Nicht selten passiert es, dass man der einzige Übernachtungsgast ist und die Betreiber einfach den Schlüssel dalassen und nach Hause fahren. Alle Keller und Keltereien in der Nachbarschaft machen ebenfalls zu, und so bleibt der Gast ganz allein. Hier lässt sich auch **Wein direkt vom Winzer** kaufen. Und bei einem kleinen Rundgang lassen sich die Trauben auch gleich von den Feldern pflücken und in ihrer Ursprungsform genießen. Der Besitzer heißt übrigens *Imre Nagy,* so wie der Held der 1956er Revolution. Aus Gyöngyös verkehrt an den Weinkellern vorbei eine Schmalspur-Eisenbahn. Die dritte Haltestelle ist Farkasmály.

•**Juhász Cukrászda,** Gyöngyös, Petőfi utca 3. Große Konditorei mit Café, leckere Kuchen, günstige Preise.

Miskolc

↗VIII/B2,3

Miskolc ist keine Hochburg touristischer Sehenswürdigkeiten. Mit dieser Einschätzung dürften sogar Freunde dieser mit fast 200.000 Bewohnern drittgrößten ungarischen Stadt einverstanden sein. Dass man dennoch keinen großen Bogen um die inoffizielle Hauptstadt Nordungarns machen sollte, hat einen einfachen Grund: Im wenige Kilometer vom Zentrum gelegenen Stadtteil Tapolca versetzt **eines der spektakulärsten Thermalbäder Ungarns** die Besucher in Staunen, denn es liegt in einer fast weißen Sandsteinhöhle und ist selbst einen größeren Umweg wert. Auch in das **malerisch gelegene Örtchen Lillafüred** ist es nicht weit. Dazu liegt Lillafüred auf dem Weg von Miskolc nach Eger, für die meisten Reisenden also quasi am Wegesrand. Bis zu den **faszinierenden Höhlen von Aggtelek** ist es ebenfalls nur eine gute Stunde mit dem Auto. Und wer schon einmal da ist, sollte dann auch die Innenstadt selbst in Augenschein nehmen. Sie hat eine sehr interessante Hauptstraße mit bemerkenswerten Gebäuden zu bieten, einige schöne Kirchen und eine Burgruine. Die Tourismuswerbung der Stadt gibt neben vielen weiteren Gründen, nach Miskolc zu kommen, auch folgende an: „Weil hier die Sülze am besten glibbert“ und „weil es hier die schönsten Mädchen gibt“ ... Also auf nach Miskolc!

Markt in Gyöngyös

Geschichte

Funde in den so zahlreichen Höhlen der Region rund um das Bükk-Gebirge zeigen, dass **bereits 10.000 Jahre v. Chr.** Menschen in Miskolc und Umgebung siedelten, lange Zeit wohl vor allem ein keltischer Stamm. Als die Magyaren – also die Ungarn – vor gut

1000 Jahren ihr heutiges Land einnahmen, erhielt Miskolc den Namen der in dieser Region damals potentesten Familie *Bors-Miskóc*. Im 14. Jahrhundert übernahm die Familie *Széchy* die Macht in Miskolc, und der Ort avancierte zu einem wichtigen Handelsstädtchen. Im 15. Jahrhundert formte sich die Stadt langsam in der heute noch wiederzuerkennenden Gestalt. Die **Türken** kamen erstmals Mitte des 16. Jahrhunderts, Miskolc fiel an sie aber erst 1596, zusammen mit Eger, und blieb wie der Rest Ungarns ein gutes Jahrhundert lang in türkischer Herrschaft. Als *Rákóczi* von 1703 bis 1711 den bewaffneten Aufstand gegen die **Habsburger** wagte, schlug er am Anfang (1704) auch für zwei Monate in Miskolc sein Hauptquartier auf. Doch nur zweieinhalb Jahre später wurde die Stadt bei den Kämpfen weitgehend zerstört. Der Wiederaufbau begann direkt im Anschluss. So ist es kein Zufall, dass die meisten der heute sehenswerten Bauten eben genau aus dem 18. Jahrhundert stammen. Im Ersten Weltkrieg blieb Miskolc von Zerstörungen weitgehend verschont, es starben aber Tausende an einer **Cholera-Epidemie.** Der Zustrom von Menschen aus den nun nicht mehr zu Ungarn gehörenden Regionen erhöhte noch die Belastung. Im Zweiten Weltkrieg fielen Hunderte von Häusern Luftangriffen zum Opfer. Durch die zahlreichen Ruinen war leider auch das Feld frei für hässliche Neubauten der Nachkriegszeit. Miskolc entwickelte sich zu einem industriellen Zentrum.

Sehenswertes

Innenstadt

Während natürlich vor allem das Höhlenbad von Miskolc-Tapolca im Vordergrund steht, so macht auch ein Spaziergang durch die Innenstadt durchaus Freude. Wichtigster Orientierungspunkt ist die **Széchenyi István utca** (manchmal auch út statt utca genannt) mit ihren breiten Bürgersteigen und der in der Mitte der Straße sehr häufig verkehrenden Straßenbahn – quasi eine Fußgängerzone. Es lohnt sich, diese **lebhafte Einkaufsstraße** in Ruhe abzuschreiten, vielleicht ein Eis zu essen oder einen Kaffee zu trinken und sich die bunte Mischung an Passanten anzuschauen. Zu beobachten ist, dass viele recht dunkelhäutige Bewohner hier integriert zu sein scheinen – Rumänen, aber auch offenbar zahlreiche Roma, die anderswo im Land eher isoliert leben und von vielen Menschen als „Zigeuner" negativ und mit Vorurteilen betrachtet werden. Einige hübsche Jugendstilhäuser fallen ins Auge. Besonders schön ist der Platz **Városház tér** schon fast am Ende der Széchenyi utca mit dem wohl landesweit ältesten Denkmal des ungarischen Freiheitshelden *Lajos Kossuth,* der mitten auf dem Platz mit dem rechten Arm seinen Landsleuten die Richtung weist. Ein kleiner, mit Pflanzen umrundeter Brunnen, ein Café und einige Bäume ergänzen diesen sympathischen Flecken.

Wichtigstes Bauwerk ist das **Thermalbad** der Stadt, nicht so bekannt wie das „Höhlenbad" im Stadtteil Ta-

ung116 Foto: mk

polca, aber dennoch sehr eindrucksvoll (im Moment geschlossen). Im Hintergrund ist über der Stadt der Fernsehturm (TV torony) auszumachen, zu dem ein Fußweg hinaufführt, der hier beginnt.

Kirchen

Interessant ist auch ein Blick in einige der Kirchen von Miskolc, darunter eine reformierte und eine katholische Barockkirche sowie das **griechisch-orthodoxe Gotteshaus** mit einer beeindruckenden Ikonenwand, die man gesehen haben sollte (Griechisch-Orthodoxe Kirche der Dreifaltigkeit, ungarisch Görögkeleti Orthodox templom, Deák Ferenc tér 7, Tel. 46 415441, geöffnet April bis Okt. Di bis Sa 10–18 Uhr, Nov. bis März Di bis Sa 9–16 Uhr). Dazu gehört auch das **Ungarische Orthodoxe Museum** (Magyar Orthodox Egyházi Múzeum, Deák tér 7, Tel. 46 415441). Der Eingang zur Kirche am grünen Deák tér liegt ein wenig versteckt, man muss durch ein mit Pflanzen bewachsenes Tor und durch einen Garten gehen.

Das Höhlenbad von Tapolca

Neben dem Thermalsee von Hévíz am Balaton und den Thermalbädern der Hauptstadt ist das Höhlenbad von Miskolc-Tapolca die vielleicht schönste

Badefreuden im Tapolca-Höhlenbad

und interessanteste Bademöglichkeit (Barlangfürdő, Pazár István sétány, Tel. 46 560030, www.barlangfurdo.hu, geöffnet Juni bis Aug. tägl. 9–19 Uhr, sonst tägl. 9–18 Uhr, Eintritt für maximal vier Stunden 2300 HUF, ab 15 Uhr für maximal zwei Stunden 1100 HUF). Eine Reihe von Becken gefüllt mit Thermalwasser ist hier in eine **echte Höhle** eingelassen worden. Auch wenn der Felsen wegen seiner hellen, reinen Farbe zunächst aussieht wie eine Stilisierung aus Kunststoff: Es ist alles echt. Die Heilwirkung des 30 Grad warmen Quellwassers kennt man bereits seit dem 16. Jahrhundert.

Die **Pools** sind sehr **stimmungsvoll eingerichtet.** Vom ersten Becken mit Massage-Wasserfall ziehen sich die Wasserwege in Schlangenlinien durch die dunkle, dezent beleuchtete Höhle. Seitlich gibt es gelegentlich kleine „Buchten" zum Ausruhen, teils mit Wasserdüsen. Ein Abzweig führt zu einem sehr warmen Becken und – als Besonderheit – zu einem „Techno-Pool" mit Disco-Beleuchtung. An einer Stelle kann man auch hinausgehen und unter freiem Himmel ins Wasser steigen.

Das Höhlenbad ist, abgesehen von der nachgewiesenen Heilwirkung des Wassers, wegen der einmaligen Lage in der Höhle eine **Riesenfreude für Kinder,** aber auch für viele Erwachsene, die so begeistert sind, dass sie mit Fotoapparat oder Videokamera in den hoch erhobenen Händen die Wassergänge entlanglaufen (das Wasser ist nur etwa einen Meter tief), um möglichst schöne Erinnerungsfotos/-filme zu machen. Vorsichtig sollte man beim Aussteigen aus den Becken sein, es besteht Rutschgefahr.

Gegen Bezahlung wird eine ganze Reihe zusätzlicher Dienstleistungen angeboten, zum Beispiel **Saunagänge, Massagen, Hydro- und Elektrotherapie** sowie ein Restaurant mit Selbstbedienung.

Tapolca selbst ist ein **Stadtteil** der Großstadt Miskolc, macht aber den Eindruck eines kleinen, eigenständigen Kurortes, zumindest im Bereich rund um das Bad. Außer großen Parkplätzen sind auch einige Hotels, Pensionen und Restaurants zu finden. Direkt vor dem Bad erstreckt sich ein kleiner Park mit Sitzbänken zum Ausruhen und zum Beobachten der Eichhörnchen. Für einen Besuch des Höhlenbades sollten mindestens zwei und höchstens vier Stunden eingeplant werden (obwohl man für 2800 HUF auch eine Eintrittskarte ohne Zeitbegrenzung erwerben kann).

- **Anreise:** Aus dem Zentrum von Miskolc nimmt man die Straße 3 in südlicher Richtung (Fernziel Budapest) und biegt am Stadtrand nach rechts ab (ausgeschildert). Erst geht es durch bewohntes, dann durch unbewohntes Gebiet bis nach Tapolca (3–4 km).

Praktische Tipps

Information

- **Tourinform Miskolc**

Városház tér 13, Tel. 46 350425, www.miskolctour.hu, geöffnet 15. Juni bis 15. Sept. Mo bis Fr 9–18 Uhr, Sa 10–16 Uhr, den Rest des Jahres Mo bis Fr 9–17 Uhr, Sa 9–13 Uhr. Informationsmaterial, Souvenirverkauf, Organisation von Führungen, Fahrradverleih.

Internet

Miskolc verfügt über zwei **Hotspots,** also kostenlosen Internetzugang für den eigenen Laptop: am Hősök tere (Heldenplatz) und auf der Szinva-Terrasse.

Unterkunft

- **City Hotel Miskolc**

Csabai kapu út 6, Tel. 46 555100, www.cityhotelmiskolc.hu.

Schönes Oberklasse-Hotel im Zentrum von Miskolc, sehr geräumige, stilvolle Zimmer (nach hinten ruhiger), bestens ausgestattet. Im Hause auch Wellness-Bereich und Restaurant. DZ 25.000 HUF, Paketangebote auf der Webseite.

- **Panoráma Panzió**

Nyitrai utca 5, Tel. 46 431970.

Ordentliche Pension mit geräumigen Zimmern in Miskolc-Tapolca, teils mit Balkon. Schöne Aussicht auf den Kurpark mit dem berühmten Höhlenbad.

- **Amigo Holiday Vendégház**

Aradi út 10, www.amigoholiday.eu.

10 Minuten Fußweg vom Höhlenbad in Miskolc-Tapolca, schön gelegen, geräumige, helle Zimmer, gute Betten, auf Wellness eingestellt, Romantik-Sonderangebote für Paare, guter Ausgangspunkt für Wanderungen in das Bükk-Gebirge. DZ 9000 HUF.

Tropfsteinhöhlen im Naturpark Aggtelek

↗VIII/A,B1

Zugegebenermaßen nicht ganz leicht zu erreichen, aber definitiv auch einen größeren Umweg wert ist das **großartige Höhlensystem** in der Umgebung des Dorfes Aggtelek gut 50 Kilometer nordwestlich von Miskolc direkt an der Grenze zur Slowakei. Die bemerkenswerte **Karstlandschaft,** in der sich die Höhlen bilden konnten, erstreckt sich über beide Staaten, und auch die Höhlen selbst reichen bis ins Nachbarland hinein.

Der 20.000 Hektar große Naturpark Aggtelek kann die erstaunliche Zahl von **200 Höhlen** sehr verschiedener Länge vorweisen. Er wurde wegen seiner Einzigartigkeit in Ungarn 1985 zum Nationalpark erklärt, genau zehn Jahre später dann der UNESCO-Liste des Weltnaturerbes hinzugefügt.

Die **wichtigste und größte der Höhlen** heißt auf Ungarisch **Baradla.** Ein Eingang liegt in Aggtelek, ein weiterer bei Vörös-tó („roter See"), auf halber Strecke von Aggtelek nach Jósvafő. Aus dem 16. Jahrhundert stammt die älteste urkundliche Erwähnung der Höhlen. Es dauerte allerdings bis in die 1920er Jahre, bevor dieses Naturphänomen zu einer touristischen Attraktion wurde. In der Folge wurden über 100 Brücken und Treppen gebaut sowie eine durchgehende Beleuchtung eingerichtet, mit deren Hilfe die Besucher heute die Anlage besichtigen können. Die Baradla-Höhle führt übrigens bis auf slowakisches Gebiet und heißt dort Domica-Höhle. Das gesamte Höhlensystem ist 25,5 Kilometer lang, begehbar sind davon gut 5,3 Kilometer.

Führung durch die Höhlen

Die Anlage in Aggtelek wurde 1991 von Grund auf restauriert, diejenige in **Jósvafő** im Jahr 2005. Die Besichtigung der Letzteren gilt heute als das spektakulärste Erlebnis in der gesamten Region. Sie heißt **Vörös-tó-Tour** (Vörös-tói túra, ganzjährig, Touren 10,

12, 13, 15 und 17 Uhr, Okt. bis März nur bis 15 Uhr, die Zeiten können variieren, Eintritt 3000 HUF). Der tiefste Punkt der Begehung liegt bei 90 Metern – insgesamt 271 Treppenstufen führen abwärts. Unten ist es **nur gut 10 Grad warm,** jede sollte also neben festem Schuhwerk unbedingt etwas Warmes zum Anziehen dabeihaben. Die Luftfeuchtigkeit beträgt 95 bis 98 Prozent.

Die Führungen sind in der Regel auf Ungarisch, **Ausländer erhalten** aber **Prospekte,** mit deren Hilfe sie sich selbst informieren können. Außerdem sind die Führer meist sehr hilfreich und bemühen sich, zwischendurch auch auf Deutsch oder Englisch etwas zu erklären.

Die Tour beginnt mit einer sehr langen Treppe hinunter in die Tiefen des Gesteins. Die heute so **spektakulären Tropfsteine** begannen sich bereits vor gut 230 Millionen Jahren zu formen. Durch Kalkausfällungen von tropfendem Wasser entstanden Stalaktiten, Stalagmiten, Sinterfahnen und durch fließendes Wasser auch Sinterabflüsse.

Doch nicht die Entstehungsgeschichte, sondern die Tropfsteinformationen sind es, die eine Besuchergruppe nach der anderen in ihren Bann ziehen. Die Tropfen haben im Laufe der Jahrmillionen so viele verschiedene **Formen,** ja fast schon ganze Monumente gebildet, dass die Betreiber der Höhle sich Namen und Bezeichnungen ausgedacht haben, um das Gese-

ung117 Foto: mk

hene noch greifbarer zu machen. So sind hier in der Unterwelt beispielsweise „Sultan und Harem“, „Santa Claus“, der „schiefe Turm von Pisa“, ein „brüllender Bär“, ein „umgefallener Baum“ oder ein „Nilpferd“ zu erkennen. Und tatsächlich: Mit etwas Vorstellungsvermögen wird all dies plötzlich sichtbar. Die Formationen werden für die Besucher in der sonst dunklen Höhle beim Vorbeigehen schön beleuchtet. Teilweise glitzern sie dann wie herabtropfende Edelsteine. So lassen sie sich auch besser fotografieren als mit dem Blitz in die totale Dunkelheit hinein.

Um dem äußerst ansprechenden Rundgang noch die Krone aufzusetzen, gibt es gegen Ende eine **Präsentation mit Lichtspielen** und drei verschiedenen Musikstücken aus Lautsprechern: Klaviermusik, eine dramatische Opernarie und ein moderner Song – für die meisten sicher der emotionale Höhepunkt des Besuchs.

Der **Ausgang** liegt einige Kilometer vom Eingang entfernt, beim Dorf Jósvafő, man muss also nicht wieder die gesamten 271 Stufen hochklettern. Für die Gäste steht ein Bus bereit, der alle wieder zum Parkplatz am Ausgangspunkt bringt (Transport im Eintrittspreis inbegriffen). Doch auch **Jósvafő** mit seinen historischen Holzhäusern und der idyllischen alten Kirche mit Friedhof ist einen Blick wert.

Sehenswert ist auch die Höhle mit dem Eingang im Dorf **Aggtelek** (Aggteleki rövid túra, Führungen um 9, 10, 12, 13, 15, 17 und 18 Uhr, Okt. bis März 10–15 Uhr, Eintritt 2700 HUF, Ermäßigung bei Besichtigung beider Höhlen, gegen Vorlage des ersten Tickets beim Kauf des zweiten oder bei gleichzeitigem Kauf – zweiter Eintritt derzeit mit 50% Rabatt). Die Tour ist zwar etwas kürzer und vielleicht weniger spektakulär, aber dennoch sehr schön. Man passiert unter anderem den Konzertsaal, in dem tatsächlich regelmäßig Musikdarbietungen abgehalten werden, eine Säulenhalle und den „Tigersaal“. Hier kann man noch einmal genauer verstehen, was eigentlich an den Steinen zu sehen ist. Sind sie weiß, so handelt es sich um eine reine Kalkformation, rot-braune Farbe deutet auf Eisenoxid hin, das Grüne sind Moose und Algen. Eine ganz profane Erklärung gibt es für die schwarzen Spuren: Es sind die Rußrückstände aus früheren Zeiten, als die Besichtigungen noch mit Fackeln in der Hand abliefen.

Der Bach, der in der Höhle nur wenige Tage im Jahr genug Wasser ansammelt, um wirklich zu fließen, wird mit einem Augenzwinkern **„Styx“** genannt, so wie bei den Griechen der Fluss in die Unterwelt.

Wem die touristische Besichtigung der beiden Höhlen noch nicht aufregend genug ist, kann gegen Voranmeldung auch die komplette Strecke zwischen Aggtelek und Jósvafő unterirdisch abschreiten – mit Grubenlampen an der Stirn (mindestens fünf Teilnehmer). Weitere **längere Führungen** bis hin zu „Extremtouren“ werden

Tropfsteinhöhle Aggtelek

ebenfalls angeboten (siehe auf der Internetseite).

In den Höhlen darf fotografiert werden, auch mit Blitz. Nur **berühren sollte man nichts!** Tiere können in der Tiefe übrigens durchaus angetroffen werden, allerdings eher kleine wie die Blindassel und der Blindflohkrebs, im Winter aber auch **Fledermäuse.** Die schwarz-gelbe Echse, Symbol des Nationalparks, hält sich ebenfalls gelegentlich in den Höhlen auf.

Das **Dorf Aggtelek** selbst bietet gegenüber dem Höhleneingang einen riesigen Parkplatz mit einer ganzen Reihe von Imbissen und empfehlenswerten kleinen Restaurants, die eins neben dem anderen um Kunden werben. Hier kann man solide Hausmannskost in ungezwungener Atmosphäre und unter freiem Himmel zu sich nehmen. Vom Höhlengelände führt ein kleiner ausgeschilderter Wanderweg über einige felsige Hügel zum Ende des Dorfes und dann in Richtung Jósvafő. Aggtelek selbst ist ein ruhiger, abgesehen von den Höhlen unspektakulärer, aber sehr angenehmer Ort. An der kleinen, putzigen Tankstelle, welche die Hauptkreuzung „ziert“, sollte man im Zweifelsfall den Benzinvorrat auffüllen – wer später durch die Berge fährt, findet auf längeren Strecken keine Tankstelle mehr.

Praktische Tipps

Information

- **Naturpark Aggtelek**

Aggteleki Nemzeti Park, Jósvafő, Tengerszem oldal 1, Tel. 48 350006, www.anp.hu.

- **Tourinform Aggtelek**

Baradla oldal 1, Tel. 48 343029, geöffnet tägl. 9–19 Uhr.

Unterkunft

In Sichtweite des Höhleneingangs steht ein Hotel auf einem Hügel, das gelinde gesagt nicht gerade das Dorfbild verschönert. Besser man sucht sich eine Privatunterkunft. In der **Ady Endre utca,** gleich auf der anderen Seite der Kreuzung mit der Tankstelle, haben einige Häuser „Zimmer frei“. Einfache, aber ordentliche DZ ab 5000 HUF. Viele können hier wenig oder kein Deutsch und Englisch, aber jeder ist bisher noch immer zurechtgekommen (der Hausherr sucht auch schon mal mit dem Gast zusammen im Fernseher den gewünschten deutschen Sender).

- **Tengerszem Szálló**

Jósvafő, Tengerszem oldal 1, Tel. 48 506005.

Schönes Hotel direkt am Ausgang der Jósvafő-Höhle, renoviert, aufgemacht ein wenig wie ein Gasthaus in den Alpen mit viel Holz, gute Zimmer, Organisation von Reittouren und Kutschfahrten. DZ ab ca. 13.000 HUF. Auch mit sehr ansprechendem Restaurant, in dem ungarische Gerichte zu moderaten Preisen auf den Tisch kommen.

Camping

- **Baradla Kemping és Turistaszálló**

Baradla oldal 1, Tel. 48 503005.

Kleiner Campingplatz direkt am Höhleneingang in Aggtelek, sehr einfache Hütten (ab 5200 HUF, wahrscheinlich ist man bei „Zimmer frei“ im Dorf besser aufgehoben), aber zum Zelten und für das Wohnmobil perfekte Lage. Auf dem Gelände auch Fahrradverleih (600 HUF pro Stunde, 1500 HUF pro Tag).

Essen und Trinken

Zu empfehlen sind die bereits erwähnten **kleinen Gaststätten** am großen Parkplatz bei der Höhle. Sie bieten alle ein vergleichbares Niveau. Einfache, aber gute Kost, meist mit Bestellung an der Theke. Außerdem das **Tengerszem Szálló** (siehe oben) und das **Barlang Vendéglő** (niedrige Preise, auch

Frühstück) mit schöner Terrasse direkt am Eingang zur Höhle im Dorf Aggtelek.

Anreise

Auto

Nach Miskolc auf der Autobahn M3 oder alternativ auf der gebührenfreien Straße 3. Von dort weiter nördlich auf der Straße 26 bis Sajószentpéter und dann, während die 26 links abbiegt nach Kazincbarcika, weiter nach oben auf der Straße 27 durch Edelény und Szendrő bis hinter das Dorf Perkupa, wo dann ein ausgeschilderter Weg links durch zwei weitere Dörfer in den Naturpark hineinführt. Als erstes kommt Jósvafő mit der großen Höhle, gut 5 km danach Aggtelek. Aus Budapest sind es 240 km, aus Miskolc wie erwähnt knapp über 50 km (ca. 1 Stunde).

Bahn

Sogar mit dem Zug gelangt man in diese abgelegene Gegend (Haltestelle Jósvafő-Aggtelek), und das **aus Budapest** tagsüber in der Regel alle zwei Stunden (ab Budapest Keleti, Fahrzeit ab 3.45 Stunden, Preis ab 4730 HUF). Aus Miskolc verkehrt regelmäßig ein Regionalzug (Fahrzeit knapp über 1 Stunde).

Bus

Busse verkehren ebenfalls aus Budapest, nur brauchen sie länger als die Bahn und fahren deutlich seltener. Es lohnt sich also kaum. Infos unter www.volanbusz.hu.

Weiterfahrt von Aggtelek

Zwei Wege führen aus Aggtelek hinaus, abgesehen von dem bereits bekannten aus Miskolc. Einer davon landet nach nur gut einem Kilometer in der Slowakei (und trifft dort recht bald auf die größere Straße 67, auf der man auch wieder südlich nach Ungarn fahren kann, z.B. nach Eger oder sogar weiter nach Budapest), auf der südlichen Straße gelangt man mit den richtigen Abzweigen bald in die mittelgroßen Provinzstadt Kazincbarcika, von wo man ebenfalls schnell wieder nach Miskolc und in den in direkter Nachbarschaft gelegenen Bükk-Nationalpark gelangen kann.

Lillafüred

↗ VIII/B3

Aus dem Zentrum von Miskolc führt eine ausgeschilderte Straße nach Westen direkt in den Bükk-Nationalpark (Bükki Nemzeti Park) hinein und erreicht nach wenigen Minuten das Dorf Lillafüred – es gilt offiziell als Stadtteil von Miskolc, obwohl es völlig abgetrennt **malerisch im Grünen** an einem kleinen See liegt. Ins Auge fällt sofort das Palasthotel am Ortseingang, das rund 80 Jahre alt ist. Mit dem Auto sollte man erst einmal die recht steile Ortsdurchfahrt passieren und dann oben links den Parkplatz nutzen (225 HUF pro Stunde). Dort sind auch **zwei Höhlen** zu **besichtigen:** Szent István barlang und Anna barlang. In der Erstgenannten, benannt nach dem *heiligen Stephan,* wurde der „Fekete"-Saal zur Linderung von Beschwerden der Atmungsorgane eingerichtet. Die Luftfeuchtigkeit ist hoch, genau wie Calcium- und Magnesiumgehalt, die Temperatur beträgt etwa 10 Grad. Ganz abgesehen davon kann hier jeder, der es vielleicht nicht hinauf zu den gewaltigen Höhlen von Aggtelek geschafft hat, eine Reihe schöner Tropfsteine bewundern (Szent István barlang, 15. April bis 15. Okt. tägl. Führungen, stündlich 9–16 Uhr, 16. Okt. bis 14.

ung119 Foto: mk

Bahnhof der Waldeisenbahn

April tägl. 9–14 Uhr, Eintritt 900 HUF). Bei „Anna" dagegen handelt es sich um eine Kalktuffhöhle (geöffnet 15. April bis 15. Okt., tägl. Führungen, stündlich 10–15 Uhr, Rest des Jahres geschlossen). Fotografieren und das Anfassen von Objekten ist in beiden Höhlen verboten. Führungen starten nur, wenn sich mindestens zehn Besucher einfinden. Sie dauern eine gute halbe Stunde.

Von oben lässt es sich abseits der Straße auf einem Fußweg in Richtung Palasthotel hinabsteigen – vorbei an einem kleinen Park, einigen Imbissen und Lokalen und dem putzigen Bahnhof Lillafüred, an dem die Strecke der **Lillafüreder Waldeisenbahn** (LÁÉV, Erdész utca 24, Miskolc, Tel. 46 530593, www.laev.hu) endet. Die Diesellok (Dampflokomotive nur auf Bestellung) zieht die wenigen Wagen aus Miskolc über die durchaus sehenswerte Burgruine von Diosgyőr (www.diosgyorivar.com) hinein in die Wälder des Bükk-Gebirges und schließlich nach Lillafüred (einfache Fahrt 500 HUF, Fahrzeit ca. 30 Min. für die 8 km aus Miskolc). Im Sommer verkehrt der Zug mit offenen Wagen. Er kann das ganze Jahr über auch Wanderern dienlich sein, die auf halber Strecke aussteigen und von dort ihre Touren beginnen. Lillafüred eignet sich bestens als **Ausgangspunkt für Wanderungen** in das schöne, meist gut ausgeschilderte Bükk-Gebirge.

Direkt unterhalb des Bahnhofs ist das Palasthotel erreicht, dessen Gelände aber nur Gäste betreten dürfen.

Von Lillafüred **nach Eger** verläuft die Straße quer durch den Nationalpark, durch mächtige Wälder, sogar über einige Serpentinen, vorbei an malerisch gelegenen Gasthäusern. Für diese gar nicht allzu weite Strecke sollte man sich sehr viel Zeit nehmen, um alle Eindrücke genießen zu können und auch, um Schwindelgefühle zu vermeiden.

Praktische Tipps

Information

- Siehe oben **bei Miskolc.**

Unterkunft und Essen

- **Ózon Panzió és Étterem**
Erzsébet sétány 19, Tel. 46 532594, www.ozon-panzio.hu.
Im Ortskern, aber sehr nett im Grünen gelegene Pension, 19 einfache Zimmer, DZ ab 9500 HUF. Im Hause auch ein Restaurant mit schönem Garten.
- **Tókert Panzió und Restaurant**
Restaurant geöffnet 7–23 Uhr, fast schon unten beim Palasthotel, malerische Terrasse mit Seeblick, ordentliches ungarisches Essen, 15 Zimmer ab ca. 13.000 HUF.

Der Theiß-See

↗X/B2

Der Theiß-See **(Tisza tó)** umfasst kein riesiges Gebiet wie der Balaton, bietet aber auch erstaunlich viele Möglichkeiten für die Besucher. Dabei ist der Charakter ein völlig anderer: Während beim fünf Mal größeren Plattensee Rundfahrten, Besichtigungen und natürlich der Badespaß im Vordergrund stehen, geht es hier mehr um das Genießen der Natur. Im geschützten Areal des Theiß-Sees leben zahlreiche **seltene Pflanzen- und Tierarten.** Per Fahrrad, zu Pferde, zu Fuß und natürlich am besten zu Wasser auf einer organisierten Tour oder mit dem geliehenen Paddelboot lassen sich etwa sonst kaum zu sehende Vogelzüge ganz aus der Nähe beobachten. Genügend Zugänge zum Wasser mit Bademöglichkeiten sind vorhanden.

Man könnte denken, dass dieser See ein über Jahrhunderte, Jahrtausende oder einen noch längeren Zeitraum gereiftes Meisterwerk der Natur sei. Doch weit gefehlt: Erst vor knapp über 30 Jahren entstand er in seiner heutigen Form – und das **von Menschenhand,** weil ein Wasserreservoir für ein Kraftwerk im Ort Kisköre gebraucht wurde. Der Wasserstand wurde zweimal erhöht, zuletzt 1978. Eine geplante dritte Erhöhung hätte den Verlust vieler Inseln und damit zahlreicher Pflanzen und Tiere bedeutet, und man nahm schließlich davon Abstand. Heute gehört der Theiß-See (zusammen mit der Puszta) zum streng geschützten **Nationalpark Hortobágyi** (Hortobágyi Nemzeti Park) und steht auf der UNESCO-Liste des Weltnaturerbes – eine wahrhaft rasante Entwicklung.

Hauptort am See ist **Tiszafüred,** ein angenehmes Städtchen, das außer einigen hübschen Häusern im Ortskern keine besonderen Sehenswürdigkeiten zu bieten hat als eben den See und

ung120 Foto: mk

ein Thermalbad auf dem Gelände des Thermal Camping (siehe unten). Die Lage fast direkt am Ufer und die ausgezeichnete Infrastruktur (Zufahrt, Campingplätze, andere Unterkünfte, Restaurants und viele Einkaufsmöglichkeiten) haben den Ort zu einem touristischen Magneten gemacht.

Mit dem Auto oder Fahrrad kann man aus Tiszafüred nach Nordwesten steuern und überquert dann auf einer Art Damm den See, bevor das auf der anderen Uferseite gelegene Dorf **Poroszló** erreicht ist. Es gilt als Paradies für Angler, die rund um den Theiß-See grundsätzlich beste Bedingungen für die Ausübung ihres Hobbys vorfinden. Wer hier ans Ufer hinunterfährt, kann nicht nur im Hintergrund den Damm für die Autostraße erkennen, sondern sieht vom kleinen Holzsteg aus vor allem eine äußerst liebliche Landschaft sowie einige gemächlich verkehrende Ausflugsboote mit Touristen.

Von Poroszló wird man per Boot zum Startpunkt eines spektakulären, 1500 Meter langen **Wanderweges auf Holzstegen** über den Teich befördert. Dort kann man die einzigartige Flora und Fauna trockenen Fußes und doch „vom See aus" beobachten (tägl. geöffnet vom 15. Juni bis Sept., Mai bis 15. Juni und Sept./Okt. an Wochenenden und Feiertagen, Tel. 30 4663300, www.vizisetany.hu, Webseite nur auf Ungarisch).

Ein anderer Ort auf der westlichen Uferseite ist ebenfalls bebaut und zu-

ung121 Foto: mk

gänglich: **Sarud,** ein Stückchen weiter südlich. Im Auto gelangt man in einem kleinen Bogen (nicht am Ufer entlang) dorthin über das Dorf Újlőrincfalva. In Sarud reicht die Straße bis zu einem Deich am Ufer, auf dem es sich auch spazieren lässt. Ein großer Ferienpark mit Campingplatz wurde dort eingerichtet.

Auf der östlichen Uferseite von Tiszafüred haben sich einige Dörfer zu winzigen Ferienorten gemausert – besonders **Abádszalók,** das aber erstens nicht direkt am Wasser liegt und zweitens einen etwas überlaufenen und wenig gemütlichen Eindruck macht.

Tiszafüred selbst ist übrigens im Sommer auch sehr voll, die Reize des Theiß-Sees sprechen sich herum. Aber das Angebot, etwa an Campingplätzen, ist groß, und die Besucherschar verteilt sich besser.

Praktische Tipps

Information

- **Tourinform Tiszafüred**
Fürdő utca 29, Tel. 59 511123, www.tiszafured.hu (derzeit nur auf Ungarisch). Viel Informationsmaterial über den Ort und den gesamten Theiß-See, an dem es praktisch in jedem Dorf ein Tourinform-Büro gibt, darunter auch im oben erwähnten Poroszló (Fő utca 5, Tel. 36 553095, www.poroszlo.hu).

Impressionen vom Theiß-See

●Der gesamte Theiß-See lässt sich über eine sehr ausführliche und informative Webseite kennenlernen (auch auf Deutsch): **www.tisza-to-info.hu.**

Unterkunft

●**Tisza Lodge**
Ady Endre út 16, Tiszaderzs,
Tel. 30 2965960, www.tiszalodge.com.

Elegant, stilvoll, ruhig und romantisch im Dorf Tiszaderzs in einer ehemaligen Scheune, südlich von Tiszafüred 3 km vom Seeufer entfernt, betrieben von einem belgischen Ehepaar. DZ mit Frühstück 13.000 HUF, kürzestmöglicher Aufenthalt zwei Nächte. Ein Zimmer ist behindertengerecht.

Camping

●**Horgász és Családi Camping-Panzió-Étterem**
Kastély út, Tiszafüred, Tel. 59 351220.

Angenehmer Campingplatz auf der zum See weisenden Seite der Stadt (Fußweg zum Badestrand wenige Minuten), sehr ordentliche Holzhütten in gutem Zustand, Restaurant-Terrasse mit gutem Essen bis 22 Uhr, akzeptable Preise.

●**Thermal Camping**
Húzöles utca 2, Tiszafüred,
Tel. 59 352911, www.thermal-camping.hu.

Guter, in der Saison sehr voller Campingplatz mit kompletter Ausstattung. Holzhütten für bis zu vier Personen ab 11.000 HUF, Gästezimmer ab 4500 HUF, Wohnwagen 900 HUF, Zelt 850 HUF, für Camper zusätzlich pro Person 1100 HUF. Das Thermalbad auf dem Gelände kann auch von Nicht-Gästen besucht werden (Eintritt 1000 HUF).

Essen und Trinken

Die **Campingplätze** betreiben meist ganz ordentliche Restaurants auf ihrem Gelände. Auch sonst bieten genügend andere Lokale ihre Dienste an, darunter:

●**Gémes Csárda**
Húszöles utca 80a, Tiszafüred,
Tel. 59 350028.

Typischer ungarischer Landgasthof, gemütliche Einrichtung, deftiges Essen, mittlere Preisklasse.

Sport und Erholung

●Der gesamte See kann mit dem **Fahrrad** umfahren werden, ein gutes Stück davon auf den schönen Deichen am Ufer. Fahrradverleih auf den meisten Campingplätzen und in den meisten Pensionen und Hotels.

●Für viele der Höhepunkt sind **geführte Ausflüge in kleinen Booten.** Viele von ihnen starten in Tiszafüred und im Dorf Poroszló beim oben beschriebenen Anlegesteg des Ortes. Die Gruppen sind oft nicht größer als sechs Personen, eine Stunde kostet meist ab ca. 4000 HUF pro Person, längere Ausflüge werden auf die Stunde gerechnet günstiger.

●An den meisten Stränden bzw. Zugängen zum Wasser stehen **Bootsverleihe** zur Verfügung.

●Im **Pferdesattel** lässt sich der See ebenfalls umrunden. In Tiszafüred und Poroszló werben mehrere Reiterhöfe um Kunden.

●**Angler** besorgen sich einen für einen Tag gültigen Schein in den entsprechenden Läden mit Angler-Equipment.

Anreise

Auto

Eine Anreise an den Theiß-See lässt sich bestens mit einer **Fahrt durch die Puszta** verbinden, die sich direkt anschließt (Straße 33 aus Tiszafüred nach Debrecen). Eger, Tokaj und andere Ziele im Norden werden ebenfalls sehr schnell erreicht.

Auf der Autobahn M3 oder der gebührenfreien Straße 3 **aus Budapest** bis nach Füzesabony und dann südwärts nach Tiszafüred. Entfernung: 150 km, Fahrzeit: mind. 2 Stunden, auf der Landstraße 3 Stunden.

Wer **aus dem Süden** kommt, etwa aus Szeged, sollte auf keinen Fall die Fahrt per **Fähre über die Theiß** (Tisza) verpassen. Aus Szolnok nimmt man dafür nicht die große Straße 4, sondern den kleinen Weg am Ufer der Theiß entlang durch die Dörfer Szórópuszta, Csataszög, Kötelek und Tiszasüly bis zur kleinen, sich an einem Seil entlangziehenden Fähre hinüber nach Tiszaroff, schon ganz in der Nähe des Theiß-Sees. Die Straßen führen durch eine wunderbar einsame und idyllische Landschaft – abgesehen vom Reiz der kleinen Fähre, die im Sommer von 6–20 Uhr regelmäßig verkehrt, April und Sept. 7–18 Uhr, März und Okt. 7–17 Uhr, sonst 7.30–15.30 Uhr. Preis: Auto 500 HUF, Person 100 HUF. Es lohnt sich sogar als reiner Ausflug.

Bahn

Die beste Bahnverbindung ist auch in diesem Fall vom Bahnhof **Budapest Nyugati** alle zwei Stunden. Fahrzeit ab 2.22 Stunden, Preis ab 2790 HUF.

Puszta

↗X,XI

Wer verbindet mit dem Namen Puszta (deutsch oft auch Pußta) nicht gleich eine Handvoll romantischer **Klischees:** weite, einsame Steppenlandschaften, Ausritte zu Pferde, gemütliche ungarische Landgasthöfe (Csárdas), in denen eine Kapelle aufspielt zum Tan. Im Prinzip sind diese Klischees auch alle richtig – mit der Einschränkung, dass der **Landstrich** wirklich **nicht besonders groß** ist: Von Tiszafüred am Theiß-See nach Debrecen sind es gerade einmal 74 Kilometer, und die eigentliche Durchfahrt der Länge nach ist noch ein wenig kürzer. Der **Nationalpark Hortobágyi** (Hortobágyi Nemzeti Park, gegründet 1973 als erster seiner Art in Ungarn) zieht sich zwar noch einmal genau so weit nach Norden und Süden, doch ist dieses Gebiet kaum besiedelt, und wer versucht, einmal rechts oder links abzubiegen, wird nach einigen Kilometern, wenn er die letzte verlassene ehemalige landwirtschaftliche Produktionsgenossenschaft aus alten kommunistischen Zeiten passiert hat, wieder umkehren.

Was bleibt, sind die Straße 33 durch wunderbar einsame Landschaft und die gelegentlichen Bauernhöfe zu beiden Seiten mit ihren großen pittoresken Ziehbrunnen aus Holz. Auch Pferde oder Heidschnucken (Schafe) säumen hin und wieder den Weg. Nicht umsonst kommt das Wort „Puszta" aus dem Slawischen und bedeutet so viel wie **„Leere".**

Wohl fühlen sich in dieser Landschaft aber offensichtlich einige **Vogelarten,** darunter auch ziemlich seltene Exemplare, die von Aussichtstürmchen am Wegesrand beobachtet werden können. Insgesamt fast 350 Spezies wurden bisher gezählt. „Birdwatcher" sollten also ihr Fernglas nicht vergessen.

Puszta in der Hauptrolle

Viele Deutschsprachige, besonders die nicht mehr ganz so Jungen und alle Fans alter **Filme,** denken beim Wort „Puszta" leicht nostalgisch-sentimental verklärt an den Klassiker „Ich denke oft an Piroschka" (1955) mit *Liselotte Pulver* als zauberhaftem 17-jährigen Mädel aus der Puszta. Ihr Vater ist der Bahnhofsvorsteher des Ortes mit dem unaussprechlichen Namen *Hódmezovásárhelykutasipuszta,* den er aber natürlich bei jedem ankommenden Zug fehlerfrei ausruft. Selbstverständlich endet alles mit Herzschmerz, und zurück bleiben bittersüße Erinnerungen. Gedreht wurde übrigens teilweise tatsächlich in der Puszta.

Ungefähr auf halber Strecke ist der größte – und eigentlich auch einzige – Ort der Puszta erreicht: **Hortobágy.** Nach ihm ist nicht nur der Naturpark benannt, sondern auch die „Hortobágyi palacsinta", eine ungarische Nationalspeise. Dem aufgerollten und mit Fleisch gefüllten Pfannkuchen macht in seiner Berühmtheit nur die süße „Gundel palacsinta" ernsthafte Konkurrenz. Hortobágy verfügt über ein Besucherzentrum, einige Lokale und Souvenirverkäufer (Körbe, Felle, Grills, Hüte, Holzartikel usw.) sowie über einen großen Parkplatz für Busse und Autos. Alle Einrichtungen liegen mehr oder weniger dicht an der großen Straße, was besonders im Sommer für

ung122 Foto: mk

staubige, heiße und geräuschvolle Erlebnisse sorgte: Die Kapelle auf der Csárda-Terrasse musste ganz schön laut aufspielen, um den Verkehrslärm zu übertönen. Nun wurde im Ortskern ein Kreisverkehr gebaut, der Krach und Dreck verringern soll. Im Hintergrund versteckt sich dann tatsächlich noch das Dorf Hortobágy mit einigen

Wohnstraßen. Schön anzusehen ist besonders vom Ufer aus die alte, massive Steinbrücke über den kleinen Fluss mit neun Rundbögen.

Um die Puszta in ruhigerer Umgebung genießen zu können, sollte man kurz vor Hortobágy einen kleinen Abzweig nach Süden nehmen, ins Dorf **Faluvéghalma.** Hier lassen sich mit etwas Glück ein großer Reiher, ein Storch oder vielleicht sogar ein Raubvogel aus der Nähe beobachten und noch der ein oder andere Ziehbrunnen, Graurinder oder Pferde fotografieren. Der letzte Abschnitt der Straße ist gesperrt, sodass man wenden muss.

Die Straße 33 befördert die Reisenden dann schon wieder aus der Puszta hinaus und nach Debrecen, in die zweitgrößte Stadt Ungarns. Doch zuvor führt ein Abzweig in den beliebten Kurort Hajdúszoboszló.

Praktische Tipps

Information

- **Tourinform Hortobágy**

Petőfi tér 5–7, Tel. 52 369140. Hier gibt es aktuelle Informationen zu Ausflügen in die von Autoverkehr und Zivilisation unberührten Landschaften der Puszta.

- **Besucherzentrum**

Im Besucherzentrum neben Tourinform (Petőfi tér 13, geöffnet 8–16 Uhr, Sa, So 10–16 Uhr, Juli, August 8–17 Uhr, Sa, So 10–17 Uhr) wird unter anderem eine nette kostenlose **Ausstellung** zu den wichtigsten in der Puszta vorkommenden Tierarten gezeigt. Man lernt auch einiges über die Entstehungsgeschichte und die Beschaffenheit der Landschaft.

Die Puszta – „leere“ Landschaften

Ein **Handwerkshof** beim Besucherzentrum präsentiert die für diese Region traditionelle Art und Weise der Herstellung von Pferdegeschirr, Möbeln, Keramik, Schmiedewaren usw. (geöffnet Mai bis Sept. tägl. 9–18 Uhr, 15. bis 31. März und Nov. 10–14 Uhr, April bis Okt. 10–16 Uhr).

- Die Webseite des Hortobágy-Nationalparks enthält viele Informationen auch auf Deutsch: **www.hnp.hu.**

Unterkunft und Essen

- **Hortobágyi Fogadó Étterem**
Kossuth utca 1, Hortobágy, Tel. 52 639137.
Nur wenige Schritte vom Besucherzentrum, deutlich günstiger als die touristischen Csárdas.
- **Hajdú Lovasfogadó/Reiterhof Hajdú**
Sakardi utca 15, Tel. 52 369335.
Guter Standard, hübsche Gästezimmer, kleiner Streichelzoo.

Sport und Erholung

- Einige **Wanderwege** („Lehrpfade" mit Info-Tafeln) sind ausgeschildert.
- Ein etwa 10 km langer **Fahrrad-Rundweg** führt vorbei an den bei Hortobágy gelegenen Fischteichen. Die Erdwege sind bei Regen schwer befahrbar.
- Für Reiter bietet sich neben anderen Höfen (einer ist oben erwähnt) das 300 Jahre alte **Mata-Gestüt** mit ungarischen Pferderassen an. Hier werden **Kutschfahrten und Reitausflüge** in die Puszta organisiert (Tel. 52 589369, geöffnet Mitte April bis Okt., mataimenes@hortobagyikht.hu), meist mit mehreren Programmen täglich.

Hajdúszoboszló

↗XI/D3

Diese Kleinstadt mit dem schier unaussprechlichen Namen unweit von Debrecen und der Puszta ist landesweit bekannt für ihren riesigen, schön im Grünen gelegenen **Badepark mit gleich einer Handvoll Thermalwasser-Schwimmbecken** (Hungarospa, geöffnet Mai, Sept. 8–18 Uhr, 1. bis 14. Juni und 21. bis 31. Aug. 8–19 Uhr, 15. Juni bis 20. Aug. 8–20 Uhr, Eintritt 1200 HUF, nach 16 Uhr 800 HUF). Nach eigenen Angaben ist es der größte Badepark in ganz Ungarn. Traditionell kommen auch viele Polen in Ausflugsgruppen und individuell nach Hajdúszoboszló, daher die vielen „Zimmer-frei"-Schilder auf Polnisch. In den letzten Jahren reisen auch immer mehr deutschsprachige Touristen und Kurgäste an. Die Badeanlagen sind modern (und werden weiter ausgebaut), die Infrastruktur von Schlafplätzen über Restaurants bis hin zu Kiosken mit ausländischen Zeitungen ist exzellent. Was freilich fehlt, sind sonstige Sehenswürdigkeiten außer dem Bad. Ein weiteres Minus besteht darin, dass der Ort nicht nur in der Hochsaison, sondern sogar bereits im Juni schrecklich überlaufen ist und auf den Liegewiesen im Bad kaum noch gute Plätze zu finden sind. Angesichts des wilden Trubels kann dem Individualreisenden da der Badespaß schon mal schnell verleidet werden – zumal er ihn an vielen anderen Orten Ungarns in entspannterer Umgebung geboten bekommt. Wer eh schon in der Nähe ist, beispielsweise durch die Puszta fährt, kann trotzdem vorbeikommen, besonders in der Nebensaison.

- **Information: Tourinform Hajdúszoboszló,** Szent István park 1–3, Tel. 52 558928, direkt im Eingangsbereich des großen Bades.

ung123 Foto: mk

Debrecen

↗XI/D2

Diese **zweitgrößte Stadt Ungarns** ist – zumindest von westlichen Reisenden – bisher noch kaum entdeckt worden. Es fehlt ihr auch ein gutes Stück der notwendigen touristischen Infrastruktur. Auch wenn an dieser Stelle nicht ausführlich auf Debrecen eingegangen wird, sollte jeder, der es passiert – etwa auf dem Weg aus der Puszta –, zumindest einen kurzen Zwischenhalt einlegen. Am interessantesten ist der breite **Boulevard Piac utca** mit der Straßenbahnlinie 1 in seiner Mitte sowie mit einigen mächtigen Gebäuden, teilweise im Jugendstil, und dem markanten weißen Turm der kleinen reformierten Kirche. Auch andere Gotteshäuser der Stadt können sich sehen lassen, besonders die große **calvinistische Kirche** (Debreceni Református Nagytemplom) am Hauptplatz Kálvin tér im Zentrum der Innenstadt hat es in Debrecen, einer Hochburg der Calvinisten in Ungarn, zu einem Wahrzeichen gebracht.

Am Stephanstag, dem Nationalfeiertag am 20. August, wird jedes Jahr der **spektakuläre Blumenkarneval** gefeiert. Hierfür lohnt sogar eine spezielle Anreise. Die wunderbar bunt geschmückten Umzugswagen, die ausgelassene Stimmung und das kulturel-

Die calvinistische Kirche am Kálvin tér

Ungarn – eine Hochburg des Calvinismus

Wer auf Statistiken zur ungarischen Bevölkerung schaut, wird überrascht sein: Zwar stellen die Katholiken erwartungsgemäß den mit Abstand größten Anteil der Gläubigen, doch gefolgt wird diese Mehrheit von der millionenschweren Gruppe der Calvinisten: Gut **jeder fünfte Ungar** hängt dieser Religion an. In kaum einem anderen Land Europas und sogar der Welt werden solche Zahlen erreicht. Dabei ist der Calvinismus zwar eine protestantische Konfession, allerdings sehr verschieden vom lutheranischen Glauben. Die strengen Regeln sind geprägt von **Bescheidenheit, Askese, Fleiß und Disziplin** – der freie Wille des Menschen tritt in den Hintergrund, man findet nicht Gott, sondern wird von ihm erwählt.

Johannes Calvin (eigentlich *Jean Cauvin*) lebte von 1509 bis 1564, vor kurzem wurde also sein 500. Geburtstag gefeiert, auch und gerade in Ungarn. Als Franzose geboren, wirkte *Calvin* hauptsächlich in Genf, das er zum einflussreichen Stadtstaat machte. *Calvin* selbst war übrigens streng gegen die Bezeichnung „Calvinismus" für die von ihm ins Leben gerufene Glaubenslehre.

Wie kommt es dazu, dass sich in Ungarn bis zum heutigen Tage der Calvinismus als stark und ausdauernd erwiesen hat? Immerhin wechselte die magyarische Bevölkerung im Laufe der Jahrhunderte mehrmals ihre Konfession – entsprechend der Religion des jeweiligen Herrschers und teilweise von Region zu Region unterschiedlich. Als Österreich jedoch im 19. Jahrhundert die Kontrolle über das komplette Land ausübte, wurde der Katholizismus quasi endgültig zum „Staatsglauben", der alle Kriege und sogar die Herrschaft der offiziell atheistischen Kommunisten überlebte. Und doch steht in fast jedem Städtchen, ja sogar in vielen Dörfern, eine meist schlichte calvinistische Kirche. Die einwandernden **Siedler aus deutschen Landen** brachten den Protestantismus nach Ungarn. Er war somit die Religion des meist besser gestellten Bürgertums in den Städten. Die meisten dieser Deutschsprachigen hingen allerdings dem Evangelisch-Augsburgischen Glauben an – einige Gotteshäuser dieser Strömung sind in Ungarn noch zu entdecken. Der Calvinismus jedoch gelangte eher über **Reisende und Gelehrte** ins Land. Auch Ungarn, die aus Wittenberg oder Genf wiederkehrten, verbreiteten die Lehren von *Luther, Zwingli* und eben *Calvin* in ihrer Heimat. Im Rahmen der viel gerühmten **religiösen Toleranz** im selbstständigen Siebenbürgen des 17. Jahrhunderts konnte sich auch der Calvinismus entfalten. Unter den bis heute verehrten Fürsten *Bocskaj, Bethlen* und *Rákoczi I.* wurde die Glaubensfreiheit sogar vertraglich festgeschrieben. In genau jener Zeit tobte in Europa der Dreißigjährige Krieg, und so kam es, dass ausgerechnet in Debrecen die Calvinisten ihr neues Zentrum fanden. Die Stadt wurde das „ungarische Genf" genannt, und es entstand die Hochschule zur Ausbildung reformierter Theologen und Lehrer für ganz Osteuropa.

Nach dem neuesten Stand der Geschichtsforschung waren Anfang des 17. Jahrhunderts nicht weniger als 95 Prozent der ungarischen Bevölkerung Mitglieder der reformierten (also calvinistischen) oder anderer protestantischer Kirchen. Während die von den Habsburgern geleitete brutale Gegenreformation später alle Menschen zum Katholizismus zwang, hielt sich der Calvinismus von allen Glaubensbekenntnissen besonders hartnäckig am Leben – und das, obwohl Ungarn bis zum Zweiten Weltkrieg „offiziell" ein katholischer Staat war. Vielleicht waren es ja die besondere Zähigkeit und die erwähnten Tugenden wie Fleiß und Disziplin, die den Calvinisten das Überleben in Ungarn über die Jahrhunderte unter mehr als unfreundlichen Umständen ermöglicht haben.

le Begleitprogramm haben es wirklich in sich. Überhaupt hat Debrecen kulturell einiges zu bieten. Es lohnt sich ein Blick in die aktuellen Veranstaltungsprogramme.

Information

- **Tourinform Debrecen**
Piac utca 20 (altes Rathaus), Tel. 52 412250, www.debrecen.hu, geöffnet 9. Juni bis 6. Sept. Mo bis Fr 9–20 Uhr, Sa 9–17 Uhr, den Rest des Jahres Mo bis Fr 9–17 Uhr.

Tokaj

↗ IX/D2,3

Die Herzen der **Weinliebhaber** schlagen bei der bloßen Erwähnung des Namens Tokaj schneller: Von hier stammt einer der bekanntesten und wohl auch besten Weißweine Europas. Wer von diesem Tropfen begeistert ist, wird es sich kaum nehmen lassen, einmal persönlich die Weinberge in Augenschein zu nehmen, von deren Reben er gewonnen wird. Und eine Spezialität schmeckt vor Ort meist sowieso besser als zu Hause. Zum Probieren und Trinken gibt es in Tokaj ausreichend Gelegenheit. Doch nicht nur Weinkenner, sondern auch „Normalsterbliche" sollten einen Abstecher in Erwägung ziehen. Belohnt wird man für die gar nicht so weite Anreise nämlich mit einem **idyllischen kleinen Ort** in entspannter Atmosphäre, umgeben von reizvollen, hügeligen bis bergigen Weinlandschaften.

Kernpunkt von Tokaj, das erst 1986 mit seinen gut 5000 Einwohnern die Stadtrechte erhielt, ist die Rákóczi utca, die zwar teilweise mit Autos befahren werden kann, aber verkehrsberuhigt wurde und eher den flanierenden Fußgängern dient. Weinkeller, Weinlokale, Restaurants und Unterkünfte reihen sich hier aneinander, die **renovierten Fassaden** sind hübsch mit Blumen und Fahnen geschmückt, Laubbäume spenden Schatten. Es dauert nicht allzu lang, bis die Straße den kleinen Hauptplatz von Tokaj erreicht, den **Kossuth tér.** Hier sitzt der Weingott Bacchus, frivol und nackt, auf einem Weinfass und blickt pikanterweise direkt auf die große graue Steinkirche vom Anfang des 20. Jahrhunderts. Der

ung124 Foto: mk

Der Hauptplatz Kossuth tér mit Bacchus und Kirche

Wein der Könige und Päpste

Die Stimmung in Auerbachs Keller ist glänzend, als *Faust* und *Mephisto* ihn betreten. Das liegt nicht zuletzt an dem hervorragenden Wein: „Euch soll sogleich Tokajer fließen/ein tiefer Blick in die Natur/hier ist ein Wunder, glaubet nur!/nun zieht die Stopfen und genießt!" Dieses Zitat aus *Goethes* „Faust" sagt eigentlich schon alles: Der Tokajer genießt **Weltruhm** als besonders edler Tropfen. Der auch als „Wein der Könige und Päpste" bezeichnete Tokajer wird auf einem Gebiet von 87 Kilometern Länge und vier Kilometern Breite nördlich der Stadt angebaut – die Weinregion ist 2002 von der UNESCO als Weltkulturerbe anerkannt worden.

Die **Tokajer-Weinrebe** wird **„Aszú"** genannt. Der Wein muss laut Gesetz mindestens drei Jahre reifen, davon zwei in einem Holzfass. Die Keller sind kühl und die Luftfeuchtigkeit hoch. Dadurch gärt der Wein langsam und erhält seinen unvergleichlichen Geschmack, den einige mit dem eines Sherry vergleichen. Papst *Pius IV.* soll 1562 beim Konzil von Trient die Qualität des Tokajers mit den Worten kommentiert haben: „Solch ein Wein gehört auf den päpstlichen Tisch." Der Sonnenkönig *Ludwig XIV.* wiederum hat angeblich geurteilt: „Wein der Könige – König der Weine".

Der Tokajer wird in allen Geschmacksstufen **von trocken bis sehr lieblich** angeboten, schmeckt aber selbst mit dem geringsten Grad an Süße noch fruchtig und angenehm.

Das Wichtigste zum Schluss: Man sollte niemals nach einem Tokajer-Rotwein fragen. Diese gibt es nicht, und ihr Anbau wäre auch streng verboten. Dafür werden in Eger ausschließlich Rotweine hergestellt.

Bacchus ist übrigens ein Symbol der Zusammenarbeit mit Tokajs deutscher Partnerstadt Oestrich-Winkel.

Direkt hinter dem kleinen Denkmal ist das Steingebäude des wohl bekanntesten **Weinkellers** der Stadt nicht zu übersehen: **Rákóczi Pince.** Ein Besuch mit Verköstigung von sechs verschiedenen Weinsorten kostet 2650 HUF pro Person.

Ein Kossuth-Denkmal darf natürlich auch nicht fehlen.

Rund um diese Gegend spielt sich das Leben in Tokaj ab. Am schönsten ist es also, sich hier eine Unterkunft zu suchen (kleine Hotels und „Zimmer frei" sind vorhanden) – zumindest für alle, die nicht campen wollen.

Kurz hinter dem Kossuth tér ist der engste Ortskern auch schon fast wieder vorbei. Die Durchfahrtsstraße durch den Ort verläuft parallel zur Rákóczi utca direkt **am Ufer der Theiß** (Tisza). Die große Brücke über den Fluss (langsam fahren, es gibt tiefe Schlaglöcher) führt auf die andere Seite, wo sich einige zum Teil gute Campingplätze und Lokale befinden.

Auf der Seite des Flusses, auf der auch der Ortskern liegt, finden sich nach Süden hin noch einige große Restaurants sowie vor allem die Wohnstraßen der Einheimischen.

Praktische Tipps

Information

- **Tourinform Tokaj**
Serház utca 1, an der Ecke Rákóczi utca, Tel. 44 352259, www.tokaj-turizmus.hu. Viel gutes Material, vor allem auch Tourenvorschläge für die gesamte Umgebung.

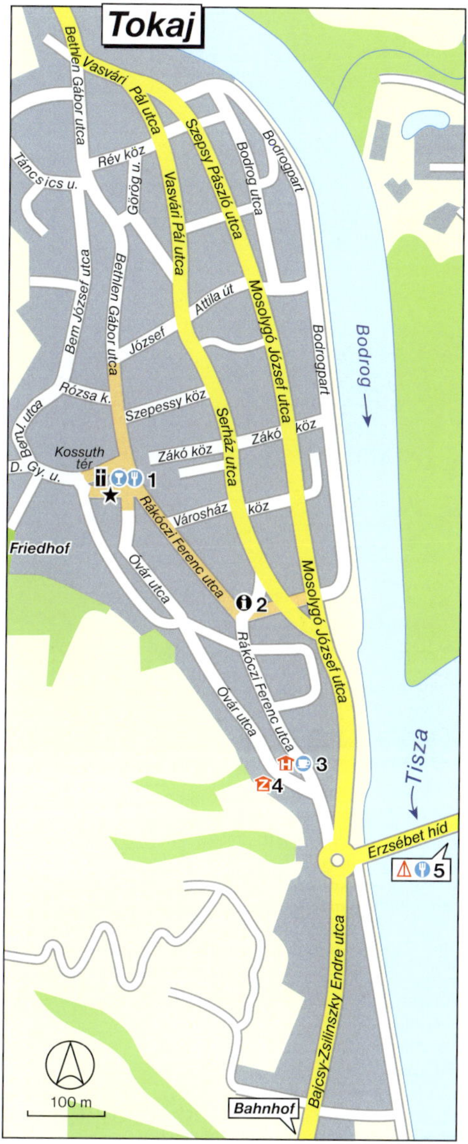

1 Reformierte Kirche, Bacchus-Statue, Rákóczi Pince (Weinkeller)
2 Touristeninformation
3 Huli Panzió und Café
4 Borudvar-Privatzimmer
5 Campingplatz Tisza Kemping, Restaurant Gödör Étterem

ung125 Foto: mk

• **www.tokaj-info.hu**
Infos zu Kanutouren und Bootsverleih.

Unterkunft

• **Huli Panzió**
Rákóczi utca 16, Tel. 20 4655903, www.hulipanzio.hu.

Direkt an der schönsten Straße des Ortes, mit guter Konditorei im Innenhof. Einfache, aber hübsche und moderne Pensionszimmer, DZ ab 7000 HUF, Frühstück 700 HUF pro Person.

• **Borudvar**
Óvár u. 6, Tel. 47 352409, www.borudvar.eu.

Sehr nette Privatunterkunft mit recht modern eingerichteten Zimmern in netter Atmosphäre, direkt wenige Meter oberhalb der durch den Ortskern führenden Rákóczi utca. Mit am Hang aufsteigendem Garten, in dem man auf der erhöhten Terrasse einen sehr schönen Blick genießt. Weinprobe und -verkauf im hauseigenen Keller. DZ je nach Saison ab 7000 HUF.

Camping

• **Tisza-Kemping**
Szent István út 116, Tel. 20 3715911, www.tokajtiszakemping.hu.

Gegenüber dem Ortskern, am anderen Ufer der Theiß bei der Brücke. Einfache und günstige Holzhäuser ab 1500 HUF pro Person, Wohnmobil 800 HUF.

Essen und Trinken

• Gödör Étterem
Horgász utca 3, Tel. 47 352645, www.tokaj-info.hu.

Sehr empfehlenswertes Lokal direkt an der Brücke. Viele Einheimische essen hier, daher abends mindestens bis 22 Uhr Betrieb, wenn woanders schon die Bürgersteige hochgeklappt werden.

Anreise

Auto

Aus Miskolc 55 km auf den Straßen 37 und dann am Ende 38.

Aus Budapest sind es 230 km. Der schnellste Weg führt über die Autobahn M3 bis ins sehenswerte Nyíregyháza und dann das letzte Stück auf der Straße 38 hinauf.

Wer **aus Eger** kommt, fährt am schönsten durch den Bükk-Nationalpark nach Miskolc und dann weiter in Richtung Tokaj.

Aus Debrecen geht es nordwärts nach Nyíregyháza und dann weiter.

Bahn

Schon in zweieinhalb bis drei Stunden bewältigt der Zug die Strecke **aus Budapest** (Bahnhöfe Keleti und Nyugati, Preis ab ca. 3900 HUF). Stündlich oder sogar häufiger Verbindungen.

Aus Eger dauert es anderthalb bis zwei Stunden und kostet ab ca. 2500 HUF.

Weinwerbung bei Tokaj

Die Umgebung von Tokaj

Ein weiterer guter Grund, in Tokaj ein wenig Zeit zu verbringen, ist das reizvolle Umland – eben jene Weinberge, von denen die Tokajer-Trauben gelesen werden. Im Tourinform-Büro in Tokaj erhält man Routenvorschläge für Tagesausflüge in die Berge des **Zemplén-Naturschutzgebietes** (Zempléni Tájvédelmi Körzet), zum Beispiel durch die Dörfer Háromhuta und Regéc mitten in der Schutzzone. Es sind dies zumeist Touren, die in einigen Stunden zu bewältigen sind. Es geht durch kleine Dörfer, immer wieder vorbei an reizvollen Gasthöfen und Csárdas, hinauf zwischen den Weinstöcken. Die ganz großen Panoramaaussichten werden hier vielleicht nicht geboten, aber landschaftlich reizvoll ist der Weg allemal.

Auf dem Weg zurück nach Tokaj sollte man eine Pause in **Szerencs** machen. Die alte Rákóczi-Burg liegt dort sehr malerisch mitten in der Ortschaft – mit einem blumengeschmückten und gepflegten Park samt Teich (Garten geöffnet 6–21 Uhr). Sehr prächtig präsentiert sich auch das Thermalbad Községi Fürdő (Rákóczi utca 94, Tel. 47 560250, www.szerencsifurdo.hu, geöffnet Mo bis Do 10–21 Uhr, Fr bis So 10–22 Uhr).

ung161 Foto: mk

Anhang

ung159 Foto: mk

ung160 Foto: mk

Konditorei-Café in Kőszeg

Spazierweg in Szilvásvárad

Verkehrsvorschriften leicht verständlich

Sprachhilfe

Persönliche Fürwörter

ich	**én**
du	**te**
er, sie	**ő**
wir	**mi**
ihr	**ti**
sie	**ők**

Wichtige Wörter und Redewendungen

Adresse	**cím**
Arzt	**orvos**
Ausgang	**kijárat**
Auskunft	**információ**
	felvilágosítás
Bahnhof	**pályaudvar**
Bier	**sör**
billig	**olcsó**
Botschaft	**követség**
Bus	**busz**
Danke	**köszönöm**
deutsch	**német**
Eingang	**bejárat**
Eintrittskarte	**belépőjegy**
erlaubt	**szabad**
Etage	**emelet**
Frau	**nő**
frei/besetzt	**szabad/foglalt**
Frisör	**fodrász**
Gaststätte	**vendéglő, étterem**
Gemüse	**zöldség**
geöffnet	**nyitva**
geschlossen	**zárva**
Getränke	**italok**
groß	**nagy**
Haltestelle	**megálló**
Hilfe	**segítség**
Hotel	**szálló/szálloda**
ja	**igen**
kalt	**hideg**
klein	**kicsi**
kommen/gehen	**jönni/menni**
links	**bal**
Mann	**férfi**
nein	**nem**
Obst	**gyümölcs**
Polizei	**rendőrség**
rechts	**jobb**
Speisen	**ételek**
Speisekarte	**étlap**
Straßenbahn	**villamos**
teuer	**drága**
Toilette/WC	**mosdó/WC**
U-Bahn	**metró**
Ungarn	**Magyarország**
verboten	**tilos**
Vorsicht	**vigyázat**
warm	**meleg**
was/warum	**mi/miért**
Wein	**bor**
wie/wer	**hogyan/ki**
wo/wann	**hol/mikor**
Zoll	**vám**
Zug	**vonat**

Bitte!	(Wie) Bitte?
Kérem! (keräm)	**Tessék?**
gern	gut, in Ordnung
szívesen	**jó**
Entschuldigung!	leider
Bocsánat! Elnézést!	**sajnos**
Guten Appetit!	Glückwunsch!
Jó étvágyat!	**gratulálok!**
Danke gleichfalls.	Keine Ursache.
Köszönöm, viszont.	**Nincs mit.**
Guten Morgen!	Guten Tag!
Jó reggelt!	**Jó napot!**

Guten Abend! **Jó estét!**	Gute Nacht! **Jó éjszakát!**
Auf Wiedersehen! **Viszontlátásra!**	Ich möchte ... **Szeretnék ...**
Wie viel kostet das? **Mennyibe kerül?**	
Ich bitte um ... **Kérek ...**	
Ich möchte zahlen. **Fizetnék.**	
Die Rechnung bitte! **Kérem a számlát!**	
Sprechen Sie deutsch? **Beszél Ön németül?**	
Ich verstehe (nicht). **(Nem) értem.**	Ich weiß (nicht). **(Nem) tudom.**
Ich will (nicht). **(Nem) akarom.**	Hab ich nicht. **Nincs.**
vielleicht **talán**	Na klar. **Persze.**

Zeitangaben/Wochentage

gestern/heute	**tegnap/ma**
morgen	**holnap**
Minute/Stunde	**perc/óra**
Tag/Woche	**nap/hét**
Monat/Jahr	**hónap/év**
Montag	**hétfő**
Dienstag	**kedd**
Mittwoch	**szerda**
Donnerstag	**csütörtök**
Freitag	**péntek**
Samstag	**szombat**
Sonntag	**vasárnap**

Aussprache

Die **Betonung** der Wörter liegt immer **auf der ersten Silbe.**

Vokale

á	wie in S**aa**t
é	wie in S**ee**
í	wie in n**ie**
ó	wie in B**oo**t
ú	wie in K**u**h
ő	wie in H**ö**hle
ű	wie in M**ü**hle
a	Zwischenlaut zwischen a und o, wie in W**a**shington
e	wie in l**e**cker
i	wie in Bl**i**tz
ö	wie in H**ö**lle
ü	wie in H**ü**tte
y	alleinstehend (zumeist am Wortende von Eigennamen) wie **i**

Konsonanten

c	wie **z**
s	wie **sch**
v	wie **w**
z	wie **s** in Rose
r	wird stets gerollt, allerdings nicht im Kehlkopf, sondern mit der Zunge in der Mundhöhle.
cs	wie **tsch** in **Tsch**eche
dz	wie **ds**
dzs	wie in ital. buon**gi**orno
sz	wie **ß**
zs	wie **j** in **J**ournal
gy	wie **di** in A**di**eu
ly	wie **j**
ny	wie **gn** in Ko**gn**ak
ty	wie **tj** in An**tj**e

Zahlen

0	**nulla**
1	**egy**
2	**két/kettő**
3	**három**
4	**négy**
5	**öt**
6	**hat**
7	**hét**
8	**nyolc**
9	**kilenc**
10	**tíz**
11	**tizenegy**
12	**tizenkettő** usw.
20	**húsz** (21: **huszonegy** usw.)
30	**harminc**
40	**negyven**
50	**ötven**
60	**hatvan**
70	**hetven**
80	**nyolcvan**
90	**kilencven**
100	**száz** (101: **százegy** usw.)
200	**kétszáz** usw.
1000	**ezer** (1001: **ezeregy** usw.)

Sprachführer

Wer einen handlichen und praktischen Ungarisch-Sprachführer sucht, dem sei **„Ungarisch – Wort für Wort"** aus der Reihe Kauderwelsch empfohlen, erschienen im Reise Know-How Verlag. Zusätzlich ist ein AusspracheTrainer auf Audio-CD erhältlich.

Bequem am heimischen PC lernt man Ungarisch mit dem ebenfalls bei Reise Know-How erschienenen **Kauderwelsch digital** auf CD-Rom, das Buch und Audio-CD kombiniert. Es bringt das komplette Buch Seite für Seite auf den Bildschirm, erweitert um die Möglichkeit, sich fast jedes fremdsprachige Wort vorsprechen zu lassen.

Literaturtipps

- **György Dalos, Ungarn in der Nußschale.** C.H. Beck 2004. Ein kurzer, prägnanter, pointierter und gelegentlich sogar mit Augenzwinkern und Selbstironie geschriebener Abriss der ungarischen Geschichte. Der Wahl-Berliner *Dalos* studierte Geschichte, ist aber kein Wissenschaftler, sondern Autor von Romanen und Sachbüchern, meist mit Bezug auf die Vergangenheit seines Heimatlandes („1956. Der Aufstand in Ungarn", „Der Vorhang geht auf. Das Ende der Diktaturen in Osteuropa"). Im Jahr 2010 erhielt *Dalos* den Leipziger Buchpreis zur Europäischen Verständigung.
- **Paul Lendvai, Die Ungarn. Eine tausendjährige Geschichte.** Goldmann 2001 (Taschenbuch). Das wohl beste Standardwerk zur Historie des Landes – geschrieben von einem in Budapest geborenen, in Ungarn aufgewachsenen und seit den 1950er Jahren in Österreich lebenden und dort zu Prominenz gelangten Journalisten. Inhaltlich und fachlich fundiert und gleichzeitig sehr lesbar und flüssig geschrieben, bietet es einen Einblick nicht nur in die ungarische Geschichte, sondern auch in die Biografien wichtiger Persönlichkeiten und in die Mentalität der Ungarn.
- **Imre Kertész, Roman eines Schicksallosen.** Rowohlt 1996. Im Jahr 2002 erhielt *Kertész* besonders für dieses sehr lesenswerte Buch den Literatur-Nobelpreis. Der in Berlin und Budapest lebende *Kertész,* der lange Zeit im Ausland bekannter war als in seiner eigenen Heimat, beschreibt darin in Romanform seinen eigenen Weg durch die deutschen Konzentrationslager. Die ihm selbst nachempfundene Hauptfigur versucht zunächst, die brutale Logik der Lager zu verstehen und beharrt selbst zum Schluss – nach einem langen Leidensweg – darauf, dass sie eine Art „Glück der Konzentrationslager" erlebt habe. Diese ungewöhnliche Darstellung führte zu kontroversen Diskussionen.
- **Lysann Heller, Die Paprikantin. Ungarn für Anfänger.** Ullstein 2008. In diesem höchst vergnüglichen Buch beschreibt die 1978 geborene Autorin ihre Zeit als Praktikantin bei der deutschsprachigen „Budapes-

ter Zeitung". Mit viel Augenzwinkern und einer liebevoll-stichelnden Einstellung gegenüber ihrem Gastland beschreibt sie lustige, typische und eigentümliche Begegnungen mit Kollegen, Vermietern und anderen Ungarn. Der Leser verfolgt auf diese Weise ihren Lernprozess und gewinnt Einblicke sowohl in die ungarische Psyche als auch in diejenige eines westlichen Ausländers in Ungarn. Das Motto des Buches ist der schöne Spruch: „Was versteht man unter Ungarn? Erst mal kein Wort!" *Heller* war übrigens in Wirklichkeit gar nicht Praktikantin, sondern Volontärin und dann Redakteurin bei der Zeitung. Und sie lebte nicht nur ein Jahr, sondern vier Jahre in Budapest.

- **Kati Marton, Die Flucht der Genies: Neun ungarische Juden verändern die Welt.** Eichborn 2010. Die detailgetreu und spannend erzählten Lebensgeschichten völlig verschiedener Menschen aus Budapest, die alle eines gemeinsam hatten: Sie waren Juden und flohen nach Großbritannien oder Amerika. Ob der Schriftsteller *Arthur Koestler,* der Erfinder der Spieltheorie *John von Neumann,* „Casablanca"-Regisseur *Michael Curtiz* – ihre großen Errungenschaften und Erfolge erzielten sie erst nach dem Gang ins Exil. *Marton,* Ehefrau des US-amerikanischen Top-Diplomaten *Richard Holbrooke,* erhielt auch im deutschsprachigen Raum viel Lob für ihr außergewöhnliches Werk.
- **Péter Esterházy, Harmonia Caelestis.** Berliner Taschenbuch Verlag 2004. Diese Saga ist eine Aufbereitung der jahrhundertelangen Geschichte einer großen ungarischen Familie: der *Esterházys,* der Vorfahren des Autors. Dieser saß gut zehn Jahre an dem über 900 Seiten starken Werk, dessen Erscheinungsdatum von den einen als „Festtag der europäischen Literatur" gefeiert wird, während andere das Buch schlicht als „unlesbar" bezeichnen, weil es voller Versatzstücke, Unklarheiten und nicht interpretierbarer Abschnitte steckt. Jeder sollte sich seine eigene Meinung bilden.

HILFE!

Dieses Reisehandbuch ist gespickt mit unzähligen Adressen, Preisen, Tipps und Infos. Nur vor Ort kann überprüft werden, was noch stimmt, was sich verändert hat, ob Preise gestiegen oder gefallen sind, ob ein Hotel, ein Restaurant immer noch empfehlenswert ist oder nicht mehr, ob ein Ziel noch oder jetzt erreichbar ist, ob es eine lohnende Alternative gibt usw. Unsere Autoren sind zwar stetig unterwegs, aber auf die Mithilfe von Reisenden können sie nicht verzichten.

Darum: Schreiben Sie uns, was sich geändert hat, was besser sein könnte, was gestrichen bzw. ergänzt werden soll. Nur so bleibt dieses Buch aktuell und zuverlässig. Wenn sich die Infos direkt auf das Buch beziehen, würde die Seitenangabe uns die Arbeit sehr erleichtern. Gut verwertbare Informationen belohnt der Verlag mit einem Sprechführer Ihrer Wahl aus der Reihe „Kauderwelsch".

Bitte schreiben Sie an:

Reise Know-How Verlag Peter Rump GmbH, Pf 14 06 66

D-33626 Bielefeld, oder per e-mail an: info@reise-know-how.de

Danke!

sound))trip®
in cooperation with
(((piranha)))
Musik im
REISE KNOW-HOW Verlag
REISE KNOW-HOW
Northern Africa
The Andes
Argentina
Australia
The Balkans
Barbados
Oriental Belly Dance
Northeast Brazil
Canada
Chile
China
Cuba
Finland
Iceland
India
Ireland
Japan
Mexico
New Zealand
Norway
Russia,
St. Petersburg
Scotland
South Africa
Switzerland
Turkey
Uruguay
Baltic States
NEU
Israel
NEU
Colombia
NEU ab Sept.
East Africa
NEU ab Sept.
Die Compilations der CD-Reihe sound))trip stellen aktuelle, typische Musik eines Landes oder einer Region vor.
Im Buchhandel erhältlich | Unverbindl. Preisempf.: EURO 15,90 [D]
Kostenlose Hörprobe im Internet.
www.reise-know-how.de

Register

A

B

C

D

E

I

J

K

P

R

S

T

Der Autor

Mirko Kaupat, Jahrgang 1975, wuchs im niedersächsischen Oldenburg auf. Als Absolvent der Berliner Journalistenschule führte ihn sein beruflicher und privater Weg nach Warschau, wo er seit 2002 lebt und als Autor, Journalist sowie Übersetzer arbeitet. An Ungarn faszinieren ihn nach vielen Reisen dorthin die Vielfalt des Landes, die einmaligen Landschaften und Städte, natürlich auch die ungarische Küche sowie die gesunde Einstellung der Menschen auf Touristen, ohne dass sie die eigene Authentizität verlieren würden. *Kaupat* ist auch Autor des Bandes „Lettland", der erstmals 2009 vom Reise Know-How Verlag herausgegeben wurde.

Danksagung

Sehr dankbar bin ich den vielen Ungarn, sei es in den Informationsbüros, in Museen und Restaurants, im Garten und im Wohnzimmer von gewöhnlichen Familien oder auch auf der Straße, die mir zahllose Fragen beantwortet, Ratschläge gegeben und Geschichten erzählt haben.

Besonders verbunden bin ich meiner Kollegin *Emese Szénás-Kucharski,* einer Ungarin in Berlin, die das Manuskript gelesen, wertvolle Hinweise gegeben und unverzichtbare Korrekturen angebracht hat.

Meine Frau *Adriana* ist mit mir über die Jahre gemeinsam durch Ungarn gereist. Ohne ihre aktive, unaufhörliche Mitarbeit und Unterstützung beim Sammeln von Informationen, beim Konzipieren sowie beim Schreiben wäre dieses Buch nicht entstanden.

ung163 Foto: mk

Der Autor

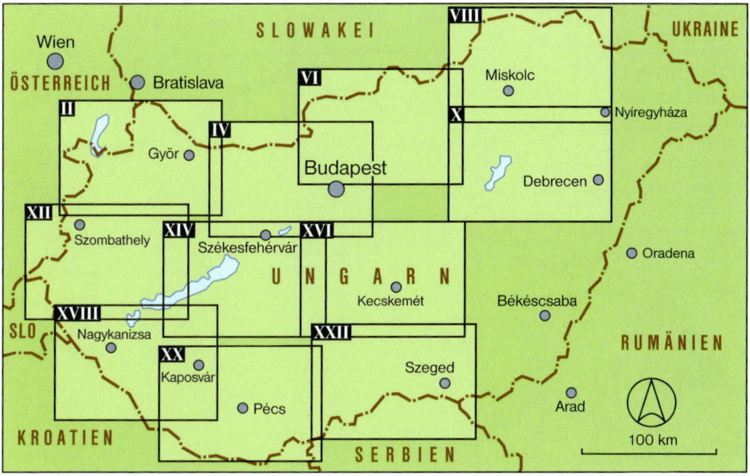

Legende Atlas

- A10 E55 159 Straßennummern
- Autobahn / im Bau
- Fernstraße
- Hauptstraße
- Nebenstraße
- Sonstige Straße
- Fahrweg / Pfad
- 7,5 7,5 Entfernung in Kilometern
- Eisenbahn
- Fähre
- Staatsgrenze / Grenzübergang
- Regionengrenze
- Besiedeltes Gebiet
- Wald
- Nationalpark

1: 550 000

0 5 10 15 km

- Touristeninformation
- Museum sehenswert
- Archäologische Stätte sehenswert
- Burg, Festung sehenswert
- Burg-, Festungsruine sehenswert
- Kirche, sehenswert
- Turm sehenswert
- Höhle sehenswert
- Sonstige Sehenswürdigkeit
- Aussichtspunkt
- Campingplatz
- Fischen / Wintersport
- Naturdenkmal / Zoo
- Hafen / Jachthafen
- Internationaler Flughafen
- Flugplatz

Die folgenden Karten sind Ausschnitte aus der Ungarn-Karte des **world mapping project** von Reise Know-How (Maßstab 1:550.000).

Anschluss Karte XII

Anschluss Karte IV

Anschluss Karte XIII

Anschluss Karte III

Anschluss Karte XV

Anschluss Karte VI

Anschluss Karte VII

Anschluss Karte XVI

Anschluss Karte V

Anschluss Karten VIII, X

Anschluss Karte VII

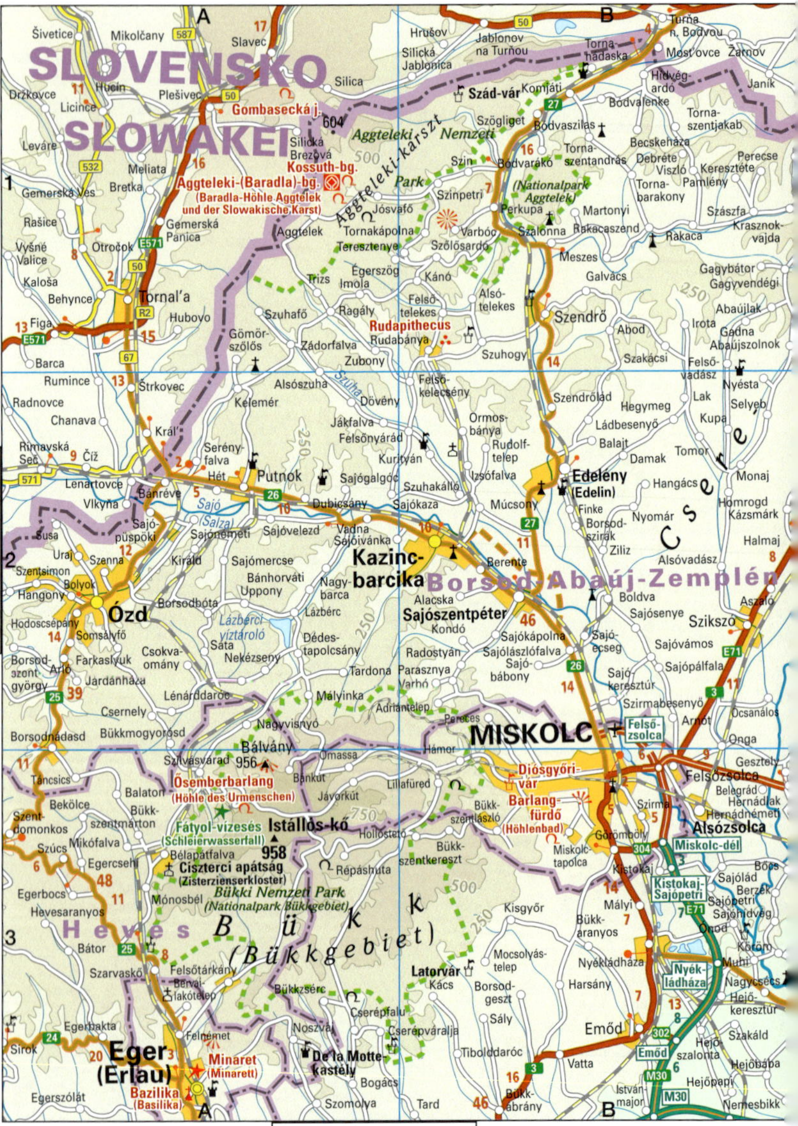

Anschluss Karte X

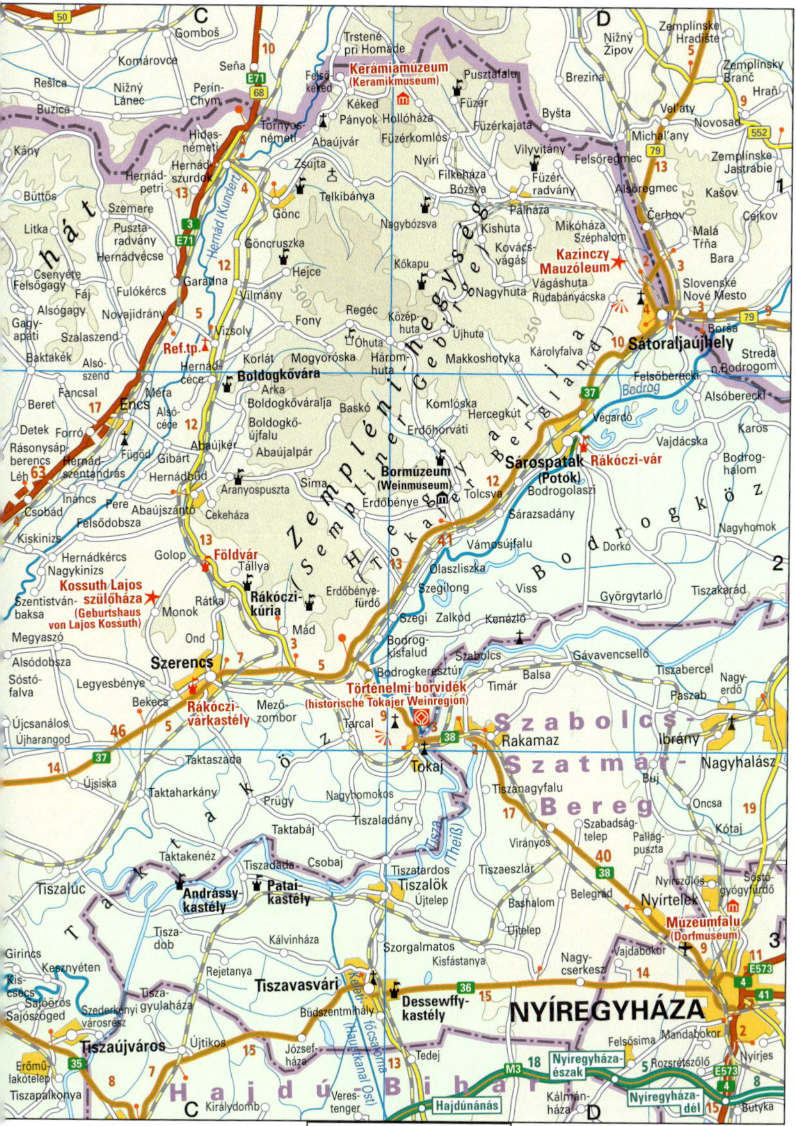

Anschluss Karte XI

Atlas

Anschluss Karte VIII

Anschluss Karte VII

Anschluss Karte IX

Anschluss Karte II

Anschluss Karte XVIII

Anschluss Karte III

Anschluss Karten XIV

Anschluss Karte XIX

Szarvaskő vára
Ganna
Döbrönte
Bakonyjákó
Németbánya
Iharkút
Bakonybél
Pénzesgyőr
Zirc
Felsőpere
Olászfalu
Öreg-Futóné 574
Bakonykúti
Újlaky-Thury-vár
Bakony-pölöske
Farkasgyepű
Veszprém
Akli
Lókút
Eplény
Várpalota (Palota)
Inota
Noszlop
Csehbánya
Hárskút
Nagy-bogdány
Magyar-polány
Porcelánmúzeum (Porzellanmuseum)
Bakony-gyepes
Kislőd
Városlőd
Gyulafirátót
Hajmáskér
Öskü
Pétfürdő
Ősi
Ajkarendek
Herend
Márkó
Kádárta
Sóly
Vilonya
Ajka
Szentgál
Bánd
Berhida
Felsőcsinger
Bányászati Múzeum
Úrkút
Veszprém (Wesprim)
Király-szentistván
Papkeszi
Kolontár
Balatonfűzfő
Küngös
Pusztamiske
Padragkút
Nemesvámos
Szentkirály-szabadja
Balaton-kenese
Csajág
Kab-hegy 599
Veszprémfajsz
Balaton-almádi
Szőc
Halimba
Nyirád
Tótvázsony
Hidegkút
Felsőörs
Balaton-fokajár
Balaton-akarattya
Pula
Kinizsi-vár
Lovas
Taliándörögd
Öcs
Paloznak
Alsóörs
Nagyvázsony
Barnag
Vigántpetend
Vöröstó
Balatonszőlős
Csopak
B.-füred/Enying
Balatonaliga
Kapolcs
Mencshely
Pécsely
Balatonfüred
Balatonvilágos
Óbudavár
Haláp
Monostor-apáti
Sáska
Szentjakabfa
Balaton-felvidéki N.P. (Nationalp. Plattenseeoberland)
Balatonbozsok
338
Tavas-barlang (Höhlensee)
Eger
B.-henye
B.-csicsó
Vászoly
Aszófő
Örvényes
Sóstó
Dörgicse
Szent-antalfa
Tihany
Siófok-ny./Zamárdi
Siófok
Siófok-kelet
Hegyesd
Diszel
Monoszló
Tagyon
B.-udvari
Apátság (Abtei)
B.-széplak
Szentbékkálla
Gyulakeszi
Fövenyes
Zamárdi
Balatonszabadi
Mindszent-kálla
Köveskál
Zánka
Balatonakali
Szántód
Balaton-kiliti
Siójut
Káptalantóti
Kékkút
Töreki
Kisapáti
Balatonszepezd
Siófok-centr.
Ádánd
Nemes-gulács
Ábrahám-hegy
Salföld
Kővágóörs
Szántódpuszta
Balaton-endréd
Révfülöp
Balatonszárszó
Balatonföldvár
Balatonendréd
Ságvár
Badacsony-tomaj
Kőröshegy
Castrum
Helyei-templomrom
Balaton-rendes
Balaton-szemes
Balatonőszöd
B.-földvár
Jabapuszta
437
Badacsonyörs
Balatonlelle
Nyim
Som
Badacsony
B.-szárszó
Kereki
Lulla
Badacsony-lábdihegy
B.-szemes
Szólád
Bálványos
Ecseny
Nagy-berény
Balatonőszöd
Ordacsehi
Balatonboglár
Rádpuszta
Pusztaszemes
Torvaj
Bábony-megyer
Teleki
Fonyód
Zala
Látrány
Kötcse
Tab
Magyar-keszi
Bélatelep
Balatonboglár
Szőlős-kislak
Kapoly
Nagycsepely
Ordacsehi
Balatonfenyves
Visz
Fonyód
Somogy-meggyes
Nagyszokoly
Szőlősgyörök
Somogytúr
Iregszemcse
Balatonfenyves
Csiszta-puszta
Karád
Kánya
Tengőd
Somogy-egres
Gyugy
Somogy-babod
Zics
Csehipuszta
Lengyeltóti
Rózsás
Újireg
Nágocs
Buzsák
Hács
Somogy-szentpál
Nagytoldi-puszta
Andocs
Bedegkér
Miklósi
Kisberény
Gamás
Fiad
Somogyvári Történelmi Emlékhely (historische Gedenkstätte Somogyvár)
Kára
Török-koppány
Értény
Kisperjés
Táska
Öreglak
Kisbár-apáti
Vityapuszta
Nagykónyi
Szorosad
Nikla
Bonnya
Somogy-acsa
Somogy-döröcske
Koppány-szántó
Somogyvár
Felsőmocsolád
Koppány (Koppan)
Csömend
Somogy-vámos
Polány
Pamuk
Ecseny
Gadács
Szakcs
Libic-kozma
Puszta-kovácsi
Edde
Matildmajor
Igal
Várong
Kocsola
Somogy
Külső-Somogy (Äußeres Somogy)
Bakonyerwald
Balatoner Oberland
Balaton (Plattensee)
Mezőföld
Anschluss Karte XIII

Anschluss Karte IV

Anschluss Karten XVI

Atlas

Anschluss Karte V

Anschluss Karte XV

Anschluss Karte XXII

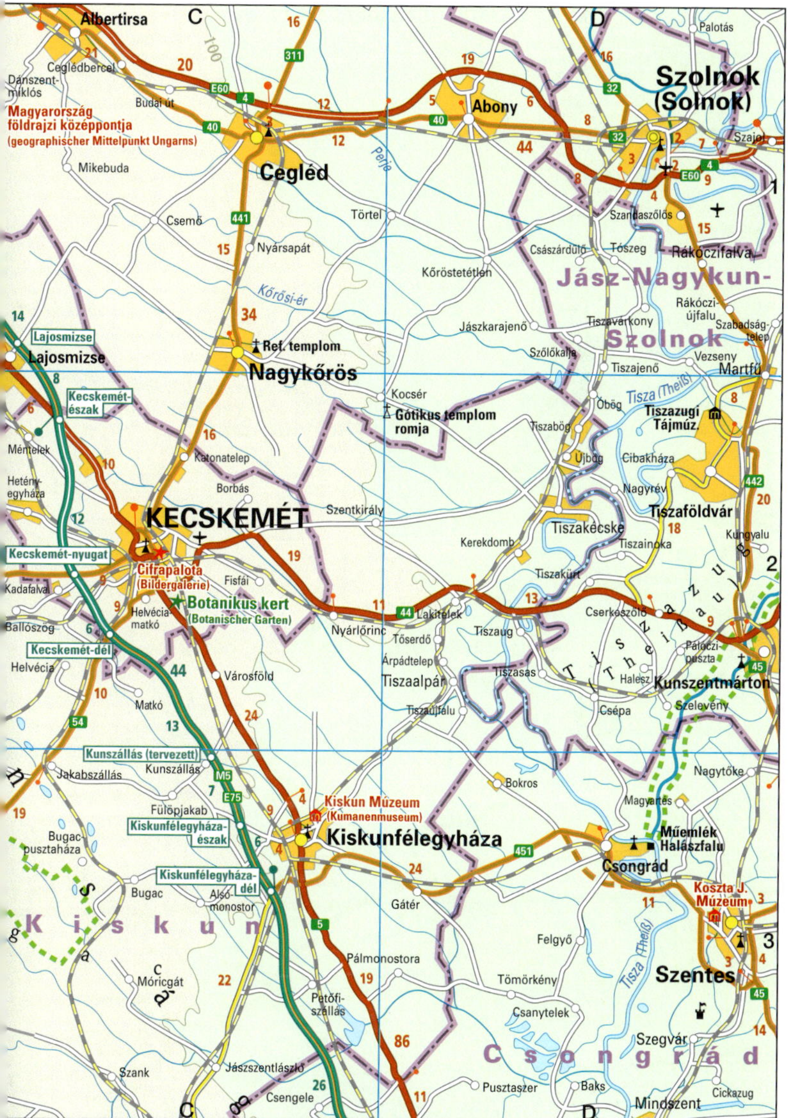

Anschluss Karte XXIII

Anschluss Karte XII

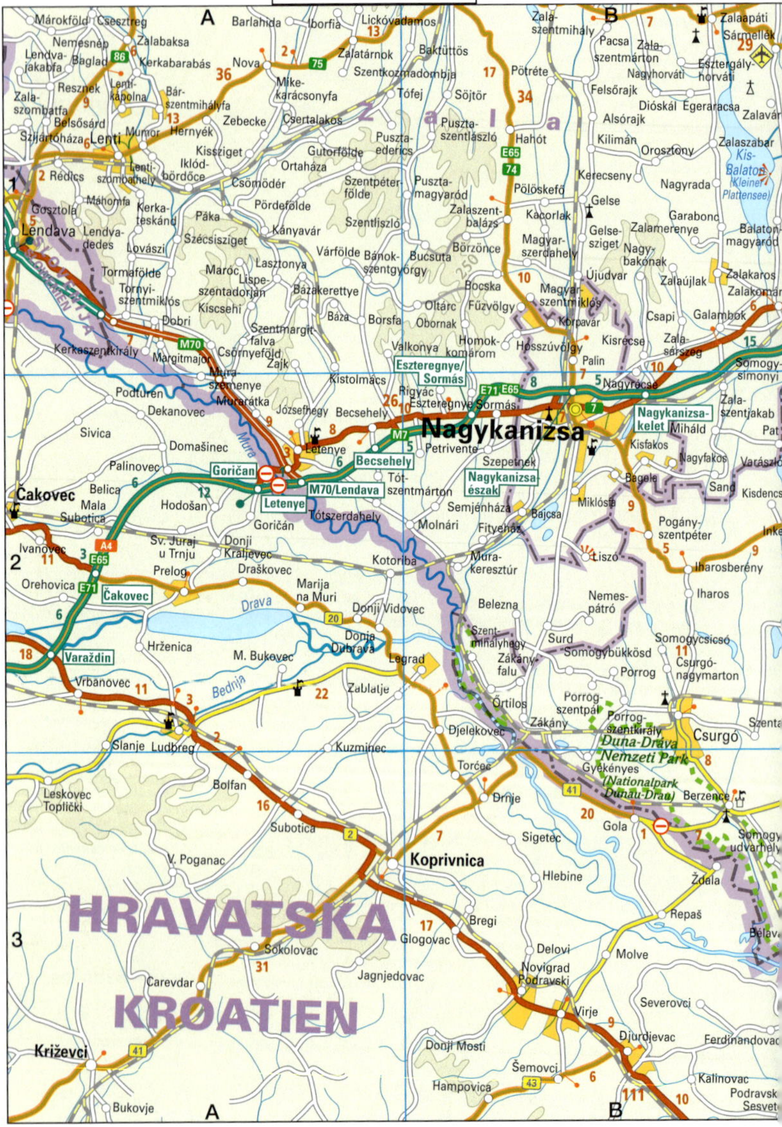

Anschluss Karte XIII

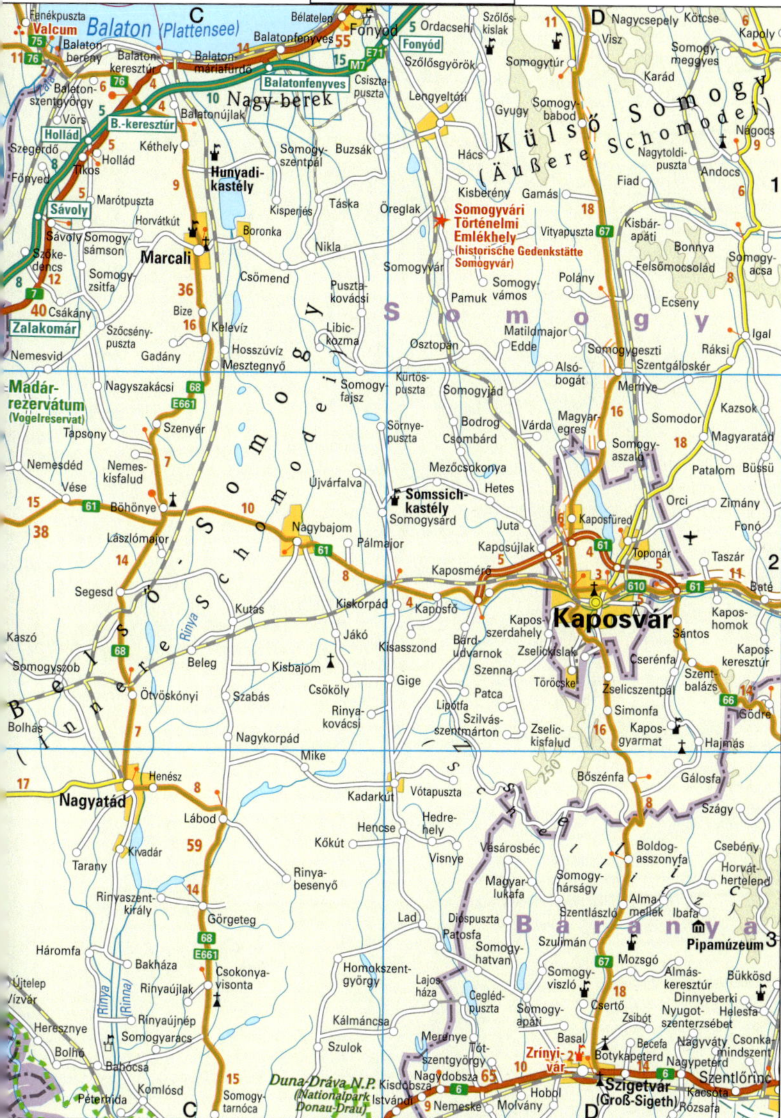

Anschluss Karte XX

Anschluss Karte XX

Anschluss Karte XIX

Tolna
Szekszárd (Seksard)
Tolna (Tolnau)
Bonyhád (Bonnhard)
Völgységi Múzeum
Pinceskanzen
Szerb ortodox kolostor
Vadászati Múzeum
Völgység (Tolnauer Hügelland)
Komló (Komlo)
Zengő (Hoher Berg) 681
Zengő-vár
Máré-vár
Mecsek (Fünfkirchner Geb.)
PÉCS (FÜNFKIRCHEN)
Misina 535
Pécsvárad
Székesegyház (Dom)
Kozármisleny
Bátaszék
Baja (Frankenstadt)
Duna-Dráva Nemzeti Park (Gemenc) (Nationalpark Donau-Drau)
Sárköz (Scharkösch)
Bács-Kiskun
Szentistván-sziget (Insel)
Mohács (Mohatsch)
Mohácsi Történelmi Emlékhely (historische Gedenkstätte Mohács)
Duna-Dráva Nemzeti Park (Béda) (Nationalpark Donau-Drau)
Mohácsi-sziget (Mohatscher Insel)
Bóly
Villány
Bormúzeum
Siklós
Garay-vár
Villányi-hg. (Willandgebirge)
SRBIJA SERBIEN
Beli Manastir
Duna (Donau)
Dunav
Sió (Schio)
Kapos (Koposen)
Karašica
Veliki kanal
Szedres
Szekszárd-kelet
Szekszárd-dél
Mórágy/Bátaszék
Véménd/Palotabozsok
Bóly
Kozármisleny
Pécs
E73 M6 M9 M60 E662
Bezdan
Batina
Kneževo
Popovac
Branjin Vrh
Darda
Zmajevac
Kotlina
Suza
Bački Monoštor
Bački Breg
Kolut
Hercegszántó
Dávod
Nagybaracska
Szeremle
Bátmonostor
Fadd
Dusnok
Fajsz
Érsekcsanád
Decs
Őcsény
Sárpilis
Pörböly
Alsónyék
Mórágy
Kövesd
Feked
Véménd
Palotabozsok
Somberek
Görcsönydoboka
Székelyszabar
Szűr
Himesháza
Lánycsók
Sátorhely
Udvar
Majs
Nagynyárád
Borjád
Pócsa
Töttös
Márok
Lippó
Bezedek
Sárok
Magyarbóly
Kislippó
Illocska
Lapáncsa
Kistapolca
Nagyharsány
Siklósnagyfalu
Harkány
Matty
Egyházasharaszti
Old
Beremend
Kásád
Torjánci
Alsószentmárton
Sordisa
Petlovac
Bisse
Túrony
Kistótfalu
Nagytótfalu
Kisharsány
Villánykövesd
Palkonya
Kisbudmér
Nagybudmér
Ivánbattyán
Pécsdevecser
Kiskassa
Belvárdgyula
Szajk
Babarc
Versend
Monyoród
Szederkény
Máriakéménd
Kisnyárád
Liptód
Erdősmárok
Maráza
Kékesd
Geresdlak
Fazekasboda
Nagypall
Lovászhetény
Zengővárkony
Apátvarasd
Erdősmecske
Óbánya
Ófalu
Hidas
Mecseknádasd
Kisújbánya
Mecsekjánosi
Kisbattyán
Magyaregregy
Kárász
Vékény
Szászvár
Máza
Váralja
Kismányok
Nagymányok
Majos
Györe
Izmény
Tófű
Szalatnak
Kőbléný
Hegyhátmaróc
Alsómocsolád
Kisvaszar
Bikal
Egyházaskozár
Magocs
Nagyhajmás
Lengyel
Mekényes
Kisvejke
Nagyvejke
Bonyhádvarasd
Mucsfa
Hant
Aparhant
Kakasd
Tabód
Kisdorog
Zomba
Mucsi
Tevel
Závod
Kurd
Döbrököz
Csibrák
Sütvény-puszta
Tárkány-puszta
Murga
Felsőnána
Medina
Kéty
Janya-puszta
Harc
Sióagárd
Kajmád-puszta
Fácánkert
Mözs
Szedres
Bátya
Felsőszállások
Dombori-üdülőtelep
Doromlás
Bogyiszló
Izsákpuszta
Báránylok
Keselyűs
Bogra-puszta
Ősüköd
Bajaszentistván
Furkópuszta
Furkótelep
Báta
Dunaszekcső
Leneskert
Dunafalva
Alsószállás
Felsőkanda
Sárhát
Púspökpuszta
Csátalja
Újmohács
Homorúd
Kölked
Budzsák
Hóduna
Dobosevica
Topolje
Podolje
Kisnyárád
Bár
Szőlőhegy
Cikó
Alsónána
Mőcsény
Grábóc
Szálka
Várdomb
Lajvér-puszta
Bátaapáti
Szebény
Martonfa
Szilágy
Erzsébet
Pereked
Berkesd
Szellő
Kátoly
Romonya
Nagykozár
Ellend
Magyarsarlós
Hásságy
Olasz
Pécsudvard
Szemely
Lothárd
Birján
Peterd
Egerág
Pogány
Szőkéd
Kisherend
Szalánta
Áta
Újpetre
Vokány
Bogád
Hird
Vasas
Hosszúhetény
Mánfa
Sikonda
Zobákpuszta
Pécsvárad
Harkány
Máriagyűd
Kirchner

Anschluss Karte XVI

Anschluss Karte XXI

Anschluss Karte XVII

Legende Budapest

- ★ 1 Türkisches Bad „Király fürdő“
- ★ 2 Aquincum,
- Höhlen
- ★ 3 Zahnradbahn in die Budaer Berge
- 4 Militärmuseum
- 5 Maria-Magdalenen-Kirche
- ● 6 Nationalarchiv
- ★ 7 Stadttor
- ★ 8 Labyrinth
- 9 Ruszwurm Cukrászda
- 10 Matthiaskirche, Fischerbastei
- 11 Hotel Hilton Budapest
- 12 Annenkirche
- 13 Marienkirche
- 14 Nagyi Palacsintázója (Pfannkuchenhaus)
- ⚓ 15 Bootsanleger,
- Vorortbahnen HÈV
- ★ 16 Parlament
- 17 Ethnografisches Museum
- ★ 18 Freiheitsplatz
- 19 Wasabi Wok & Sushi Étterem (japanisches Restaurant)
- 20 Hostel Tiger Tims Place
- 21 Cotton House und
- Cotton Club
- 22 Bombay Express
- 23 Easy Hotel
- 24 Restaurant-Galerie Kogart
- 25 Hősök tere Café
- 26 Museum der Schönen Künste
- 27 Restaurants Gundel und Bagolyvár
- ★ 28 Széchenyi-Heilbad
- 29 Vajdahunyad-Schloss
- ★ 30 Kunsthalle
- 31 Hotel Andrássy
- 32 Touristeninformation
- 33 Kirche St. Theresien
- 34 Marveloza Kávézó
- ● 35 Standseilbahn
- 36 Burg Buda,
- Nationalbibliothek,
- Historisches Museum
- ⚓ 37 Vigadó tér (Bootsanleger)
- ★ 38 Türkisches Bad „Rudas fürdő“
- 39 Internationales Bootsterminal
- ★ 40 Zitadelle
- ★ 41 Freiheitsstatue
- ★ 42 Gellértbad
- 43 Hotel Gellért
- 44 Markthalle mit
- Restaurant und Imbissen
- 45 Museum für Angewandte Kunst
- 46 Hotel Corvin
- ***Metro***

Zeichenerklärung

- Hotel
- Apartments
- Zimmer
- Camping
- Restaurant
- Café
- Kneipe, Bar
- Musikklub, Disco
- Touristeninformation
- ★ Sehenswürdigkeit
- Einkaufen
- Museum
- Theater
- Bibliothek
- Burg
- Archäologie
- Höhle
- Kirche
- Synagoge
- Post
- Apotheke
- Krankenhaus
- Polizei
- Busbahnhof
- Fähranleger
- ⚓ Hafen